河南大學圖書館古籍普查登記目録

全國古籍普查登記目録

國家圖書館出版社
National Library of China Publishing House

圖書在版編目（CIP）數據

河南大學圖書館古籍普查登記目録/本書編委會編. --北京：國家圖書館出版社,2014. 11
ISBN 978－7－5013－5497－9

Ⅰ.①河… Ⅱ.①本… Ⅲ.①院校圖書館—古籍—圖書館目録—開封市 Ⅳ.①Z838

中國版本圖書館 CIP 數據核字（2014）第 258173 號

書　　名	河南大學圖書館古籍普查登記目録	
編　　者	本書編委會　編	
索引編製 責任編輯	宋志英　　趙　嫄	

出　　版　國家圖書館出版社（100034　北京市西城區文津街 7 號）
　　　　　　（原書目文獻出版社　北京圖書館出版社）
發　　行　010－66114536　66126153　66151313　66175620
　　　　　　66121706（傳真）,66126156（門市部）
E-mail　btsfxb@ nlc. gov. cn（郵購）
Website　www. nlcpress. com ──→投稿中心
經　　銷　新華書店
印　　裝　河北三河弘翰印務有限公司
版　　次　2014 年 11 月第 1 版第 1 次印刷

開　　本　787×1092 毫米　1/16
印　　張　26. 25
字　　數　480 千字

書　　號　ISBN 978－7－5013－5497－9
定　　價　230. 00 圓

《全國古籍普查登記目録》

工作委員會

主　任：周和平

副主任：張永新　詹福瑞　劉小琴　李致忠　張志清

委　員（按姓氏筆畫排序）：

于立仁	王水喬	王　沛	王紅蕾	王筱雯
方自今	尹壽松	包菊香	任　競	全　勤
李西寧	李　彤	李忠昊	李春來	李　培
李曉秋	吳建中	宋志英	努　木	林世田
易向軍	周建文	洪　琰	倪曉建	徐欣禄
徐　蜀	高文華	郭向東	陳荔京	陳紅彦
張　勇	韩　彬	湯旭巖	楊　揚	賈貴榮
趙　嬿	鄭智明	劉洪輝	歷　力	鮑盛華
魏存慶	謝冬榮	謝　林	應長興	鍾海珍

《全國古籍普查登記目録》

序　言

　　全國古籍普查登記工作是"中華古籍保護計劃"的首要任務,是全面開展古籍搶救、保護和利用工作的基礎,也是有史以來第一次由政府組織、參加收藏單位最多的全國性古籍普查登記工作。

　　2007年國務院辦公廳發佈《關於進一步加强古籍保護工作的意見》(國辦發[2007]6號),明確了古籍保護工作的首要任務是對全國公共圖書館、博物館和教育、宗教、民族、文物等系統的古籍收藏和保護狀況進行全面普查,建立中華古籍聯合目録和古籍數字資源庫。2011年12月,文化部下發《文化部辦公廳關於加快推進全國古籍普查登記工作的通知》(文辦發[2011]518號),進一步落實了全國古籍普查登記工作。根據文化部2011年518號文件精神,國家古籍保護中心擬訂了《全國古籍普查登記工作方案》,進一步規範了古籍普查登記工作的範圍、内容、原則、步驟、辦法、成果和經費。目前進行的全國古籍普查登記工作的中心任務是通過每部古籍的身份證——"古籍普查登記編號"和相關信息,建立古籍總臺賬,全面瞭解全國古籍存藏情況,開展全國古籍保護的基礎性工作,加强各級政府對古籍的管理、保護和利用。

　　《全國古籍普查登記工作方案》規定了全國古籍普查登記工作的三個主要步驟:一、開展古籍普查登記工作;二、在古籍普查登記基礎上,編纂出版館藏古籍普查登記目録,形成《全國古籍普查登記目録》;三、在古籍普查登記工作基本完成的前提下,由省級古籍保護中心負責編纂出版本省古籍分類聯合目録《中華古籍總目》分省卷,由國家古籍保護中心負責編纂出版《中華古籍總目》統編卷。

　　在党和政府領導下,在各地區、各有關部門和全社會共同努力下,古籍普查登記工作得以扎實推進。古籍普查已在除臺灣、港澳之外的全國各省級行政區域開展,普查内容除漢文古籍外,還包括各少數民族文字古籍,特別是於2010年分别啓動了新疆古籍保護和西藏古籍保護專項,因地制宜,開展古籍普查登記工作;國家古籍保護中心研製的"全國古籍普查登記平臺"已覆蓋到全國各省級古籍保護中心,並進一步研發了"中華古籍索引庫",爲及時展現古籍普查成果提供有力支持;截至目前,已有11375部古籍進入《國家珍貴古籍名録》,浙江、江蘇、山東、河北等省公佈了省級《珍貴古籍名録》，古籍分級保護機制初步形成。

《全國古籍普查登記目録》是古籍普查工作的階段性成果，旨在摸清家底，揭示館藏，反映古籍的基本信息。原則上每申報單位獨立成冊，館藏量少不能獨立成冊者，則在本省範圍内幾個館目合併成冊。無論獨立成冊還是合併成冊，均編製獨立的書名筆畫索引附於書後。著録的必填基本項目有：古籍普查登記編號、索書號、題名卷數、著者（含著作方式）、版本、冊數及存缺卷數。其他擴展項目有：分類號、批校題跋、版式、裝幀形式、叢書子目、書影、破損狀況等。有條件的收藏單位多著録的一些擴展項目，也反映在《全國古籍普查登記目録》上。目録編排按古籍普查登記編號排序，内在順序給予各古籍收藏單位較大自由度，可按分類排列古籍普查登記編號，也可按排架號、按同書名等排列古籍普查登記編號，以反映各館特色。

此次全國古籍普查登記工作，克服了古籍數量多、普查人員少、普查難度大等各種困難，也得到了全國古籍保護工作者的極大支持。在古籍普查登記過程中，國家古籍保護中心、各省古籍保護中心爲此舉辦了多期古籍普查、古籍鑒定、古籍普查目録審校等培訓班，全國共1600餘家單位參加了培訓，爲古籍普查登記工作培養了大量人才。同時在古籍普查登記工作中，也鍛煉了普查員的實踐能力，爲將來古籍保護事業發展奠定了良好的基礎。

《全國古籍普查登記目録》的出版，將摸清我國古籍家底，爲古籍保護和利用工作提供依據，也將是古籍保護長期工作的一個里程碑。

国家古籍保護中心
2013 年 10 月

《全國古籍普查登記目録》

編纂凡例

一、收録範圍爲我國境内各收藏機構或個人所藏，產生於 1912 年以前，具有文物價值、學術價值和藝術價值的文獻典籍，包括漢文古籍和少數民族文字古籍以及甲骨、簡帛、敦煌遺書、碑帖拓本、古地圖等文獻。其中，部分文獻的收録年限適當延伸。

二、以各收藏機構爲分冊依據，篇幅較小者，適當合併出版。

三、一部古籍一條款目，複本亦單獨著録。

四、著録基本要求爲客觀登記、規範描述。

五、著録款目包括古籍普查登記編號、索書號、題名卷數、著者、版本、冊數、存缺卷等。古籍普查登記編號的組成方式是：省級行政區劃代碼—單位代碼—古籍普查登記順序號。

六、以古籍普查登記編號順序排序。

七、編製各館藏目録書名筆畫索引附於書後，以便檢索。

《河南大學圖書館古籍普查登記目録》

編委會

主　任：李景文

委　員：郭鴻昌　謝建東　武業偉　晁國立　王學春
　　　　于紅英　王彦明　趙　濤

主　編：李景文　郭鴻昌

副主編：王學春　朱騰雲

編　委：馬　珂　尼志强　張麗麗　閆芳芳　楊　婧
　　　　王乃芹　薛淑芳　張艷紅　楊　宏

《河南大學圖書館古籍普查登記目録》

前　言

　　河南大學圖書館存古藏珍,積澱深厚。205100 冊綫裝古籍圖書凝聚了百年河大幾代人的心血,2008 年爲學校贏得了國務院首批"全國古籍重點保護單位"的榮譽稱號,21 種入選《國家珍貴古籍名録》的鎮館古籍堪稱瑰寶,多種珍本、孤本等頗具特色。河南大學 1912 年建校之初,就極爲重視圖書室建設,圖書室與大學的歷史一樣悠久。著名文史學家馮友蘭、徐旭生都曾積極倡導發展圖書館,馮友蘭還"兼辦圖書購置事宜",爲學校購置了大批文史書籍。特別是學校地處中原腹地,建立在宋代古都汴梁城之上,歷史的傳承,皇城的熏染,構築教育高地,重視文化建設,成爲圖書館建設的一種動力。多年來,圖書館廣泛搜集宋代文獻、河南地方文獻、叢書文獻等,逐漸形成了以宋代文獻、河南文獻爲特色,以人文社會科學文獻爲支柱,兼顧自然科學,藏書全面發展的館藏特色。河南大學百年風雨、百年艱辛、百年發展,積澱了厚重的文化底藴,已成爲圖書館古籍事業發展壯大的基石,成爲圖書館人爲古籍保護事業無私奉獻的精神動力。特別是在戰爭年代,圖書館前輩們冒着日本侵略者的槍林彈雨,赴湯蹈火,不惜以生命爲代價搶救圖書、保護圖書,館藏文獻中那些發黄的書頁上處處閃爍着他們甘灑熱血、惜書如命的寶貴精神。這種以事業爲根本、以服務爲中心的奉獻精神,代代傳揚,已經濃縮爲河南大學圖書館的發展之魂,培育出洋溢時代精神的圖書館文化,始終影響着圖書館人服務意識和職業素養的不斷提升。

　　河南大學圖書館古籍目録的編製源遠流長,從組建學校圖書室起,艱難前行,從簡單到複雜,從探索到規範,根植於河南大學這片沃土,與時俱進,不斷完善。

　　一、古籍編目分類法的確定。河大圖書館古籍編目採用的是"杜威十進圖書分類法",此分類法產生於 1878 年前後的美國,被世界上許多國家圖書館採用,在當時是一種較先進的、科學的分類法。1924 年 2 月,留美歸國的李燕亭應文科主任馮友蘭的邀請,前來中州大學擔任圖書館主任。此前圖書館收藏的中文書籍均按"四部分類法"編目和分類管理。李燕亭到任後,開始引進"杜威十進圖書分類法"來類分圖書。李燕亭早年在美國修業時,曾系統學過此分類法,對此分類法有較深入的瞭解。

　　二、編輯古籍善本目録和地方志聯合目録。1979 年,響應周總理"編輯古籍善本書目"的指示精神,圖書館積極參與《中國古籍善本總目》的編纂工作,成立古籍普查小組,全面普查館藏古籍,建立善本書室。1980 年 5 月編印了《河南師範大學圖書館館藏善本書目録》(1978 – 1984 曾改名"河南師範大學"),以四部體例分類著録。

1

1981 年，古籍普查組整理出《關於古籍著録工作的幾個問題》，作爲條例性規定用於古籍著録，同時還對古籍綫裝書的書標進行了改進。此後，還編製了《河南大學圖書館館藏地方志目録》。兩種目録作爲檢索工具，極大地方便了讀者對古籍圖書的利用。

三、綫裝古籍回溯建庫。2003 年 3 月，圖書館啓動《河南大學圖書館館藏綫裝古籍書目數據庫》建設，抽調 6 位同志組成古籍書目建庫小組，歷時兩年，到 2005 年 4 月初，完成館藏普通古籍 4 萬餘條數據的録入、復查、標引工作，並將數據全部導入館藏文獻總庫，7 月 1 日正式投入使用。2006 年初至 6 月中旬，又完成了《河南大學古籍善本書目數據庫》，至此，圖書館全部綫裝古籍圖書的查檢，告別了卡片目録翻檢時代，成爲全國圖書館界最早完成古籍書目數字化的圖書館之一。

經過對善本古籍的遴選和普通古籍書目數據庫的建設，圖書館擁有了較爲完備的古籍目録體系。但由於館藏古籍數量較大，數據著録要素太多，工作人員對古籍著録標準理解存在差異，使得古籍數據庫在使用時，仍能發現有版本認定、著録格式、分類規範、複本區分、叢書零種的處理等方面的問題。其實，古籍編目是一件很複雜的事情，並非衹是簡單地按照著録規則將古籍信息録入電腦而已，每一個古籍編目人員、每一位古籍管理者都清楚地知道，真正參與其中，需要具有非常專業的目録學、版本學素養，並具備有把相關知識轉化爲實際工作的能力。個中滋味，艱難苦辛，實不足爲外人道，正應了王安石那句詩："看似尋常最奇崛，成如容易却艱辛。"

2007 年，國務院辦公廳頒發了《關於進一步加強古籍保護工作的意見》，文化部辦公廳也頒發了《文化部辦公廳關於加快推進全國古籍普查登記工作的通知》，根據國家古籍保護中心的安排，我館於 2012 年 5 月組建了古籍普查工作小組，2013 年 12 月完成全部古籍普查任務。一年多來，在圖書館各部室積極配合下，在普查工作委員會全面督導下，每一個古籍普查員都深深懂得普查工作的重要性，他們把對古籍的熱愛與執著，變成對工作不竭的動力。在普查工作中，一絲不苟，兢兢業業，嚴格按照普查登記標準操作，不敢有一點懈怠，不放過任何一個疑問，以責任與追求爲最高目標。寒來暑往，夏茂冬藏，歷時一年半，圓滿完成了圖書館及院系資料室所藏全部綫裝古籍的普查登記和平臺録入工作，共核查、勘定、登記古籍 6469 條 99414 冊。這次對綫裝古籍的普查登記工作，不僅修正了館藏數據中的部分錯誤，而且在實踐中鍛煉培養了古籍人才。我們清楚地知道，目前的六項基本數據録入衹是《中華古籍保護計劃》古籍普查登記項目中最基礎的工作，後續的任務還很多，譬如"書影的拍攝和製作""其他著録項目的勘驗和登記"等等。眾所周知，古籍普查是"中華古籍保護計劃"的重要内容，是古籍保護的基礎性工作，是古籍搶救、保護與利用工作的前提，是確保國家歷史文化遺産安全的重要措施。開展古籍普查，有利於摸清家底，也有利於全面掌握古籍現存數量、保護條件、環境狀況等基本情況，對維繫中華民族血脈，弘揚優秀傳統文化，增强民族自信，增進民族團結，振奮民族精神，提升民族凝聚力，提升國家文化軟實力，促進社會主義和諧社會建設，推動人類文明進步，都具有重要的現實意義和深遠的歷史意義。

編者
2014 年 5 月

目　録

1

410000－2242－0000001　000.1/F332

五經集解三十三卷附石經考辨二卷　（清）馮世瀛輯　清同治八年(1869)刻本　十七冊

410000－2242－0000002　S000.1/H581

熊先生經說七卷附錄熊朋來本傳一卷　（元）熊朋來撰　清康熙十九年(1680)通志堂刻本　四冊

410000－2242－0000003　000.1/M124

目耕帖三十一卷　（清）馬國翰撰　清光緒九年(1883)嫏嬛館刻本　八冊　存八卷(一至八)

410000－2242－0000004　000.1/W221/1

十三經拾遺三十一種　（清）王朝璩輯　清嘉慶五年(1800)刻本　五冊

410000－2242－0000005　000.1/W498/1

經策通纂三十三種　（清）吳穎炎輯　清光緒十四年(1888)點石齋石印本　三十二冊

410000－2242－0000006　000.11/C642/1

古經解彙函十六種小學彙函十四種續附十種　（清）鍾謙鈞等輯　清光緒十四年(1888)蜚英館石印本　二十冊

410000－2242－0000007　000.11/C642/2

古經解彙函十六種小學彙函十四種續附十種　（清）鍾謙鈞輯　清光緒十四年(1888)蜚英館石印本　二十冊

410000－2242－0000008　000.11/C642/2A

古經解彙函十六種小學彙函十四種續附十種　（清）鍾謙鈞輯　清光緒十四年(1888)蜚英館石印本　二十冊

410000－2242－0000009　000.11/D474

皇朝五經彙解二百七十卷　（清）抉經心室主人纂　清光緒十四年(1888)鴻文書局石印本　六冊　存四十七卷(九十三至一百十六、一百二十七至一百三十五、二百四十二至二百四十九、二百六十五至二百七十)

410000－2242－0000010　000.11/D518/1

九經九種　（明）秦鑛訂正　清觀成堂刻本　十四冊

410000－2242－0000011　000.11/J144/1

五經四書詳說九種附孝經詳說一種　（清）冉覲祖編　清光緒七年至八年(1881－1882)大梁書局刻本　四百七十六冊

410000－2242－0000012　000.11/L328

欽定篆文六經四書十種　（清）李光第等編　清光緒九年(1883)同文書局石印本　十冊

410000－2242－0000013　000.11/L344/1A

十三經讀本十五種　（清）丁寶楨等校　清同治十一年(1872)山東書局刻本　六十六冊

410000－2242－0000014　000.11/L344/1B

十三經讀本十五種　（清）丁寶楨等校　清同治十一年(1872)山東書局刻本　六十六冊

410000－2242－0000015　000.11/P.381

經學通論五卷　（清）皮錫瑞撰　清光緒三十三年(1907)思賢書局刻本　七冊

410000－2242－0000016　002.7/S826

書經近指六卷　（清）孫奇逢撰　清康熙十五年(1676)刻本　四冊

410000－2242－0000017　000.11/S385/1

仿宋相臺五經附考證五種　（三國魏）王弼等注　清光緒二年(1876)江南書局刻本　三十二冊

410000－2242－0000018　000.11/S.132/1A

十三經注疏十三種附校勘記十三種　（清）阮元審定　清嘉慶二十年(1815)南昌府學刻本　一百六十冊

410000－2242－0000019　000.11/S.132/1B

十三經注疏十三種附校勘記十三種　（清）阮元審定　清道光六年(1826)刻本　一百六十冊

410000－2242－0000020　000.11/S.132/1C

十三經注疏十三種附校勘記十三種　（清）阮元審定　清道光六年(1826)刻本　一百二十八冊

410000－2242－0000021　000.11/S.132/3

十三經注疏十三種附校勘記十三種　（清）阮

元撰　清光緒十三年（1887）脈望仙館石印本
三十二冊

410000－2242－0000022　004.1/D.288A
欽定周官義疏四十八卷首一卷　（清）高宗弘
曆纂　清煥文堂刻本　十七冊

410000－2242－0000023　003.1/C749/3B
詩集傳八卷　（宋）朱熹撰　清刻本　四冊

410000－2242－0000024　000.11/S.132/5
十三經注疏十三種附校勘記十三種　（清）阮
元撰　清光緒十三年（1887）點石齋石印本
二十五冊

410000－2242－0000025　000.11/S.132/6
重校阮本十三經注疏十三種附校勘記十三種
（清）阮元撰　清光緒二十四年（1898）點石
齋石印本　三十二冊

410000－2242－0000026　000.11/V441/1
省吾堂四種　（清）蔣光弼編　清乾隆常熟蔣
氏省吾堂刻本　六冊　存三種

410000－2242－0000027　000.11/W243/1
皇清經解續編二百〇九種　王先謙輯　清光
緒十四年（1888）南菁書院刻本　三百二十冊

410000－2242－0000028　000.11/W243/2A
皇清經解續編二百〇九種　王先謙輯　清光
緒十四年（1888）南菁書院刻本　三百〇七冊
缺五種

410000－2242－0000029　000.11/W243/2B
皇清經解續編二百〇九種　王先謙輯　清光
緒十四年（1888）南菁書院刻本　三百十九冊

410000－2242－0000030　000.11/W243/2C
皇清經解續編二百〇九種　王先謙輯　清光
緒十四年（1888）南菁書院刻本　三百冊　缺
十八種

410000－2242－0000031　000.11/W243/5A
皇清經解續編二百〇九種　王先謙輯　清光
緒十五年（1889）蜚英館石印本　三十二冊

410000－2242－0000032　000.11/W243/5C
皇清經解續編二百〇九種　王先謙輯　清光

緒十五年（1889）蜚英館石印本　三十二冊
存四十四種

410000－2242－0000033　000.11/W243/5B
皇清經解續編二百〇九種　王先謙輯　清光
緒十四年（1888）蜚英館石印本　三十二冊
存四十四種

410000－2242－0000034　000.11/W522
五經備旨五種　（清）鄒聖脉撰　清光緒二十
八年（1902）文盛書局石印本　七冊

410000－2242－0000035　000.11/Y798/1A
皇清經解一百八十三種　（清）阮元輯　清道
光九年（1829）學海堂刻本　十三冊　存十
八種

410000－2242－0000036　000.11/Y798/1B
皇清經解一百八十三種　（清）阮元輯　清道
光九年（1829）學海堂刻本　四百冊

410000－2242－0000037　000.11/Y798/1C
皇清經解一百八十三種　（清）阮元輯　清道
光九年（1829）學海堂刻本　三百五十冊　缺
三十六種

410000－2242－0000038　000.11/Y798/1D
皇清經解一百八十三種　（清）阮元輯　清道
光九年（1829）學海堂刻本　十四冊　存三種

410000－2242－0000039　000.11/Y798/2A
皇清經解一百八十三種　（清）阮元輯　清道
光九年（1829）廣東學海堂刻咸豐十一年
（1861）補刻本　三百五十九冊

410000－2242－0000040　000.11/Y798/2B
皇清經解一百八十三種　（清）阮元輯　清道
光九年（1829）廣東學海堂刻咸豐十一年
（1861）補刻本　三百六十冊

410000－2242－0000041　000.11/Y798/2C
皇清經解一百八十三種　（清）阮元輯　清道
光九年（1829）廣東學海堂刻咸豐十一年
（1861）補刻本　三百六十冊

410000－2242－0000042　000.11/Y798/2D
皇清經解一百八十三種　（清）阮元輯　清道

光九年（1829）廣東學海堂刻咸豐十一年（1861）補刻本　二百八十七冊　缺四十六種

410000－2242－0000043　000.11/Y798/3
皇清經解一百八十三種　（清）阮元編　清光緒十三年（1887）上海書局石印本　六十四冊

410000－2242－0000044　000.11/Y798/4
皇清經解一百八十三種　（清）阮元輯　清咸豐十一年（1861）刻本　一冊　存十卷（萬處士學春秋隨筆五十至五十九）

410000－2242－0000045　000.11/Y798/5
皇清經解一百八十三種　（清）阮元輯　清光緒十七年（1891）鴻寶齋石印本　十八冊

410000－2242－0000046　000.11/Y798/6
皇清經解分經合纂一百八十三種　（清）阮元輯　清光緒二十一年（1895）鴻寶齋石印本　三十二冊

410000－2242－0000047　000.12/K655
五經味根錄五種　（清）關按生撰　清光緒十八年（1892）凌雲閣書局石印本　十六冊　存五卷（一至四、首一卷）

410000－2242－0000048　000.2/C523/1
鄭氏佚書二十三種　（漢）鄭玄撰　（清）袁鈞輯　清光緒十四年（1888）浙江書局刻本　六冊

410000－2242－0000049　000.2/K.181
新學偽經考十四卷　康有為撰　清光緒十七年（1891）武林望雲樓石印本　八冊

410000－2242－0000050　000.2/K.352
通德遺書所見錄七十二卷　（清）孔廣林輯　清光緒十六年（1890）山東書局刻本　四冊

410000－2242－0000051　000.2/L793/1
經典釋文三十卷附考證三十卷　（唐）陸德明撰　（清）盧文弨考證　清同治八年（1869）湖北崇文書局刻本　十二冊

410000－2242－0000052　000.2/L793/1A
經典釋文三十卷附考證三十卷　（唐）陸德明撰　（清）盧文弨考證　清同治八年（1869）湖

北崇文書局刻本　十二冊

410000－2242－0000053　000.2/L793/1B
經典釋文三十卷附考證三十卷　（唐）陸德明撰　（清）盧文弨考證　清同治八年（1869）湖北崇文書局刻本　十二冊

410000－2242－0000054　000.2/L793/1C
經典釋文三十卷附考證三十卷　（唐）陸德明撰　（清）盧文弨考證　清同治八年（1869）湖北崇文書局刻本　十二冊

410000－2242－0000055　000.2/L793/1D
經典釋文三十卷附考證三十卷　（唐）陸德明撰　（清）盧文弨考證　清同治八年（1869）湖北崇文書局刻本　十二冊

410000－2242－0000056　000.2/L793/2
經典釋文三十卷附考證三十卷　（唐）陸德明撰　（清）盧文弨考證　清光緒十五年（1889）湘南書局刻本　七冊　存二十六卷（一至十三、考證一至十三）

410000－2242－0000057　000.2/L793/3
經典釋文三十卷附考證三十卷　（唐）陸德明撰　（清）盧文弨考證　清同治十年（1871）抱經堂刻本　十二冊

410000－2242－0000058　000.2/S825
經傳釋詞補一卷再補一卷　（清）孫經世撰　清光緒十一年（1885）長洲蔣氏刻本　二冊

410000－2242－0000059　000.2/T482
群經異字同聲考九卷　（清）丁顯撰　清光緒刻本　五冊　存五卷（一至四、九）

410000－2242－0000060　000.2/V.478/1－1
說文統釋自序一卷　（清）錢大昭撰　清光緒八年（1882）金峨山館刻本　一冊

410000－2242－0000061　000.2/W177
十三經集字摹本四卷　（清）萬青銓校正　清咸豐二年（1852）刻本　八冊

410000－2242－0000062　000.2/W251/3
經傳釋詞十卷　（清）王引之撰　清嘉慶二十四年（1819）刻本　四冊

410000－2242－0000063　000.2／W251／3A

經傳釋詞十卷　（清）王引之撰　清嘉慶二十四年(1819)刻本　四冊

410000－2242－0000064　000.2／Y213

十一經音訓十一種　（清）楊國楨撰　清道光十一年(1831)大梁書院刻本　二十二冊　存七種

410000－2242－0000065　000.2／Y213A

十一經音訓十一種　（清）楊國楨撰　清道光十一年(1831)大梁書院刻本　十七冊　存七種

410000－2242－0000066　000.2／Y213B

十一經音訓十一種　（清）楊國楨撰　清道光十一年(1831)大梁書院刻本　十二冊　存五種

410000－2242－0000067　000.2／Y213C

十一經音訓十一種　（清）楊國楨撰　清道光十一年(1831)大梁書院刻本　二十五冊　存九種

410000－2242－0000068　000.3／C.375

十三經字辨八卷　（清）陳鶴齡輯　清乾隆刻本　八冊

410000－2242－0000069　000.5／C518

六經圖六種　（清）鄭之僑編　清乾隆八年(1743)述堂刻本　八冊

410000－2242－0000070　000.5／V465

群經宮室圖二卷　（清）焦循撰　清光緒十一年(1885)梁溪朱氏刻本　二冊

410000－2242－0000071　000.5／W228

六經圖六種　（清）王皓校錄　清乾隆刻本　六冊

410000－2242－0000072　000.5／Y241

九經圖九種　（清）楊魁植輯　清乾隆三十七年(1772)刻本　十冊

410000－2242－0000073　000.7／C771／1

經義考三百卷目錄二卷　（清）朱彝尊撰　清光緒二十三年(1897)浙江書局刻本　五十冊

410000－2242－0000074　000.7／C771／2

經義考三百卷目錄二卷　（清）朱彝尊撰　清嘉慶二十二年(1817)秀水朱氏重修本　四十八冊

410000－2242－0000075　000.7／C771／2A

經義考三百卷目錄二卷　（清）朱彝尊撰　清嘉慶二十二年(1817)秀水朱氏重修本　四十八冊

410000－2242－0000076　000.7／C771／2B

經義考三百卷目錄二卷　（清）朱彝尊撰　清嘉慶二十二年(1817)秀水朱氏重修本　四十八冊

410000－2242－0000077　000.7／C877

夏小正經傳考釋十卷　（清）莊述祖撰　清光緒九年(1883)刻本　四冊

410000－2242－0000078　000.7／C.381／1A

東塾讀書記二十五卷　（清）陳澧撰　清光緒二十四年(1898)紉蘭書館刻本　六冊　存十五卷(二至十六)

410000－2242－0000079　000.7／C.381／1B

東塾讀書記二十五卷　（清）陳澧撰　清光緒二十四年(1898)紉蘭書館刻本　四冊　存十五卷(二至十六)

410000－2242－0000080　000.7／C.381／2

東塾讀書記二十五卷　（清）陳澧撰　清光緒二十七年(1901)大泉書局刻本　六冊　存十五卷(二至十六)

410000－2242－0000081　000.7／C.381／3

東塾讀書記二十五卷　（清）陳澧撰　清光緒二十七年(1901)湖南官書局刻本　四冊

410000－2242－0000082　000.7／C.396

經傳繹義五十卷　（清）陳煒撰　清嘉慶九年(1804)刻本　一冊　存四卷(一至四)

410000－2242－0000083　000.7／C.396A

經傳繹義五十卷　（清）陳煒撰　清嘉慶九年(1804)刻本　二十冊

410000－2242－0000084　000.7／H.466

五經異義疏證三卷　（漢）許慎撰　（清）陳壽
祺疏證　清嘉慶刻本　三冊

410000－2242－0000085　000.7/K.352/1

孔叢伯說經五稿五種　（清）孔廣林臆測　清
光緒十六年(1890)山東書局刻本　七冊

410000－2242－0000086　000.7/S463

詩經精華十卷　（清）薛嘉穎撰　清道光七年
(1827)刻本　六冊

410000－2242－0000087　000.7/S829

古微書三十六卷　（明）孫瑴著錄　清嘉慶二
十一年(1816)刻本　六冊

410000－2242－0000088　000.7/S895/1

通志堂經解一百四十種　（清）徐乾學編　清
同治十二年(1873)粤東書局刻本　四百六
十冊

410000－2242－0000089　000.7/S895/1B

通志堂經解一百四十種　（清）徐乾學編　清
同治十二年(1873)粤東書局刻本　七十九冊
　存三十六種

410000－2242－0000090　000.7/S895/1A

通志堂經解一百四十種　（清）徐乾學編　清
同治十二年(1873)粤東書局刻本　三冊　存
三種

410000－2242－0000091　000.7/V439

師許齋經說二卷　（清）蔣方駿撰　清光緒十
九年(1893)鉛印本　一冊

410000－2242－0000092　000.7/W251/1

經義述聞三十二卷　（清）王引之撰　清道光
七年(1827)刻本　二十四冊

410000－2242－0000093　000.7/W251/1A

經義述聞三十二卷　（清）王引之撰　清道光
七年(1827)刻本　二十四冊

410000－2242－0000094　000.7/W251/1B

經義述聞三十二卷　（清）王引之撰　清道光
七年(1827)刻本　十六冊

410000－2242－0000095　000.7/W251/2

經義述聞三十卷　（清）王引之撰　清光緒二

十一年(1895)鴻文書局石印本　五冊

410000－2242－0000096　000.7/W251/2A

經義述聞三十卷　（清）王引之撰　清光緒二
十一年(1895)鴻文書局石印本　四冊

410000－2242－0000097　000.7/W251/3

經義述聞三十二卷　（清）王引之撰　清刻本
　一冊　存二卷(三至四)

410000－2242－0000098　000.7/W462/1

五經音訓七種　（□）□□撰　清道光十年
(1830)刻本　十二冊　存五種

410000－2242－0000099　000.7/W462/2

五經旁訓五種　（□）□□撰　清乾隆二十一
年(1756)刻本　八冊

410000－2242－0000100　000.7/Y694

群經平議三十五卷　（清）俞樾撰　清同治五
年(1866)刻本　十六冊

410000－2242－0000101　000.8/L635

漢魏石經考三卷　（清）劉傳瑩撰　清光緒十
二年(1886)沌城黃氏試館校刻本　一冊

410000－2242－0000102　000.8/W241/1

石經彙函十種　（清）王秉恩編　清光緒十六
年(1890)尊經書局刻本　十六冊

410000－2242－0000103　000.9/D264

國朝漢學師承記八卷附經師經義一卷國朝宋
學淵源記二卷附記一卷　（清）江藩纂　清光
緒二十二年(1896)周大文堂刻本　四冊

410000－2242－0000104　001/H652

新鐫增補周易備旨一見能解六卷　（明）黃淳
耀撰　清嘉慶元年(1796)致和堂刻本　六冊

410000－2242－0000105　001/H713

易例二卷　（清）惠棟撰　清乾隆四十年
(1775)刻本　一冊

410000－2242－0000106　001/J144

易經詳說五十卷　（清）冉覲祖輯撰　清刻本
　十冊　存十卷(十至十九)

410000－2242－0000107　001/L328

周易傳法七卷筮考一卷詩經傳法八卷附李恕谷先生年譜五卷　（清）李塨撰　（清）馮辰纂　清末四存學會鉛印本　八冊

410000－2242－0000108　001.1/C176

湘薌漫錄五卷　（清）查彬撰　清道光十九年（1839）有懷堂刻本　五冊

410000－2242－0000109　S001.1/C749

周易本義十二卷附易圖一卷　（宋）朱熹本義　清康熙五十年（1711）曹寅刻本　一冊　存三卷（一至二、易圖一卷）

410000－2242－0000110　005.2/C.375

公羊逸禮考徵一卷　（清）陳奐撰　清同治吳縣潘氏滂喜齋刻本　一冊

410000－2242－0000111　001.1/C749/2

周易本義四卷　（宋）朱熹撰　清乾隆五年（1740）繩武堂刻本　二冊

410000－2242－0000112　001.1/C749/3

周易本義十二卷　（宋）朱熹撰　清宣統三年（1911）貴池劉氏玉海堂影刻本　三冊

410000－2242－0000113　S001.1/C.451

周易十卷　（宋）程頤傳　（宋）朱熹本義　明正統十二年（1447）司禮監刻本　四冊　存七卷（二至八）

410000－2242－0000114　001.1/Y261

周易姚氏學十六卷　（清）姚配中撰　清光緒六年（1880）湖北崇文書局刻本　四冊

410000－2242－0000115　001.2/C281

易經增注十卷　（清）張鏡心撰　清康熙六年（1667）刻本　四冊

410000－2242－0000116　001.2/C285

周易虞氏義九卷附周易虞氏消息二卷　（清）張惠言撰　清嘉慶八年（1803）揚州阮氏瑯嬛僊館刻本　四冊

410000－2242－0000117　S001.2/H496

周易函書約存十八卷　（清）胡煦撰　清雍正七年（1729）葆璞堂刻本　一冊　存二卷（七至八）

410000－2242－0000118　001.2/H496/1

周易函書別集十六卷　（清）胡煦撰　清乾隆葆璞堂刻本　六冊

410000－2242－0000119　001.2/H496/1A

周易函書別集十六卷　（清）胡煦撰　清乾隆葆璞堂刻本　六冊

410000－2242－0000120　001.2/H496/2

周易函書約存十五卷首三卷　（清）胡煦撰　清乾隆葆璞堂刻本　十冊

410000－2242－0000121　001.2/H496/3A

周易函書約注十八卷　（清）胡煦纂　清乾隆葆璞堂刻本　十冊

410000－2242－0000122　S001.2/H496/4

周易函書別集十六卷　（清）胡煦撰　清雍正二年（1724）葆璞堂刻本　二冊　存五卷（一至三、七至八）

410000－2242－0000123　001.2/L136/1

易經集註十六卷　（清）來知德纂註　清乾隆十一年（1746）三多齋刻本　六冊　存七卷（一至七）

410000－2242－0000124　001.2/L136/2

易經體注四卷　（明）來集之參訂　（清）范翔鑑　（清）李兆賢輯撰　清刻本　四冊

410000－2242－0000125　001.2/L328/2

御纂周易折中二十二卷首一卷　（清）李光地等撰　清同治十年（1871）湖北崇文書局刻本　八冊　存二十一卷（一至八、十至二十二）

410000－2242－0000126　001.2/L328/2A

御纂周易折中二十二卷　（清）李光地等撰　清同治十年（1871）湖北崇文書局刻本　十六冊

410000－2242－0000127　001.2/L328/2B

御纂周易折中二十二卷　（清）李光地等撰　清同治十年（1871）湖北崇文書局刻本　十六冊

410000－2242－0000128　001.2/L328/2C

御纂周易折中二十二卷　（清）李光地等撰

清同治十年(1871)湖北崇文書局刻本　六冊
　存十六卷(一至四、九至十、十三至二十二)

410000－2242－0000129　007/L347/3A
四書反身錄四種　(清)李顒撰　清同治湘陰
奎樓蔣氏小嫏嬛山館刻本　四冊

410000－2242－0000130　001.2/L656
易象解頤四卷　(清)劉書孝撰　清光緒元年
(1875)刻本　四冊

410000－2242－0000131　001.2/W241/1
周易兼義九卷　(三國魏)王弼　(晉)韓康伯
注　(唐)孔穎達疏　**周易注疏校勘記九卷**
(清)阮元撰　清嘉慶二十年(1815)南昌府學
刻本　八冊

410000－2242－0000132　001.2/Y798
周易兼義九卷　(三國)王弼注　(唐)孔穎達
疏　**周易注疏校勘記九卷**　(清)阮元　清刻
本　一冊　存四卷(周易兼義三至四、周易注
疏校勘記二至三)

410000－2242－0000133　001.3/N.311
周易解九卷　(清)牛運震撰　清嘉慶二十三
年(1818)空山堂刻本　一冊　存三卷(四至
六)

410000－2242－0000134　001.4/L949
周易十二篇附音訓二卷　(宋)呂祖謙撰　清
光緒二十九年(1903)榮成孫氏刻本　二冊

410000－2242－0000135　001.4/Y449
周易爻微廣義□□卷　(清)閻汝弼編輯　清
刻本　一冊　存一卷(經卷四)

410000－2242－0000136　001.7/S826
讀易大旨五卷　(明)孫奇逢撰　清刻本
四冊

410000－2242－0000137　001.7/T.226
乾坤兩卦解一卷　(清)湯斌撰　清同治刻本
　一冊

410000－2242－0000138　001.92/L793
皕宋樓藏書志一百二十卷續志四卷　(清)陸
心源撰　清光緒八年(1882)十萬卷樓刻本

三十六冊

410000－2242－0000139　002/K.351
附釋音尚書注疏二十卷　(漢)孔安國傳
(唐)陸德明　(唐)孔穎達疏　**附尚書注疏校
勘記二十卷**　(清)阮元撰　清光緒十八年
(1892)寶慶務本書局刻本　九冊

410000－2242－0000140　S002/V187
書經六卷　(宋)蔡沈集傳　清道光十六年
(1836)揚郡二郎廟內片善堂惜字公局刻本
一冊　存二卷(二至三)

410000－2242－0000141　002/W229/1
欽定書經傳說彙纂二十一卷　(清)王頊齡等
撰　清雍正八年(1730)刻本　二十四冊

410000－2242－0000142　002/W229/1A
欽定書經傳說彙纂二十一卷　(清)王頊齡等
撰　清雍正八年(1730)刻本　二十冊

410000－2242－0000143　002/W229/2
欽定書經傳說彙纂二十四卷首二卷　(清)王
頊齡撰　清同治七年(1868)刻本　二冊　存
五卷(五至七、首二卷)

410000－2242－0000144　002/W229/3
欽定書經傳說彙纂二十一卷首二卷　(清)王
頊齡撰　清光緒十九年(1893)漱芳閣刻本
六冊　存十四卷(五至十一、十四至十五、十
八至二十,首二卷)

410000－2242－0000145　002.2/C279
古文尚書私議三卷　(清)張崇蘭撰　清咸豐
刻本　三冊

410000－2242－0000146　002.2/C286
尚書古文辨惑二十二卷　(清)張諧之撰　清
光緒三十年(1904)刻本　十二冊

410000－2242－0000147　002.2/C286A
尚書古文辨惑二十二卷　(清)張諧之撰　清
光緒三十年(1904)刻本　十冊

410000－2242－0000148　002.2/H663
尚書啟蒙五卷　(清)黃式三撰　清光緒十四
年(1888)黃氏家塾刻本　四冊

410000－2242－0000149　002.2/M316

尚書考異六卷　（明）梅鷟撰　清光緒十八年(1892)浙江書局刻本　四冊

410000－2242－0000150　002.2/V.187/1

書經集傳六卷　（宋）蔡沈集傳　清光緒十四年(1888)文美齋刻本　四冊　存五卷(一至五)

410000－2242－0000151　002.2/V.187/1A

書經集傳六卷　（宋）蔡沈集傳　清光緒十四年(1888)文美齋刻本　一冊　存一卷(五)

410000－2242－0000152　002.2/V.187/2

書經集傳六卷　（宋）蔡沈集傳　清光緒三十二年(1906)文美齋刻本　四冊

410000－2242－0000153　002.2/V.187/3

尚書集傳六卷　（宋）蔡沈集傳　清光緒十二年(1886)湖北官書處刻本　四冊

410000－2242－0000154　002.2/V.482

融堂書解二十卷　（宋）錢時撰　清武英殿聚珍版刻本　五冊

410000－2242－0000155　002.2/W241

書疑九卷　（宋）王柏撰　清同治八年(1869)退補齋刻本　二冊

410000－2242－0000156　002.2/W479

古文尚書正辭三十三卷　（清）吳光耀撰　清光緒十九年(1893)刻本　十八冊

410000－2242－0000157　002.2/Y449

尚書古文疏證八卷　（清）閻若璩撰　朱子古文書疑一卷　（清）閻詠撰　清同治六年(1867)錢塘汪氏振綺堂刻本　八冊

410000－2242－0000158　002.2/Y449A

尚書古文疏證八卷　（清）閻若璩撰　朱子古文書疑一卷　（清）閻詠撰　清同治六年(1867)錢塘汪氏振綺堂刻本　八冊

410000－2242－0000159　002.3/S914

尚書逸湯誓考六卷　（清）徐時棟撰　清同治十一年(1872)城西草堂刻本　二冊

410000－2242－0000160　002.3/V.187

新刻監本書經六卷　（宋）蔡沈集傳　清光緒七年(1881)衡漳寶興堂刻本　四冊

410000－2242－0000161　002.31/D264

禹貢說錄二卷　（清）江鎮撰　清道光五年(1825)刻本　二冊

410000－2242－0000162　002.31/H494

禹貢錐指二十卷　（清）胡渭撰　清康熙四十四年(1705)漱芳軒刻本　十二冊

410000－2242－0000163　002.5/C523

尚書大傳四卷附補遺一卷續補遺一卷　（漢）鄭玄注　（清）盧文弨著附　清嘉慶五年(1800)刻本　二冊

410000－2242－0000164　002.5/C686

書經備旨七卷　（清）鄒聖脉撰　清刻本　三冊

410000－2242－0000165　002.5/M128/1

古文尚書注十卷　（漢）馬融　（漢）鄭玄注　（宋）王應麟集　（清）孫星衍補集　尚書逸文二卷　（清）江聲撰　（清）孫星衍補訂　清刻本　四冊

410000－2242－0000166　002.5/M128/2

古文尚書十卷　（漢）馬融　（漢）鄭玄注　（宋）王應麟集　（清）孫星衍補集　尚書逸文二卷　（清）江聲撰集　（清）孫星衍補訂　清乾隆六十年(1795)蘭陵孫氏問字堂刻本　四冊

410000－2242－0000167　002.5/P.381

今文尚書考正三十卷　（清）皮錫瑞撰　清光緒二十三年(1897)善化皮氏師伏堂刻本　六冊

410000－2242－0000168　002.5/S463

書經精華六卷　（清）薛嘉穎編　清咸豐十一年(1861)刻本　二冊

410000－2242－0000169　002.05/S913

欽定書經圖說五十卷　（清）徐郙等編　清光緒三十一年(1905)石印本　十六冊

410000－2242－0000170　002.05/S913A

欽定書經圖說五十卷 （清）徐郙等編 清光
緒三十一年（1905）石印本 十六冊

410000－2242－0000171 002.05/S913B

欽定書經圖說五十卷 （清）徐郙等編 清光
緒三十一年（1905）石印本 十六冊

410000－2242－0000172 002.5/V.479/1

書經體注六卷 （清）錢希祥編訂 清光緒大
興堂刻本 四冊

410000－2242－0000173 002.5/V.479/2

書經體注六卷 （清）錢希祥編訂 清光緒十
年（1884）善成堂刻本 四冊

410000－2242－0000174 002.5/V.482

尚書離句六卷 （清）錢在培輯解 清刻本
四冊

410000－2242－0000175 002.5/V.482A

尚書離句六卷 （清）錢在培輯解 清同治二
年（1863）宏道堂刻本 二冊

410000－2242－0000176 002.5/W243

尚書孔傳參正三十六卷 王先謙撰 清光緒
三十年（1904）王氏虛受堂刻本 六冊

410000－2242－0000177 002.5/W513

尚書因文六卷首一卷末一卷 （清）武士選撰
清約六家塾刻本 四冊

410000－2242－0000178 320.8/D163/3

皇朝文獻通考三百卷 （清）嵇璜等撰 清光
緒二十七年（1901）上海圖書集成局鉛印本
四十八冊

410000－2242－0000179 002.5/W513A

尚書因文六卷首一卷末一卷 （清）武士選撰
清約六家塾刻本 四冊

410000－2242－0000180 002.5/W513B

尚書因文六卷首一卷末一卷 （清）武士選撰
清約六家塾刻本 二冊

410000－2242－0000181 002.7/W235

尚書辨二卷 （清）王鳴盛撰 清刻本 二冊

410000－2242－0000182 003/C749/2

詩經八卷 （宋）朱熹集傳 清光緒二十年
（1894）淮南書局刻本 四冊

410000－2242－0000183 003/C749/3

詩經八卷 （宋）朱熹集傳 清康熙刻本 一
冊 存一卷（三）

410000－2242－0000184 003/H383

詩觸六卷 （清）朱琰輯 清咸豐二年（1852）
刻本 二冊 存二卷（三、五）

410000－2242－0000185 003/F479

詩本誼一卷 （清）龔橙撰 清光緒十五年
（1889）刻本 一冊

410000－2242－0000186 003/W227

詩廣傳五卷 （清）王夫之撰 清同治四年
（1865）湘鄉曾氏刻本 一冊

410000－2242－0000187 003/W228/1

詩經傳說彙纂二十一卷詩序二卷 （清）王鴻
緒等撰 清光緒十四年（1888）江南書局刻本
十六冊

410000－2242－0000188 003/W228/2

詩經傳說彙纂二十卷首二卷詩序二卷 （清）
王鴻緒等撰 清同治七年（1868）馬新貽刻本
十六冊

410000－2242－0000189 003/W228/3

欽定詩經傳說彙纂二十一卷首二卷 （清）王
鴻緒等撰 清光緒十九年（1893）漱芳閣刻本
十冊

410000－2242－0000190 003/W228/3A

欽定詩經傳說彙纂二十一卷首二卷 （清）王
鴻緒等撰 清光緒十九年（1893）漱芳閣刻本
二十四冊

410000－2242－0000191 003/W228/3B

欽定詩經傳說彙纂二十一卷首二卷 （清）王
鴻緒等撰 清光緒十九年（1893）漱芳閣刻本
八冊 存十三卷（一至三、六至十一、十六
至十八、二十）

410000－2242－0000192 003/Y262/1

詩經通論十八卷論旨一卷 （清）姚際恆撰

清同治六年(1867)刻七年(1868)重校成都書局刻本　八冊

410000－2242－0000193　003/Y262/1A
詩經通論十八卷論旨一卷　(清)姚際恆撰　清同治六年(1867)刻七年(1868)重校成都書局刻本　八冊

410000－2242－0000194　S003.1/C298
詩經註疏大全合纂三十四卷　(明)張溥纂　明崇禎刻本　二十一冊

410000－2242－0000195　003.1/C686
詩經備旨八卷　(清)鄒聖脉輯　清刻本　四冊

410000－2242－0000196　003.1/C686A
詩經備旨八卷　(清)鄒聖脉輯　清刻本　四冊

410000－2242－0000197　003.1/C749/1
詩經集傳八卷　(宋)朱熹撰　清道光二十六年(1846)刻本　四冊　存三卷(一至三)

410000－2242－0000198　003.1/C749/2
詩經集傳八卷　(宋)朱熹撰　清宣統三年(1911)章福記石印本　四冊

410000－2242－0000199　003.1/C749/4
詩集傳八卷　(宋)朱熹撰　清刻本　四冊

410000－2242－0000200　003.1/C754
毛詩補禮六卷　(清)朱濂撰　清道光十九年(1839)刻本　二冊

410000－2242－0000201　003.1/C.372/1
毛詩稽古編三十卷附錄一卷　(清)陳啟源撰　清光緒九年(1883)同文書局石印本　八冊

410000－2242－0000202　003.1/C.372/1A
毛詩稽古編三十卷附錄一卷　(清)陳啟源撰　清光緒九年(1883)同文書局石印本　六冊

410000－2242－0000203　003.1/C.372/2
毛詩稽古編三十卷　(清)陳啟源撰　清嘉慶十八年(1813)刻本　八冊

410000－2242－0000204　003.1/C.375/2A
詩毛氏傳疏三十卷　(清)陳奐撰　清道光掃葉山莊刻本　十一冊

410000－2242－0000205　003.1/C.375/2B
詩毛氏傳疏三十卷　(清)陳奐撰　清道光掃葉山莊刻本　十二冊

410000－2242－0000206　003.1/C.375/2C
詩毛氏傳疏三十卷　(清)陳奐撰　清道光掃葉山莊刻本　十冊

410000－2242－0000207　003.1/C.375/2D
詩毛氏傳疏三十卷　(清)陳奐撰　清道光掃葉山莊刻本　十二冊

410000－2242－0000208　003.1/H379
毛詩原解三十六卷　(明)郝敬撰　清光緒十七年(1891)三餘草堂刻本　六冊

410000－2242－0000209　003.1/H494
毛詩後箋三十卷　(清)胡承珙撰　清道光十七年(1837)求是堂刻本　二十冊

410000－2242－0000210　S003.1/H496
詩傳大全二十卷　(明)胡廣等撰　明末刻本　一冊　存三卷(十八至二十)

410000－2242－0000211　003.1/K211
毛詩品物圖考七卷　(日本)岡元鳳纂輯　清乾隆五十年(1785)杏林軒五車堂刻本　三冊

410000－2242－0000212　003.1/K252
詩經體註八卷　(清)高朝瓔編　清致和堂刻本　四冊

410000－2242－0000213　003.1/L328
詩所八卷　(清)李光地注　清雍正六年(1728)刻本　四冊

410000－2242－0000214　003.1/L714/2
詩集傳音釋二十卷附詩序一卷詩札記一卷　(元)羅復編　清咸豐七年(1857)海昌蔣氏刻本　五冊

410000－2242－0000215　003.1/L743
毛詩補正二十五卷　(清)龍起濤撰　清光緒二十六年(1900)刻本　十二冊

410000－2242－0000216　003.1/L787

毛詩草木鳥獸蟲魚疏二卷　（三國吳）陸璣撰
清咸豐五年(1855)刻本　二冊

410000－2242－0000217　003.1/M127/1

毛詩傳箋通釋三十二卷　（清）馬瑞辰撰　清
光緒十四年(1888)廣雅書局刻本　十二冊

410000－2242－0000218　003.1/M127/1A

毛詩傳箋通釋三十二卷　（清）馬瑞辰撰　清
光緒十四年(1888)廣雅書局刻本　十二冊

410000－2242－0000219　003.1/M127/1B

毛詩傳箋通釋三十二卷　（清）馬瑞辰撰　清
光緒十四年(1888)廣雅書局刻本　十二冊

410000－2242－0000220　003.1/M246/1

毛鄭詩三十卷　（漢）毛亨傳　（漢）鄭玄箋
詩譜音義三卷　（唐）陸德明撰　清嘉慶二十
一年(1816)木瀆周氏刻本　八冊

410000－2242－0000221　003.1/M246/4

毛詩註疏二十卷附校勘記二十卷　（漢）毛亨
撰　（漢）鄭玄箋　（唐）孔穎達疏　**詩譜音義
三卷**　（唐）陸德明撰　清嘉慶二十年(1815)
刻本　十八冊

410000－2242－0000222　003.1/M246/4A

毛詩註疏二卷附校勘記一卷　（漢）毛亨撰
（漢）鄭玄箋　（唐）孔穎達疏　清嘉慶二十年
(1815)刻本　一冊

410000－2242－0000223　003.1/O146

毛詩本義十六卷　（宋）歐陽修撰　清道光十
四年(1834)刻本　四冊

410000－2242－0000224　003.1/S467

詩傳注疏三卷　（宋）謝枋得撰　清乾隆五十
年(1785)鮑氏知不足齋刻本　一冊

410000－2242－0000225　S003.1/S898

新刻徐玄扈先生纂輯毛詩六帖講意四卷
(明)徐光啟撰　明萬曆四十五年(1617)金陵
書林廣慶堂刻本　六冊

410000－2242－0000226　003.1/T154

續呂氏家塾讀詩記三卷　（宋）戴溪撰　清道

光楊氏刻本　三冊

410000－2242－0000227　003.1/W221/2

詩總聞二十卷　（宋）王質撰　清道光二十六
年(1846)刻本　六冊

410000－2242－0000228　003.1/W222

毛詩讀三十卷　（清）王劼撰　清咸豐五年
(1855)刻本　十冊

410000－2242－0000229　003.1/W483

毛詩復古錄十二卷　（清）吳懋清撰　清光緒
二十年(1894)廣州學署刻本　六冊

410000－2242－0000230　S003.1/Y458

詩緝三十六卷　（宋）嚴粲撰　明嘉靖趙府味
經堂刻本　十二冊

410000－2242－0000231　003.2/C451

毛詩音韻考四卷　（清）程以恬撰　清道光三
年(1823)刻本　四冊

410000－2242－0000232　003.2/W492

詩小學三十卷補一卷　（清）吳樹聲撰　清同
治十年(1871)壽光官廨刻本　四冊　存九卷
(七至十五)

410000－2242－0000233　003.2/W492A

詩小學三十卷補一卷　（清）吳樹聲撰　清同
治十年(1871)壽光官廨刻本　一冊　存三卷
(四至六)

410000－2242－0000234　003.5/H379

詩經拾遺一卷　（清）郝懿行輯　清光緒八年
(1882)刻本　一冊

410000－2242－0000235　003.7/H432

毛詩天文考一卷　（清）洪亮吉撰　清道光三
十年(1850)刻本　一冊

410000－2242－0000236　003.7/S914

山中學詩記五卷　（清）徐時棟撰　清光緒十
四年(1888)西河別墅葉氏刻本　二冊

410000－2242－0000237　003.7/W251

詩考補註二卷附詩考補遺一卷　（宋）王應麟
輯　（清）丁晏補註　清刻本　三冊

410000－2242－0000238　004/H666

禮書通故五十卷　（清）黃以周撰　清光緒十九年（1893）黃氏試館刻本　三十二冊

410000－2242－0000239　004/H666A

禮書通故五十卷　（清）黃以周撰　清光緒十九年（1893）黃氏試館刻本　三十二冊

410000－2242－0000240　S004/H.466

讀禮偶見二卷　（清）許三禮撰　清康熙刻本　一冊

410000－2242－0000241　S004/T315

三禮編繹二十六卷　（明）鄧元錫撰　明萬曆三十三年（1605）刻本　十二冊

410000－2242－0000242　004/Y862/1

欽定三禮義疏三種　（清）允祿等纂修　清光緒十四年（1888）江南書局刻本　二十四冊

410000－2242－0000243　004/Y862/1A

欽定三禮義疏三種　（清）允祿等纂修　清光緒十四年（1888）江南書局刻本　八十四冊

410000－2242－0000244　004.1/C523/3

周禮註疏四十二卷　（漢）鄭玄註　（唐）陸德明音義　（唐）賈公彥疏　**校勘記四十二卷**（清）阮元撰　清光緒十八年（1892）湖南寶慶務本書局刻本　十三冊

410000－2242－0000245　004.1/C523/3A

周禮註疏四十二卷　（漢）鄭玄註　（唐）陸德明音義　（唐）賈公彥疏　**校勘記四十二卷**（清）阮元撰　清嘉慶二十年（1815）南昌府學刻本　十六冊

410000－2242－0000246　004.1/C523/3B

周禮註疏四十二卷附校勘記四十二卷（漢）鄭玄註　（唐）陸德明音義　（唐）賈公彥疏　清嘉慶二十年（1815）南昌府學刻本　二冊

410000－2242－0000247　004.1/C.381/1

周禮精華六卷　（清）陳龍標編　清同治八年（1869）刻本　六冊

410000－2242－0000248　004.1/C.381/2

周禮精華六卷　（清）陳龍標編　清嘉慶刻本　六冊

410000－2242－0000249　004.1/S838/1

周禮三家佚注一卷　（清）孫詒讓校集　清光緒二十年（1894）刻本　一冊

410000－2242－0000250　004.1/S838/3

周禮正義八十六卷　（清）孫詒讓撰　清光緒三十一年（1905）鉛印本　二十四冊

410000－2242－0000251　004.1/W221/1

周官新義十六卷附考工記注二卷　（宋）王安石撰　清刻本　四冊

410000－2242－0000252　004.1/W222

周禮註疏刪翼三十卷　（明）王志長輯　明崇禎刻本　六冊　存九卷（四、六至十三）

410000－2242－0000253　004.2/C523/2

儀禮疏五十卷　（漢）鄭玄注　（唐）賈公彥疏　清光緒務本書局刻本　十一冊

410000－2242－0000254　004.2/C523/3

儀禮鄭注句讀十七卷監本正誤一卷石本誤字一卷　（漢）鄭玄注　（清）張爾岐句讀　清乾隆六年（1741）刻本　六冊

410000－2242－0000255　004.2/D193/1

儀禮疏五十卷　（唐）賈公彥疏　**儀禮注疏校勘記五十卷**　（清）阮元撰　清嘉慶二十年（1815）江西南昌府學刻本　十五冊

410000－2242－0000256　附12

五經合纂大成五種　（□）□□編　清石印本　二十冊

410000－2242－0000257　004.2/D193/1A

儀禮疏五十卷　（唐）賈公彥疏　清道光十年（1830）上海涵芬樓刻本　八冊

410000－2242－0000258　004.2/D.288/2

欽定儀禮義疏四十八卷首二卷　（清）□□撰　清光緒刻本　九冊

410000－2242－0000259　004.2/D.288/2A

欽定儀禮義疏四十八卷首二卷　（清）□□撰　清光緒刻本　十七冊

410000－2242－0000260　004.2/D.288/3

欽定儀禮義疏四十八卷首二卷　（清）□□撰
清光緒十九年(1893)漱芳閣刻本　二十
一冊

410000－2242－0000261　004.2/H498/2

儀禮正義四十卷　（清）胡培翬撰　清同治刻
本　二十冊

410000－2242－0000262　004.2/S895

讀禮通考一百二十卷　（清）徐乾學撰　清光
緒二十四年(1898)新化三味堂刻本　四十冊

410000－2242－0000263　S004.2/S895/1

讀禮通考一百二十卷　（清）徐乾學撰　清康
熙三十五年(1696)刻本　四十冊

410000－2242－0000264　004.25/C285

儀禮圖六卷　（清）張惠言撰　清同治九年
(1870)崇文書局刻本　三冊

410000－2242－0000265　004.3/C523/1

禮記註疏六十三卷　（漢）鄭玄註　（唐）孔穎
達疏　清光緒十八年(1892)務本書局刻本
二十冊

410000－2242－0000266　004.3/C523/2

禮記註疏六十三卷附校勘記六十三卷　（漢）
鄭玄註　（唐）孔穎達疏　清嘉慶二十年
(1815)江西南昌府學刻本　二十四冊

410000－2242－0000267　004.3/C686

禮記備旨十一卷　（清）鄒聖脉輯　清刻本
六冊

410000－2242－0000268　004.3/C.375

禮記集說十卷　（清）陳澔撰　清同治五年
(1866)金陵書局刻本　十冊

410000－2242－0000269　004.3/D.288/1

禮記義疏八十二卷首一卷　（清）□□撰　清
乾隆十三年(1748)刻本　二十一冊　存三十
六卷(六至七、十至十三、十六至十七、二十二
至二十七、三十四至三十九、四十八至五十
二、五十六至五十七、五十九至六十二、六十
七至六十八、七十七至七十八、八十)

410000－2242－0000270　004.3/D.288/1A

禮記義疏八十二卷首一卷　（清）□□撰　清
乾隆十三年(1748)刻本　四十四冊

410000－2242－0000271　004.3/D.288/2

禮記義疏八十二卷首一卷　（清）□□撰
清光緒十九年(1893)漱芳閣刻本　三十冊
存六十卷(一至三、六至十四、十七至十
八、二十三至二十四、二十七至五十三、五十
七至五十八、六十四至七十四、七十九至八
十二)

410000－2242－0000272　004.3/D.288/3

御製翻譯四書四種　（清）□□譯　清光緒十
六年(1890)刻本　六冊

410000－2242－0000273　004.3/F152/1

禮記體注四卷　（清）范翔輯　清康熙五十二
年(1713)刻本　四冊

410000－2242－0000274　004.3/H511

禮記心典傳本三卷　（清）胡瑤光輯　清康熙
三十二年(1693)刻本　四冊

410000－2242－0000275　004.3/S917

**漱芳軒合纂禮記體注四卷參訂禮經三則不分
卷**　（清）徐文初輯　清康熙五十二年(1713)
刻本　一冊

410000－2242－0000276　004.3/T156/1

大戴禮記十三卷　（漢）戴德撰　清刻本　一
冊　存九卷(一至九)

410000－2242－0000277　004.3/T156/2

大戴禮記十三卷　（漢）戴德撰　清乾隆二十
五年(1760)刻本　二冊

410000－2242－0000278　004.3/W227

禮記章句四十九卷　（清）王夫之撰　清光緒
十一年(1885)湣文書局刻本　十六冊

410000－2242－0000279　004.37/W251

夏小正正義一卷　（清）王筠撰　清光緒七年
(1881)福山王氏天垠閣刻本　一冊

410000－2242－0000280　004.4/V.525/1

五禮通考二百六十二卷　（清）秦蕙田撰　清

光緒二十二年(1896)新化三味堂刻本　一百二十冊

410000－2242－0000281　122.4/K777/1C
莊子集釋十卷　(清)郭慶藩輯　清光緒二十年(1894)湘陰思賢講舍刻本　八冊

410000－2242－0000282　915.1023/S917
禹貢會箋十二卷　(清)徐文靖撰　清乾隆十八年(1753)志寧堂刻本　三冊

410000－2242－0000283　004.4/V.525/3
五禮通考二百六十二卷　(清)秦蕙田撰　清光緒六年(1880)江蘇書局刻本　九十一冊

410000－2242－0000284　004.7/L659
學禮闕疑八卷　(清)劉青蓮纂　清乾隆襄城劉氏刻本　四冊

410000－2242－0000285　005/C686
春秋備旨十二卷　(清)鄒聖脉纂輯　清刻本　六冊

410000－2242－0000286　005/C.712
春秋三傳三種　(□)□□編　清同治十年(1871)刻本　十四冊

410000－2242－0000287　005/F537
御纂春秋直解十二卷　(清)傅恆等編　清乾隆刻本　八冊

410000－2242－0000288　005/K566/1
春秋大事表五十卷附春秋輿圖一冊　(清)顧棟高輯　清乾隆十三年(1748)刻本　十冊　存十一卷(一至十一)

410000－2242－0000289　005/K566/1A
春秋大事表五十卷附春秋輿圖一冊　(清)顧棟高輯　清乾隆十三年(1748)刻本　十冊　存三十九卷(十二至五十)

410000－2242－0000290　005/K566/1B
春秋大事表五十卷附春秋輿圖一冊　(清)顧棟高輯　清乾隆十三年(1748)刻本　十二冊

410000－2242－0000291　320.8/D136/3A
皇朝文獻通考三百卷　(清)嵇璜等撰　清光緒二十七年(1901)上海圖書集成局鉛印本

四十八冊

410000－2242－0000292　005/K566/2
春秋大事表五十卷附春秋輿圖一冊　(清)顧棟高輯　清同治十二年(1873)平遠丁氏刻本　二十冊

410000－2242－0000293　005/K566/3
春秋大事表摘要四卷　(清)顧棟高輯　清光緒二十九年(1903)曉雲山房刻本　四冊

410000－2242－0000294　005/S738
春秋繁露義證十七卷首一卷考證一卷　(清)蘇輿撰　清宣統二年(1910)刻本　四冊

410000－2242－0000295　005/T572/1
春秋繁露十七卷　(漢)董仲舒撰　清光緒二年(1876)浙江書局刻本　二冊

410000－2242－0000296　005/T572/2
春秋繁露十七卷　(漢)董仲舒撰　清刻本　三冊

410000－2242－0000297　005/T572/3
春秋繁露十七卷下馬陵詩文集一卷附錄十七卷　(漢)董仲舒撰　(明)孫鑛評　清刻本　六冊

410000－2242－0000298　005/T634/2
春秋三傳十六卷首一卷　(晉)杜預等撰　(□)□□輯　清同治十年(1871)刻本　十四冊

410000－2242－0000299　005/W227
春秋家說二卷　(清)王夫之撰　清同治四年(1865)曾氏刻本　一冊　存一卷(一下)

410000－2242－0000300　005/W251/1
欽定春秋傳說彙纂三十八卷首二卷　(清)王掞等撰　清光緒十四年(1888)刻本　二十四冊

410000－2242－0000301　005/W251/1A
欽定春秋傳說彙纂三十八卷首二卷　(清)王掞等撰　清光緒十四年(1888)刻本　十二冊　存十七卷(一至十七)

410000－2242－0000302　005/W251/1B

欽定春秋傳說彙纂三十八卷首二卷　（清）王
掞等撰　清光緒十四年(1888)刻本　二十冊

410000－2242－0000303　005/W251/2
欽定春秋傳說彙纂三十八卷首二卷　（清）王
掞等撰　清光緒十九年(1893)漱芳閣刻本
十三冊　存二十三卷(一至六、十一至十八、
二十七至二十八、三十三至三十八、首下)

410000－2242－0000304　005/W251/2A
欽定春秋傳說彙纂三十八卷首二卷　（清）王
掞等撰　清光緒十九年(1893)漱芳閣刻本
十冊　存十九卷(一至五、八至九、十二至十
三、十七、十九至二十二、二十九至三十、三十
五,首二卷)

410000－2242－0000305　005.1/C318
春秋左氏傳事類始末五卷　（宋）章沖撰　清
同治十二年(1873)粵東書局刻本　三冊

410000－2242－0000306　005.1/D424
左傳快評八卷　（清）劉繼莊評　（清）金成棟
輯　清康熙四十五年(1706)蕉雨間房刻本
四冊

410000－2242－0000307　005.1/F149
春秋左傳釋人十二卷世系一卷年表一卷附錄
一卷　（清）范照藜撰　清嘉慶七年(1802)如
不及齋刻本　三冊　存八卷(二至四、七至
八、十一至十二,附錄一卷)

410000－2242－0000308　005.1/F329/1
左繡三十卷　（清）馮李驊　（清）陸浩評輯
清道光五年(1825)金陵致和堂刻本　十二冊

410000－2242－0000309　005.1/F329/2
增補左繡三十卷　（清）馮李驊　（清）陸浩評
輯　清乾隆刻本　十六冊

410000－2242－0000310　S951.0012/
C749/5B
資治通鑑綱目五十九卷　（宋）朱熹撰　明嘉
靖刻本　三十七冊　存三十七卷(十三至二
十一、二十三至四十一、四十三至四十五、四
十八至五十三)

410000－2242－0000311　005.1/H184/1
評點春秋綱目左傳句解彙雋六卷　（清）韓葵
重訂　清經國堂刻本　六冊

410000－2242－0000312　005.1/L341
曲江書屋新訂批註左傳快讀十八卷首一卷
（清）李紹崧選訂　清道光文奎堂刻本　十
六冊

410000－2242－0000313　005.1/L426
左通補釋三十二卷　（清）梁履繩撰　清道光
九年(1829)錢塘汪氏振綺堂刻光緒元年
(1875)補刻本　十二冊

410000－2242－0000314　005.1/L948
東萊博議四卷　（宋）呂祖謙撰　清末景慶義
記五彩石印書局石印本　二冊

410000－2242－0000315　005.1/L949A
東萊博議四卷　（宋）呂祖謙撰　增補虛字註
釋一卷　（清）張文炳評選　清光緒二十七年
(1901)旌陽李光明莊刻本　四冊

410000－2242－0000316　005.1/L949B
東萊先生左氏博議二十五卷　（宋）呂祖謙撰
增補虛字註釋六卷　（清）張文炳評選　清
光緒十四年(1888)雲陽義秀書屋刻本　六冊

410000－2242－0000317　005.1/P659
評點春秋綱目左傳句解彙雋六卷　（□）□□
撰　清末章福記書局石印本　一冊　存四卷
(三至六)

410000－2242－0000318　S005.1/T634
春秋左傳註疏六十卷　（晉）杜預註　（唐）孔
穎達疏　明崇禎十一年(1638)毛氏汲古閣刻
本　二十六冊

410000－2242－0000319　005.1/T634/1
春秋左傳三十卷　（晉）杜預注　（宋）林堯叟
附注　（唐）陸德明音義　（清）馮李驊集解
清光緒十二年(1886)湖北官書處刻本　六冊

410000－2242－0000320　005.1/T634/2
春秋左傳杜注三十卷　（清）姚培謙撰　清光
緒十五年(1889)江南書局刻本　十冊

410000－2242－0000321 005.1/T634/4

春秋左傳杜林五十卷 （晉）杜預註釋 （宋）林堯叟註釋 （唐）陸德明音義 （明）鍾惺等評點 清光緒二十七年(1901)務本書局刻本 十六冊

410000－2242－0000322 005.1/T634/5

春秋左傳綱目杜林詳註十六卷 （晉）杜預註 （宋）林堯叟註釋 清刻本 十一冊 存十三卷(二至十四)

410000－2242－0000323 320.8/D136/3B

皇朝文獻通考三百卷 （清）嵇璜等撰 清光緒二十七年(1901)上海圖書集成局鉛印本 四十冊

410000－2242－0000324 005.1/T634/7A

附釋音春秋左傳注疏六十卷 （晉）杜預注 （唐）陸德明音義 （唐）孔穎達疏 **校勘記六十卷** （清）阮元撰 清道光六年(1826)江西南昌府學刻本 十四冊 存六十二卷(一至三十一、校勘記一至三十一)

410000－2242－0000325 S005.1/V678

春秋左傳不分卷 （明）孫月峰批點 明刻本 八冊

410000－2242－0000326 S005.1/W483

旁註左國芳潤左傳三卷國語三卷 （明）吳默評註 明萬曆三十六年(1608)刻本 三冊

410000－2242－0000327 S005.1/Y195

左傳仿史錄十二卷 （清）楊景盛撰 清康熙抄本 十二冊

410000－2242－0000328 005.1/Y541

欽定春秋左傳讀本三十卷 （清）英和等撰 清同治山東書局刻本 九冊 存十七卷(一至二、十六至三十)

410000－2242－0000329 320.8/D136/3C

皇朝文獻通考三百卷 （清）嵇璜等撰 清光緒二十七年(1901)上海圖書集成局鉛印本 四十冊

410000－2242－0000330 005.1/T634/7B

附釋音春秋左傳注疏六十卷 （晉）杜預注 （唐）陸德明音義 （唐）孔穎達疏 **校勘記六十卷** （清）阮元撰 清道光六年(1826)江西南昌府學刻本 一冊 存五卷(三至五、校勘記三至四)

410000－2242－0000331 005.12/H382

春秋歸義摘要十二卷 （清）賀仲軾撰 清道光八年(1828)刻本 十二冊

410000－2242－0000332 S005.2/H365

春秋公羊傳註疏二十八卷 （漢）何休註 （唐）徐彥疏 明崇禎七年(1634)毛氏汲古閣刻本 十二冊

410000－2242－0000333 005.2/H365/1

春秋公羊傳二十八卷 （漢）何休注 （明）金蟠訂 清末浙江書局刻本 三冊

410000－2242－0000334 005.2/H365/2

監本附音春秋公羊注疏二十八卷 （漢）何休解詁 （唐）徐彥疏 **校勘記二十八卷** （清）阮元撰 清嘉慶二十年(1815)江西南昌府學刻本 八冊

410000－2242－0000335 005.2/H365/3

春秋公羊注疏質疑二卷 （清）何若瑤撰 清光緒八年(1882)刻本 二冊

410000－2242－0000336 005.3/F152/1

監本附音春秋穀梁注疏二十卷 （晉）范甯集解 （唐）楊士勛疏 **校勘記二十卷** （清）阮元撰 清嘉慶二十年(1815)江西南昌府學刻本 六冊

410000－2242－0000337 005.3/F152/2

監本附音春秋穀梁注疏二十卷 （晉）范甯集解 （唐）楊士勛疏 **校勘記二十卷** （清）阮元撰 清光緒十八年(1892)務本書局刻本 五冊

410000－2242－0000338 005.3/L456/1

穀梁春秋經傳古義疏十一卷 廖平學 清光緒二十六年(1900)日新書局刻本 十二冊

410000－2242－0000339 S005.4/H494/1

春秋胡傳三十卷首一卷附林堯叟音註括例始
末一卷 （宋）胡安國撰 明成化刻本 四冊

410000－2242－0000340 005.5/C.375/1
增訂春秋世族源流圖考六卷 （清）陳厚耀原
本 （清）常茂徠增訂 清道光三十年(1850)
夷門怡古堂刻本 三冊

410000－2242－0000341 005.5/C.375/2
增訂春秋世族源流圖考六卷 （清）陳厚耀原
本 （清）常茂徠增訂 清道光三十年(1850)
夷門怡古堂刻本 三冊

410000－2242－0000342 006/H.315
孝經注疏九卷 （宋）邢昺注疏 校勘記九卷
 （清）阮元撰 清道光六年(1826)南昌府學
刻本 二冊

410000－2242－0000343 006/J144
孝經詳說六卷 （清）冉覲祖輯撰 清光緒七
年(1881)大梁書局刻本 四冊

410000－2242－0000344 006/K399
孝經易知不分卷 （清）耿介纂輯 清同治四
年(1865)敬恕堂刻本 一冊

410000－2242－0000345 006/Y213/1
爾雅音訓不分卷 （清）楊國楨撰 清道光十
年(1830)刻本 一冊

410000－2242－0000346 006/Y213/1
孝經音訓不分卷 （清）楊國楨撰 清道光十
年(1830)刻本 一冊

410000－2242－0000347 007/C281
四書集註闡微直解四種 （明）張居正撰 清
光緒八旗經正書院刻本 十二冊

410000－2242－0000348 S007/C281/1
四書直解二十七卷 （明）張居正撰 （明）顧
宗孟重訂 明崇禎九年(1636)南城翁少麓刻
本 十五冊 存二十五卷(一至十一、十四至
二十七)

410000－2242－0000349 007/C749/1
四書集註四種 （宋）朱熹集註 清光緒三十二
年(1906)商務印書館鉛印本 五冊 存兩種

410000－2242－0000350 007/C749/2
四書讀本四種 （宋）朱熹撰 四書章句附攷
 （清）吳志忠輯 清大梁馮氏刻本 六冊

410000－2242－0000351 007/C749/3
四書讀本四種 （宋）朱熹撰 四書章句附攷
四卷 （清）吳志忠輯 清大梁馮氏刻本
七冊

410000－2242－0000352 007/C749/4
慎詒堂四書四種 （宋）朱熹撰 清慎詒堂刻
本 六冊

410000－2242－0000353 007/C749/5
慎詒堂四書四種 （宋）朱熹撰 清善成堂刻
本 六冊

410000－2242－0000354 007/C754
四書或問語類集解釋註大全四種 （清）朱良
玉纂輯 清刻本 九冊 存一種

410000－2242－0000355 007/D267
四書典林三十卷四書古人典林十二卷 （清）
江永撰 清同治十二年(1873)古董一經室刻
本 八冊

410000－2242－0000356 007/D424/1
四書題鏡味根合編四種 （清）金灃輯 清光
緒十六年(1890)鴻文書局石印本 八冊

410000－2242－0000357 007/H.749
新刻批點四書讀本四種 （宋）朱熹撰 清道
光七年(1827)朱墨套印本 八冊

410000－2242－0000358 007/K171/1
增補四書類典賦二十四卷 （清）甘紱撰 清
刻本 十二冊

410000－2242－0000359 007/K171/2
四書類典賦二十四卷 （清）甘紱撰 清嵩秀
堂刻本 六冊 存十二卷(十三至二十四)

410000－2242－0000360 007/K411/1
四書讀注提耳四種 （清）耿採撰 清乾隆元
年(1736)屏山堂刻同治九年(1870)補刻本
十冊 存三種

410000－2242－0000361 007/K411/2

四書讀注提耳四種　（清）耿埰撰　清乾隆元年(1736)屏山堂刻清同治九年(1870)補刻本　六冊

410000－2242－0000362　127.3/L945/2B

呻吟語節抄六卷　（明）呂坤撰　清嘉慶二十四年(1819)刻本　一冊

410000－2242－0000363　007/L347/3

四書反身錄四種　（清）李顒撰　清同治湘陰奎樓蔣氏小嫏嬛山館刻本　一冊　存兩種

410000－2242－0000364　007/L749

大學章句一卷論語集註十卷孟子集註七卷中庸章句一卷　（宋）朱熹撰　清末鉛印本　十冊

410000－2242－0000365　007/L571

四書典故覈四種　（清）凌曙輯　清嘉慶十三年(1808)刻本　四冊

410000－2242－0000366　007/L943

去傲齋四書存四種　（清）呂崇謐撰　清乾隆道光刻本　二十冊

410000－2242－0000367　S007/L946A

呂晚邨先生四書講義四十三卷　（清）呂留良撰　（清）陳鏦編　清康熙二十五年(1686)天蓋樓刻本　十二冊

410000－2242－0000368　007/P659/1

小題四集參變四種　（□）□□編輯　清刻本　一冊　存三種

410000－2242－0000369　007/P659/2

四書議不分卷　（清）□□撰　清光緒二十四年(1898)石印本　一冊

410000－2242－0000370　007/S.139/1

四書講義大全四種　（清）史延暉輯　清刻本　九冊

410000－2242－0000371　007/S.139/2

四書講義大全四種　（清）史可亭輯　清刻本　十二冊

410000－2242－0000372　007/T313

四書補註備旨四種　（清）鄧林撰　清刻本

一冊　存一種

410000－2242－0000373　007/T.543/1

四書古注群義彙解十種　（清）同文升記主人輯　清光緒三十年(1904)同文升記書局鉛印本　十八冊

410000－2242－0000374　007/T.543/2

四書古注群義彙解九種　（清）□□輯　清光緒十六年(1890)珍藝書局鉛印本　十二冊

410000－2242－0000375　007.7/T634/1A

四書析義大全四種　（清）杜定基訂　清乾隆二十七年(1762)文運書局活字本　五冊

410000－2242－0000376　007/W241/1

四書朱子本義匯參四種　（清）王步青輯　清乾隆十年(1745)刻本　十六冊

410000－2242－0000377　007/W241/2

小題三集行機兩集　（清）王步青評　清敦復堂刻本　一冊

410000－2242－0000378　007/Y226

古本大學輯解二卷中庸本解二卷　（清）楊亶驊撰　清光緒王灝刻本　二冊

410000－2242－0000379　007/Y449

四書典制類聯音註三十三卷　（清）閻其淵編輯　清嘉慶元年(1796)刻本　十一冊　存十一卷(一至九、二十二至二十三)

410000－2242－0000380　007/Y685

四書集註正蒙四種　（清）余石泉重訂　清道光十四年(1834)鴻文齋刻本　一冊　存兩種

410000－2242－0000381　007.1/C318

大學補遺一卷　（清）章鈞撰　清宣統石印本　一冊

410000－2242－0000382　S007.1/C.238

大中口義不分卷　（清）常啟佑撰　清稿本一冊

410000－2242－0000383　007.1/D.398

攷定大學經傳解一卷　（清）邱嘉穗輯　清光緒八年(1882)漢陽邱氏刻本　一冊

410000－2242－0000384　007.1/T.226
學庸示掌兩種　（清）湯自銘撰　（清）湯貽汾
校　清嘉慶二十年(1815)惜硯齋刻本　一冊

410000－2242－0000385　007.1/V329/1
大學衍義四十三卷　（宋）真德秀撰　清同治
十三年(1874)金陵書局刻本　八冊

410000－2242－0000386　007.1/V329/2
大學衍義四十三卷　（宋）真德秀撰　清同治
十一年(1872)浙江書局刻本　十冊

410000－2242－0000387　007.1/W245/A
大學臆古古今文附證一卷　（清）王定柱輯
清嘉慶二十四年(1819)刻本　一冊

410000－2242－0000388　007.12/C311
新增四書備旨靈捷解四種　（清）張素存撰
（清）鄒蒼崖增補　清光緒二十三年(1897)經
綸元記刻本　六冊

410000－2242－0000389　007.2/C.393/A
日講四書解義四種　（清）陳廷敬等撰　清康
熙十六年(1677)刻本　十二冊

410000－2242－0000390　007.2/C.393/B
日講四書解義四種　（清）陳廷敬等撰　清康
熙十六年(1677)刻本　十二冊

410000－2242－0000391　007.2/C.393
日講四書解義四種　（清）陳廷敬等撰　清康
熙十六年(1677)刻本　十冊

410000－2242－0000392　007.2/H499
四書拾義四種　（清）胡紹勳撰　清道光十四
年(1834)刻本　二冊

410000－2242－0000393　007.2/H.157
中庸衍義十七卷　（明）夏良勝撰　清同治十
年(1871)刻本　十二冊

410000－2242－0000394　007.2/T313/1
新訂四書補註備旨四種　（清）鄧林撰　（清）
杜定基增訂　清光緒十六年(1890)鴻文書局
石印本　六冊

410000－2242－0000395　007.1/W245
中庸臆測二卷　（清）王定柱撰　清嘉慶二十

四年(1819)滇南文錦齋刻本　一冊　存一卷
(下)

410000－2242－0000396　007.2/Y449
四書釋地一卷續一卷又續二卷三續一卷
（清）閻若璩撰　清乾隆南城吳氏聽雨齋刻本
　六冊

410000－2242－0000397　007.3/H.375/1
論語注疏解經二十卷　（三國）何晏集解
（宋）邢昺疏　**校勘記二十卷**　（清）阮元撰
清光緒十八年(1892)湖南寶慶務本書局刻本
　三冊　存三十六卷(論語注疏解經三至二
十、校勘記三至二十)

410000－2242－0000398　007.3/H.375/2
論語注疏解經二十卷　（三國）何晏集解
（宋）邢昺疏　**校勘記二十卷**　（清）阮元撰
清嘉慶二十年(1815)刻本　一冊　存十卷
(論語注疏解經十一至十五、校勘記十一至十
五)

410000－2242－0000399　007.3/K563
論語發疑四卷　（清）顧成章撰　清光緒十八
年(1892)刻本　一冊

410000－2242－0000400　007.3/P.178
論語古注集箋十卷附論語考一卷論語敘一卷
　（清）潘維城撰　清光緒七年(1881)江蘇書
局刻本　六冊

410000－2242－0000401　007.3/W233
論語訓二卷　王闓運撰　清光緒刻本　二冊

410000－2242－0000402　S007.32/H.375/1
論語註疏解經二十卷　（三國魏）何晏集解
（宋）邢昺疏　明崇禎十年(1637)毛氏汲古閣
刻本　三冊

410000－2242－0000403　S007.32/H.375/1
孟子註疏解經十四卷　（漢）趙歧註　（宋）孫
奭疏　明崇禎六年(1633)毛氏汲古閣刻本
七冊

410000－2242－0000404　007.4/C749/4
孟子要略五卷　（宋）朱熹撰　（清）劉傳瑩輯

清光緒十四年（1888）山東書局刻本　一冊

410000－2242－0000405　007.4/C749/5

孟子要略五卷　（宋）朱熹撰　（清）劉傳瑩輯
清同治十三年（1874）傳忠書局刻本　一冊

410000－2242－0000406　007.4/L639

孟子外書四卷　（宋）熙時子撰　清刻本
一冊

410000－2242－0000407　007.4/L639B

孟子外書四卷　（宋）熙時子撰　清刻本
一冊

410000－2242－0000408　007.4/W497

繹孟百二篇二卷　（清）吳文翰撰　清道光十
四年（1834）南陔堂刻本　一冊　存一卷（下）

410000－2242－0000409　S007.41/C379

孟子十四卷附音義二卷　（漢）趙歧注　清乾
隆孔氏微波榭刻本　四冊

410000－2242－0000410　007.47/C.391

孟子雜記四卷　（明）陳士元撰　清嘉慶蕭山
湖海樓陳氏刻本　二冊

410000－2242－0000411　007.47/W231

孟子讀本二卷　（清）王汝謙輯評　清同治十
一年（1872）刻本　二冊

410000－2242－0000412　007.7/D267

鄉黨圖考十卷　（清）江永撰　清乾隆二十一
年（1756）文裕堂刻本　六冊

410000－2242－0000413　007.7/F332

增訂畊餘瑣錄四種　（清）馮世瀛輯　清同治
刻本　三冊

410000－2242－0000414　007.7/K411

大學囈語一卷中庸囈語一卷　（清）耿埰口授
清同治刻本　四冊

410000－2242－0000415　007.7/P659

四書人名考十二卷　（清）□□撰　清道光刻
本　一冊　存二卷（十一至十二）

410000－2242－0000416　007.7/T634/1

四書析義大全四種　（清）杜定基訂　清乾隆

二十七年（1762）文運書局活字本　六冊

410000－2242－0000417　007.7/W227

**讀四書大全說十卷四書稗疏一卷四書攷異一
卷**　（清）王夫之撰　清同治四年（1865）湘鄉
曾氏刻本　十冊

410000－2242－0000418　007.7/W241/1

四書章句本義匯參四種　（清）王步青輯
（清）王士龍編　清光緒十七年（1891）廣百宋
齋鉛印本　十二冊

410000－2242－0000419　007.7/W241/2

四書章句本義匯參四種　（清）王步青輯
（清）王士龍編　清光緒三十一年（1905）宏文
閣書局鉛印本　十冊

410000－2242－0000420　007.7/W241/2B

四書章句本義匯參四種　（清）王步青輯　清
光緒三十一年（1905）宏文閣書局鉛印本　十
二冊

410000－2242－0000421　007.7/W255

四書題鏡四種　（清）汪鯉翔纂述　清刻本
十冊

410000－2242－0000422　007.7/W471/1

四書經註集證四種附孔子弟子考一卷　（清）
吳昌宗輯　清嘉慶三年（1798）江都汪氏刻本
二十四冊

410000－2242－0000423　007.7/W471/2

四書經註集證四種　（清）吳昌宗撰　清刻本
十五冊　存三種

410000－2242－0000424　010.7/T483

善本書室藏書志四十卷附錄一卷　（清）丁丙
輯　清光緒二十七年（1901）刻本　十六冊

410000－2242－0000425　S010.72/D.288

欽定重刻淳化閣帖十卷　（清）于敏中等編
（清）金簡校　清乾隆三十四年（1769）活字本
三冊

410000－2242－0000426　010.72/S.372

經籍訪古志六卷補遺一卷　（日本）澁江全善
撰　（日本）森立之撰　清光緒十一年（1885）

六合徐氏鉛印本　八冊

410000 – 2242 – 0000427　010.72/V.482/1
曝書雜記三卷　（清）錢泰吉撰　清同治七年
(1868)刻本　二冊

410000 – 2242 – 0000428　010.72/V.482/1A
曝書雜記三卷　（清）錢泰吉撰　清同治七年
(1868)刻本　二冊

410000 – 2242 – 0000429　913.5123/C.566/1
吉金所見錄十六卷　（清）初尚齡纂輯　清道
光七年(1827)古香書舍刻本　八冊

410000 – 2242 – 0000430　010.73/C281
愛日精廬藏書志三十六卷續志四卷　（清）張
金吾撰　清道光七年(1827)張氏愛日精廬刻
本　八冊

410000 – 2242 – 0000431　010.75/C313/1
清儀閣題跋不分卷　（清）張廷濟撰　清光緒
振新書社石印本　六冊

410000 – 2242 – 0000432　010.75/C313/2
清儀閣題跋不分卷　（清）張廷濟撰　清光緒
刻本　四冊

410000 – 2242 – 0000433　010.75/C.368
直齋書錄解題二十二卷　（宋）陳振孫撰　清
刻本　十六冊

410000 – 2242 – 0000434　010.762/Y225
留真譜初編十二卷　楊守敬編　清光緒二十
七年(1901)宜都楊氏刻本　十二冊

410000 – 2242 – 0000435　011.1/C278/1
書目答問不分卷　（清）張之洞撰　清光緒四
年(1878)淞隱閣鉛印本　四冊

410000 – 2242 – 0000436　011.1/C278/4
書目答問箋補四卷　（清）張之洞　（清）江人
度撰　清光緒三十年(1904)刻本　四冊

410000 – 2242 – 0000437　011.1/C744/1
行素堂目覩書錄十集　（清）朱記榮撰　清光
緒十一年(1885)孫溪槐廬刻本　十冊

410000 – 2242 – 0000438　011.1/C744/1

汲古閣珍藏秘本書目一卷　（清）毛扆撰　清
光緒十一年(1885)孫溪槐廬刻本　十冊

410000 – 2242 – 0000439　011.1/K565/2A
彙刻書目不分卷　（清）顧修編　清光緒十五
年(1889)福瀛書局刻本　二十冊

410000 – 2242 – 0000440　011.1/K565/2
彙刻書目不分卷　（清）顧修編　清光緒十五
年(1889)福瀛書局刻本　二十冊

410000 – 2242 – 0000441　011.1/Y232/1
固始詁經精舍章程並書目一卷　（清）楊溶編
　清光緒蔡萃文堂木活字本　一冊

410000 – 2242 – 0000442　011.1/Y232
固始詁經精舍章程並書目一卷　（清）楊溶編
　清光緒蔡萃文堂木活字本　一冊

410000 – 2242 – 0000443　011.1/Y411/1A
觀古堂書目叢刻十五種　葉德輝輯　清光緒
二十八年(1902)湘潭葉氏刻本　二十冊

410000 – 2242 – 0000444　011.1/Y411/1
觀古堂書目叢刻十五種　葉德輝輯　清光緒
二十八年(1902)湘潭葉氏刻本　二十冊

410000 – 2242 – 0000445　011.4/Y258/1
清代禁燬書目四種　（清）姚覲元輯　清抱經
堂書局石印本　四冊

410000 – 2242 – 0000446　S011.7/V.478
絳雲樓書目一卷　（清）錢謙益撰　清抄本
一冊

410000 – 2242 – 0000447　011.7/V.478/1
絳雲樓書目一卷　（清）錢謙益撰　清抄本
一冊

410000 – 2242 – 0000448　011.82/W228
畿輔叢書已刻書目一卷未刻書目一卷　（清）
王灝編　清光緒定州王氏刻本　一冊

410000 – 2242 – 0000449　011.9/Y225
日本訪書志十七卷　楊守敬撰　清光緒刻本
四冊

410000 – 2242 – 0000450　011.92/H662/1

士禮居藏書題跋記六卷　（清）黃丕烈撰
（清）潘祖蔭輯　清光緒八年（1882）吳縣潘氏
刻本　四冊

410000－2242－0000451　011.92/H662/2
士禮居藏書題跋記六卷　（清）黃丕烈撰
（清）潘祖蔭輯　清光緒十年（1884）滂喜齋刻
本　八冊

410000－2242－0000452　011.92/H662/2A
士禮居藏書題跋記六卷　（清）黃丕烈撰
（清）潘祖蔭輯　清光緒十年（1884）滂喜齋刻
本　四冊

410000－2242－0000453　012/C.369
直齋書錄解題二十二卷　（宋）陳振孫撰　清
光緒九年（1883）江蘇書局刻本　六冊

410000－2242－0000454　012/C.379
稽瑞樓書目一卷　（清）陳揆撰　清光緒三年
（1877）八喜齋刻本　一冊

410000－2242－0000455　012/D.266/1
靈鶼閣書目三種　（清）江標編　清光緒元和
江氏刻本　四冊

410000－2242－0000456　012/H498
續溪金紫胡氏所箸書目二卷　（清）胡培系編
輯　清光緒十年（1884）世澤樓刻本　一冊

410000－2242－0000457　012/K565
彙刻書目初編不分卷續編不分卷　（清）顧修
撰　清光緒元年（1875）長洲無夢園陳氏刻本
十四冊

410000－2242－0000458　012/K714/1
續彙刻書目十集　羅振玉輯　清宣統三年
（1911）連平范氏雙魚室刻本　十冊

410000－2242－0000459　012/M579
藝風藏書記八卷　繆荃孫撰　清光緒二十六
至二十七年（1900－1901）刻本　二冊

410000－2242－0000460　012/M615/3A
邵亭知見傳本書目十六卷　（清）莫友芝撰
清同治十二年（1873）鉛印本　四冊

410000－2242－0000461　012/M615/3

邵亭知見傳本書目十六卷　（清）莫友芝撰
清同治十二年（1873）鉛印本　四冊

410000－2242－0000462　012/N261
惜抱軒書錄四卷　（清）姚鼐撰　清光緒五年
（1879）桐城徐宗亮刻本　一冊

410000－2242－0000463　012/T482/2
豐順丁氏持靜齋書目一卷附舊目一卷　（清）
丁日昌撰　清光緒二十一年（1895）刻本
一冊

410000－2242－0000464　012/T484
武林藏書錄三卷首一卷末一卷　（清）丁申撰
清光緒二十六年（1900）嘉惠堂刻本　二冊

410000－2242－0000465　012/V.481
家刻書目十卷　（清）錢培蓀彙錄　清光緒四
年（1878）刻本　四冊

410000－2242－0000466　012/Y232
海源閣藏書目一卷　（清）楊以增撰　清光緒
十四年（1888）江氏師許室刻本　一冊

410000－2242－0000467　012/Y323/2
學古堂藏書目一卷　（□）□□撰　清刻本
一冊

410000－2242－0000468　015/P122/1
八史經籍志十種　（漢）班固等撰　清光緒九
年（1883）刻本　十六冊

410000－2242－0000469　015/P122/1A
八史經籍志十種　（漢）班固等撰　清光緒九
年（1883）刻本　十六冊

410000－2242－0000470　015/P122/2
八史經籍志十種　（漢）班固等撰　清光緒九
年（1883）刻本　十六冊

410000－2242－0000471　015.2/W251
漢藝文志攷證十卷　（宋）王應麟撰　清刻本
二冊

410000－2242－0000472　015.03/C321
隋經籍志考證十三卷　（清）章宗源撰　清光
緒三年（1877）湖北崇文書局刻本　四冊

410000－2242－0000473　017.1/D129/1

欽定四庫全書總目二百卷附簡明目錄二十卷
（清）紀昀等撰　清同治七年(1868)廣東書局刻本　一百二十冊

410000－2242－0000474　017.1/D129/4A

欽定四庫全書總目二百卷　（清）紀昀等撰　清宣統二年(1910)存古齋刻本　三十二冊

410000－2242－0000475　017.1/D129/4

欽定四庫全書總目二百卷　（清）紀昀等撰　清宣統二年(1910)存古齋刻本　三十二冊

410000－2242－0000476　017.1/D129/6

數學八卷續一卷　（清）江永撰　清光緒二十二年(1896)鴻寶齋石印本　一冊　存二卷（一至二）

410000－2242－0000477　017.1/D129/8

欽定四庫全書簡明目錄二十卷　（清）永瑢等纂修　清光緒十四年(1888)漱六山莊石印本　四冊

410000－2242－0000478　017.1/S.337

四庫簡明目錄標注二十卷附錄一卷　（清）邵懿辰撰　清宣統三年(1911)仁和邵氏刻本　六冊

410000－2242－0000479　017.1/Y675

欽定天祿琳琅書目十卷　（清）于敏中等編　續編二十卷　（清）彭元瑞等續編　清光緒十年(1884)長沙王氏刻本　十冊

410000－2242－0000480　017.2/K564

大梁書院藏書總目一卷　（清）顧璜編　清光緒二十四年(1898)刻本　一冊

410000－2242－0000481　017.2/K564/1

大梁書院藏書總目一卷　（清）顧璜編　清光緒二十四年(1898)刻本　一冊

410000－2242－0000482　019.1/W254/1

史姓韻編六十四卷　（清）汪輝祖撰　清同治九年(1870)金陵書局活字本　二十四冊

410000－2242－0000483　019.1/W254/2

史姓韻編六十四卷　（清）汪輝祖輯　清光緒十年(1884)耕餘樓書局活字本　十六冊

410000－2242－0000484　019.1/W254/3

史姓韻編二十四卷　（清）汪輝祖輯　清光緒二十九年(1903)文瀾書局石印本　八冊

410000－2242－0000485　029.6/M126

譚誤四卷　（清）馬朴撰　清同治九年(1870)刻本　二冊

410000－2242－0000486　S030/C317

淵鑑類函四百五十卷　（清）張英等纂　清康熙四十九年(1710)清吟堂刻本　三十五冊　存七十八卷（二十至二十三、四十五至四十六、五十一至五十二、一百十至一百十七、一百十九至一百二十四、一百八十三至二百〇三、二百二十三至二百二十五、二百三十三至二百三十五、二百四十三至二百四十五、三百十八至三百二十一、三百二十七至三百三十、三百八十三至四百）

410000－2242－0000487　030/C317/3

淵鑑類函四百五十卷　（清）張英等纂　清光緒九年(1883)點石齋石印本　十冊

410000－2242－0000488　030/C317/5A

淵鑑類函四百五十卷目錄四卷　（清）張英等纂　清刻本　一百六十冊

410000－2242－0000489　030/C317/5

淵鑑類函四百五十卷目錄四卷　（清）張英等纂　清刻本　一百六十冊

410000－2242－0000490　030/H662/1

增補事類統編九十三卷首一卷　（清）黃葆真增輯　清道光二十九年(1849)丹陽黃氏刻本　二十四冊

410000－2242－0000491　030/H662/2

增補事類統編九十三卷首一卷　（清）黃葆真增輯　清光緒三年(1877)群玉書屋刻本　四十七冊

410000－2242－0000492　030/H662/3

增補事類統編九十三卷首一卷　（清）黃葆真增輯　清同治十一年(1872)范陽書林刻

本　四十冊

410000－2242－0000493　S030/V443

古今圖書集成一萬卷　（清）蔣廷錫等纂　清內府活字本　三冊　存五卷（方輿彙編職方典第三百八十七至三百八十八,博物彙編藝術典第六百二十七至六百二十八、六百七十一）

410000－2242－0000494　030/V443/2

欽定古今圖書集成一萬卷目錄四十卷考證二十四卷　（清）蔣廷錫等編　清光緒十年（1884）上海圖書集成局鉛印本　一千五百〇八冊

410000－2242－0000495　030.1/H658

普通百科新大詞典十二集　黃人編　清宣統三年（1911）上海國學扶輪社鉛印本　十五冊

410000－2242－0000496　031/L324/1

太平御覽一千卷　（宋）李昉等編　清嘉慶歙縣鮑氏刻本　一百冊

410000－2242－0000497　031/L324/2

太平御覽一千卷　（宋）李昉等編　清嘉慶十四年（1809）張氏從善堂刻本　一百〇一冊

410000－2242－0000498　031/L324/3

太平御覽一千卷　（宋）李昉等編　清光緒二十年（1894）積山書局石印本　三十一冊

410000－2242－0000499　031/M246

增補萬寶全書四卷　（清）毛煥文增補　清乾隆三十七年（1772）刻本　六冊

410000－2242－0000500　031/S.566

六藝綱目二卷附錄字原一卷　（元）舒天民撰　（元）舒恭注　（明）趙宜中附注　清光緒二十二年（1896）刻本　一冊

410000－2242－0000501　031.1/C675/1

姓氏詳註四卷　（清）周魯輯　清初天和堂刻本　六冊

410000－2242－0000502　031.1/C675/2

類書纂要三十六卷　（清）周魯編　清康熙三年（1664）刻本　二十六冊

410000－2242－0000503　031.1/C679

五經類編二十八卷　（清）周世樟編　清乾隆四十六年（1781）友益齋刻本　六冊

410000－2242－0000504　S031.1/C679/1

五經類編二十八卷　（清）周世樟編　清雍正二年（1724）刻本　十冊

410000－2242－0000505　031.1/C752

皇朝詞林典故六十四卷　（清）朱珪等編　清嘉慶刻本　三十四冊

410000－2242－0000506　S031.1/C776

新編古今事文類聚前集六十卷後集五十卷續集二十八卷別集三十二卷新集三十六卷外集十五卷遺集十五卷　（宋）祝穆撰　明萬曆三十二年（1604）金谿唐氏德壽堂刻本　八十四冊

410000－2242－0000507　031.1/C.178

省軒考古類編十二卷　（清）柴紹炳纂　（清）姚培謙評　清乾隆二十三年（1758）刻本　六冊

410000－2242－0000508　031.1/C.319

策學淵萃四十六卷　（□）□□撰　清刻本　十冊　存二十五卷（二十二至四十六）

410000－2242－0000509　S031.1/C.377

八編類纂二百八十五卷附六經圖六卷地類圖二卷　（明）陳仁錫輯　明天啟六年（1626）刻本　一百冊

410000－2242－0000510　S031.1/C.377/1

潛確居類書一百二十卷　（明）陳仁錫輯　明崇禎刻本　四十四冊

410000－2242－0000511　S031.1/C.397/1

天中記六十卷　（明）陳耀文撰　明萬曆二十三年（1595）刻本　六十冊

410000－2242－0000512　031.1/F183A

古事比五十二卷　（清）方中德輯　清光緒十三年（1887）點石齋石印本　六冊

410000－2242－0000513　031.1/F183B

古事比五十二卷　（清）方中德輯　清光緒十

三年(1887)點石齋石印本　六冊

410000－2242－0000514　031.1/H553/1

重訂廣事類賦四十卷　（清）華希閔撰　清嘉慶二十二年(1817)刻本　十冊

410000－2242－0000515　031.1/H553/2

廣事類賦四十卷　（清）華希閔撰　清康熙三十八年(1699)劍光閣刻本　十冊

410000－2242－0000516　031.1/K473

讀書紀數略五十四卷　（清）宮夢仁編纂　清康熙刻本　十二冊

410000－2242－0000517　031.1/K682

分類賦鵠十二卷　（清）廣百宋齋主人編　清光緒十二年(1886)同文書局石印本　六冊　存六卷(一至六)

410000－2242－0000518　031.1/L194/1

七修類稿五十一卷　（明）郎瑛撰　清乾隆四十年(1775)耕煙草堂刻本　十二冊

410000－2242－0000519　031.1/L194/2

七修類稿五十一卷　（明）郎瑛撰　清光緒六年(1880)翰墨園刻本　十六冊

410000－2242－0000520　S031.1/L327

姓氏譜纂七卷　（明）李日華撰　明刻本　一冊　存三卷(五至七)

410000－2242－0000521　031.1/L635

策府統宗六十五卷　（清）劉昌齡編　清光緒十九年(1893)石印本　二十冊

410000－2242－0000522　031.1/O146/1

藝文類聚一百卷　（唐）歐陽詢撰　清光緒五年(1879)宏建堂刻本　二十八冊

410000－2242－0000523　S031.1/P274

唐宋白孔六帖一百卷附目錄二卷　（唐）白居易　（宋）孔傳輯　明嘉靖刻本　五十冊

410000－2242－0000524　S031.1/P.354A

山堂肆考二百二十八卷附補遺十二卷　（明）彭大翼纂　（明）張幼學編輯　明萬曆梅墅石渠閣刻本　三十九冊

410000－2242－0000525　031.1/S838

鑄史駢言十二卷　（清）孫玉田撰　清光緒二年(1876)刻本　四冊

410000－2242－0000526　031.1/S894

古香齋鑒賞袖珍初學記三十卷　（唐）徐堅等撰　清末刻本　二十四冊

410000－2242－0000527　S031.1/S894/1

初學記三十卷　（唐）徐堅等撰　明刻本　十六冊

410000－2242－0000528　S031.1/S894/2

初學記三十卷　（唐）徐堅等撰　明嘉靖十年(1531)錫山安國桂坡館刻本　二十四冊

410000－2242－0000529　031.1/S914

玉譜類編四卷　（清）徐壽基編輯　清光緒十五年(1889)源陽官署刻本　四冊

410000－2242－0000530　031.1/S.432

唐詩金粉十卷　（清）沈炳震輯　清雍正讀書齋刻本　四冊

410000－2242－0000531　031.1/T312

蘭雪堂古事苑定本十二卷　（明）鄧志謨編輯　清康熙刻本　三冊

410000－2242－0000532　S031.1/T312/1

鍥旁訓古事鏡十二卷　（明）鄧志謨撰　（明）袁宏道校　明萬曆四十三年(1615)書林餘氏萃慶堂刻本　六冊

410000－2242－0000533　031.1/T351A

通俗編三十八卷　（清）翟灝撰　清乾隆十六年(1751)無不宜齋刻本　六冊

410000－2242－0000534　031.1/T351B

通俗編三十八卷　（清）翟灝撰　清乾隆十六年(1751)無不宜齋刻本　六冊

410000－2242－0000535　S031.1/T532

增補一夕話六卷　（清）咄咄夫編　清善成堂刻本　二冊

410000－2242－0000536　S031.1/T574

廣博物志五十卷　（明）董斯張輯　明萬曆三十五年(1607)高暉堂刻本　三十六冊

410000 – 2242 – 0000537　031.1/T574/1A

廣博物志五十卷　（明）董斯張纂　清光緒五年(1879)學海堂刻本　三十二冊

410000 – 2242 – 0000538　031.1/T574/1B

廣博物志五十卷　（明）董斯張纂　清光緒五年(1879)學海堂刻本　六冊　存七卷（十一至十七）

410000 – 2242 – 0000539　031.1/T574/2

廣博物志五十卷　（明）董斯張纂　清乾隆二十六年(1761)高暉堂刻本　三十九冊

410000 – 2242 – 0000540　031.1/V122

子史精華三十卷　（清）吳襄等纂修　清光緒九年(1883)點石齋石印本　二冊

410000 – 2242 – 0000541　031.1/V242

四書人物典串珠四十卷　（清）臧志仁編輯　清同治十二年(1873)刻本　十二冊

410000 – 2242 – 0000542　S031.1/W223

冊府元龜一千卷附目錄十卷　（宋）王欽若等輯　明崇禎十五年(1642)黃國琦刻本　一百五十冊

410000 – 2242 – 0000543　S031.1/W225

三才圖會一百〇六卷　（明）王圻撰　明萬曆三十七年(1609)刻本　一百〇四冊

410000 – 2242 – 0000544　031.1/W243

喻林一葉一百二十卷　（清）王蘇編　清咸豐刻本　八冊　存二十四卷（一至二十四）

410000 – 2242 – 0000545　S031.1/W251

玉海二百卷附辭學指南四卷　（清）王應麟輯　明刻明清遞修本　六十冊

410000 – 2242 – 0000546　031.1/W251/1

玉海二百卷附辭學指南四卷　（宋）王應麟撰　清嘉慶十一年(1806)刻本　一百十五冊

410000 – 2242 – 0000547　031.1/W251/2

玉海附刻十三種　（宋）王應麟撰　清光緒九年(1883)浙江書局刻本　二十一冊

410000 – 2242 – 0000548　031.1/W472/1

策學備纂三十二卷　（清）吳頴炎編　清光緒

十四年(1888)點石齋石印本　四十八冊

410000 – 2242 – 0000549　031.1/W472/2

策學備纂三十二卷　（清）吳頴炎編　清光緒二十三年(1897)點石齋石印本　四十八冊

410000 – 2242 – 0000550　031.1/W492

重訂事類賦三十卷　（宋）吳淑撰注　（明）華麟祥校刊　清嘉慶二十二年(1817)劍光閣刻本　六冊

410000 – 2242 – 0000551　031.1/W492/1 – 1

增廣事類賦四十卷　（清）華希閔撰　清嘉慶二十二年(1817)劍光閣刻本　六冊

410000 – 2242 – 0000552　031.1/W492/1 – 2

廣事類賦四十卷　（清）華希閔撰　清嘉慶二十二年(1817)劍光閣刻本　四冊

410000 – 2242 – 0000553　031.1/W492/1 – 2

事類賦三十卷　（宋）吳淑撰注　（明）華麟祥校刊　清嘉慶二十二年(1817)劍光閣刻本　二冊

410000 – 2242 – 0000554　S031.1/Y692A

唐類函二百卷　（明）俞安期輯　明萬曆三十一年(1603)俞氏刻本　五十冊

410000 – 2242 – 0000555　031.1/Y723A

北堂書鈔一百六十卷　（隋）虞世南撰　（清）孔廣陶校注　清光緒十四年(1888)萬卷堂刻本　二十冊

410000 – 2242 – 0000556　031.1/Y723B

北堂書鈔一百六十卷　（隋）虞世南撰　（清）孔廣陶校注　清光緒十四年(1888)萬卷堂刻本　二十冊

410000 – 2242 – 0000557　031.1/Y862/1

子史精華一百六十卷　（清）允祿等編　清光緒十三年(1887)海積山書局石印本　十冊

410000 – 2242 – 0000558　031.1/Y862/3

子史精華一百六十卷　（清）允祿等編　清光緒十年(1884)同文書局石印本　八冊

410000 – 2242 – 0000559　031.2/L347

笠翁對韻二卷　（清）李漁撰　清同治元年

(1862)書香草堂刻本　一冊

410000－2242－0000560　S031.2/L571A
五車韻瑞一百六十卷　（明）凌稚隆輯　明金
閶葉瑤池刻本　十六冊　存六十卷（一至六
十）

410000－2242－0000561　031.2/L794
佩文詩韻釋要五卷　（清）陸潤庠修訂　清光
緒十二年(1886)刻本　一冊

410000－2242－0000562　S031.2/V.187
佩文韻府一百〇六卷　（清）張玉書等纂　清
康熙五十年(1711)內府刻本　九十五冊

410000－2242－0000563　031.2/V.187/1
**欽定佩文韻府一百〇六卷韻府拾遺一百〇六
卷**　（清）張玉書　（清）蔡升元輯　清光緒十
三年(1887)點石齋石印本　六十

410000－2242－0000564　031.2/V.187/2
佩文韻府一百〇六卷韻府拾遺一百〇六卷
（清）張玉書　（清）蔡升元輯　清光緒二十一
年(1895)點石齋石印本　二十四冊

410000－2242－0000565　031.2/V.187/4
佩文韻府一百〇六卷韻府拾遺一百〇六卷
（清）蔡升元等編　清光緒十三年(1887)點石
齋石印本　四十二冊　存九十一卷（十六至
一百〇六）

410000－2242－0000566　031.2/V.187/5
**欽定佩文韻府一百〇六卷韻府拾遺一百〇六
卷**　（清）張玉書　（清）蔡升元輯　清光緒十
三年(1887)點石齋石印本　六冊　存十二卷
（一至十二）

410000－2242－0000567　031.2/V.187/6
**欽定佩文韻府一百〇六卷韻府拾遺一百〇六
卷**　（清）張玉書　（清）蔡升元編　清光緒十
八年(1892)鴻寶齋石印本　二百冊

410000－2242－0000568　031.2/V.187/7
韻府拾遺一百〇六卷　（清）汪灝等編　清刻
本　二十四冊

410000－2242－0000569　031.2/Y262/1

詩詞韻輯二種　（清）姚詩雅輯　清同治四年
(1865)滑台官舍刻本　二冊

410000－2242－0000570　223.34/S.166A
瑜伽燄口施食不分卷　（清）釋實賢編　清乾
隆二十年(1755)刻本　一冊

410000－2242－0000571　223.34/S.166B
瑜伽燄口施食不分卷　（清）釋實賢編　清乾
隆二十年(1755)刻本　一冊

410000－2242－0000572　031.2/Y411
增補詩句題解彙編二十二卷　（清）葉湘秋等
輯　（清）朱春舫增輯　清刻本　十冊　存十
卷（十三至二十二）

410000－2242－0000573　031.3/T573B
古今類傳四卷　（清）董穀士　（清）董炳文輯
　清康熙三十一年(1692)未學齋刻本　四冊

410000－2242－0000574　031.3/T573A
古今類傳四卷　（清）董穀士　（清）董炳文輯
　清康熙三十一年(1692)未學齋刻本　四冊

410000－2242－0000575　031.3/V.187
月令章句四卷　（漢）蔡邕撰　清光緒三十年
(1904)長沙葉氏刻本　一冊

410000－2242－0000576　031.3/V.527A
月令粹編二十四卷　（清）秦嘉謨編　清嘉慶
十七年(1812)江都秦氏琳琅僊館刻本　八冊

410000－2242－0000577　031.3/V.527B
月令粹編二十四卷　（清）秦嘉謨編　清嘉慶
十七年(1812)江都秦氏琳琅僊館刻本　四冊

410000－2242－0000578　031.3/V.527C
月令粹編二十四卷　（清）秦嘉謨編　清嘉慶
十七年(1812)江都秦氏琳琅僊館刻本　八冊

410000－2242－0000579　031.3/Y694
時節氣候抄六卷　（清）喻端士撰　（清）吳鯉
徵等編　清道光元年(1821)刻本　二冊

410000－2242－0000580　031.4/S.433A
欽定駢字類編二百四十卷　（清）沈宗敬等編
　清光緒十三年(1887)同文書局石印本　四
十七冊

410000－2242－0000581　031.4/S.433B

欽定駢字類編二百四十卷　（清）沈宗敬等編
清光緒十三年（1887）同文書局石印本　四
十八冊

410000－2242－0000582　031.4/S.433C

欽定駢字類編二百四十卷　（清）沈宗敬等編
清光緒十三年（1887）同文書局石印本　四
十八冊

410000－2242－0000583　031.4/S.433D

欽定駢字類編二百四十卷　（清）沈宗敬等編
清光緒十三年（1887）同文書局石印本　四
十八冊

410000－2242－0000584　031.5/C318

籟典四卷　（清）章啟勳撰　清光緒五年
（1879）刻本　四冊

410000－2242－0000585　031.5/S427/1

均藻五卷　（明）楊慎編　清同治六年（1867）
小嫏嬛山館刻本　一冊

410000－2242－0000586　031.5/S427/2

小嫏嬛山館彙刻類書十二種　（清）□□編
清同治六年（1867）刻本　三冊　存七種

410000－2242－0000587　223.34/S.166D

瑜伽燄口施食不分卷　（清）釋實賢編　清乾
隆二十年（1755）刻本　一冊

410000－2242－0000588　081.7/v.276/1B

曹月川先生遺書十一卷　（明）曹端撰　清咸
豐十一年（1861）刻本　十一冊

410000－2242－0000589　223.16/C136/1－2

般若波羅密多心經略疏一卷　（唐）釋法藏撰
清同治八年（1869）金陵刻經處刻本　一冊

410000－2242－0000590　081.7/v.276/1C

曹月川先生遺書十一卷　（明）曹端撰　清咸
豐十一年（1861）刻本　十冊

410000－2242－0000591　223.34/S.166E

瑜伽燄口施食不分卷　（清）釋實賢編　清乾
隆二十年（1755）刻本　一冊

410000－2242－0000592　223.34/S.166F

410000－2242－0000593　223.34/S.166G

瑜伽燄口施食不分卷　（清）釋實賢編　清乾
隆二十年（1755）刻本　一冊

410000－2242－0000594　031.5/S427/3

小嫏嬛山館彙刻類書十二種　（清）□□編
清同治六年（1867）緯文堂刻本　八冊　存
七種

410000－2242－0000595　223.34/S.166H

瑜伽燄口施食不分卷　（清）釋實賢編　清乾
隆二十年（1755）刻本　一冊

410000－2242－0000596　223.34/S.166I

瑜伽燄口施食不分卷　（清）釋實賢編　清乾
隆二十年（1755）刻本　一冊

410000－2242－0000597　031.08/W362/1

文林綺繡五種　（□）□□撰　清光緒二十年
（1894）鴻寶齋石印本　五冊　存四種

410000－2242－0000598　031.9/C311

姓氏尋源四十五卷　（清）張澍纂　清道光刻
本　十二冊

410000－2242－0000599　S031.9/C.238

名人姓字辨同不分卷　（清）常茂徠撰　清道
光咸豐稿本　一冊

410000－2242－0000600　031.9/C.451

人壽金鑑二十二卷　（清）程得齡編　清光緒
元年（1875）湖北崇文書局刻本　六冊

410000－2242－0000601　031.9/L538

元和姓纂十卷　（唐）林寶撰　清光緒六年
（1880）金陵書局刻本　四冊

410000－2242－0000602　031.9/L637

類聯集古四卷　（清）劉慶觀輯　清嘉慶十七
年（1812）刻本　二冊

410000－2242－0000603　031.9/W251

姓氏急就篇二卷　（宋）王應麟撰　清刻本
一冊

410000－2242－0000604　040.17/S.337

南江札記一卷　(清)邵晉涵撰　清光緒十四年(1888)長洲蔣氏刻本　一冊

410000－2242－0000605　040.19/S834

新義錄一百卷　(清)孫璧文撰　清光緒八年(1882)漱石山房刻本　四十冊

410000－2242－0000606　041/F186

漢學商兑四卷　(清)方東樹撰　清光緒二十六年(1900)浙江書局刻本　四冊

410000－2242－0000607　041/F186/1

漢學商兑四卷　(清)方東樹撰　清光緒十五年(1889)孫溪朱氏刻本　二冊

410000－2242－0000608　041.12/D192

大學經傳要錄四種附三種　(清)賈之彥錄　清康熙刻本　四冊

410000－2242－0000609　041.14/S838

札迻十二卷　(清)孫詒讓撰　清光緒刻本　三冊

410000－2242－0000610　041.14/S838/2A

札迻十二卷　(清)孫詒讓撰　清光緒二十年(1894)刻本　四冊

410000－2242－0000611　041.14/S838/2B

札迻十二卷　(清)孫詒讓撰　清光緒二十年(1894)刻本　四冊

410000－2242－0000612　041.17/C291

培蓭漫錄十二卷首一卷附培庵詩文存四卷　(清)張立本編　清咸豐二年(1852)刻本　三冊

410000－2242－0000613　041.17/D.238A

蘿藦亭札記八卷　(清)喬松年撰　清同治刻本　四冊

410000－2242－0000614　041.17/D.238B

蘿藦亭札記八卷　(清)喬松年撰　清同治刻本　二冊

410000－2242－0000615　041.17/H361A

義門讀書記五十八卷　(清)何焯撰　清乾隆石香齋刻本　十二冊

410000－2242－0000616　041.17/H361B

義門讀書記五十八卷　(清)何焯撰　清乾隆石香齋刻本　十一冊

410000－2242－0000617　041.17/H433A

讀書叢錄二十四卷　(清)洪頤煊撰　清道光刻本　六冊

410000－2242－0000618　041.17/H433B

讀書叢錄二十四卷　(清)洪頤煊撰　清道光刻本　六冊

410000－2242－0000619　041.17/H652

黃氏日抄九十七卷附古今紀要十九卷　(宋)黃震編輯　清乾隆三十二年(1767)新安汪氏珠樹堂刻本　五十八冊

410000－2242－0000620　041.17/L231

讀書雜識十二卷　(清)勞格撰　清光緒四年(1878)吳興丁氏刻本　四冊

410000－2242－0000621　041.17/S464/1

讀書錄八卷　(明)薛瑄撰　(清)張伯行訂　清康熙正誼堂刻本　三冊

410000－2242－0000622　041.17/S464/1

讀書錄十一卷續錄二卷　(明)薛瑄撰　清乾隆刻本　三冊

410000－2242－0000623　S041.17/S659

學齋隨筆錄不分卷　(清)宋繼郊輯　清同治宋氏稿本　三冊

410000－2242－0000624　S041.17/S659/1

雜物撰德不分卷　(清)宋繼郊撰　清光緒宋氏稿本　一冊

410000－2242－0000625　041.17/S824

讀書脞錄七卷　(清)孫志祖撰　清嘉慶四年(1799)刻本　四冊

410000－2242－0000626　041.17/Y258A

援鶉堂筆記五十卷附栞誤一卷栞誤補遺一卷　(清)姚範撰　清道光十五年(1835)刻本　十六冊

410000－2242－0000627　041.17/Y258B

援鶉堂筆記五十卷附栞誤補遺一卷　(清)姚

範撰　清道光十五年(1835)刻本　十六冊

410000－2242－0000628　041.17/Y262

寸陰叢錄四卷　(清)姚瑩撰　清刻本　一冊

410000－2242－0000629　041.18/H656

日知錄集釋三十二卷附刊誤二卷續刊誤二卷
(清)顧炎武撰　(清)黃汝成集釋　清光緒
十二年(1886)點石齋石印本　四冊

410000－2242－0000630　041.18/K566

日知錄集釋三十二卷附刊誤二卷續刊誤二卷
(清)顧炎武撰　清光緒二十一年(1895)點
石齋石印本　五冊　存七卷(十八至二十四)

410000－2242－0000631　041.18/H663

麈談拾雅不分卷　(清)黃紹昌撰　清同治十
年(1871)藏修書屋刻本　一冊

410000－2242－0000632　041.18/K566

日知錄之餘四卷　(清)顧炎武撰　清宣統二
年(1910)刻本　二冊

410000－2242－0000633　041.18/K566/2

日知錄集釋三十二卷附刊誤二卷續刊誤二卷
(清)顧炎武撰　(清)黃汝成集釋　清光緒
二十五年(1899)京都琉璃廠刻本　二十冊

410000－2242－0000634　041.18/K566/3A

日知錄集釋三十二卷附刊誤二卷續刊誤二卷
(清)顧炎武撰　(清)黃汝成集釋　清光緒
元年(1875)湖北崇文書局刻本　十六冊

410000－2242－0000635　041.18/K566/3B

日知錄集釋三十二卷附刊誤二卷續刊誤二卷
(清)顧炎武撰　(清)黃汝成集釋　清光緒
元年(1875)湖北崇文書局刻本　十六冊

410000－2242－0000636　041.18/K566/3C

日知錄集釋三十二卷附刊誤二卷續刊誤二卷
(清)顧炎武撰　(清)黃汝成集釋　清光緒
元年(1875)湖北崇文書局刻本　六冊　存十
五卷(二至十六)

410000－2242－0000637　223.34/S.166J

瑜伽燄口施食不分卷　(清)釋實賢編　清乾
隆二十年(1755)刻本　一冊

410000－2242－0000638　041.18/K566/5

日知錄集釋三十二卷附刊誤二卷續刊誤二卷
(清)顧炎武撰　(清)黃汝成集釋　清道光
十四年(1834)嘉宣黃氏西溪草廬刻本　十
六冊

410000－2242－0000639　041.18/K566/6

日知錄集釋三十二卷附刊誤二卷續刊誤二卷
(清)顧炎武撰　(清)黃汝成集釋　清光緒
三年(1877)刻本　十六冊

410000－2242－0000640　041.18/P659

三才紀要不分卷　(□)□□撰　清末江南機
器製造總局刻本　一冊

410000－2242－0000641　041.18/V441

斠補隅錄十四種　(清)蔣光煦撰　清光緒九
年(1883)蔣氏刻本　四冊

410000－2242－0000642　041.18/Y694

古書疑義舉例七卷　(清)俞樾撰　清光緒十
四年(1888)南菁書院刻本　二冊

410000－2242－0000643　041.19/C683

厄林十卷補遺一卷　(明)周嬰纂　清嘉慶二
十年(1815)蕭山陳氏湖海樓刻本　五冊

410000－2242－0000644　041.19/C.394

掌錄二卷　(清)陳祖范撰　清光緒十七年
(1891)廣雅書局刻本　一冊

410000－2242－0000645　041.19/F186

通雅五十二卷首三卷附刊誤一卷　(明)方以
智撰　清光緒六年(1880)桐城方氏刻本　十
六冊

410000－2242－0000646　S041.19/F186/1

通雅五十二卷首三卷　(明)方以智撰　清康
熙五年(1666)龍眠姚氏刻本　八冊

410000－2242－0000647　041.19/H379

晉宋書故一卷　(清)郝懿行撰　清光緒十七
年(1891)廣雅書局刻本　一冊

410000－2242－0000648　041.19/H497

訂訛雜錄十卷　(清)胡鳴玉撰　清嘉慶十八
年(1813)蕭山陳氏湖海樓刻本　二冊

410000－2242－0000649　041.19/H656

角山樓增補類腋六十七卷　（清）姚培謙撰
（清）趙克宜增輯　清光緒十二年(1886)同文
書局石印本　六冊

410000－2242－0000650　041.19/K681

有不為齋隨筆十卷　（清）光聰諧撰　清光緒
十四年(1888)蘇州藩署刻本　一冊

410000－2242－0000651　041.19/K718

札樸十卷　（清）桂馥撰　清光緒九年(1883)
長洲蔣氏心矩齋刻本　六冊

410000－2242－0000652　041.19/M127

小坡識小錄四卷　（清）馬騰蛟編　清同治十
三年(1874)大荔馬氏刻本　二冊

410000－2242－0000653　041.19/T.452

西圃叢辨三十二卷　（清）田同之撰　清乾隆
刻本　六冊

410000－2242－0000654　041.19/V.481/2

十駕齋養新錄二十卷　（清）錢大昕撰　清嘉
慶九年(1804)刻本　二十冊

410000－2242－0000655　041.19/V.481/3

十駕齋養新錄二十卷餘錄三卷　（清）錢大昕
撰　清末刻本　八冊

410000－2242－0000656　041.19/V.481/4A

十駕齋養新錄二十卷餘錄三卷附年譜二種
（清）錢大昕撰　清光緒二年(1876)浙江書局
刻本　八冊

410000－2242－0000657　041.19/V.481/4B

十駕齋養新錄二十卷餘錄三卷附年譜二種
（清）錢大昕撰　清光緒二年(1876)浙江書局
刻本　八冊

410000－2242－0000658　041.19/W428/1

困學紀聞注二十卷首一卷　（清）翁元圻輯
清光緒十三年(1887)同文書局石印本　六冊

410000－2242－0000659　041.19/W428/2

困學紀聞注二十卷　（清）翁元圻輯注　清刻
本　一冊　存一卷(五)

410000－2242－0000660　041.19/W428/3

困學紀聞注二十卷　（清）翁元圻輯　清道光
五年(1825)刻本　十二冊

410000－2242－0000661　S041.19/Y259

西溪叢語二卷　（宋）姚寬撰　明刻本　二冊

410000－2242－0000662　041.19/Y262

識小錄八卷　（清）姚瑩撰　清道光二十九年
(1849)刻本　三冊

410000－2242－0000663　041.19/Y411

吹綱錄六卷　（清）葉廷琯撰　清同治八年
(1869)刻本　三冊

410000－2242－0000664　S041.19/Y818

增訂二三場群書備考四卷　（明）袁黃撰　明
崇禎十五年(1642)刻本　六冊

410000－2242－0000665　041.2/D.347

經濟學漑集成四十卷　（清）廣安瀾主人編
清光緒二十七年(1901)涵碧軒石印本　二十
二冊

410000－2242－0000666　041.21/C292A

溯流史學鈔二十卷　（清）張沐撰　清康熙刻
本　十冊

410000－2242－0000667　041.21/C292B

溯流史學鈔二十卷　（清）張沐撰　清康熙刻
本　八冊

410000－2242－0000668　S041.21/S464

薛文清公讀書全錄類編二十卷　（明）薛瑄撰
　（明）侯鶴齡編　明萬曆二十七年(1599)刻
本　八冊

410000－2242－0000669　041.5/K774/1

國學叢刊二十種　（清）國學研究會編　清宣
統三年(1911)石印本　三冊

410000－2242－0000670　041.5/K774/2

國學叢刊二十種　（清）國學研究會編　清宣
統三年(1911)石印本　三冊

410000－2242－0000671　041.5/K774/3

國學叢刊十三種　（清）國學研究會編　清宣
統三年(1911)石印本　二冊

410000－2242－0000672　041.6/W221/1A

困學紀聞注二十卷　（宋）王應麟撰　（清）翁元圻輯　清道光五年(1825)餘姚守福堂刻本　十二冊

410000－2242－0000673　041.6/W221/1D

困學紀聞二十卷　（宋）王應麟撰　清乾嘉刻本　八冊

410000－2242－0000674　041.6/W221/1E

困學紀聞二十卷　（宋）王應麟撰　清同治九年(1870)揚州書局刻本　六冊

410000－2242－0000675　041.6/W221/5

校定困學紀聞集證二十卷　（宋）王應麟撰　（清）閻若璩等較補　清嘉慶十六年(1811)刻本　十二冊

410000－2242－0000676　041.8/W238/1A

讀書雜志十種　（清）王念孫撰　清同治九年(1870)金陵書局刻本　二十二冊

410000－2242－0000677　041.8/W238/1B

讀書雜志十種餘編一種　（清）王念孫撰　清同治九年(1870)金陵書局刻本　二十四冊

410000－2242－0000678　041.8/W238/1C

讀書雜志十種餘編一種　（清）王念孫撰　清同治九年(1870)金陵書局刻本　二十四冊

410000－2242－0000679　041.8/W238/1D

讀書雜志十種餘編一種　（清）王念孫撰　清同治九年(1870)金陵書局刻本　二十四冊

410000－2242－0000680　041.8/W238/1E

讀書雜志十種餘編一種　（清）王念孫撰　清同治九年(1870)金陵書局刻本　二十四冊

410000－2242－0000681　041.8/W238/2

讀書雜志十種餘編一種　（清）王念孫撰　清光緒二十一年(1895)鴻文書局石印本　八冊　存七種

410000－2242－0000682　041.95/H665/1

宋元學案一百卷　（清）黃宗羲撰　（清）馮雲濠　（清）黃百家纂輯　清刻本　三十九冊

410000－2242－0000683　041.97/H665/4

明儒學案六十二卷　（清）黃宗羲撰　清光緒十四年(1888)南昌縣學刻本　三十五冊

410000－2242－0000684　041.98/T.221/2A

學案小識十四卷末一卷　（清）唐鑑撰　清光緒文瑞樓石印本　六冊

410000－2242－0000685　041.98/T.221/2B

學案小識十四卷末一卷　（清）唐鑑撰　清光緒文瑞樓石印本　六冊

410000－2242－0000686　071.4/C.379

河南官報□□期　（清）陳夔龍創辦　清光緒三十年至宣統三年(1904－1911)鉛印本　三十三冊　存九十二期(光緒年間二、八、十三、三十四至三十五、三十八期殘頁,六至十、四十四、四十九、五十二、五十五至五十七、六十六至六十七、七十一至七十九、八十八至九十五、一百〇一至一百〇二、一百十七至一百五十二、二百五至二百十期;宣統元年三百五十二至三百五十五期;宣統二年六至十、四十四、六十五至六十六期)

410000－2242－0000687　071.4/H377

河南教育官報□□期　（清）河南學務公所處編輯　清光緒三十三年至宣統三年(1907－1911)鉛印本　四十冊

410000－2242－0000688　071.4/H377/1

河南教育公報第一期　河南行政公署教育司第三科《河南教育公報》部編輯　清宣統鉛印本　一冊

410000－2242－0000689　071.4/H.412

學部官報第七十二期　（清）學部圖書局編輯　清光緒三十四年(1908)鉛印本　一冊

410000－2242－0000690　071.4/L425

時務報六十九期　梁啟超等主編　清光緒鉛印本　六十四冊　存六十四期(一至五十四、五十六至五十八、六十一、六十四至六十九期)

410000－2242－0000691　071.4/L428

昌言報□□期　（清）梁鼎芬等主編　清光緒二十四年(1898)鉛印本　九冊

410000－2242－0000692　071.4/S336

國聞報彙編□□期　（清）西江歐化社輯　清光緒二十九年(1903)競化書局鉛印本　二冊

410000－2242－0000693　071.4/S387

湘學報類編□□期　（清）江標等編　清光緒二十四年(1898)刻本　十二冊

410000－2242－0000694　080/C111/1

質學叢書初集三十種　湯壽潛輯　清光緒二十三年(1897)武昌質學會刻本　四十二冊

410000－2242－0000695　080/C281/1

張氏適園叢書初集七種　（清）張鈞衡輯　清宣統三年(1911)國學扶輪社鉛印本　十冊

410000－2242－0000696　080/C285/5

學津討原一百七十二種　（清）張海鵬編　清嘉慶十年(1805)張氏照曠閣刻本　一百九十九冊

410000－2242－0000697　080/C292/1

張仲誠遺書十九種附一種　（清）張沐撰　清康熙乾隆匯刻本　六十三冊　存十種

410000－2242－0000698　080/C297/1

正誼堂全書六十三種續刻五種　張伯行輯（清）楊浚重輯　清同治八年(1869)正誼書院刻本　七十冊

410000－2242－0000699　080/C311/1

花雨樓叢鈔十四種續鈔十五種　（清）張壽榮編　清光緒九年(1883)張氏刻本　四十八冊

410000－2242－0000700　080/C311/2

花雨樓叢鈔十八種續鈔十六種　（清）張壽榮編　清光緒十一年(1885)張氏刻本　四十四冊　存二十七種

410000－2242－0000701　080/C321/1A

式訓堂叢書三種　（清）章壽康編　清光緒章氏刻本　二十四冊

410000－2242－0000702　080/C321/1B

式訓堂叢書三種　（清）章壽康編　清光緒章氏刻本　十六冊

410000－2242－0000703　080/C398/1A

涇川叢書五十一種　（清）趙紹祖　（清）趙繩祖編　清道光十二年(1832)趙氏古墨齋刻本　二十四冊

410000－2242－0000704　080/C398/1B

涇川叢書五十一種　（清）趙紹祖　（清）趙繩祖編　清道光十二年(1832)趙氏古墨齋刻本　二十四冊　存七種

410000－2242－0000705　080/C398/1C

涇川叢書五十一種　（清）趙紹祖　（清）趙繩祖編　清道光十二年(1832)趙氏古墨齋刻本　八冊　存七種

410000－2242－0000706　080/C398/2A

湖北叢書三十種　（清）趙尚輔輯　清光緒十七年(1891)三餘草堂刻本　一百冊

410000－2242－0000707　080/C398/2B

湖北叢書三十種　（清）趙尚輔輯　清光緒十七年(1891)三餘草堂刻本　一百冊

410000－2242－0000708　S080/C642/1

唐宋叢書八十九種　（明）鍾人傑　（明）張遂辰輯　明刻本　十六冊　存四十三種

410000－2242－0000709　080/C683/1

貸園叢書初集十二種　（清）周永年編　清乾隆五十四年(1789)周氏竹西書屋刻本　十五冊

410000－2242－0000710　080/C683/2

貸園叢書初集十二種　（清）周永年編　清乾隆三十六年(1771)潮陽縣衙刻本　十三冊　存十一種

410000－2242－0000711　080/C744/1

槐廬叢書初二三四五編四十五種附二種　（清）朱記榮輯　清光緒十三年(1887)朱氏槐廬家塾刻本　八十冊

410000－2242－0000712　080/C744/2

槐廬叢書四十五種　（清）朱記榮輯　清光緒十三年(1887)朱氏家塾刻本　四十四冊　存三十一種

410000－2242－0000713　080/C744/3

槐廬叢書初編十二種　（清）朱記榮輯　清光緒十三年(1887)朱氏槐廬家塾刻本　十二冊

410000－2242－0000714　080/C744/4

槐廬叢書二編十種　（清）朱記榮輯　清光緒十三年(1887)朱氏行素草堂刻本　二十冊

410000－2242－0000715　080/C744/5

槐廬叢書三編八種　（清）朱記榮輯　清光緒十三年(1887)朱氏行素草堂刻本　十六冊

410000－2242－0000716　080/C744/6

槐廬叢書四十五種附二種　（清）朱記榮輯　清光緒十三年(1887)朱氏槐廬刻本　八冊　存三種

410000－2242－0000717　080/C744/7

校經山房叢書二十六種　（清）朱記榮輯　清光緒三十年(1904)朱氏槐廬家塾刻本　三十二冊

410000－2242－0000718　080/C.369/1

湖海樓叢書十三種　（清）陳春編　清嘉慶陳氏刻本　三十二冊

410000－2242－0000719　080/C.369/2

湖海樓叢書十三種　（清）陳春編　清嘉慶陳氏刻本　二十八冊　存十二種

410000－2242－0000720　080/C.451/2

廣漢魏叢書八十種　（明）何允中輯　清嘉慶刻本　十九冊　存十三種

410000－2242－0000721　080/C.451/3

增訂漢魏叢書八十六種　（清）王謨輯　清光緒十七年(1891)湖南藝文書局刻本　一百十一冊　存四十四種

410000－2242－0000722　080/C.451/4

增訂漢魏叢書九十六種　（清）王謨輯　清宣統三年(1911)大通書局石印本　二十四冊　存四十七種

410000－2242－0000723　080/C.451/5

增訂漢魏叢書九十六種　（清）王謨輯　清宣統刻本　六十冊　存六十一種

410000－2242－0000724　080/C.514/1A

正覺樓叢刻二十八種　（清）李瀚章輯　清光緒元年至三十四年(1875－1908)崇文書局刻本　三十冊　存二十六種

410000－2242－0000725　080/C.514/1B

正覺樓叢刻二十八種　（清）李瀚章輯　清光緒元年至三十四年(1875－1908)崇文書局刻本　三十冊　存二十六種

410000－2242－0000726　080/C.514/1C

正覺樓叢刻二十八種　（清）李瀚章輯　清光緒元年至三十四年(1875－1908)崇文書局刻本　三十冊　存二十六種

410000－2242－0000727　080/C.514/2

正覺樓叢刻二十八種　（清）李瀚章輯　清光緒元年至三十四年(1875－1908)崇文書局刻本　二十七冊　存二十種

410000－2242－0000728　080/C.514/3

崇文書局匯刻書三十三種　（清）崇文書局輯　清光緒三年(1877)湖北崇文書局刻本　六十四冊　存十八種

410000－2242－0000729　080/C.514/4

崇文書局匯刻書三十三種　（清）崇文書局輯　清光緒三年(1877)湖北崇文書局刻本　二十四冊　存十四種

410000－2242－0000730　080/D266/1

靈鶼閣叢書五十五種　（清）江標編　清光緒二十一年(1895)江氏湖南使院刻本　四十八冊

410000－2242－0000731　080/D.288/1

武英殿聚珍版叢書一百三十九種　清乾隆浙江書局刻本　一百二十冊　存三十九種

410000－2242－0000732　080/D.288/2

武英殿聚珍版叢書一百三十九種　清同治十三年(1874)江西書局刻本　一百二十五冊　存六十種

410000－2242－0000733　080/D.288/3

武英殿聚珍版叢書一百三十八種　清乾隆浙江書局刻本　二十五冊　存十五種

410000 - 2242 - 0000734　080/D.288/4 - 1

彭城集四十卷　（宋）劉攽撰　清道光十年（1830）刻本　九冊

410000 - 2242 - 0000735　080/D.288/5

福建省重刻武英殿聚珍版叢書一百三十九種　清同治七年（1868）刻本　七百六十九冊　存一百三十一種

410000 - 2242 - 0000736　080/D.288/6

福建省重刻武英殿聚珍版叢書一百三十九種　清乾隆四十二年（1777）刻道光、同治遞修光緒二十一年（1895）增刻本　九百七十九冊　存一百三十二種

410000 - 2242 - 0000737　S080/F329/1

廣百川學海一百十種一百十七卷　（明）馮可賓輯　明刻本　十七冊

410000 - 2242 - 0000738　080/F539/1

玲瓏山館叢書一百種　（清）傅世洵輯　清光緒十五年（1889）文選樓刻本　四十冊　存八十九種

410000 - 2242 - 0000739　080/H511/3

琳琅秘室叢書二十八種　（清）胡珽編　（清）董金鑒重校　清光緒十四年（1888）會稽董氏取斯堂活字本　二十四冊

410000 - 2242 - 0000740　080/H511/4

琳琅秘室叢書二十八種　（清）胡珽編　（清）董金鑒重校　清光緒十四年（1888）會稽董氏取斯堂活字本　二十四冊

410000 - 2242 - 0000741　080/H662/3

三長物齋叢書三十六種　（清）黃本驥編　清道光中湘陰蔣環刻本　六十七冊　存二十五種

410000 - 2242 - 0000742　080/H663/2

漢學堂叢書二百十五種高密遺書十一種　（清）黃奭編　清光緒十九年（1893）黃灃刻本　六十四冊

410000 - 2242 - 0000743　080/K565/1

小石山房叢書四十一種　（清）顧湘編　清同治十三年（1874）虞山顧氏刻本　十六冊　存三十五種

410000 - 2242 - 0000744　080/K565/2

讀畫齋叢書四十六種　（清）顧修編　清嘉慶四年（1799）顧氏刻本　一百○三冊　存四十二種

410000 - 2242 - 0000745　080/L339/1

惜陰軒叢書三十四種續編一種　（清）李錫齡輯　清道光二十六年（1846）宏道書院刻本　一百二十四冊　存三十四種

410000 - 2242 - 0000746　080/L339/2A

惜陰軒叢書三十五種　（清）李錫齡輯　清光緒十四年（1888）惜陰書局刻本　三十三冊　存十四種

410000 - 2242 - 0000747　080/L339/2B

惜陰軒叢書三十五種　（清）李錫齡輯　清光緒十四年（1888）惜陰書局刻本　三十三冊　存十四種

410000 - 2242 - 0000748　080/L339/3

惜陰軒叢書三十四種續編一種　（清）李錫齡輯　清光緒十四年（1888）刻本　八十冊　存二十七種

410000 - 2242 - 0000749　080/L339/4

老子集解二卷考異一卷　（清）李錫齡輯　清道光二十六年（1846）宏道書院刻本　二冊

410000 - 2242 - 0000750　080/L341/2

木犀軒叢書三十三種　（清）李盛鐸輯　清光緒刻本　三十八冊　存三十種

410000 - 2242 - 0000751　080/L343/1

函海一百五十種　（清）李調元編　清道光五年（1825）刻本　一百五十八冊　存一百四十九種

410000 - 2242 - 0000752　080/L347

青照堂叢書八十五種　（清）李元春編　清道光十五年（1835）朝邑劉氏刻本　九十冊　存七十九種

410000 - 2242 - 0000753　S080/L358/1A

古逸叢書二十六種　（清）黎庶昌編　清光緒
十年(1884)遵義黎氏日本東京使署影刻本
四十七冊　存二十五種

410000 - 2242 - 0000754　080/L358/2

古逸叢書二十六種　（清）黎庶昌編　清光緒
十年(1884)遵義黎氏刻本　三十一冊　存十
八種

410000 - 2242 - 0000755　081.8/C.381/3 - 1

漢儒通義七卷　（清）陳澧撰　清咸豐八年
(1858)刻本　一冊　存三卷(一至三)

410000 - 2242 - 0000756　080/L662/1

述古叢鈔三十種　（清）劉晚榮編　清同治十
年(1871)藏修書屋刻本　二十七冊

410000 - 2242 - 0000757　080/L714/4

玉簡齋叢書九種　羅振玉輯　清宣統二年
(1910)上虞羅氏刻本　八冊

410000 - 2242 - 0000758　080/L793/1

十萬卷樓叢書五十一種　（清）陸心源編　清
光緒歸安陸氏刻本　一百〇二冊　存四十
六種

410000 - 2242 - 0000759　080/L813/1

雅雨堂叢書十二種　（清）盧見曾編　清乾隆
二十一年(1756)德州盧氏刻本　二十八冊

410000 - 2242 - 0000760　080/L813/2

雅雨堂叢書十二種　（清）盧見曾編　清乾隆
二十一年(1756)德州盧氏刻本　十六冊　存
九種

410000 - 2242 - 0000761　080/M124/1

玉函山房輯佚書五百九十四種　（清）馬國翰
編　清光緒九年(1883)刻本　八十冊　存五
百八十二種

410000 - 2242 - 0000762　080/M124/5

玉函山房輯佚書五百九十四種　（清）馬國翰
編　清光緒十年(1884)楚南湘遠堂刻本　八
十冊　存五百八十二種

410000 - 2242 - 0000763　080/M127/1

馬氏叢刻二十九種　（清）馬先登編　清同治
關中馬氏敦倫堂刻本　六十二冊

410000 - 2242 - 0000764　080/M128/1

龍威秘書一百七十七種　（清）馬俊良輯　清
嘉慶元年(1796)世德堂刻本　七十九冊

410000 - 2242 - 0000765　080/M251/2A

十種古逸書十種　（清）茆泮林編　清道光二
十二年(1842)茆氏梅瑞軒刻本　四冊

410000 - 2242 - 0000766　080/M251/2B

十種古逸書十種　（清）茆泮林編　清道光二
十二年(1842)茆氏梅瑞軒刻本　十冊

410000 - 2242 - 0000767　080/M579/1

藕香零拾三十九種　繆荃孫輯　清光緒十七
年(1891)江陰繆氏刻本　三十二冊

410000 - 2242 - 0000768　080/M579/2

藕香零拾三十九種　繆荃孫輯　清光緒宣統
江陰繆氏刻本　三十二冊

410000 - 2242 - 0000769　080/M579/4

雲自在龕叢書十九種　繆荃孫輯　清光緒十
七年(1891)江陰繆氏刻本　二十六冊

410000 - 2242 - 0000770　080/P151/1

拜梅山房幾上書二十一種　（清）□□輯　清
道光十六年(1836)刻本　四冊

410000 - 2242 - 0000771　080/P248/1

知不足齋叢書二百〇八種　（清）鮑廷博編
清乾隆、道光長塘鮑氏刻本　二百四十冊
存二百〇一種

410000 - 2242 - 0000772　080/P248/2A

知不足齋叢書二百〇八種　（清）鮑廷博編
清乾隆、道光長塘鮑氏刻本　一百九十八冊
　存一百六十四種

410000 - 2242 - 0000773　080/P248/2B

知不足齋叢書二百〇八種　（清）鮑廷博編
清乾隆、道光長塘鮑氏刻本　二百二十冊
存一百九十九種

410000 - 2242 - 0000774　081.8/l793/1B

陸桴亭先生遺書二十二種　（清）陸世儀撰

清光緒二十六年(1900)刻本　二十冊

410000－2242－0000775　080/P248/4

知不足齋叢書二百〇八種　(清)鮑廷博編
清道光長塘鮑氏刻本　五冊　存五種

410000－2242－0000776　080/P248/6

知不足齋叢書二百〇八種　(清)鮑廷博編
清道光長塘鮑氏刻本　三冊　存三種

410000－2242－0000777　080/P395/1

經訓堂叢書二十一種　(清)畢沅編　清光緒
十三年(1887)大同書局石印本　二十冊

410000－2242－0000778　080/P395/2

經訓堂叢書二十一種　(清)畢沅編　清光緒
十三年(1887)大同書局石印本　二十冊

410000－2242－0000779　080/P395/3

經訓堂叢書二十一種　(清)畢沅編　清光緒
十三年(1887)大同書局石印本　八冊　存
八種

410000－2242－0000780　080/P395/4

經訓堂叢書二十一種　(清)畢沅編　清光緒
十三年(1887)同文書局石印本　二十冊

410000－2242－0000781　080/P395/5A

經訓堂叢書二十一種　(清)畢沅編　清光緒
十三年(1887)同文書局石印本　十冊　存
十種

410000－2242－0000782　080/P395/5B

經訓堂叢書二十一種　(清)畢沅編　清光緒
十三年(1887)同文書局石印本　八冊　存十
三種

410000－2242－0000783　080/P.178/1

滂喜齋叢書五十種　(清)潘祖蔭編　清同治
光緒吳縣潘氏刻本　三十一冊　存四十種

410000－2242－0000784　080/P.178/2

海山仙館叢書五十六種　(清)潘仕成編　清
道光、咸豐刻光緒補刻番禺潘氏刻本　一百
二十三冊　存五十二種

410000－2242－0000785　080/P.178/3

海山仙館叢書五十六種　(清)潘仕成編　清

道光、咸豐刻光緒補刻番禺潘氏刻本　一百
〇八冊　存三十八種

410000－2242－0000786　080/P.178/4

功順堂叢書十八種　(清)潘祖蔭輯　清光緒
吳縣潘氏刻本　二十四冊

410000－2242－0000787　080/P.178/5

功順堂叢書十八種　(清)潘祖蔭輯　清光緒
吳縣潘氏刻本　二十四冊

410000－2242－0000788　080/P.178/6

功順堂叢書十八種　(清)潘祖蔭輯　清光緒
吳縣潘氏刻本　四冊　存二種

410000－2242－0000789　080/P.381/1A

師伏堂叢書十八種　(清)皮錫瑞撰　清光緒
善化皮氏刻本　四十冊

410000－2242－0000790　080/P.381/1B

師伏堂叢書十八種　(清)皮錫瑞撰　清光緒
善化皮氏刻本　四十冊

410000－2242－0000791　080/P.381/1C

師伏堂叢書十八種　(清)皮錫瑞撰　清光緒
善化皮氏刻本　七冊　存七種

410000－2242－0000792　080/S835/2A

平津館叢書三十二種　(清)孫星衍編　清光
緒十一年(1885)吳縣朱氏槐廬家塾刻本　五
十冊

410000－2242－0000793　080/S835/2B

平津館叢書三十二種　(清)孫星衍編　清光
緒十一年(1885)吳縣朱氏槐廬家塾刻本　五
十冊

410000－2242－0000794　080/S835/2C

平津館叢書三十二種　(清)孫星衍編　清光
緒十一年(1885)吳縣朱氏槐廬家塾刻本　三
十九冊　存十九種

410000－2242－0000795　080/S835/3

附釋音毛詩註疏　(清)孫星衍編　清光緒十
一年(1885)吳縣朱氏槐廬家塾刻本　四冊
存五卷(十二至十六)

410000－2242－0000796　080/S838/1

永嘉叢書十二種　（清）孫詒讓輯　清同治光緒瑞安孫氏詒善祠塾刻本　七十冊

410000－2242－0000797　080/S896/1

學壽堂叢書十二種　（清）徐灝　（清）徐紹楨撰　清同治光緒番禺徐氏刻本　二十六冊

410000－2242－0000798　080/S898/1

邵武徐氏叢書二十三種　（清）徐幹編　清光緒邵武徐氏刻本　三十九冊

410000－2242－0000799　080/S911/1

積學齋叢書二十種　徐乃昌輯　清光緒十九年(1893)南陵徐氏刻本　十六冊

410000－2242－0000800　080/S911/2

鄦齋叢書二十種　徐乃昌編　清光緒二十六年(1900)南陵徐氏刻本　十六冊

410000－2242－0000801　080/S911/3A

懷豳雜俎十二種　徐乃昌編　清宣統南陵徐氏刻本　八冊

410000－2242－0000802　080/S911/3B

懷豳雜俎十二種　徐乃昌編　清宣統南陵徐氏刻本　八冊

410000－2242－0000803　080/S911/4

懷豳雜俎十二種　徐乃昌編　清宣統元年(1909)南陵徐氏刻本　十冊

410000－2242－0000804　080/S911/5

隨庵徐氏叢書十種　徐乃昌編　清光緒三十四年(1908)刻本　八冊　存七種

410000－2242－0000805　080/S911/6

隨庵徐氏叢書十種　徐乃昌編　清光緒三十四年(1908)刻本　二十四冊

410000－2242－0000806　080/S914/2

廣雅叢書一百五十八種　徐紹棨編　清光緒廣雅書局刻本　三百〇八冊　存八十三種

410000－2242－0000807　080/S914/1

廣雅叢書一百五十八種　徐紹棨編　清光緒廣雅書局刻本　一百七十九冊　存八十八種

410000－2242－0000808　080/S914/3

觀自得齋叢書三十種　（清）徐士愷編　清光緒十八年(1892)石埭徐氏刻本　二十四冊

410000－2242－0000809　080/S917/1A

紹興先正遺書四集十五種　（清）徐友蘭編　清光緒會稽徐氏鑄學齋刻本　二十四冊

410000－2242－0000810　080/S.428/1

申報叢刊一百六十一種　（清）申報館編　清光緒申報館鉛印本　七百〇八冊

410000－2242－0000811　080/S.428/2

申報叢刊三十卷　（清）申報館編　清光緒申報館鉛印本　一冊　存三卷(八至十)

410000－2242－0000812　080/S.433/1A

晨風閣叢書二十二種　沈宗畸編　清宣統元年(1909)沈氏刻本　十六冊

410000－2242－0000813　080/S.433/1B

晨風閣叢書二十二種　沈宗畸編　清宣統元年(1909)沈氏刻本　十六冊

410000－2242－0000814　080/S.433/1C

晨風閣叢書二十二種　沈宗畸編　清宣統元年(1909)沈氏刻本　十六冊

410000－2242－0000815　080/T315/2

古學彙刊第一集三十三種　鄧實編　清宣統國粹學報社鉛印本　十六冊

410000－2242－0000816　080/T352/1

五經歲遍齋校書三種　（清）翟雲升輯校　清道光東萊翟氏刻本　十冊

410000－2242－0000817　080/T483/1

武林往哲遺著五十三種　（清）丁丙輯　清光緒錢塘丁氏嘉惠堂刻本　五十三冊

410000－2242－0000818　080/V439/1

心矩齋叢書七種　（清）蔣鳳藻輯　清光緒長州蔣氏刻本　十二冊

410000－2242－0000819　080/V439/2

鐵華館叢書六種　（清）蔣鳳藻輯　清光緒十年(1884)長州蔣氏刻本　十冊

410000－2242－0000820　080/V439/3A

鐵華館叢書六種　（清）蔣鳳藻輯　清光緒十年(1884)長州蔣氏刻本　六冊

410000－2242－0000821　080/V439/3B

鐵華館叢書六種　（清）蔣鳳藻輯　清光緒十年(1884)長州蔣氏刻本　六冊

410000－2242－0000822　080/V441/2

涉聞梓舊二十五種　（清）蔣光煦編　清咸豐元年(1851)海昌蔣氏宜年堂刻本　二十四冊

410000－2242－0000823　080/V441/3

涉聞梓舊二十五種　（清）蔣光煦編　清咸豐元年(1851)海昌蔣氏刻本　十六冊

410000－2242－0000824　080/V443/1

求實齋叢書十五種　（清）蔣德鈞編　清光緒十七年(1891)湘鄉蔣氏刻本　八冊

410000－2242－0000825　S080/V679/4

百川學海十集一百〇六種　（宋）左圭輯　明刻本　十六冊　存一百〇五種

410000－2242－0000826　080/V.276A

學海類編四百三十二種　（清）曹溶編　清道光十一年(1831)六安晁氏活字本　一冊　存一種

410000－2242－0000827　080/V.276/1B

學海類編四百三十二種　（清）曹溶編　（清）陶越增刪　清道光十一年(1831)六安晁氏活字本　一百二十三冊　存四百十四種

410000－2242－0000828　080/V.479/2

守山閣叢書三百四十九種　（清）錢熙祚編　清光緒十五年(1889)鴻文書局石印本　四十四冊　存四十二種

410000－2242－0000829　080/V.481/1

小萬卷樓叢書十七種　（清）錢培名輯　清光緒四年(1878)金山錢氏刻本　十四冊

410000－2242－0000830　080/W228/1

畿輔叢書一百四十九種　（清）王灝編　清光緒定州王氏刻本　三百二十七冊　存一百二十二種

410000－2242－0000831　080/W235/1

增訂漢魏叢書九十六種　（清）王謨輯　清乾隆五十六年(1791)金谿王氏刻本　五十六冊　存八十四種

410000－2242－0000832　080/W235/3

增訂漢魏叢書九十六種　（清）王謨輯　清乾隆五十六年(1791)刻本　九十六冊　存八十六種

410000－2242－0000833　080/W235/4

增訂漢魏叢書九十六種　（清）王謨輯　清光緒二年(1876)刻本　五十三冊　存三十九種

410000－2242－0000834　080/W235/5

增訂漢魏叢書九十六種　（清）王謨輯　清光緒二年(1876)刻本　五十九冊　存六十七種

410000－2242－0000835　080/W235/6

增訂漢魏叢書九十六種　（清）王謨輯　清光緒二年(1877)刻本　五冊　存三種

410000－2242－0000836　080/W235/7

增訂漢魏叢書九十六種　（清）王謨輯　清乾隆刻本　一冊　存一種

410000－2242－0000837　080/W465/1

嶺南遺書六十一種　（清）伍元薇　（清）伍崇曜編　清道光、同治南海伍氏粵雅堂刻本　八十冊　存四十五種

410000－2242－0000838　080/W465/2

粵雅堂叢書初編六十三種二編六十七種　（清）伍崇曜輯　清咸豐三年(1853)伍氏刻本　三百四十冊

410000－2242－0000839　080/W465/5

粵雅堂叢書初編六十三種二編六十七種　（清）伍崇曜輯　清道光、光緒南海伍氏刻本　三百二十冊

410000－2242－0000840　080/W465/4

粵雅堂叢書初編六十三種二編六十七種　（清）伍崇曜輯　清道光、光緒南海伍氏刻本　三百二十二冊

410000－2242－0000841　080/W473/2

拜經樓叢書三十種　（清）吳騫輯　清光緒十

一年(1885)刻本　十一冊　存九種

410000－2242－0000842　080／W491/1

藝海珠塵一百六十四種　（清）吳省蘭編　清嘉慶中南匯吳氏聽彝堂刻本　五十九冊　存一百四十六種

410000－2242－0000843　S080／W498/1

續百川學海一百十一種一百四十四卷　（明）吳永編　明末刻本　六十冊

410000－2242－0000844　S080／W498/2

續百川學海一百〇四種　（明）吳永編　明末刻本　十五冊　缺五種

410000－2242－0000845　080／W917/1

融經館叢書十一種　（清）徐友蘭輯　清光緒十三年(1887)會稽徐氏八杉齋刻本　十四冊　存七種

410000－2242－0000846　080／Y225/1

連筠簃叢書十三種　（清）楊尚文編　清道光二十八年(1848)靈石楊氏刻本　三十冊　存十二種

410000－2242－0000847　080／Y258/1

咫進齋叢書三十七種　（清）姚覲元編　清光緒九年(1883)歸安姚氏刻本　二十四冊

410000－2242－0000848　080／Y411/1

觀古堂彙刻書十六種　葉德輝編　清光緒二十八年(1902)湘潭葉氏刻本　十六冊

410000－2242－0000849　080／Y411/2

雙楳景闇叢書九種　葉德輝輯　清光緒、宣統鉛印本　四冊

410000－2242－0000850　080／Y411/3B

雙楳景闇叢書九種　葉德輝輯　清光緒二十九年(1903)長沙葉氏刻本　四冊　存七種

410000－2242－0000851　080／Y696/1

宜稼堂叢書七種　（清）郁松年編　清道光二十至二十二年(1840－1842)郁氏刻本　六十三冊

410000－2242－0000852　080／Y696/2

宜稼堂叢書七種　（清）郁松年編　清道光二

十至二十二年(1840－1842)郁氏刻本　六十四冊

410000－2242－0000853　080.5／C.448/1A

二程全書七種　（宋）程顥　（宋）程頤撰　清光緒三十四年(1908)澹雅書局刻本　十六冊

410000－2242－0000854　080.5／C.448/1B

二程全書七種　（宋）程顥　（宋）程頤撰　清光緒三十四年(1908)澹雅書局刻本　十六冊

410000－2242－0000855　080.5／C.448/2

二程全書七種　（宋）程顥　（宋）程頤撰　清康熙二十五年(1686)刻本　十二冊　存四種

410000－2242－0000856　080.5／C.448/3A

二程全書七種　（宋）程顥　（宋）程頤撰　清同治十年(1871)小娜嬛山館刻本　十六冊

410000－2242－0000857　080.5／C.448/3B

二程全書七種　（宋）程顥　（宋）程頤撰　清同治十年(1871)小娜嬛山館刻本　六冊　存一種

410000－2242－0000858　080.5／C.448/5

二程先生全書七種　（宋）程顥　（宋）程頤撰　清康熙二十五年(1686)刻本　十二冊

410000－2242－0000859　080.5／C.448/6

二程先生全書七種　（宋）程顥　（宋）程頤撰　清同治十年(1871)安求我齋刻本　一冊　存一種

410000－2242－0000860　080.5／C.448/7

二程全書七種　（宋）程顥　（宋）程頤撰　清同治十年(1871)小娜嬛山館叢刻本　一冊　存一種

410000－2242－0000861　080.7／F183/1

桐城方氏七代遺書二十種　（清）方昌翰編　清光緒十四年(1888)刻本　十冊

410000－2242－0000862　080.8／C311/1A

二酉堂叢書三十六種　（清）張澍輯　清道光元年(1821)武威張氏二酉堂刻本　十冊　存十九種

410000－2242－0000863　080.8／C311/1B

二酉堂叢書三十六種　（清）張澍輯　清道光
元年(1821)武威張氏二酉堂刻本　十冊　存
二十一種

410000－2242－0000864　080.8/C311/1C
二酉堂叢書三十六種　（清）張澍輯　清道光
元年(1821)武威張氏二酉堂刻本　六冊　存
十一種

410000－2242－0000865　080.8/C311/2
二酉堂叢書三十六種　（清）張澍輯　清道光
元年(1821)武威張氏二酉堂刻本　十二冊
存二十一種

410000－2242－0000866　080.8/C315/1
昭代叢書甲集五十種乙集五十種丙集五十種
丁集五十種戊集五十種己集五十二種庚集五
十種辛集五十種壬集五十種癸集五十種
（清）張潮輯　（清）楊復吉　（清）沈楙悳續
輯　清道光十三年(1833)刻本　一百六十冊

410000－2242－0000867　080.8/C315/2
昭代叢書五百六十三種　（清）張潮輯　（清）
楊復吉　（清）沈楙悳續輯　清道光十三年
(1833)刻本　一百二十四冊　存四百三十
六種

410000－2242－0000868　080.8/C315/3
昭代叢書五百六十三種　（清）張潮輯　清光
緒二年(1876)刻本　二冊　存三種

410000－2242－0000869　080.8/C315/4
昭代叢書甲集五百六十三種　（清）張潮輯
清道光十三年(1833)刻本　十八冊　存五十
一種

410000－2242－0000870　080.8/C685/1
玉雞苗館叢書八種　（清）鄒淩瀚輯　清光緒
十五年(1889)高安鄒氏玉雞苗館刻本　八冊
　存六種

410000－2242－0000871　080.8/H.467/1A
榆園叢刊三十七種　（清）許增輯　清光緒十
九年(1893)仁和許氏刻本　十六冊　存二十
九種

410000－2242－0000872　080.8/H.467/1B
榆園叢刊三十七種　（清）許增輯　清光緒十
九年(1893)仁和許氏刻本　十六冊　存二十
九種

410000－2242－0000873　080.8/H.467/3
榆園叢刻三十七種　（清）許增輯　清光緒十
九年(1893)刻本　十冊　存十二種

410000－2242－0000874　080.8/L656/1A
聚學軒叢書六十種　（清）劉世珩輯　清光緒
二十九年(1903)貴池劉氏刻本　一百冊

410000－2242－0000875　080.8/L656/1B
聚學軒叢書六十種　（清）劉世珩輯　清光緒
二十九年(1903)貴池劉氏刻本　一百冊

410000－2242－0000876　S080.8/L661
周禮質疑五卷　（清）劉青芝撰　清乾隆二十
年(1755)刻本　二冊

410000－2242－0000877　S080.8/L661/1A
劉氏傳家集一百九十九卷　（清）劉青芝輯
清乾隆二十年(1755)襄邑繼賜堂刻本　八冊
　存二十四卷(天傭館遺稿二卷、抱膝盧文集
六卷、中州道學存真錄四卷、襄城文獻錄十二
卷)

410000－2242－0000878　S080.8/L661/2
古今孝友傳十五卷附古今孝友傳補遺一卷敘
傳十卷　（清）劉青芝撰　清乾隆二十年
(1755)刻本　一冊　存十六卷(十一至十五、
補遺一卷、敘傳十卷)

410000－2242－0000879　080.8/W222/1A
檀几叢書一百五十七種　（清）王晫輯　清康
熙三十四年(1695)霞舉堂刻本　十八冊　存
一百種

410000－2242－0000880　080.8/W222/1B
檀几叢書一百五十七種　（清）王晫輯　清康
熙三十四年(1695)霞舉堂刻本　六冊　存五
十種

410000－2242－0000881　080.8/W222/1C
檀几叢書一百五十七種　（清）王晫　清康

熙三十四年(1695)霞舉堂刻本　十六冊　存
一百種

410000－2242－0000882　080.8/W243/1
南菁書院叢書四十一種　王先謙輯　清光緒
十四年(1888)南菁書院刻本　三十冊

410000－2242－0000883　080.8/W243/2
南菁書院叢書四十一種　王先謙輯　清光緒
十四年(1888)南菁書院刻本　三十冊

410000－2242－0000884　080.8/W243/3
南菁書院叢書四十一種　王先謙輯　清光緒
十四年(1888)南菁書院刻本　十冊　存二種

410000－2242－0000885　080.8/W243/4
南菁書院叢書四十一種　王先謙輯　清光緒
十四年(1888)南菁書院刻本　二十四冊

410000－2242－0000886　080.8/W243/5
南菁書院叢書四十一種　王先謙輯　清光緒
十四年(1888)南菁書院刻本　十五冊　存十
四種

410000－2242－0000887　080.8/W256/1
秘書二十一種　(清)汪士漢輯　清乾隆七年
(1742)新安汪氏文盛堂刻本　二十冊

410000－2242－0000888　080.8/W256/2
秘書二十一種　(清)汪士漢輯　清乾隆七年
(1742)新安汪氏文盛堂刻本　十六冊

410000－2242－0000889　080.8/W256/3
荔牆叢刻十四種　(清)汪曰楨編　清光緒五
年(1879)烏程汪氏刻本　二十冊

410000－2242－0000890　S081.5/L794/2
陸放翁全集一百五十七卷　(宋)陸游撰　明
毛氏汲古閣刻本　八十冊

410000－2242－0000891　S081.5/L794/3
陸放翁全集一百五十七卷　(宋)陸游撰　明
毛氏汲古閣刻本　十八冊

410000－2242－0000892　081.5/Y262/1
中復堂全集九種附一種　(清)姚瑩撰　清道
光二十九年(1849)刻本　二十一冊

410000－2242－0000893　081.5/Y399/1
石林遺書十二種　(宋)葉夢得撰　清宣統三
年(1911)長沙葉氏觀古堂刻本　十四冊

410000－2242－0000894　081.6/H.462
許文正公遺書十二卷首一卷末二卷　(元)許
衡撰　清乾隆五十五年(1790)刻本　八冊

410000－2242－0000895　081.7/H511/1
少室山房筆叢十二種　(明)胡應麟撰　清光
緒二十二年(1896)廣雅書局刻本　十二冊

410000－2242－0000896　081.7/H511/2
少室山房筆叢十二種　(明)胡應麟撰　清光
緒二十二年(1896)廣雅書局刻本　十二冊

410000－2242－0000897　081.7/H511/3
少室山房筆叢十二種　(明)胡應麟撰　清光
緒二十二年(1896)廣雅書局刻本　十六冊

410000－2242－0000898　081.7/K566/1A
顧亭林先生遺書四十三種　(明)顧炎武撰
同志贈言一種　(清)沈岱瞻纂　**顧亭林先生
神道表一種**　(清)全祖望撰　**顧亭林先生年
譜一種**　(清)吳映奎輯　清光緒十四年
(1888)朱氏校經山房刻本　二十四冊

410000－2242－0000899　081.7/K566/1B
顧亭林先生遺書四十三種　(明)顧炎武撰
同志贈言一種　(清)沈岱瞻纂　**顧亭林先生
神道表一種**　(清)全祖望撰　**顧亭林先生年
譜一種**　(清)吳映奎輯　清光緒十四年
(1888)朱氏校經山房刻本　二十四冊

410000－2242－0000900　S081.7/L793/1
儼山雜著七種　(明)陸深撰　明萬曆繡水沈
氏刻本　二冊

410000－2242－0000901　081.7/L945/1
呂新吾全集二十一種　(明)呂坤撰　明萬曆
中刻清同治光緒修補本　三十六冊　存二
十種

410000－2242－0000902　081.7/L945/2
呂新吾先生雜著十種　(明)呂坤撰　清康熙
十八年(1679)刻本　三冊

410000－2242－0000903　081.7/V.276/1A

曹月川先生遺書十一卷　（明）曹端撰　清咸豐十一年(1861)刻本　十一冊

410000－2242－0000904　081.7/W227/2

船山遺書二百八十八卷七十七種七種未刻（明）王夫之撰　清同治四年(1865)湘鄉曾氏刻本　一百〇一冊　存六十一種

410000－2242－0000905　081.7/W227/3

船山遺書七十七種　（明）王夫之撰　清同治四年(1865)湘鄉曾氏刻本　一百〇三冊　存四十六種

410000－2242－0000906　081.7/W227/4

船山遺書七十七種七種未刻　（明）王夫之撰　清同治四年(1865)湘鄉曾氏刻本　三十七冊　存二十八種

410000－2242－0000907　081.7/W227/6

船山遺書七十七種七種未刻　（明）王夫之撰　清同治四年(1865)湘鄉曾氏刻本　一百十九冊　存六十一種

410000－2242－0000908　081.8/C286/1

張諧之所著書五種　（清）張諧之撰　清刻本　十一冊

410000－2242－0000909　081.8/C291/1

張楊園先生全集十九種　（清）張履祥撰　清同治九年(1870)刻本　六冊　存十七種

410000－2242－0000910　081.8/C291/2

楊園先生全集五十四卷　（清）張履祥撰　清同治九年(1870)刻本　六冊　存二十五卷（二至五、十三至二十七、四十九至五十四）

410000－2242－0000911　081.8/C316/1

覆瓿集八種　（清）張文虎撰　清同治、光緒刻本　八冊

410000－2242－0000912　081.8/C415/1

甌北全集七種　（清）趙翼撰　清嘉慶湛貽堂刻本　七十冊

410000－2242－0000913　081.8/C668/1

周稚圭三種合刻　（清）周之琦撰　**年譜**（清）周汝筠撰　清刻本　六冊

410000－2242－0000914　081.8/C685/1

鄒叔子遺書七種　（清）鄒漢勳撰　清光緒九年(1883)刻本　十二冊

410000－2242－0000915　081.8/C685/2

鄒叔子遺書七種附二種　（清）鄒漢勳撰　清光緒九年(1883)刻本　十四冊

410000－2242－0000916　081.8/C764/1

春雨樓叢書九種　（清）朱士端撰　清同治元年(1862)寶應朱氏刻本　六冊

410000－2242－0000917　081.8/C767/1

朱氏群書六種　（清）朱駿聲撰　清光緒八年(1882)刻本　四冊

410000－2242－0000918　081.8/C.381/1

番禺陳氏東塾叢書五種　（清）陳澧撰　清咸豐光緒登雲閣刻本　十六冊

410000－2242－0000919　081.8/C.381/2

番禺陳氏東塾叢書五種　（清）陳澧撰　清道光二十二年(1842)登雲閣刻本　外編光緒五年(1879)刻本　四冊　存二種

410000－2242－0000920　081.8/C.387/1

江都陳氏叢書七種　（清）陳本禮　（清）陳逢衡撰　清嘉慶、道光江都陳氏讀騷樓刻本　八冊　存三種

410000－2242－0000921　081.8/D.213/1

求益齋全集五種　（清）強汝詢撰　清光緒二十四年(1898)江蘇書局刻本　八冊

410000－2242－0000922　081.8/F185/1

抗希堂十六種全書　（清）方苞撰　清光緒二十四年(1898)嬅嬛閣刻本　六十四冊

410000－2242－0000923　081.8/F185/2

抗希堂十六種　（清）方苞撰　清乾隆刻本　六十二冊

410000－2242－0000924　081.8/H379/1

郝氏遺書三十三種　（清）郝懿行撰　清嘉慶至光緒刻本　四十八冊　存十四種

410000 – 2242 – 0000925　081.8/H379/2

郝氏遺書三十三種　（清）郝懿行撰　清光緒刻本　七十冊　存二十八種

410000 – 2242 – 0000926　081.8/H379/3

郝氏遺書三十三種　（清）郝懿行撰　清光緒刻本　四十四冊　存十九種

410000 – 2242 – 0000927　081.8/H432/1A

洪北江全集二十三種　（清）洪亮吉撰　清光緒中洪用懃授經堂刻本　八十四冊

410000 – 2242 – 0000928　081.8/H432/1B

洪北江全集二十三種　（清）洪亮吉撰　清光緒中洪用懃授經堂刻本　五十二冊　存十八種

410000 – 2242 – 0000929　081.8/H432/1C

洪北江全集二十三種　（清）洪亮吉撰　清光緒中洪用懃授經堂刻本　十六冊　存七種

410000 – 2242 – 0000930　081.8/H665/2

梨洲遺著匯刊二十九種附首一卷　（清）黃宗羲撰　清宣統二年（1910）時中書局刻本　十二冊　存二十七種

410000 – 2242 – 0000931　081.8/H666/1

儆季雜著七種　（清）黃以周撰　清光緒二十一年（1895）江蘇南菁講舍刻本　十冊

410000 – 2242 – 0000932　081.8/J252/1

心齋十種　（清）任兆麟編撰　清乾隆五十一年（1786）刻本　三冊　存八種

410000 – 2242 – 0000933　081.8/K479/1A

澹靜齋全集五種　（清）龔景瀚撰　清道光六年（1826）恩錫堂刻本　十二冊

410000 – 2242 – 0000934　081.8/K479/1B

澹靜齋全集五種　（清）龔景瀚撰　清道光六年（1826）恩錫堂刻本　八冊　存三種

410000 – 2242 – 0000935　081.8/K479/2

澹靜齋全集五種　（清）龔景瀚撰　清道光二十一年（1841）環碧山莊刻本　十二冊

410000 – 2242 – 0000936　081.8/K481/1

龔端毅公遺書五種　（清）龔鼎孳撰　清光緒

十年（1884）刻本　十四冊

410000 – 2242 – 0000937　081.8/K564/1

武陵山人遺書十種附顧氏二種　（清）顧觀光撰　清光緒九年（1883）獨山莫氏刻本　顧氏二種光緒二十八年（1902）刻本　十二冊

410000 – 2242 – 0000938　081.8/K.352/1A

巽軒孔氏所著書七種　（清）孔廣森撰　清嘉慶曲阜孔氏儀鄭堂刻本　十冊

410000 – 2242 – 0000939　081.8/K.352/1B

巽軒孔氏所著書七種　（清）孔廣森撰　清嘉慶曲阜孔氏儀鄭堂刻本　十冊

410000 – 2242 – 0000940　081.8/K.352/1C

巽軒孔氏所著書七種　（清）孔廣森撰　清嘉慶曲阜孔氏儀鄭堂刻本　五冊　存四種

410000 – 2242 – 0000941　081.8/L164/1

鹿州全集八種　（清）藍鼎元撰　清光緒五年（1879）七世孫藍謙修補刻本　二十四冊

410000 – 2242 – 0000942　081.8/L164/2

鹿州全集八種　（清）藍鼎元撰　清同治四年（1865）刻本　二十冊

410000 – 2242 – 0000943　081.8/L328/1A

榕村全書三十二種　（清）李光地撰　清道光刻本　八十四冊　存十九種

410000 – 2242 – 0000944　081.8/L328/1B

榕村全書三十二種　（清）李光地撰　清道光刻本　四十三冊　存十四種

410000 – 2242 – 0000945　081.8/L328/2

榕村全書三十二種　（清）李光地撰　清道光六年（1826）二酉堂刻本　十九冊　存九種

410000 – 2242 – 0000946　081.8/L331/1A

禮山園全集二十一種　（清）李來章撰　清康熙襄城李氏賜書堂刻本　三十二冊　存十種

410000 – 2242 – 0000947　081.8/L331/1B

禮山園全集二十一種　（清）李來章撰　清康熙襄城李氏賜書堂刻本　三十二冊　存十種

410000 – 2242 – 0000948　081.8/L331/1C

禮山園全集二十一種　（清）李來章撰　清康
熙襄城李氏賜書堂刻本　二十四冊　存十種

410000－2242－0000949　081.8/L331/2
禮山園全集二十一種　（清）李來章撰　清康
熙襄城李氏賜書堂刻本　二十四冊　存十種

410000－2242－0000950　081.8/L331/3
禮山園文集八卷文集後編五卷續集不分卷詩
集十卷　（清）李來章撰　清康熙襄城李氏賜
書堂刻本　三冊　存四卷（文集三，文集後編
一、三至四）

410000－2242－0000951　081.8/L331/4
禮山園全集二十一種　（清）李來章撰　清康
熙乾隆刻本　四冊　存五種

410000－2242－0000952　081.8/L425/1
二思堂叢書六種　（清）梁章鉅撰　清光緒元
年(1875)福州梁氏刻本　十六冊

410000－2242－0000953　081.8/L536/1
竹柏山房家刻十五種　（清）林春溥撰　清嘉
慶咸豐刻本　四十冊　存十四種

410000－2242－0000954　081.8/L538/1
修本堂叢書十種　（清）林伯桐撰　清道光二
十四年(1844)番禺林氏刻本　十二冊　存
九種

410000－2242－0000955　081.8/L642/1
古桐書屋六種　（清）劉熙載撰　清光緒刻本
　八冊

410000－2242－0000956　081.8/L658/1
劉端臨先生遺書八卷　（清）劉台拱撰　清光
緒刻本　四冊

410000－2242－0000957　081.8/L714/2
羅忠節公遺集七種　（清）羅澤南撰　清咸
豐、同治刻本　六冊　存六種

410000－2242－0000958　081.8/L793/1A
陸桴亭先生遺書二十二種　（清）陸世儀撰
清光緒二十六年(1900)刻本　二十冊

410000－2242－0000959　081.8/L793/2
陸潛園匯刻十六種　（清）陸心源撰　清光緒

歸安陸氏刻本　一百八十二冊

410000－2242－0000960　081.8/L814
西學大成十二種　（清）盧梯青　（清）王西清
編　清光緒二十一年(1895)醉六堂書坊石印
本　十二冊

410000－2242－0000961　081.8/M246/1
西河合集一百二十三種　（清）毛奇齡撰　清
嘉慶元年(1796)蕭山陸氏刻本　一百冊　存
一百十五種

410000－2242－0000962　081.8/M246/2
西河合集一百二十三種　（清）毛奇齡撰　清
乾隆蕭山陸氏刻本　十二冊　存六種

410000－2242－0000963　081.8/P239/1
安吳四種　（清）包世臣撰　清同治十一年
(1872)刻本　十六冊

410000－2242－0000964　081.8/P239/2
安吳四種三十六卷　（清）包世臣撰　清道光
刻本　十一冊　存三種二十六卷（八至十、十
四至三十六）

410000－2242－0000965　081.8/P417/1
璧勤襄公遺書三種　（清）璧昌撰　清咸豐刻
本　三冊

410000－2242－0000966　081.8/S826/1
孫夏峰全集十二種附年譜一種　（清）孫奇逢
撰　清康熙中刻道光至光緒間遞刻本　六十
四冊

410000－2242－0000967　081.8/S898/1
徐遯齋先生全集三種附家傳一種　（清）徐崑
等撰　清光緒七年(1881)刻本　四冊

410000－2242－0000968　081.8/S917/1
徐位山六種　（清）徐文靖撰　清光緒二年
(1876)刻本　二十四冊

410000－2242－0000969　081.8/S.138/1
止園叢書二十五種　（清）史夢蘭撰　清同治
刻本　三十四冊　存十五種

410000－2242－0000970　081.8/S.433/1
萬物炊累室類稿甲編二種乙編一種外編一種

（清）沈同芳撰　清宣統三年(1911)鉛印本
五冊

410000－2242－0000971　081.8/T154/1
戴氏遺書十五種　（清）戴震撰　清乾隆曲阜
孔氏微波榭刻本　二十三冊　存十三種

410000－2242－0000972　081.8/T154/2
毛鄭詩考正四卷　（清）戴震撰　清乾隆曲阜
孔氏微波榭刻本　一冊

410000－2242－0000973　081.8/T484/1A
頤志齋叢書四十七種　（清）丁晏撰　清同治
元年(1862)丁氏六藝堂刻本　十六冊

410000－2242－0000974　081.8/T484/1B
頤志齋叢書四十七種　（清）丁晏撰　清同治
元年(1862)丁氏六藝堂刻本　二十冊

410000－2242－0000975　081.8/T484/1C
頤志齋叢書四十七種　（清）丁晏撰　清同治
元年(1862)丁氏六藝堂刻本　二十冊

410000－2242－0000976　081.8/T484/1D
頤志齋叢書四十七種　（清）丁晏撰　清同治
元年(1862)丁氏六藝堂刻本　二十冊

410000－2242－0000977　081.8/T484/1E
頤志齋叢書四十七種　（清）丁晏撰　清同治
元年(1862)丁氏六藝堂刻本　十六冊

410000－2242－0000978　081.8/T484/1F
頤志齋叢書四十七種　（清）丁晏撰　清同治
元年(1862)丁氏六藝堂刻本　十二冊

410000－2242－0000979　081.8/T575/1
董方立遺書十種　（清）董祐誠撰　清同治八
年(1869)刻本　四冊　存八種

410000－2242－0000980　081.8/T599/1
寶氏叢書十四種附敬恕堂文集一種　（清）寶
容遂等撰　清光緒十年(1884)大興黃振河刻
本　四十一冊

410000－2242－0000981　223.34/S.166K
瑜伽燄口施食不分卷　（清）釋實賢編　清乾
隆二十年(1755)刻本　一冊

410000－2242－0000982　081.8/T679/1
經韻樓叢書十一種　（清）段玉裁撰　清道光
元年(1821)金壇段氏刻本　三十二冊

410000－2242－0000983　081.8/T.187/1
東海褰冥氏三十以前舊學四種　（清）譚嗣同
撰　清光緒二十八年(1902)石印本　三冊

410000－2242－0000984　081.8/T.452/1
田氏叢書五種　（清）田雯撰　清刻本　十
一冊

410000－2242－0000985　081.8/V353/1A
曾惠敏公全集四種　（清）曾紀澤撰　清光緒
二十年(1894)石印本　四冊

410000－2242－0000986　081.8/V353/1B
曾惠敏公全集四種　（清）曾紀澤撰　清光緒
二十年(1894)石印本　四冊

410000－2242－0000987　081.8/V354/1A
曾文正公全集十三種　（清）曾國藩撰　清同
治、光緒傳忠書局刻本　一百二十七冊

410000－2242－0000988　081.8/V354/1B
曾文正公全集十三種　（清）曾國藩撰　清同
治、光緒傳忠書局刻本　八十二冊

410000－2242－0000989　081.8/V354/2
邵陽曾氏四種　（清）曾廉撰　清光緒、宣統
刻本　十八冊

410000－2242－0000990　081.8/V465/1
焦氏遺書二十二種　（清）焦循撰　清光緒二
年(1876)衡陽魏氏刻本　四十八冊

410000－2242－0000991　081.8/V.482/1A
潛研堂全書三十三種　（清）錢大昕撰　清乾
隆、嘉慶、道光刻本　五十二冊　存十種

410000－2242－0000992　081.8/V.482/1B
潛研堂全書三十三種　（清）錢大昕撰　清光
緒十年(1884)長沙龍氏家塾刻本　六十四冊
　存十六種

410000－2242－0000993　081.8/V.482/2
潛研堂全書三十三種　（清）錢大昕撰　清乾
隆、嘉慶、道光刻本　十七冊　存七種

410000－2242－0000994　081.8/W244/2

王漁洋遺書三十八種　（清）王士禎撰　清刻本　五冊　存七種

410000－2242－0000995　081.8/W244/3

王漁洋遺書三十八種　（清）王士禎撰　清刻本　十二冊　存十一種

410000－2242－0000996　S081.8/W244/4

王漁洋遺書三十八種　（清）王士禎撰　清康熙、雍正刻本　五十冊　存二十九種

410000－2242－0000997　081.8/W254/1

汪龍莊遺書八種　（清）汪輝祖撰　清光緒十二年(1886)山東書局刻本　六冊

410000－2242－0000998　081.8/W254/3

古愚老人消夏錄十五種　（清）汪汲撰　清乾隆、嘉慶古愚山房刻本　十八冊　存十二種

410000－2242－0000999　081.8/W513/1A

授堂遺書八種　（清）武億撰　清道光二十三年(1843)偃師武氏刻本　十六冊

410000－2242－0001000　081.8/W513/1B

授堂遺書八種　（清）武億撰　清道光二十三年(1843)偃師武氏刻本　十六冊

410000－2242－0001001　081.8/W513/1C

授堂遺書八種　（清）武億撰　清道光二十三年(1843)偃師武氏刻本　十六冊

410000－2242－0001002　081.8/W513/1D

授堂遺書八種　（清）武億撰　清道光二十三年(1843)偃師武氏刻本　十六冊

410000－2242－0001003　081.8/W513/1E

授堂遺書八種　（清）武億撰　清道光二十三年(1843)偃師武氏刻本　十一冊　存五種

410000－2242－0001004　081.8/W513/1F

授堂遺書八種　（清）武億撰　清道光二十三年(1843)偃師武氏刻本　十六冊

410000－2242－0001005　081.8/W513/1G

授堂遺書八種　（清）武億撰　清道光二十三年(1843)偃師武氏刻本　十五冊

410000－2242－0001006　081.8/Y216/1

楊氏全書八種　（清）楊名時撰　清乾隆五十九年(1794)江陰廷甲水心草堂刻本　四冊　存一種

410000－2242－0001007　081.8/Y261/1

惜抱軒遺書三種　（清）姚鼐撰　清光緒五年(1879)桐城徐氏刻本　五冊

410000－2242－0001008　081.8/Y694/1

春在堂全書三十八種　（清）俞樾撰　清光緒二十八年(1902)刻本　一百四十一冊　存二十一種

410000－2242－0001009　081.8/Y694/2

春在堂全書三十四種　（清）俞樾撰　清光緒二十三年(1897)石印本　三十冊

410000－2242－0001010　081.8/Y694/4

第一樓叢書九種　（清）俞樾撰　清光緒刻本　九冊

410000－2242－0001011　081.8/Y818/2

隨園三十六種　（清）袁枚撰　清光緒三十四年(1908)上海集成圖書公司鉛印本　五十冊

410000－2242－0001012　081.8/Y818/4

隨園三十六種　（清）袁枚撰　清光緒十九年(1893)石印本　十二冊　存七種

410000－2242－0001013　081.8/Y818/5

小倉山房文集三十五卷　（清）袁枚撰　清刻本　九冊　存二十八卷(六至三十三)

410000－2242－0001014　081.8/Y818/6

隨園三十六種　（清）袁枚撰　清道光四年(1824)刻本　十二冊　存二種

410000－2242－0001015　223.34/S.166L

瑜伽燄口施食不分卷　（清）釋實賢編　清乾隆二十年(1755)刻本　一冊

410000－2242－0001016　081.9/C.451/1

程中丞全集六種　程德全撰　清宣統鉛印本　七冊　存三種

410000－2242－0001017　081.9/L714/5

遼居雜著丙編不分卷　羅振玉撰　清末上虞

羅氏刻本　二冊

410000－2242－0001018　223.34/S.166M
瑜伽燄口施食不分卷　（清）釋實賢編　清乾
隆二十年（1755）刻本　一冊

410000－2242－0001019　081.91/W244/1
陶廬叢刊二十一種　（清）王樹枏撰　清光緒
刻本　三冊　存四種

410000－2242－0001020　082.8/L343/1A
李文清公遺書八卷附志節編二卷　（清）李棠
階撰　清光緒八年（1882）河北分守道署刻本
三冊

410000－2242－0001021　082.8/L343/1B
李文清公遺書八卷附志節編二卷　（清）李棠
階撰　清光緒八年（1882）河北分守道署刻本
四冊

410000－2242－0001022　082.8/L343/1C
李文清公遺書八卷附志節編二卷　（清）李棠
階撰　清光緒八年（1882）河北分守道署刻本
四冊

410000－2242－0001023　082.8/L343/1D
李文清公遺書八卷附志節編二卷　（清）李棠
階撰　清光緒八年（1882）河北分守道署刻本
四冊

410000－2242－0001024　082.8/L343/2
李文清公遺書八卷首一卷　（清）李棠階撰
清光緒八年（1882）河北分守道署刻本　一冊
存三卷（一至二、首一卷）

410000－2242－0001025　108/H.157/1
夏氏三書三種　（清）夏炘撰　清咸豐、同治
景紫山房刻本　五冊

410000－2242－0001026　120.1/E188/1
二十二子二十二種　（清）浙江書局輯　清光
緒中浙江書局刻本　八十一冊　存二十一種

410000－2242－0001027　120.1/E188/2
二十二子二十二種　（清）浙江書局輯　清光
緒元年至三年（1875－1877）浙江書局刻本
六十一冊　存十三種

410000－2242－0001028　120.1/E188/3
二十二子二十二種　（清）浙江書局輯　清光
緒二十七年（1901）浙江書局刻本　八十三冊

410000－2242－0001029　120.1/S826/1A
理學宗傳二十六卷　（清）孫奇逢編　清康熙
五年（1666）孫氏刻本　十二冊

410000－2242－0001030　120.1/S826/1B
理學宗傳二十六卷　（清）孫奇逢編　清光緒
六年（1880）浙江書局刻本　十二冊

410000－2242－0001031　120.1/S826/2
理學宗傳二十六卷　（清）孫奇逢編　清光緒
六年（1880）浙江書局刻本　十二冊

410000－2242－0001032　120.1/S826/3
理學宗傳二十六卷　（清）孫奇逢編　清刻本
九冊　存九卷（二至八、十至十一）

410000－2242－0001033　120.1/S826/4
理學宗傳二十六卷　（清）孫奇逢編　清康熙
五年（1666）孫氏刻本　十六冊

410000－2242－0001034　120.1/V122/1A
子書百家一百種　（清）崇文書局輯　清光緒
元年（1875）湖北崇文書局刻本　一百〇一冊
存九十三種

410000－2242－0001035　120.1/V122/1B
子書百家一百種　（清）崇文書局輯　清光緒
元年（1875）湖北崇文書局刻本　一百〇一冊
存七十六種

410000－2242－0001036　223.34/S.166N
瑜伽燄口施食不分卷　（清）釋實賢編　清乾
隆二十年（1755）刻本　一冊

410000－2242－0001037　223.34/S.166O
瑜伽燄口施食不分卷　（清）釋實賢編　清乾
隆二十年（1755）刻本　一冊

410000－2242－0001038　120.1/W363/1
子書二十八種　（清）文瑞樓校補　清光緒三
十三年（1907）文瑞樓圖書集成局鉛印本　四
十五冊

410000－2242－0001039　120.8/K564/1

顧端文公遺書十三種　（明）顧憲成撰　（明）顧允成撰　小辨齋偶存一種　（明）顧允成撰　年譜一種　（明）顧興沐撰　清光緒三年(1877)刻本　十八冊

410000－2242－0001040　223.34/S.166P
瑜伽燄口施食不分卷　（清）釋實賢編　清乾隆二十年(1755)刻本　一冊

410000－2242－0001041　121.1/F149
家語證偽十一卷　（清）范家相撰　清光緒文學山房鉛印本　六冊

410000－2242－0001042　121.1/S835/1
孔子集語十七卷　（清）孫星衍輯　清宣統三年(1911)育文書局石印本　一冊

410000－2242－0001043　121.1/S835/2
孔子集語十七卷　（清）孫星衍撰　清光緒三年(1877)浙江書局刻本　三冊

410000－2242－0001044　121.2/C523
子思子內篇七卷　（漢）鄭玄注　（清）黃以周輯解　清刻本　二冊

410000－2242－0001045　121.3/S737/1
蘇老泉批點孟子不分卷　（宋）蘇洵撰　清嘉慶八年(1803)載詠樓刻本　二冊

410000－2242－0001046　121.3/S737/2
蘇老泉批點孟子不分卷　（宋）蘇洵撰　清嘉慶元年(1796)載詠樓刻本　二冊

410000－2242－0001047　121.4/S994/3
荀子集解二十卷　（戰國）荀況撰　（唐）楊倞注　王先謙集解　清光緒十七年(1891)刻本　一冊　存五卷(八至十二)

410000－2242－0001048　121.4/S994/5
荀子二十卷　（戰國）荀況撰　（唐）楊倞注　（清）謝墉輯校　清光緒二十三年(1897)三味書室刻本　一冊　存四卷(七至十)

410000－2242－0001049　121.4/S994/6
荀子二十卷　（戰國）荀況撰　（唐）楊倞注　（清）謝墉輯校　清光緒二十三年(1897)三味書室刻本　六冊

410000－2242－0001050　121.4/S994/7
荀子集解二十卷　（戰國）荀況撰　（唐）楊倞注　王先謙集解　清光緒十七年(1891)刻本　六冊

410000－2242－0001051　121.4/W243
荀子集解二十卷　（戰國）荀況撰　（唐）楊倞注　王先謙集解　清光緒石印本　六冊

410000－2242－0001052　121.5/C278/1
勸學篇二卷　（清）張之洞撰　清光緒二十四年(1898)兩湖書院刻本　一冊

410000－2242－0001053　121.5/C278/2
勸學篇二卷　（清）張之洞撰　清光緒二十四年(1898)北洋石印官書局石印本　一冊

410000－2242－0001054　121.5/C278/3
勸學篇二卷　（清）張之洞撰　清光緒二十四年(1898)河南書局刻本　一冊

410000－2242－0001055　121.5/F537
傅子三卷　（晉）傅玄撰　葉德輝輯　清光緒二十八年(1902)葉氏刻本　一冊

410000－2242－0001056　121.5/H383
女小學一卷附女兒語教女八綱一卷　（清）賀瑞麟編　清光緒五年(1879)守禮書堂刻本　一冊

410000－2242－0001057　S121.5/K.351
孔叢子三卷　（漢）孔鮒撰　明萬曆五年(1577)刻本　二冊

410000－2242－0001058　121.5/L642/4
說苑二十卷　（漢）劉向撰　清光緒刻本　二冊　存十二卷(一至十二)

410000－2242－0001059　121.5/P659
戊午同人問答不分卷　（□）□□撰　清刻本　一冊

410000－2242－0001060　121.5/S738
翼教叢編六卷　（清）蘇輿編　清光緒二十四年(1898)刻本　二冊　存四卷(一至四)

410000－2242－0001061　121.5/T155
薛子條貫續篇十三卷　（清）戴楫編　清道光

二十八年(1848)刻本　三冊

410000－2242－0001062　121.5/W223/4
論衡三十卷　(漢)王充撰　清刻本　八冊

410000－2242－0001063　121.5/W223/3
論衡三十卷　(漢)王充撰　(清)顧汝璉校
清刻本　八冊

410000－2242－0001064　121.5/W227A
潛夫論箋十卷　(漢)王符撰　(清)汪繼培箋
清光緒十七年(1891)思賢講舍刻本　四冊

410000－2242－0001065　121.5/W227B
潛夫論十卷　(漢)王符撰　(清)汪繼培箋
清刻本　五冊

410000－2242－0001066　S121.5/W246/1A
中說十卷　(隋)王通撰　(宋)阮逸注　明刻
本　四冊

410000－2242－0001067　S121.5/W246/1B
中說十卷　(隋)王通撰　(宋)阮逸注　明刻
本　四冊

410000－2242－0001068　S121.5/Y189
新纂門目五臣音注揚子法言十卷　(漢)揚雄
撰　明刻本　三冊

410000－2242－0001069　121.5/Y211
揚子法言十三卷附音義一卷　(漢)揚雄撰
(唐)李軌注　(宋)□□撰　清末掃葉山房石
印本　一冊

410000－2242－0001070　121.5/Y434
言子文學錄三卷首一卷末一卷　(清)言如泗
輯　清光緒二十三年(1897)刻本　二冊

410000－2242－0001071　121.5/Y442
晏子春秋八卷　(周)晏嬰撰　清光緒元年
(1875)湖北崇文書局刻本　一冊

410000－2242－0001072　122.1/C567
正陽帝君道德經註釋二卷　(清)冠善堂諸生
注　清光緒十六年(1890)清邑冠善堂刻本
二冊

410000－2242－0001073　S122.1/P275/1－1

寶顏堂訂正道德寶章一卷　(宋)白玉蟾注
明萬曆十一年(1583)寶顏堂刻本　一冊

410000－2242－0001074　S122.1/P275/1－2
寶顏堂訂正兼明書五卷　(宋)丘光庭撰　明
萬曆十一年(1583)寶顏堂刻本　一冊

410000－2242－0001075　S122.1/P.353
道言內外秘訣全書六卷　(明)彭好古輯　明
新安黃之宷刻本　六冊

410000－2242－0001076　122.1/V465/1A
老子翼八卷　(明)焦竑輯　清光緒二十一年
(1895)漸西村舍刻本　四冊

410000－2242－0001077　122.1/V465/1B
老子翼八卷　(明)焦竑輯　清光緒二十一年
(1895)漸西村舍刻本　四冊

410000－2242－0001078　122.1/V465/1C
老子翼八卷　(明)焦竑輯　清光緒二十一年
(1895)漸西村舍刻本　四冊

410000－2242－0001079　122.1/V465/1D
老子翼八卷　(明)焦竑輯　清光緒二十一年
(1895)漸西村舍刻本　四冊

410000－2242－0001080　122.1/W329
老子本義二卷　(清)魏源撰　清刻本　二冊

410000－2242－0001081　122.1/W471
道德真經註四卷　(元)吳澄撰　清光緒元年
(1875)湖北崇文書局刻本　一冊

410000－2242－0001082　S122.3/L471
列子注八卷　(唐)盧重元注　清嘉慶八年
(1803)江都秦恩復石研齋刻本　二冊

410000－2242－0001083　122.3/L471/1－2
列子八卷　(戰國)列禦寇撰　(晉)張湛注
清光緒二年(1876)浙江圖書館刻本　二冊

410000－2242－0001084　122.3/L471/3
列子二卷　(戰國)列禦寇撰　清光緒元年
(1875)湖北崇文書局刻本　一冊

410000－2242－0001085　122.3/L471/4
列子八卷　(戰國)列禦寇撰　(晉)張湛注

清光緒十年(1884)鐵琴銅劍樓摹刻本　一冊

410000 – 2242 – 0001086　122.4/C877/2

莊子三卷　(戰國)莊周撰　**莊子闕誤一卷**
(明)楊慎撰　清光緒元年(1875)湖北崇文書
局刻本　二冊

410000 – 2242 – 0001087　122.4/C.391

**南華真經正義內篇一卷外篇二卷雜篇一卷識
餘三卷**　(清)陳壽昌輯　清光緒十九年
(1893)怡顏齋刻本　六冊

410000 – 2242 – 0001088　122.4/H511

莊子獨見三十三卷　(清)胡文英評釋　清乾
隆刻本　四冊

410000 – 2242 – 0001089　122.4/K777/2A

莊子集釋十卷　(清)郭慶藩撰　清光緒二十
年(1894)思賢講舍刻本　八冊

410000 – 2242 – 0001090　122.4/K777/2B

莊子集釋十卷　(清)郭慶藩撰　清光緒二十
年(1894)思賢講舍刻本　八冊

410000 – 2242 – 0001091　122.4/K777/2C

莊子集釋十卷　(清)郭慶藩撰　清光緒二十
年(1894)思賢講舍刻本　八冊

410000 – 2242 – 0001092　122.4/K779

郭子翼莊一卷　(晉)郭象撰　(明)高豸輯
(清)李調元校　清刻本　一冊

410000 – 2242 – 0001093　122.4/K786/1

莊子郭注十卷附陸氏釋文音義一卷　(晉)郭
象注　(唐)陸德明音義　清光緒十一年
(1885)傳忠書局刻本　八冊

410000 – 2242 – 0001094　122.4/K786/3

莊子十卷　(晉)郭象注　(唐)陸德明音義
清光緒二十三年(1897)上海圖書集成局鉛印
本　一冊　存六卷(一至六)

410000 – 2242 – 0001095　122.4/M125

南華瀝摘萃一卷　(清)馬魯編　清同治九年
(1870)敦倫堂刻本　一冊

410000 – 2242 – 0001096　122.4/S564A

南華發覆八卷　(明)釋性通撰　明末文奎堂

刻本　八冊

410000 – 2242 – 0001097　122.4/S564B

南華發覆八卷　(明)釋性通撰　明末文奎堂
刻本　六冊

410000 – 2242 – 0001098　122.4/S967/1

南華真經解六卷　(清)宣穎撰　清海清樓刻
本　六冊

410000 – 2242 – 0001099　122.4/S967/2

南華真經解不分卷　(清)宣穎撰　清康熙積
秀堂刻本　六冊

410000 – 2242 – 0001100　122.4/T277

莊子內篇注四卷　(明)釋德清注　清光緒十
四年(1888)金陵刻經處刻本　二冊

410000 – 2242 – 0001101　122.4/W227

莊子解三十三卷莊子通一卷　(清)王夫之撰
　清同治四年(1865)曾氏刻本　四冊

410000 – 2242 – 0001102　122.4/W492

莊子解三卷　(清)吳世尚註評　清康熙五十
四年(1715)光裕堂刻本　四冊

410000 – 2242 – 0001103　S122.6/K655

關尹子文始真經一卷　(周)尹喜撰　明萬曆
吳勉學刻本　一冊

410000 – 2242 – 0001104　122.6/L949

指玄篇秘注一卷　(唐)呂嵒撰　(清)滄海老
人秘注　清刻本　一冊

410000 – 2242 – 0001105　122.6/S339

洗心語錄□□卷　(唐)呂嵒撰　清光緒十八
年(1892)刻本　八冊

410000 – 2242 – 0001106　122.6/S915

神仙鑑二十二卷　(清)徐道撰　(清)黃掌綸
評定　清刻本　二十一冊

410000 – 2242 – 0001107　122.08/L714/1

敦煌石室遺書一卷　羅振玉輯　清宣統元年
(1909)鉛印本　一冊

410000 – 2242 – 0001108　123.1/C285

墨子經說解二卷　(清)張惠言撰　清宣統元

年(1909)國學保存會石印本 一冊

410000－2242－0001109 123.1/M279/1

墨子十五卷目一卷 (戰國)墨翟撰 (清)畢沅校注 清乾隆四十九年(1784)靈巖山館刻本 四冊

410000－2242－0001110 223.34/S.166Q

瑜伽燄口施食不分卷 (清)釋實賢編 清乾隆二十年(1755)刻本 一冊

410000－2242－0001111 123.1/S838/1A

墨子閒詁十五卷目錄一卷附錄一卷後語二卷 (清)孫詒讓撰 清光緒三十三年(1907)刻本 八冊

410000－2242－0001112 123.1/S838/1B

墨子閒詁十五卷目錄一卷附錄一卷後語二卷 (清)孫詒讓撰 清光緒三十三年(1907)刻本 八冊

410000－2242－0001113 123.1/S838/1C

墨子閒詁十五卷目錄一卷附錄一卷後語二卷 (清)孫詒讓撰 清光緒三十三年(1907)刻本 八冊

410000－2242－0001114 123.1/S838/1D

墨子閒詁十五卷目錄一卷附錄一卷後語二卷 (清)孫詒讓撰 清光緒三十三年(1907)刻本 八冊

410000－2242－0001115 123.1/S838/2

墨子閒詁十五卷目錄一卷附錄一卷後語二卷 (清)孫詒讓撰 清光緒二十一年(1895)毛上珍活字本 七冊

410000－2242－0001116 123.1/S838/6

墨子後語二卷 (清)孫詒讓撰 清刻本 一冊

410000－2242－0001117 123.1/W224

墨商三卷補遺一卷 (清)王景羲撰 清宣統二年(1910)刻本 二冊

410000－2242－0001118 S125.11/C743

管子榷二十四卷 (唐)房玄齡注 (明)朱長春榷 明萬曆四十年(1612)張維樞刻本 十二冊

410000－2242－0001119 S125.11/K654

管子二十四卷 (唐)房玄齡注 明天啟五年(1625)刻本 五冊

410000－2242－0001120 223.1/V329/2

維摩詰所說經三卷 (後秦)釋鳩摩羅什譯 清同治九年(1870)金陵刻經處刻本 一冊

410000－2242－0001121 125.11/K654/3A

管子二十四卷 (戰國)管仲撰 (唐)房玄齡注 (明)劉績補 清光緒二年(1876)浙江書局刻本 六冊

410000－2242－0001122 125.11/K654/3B

管子二十四卷 (戰國)管仲撰 (唐)房玄齡注 (明)劉績補 清光緒二年(1876)浙江書局刻本 六冊

410000－2242－0001123 125.11/K654/3C

管子二十四卷 (戰國)管仲撰 (唐)房玄齡注 (明)劉績補 清光緒二年(1876)浙江書局刻本 六冊

410000－2242－0001124 125.11/K654/7

管子二十四卷 (戰國)管仲撰 清光緒元年(1875)湖北崇文書局刻本 二冊

410000－2242－0001125 S125.11/K654/8A

管子二十四卷 (戰國)管仲撰 (明)朱長春 (明)趙用賢等評 明萬曆四十八年(1620)凌汝亨朱墨套印刻本 十冊

410000－2242－0001126 S125.11/K654/8B

管子二十四卷 (唐)房玄齡撰 明萬曆十年(1582)趙用賢刻本 八冊

410000－2242－0001127 125.11/T156A

管子校正二十四卷 (清)戴望纂 清同治十二年(1873)刻本 四冊

410000－2242－0001128 125.11/T156B

管子校正二十四卷 (清)戴望纂 清同治十二年(1873)刻本 四冊

410000－2242－0001129 125.11/W244

管子地員篇注四卷 (清)王紹蘭撰 清光緒十七年(1891)胡氏寄虹山館刻本 四冊

410000－2242－0001130　081.8/l793/1C

陸桴亭先生遺書二十二種　（清）陸世儀撰
清光緒二十六年(1900)刻本　二十冊

410000－2242－0001131　125.12/S.297/2

商子五卷　（戰國）商鞅撰　清光緒元年
(1875)湖北崇文書局刻本　一冊

410000－2242－0001132　125.12/S.298A

商君書五卷　（戰國）商鞅撰　清光緒二年
(1876)浙江書局刻本　一冊

410000－2242－0001133　125.12/S.298B

商君書五卷　（戰國）商鞅撰　清光緒二年
(1876)浙江書局刻本　一冊

410000－2242－0001134　125.12/S.298C

商君書五卷　（戰國）商鞅撰　清光緒二年
(1876)浙江書局刻本　一冊

410000－2242－0001135　S125.13/H179

韓非子二十卷　（戰國）韓非撰　明萬曆十年
(1582)趙用賢刻本　一冊　存一卷(六)

410000－2242－0001136　125.13/H179/3A

韓非子二十卷　（戰國）韓非撰　識誤三卷
(清)顧廣圻撰　清光緒元年(1875)浙江書局
刻本　六冊

410000－2242－0001137　125.13/H179/3B

韓非子二十卷　（戰國）韓非撰　識誤三卷
(清)顧廣圻撰　清光緒元年(1875)浙江書局
刻本　六冊

410000－2242－0001138　320.8/T634/1B

通典二百卷附欽定通典考證一卷　（唐）杜佑
纂　清光緒二十七年(1901)上海圖書集成局
鉛印本　十六冊

410000－2242－0001139　125.13/W243/5A

韓非子集解二十卷首一卷　（清）王先慎撰
清光緒二十二年(1896)王氏刻本　六冊

410000－2242－0001140　125.13/W243/5B

韓非子集解二十卷首一卷　（清）王先慎撰
清光緒二十二年(1896)王氏刻本　六冊

410000－2242－0001141　125.13/W243/5C

韓非子集解二十卷首一卷　（清）王先慎撰
清光緒二十二年(1896)王氏刻本　六冊

410000－2242－0001142　125.13/W243/5D

韓非子集解二十卷首一卷　（清）王先慎撰
清光緒二十二年(1896)王氏刻本　六冊

410000－2242－0001143　125.13/W243/5E

韓非子集解二十卷首一卷　（清）王先慎撰
清光緒二十二年(1896)王氏刻本　六冊

410000－2242－0001144　125.2/H466

虎鈐經二十卷　（宋）許洞撰　清刻本　四冊

410000－2242－0001145　125.2/S838/2

孫子十家註十三卷附孫子遺說一卷孫子敘錄
一卷　（春秋）孫武撰　（三國）曹操等注　清
光緒三年(1877)浙江書局刻本　二冊　存四
卷(七至八、遺說一卷、敘錄一卷)

410000－2242－0001146　125.2/V.272

草廬經略十二卷　（明）□□撰　清道光伍氏
刻本　四冊

410000－2242－0001147　125.2/W235

登壇必究四十卷　（明）王鳴鶴編　清刻本
三十六冊

410000－2242－0001148　125.4/C.381

白虎通疏證十二卷　（清）陳立撰　清光緒元
年(1875)淮南書局刻本　四冊

410000－2242－0001149　125.4/H552

自西徂東五卷　（德國）花之安撰　清光緒十
九年(1893)廣學會鉛印本　五冊

410000－2242－0001150　125.4/L328

黃谷謏譚四卷　（明）李蓘撰　清陶然齋刻本
二冊

410000－2242－0001151　320.8/T634/1C

通典二百卷附欽定通典考證一卷　（唐）杜佑
纂　清光緒二十七年(1901)上海圖書集成局
鉛印本　十六冊

410000－2242－0001152　125.4/P181/1

白虎通德論四卷　（漢）班固撰　獨斷一卷
(漢)蔡邕撰　清光緒三年(1877)刻本　二冊

410000－2242－0001153　125.4/P181/2

白虎通德論四卷 （漢）班固撰　清光緒元年
(1875)湖北崇文書局刻本　二冊

410000－2242－0001154　125.4/P181/3

白虎通四卷 （漢）班固撰　清嘉慶九年
(1804)成錦堂據抱經堂刻本刻本　三冊

410000－2242－0001155　S125.4/W235

野客叢書三十卷 （宋）王楙撰　明刻本　四
冊　存二十卷(十一至三十)

410000－2242－0001156　126.1/L642

新論十卷 （南朝梁）劉勰撰　**新語二卷**
（漢）陸賈撰　清光緒三年(1877)刻本　三冊

410000－2242－0001157　126.11/D194/1

新書十卷 （漢）賈誼撰　清光緒元年(1875)
浙江書局刻本　一冊　存五卷(一至五)

410000－2242－0001158　126.11/D194/2

新書十卷 （漢）賈誼撰　清光緒元年(1875)
湖北崇文書局刻本　一冊　存四卷(一至四)

410000－2242－0001159　126.11/L633/2

淮南子二十一卷 （漢）劉安撰　（漢）高誘注
　清乾隆五十三年(1788)咸寧官署刻本
六冊

410000－2242－0001160　126.11/L633/3

淮南子二十一卷 （漢）劉安撰　（漢）高誘注
　清光緒二年(1876)浙江書局刻本　六冊

410000－2242－0001161　126.11/L633/6

淮南子二十一卷 （漢）劉安撰　（漢）高誘注
　清嘉慶九年(1804)刻本　四冊

410000－2242－0001162　320.8/T634/2

通典二百卷 （唐）杜佑纂　清同治十年
(1871)學海堂刻本　十冊　存三十九卷(一
至三十九)

410000－2242－0001163　S127/K399

理學要旨一卷 （清）耿介輯　清康熙十七年
(1678)嵩陽書院刻本　一冊

410000－2242－0001164　127/S468

十家語錄摘要二卷附詠梅軒搭記一卷 （清）

謝蘭生輯　清同治四年(1865)刻本　二冊

410000－2242－0001165　127.1/C297

廣近思錄十四卷 張伯行編　清光緒二十年
(1894)刻本　二冊

410000－2242－0001166　127.1/C312

性理精義體注大全八卷 （宋）周敦頤撰
（宋）朱熹注　（清）張道升　（清）仇廷桂纂
輯　（清）呂從律增訂　清咸豐二年(1852)刻
本　三冊

410000－2242－0001167　127.1/C314

張子全書十五卷 （宋）張載撰　（宋）朱熹注
　（清）朱軾　（清）段志熙校　清康熙五十八
年(1719)刻本　四冊

410000－2242－0001168　127.1/C749/1

朱子近思錄十四卷 （宋）朱熹撰　（清）朱顯
祖輯　清康熙刻本　六冊

410000－2242－0001169　127.1/C749/2

近思錄集解十四卷 （宋）朱熹編　（宋）葉采
集解　清康熙二十八年(1689)徽婺崇正堂刻
本　三冊

410000－2242－0001170　127.1/C.368

學蔀通辯十二卷 （清）陳建撰　清光緒十八
年(1892)劉傳經堂刻本　四冊

410000－2242－0001171　127.1/L328/1

御纂性理精義十二卷 （清）李光地等輯　清
康熙五十六年(1717)刻本　三冊　存六卷
(一、四至六、九至十)

410000－2242－0001172　127.1/L328/2

御纂性理精義十二卷 （清）李光地等撰　清
咸豐二年(1852)刻本　六冊

410000－2242－0001173　127.1/P.178

正學編八卷 （清）潘世恩輯　（清）潘曾瑋疏
　清同治五年(1866)刻本　四冊

410000－2242－0001174　127.1/S.155

五子近思錄發明十四卷 （清）施璜纂註　清
康熙英秀堂刻本　八冊

410000－2242－0001175　S127.1/W491

性理纂要標題二卷　（明）吳莘墟纂要　明嘉靖二十七年（1548）刻本　二冊

410000－2242－0001176　127.11/V.772

程志十卷　（明）崔銑編　清刻本　三冊

410000－2242－0001177　127.12/C297

小學集解六卷　張伯行纂輯　清同治四年（1865）晉陽藩署刻本　二冊

410000－2242－0001178　127.12/C749/1A

朱子遺書十二種　（宋）朱熹撰　清康熙呂氏寶誥堂刻本　二十冊

410000－2242－0001179　127.12/C749/1B

朱子遺書十二種　（宋）朱熹撰　清康熙呂氏寶誥堂刻本　二十冊

410000－2242－0001180　127.12/C749/2A

朱子語類一百四十卷　（宋）朱熹撰　清同治十一年（1872）應元書院刻本　四十冊

410000－2242－0001181　127.12/C749/2B

朱子語類一百四十卷　（宋）朱熹撰　清同治十一年（1872）應元書院刻本　四十冊

410000－2242－0001182　127.12/C749/3

朱子家禮八卷　（宋）朱熹撰　清康熙四十年（1701）刻本　一冊　存一卷（一）

410000－2242－0001183　129.12/D267

朱子原訂近思錄十四卷　（清）江永注　（清）王鼎校　清同治八年（1869）江蘇書局刻本　一冊　存四卷（五至八）

410000－2242－0001184　127.12/D267/1A

近思錄集註十四卷校勘記一卷附考訂朱子世家一卷　（清）江永撰　清同治八年（1869）江蘇書局刻本　四冊

410000－2242－0001185　127.12/D267/1B

近思錄集註十四卷校勘記一卷附考訂朱子世家一卷　（清）江永撰　清同治八年（1869）江蘇書局刻本　二冊　存八卷（二至三、九至十四）

410000－2242－0001186　S127.12/L328

御纂朱子全書六十六卷　（清）李光地等撰

清康熙内府刻本　二十五冊

410000－2242－0001187　127.12/L328/1

御纂朱子全書六十六卷　（清）李光地編　清淵鑒齋刻本　二十三冊

410000－2242－0001188　127.14/C314

張子全書十五卷　（宋）張載撰　清乾隆四十八年（1783）古香齋刻本　八冊

410000－2242－0001189　127.14/C681

周子全書四卷　（宋）周敦頤撰　清光緒十三年（1887）刻本　一冊

410000－2242－0001190　127.3/F153/1A

參兩通極六卷首一卷　（明）范守己撰　清光緒十五年（1889）刻本　二冊

410000－2242－0001191　127.3/F153/1B

參兩通極六卷首一卷　（明）范守己撰　清光緒十五年（1889）刻本　二冊

410000－2242－0001192　127.3/H495

居業錄八卷　（明）胡居仁撰　清同治五年（1866）正誼堂刻本　三冊

410000－2242－0001193　S127.3/L714

困知記二卷　（明）羅欽順撰　明嘉靖十二年（1533）刻本　一冊

410000－2242－0001194　127.3/L945/1A

呻吟語六卷附錄一卷　（明）呂坤撰　清道光七年（1827）刻本　六冊

410000－2242－0001195　127.3/L945/1B

呻吟語六卷附錄一卷　（明）呂坤撰　清道光七年（1827）刻本　五冊

410000－2242－0001196　127.3/L945/2A

呻吟語節抄六卷　（明）呂坤撰　清嘉慶二十四年（1819）刻本　一冊

410000－2242－0001197　127.3/L945/3

摘錄呻吟語詳說四卷　（明）呂坤撰　（清）沈學博詳說　清道光三十年（1850）刻本　四冊

410000－2242－0001198　127.3/V.772

士翼三卷　（明）崔銑撰　清崔氏家塾刻本
三冊

410000－2242－0001199　127.3/W227
思問錄內篇一卷　（清）王夫之撰　清同治刻
本　一冊

410000－2242－0001200　127.3/W244/3A
王文成公全書三十八卷　（明）王守仁撰　清
刻本　二十四冊

410000－2242－0001201　127.3/W244/3B
王文成公全書三十八卷　（明）王守仁撰　清
刻本　十五冊　存二十五卷（一至八、十九至
二十九、三十一至三十六）

410000－2242－0001202　127.3/W244/3C
王文成公全書三十八卷　（明）王守仁撰　清
刻本　二十四冊

410000－2242－0001203　127.3/W244/4
陽明先生文集十六卷　（明）王守仁撰　清道
光六年（1826）刻本　十三冊　存十四卷（一
至三、五至七、八至十、十二至十六）

410000－2242－0001204　127.3/W244/5
節本王陽明集八卷　（明）王守仁撰　清光緒
三十四年（1908）上海教育圖書館鉛印本
四冊

410000－2242－0001205　128.1/H494
繹志十九卷　（清）胡承諾撰　清同治十一年
（1872）浙江書局刻本　八冊

410000－2242－0001206　S128.1/L328
榕村語錄三十卷　（清）李光地撰　清雍正十
一年（1733）刻本　六冊

410000－2242－0001207　128.1/W254
理學逢源十二卷　（清）汪紱集　清光緒二十
三年（1897）刻本　十二冊

410000－2242－0001208　154.6/S.337/1
皇極經世緒言九卷首二卷　（宋）邵雍撰　清
道光十年（1830）刻本　十二冊

410000－2242－0001209　154.6/S.337/2A
皇極經世六十卷　（宋）邵雍撰　清咸豐元年

（1851）刻本　十六冊

410000－2242－0001210　154.6/S.337/2B
皇極經世六十卷　（宋）邵雍撰　清咸豐元年
（1851）刻本　十二冊　存四十七卷（一至三、
八至三十三、四十三至六十）

410000－2242－0001211　154.6/V681
象後得義四卷　（清）左守中編　清嘉慶刻本
四冊

410000－2242－0001212　154.6/W478
桐城先生點勘太玄讀本十卷　（清）吳汝綸點
　清宣統二年（1910）衍星社鉛印本　一冊

410000－2242－0001213　154.61/L344
太乙數統宗大全四十卷　（清）李自明編　清
乾隆刻本　十二冊

410000－2242－0001214　154.61/S434
五行大義五卷　（隋）蕭吉撰　清刻本　一冊

410000－2242－0001215　154.61/V465/1
易林十六卷附元籥十測　（漢）焦贛　（明）盛
如林撰　清嘉慶知白齋刻本　六冊

410000－2242－0001216　154.61/V465/2
易林四卷　（漢）焦贛撰　清康熙愛日堂刻本
四冊

410000－2242－0001217　154.61/V465/3
易林四卷　（漢）焦贛撰　清嘉慶十三年
（1808）吳門黃氏刻本　二冊

410000－2242－0001218　154.61/V465/5
易林四卷　（漢）焦贛撰　清光緒元年（1875）
湖北崇文書局刻本　四冊

410000－2242－0001219　154.61/V465/6
易林十六卷　（漢）焦延壽撰　清嘉慶十三年
（1808）刻本　二冊

410000－2242－0001220　154.61/W224
先天三皇大數演易三卷　（清）王金聲撰　清
光緒二十八年（1902）守璞齋刻本　二冊

410000－2242－0001221　154.62/D.439
大唐開元占經一百二十卷　（唐）瞿曇悉達等

撰　清乾隆恆德堂刻本　二十冊

410000－2242－0001222　154.63/Y862

欽定協記辨方書三十六卷　（清）允祿等撰
清刻本　一冊　存一卷（五）

410000－2242－0001223　154.64/H496A

卜法詳考四卷　（清）胡煦輯　清葆璞堂刻本
四冊

410000－2242－0001224　154.64/H496B

卜法詳考四卷　（清）胡煦輯　清葆璞堂刻本
四冊

410000－2242－0001225　S154.64/H663

靈棋經一百二十五卦　（周）黃石公撰　清抄
本　四冊

410000－2242－0001226　154.64/Y694

諏吉便覽三卷附北極高度表一卷　（清）俞榮
寬編　（清）費淳鑒定　清嘉慶刻本　四冊

410000－2242－0001227　170.142/C375

訓學良規一卷　（清）趙爾巽編　清光緒十九
年（1893）刻本　一冊

410000－2242－0001228　170.142/K479

耕餘瑣聞八集　（清）龔淀撰　清同治十一年
（1872）體仁堂刻本　八冊

410000－2242－0001229　170.142/V.275

覺世正宗省心經十卷　（清）曹鵬齡編　清光
緒五年（1879）刻本　十冊

410000－2242－0001230　170.142/W245

孝譜類編不分卷　（清）王德英輯　清道光元
年（1821）河南省北土街田齋刻本　一冊

410000－2242－0001231　170.8/C.375/1A

四種遺規四種　（清）陳弘謀編輯　清光緒十
七年（1891）海豐吳氏刻本　八冊

410000－2242－0001232　170.8/C.375/1B

四種遺規四種　（清）陳弘謀編輯　清光緒十
七年（1891）海豐吳氏刻本　八冊

410000－2242－0001233　170.8/C.375/2

學仕遺規四卷　（清）陳弘謀輯　清乾隆刻本

二冊　存二卷（三至四）

410000－2242－0001234　172.3/L945

實政錄七卷附四禮疑一卷　（明）呂坤撰　清
嘉慶二年（1797）刻本　八冊

410000－2242－0001235　172.38/H658

福惠全書三十二卷　（清）黃六鴻撰　清光緒
十九年（1893）刻本　十二冊

410000－2242－0001236　174.5/S436

二十四弟合刊一卷　（清）蕭培元撰　（清）李
錫彤繪圖　清同治八年（1869）刻本　一冊

410000－2242－0001237　175/C297

學規類編二十七卷　張伯行纂　清同治五年
（1866）正誼書院刻本　六冊

410000－2242－0001238　175/K468/1

彙纂功過格兼註釋十二卷首一卷末一卷
（□）□□編　清嘉慶二十三年（1818）韻香樓
刻本　十冊

410000－2242－0001239　175/K468/2

桂苑功過格二十八卷首一卷末一卷　（□）
□□編　清乾隆四十六年（1781）刻本　八冊

410000－2242－0001240　175/K791

廿二史言行略四十二卷　（清）過元玫輯　清
嘉慶刻本　二十冊

410000－2242－0001241　175/L659

人譜類記二卷　（明）劉宗周撰　清宣統元年
（1909）陝甘督署刻本　二冊

410000－2242－0001242　175/S.469/1

聖諭廣訓直解不分卷　（清）聖祖玄燁頒發
（清）世宗胤禛廣訓　清光緒二十三年（1897）
蘇州刻本　二冊

410000－2242－0001243　175/S.469/2

聖諭廣訓直解不分卷　（清）聖祖玄燁頒發
（清）世宗胤禛廣訓　清光緒二十三年（1897）
蘇州刻本　二冊

410000－2242－0001244　175/W231/1

增補暗室燈四卷　（清）王若虛編　清光緒二
十年（1894）刻本　四冊

410000－2242－0001245　175/W231/2

莘野書院四齋説一卷　（清）王儒行編　清同治十三年(1874)梁園莘野書院刻本　一冊

410000－2242－0001246　175.1/C291

經正錄一卷　（清）張履祥輯　清光緒元年(1875)刻本　一冊

410000－2242－0001247　175.1/C317/2

篤素堂文集四卷　（清）張英撰　清光緒六年(1880)刻本　一冊

410000－2242－0001248　175.1/C.371

學廬自鏡語一卷　（清）陳錦撰　清光緒五年(1879)橘蔭軒刻本　一冊

410000－2242－0001249　175.1/C.375

訓俗遺規四卷　（清）陳宏謀編輯　清光緒十九年(1893)刻本　四冊

410000－2242－0001250　175.1/M364

西川尤先生要語一卷　（明）尤時熙撰　（清）孟化鯉輯　清刻本　一冊

410000－2242－0001251　175.1/S.144

傳家寶全集三十二卷　（清）石成金撰集　清光緒二十一年(1895)上海書局石印本　十冊

410000－2242－0001252　175.2/D129

紀氏嘉言四卷　（清）紀昀撰　（清）徐瑃摘錄　清道光二十六年(1846)刻本　四冊

410000－2242－0001253　175.2/H433

菜根譚一卷　（清）洪應明撰　清光緒二十五年(1899)揚州禪院刻本　一冊

410000－2242－0001254　175.2/Y499/1

聖祖仁皇帝庭訓格言一卷　（清）聖祖玄燁撰　（清）世宗胤禛錄　清雍正八年(1730)内府刻本　一冊

410000－2242－0001255　175.2/Y499/2

聖祖仁皇帝庭訓格言一卷　（清）聖祖玄燁撰　（清）世宗胤禛錄　清雍正八年(1730)内府刻本　一冊

410000－2242－0001256　175.3/C317

歷代賢儒景行錄二卷　（清）張英編　清咸豐十年(1860)刻本　二冊

410000－2242－0001257　175.3/C567

慎詒堂先世錄一卷　（清）李正榮輯　清光緒五年(1879)刻本　一冊

410000－2242－0001258　175.3/C.393

先儒趙子言行錄二卷　（清）陳廷鈞纂述　陳廷儒校編　清咸豐六年(1856)刻本　一冊　存一卷(上)

410000－2242－0001259　175.3/L641

念修錄十卷　（清）劉漢藜撰　（清）劉佑續撰　清康熙七年(1668)刻光緒三年(1877)增補刻本　一冊　存九卷(二至十)

410000－2242－0001260　175.3/W228

薛文清公行實錄五卷　（明）王鴻輯　清初刻本　三冊

410000－2242－0001261　175.4/Y195/1

楊忠愍公遺書一卷　（明）楊繼盛撰　清同治五年(1866)木樨山房刻本　一冊

410000－2242－0001262　175.4/Y195/2

楊忠愍公遺訓一卷　（明）楊繼盛撰　清光緒七年(1881)慎思樓刻本　一冊

410000－2242－0001263　175.4/Y453

顏氏家訓七卷　（北齊）顏之推撰　清乾隆、道光長塘鮑氏刻本　一冊　存四卷(四至七)

410000－2242－0001264　S175.4/Y453/1

顏氏家訓七卷　（北齊）顏之推撰　（清）趙曦明注　（清）盧文弨補註　附錄一卷　（唐）李百藥撰　清乾隆五十四年(1789)錢塘盧氏抱經堂刻本　四冊

410000－2242－0001265　179.4/H652

陰騭文圖説四卷附性天真境一卷慾海慈航一卷　（清）黃正元纂輯　清乾隆二年(1737)刻本　六冊

410000－2242－0001266　125.4/L947/1A

呂氏春秋二十六卷附考一卷　（戰國）呂不韋撰　（漢）高誘注　清光緒元年(1875)浙江書局刻本　六冊

410000－2242－0001267　S220/V.273

禮吳中石佛起止儀式一卷附吳中石佛緣起一卷　（明）釋傳燈撰　明崇禎十一年（1638）刻本　一冊

410000－2242－0001268　220.2/S.137

御錄宗鏡大綱二十卷　（清）世宗胤禛選　清雍正十二年（1734）武英殿刻本　四冊

410000－2242－0001269　220.3/F122

翻譯名義集二十卷　（宋）釋法雲編　清光緒四年（1878）金陵刻經處刻本　六冊

410000－2242－0001270　220.3/H.525/1

一切經音義二十五卷附補訂新譯大方廣佛華嚴經音義二卷華嚴經音義敘錄一卷刻華嚴經音義校勘記一卷　（唐）釋玄應撰　（清）莊炘等校　清同治八年（1869）武林張氏寶晉齋刻本　四冊

410000－2242－0001271　220.3/H.525/2

一切經音義二十五卷　（唐）釋玄應撰　（清）莊炘等校　清道光二十五年（1845）刻本　六冊

410000－2242－0001272　220.4/S313A

弘明集十四卷　（南朝梁）釋僧祐集　清光緒二十二年（1896）金陵刻經處刻本　四冊

410000－2242－0001273　220.4/S313B

弘明集十四卷　（南朝梁）釋僧祐集　清光緒二十二年（1896）金陵刻經處刻本　四冊

410000－2242－0001274　220.4/S313C

弘明集十四卷　（南朝梁）釋僧祐集　清光緒二十二年（1896）金陵刻經處刻本　四冊

410000－2242－0001275　220.4/Y212

等不等觀雜錄八卷　（清）楊仁山撰　清光緒金陵刻經處刻本　四冊

410000－2242－0001276　220.8/C779/1

雲棲法彙二十八種　（明）釋袾宏撰輯　清光緒二十三年至二十五年（1897－1899）金陵刻經處刻本　三十四冊

410000－2242－0001277　220.8/C779/2

楞嚴摸象記一卷　（明）釋袾宏撰　清光緒二十四年（1898）金陵刻經處刻本　一冊

410000－2242－0001278　220.8/D425/1

釋氏十三經十三種　（清）金陵刻經處編　清同治八至十年（1869－1871）金陵刻經處刻本　十冊

410000－2242－0001279　220.8/D425/2

釋氏十三經注疏十三種　（清）金陵刻經處輯　清光緒金陵刻經處刻本　二十五冊　存十二種

410000－2242－0001280　220.8/P.174/1

大佛頂如來密因修證了義諸菩薩萬行首楞嚴經十卷　（唐）釋般刺密諦譯　清同治八年（1869）金陵刻經處刻本　二冊

410000－2242－0001281　220.8/P.174/2

大佛頂如來密因修證了義諸菩薩萬行首楞嚴經十卷　（唐）釋般刺密諦譯　清刻本　一冊　存三卷（四至六）

410000－2242－0001282　221/C136

閱藏知津四十四卷總目四卷　（明）釋智旭彙輯　清光緒十八年（1892）金陵刻經處刻本　八冊　存二十九卷（一至五、二十至二十八、三十四至四十四,總目四卷）

410000－2242－0001283　221.2/F122/3

大乘起信論纂註二卷　（□）馬鳴菩薩造（南朝梁）釋真諦譯　（明）釋真界纂註　清光緒十一年（1885）金陵刻經處刻本　一冊

410000－2242－0001284　221.2/F122/3

大乘起信論裂網疏六卷　（□）馬鳴菩薩造論（明）釋智旭撰　清金陵刻經處刻本　一冊

410000－2242－0001285　221.2/C136/1

大乘止觀法門釋要六卷　（明）釋智旭撰　清光緒二十二年（1896）刻本　二冊

410000－2242－0001286　221.2/C136/4

大乘起信論一卷　（□）馬鳴菩薩造　（南朝梁）釋真諦譯　清光緒二十四年（1898）金陵刻經處刻本　一冊

410000－2242－0001287　221.2/D124

勝鬘經寶窟十五卷　（唐）釋吉藏撰　清光緒
二十六年(1900)金陵刻經處刻本　四冊

410000－2242－0001288　221.2/F122/1

大乘起信論義記七卷別記一卷　（唐）釋法藏
撰　清光緒二十四年(1898)金陵刻經處刻本
二冊

410000－2242－0001289　221.2/F122/2

大乘法界無差別論疏二卷　（唐）釋法藏撰
清光緒二十一年(1895)金陵刻經處刻本
一冊

410000－2242－0001290　221.2/F122/3

大乘起信論義記七卷別記一卷　（唐）釋法藏
撰　清光緒二十四年(1898)金陵刻經處刻本
二冊

410000－2242－0001291　221.2/F122/3

大乘起信論疏記會本六卷　（□）馬鳴菩薩造
論　（南朝梁）釋真諦譯　（唐）釋元曉疏　清
光緒二十五年(1899)金陵刻經處刻本　二冊

410000－2242－0001292　221.2/F122/3

大乘起信論直解二卷　（□）馬鳴菩薩造論
（明）釋德清直解　清光緒十六年(1890)金陵
刻經處刻本　一冊

410000－2242－0001293　221.2/H.525/2

攝大乘論釋十卷　（□）世親菩薩造　（唐）釋
玄奘譯　清光緒金陵刻經處刻本　一冊　存
三卷(八至十)

410000－2242－0001294　221.2/L744/1

釋摩訶衍論十卷　（□）馬鳴菩薩本論　（□）
波羅末陀譯　（□）龍樹菩薩釋論　（□）筏提
摩多譯　清末金陵刻經處刻本　二冊　存六
卷(五至十)

410000－2242－0001295　221.2/L744/1

釋摩訶衍論十卷　（□）馬鳴菩薩本論　（□）
波羅末陀譯　（□）龍樹菩薩釋論　（□）筏提
摩多譯　清末金陵刻經處刻本　四冊

410000－2242－0001296　221.2/P.636

410000－2242－0001297　221.2/S313

大寶積經一百二十卷　（唐）釋菩提流志釋
清同治光緒刻本　十三冊　存六十五卷（一
至三十、四十六至五十、九十一至一百二十）

410000－2242－0001297　221.2/S313

十二門論十二卷　（□）龍樹菩薩造　（後秦）
釋鳩摩羅什譯　清光緒二十一年(1895)金陵
刻經處刻本　一冊

410000－2242－0001298　221.2/T251

安樂集二卷　（唐）釋道綽撰　清光緒二十三
年(1897)金陵刻經處刻本　一冊

410000－2242－0001299　221.2/W312

大乘中觀釋論敘十卷　（□）安慧菩薩造
（宋）釋惟淨譯　清光緒三十四年(1908)金陵
刻經處刻本　二冊

410000－2242－0001300　221.4/K656

大般涅槃經玄義二卷　（隋）釋灌頂撰　清光
緒八年(1882)金陵刻經處刻本　一冊

410000－2242－0001301　221.5/C318

神訓必讀不分卷　（清）李鎮撰　清光緒十八
年(1892)刻本　一冊

410000－2242－0001302　221.5/T.449

玉曆鈔傳一卷　（清）田文莘齋刻字鋪輯　清
咸豐六年(1856)田文莘齋刻字鋪刻本　一冊

410000－2242－0001303　221.7/S564

八識論義一卷　（清）釋性起論釋　（清）釋善
漳等錄　清光緒三年(1877)刻本　一冊

410000－2242－0001304　221.8/T277

性相通說二卷　（明）釋德清撰　清同治十二
年(1873)金陵刻經處刻本　一冊

410000－2242－0001305　222/S313/1

釋迦譜十卷　（南朝齊）釋僧祐撰　清光緒三
十四年(1908)刻本　四冊

410000－2242－0001306　S223/T251

顯密圓通成佛心要集二卷　（明）釋道㲀撰
明嘉靖四十五年(1566)刻本　一冊

410000－2242－0001307　S223.1/C136

梵網經心地品菩薩戒義疏發隱五卷　（隋）釋

智者大師說　（明）釋袾宏發隱　明萬曆十五年(1587)刻本　三冊　存四卷(一至四)

410000－2242－0001308　223.1/C136/1

注心賦四卷　（宋）釋智覺撰　清光緒三年(1877)刻經處刻本　四冊

410000－2242－0001309　223.1/C136/2

金剛般若經疏一卷　（隋）釋智者大師說（□）顯宗會　清光緒三十三年(1907)刻經處刻本　一冊

410000－2242－0001310　223.1/C136/3

般若波羅密多心經疏一卷　（唐）釋玄奘譯（唐）靖邁撰疏　清光緒二十三年(1897)刻經處刻本　一冊

410000－2242－0001311　223.1/C136/4－1

佛說四十二章經解一卷佛遺教經解一卷八大人覺經略解一卷　（明）釋智旭撰　清光緒十一年(1885)金陵刻經處刻本　一冊

410000－2242－0001312　223.1/D524

禪門日誦不分卷　（後秦）釋鳩摩羅什等譯　清末刻經處刻本　二冊

410000－2242－0001313　223.1/D.397

觀楞伽阿跋多羅寶經記十八卷首一卷補遺一卷　（南朝宋）釋求那跋陀羅譯　（明）釋德清記　清光緒三十一年(1905)刻經處刻本　六冊

410000－2242－0001314　223.1/H.525

解深密經五卷　（唐）釋玄奘譯　清同治十年(1871)刻經處刻本　一冊

410000－2242－0001315　223.1/N123

御製大雲輪請雨經二卷　（隋）釋那達提耶舍譯　清嘉慶十三年(1808)河南巡撫清安泰刻本　一冊

410000－2242－0001316　223.1/N123A

御製大雲輪請雨經二卷　（隋）釋那達提耶舍譯　清嘉慶十三年(1808)河南巡撫清安泰刻本　一冊

410000－2242－0001317　223.1/N123B

御製大雲輪請雨經二卷　（隋）釋那達提耶舍譯　清嘉慶十三年(1808)河南巡撫清安泰刻本　一冊

410000－2242－0001318　223.1/N123/1

御製大雲輪請雨經二卷附太上祈雨龍王真經三卷　（隋）釋那達提耶舍譯　清同治九年(1870)崇文書局刻本　一冊

410000－2242－0001319　223.1/N123/1A

御製大雲輪請雨經二卷　（隋）釋那達提耶舍譯　清嘉慶十三年(1808)河南巡撫清安泰刻本　一冊

410000－2242－0001320　223.1/N123/1C

御製大雲輪請雨經二卷附太上祈雨龍王真經三卷　（隋）釋那達提耶舍譯　清同治九年(1870)湖北崇文書局刻本　一冊

410000－2242－0001321　S223.1/S.166

諸經日誦朝時功課集要一卷　（清）釋實榮（清）釋通園輯刻　清乾隆二十五年(1760)刻本　一冊

410000－2242－0001322　223.1/S.166/1

諸經日誦朝時功課集要一卷　（清）釋實榮（清）釋通圓輯　清乾隆二十五年(1760)刻本　一冊

410000－2242－0001323　223.1/S.166/1A

諸經日誦朝時功課集要一卷　（清）釋實榮（清）釋通圓輯　清乾隆二十五年(1760)刻本　一冊

410000－2242－0001324　223.1/S.166/2

地藏菩薩本願經三卷　（唐）釋實叉難陀譯　清光緒三十年(1904)刻經處刻本　一冊

410000－2242－0001325　223.1/T355

大佛頂經序指味疏一卷　（清）釋諦閑述疏　清光緒二十八年(1902)鉛印本　一冊

410000－2242－0001326　223.1/T654

佛本行集經六十卷　（隋）釋闍那崛多譯　清光緒三十年(1904)刻經處刻本　八冊　存四十卷(十一至十五、二十六至六十)

410000－2242－0001327　S223.1/T654/1

佛本行集經六十卷　（隋）釋闍那崛多譯　明崇禎十三年（1640）刻本　一冊　存五卷（六至十）

410000－2242－0001328　S223.1/T.184/1

佛經九種　（南朝宋）釋曇摩蜜多等譯　明萬曆二十七年（1599）刻本　二冊

410000－2242－0001329　S223.1/T.184/2

佛經六種　（清）□□編　清順治十二年至康熙三年（1655－1664）刻本　一冊

410000－2242－0001330　223.1/V329/2

大佛頂如來密因修證了義諸菩薩萬行首楞嚴經纂註十卷　（唐）釋般刺密諦譯　（明）釋真界纂註　清光緒三十四年（1908）金陵刻經處刻本　五冊

410000－2242－0001331　223.1/V719

大方廣圓覺經大疏十卷　（唐）釋宗密撰　清宣統元年（1909）金陵刻經處刻本　四冊

410000－2242－0001332　223.11/C124

大方廣佛新華嚴經合論一百二十卷首一卷　（唐）釋實義難陀譯經　（唐）李通玄造論　（唐）釋志寧釐經合論　清同治十一年（1872）刻經處刻本　十八冊　存七十六卷（一至十六、二十一至五十六、六十一至六十四、九十三至一百、一百○九至一百二十）

410000－2242－0001333　223.11/C.455/2

大方廣佛華嚴經疏鈔懸談六十卷　（唐）釋澄觀撰　清同治、光緒刻本　三冊　存十一卷（七至十七）

410000－2242－0001334　223.11/D425/1

大方廣佛華嚴經著述集要三十九卷　（唐）釋澄觀等撰　清同治十一年至光緒二十二年（1872－1896）刻經處刻本　十二冊

410000－2242－0001335　223.11/F519

大方廣佛華嚴經六十卷三十四品　（晉）釋佛陀跋陀羅等譯　清光緒七年（1881）常熟刻經處刻本　十六冊

410000－2242－0001336　223.11/S.166/1

大方廣佛華嚴經疏鈔會本二百二十卷　（唐）釋實叉難陀譯　（唐）釋澄觀撰　清光緒九年（1883）刻經處刻本　五十四冊

410000－2242－0001337　223.11/S.166/2

大方廣佛華嚴經八十卷三十九品　（唐）釋實叉難陀譯　清同治光緒刻本　二十冊

410000－2242－0001338　223.11/V719/1

大方廣佛華嚴經普賢行願品別行疏鈔十五卷　（唐）釋宗密疏　清光緒三十二年（1906）金陵刻經處刻本　五冊

410000－2242－0001339　223.11/V719/2

大方廣圓覺修多羅了義經略疏二卷　（唐）釋宗密撰　清光緒十二年（1886）刻經處刻本　二冊

410000－2242－0001340　223.12/D425/1

佛經四種　（清）金陵刻經處輯　清光緒三年（1877）金陵刻經處刻本　一冊

410000－2242－0001341　223.13/H.525

菩薩藏經二十卷　（唐）釋玄奘譯　清末刻本　四冊

410000－2242－0001342　223.14/C122

淨土經論十四種　（後漢）釋支婁迦讖等譯　清同治十年至光緒十年（1871－1884）刻經處刻本　四冊

410000－2242－0001343　223.14/C665

西歸直指全集四卷首一卷　（清）周安士撰　清光緒十二年（1886）刻經處刻本　一冊

410000－2242－0001344　223.14/D272

佛說觀無量壽佛經不分卷　（南朝宋）畺良耶舍譯　清同治八年（1869）刻經處刻本　一冊

410000－2242－0001345　223.14/D524

佛說阿彌陀經要解不分卷　（後秦）釋鳩摩羅什譯　（□）釋智旭解　清光緒十一年（1885）刻經處刻本　一冊

410000－2242－0001346　223.14/P.555/1

淨土古佚十書一卷　（□）婆藪槃頭菩薩等撰

（北魏）釋菩提留支譯　清光緒十九年（1893）刻經處刻本　一冊

410000－2242－0001347　223.14/Y796
阿彌陀經義疏一卷　（□）釋元照撰　清光緒二十四年（1898）刻經處刻本　一冊

410000－2242－0001348　223.16/C136/1－2
佛說金剛般若波羅密經略疏二卷　（唐）釋智儼撰　清光緒二十六年（1900）金陵刻經處刻本　一冊

410000－2242－0001349　223.16/C741
摩訶般若波羅密多心經不分卷　（唐）釋玄奘譯　（清）朱珪註解　清同治元年（1862）姚氏刻本　一冊

410000－2242－0001350　223.16/H373
摩訶般若波羅密多心經註解一卷　（清）何無垢注　清刻本　一冊

410000－2242－0001351　223.16/H525
大般若波羅密多經六百卷　（唐）釋玄奘譯　清同治十三年（1874）雞園刻經處刻本　六十六冊　存四百十五卷（一至四十五、五十一至一百八十五、二百十六至二百二十、二百二十六至二百三十、二百六十一至二百九十、二百九十六至三百三十、三百六十一至三百八十、四百十一至四百二十、四百三十六至四百四十、四百六十一至四百六十五、四百八十一至六百）

410000－2242－0001352　223.16/L744
般若燈論十五卷　（□）龍樹菩薩撰　（□）分別明菩薩釋論　（唐）釋波羅頗密多羅譯　清光緒二十四年（1898）金陵刻經處刻本　三冊

410000－2242－0001353　223.16/P647
金剛般若波羅密經心印疏二卷　（清）釋溥畹撰　清光緒二十七年（1901）揚州藏經院刻本　二冊

410000－2242－0001354　S223.16/V239
仁王護國般若波羅蜜多經科疏五卷懸譚一卷　（明）真貴述　明刻本　二冊　存二卷（科疏一卷、懸譚一卷）

410000－2242－0001355　S223.17/T122
妙法蓮華經大成九卷　（清）釋大義集　清康熙三十四年（1695）刻本　十冊

410000－2242－0001356　223.18/D.397
雜阿含經五十卷　（南朝宋）釋求那跋陀羅譯　清光緒十四年（1888）刻經處刻本　十二冊

410000－2242－0001357　223.19/C136/1－1
佛說梵網經菩薩心地品合註七卷　（後秦）釋鳩摩羅什譯　（明）釋智旭　（明）釋道昉訂
佛說梵網經菩薩心地品玄義一卷　（明）釋智旭　（明）釋道昉訂　清同治十三年（1874）金陵刻經處刻本　三冊　存六卷（合註一、四至七，玄義一卷）

410000－2242－0001358　S223.19/D524
佛說梵網經直解十卷附直解事義一卷　（後秦）釋鳩摩羅什譯　（明）釋寂光直解　清乾隆五年（1740）刻本　四冊

410000－2242－0001359　223.19/D524/1
維摩詰所說經三卷　（後秦）釋鳩摩羅什譯　清同治九年（1870）金陵刻經處刻本　一冊

410000－2242－0001360　223.19/D524/2
維摩詰所說經註八卷　（後秦）釋鳩摩羅什譯　（□）釋僧肇註　清光緒十三年（1887）金陵刻經處刻本　二冊

410000－2242－0001361　223.19/D524/2A
維摩詰所說經註八卷　（後秦）釋鳩摩羅什譯　（□）釋僧肇註　清光緒十三年（1887）刻經處刻本　二冊

410000－2242－0001362　223.19/D524/2B
維摩詰所說經註八卷　（後秦）釋鳩摩羅什譯　（□）釋僧肇註　清光緒十三年（1887）金陵刻經處刻本　二冊

410000－2242－0001363　223.19/D524/3
妙法蓮華經七卷　（後秦）釋鳩摩羅什譯　清末刻本　四冊

410000－2242－0001364　223.19/D524/4
妙法蓮華經七卷　（後秦）釋鳩摩羅什譯　清

同治十年(1871)金陵刻經處刻本　三冊

410000－2242－0001365　223.19/D524/5

妙法蓮華經七卷　(後秦)釋鳩摩羅什譯　清
同治十年(1871)金陵刻經處刻本　三冊

410000－2242－0001366　223.19/H713

壇經一卷　(唐)釋慧能說　(□)法海錄　清
同治十一年(1872)如皋刻經處刻本　一冊

410000－2242－0001367　223.19/H718/2

壇經一卷　(唐)釋慧能說　(□)釋法海錄
清同治十一年(1872)如皋刻經處刻本　一冊

410000－2242－0001368　223.19/P.174

**大佛頂如來密因修證了義諸菩薩萬行首楞嚴
經要解二十卷**　(唐)釋般剌密帝譯　(唐)釋
伽釋迦譯語　(清)釋戒環解　清宣統三年
(1911)佛經流通所刻本　五冊

410000－2242－0001369　223.19/P659

淨土徵經錄不分卷　(□)□□撰　清末刻本
一冊

410000－2242－0001370　223.19/P.174/1

**大佛頂如來密因修證了義諸菩薩萬行首楞嚴
經玄義二卷文句十卷**　(唐)釋般剌密諦譯
(明)釋智旭撰　(明)釋道昉參訂　清同治十
三年(1874)刻經處刻本　十冊

410000－2242－0001371　223.19/P.174/2

**大佛頂首如來密因修證了義諸菩薩萬行首楞
嚴經十卷**　(唐)釋般剌密諦譯　(唐)釋彌伽
釋迦譯語　(明)王應乾參標　清光緒三十三
年(1907)刻本　五冊

410000－2242－0001372　223.19/P.174/3

**大佛頂如來密因修證了義諸菩薩萬行首楞嚴經
纂註十卷首一卷末一卷**　(唐)釋般剌密諦譯
(唐)釋彌伽釋迦譯語　(明)釋真界纂註
清光緒三十四年(1908)金陵刻經處刻本　五冊

410000－2242－0001373　223.19/S.172/1

大乘三聚等五經五種　(隋)釋闍那崛多及笈
多等譯　清同治十年(1871)常熟刻經處刻本
一冊

410000－2242－0001374　223.19/T122

維摩詰所說經折衷疏六卷　(明)釋大賢撰
清同治九年(1870)金陵刻經處刻本　三冊

410000－2242－0001375　223.19/T277/2

妙法蓮華經通義二十卷　(明)釋德清撰　清
光緒三十四年(1908)金陵刻經處刻本　五冊

410000－2242－0001376　223.19/T.184/1

大方等大集經三十卷　(北涼)釋曇無讖譯
清光緒八年(1882)常熟刻經處刻本　八冊

410000－2242－0001377　223.19/T.184/2

大般涅槃經四十卷附二卷　(北涼)釋曇無讖
譯　清光緒五年(1879)刻經處刻本　十一冊

410000－2242－0001378　223.19/T.184/3

菩薩戒本經箋要一卷　(北涼)釋曇無讖譯
(□)釋智旭箋　清光緒六年(1880)金陵刻經
處刻本　一冊

410000－2242－0001379　223.19/T.546

大方廣圓覺修多羅了義經近釋六卷　(明)釋
通潤述　清光緒十二年(1886)金陵刻經處刻
本　二冊

410000－2242－0001380　S223.19/V329

大佛頂首楞嚴經正脈疏十卷懸示一卷科一卷
(明)釋真鑑撰　明萬曆二十八年(1600)刻
本　六冊　存六卷(七至十、懸示一卷、科一
卷)

410000－2242－0001381　223.19/V329/1

大佛頂首楞嚴經正脈疏十卷懸示一卷科一卷
(明)釋真鑑撰　清同治元年(1862)葛氏刻
本　七冊　存六卷(一至四、懸示一卷、科一
卷)

410000－2242－0001382　223.19/V329/2

大佛頂首楞嚴經正脈疏四十卷首一卷　(明)
釋真鑑撰　清末刻本　七冊　存二十一卷
(一至二十、首一卷)

410000－2242－0001383　223.19/V329/3

大佛頂首楞嚴經正脈疏□□卷　(明)釋真鑑
撰　清末刻本　一冊　存一卷(三)

410000－2242－0001384　223.19/W221

金剛經十七家釋義四卷　（□）王□□等釋義
清康熙二十三年(1684)刻本　三冊　存三
卷(二至四)

410000－2242－0001385　223.19/Y433

萬善同歸集三卷　（宋）釋延壽撰　清同治十
一年(1872)金陵刻經處刻本　三冊

410000－2242－0001386　S223.2/T251

毗尼作持續釋十五卷　（唐）釋道宣撰集
（清）釋讀體續釋　清道光刻本　七冊

410000－2242－0001387　223.2/T277

毘尼關要事義十六卷　（清）釋德基輯　清光
緒三十二年(1906)刻本　九冊

410000－2242－0001388　S223.2/T656

毗尼止持會集十六卷首一卷　（清）釋讀體集
清順治六年(1649)刻本　七冊

410000－2242－0001389　223.3/V329

大乘起信論纂註二卷　（明）釋眞界纂註　清
光緒十一年(1885)金陵刻經處刻本　一冊

410000－2242－0001390　223.31/D171

阿毗達磨發智論十四卷　（□）迦多衍尼子造
（唐）釋玄奘譯　清光緒刻經處刻本　四冊

410000－2242－0001391　320.8/T634/1D

通典二百卷附欽定通典考證一卷　（唐）杜佑
纂　清光緒二十七年(1901)上海圖書集成局
鉛印本　十六冊

410000－2242－0001392　223.31/H.525

成唯識論十卷　（唐）釋玄奘譯　清光緒二十
二年(1896)金陵刻經處刻本　二冊

410000－2242－0001393　223.31/H.525A

成唯識論十卷　（唐）釋玄奘譯　清光緒二十
二年(1896)金陵刻經處刻本　二冊

410000－2242－0001394　223.31/M122/1

釋摩訶衍論十卷　（□）馬鳴菩薩本論　（□）
龍樹菩薩釋論　（□）釋波羅末陀　（□）釋筏
提摩多譯　清光緒金陵刻經處刻本　四冊

410000－2242－0001395　223.31/M122/2

釋摩訶衍論十卷　（□）馬鳴菩薩本論　（□）
龍樹菩薩釋論　（□）釋波羅末陀　（□）釋筏
提摩多譯　清光緒刻本　二冊　存四卷(一
至四)

410000－2242－0001396　223.31/T277

肇論略注六卷　（明）釋德清撰　清光緒十四
年(1888)金陵刻經處刻本　二冊

410000－2242－0001397　320.8/T634/3

通典二百卷　（唐）杜佑撰　清光緒二十八年
(1902)貫吾齋石印本　八冊

410000－2242－0001398　S223.31/T.343

大方廣佛華嚴經新論四十卷　（唐）釋李通玄
撰　（明）鄭弘道定稿　明萬曆三十六年
(1608)刻本　十二冊

410000－2242－0001399　223.34/S.166

瑜伽燄口施食不分卷　（清）釋實賢編　清乾
隆二十年(1755)刻本　一冊

410000－2242－0001400　223.34/S.166C

瑜伽燄口施食不分卷　（清）釋實賢編　清乾
隆二十年(1755)刻本　一冊

410000－2242－0001401　223.34/T485

瑜伽燄口不分卷　（清）釋定庵基撰　清光緒
十七年(1891)刻本　一冊

410000－2242－0001402　223.34/Y816

楞伽阿跋多羅寶經會譯四卷　（南朝宋）釋求
那跋陀羅初譯　（北魏）釋菩提畱支再譯
（唐）釋實叉難陀後譯　（明）釋員珂會譯　清
光緒三十四年(1908)金陵刻經處刻本　四冊

410000－2242－0001403　223.36/K551

因明入正理論疏八卷　（唐）釋窺基撰　清光
緒二十二年(1896)金陵刻經處刻本　二冊

410000－2242－0001404　224/Y212

十宗略說一卷　（清）楊仁山撰　清光緒二十
二年(1896)金陵刻經處刻本　一冊

410000－2242－0001405　224.1/S.521/1－2

佛祖心燈諸家宗派不分卷　（□）□□撰　清
光緒十六年(1890)金陵刻經處刻本　一冊

410000－2242－0001406　224.1/T122

八宗綱要二卷　（明）釋凝然撰　（明）釋净賢校刊　清宣統三年(1911)揚州藏經院刻本　一冊

410000－2242－0001407　224.13/D124

三論玄義二卷　（隋）釋吉藏撰　清光緒二十五年(1899)金陵刻經處刻本　一冊

410000－2242－0001408　224.14/C136

相宗八要直解二卷　（唐）釋玄奘等譯　（明）釋智旭撰　清同治九年(1870)金陵刻經處刻本　二冊

410000－2242－0001409　224.14/H.525

相宗八要解八卷　（唐）釋玄奘譯　（唐）釋窺基解　（明）釋明昱撰　清光緒二十八年(1902)金陵刻經處刻本　三冊

410000－2242－0001410　224.7/W231/2

增廣龍舒淨土文十二卷　（宋）王日休撰　清乾隆四十九年(1784)阜城門外衍法寺比丘慰敬募刻本　一冊　存六卷(七至十二)

410000－2242－0001411　225/L742

彌壂澧禪師語錄十二卷　（清）釋隆果輯　清康熙二十七年(1688)金陵穆茂刻本　一冊　存三卷(十至十二)

410000－2242－0001412　225/V719

樂邦文類□□卷　（□）釋宗曉編　清末刻本　一冊　存一卷(四)

410000－2242－0001413　227/T656

三壇傳戒正範四卷　（清）釋讀體撰　清同治十二年(1873)江北刻經處刻本　三冊

410000－2242－0001414　229/H554

佛祖歷代通載三十六卷　（元）釋念常輯　清宣統元年(1909)江北刻經處刻本　八冊

410000－2242－0001415　229/H713

禪林僧寶傳二十卷　（宋）釋惠洪撰　清光緒五年(1879)常熟刻經處刻本　一冊　存一卷(十一)

410000－2242－0001416　229/N.194

續指月錄二十卷首一卷尊宿集一卷　（清）聶

先輯　清光緒十二年(1886)金陵刻經處刻本六冊

410000－2242－0001417　S230/C128

古本周易參同契註二卷補遺一卷附錄一卷悟真篇集註三卷首一卷末一卷　（清）知几子補輯　清康熙刻本　四冊

410000－2242－0001418　230/D.398

太上老君道德真經圖一卷　（清）邱琳輯　清光緒十五年(1889)刻本　一冊

410000－2242－0001419　230/F518

護國佑民伏魔寶卷註解二十四卷　（□）□□撰　清光緒刻本　四冊

410000－2242－0001420　230/H714

薰風瑤琴寶錄三十二卷　（清）□□撰　清宣統二年(1910)中州樂善局刻本　八冊

410000－2242－0001421　230/T.147

太上感應篇直講一卷　（□）□□撰　清光緒二十三年(1897)刻本　一冊

410000－2242－0001422　S232/T.254

真誥二十卷　（南朝梁）陶弘景撰　明萬曆二十八年(1600)俞安期刻本　四冊

410000－2242－0001423　238/W326/1－1

參同契三十四章　（漢）魏伯陽撰　清光緒刻本　一冊

410000－2242－0001424　254/W326/1

教務紀略四卷首一卷　（清）魏家驊編　清光緒三十一年(1905)河南排印處鉛印本　五冊

410000－2242－0001425　254/W326/2

教務紀略四卷首一卷　（清）魏家驊編　清光緒三十一年(1905)河南排印處鉛印本　四冊　存二卷(三至四)

410000－2242－0001426　257/T482

天道溯原二卷　（美國）丁韙良撰　清光緒二十三年(1897)上海美華書館鉛印本　一冊

410000－2242－0001427　300.304/J254

試策鴻裁不分卷　（清）任以治等輯　清刻本一冊

410000－2242－0001428　301.1/Y456

羣學肄言十六卷　（英國）斯賓塞爾撰　嚴復譯　清光緒二十九年(1903)上海文明書局鉛印本　四冊

410000－2242－0001429　303/C.178

九通提要十二卷　（清）柴紹炳纂　清光緒二十八年(1902)鉛印本　四冊

410000－2242－0001430　303/D518/1

九通九鍾　（清）浙江書局輯　清光緒浙江書局刻本　九百四十九冊

410000－2242－0001431　303/D518/2

九通序錄四卷　（唐）杜佑等撰　清光緒二十八年(1902)石印　四冊

410000－2242－0001432　308/S463/1

庸庵全集七種　（清）薛福成撰　清光緒中無錫薛氏刻本　十冊　存三種

410000－2242－0001433　320.4/C316

初任須知一卷　（清）張五緯撰　清嘉慶元年(1796)雨粟齋刻本　一冊

410000－2242－0001434　320.4/C524/1

盛世危言十四卷　（清）鄭觀應撰　清光緒二十一年(1895)鉛印本　八冊

410000－2242－0001435　320.4/C524/2

盛世危言續編三卷　（清）鄭觀應撰　**外編二卷**　（清）馮桂芬等撰　清光緒二十一年(1895)上海賜書堂石印本　五冊

410000－2242－0001436　320.4/C633

分類洋務經濟時事新論六卷　（清）仲英編　清光緒二十年(1894)長白吏隱僊館石印本　六冊

410000－2242－0001437　320.4/L347

經世文要八卷　（清）李元春撰　清道光十八年(1838)刻本　八冊

410000－2242－0001438　320.4/V.184

新學彙編四卷　（清）蔡爾康編譯　清光緒二十四年(1898)上海廣學會鉛印本　四冊

410000－2242－0001439　320.4/V.479

五洲各國政治考前編七卷續編十六卷　（清）錢恂輯　清光緒二十八年(1902)石印本　二冊　存六卷(前編一、續編十二至十六)

410000－2242－0001440　320.4/W254/1

學治臆說二卷續說一卷說贅一卷附佐治藥言二卷　（清）汪輝祖撰　清同治十一年(1872)刻本　二冊

410000－2242－0001441　320.4/W254/2

學治臆說二卷續說一卷說贅一卷　（清）汪輝祖撰　清咸豐十一年(1861)西安府刻本　一冊

410000－2242－0001442　320.4/Y455

梁園睡餘一卷　（清）顏緝祜撰　清光緒三十二年(1906)函庵顏氏刻本　一冊

410000－2242－0001443　320.4/Y694

新譯各國政治考六卷　（清）俞樾編　清光緒二十八年(1902)上海書局石印本　六冊

410000－2242－0001444　320.8/C.369

分類時務通纂五十卷　（清）陳昌紳編　清光緒二十八年(1902)上海文瀾書局石印本　四十

410000－2242－0001445　320.8/D136/1

欽定續文獻通考二百五十卷　（清）嵇璜等撰　清光緒二十七年(1901)上海圖書集成局鉛印本　三十六冊

410000－2242－0001446　320.8/D136/1A

欽定續文獻通考二百五十卷　（清）嵇璜等撰　清光緒二十七年(1901)上海圖書集成局鉛印本　三十六冊

410000－2242－0001447　320.8/D136/1B

欽定續文獻通考二百五十卷　（清）嵇璜等撰　清光緒二十七年(1901)上海圖書集成局鉛印本　三十六冊

410000－2242－0001448　320.8/D136/1C

欽定續文獻通考二百五十卷　（清）嵇璜等撰　清光緒二十七年(1901)上海圖書集成局鉛印本　三十六冊

410000－2242－0001449　320.8/D136/2

欽定續文獻通考二百五十卷　（清）嵇璜等撰
　清光緒二十八年(1902)孟冬貫吾齋石印本
　十四冊

410000－2242－0001450　320.8/D136/3

皇朝文獻通考三百卷　（清）嵇璜等撰　清光
緒二十七年(1901)上海圖書集成局鉛印本
三十七冊

410000－2242－0001451　320.8/D136/4

皇朝文獻通考三百卷　（清）嵇璜等撰　清光
緒二十八年(1902)孟冬貫吾齋石印本　二
十冊

410000－2242－0001452　320.8/D136/5

欽定續通志六百四十卷　（清）嵇璜等撰　清
光緒二十七年(1901)上海圖書集成局鉛印本
　六十冊

410000－2242－0001453　320.8/D136/5A

欽定續通志六百四十卷　（清）嵇璜等撰　清
光緒二十七年(1901)上海圖書集成局鉛印本
五十冊

410000－2242－0001454　320.8/D136/6

欽定續通志六百四十卷　（清）嵇璜等撰　清
同治光緒浙江書局刻本　三十冊　存八十八
卷(三十四至五十六、八十五至一百十五、五
百十六至五百四十九)

410000－2242－0001455　320.8/D136/7

欽定續通志六百四十卷　（清）嵇璜等撰　清
光緒二十八年(1902)孟冬貫吾齋石印本　二
十四冊

410000－2242－0001456　320.8/D136/7A

欽定續通志六百四十卷　（清）嵇璜等撰　清
光緒二十八年(1902)孟冬貫吾齋石印本　五
十冊　存五百四十八卷(九十三至六百四十)

410000－2242－0001457　320.8/D136/7B

欽定續通志六百四十卷　（清）嵇璜等撰　清
光緒二十八年(1902)貫吾齋石印本　二十冊

410000－2242－0001458　320.8/D136/7C

欽定續通志六百四十卷　（清）嵇璜等撰
清光緒二十八年(1902)貫吾齋石印本
九冊

410000－2242－0001459　320.8/D136/8

皇朝通志一百二十六卷　（清）嵇璜等撰　清
光緒二十七年(1901)上海圖書集成局鉛印本
　十二冊

410000－2242－0001460　320.8/D136/8A

皇朝通志一百二十六卷　（清）嵇璜等撰　清
光緒二十七年(1901)上海圖書集成局鉛印本
　十二冊

410000－2242－0001461　320.8/D136/8B

皇朝通志一百二十六卷　（清）嵇璜等撰　清
光緒二十七年(1901)上海圖書集成局鉛印本
　十二冊

410000－2242－0001462　320.8/D136/8C

皇朝通志一百二十六卷　（清）嵇璜等撰　清
光緒二十七年(1901)上海圖書集成局鉛印本
　十二冊

410000－2242－0001463　320.8/D136/8D

皇朝通志一百二十六卷　（清）嵇璜等撰　清
光緒二十七年(1901)上海圖書集成局鉛印本
　十二冊

410000－2242－0001464　320.8/D136/9

皇朝通志一百二十六卷　（清）嵇璜等撰　清
光緒二十八年(1902)孟冬貫吾齋石印本
五冊

410000－2242－0001465　320.8/D136/10

欽定續通典一百五十卷　（清）嵇璜等撰　清
光緒二十七年(1901)上海圖書集成局鉛印本
　十二冊

410000－2242－0001466　320.8/D136/10A

欽定續通典一百五十卷　（清）嵇璜等撰　清
光緒二十七年(1901)上海圖書集成局鉛印本
　十二冊

410000－2242－0001467　320.8/D136/10B

欽定續通典一百五十卷　（清）嵇璜等撰　清

光緒二十七年（1901）上海圖書集成局鉛印本
十二冊

410000－2242－0001468　320.8/D136/10C
欽定續通典一百五十卷　（清）嵇璜等撰　清
光緒二十八年（1902）貫吾齋石印本　六冊

410000－2242－0001469　320.8/D136/10D
欽定續通典一百五十卷　（清）嵇璜等撰　清
光緒二十七年（1901）上海圖書集成局鉛印本
十二冊

410000－2242－0001470　320.8/D136/10E
欽定續通典一百五十卷　（清）嵇璜等撰　清
光緒二十七年（1901）上海圖書集成局鉛印本
六冊　存六十七卷（一至六十七）

410000－2242－0001471　320.8/D136/11
皇朝通典一百卷　（清）嵇璜等撰　清光緒二
十七年（1901）上海圖書集成局鉛印本　十
二冊

410000－2242－0001472　320.8/D136/11A
皇朝通典一百卷　（清）嵇璜等撰　清光緒二
十七年（1901）上海圖書集成局鉛印本　十
二冊

410000－2242－0001473　320.8/D136/11B
皇朝通典一百卷　（清）嵇璜等撰　清光緒二
十七年（1901）上海圖書集成局鉛印本　十
二冊

410000－2242－0001474　320.8/D136/11C
皇朝通典一百卷　（清）嵇璜等撰　清光緒二
十七年（1901）上海圖書集成局鉛印本　十
二冊

410000－2242－0001475　320.8/D136/11D
皇朝通典一百卷　（清）嵇璜等撰　清光緒二
十七年（1901）上海圖書集成局鉛印本　十
二冊

410000－2242－0001476　320.8/D136/12
皇朝通典一百卷　（清）嵇璜等撰　清光緒二
十八年（1902）孟冬貫吾齋石印本　六冊

410000－2242－0001477　320.8/D427

時務全書提要五卷　（清）金為　（清）金煊輯
清光緒二十三年（1897）漱石山館石印本
四冊

410000－2242－0001478　320.8/D.125
時務通考三十一卷　（清）杞廬主人編　清光
緒二十三年（1897）點石齋石印本　十九冊

410000－2242－0001479　320.8/D.397/1
西政叢書三十二種　（清）求自強齋主人編
清光緒二十三年（1897）慎記書莊石印本　三
十二冊

410000－2242－0001480　320.8/D.397/1A
西政叢書三十二種　（清）求自強齋主人編
清光緒二十三年（1897）慎記書莊石印本　二
十五冊　存二十五種

410000－2242－0001481　320.8/H499
貫吾齋縮本九通全書九種　（清）胡祥鑅編
清光緒二十九年（1903）貫吾齋石印本　五冊

410000－2242－0001482　320.8/K.577/1
**欽定大清會典一百卷事例一千二百二十卷圖
二百七十卷**　（清）崑岡等編　清光緒二十五
年（1899）石印本　四百八十七冊

410000－2242－0001483　320.8/K.577/2
**欽定大清會典一百卷事例一千二百二十卷圖
二百七十卷**　（清）崑岡等編　清光緒三十四
年（1908）石印本　一百六十冊

410000－2242－0001484　320.8/M127/1
文獻通考三百四十八卷附欽定通考考證三卷
（元）馬端臨撰　清光緒二十七年（1901）上
海圖書集成局鉛印本　三十冊　存一百二十
六卷（九十九至二百二十四）

410000－2242－0001485　320.8/M127/1A
文獻通考三百四十八卷附欽定通考考證三卷
（元）馬端臨撰　清光緒二十七年（1901）上
海圖書集成局鉛印本　四十四冊

410000－2242－0001486　320.8/M127/1B
文獻通考三百四十八卷附欽定通考考證三卷
（元）馬端臨撰　清光緒二十七年（1901）上

海圖書集成局鉛印本　四十四冊

410000－2242－0001487　320.8/M127/2

文獻通考三百四十八卷　（元）馬端臨撰　清光緒二十八年(1902)孟冬貫吾齋石印本　二十冊

410000－2242－0001488　320.8/M127/2A

文獻通考三百四十八卷附欽定通考考證三卷　（元）馬端臨撰　清光緒二十八年(1902)貫吾齋石印本　三十三冊　存六十八卷(一至六十、一百二十至一百二十七)

410000－2242－0001489　S320.8/M128

文獻通考三百四十八卷　（元）馬端臨撰　明梅墅石渠閣刻本　七十三冊　存二百七十卷(十四至二十七、三十一至一百十二、一百十六至一百十八、一百二十五至一百九十二、二百十至二百七十三、二百八十六至三百○五、三百二十一至三百二十三、三百二十八至三百三十五、三百四十一至三百四十八)

410000－2242－0001490　320.8/S341

皇朝政典類纂五百卷　（清）席裕福編　清光緒二十九年(1903)圖書集成局鉛印本　一百二十冊

410000－2242－0001491　320.8/T456

時務通考續編三十一卷　點石齋主人編　清光緒二十七年(1901)點石齋石印本　十五冊

410000－2242－0001492　320.8/T634/1

通典二百卷附欽定通典考證一卷　（唐）杜佑撰　清光緒二十七年(1901)上海圖書集成局鉛印本　十六冊

410000－2242－0001493　320.8/T634/1A

通典二百卷附欽定通典考證一卷　（唐）杜佑撰　清光緒二十七年(1901)上海圖書集成局鉛印本　十六冊

410000－2242－0001494　320.8/T.513

欽定大清會典八十卷欽定大清會典事例九百二十卷目錄八卷　（清）托津　（清）曹振鏞等編　**欽定大清會典圖一百三十二卷目錄二卷**　（清）慶桂等纂　清嘉慶二十三年(1818)刻

本　四百三十一冊

410000－2242－0001495　007/L347/4

四書反身錄四種　（清）李顒撰　清道光浙江書局刻本　四冊

410000－2242－0001496　S320.8/W225A

續文獻通考二百五十四卷　（明）王圻纂輯　明萬曆三十一年(1603)曹時聘、許維新等刻本　七十五冊

410000－2242－0001497　320.8/W254

中外政治類編十五卷　（清）汪鳳藻撰　清光緒二十五年(1899)上海圖書集成局鉛印本　十二冊

410000－2242－0001498　320.8/W363/2

欽定大清會典一百卷　（清）文保等修　清光緒十九年(1893)上海圖書集成局鉛印本　八冊

410000－2242－0001499　223.1/N123/1B

御製大雲輪請雨經二卷　（隋）釋那達提耶舍譯　清嘉慶十三年(1808)河南巡撫清安泰刻本　一冊

410000－2242－0001500　320.8/Y213

三通序不分卷　（唐）杜佑等撰　清道光十年(1830)刻本　三冊

410000－2242－0001501　320.8/Y458

文獻通考詳節二十四卷　（宋）馬端臨撰　（清）嚴虞惇錄　清光緒二十五年(1899)著易堂鉛印本　四冊

410000－2242－0001502　320.94/C686

萬國近政考略十六卷　（清）鄒弢編輯　清光緒二十七年(1901)三借廬鉛印本　四冊

410000－2242－0001503　327.311/L347/1A

[同治十二年至光緒二十五年]西國近事彙編□□卷　（清）上海機器製造局編　清同治十二年至光緒二十五年(1873－1899)上海機器制造局木刻本暨鉛印本　一百○一冊　存一百○一卷(同治十二年四卷、光緒元年三至四卷、光緒二年至十年各四卷、光緒十一年二至

四卷、光緒十二年至二十五年各四卷）

410000 – 2242 – 0001504　327.023/C.565
萬國國力比較二十三卷附錄一卷　（清）出洋
學生編輯所譯　（英國）默爾化撰　清光緒二
十九年（1903）商務印書館鉛印本　六冊

410000 – 2242 – 0001505　327.252/C.391
沈觀察燕晉弭兵記二卷　（清）陳守謙述稿
清光緒二十九年（1903）英商順成書局石印本
　一冊

410000 – 2242 – 0001506　327.252/C.451
教案奏議彙編八卷首一卷　（清）程宗裕編
清光緒二十七年（1901）上海書局石印本
六冊

410000 – 2242 – 0001507　007.3/H.375/1
孝經注疏九卷　（宋）邢昺疏　**校勘記九卷**
（清）阮元撰　清光緒十八年（1892）湖南寶慶
務本書局刻本　二冊

410000 – 2242 – 0001508　007.3/H.375/3
論語注疏解經二十卷　（三國）何晏集解
（宋）邢昺疏　**校勘記二十卷**　（清）阮元撰
清道光六年（1826）南昌府學刻本　六冊

410000 – 2242 – 0001509　327.252/H.158A
中西紀事二十四卷首一卷　（清）夏燮撰　清
光緒二十四年（1898）黎照書屋刻本　八冊

410000 – 2242 – 0001510　327.252/H.158B
中西紀事二十四卷　（清）夏燮撰　清同治七
年（1868）慧香閣籛活字本　六冊

410000 – 2242 – 0001511　327.252/H.158C
中西紀事二十四卷　（清）夏燮撰　清光緒二
十三年（1897）慎記書莊石印本　八冊

410000 – 2242 – 0001512　327.252/L328A
教務紀略四卷首一卷　（清）李剛己編　（清）
魏家驊修訂　清光緒三十一年（1905）河南排
印處鉛印本　五冊

410000 – 2242 – 0001513　327.252/L328B
教務紀略四卷首一卷　（清）李剛己編　（清）
魏家驊修訂　清光緒三十一年（1905）河南排

印處鉛印本　五冊

410000 – 2242 – 0001514　327.25411/V353
金軺籌筆四卷　（清）□□撰　清光緒十三年
（1887）刻本　四冊

410000 – 2242 – 0001515　223.16/P647A
般若波羅蜜多心經一卷　（唐）釋玄奘譯　清
宣統元年（1909）揚州藏經院刻本　一冊

410000 – 2242 – 0001516　125.4/L947/1B
呂氏春秋二十六卷附考一卷　（戰國）呂不韋
撰　（漢）高誘注　清光緒元年（1875）浙江書
局刻本　六冊

410000 – 2242 – 0001517　327.2549/W221/1
各國通商始末記二十卷　（清）王之春編
（清）彭玉麟定　清光緒二十一年（1895）寶善
書局石印本　六冊

410000 – 2242 – 0001518　327.2549/W221/2
國朝柔遠記十八卷附編二卷　（清）王之春編
　（清）彭玉麟定　清光緒十七年（1891）廣雅
書局刻本　六冊

410000 – 2242 – 0001519　327.262/S668
**[嘉慶]西陲總統事略十二卷綏服紀略圖詩一
卷**　（清）松筠纂　**西陲竹枝詞一卷**　（清）祁
韻士撰　清嘉慶刻本　八冊

410000 – 2242 – 0001520　327.311/L347/2
**[光緒八年壬午至二十三年丁酉]續西國近事
彙編二十八卷**　（清）鍾天緯輯　清光緒二十
四年（1898）石印本　二十八冊

410000 – 2242 – 0001521　327.3112/S.429
各國時事類編十八卷　（清）沈純輯　清光緒
二十一年（1895）上海書局石印本　四冊

410000 – 2242 – 0001522　327.909/P.525
十九世紀外交史十七章　（日本）平田久撰
（清）張相譯　清光緒二十八年（1902）史學齋
刻本　四冊

410000 – 2242 – 0001523　327.90951/D267
中西事務紀要二十四卷　（清）夏燮編　清光
緒二十三年（1897）上海書局石印本　六冊

410000－2242－0001524　041.6/W221/1B

困學紀聞注二十卷　（宋）王應麟撰　（清）翁
元圻輯　清道光五年（1825）餘姚守福堂刻本
十四冊

410000－2242－0001525　041.6/W221/1C

困學紀聞注二十卷　（宋）王應麟撰　（清）翁
元圻輯　清道光五年（1825）餘姚守福堂刻本
十二冊

410000－2242－0001526　327.91/L511

星軺指掌三卷續一卷　（德國）馬爾頓撰
（清）聯芳　（清）慶常譯　清光緒二年
（1876）鉛印本　四冊

410000－2242－0001527　011.92/H662/2

士禮居藏書題跋記續二卷　（清）黃丕烈撰
（清）江標輯　清光緒二十二年（1896）元和江
氏刻本　四冊

410000－2242－0001528　327.9434/S916

通商約章類纂三十五卷　（清）徐宗亮編　清
光緒二十四年（1898）北洋石印官書局石印本
二十冊

410000－2242－0001529　327.944/S.161

中外約章纂新十卷　（清）時中書局編　清光
緒三十二年（1906）時中書局鉛印本　十冊

410000－2242－0001530　327.9441/L231

各國約章纂要六卷首一卷附錄一卷　勞乃宣
編　清光緒十八年（1892）上海圖書集成印書
局鉛印本　四冊

410000－2242－0001531　230/T.147/A

太上感應篇直講一卷　（□）□□撰　清光緒
二十三年（1897）刻本　一冊

410000－2242－0001532　327.9441/P273A

光緒乙巳年交涉要覽五卷　（清）北洋洋務局
纂輯　清光緒三十四年（1908）北洋官報局鉛
印本　五冊

410000－2242－0001533　327.9441/P273B

光緒乙巳年交涉要覽五卷　（清）北洋洋務局
編　清光緒三十四年（1908）北洋官報局鉛印

本　五冊

410000－2242－0001534　327.9441/P273C

光緒乙巳年交涉要覽五卷　（清）北洋洋務局
編　清光緒三十四年（1908）北洋官報局鉛印
本　五冊

410000－2242－0001535　327.9441/P273D

光緒乙巳年交涉要覽五卷　（清）北洋洋務局
編　清光緒三十四年（1908）北洋官報局鉛印
本　五冊

410000－2242－0001536　327.9441/S538/1

新纂約章大全七十三卷　（清）陸鳳石編　清
宣統元年（1909）崇義堂石印本　四十一冊
存六十六卷（一至六十五、七十一）

410000－2242－0001537　816.8/C.375A

培遠堂偶存稿手札節要二卷　（清）陳宏謀撰
清宣統二年（1910）守政書局刻本　二冊

410000－2242－0001538　816.8/H466A

詳注秋水軒尺牘四卷　（清）許思湄撰　清光
緒十年（1884）上洋管氏刻本　二冊

410000－2242－0001539　327.9441/V.186

約章分類輯要三十八卷首一卷　蔡乃煌等編
纂　清光緒二十六年（1900）湖南商務局刻本
三十冊

410000－2242－0001540　327.9441/V.553

英國條款一卷法國條款一卷美國條款一卷
（清）□□編　清咸豐十年（1860）刻本　一冊

410000－2242－0001541　327.9441/Y455/1

約章成案匯覽甲篇十卷乙篇四十二卷　（清）
顏世清等編　清光緒三十一年（1905）點石齋
石印本　四十六冊

410000－2242－0001542　327.9441/Y455/2

約章成案匯覽甲篇十卷乙篇四十二卷　（清）
顏世清等編　清光緒三十一年（1905）石印本
二十一冊　存二十六卷（甲篇一至二、四至
七、九，乙篇十至十一、十六至二十九、三十二
至三十四）

410000－2242－0001543　336.23/D267

增修河東鹽法備覽十二卷首一卷　（清）江蓉
舫撰　清光緒八年(1882)刻本　八冊　存六
卷(一至四、七至八)

410000－2242－0001544　336.23/M223
山東鹽法志十四卷　（清）莽鵠立修　（清）漆
紹文等纂　清雍正二年至十二年(1724－
1734)山東都轉運鹽使司刻本　十冊

410000－2242－0001545　336.23/V439
河東鹽法備覽十二卷　（清）蔣兆奎編輯　清
乾隆五十五年(1790)刻本　八冊

410000－2242－0001546　336.251/Y323/1
[清嘉慶十四年至二十四年]河南賦役全書不
分卷　（清）□□編　清嘉慶刻本　六冊

410000－2242－0001547　336.251/Y323/2
[嘉慶]河南賦役全書不分卷　（清）□□編
清嘉慶刻本　三冊

410000－2242－0001548　336.251/Y323/3
[清道光十六年至光緒七年]河南賦役全書不
分卷　（清）□□編　清光緒刻本　一百二
十冊

410000－2242－0001549　336.7/W251
錢穀備要十卷　（清）王又槐編輯　清乾隆五
十八年(1793)刻本　六冊

410000－2242－0001550　338.21/L663
礦政輯略十二卷　（清）劉嶽雲撰　清光緒二
十九年(1903)教育世界社鉛印本　八冊

410000－2242－0001551　338.35/D486
勅修河東鹽法志十二卷　（清）覺羅石麟等修
　（清）朱一鳳等纂　清雍正五年(1727)刻本
　八冊

410000－2242－0001552　340.4/Y813
監懲錄三卷　（明）殷士儋纂評　續監懲錄三
卷　（清）陸成本彙輯　清咸豐五年(1855)刻
本　二冊

410000－2242－0001553　340.8/C776
續增刑案匯覽十六卷　（清）祝慶祺編　清光
緒十九年(1893)鴻文書局石印本　四冊

410000－2242－0001554　340.8/P248/1
刑案匯覽六十卷首一卷末一卷拾遺備考一卷
續增十六卷新增十六卷　（清）祝慶麟編　清
光緒圖書集成局鉛印本　四十冊

410000－2242－0001555　340.8/P248/2
刑案匯覽六十卷首一卷末一卷拾遺備考一卷
續增十六卷新增十六卷　（清）鮑書芸參訂
（清）祝慶麟編次　清道光十四年(1834)慎思
堂刻本　八十冊

410000－2242－0001556　340.8/P248/3
刑案匯覽六十卷首一卷末一卷拾遺備考一卷
　（清）祝慶麟編　清光緒十九年(1893)鴻文
書局石印本　十一冊　存四十七卷(一至二、
十八至六十,首一卷,末一卷)

410000－2242－0001557　340.8/S466A
讀例存疑五十四卷　（清）薛允升撰　清光緒
三十一年(1905)刻本　四十冊

410000－2242－0001558　340.8/S466B
讀例存疑五十四卷　（清）薛允升撰　清光緒
三十一年(1905)刻本　四十冊

410000－2242－0001559　340.8/S915
新增刑案匯覽十六卷首一卷　（清）徐諫荃輯
　清光緒十九年(1893)鴻文書局石印本
二冊

410000－2242－0001560　340.82/T122
大清律例總類不分卷　（清）□□編　清光緒
十三年(1887)潛文書局刻本　八冊

410000－2242－0001561　340.83/C.237/1A
故唐律疏議三十卷　（唐）長孫無忌等撰　清
光緒十六年(1890)刻本　九冊　存十卷(十
至十五、二十一至二十四)

410000－2242－0001562　340.83/C.237/1B
故唐律疏議三十卷　（唐）長孫無忌等撰　清
光緒十六年(1890)刻本　十二冊

410000－2242－0001563　340.83/H654
大清律例按語一百〇四卷　（清）□□編　清
道光二十七年(1847)刻本　一百〇七冊

410000－2242－0001564　340.83/S.295A
大清新法令不分卷附法典草案不分卷　（清）
商務印書館編譯所編　清宣統二年（1910）商
務印書館鉛印本　二十冊

410000－2242－0001565　340.83/S.295B
大清新法令不分卷附法典草案不分卷　（清）
商務印書館編譯所編　清宣統二年（1910）商
務印書館鉛印本　二十冊

410000－2242－0001566　340.83/S.298
大清宣統新法令不分卷　（清）商務印書館編
譯所編　清宣統商務印書館鉛印本　三十
二冊

410000－2242－0001567　340.8452/L635/1
新譯日本法規大全不分卷　劉崇傑等譯　**日
本法規解字不分卷**　錢恂　董鴻禕編纂　清
光緒三十三年（1907）商務印書館鉛印本　七
十九冊

410000－2242－0001568　340.8452/L635/2
新譯日本法規大全不分卷　劉崇傑等譯　**日本
法規解字不分卷**　錢恂　董鴻禕編輯　清宣統
三年（1911）商務印書館鉛印本　七十五冊

410000－2242－0001569　341.1/T482/1
公法會通十卷　（德國）步倫撰　（美國）丁韙
良譯　清光緒二十四年（1898）北洋書局鉛印
本　五冊

410000－2242－0001570　341.1/T482/4A
萬國公法四卷　（美國）丁韙良譯　清同治三
年（1864）崇實館鉛印本　四冊

410000－2242－0001571　341.1/T482/4B
萬國公法四卷　（美國）丁韙良譯　清同治三
年（1864）崇實館鉛印本　四冊

410000－2242－0001572　341.1/T482/2A
萬國公法四卷　（美國）丁韙良譯　清同治三
年（1864）崇實館刻本　四冊

410000－2242－0001573　341.1/T482/2B
萬國公法四卷　（美國）丁韙良譯　清同治三
年（1864）崇實館刻本　四冊

410000－2242－0001574　341.1/T482/2
萬國公法四卷　（美國）丁韙良譯　清同治三
年（1864）刻本　四冊

410000－2242－0001575　341.1/T482/2C
萬國公法四卷　（美國）丁韙良譯　清同治三
年（1864）崇實館刻本　四冊

410000－2242－0001576　341.1/T482/3
萬國公法四卷　（美國）丁韙良譯　清光緒二
十四年（1898）申昌石印本　三冊

410000－2242－0001577　341.1/Y694/1
各國交涉公法論十六卷　（英國）費利摩羅巴
德撰　（英國）傅蘭雅口譯　（清）俞世爵筆述
清光緒二十二年（1896）慎記書莊石印本
八冊

410000－2242－0001578　341.1/Y694/2
各國交涉公法論十六卷　（英國）費利摩羅巴
德撰　（英國）傅蘭雅口譯　（清）俞世爵筆述
清光緒二十四年（1898）江南機器製造總局
鉛印本　十六冊

410000－2242－0001579　343/M552
欽定五軍道里表十八卷　（清）明亮等編　清
嘉慶七年（1802）刻本　十八冊

410000－2242－0001580　343.4/C755A
**駁案彙編新編三十二卷續編七卷秋審實緩比
較彙案二卷**　（清）朱梅臣輯　清光緒上海圖
書集成局鉛印本　十二冊

410000－2242－0001581　343.4/C755B
**駁案彙編新編三十二卷續編七卷秋審實緩比
較彙案二卷**　（清）朱梅臣輯　清光緒上海圖
書集成局鉛印本　十二冊

410000－2242－0001582　343.4/C755C
**駁案彙編新編三十二卷續編七卷秋審實緩比
較彙案二卷**　（清）朱梅臣編　清光緒上海圖
書集成局鉛印本　十二冊

410000－2242－0001583　343.4/C755D
**駁案彙編新編三十二卷續編七卷秋審實緩比
較彙案二卷**　（清）朱梅臣編　清光緒上海圖

書集成局鉛印本　十二冊

410000 – 2242 – 0001584　343.4/C755E

駁案彙編新編三十二卷續編七卷秋審實緩比較彙案二卷　（清）朱梅臣輯　清光緒上海圖書集成局鉛印本　十二冊

410000 – 2242 – 0001585　343.4/C755

駁案彙編新編三十二卷續編七卷　（清）全士潮輯　清嘉慶刻本　三十一冊

410000 – 2242 – 0001586　343.4/C755F

駁案彙編新編三十二卷續編七卷秋審實緩比較彙案二卷　（清）朱梅臣輯　清光緒上海圖書集成局鉛印本　十二冊

410000 – 2242 – 0001587　343.4/J254

大清律例增修統纂集成四十卷附督補則例二卷　（清）任彭年重輯　（清）陶東皋　（清）陶曉篔增修　清光緒十年(1884)刻本　二十四冊

410000 – 2242 – 0001588　951.00118/T.543/1B

二十四史二十四種　（漢）司馬遷等撰　清光緒十年(1884)同文書局石印本　七百十一冊

410000 – 2242 – 0001589　343.4/S.137

欽定宗室覺羅律例二卷附卷二卷　（清）定壽等纂修　清宣統二年(1910)鉛印本　四冊

410000 – 2242 – 0001590　343.4/W231

通行章程不分卷　（清）王汝礪輯　清光緒二十四年(1898)刻本　六冊

410000 – 2242 – 0001591　343.4/W251

刑錢必覽十卷　（清）王又槐編輯　清刻本　三冊　存八卷(三至十)

410000 – 2242 – 0001592　343.4/Y262/1

大清律例刑案彙纂集成四十卷附督捕則例二卷　（清）姚雨薌纂輯　（清）胡仰山增修　清咸豐六年(1856)刻本　二十四冊

410000 – 2242 – 0001593　343.4/Y262/2

大清律例增修統纂集成四十二卷附督補則例二卷　（清）姚雨薌纂　（清）章畏之增輯　清

道光二十三年(1843)刻本　二十四冊

410000 – 2242 – 0001594　343.4/Y262/3

大清律例新修統纂集成四十二卷附督補則例二卷　（清）陶東皋　（清）陶曉篔增修　清光緒二十六年(1900)刻本　二十六冊

410000 – 2242 – 0001595　343.4/Y262/4

大清律例新修統纂集成四十二卷附督捕則例二卷　（清）陶東皋　（清）陶曉篔增修　清光緒三十二年(1906)鉛印本　二十四冊

410000 – 2242 – 0001596　343.951/W484

祥刑要覽四卷　（明）吳訥編纂　（明）陳察附錄　清道光十四年(1834)粤東撫署刻本　二冊

410000 – 2242 – 0001597　345.5/C524

折獄龜鑑八卷首一卷　（宋）鄭克撰　清光緒二年(1876)雙峰書屋刻本　三冊

410000 – 2242 – 0001598　345.5/C679A

新輯刑案彙編十六卷　（清）周守赤編　清光緒二十三年(1897)圖書集成局鉛印本　八冊

410000 – 2242 – 0001599　345.5/C679B

新輯刑案彙編十六卷　（清）周守赤編　清光緒二十三年(1897)圖書集成局鉛印本　八冊

410000 – 2242 – 0001600　345.5/C679C

新輯刑案彙編十六卷　（清）周守赤編　清光緒二十三年(1897)圖書集成局鉛印本　八冊

410000 – 2242 – 0001601　345.5/S664

明慎錄一卷　（清）宋邦傳編　清同治四年(1865)刻本　一冊

410000 – 2242 – 0001602　345.5/V.553

說帖摘要抄存十四卷　（清）恭菴氏清年輯　清道光十一年(1831)刻本　十四冊

410000 – 2242 – 0001603　345.5/V.613

[同治]秋審比較彙案十六卷　（清）□□編　**[光緒]秋審比較彙案一卷**　（清）□□編　**秋審實緩比較彙案一卷**　（清）桑春榮編　清光緒鉛印本　十八冊

410000 – 2242 – 0001604　345.944/S.161A

法國律例四十五卷　（法國）畢利幹口譯　（清）時雨化筆述　清光緒二十四年(1898)石印本　十二冊

410000－2242－0001605　345.944/S.161B

法國律例四十五卷　（法國）畢利幹口譯　（清）時雨化筆述　清光緒二十四年(1898)石印本　十二冊

410000－2242－0001606　345.951/V.184

律例便覽八卷附處分則例圖要五卷　（清）蔡逢年編　清咸豐九年(1859)刻本　六冊

410000－2242－0001607　951.04/L642/1B

舊唐書二百卷　（後晉）劉昫撰　清同治十一年(1872)浙江書局刻本　二十六冊

410000－2242－0001608　S349.56/C.442

清代成案彙編不分卷　（清）□□編　清同文堂稿本　四十二冊

410000－2242－0001609　349.8/C415

法律醫學二十四卷首一卷末一卷　（英國）該惠連　（英國）弗里愛撰　（英國）傅蘭雅口譯　（清）趙元益筆述　清光緒二十五年(1899)江南製造局刻本　十冊

410000－2242－0001610　951.015/H963B

周季編略九卷　（清）黃式三撰　清同治十二年(1873)浙江書局刻本　四冊

410000－2242－0001611　349.8/H.464

洗冤錄詳義四卷首一卷　（清）許槤編　清光緒四年(1878)刻本　四冊

410000－2242－0001612　349.8/L194

檢驗集證一卷檢驗合參一卷　（清）郎錦騏纂輯　清道光二十七年(1847)姜氏還珠山房刻本　三冊

410000－2242－0001613　349.8/L321

判語錄存四卷　（清）李鈞撰　清道光十三年(1833)刻本　三冊　存三卷(一至三)

410000－2242－0001614　349.8/S666/1

重刊補註洗冤錄集證五卷　（宋）宋慈撰　（清）王又槐增輯　（清）李觀瀾補輯　清道光

三色套印本　四冊

410000－2242－0001615　951.015/H963C

周季編略九卷　（清）黃式三撰　清同治十二年(1873)浙江書局刻本　四冊

410000－2242－0001616　349.8/S666/2

補註洗冤錄集證四卷　（宋）宋慈撰　（清）王又槐集證　（清）阮其新補註　清道光二十三年(1843)三色套印本　六冊

410000－2242－0001617　349.8/W247

明刑弼教錄三種　（清）王祖源纂輯　清光緒六年(1880)福山王氏天壤閣刻本　一冊

410000－2242－0001618　350.4/L794

自知錄二卷　（清）陸毅撰　清光緒刻本　一冊

410000－2242－0001619　350.4/S915/1

牧令書輯要十卷保甲書輯要四卷　（清）徐棟編　吏治三書六卷　（清）劉衡撰　欽頒州縣事宜一卷　（清）田文鏡編　牧民忠告二卷　（元）張養浩撰　清光緒二十二年(1896)上海圖書集成印書局鉛印本　八冊

410000－2242－0001620　951.04/O146/2B

唐書二百二十五卷　（宋）歐陽修　（宋）宋祁撰　清同治十二年(1873)浙江書局刻本　二十四冊

410000－2242－0001621　350.4/W225/2

石渠餘紀六卷　（清）王慶雲撰　清光緒十六年(1890)龍氏刻本　六冊

410000－2242－0001622　350.4/W225/3

石渠餘紀六卷　（清）王慶雲撰　清光緒十六年(1890)龍氏刻本　六冊

410000－2242－0001623　350.4/W225/3

古今文致十卷　（清）劉越石選　（清）王永啟評選　清光緒十年(1884)文玉山房朱墨套印本　十冊

410000－2242－0001624　351.1/W498A

吾學錄初編二十四卷　（清）吳榮光撰　清光緒十年(1884)刻本　八冊

410000－2242－0001625　351.1/W498B

吾學錄初編二十四卷　（清）吳榮光撰　清光緒十年(1884)刻本　十冊

410000－2242－0001626　351.2/D264

稟啟零紈四卷　（清）雲廬居士繕　清道光三十年(1850)鉛印本　一冊

410000－2242－0001627　351.2/F545A

欽定總管內務府現行則例四卷　（清）福琨等修　（清）桂春等纂　清光緒十年(1884)清內府刻本　四冊

410000－2242－0001628　350.2/Y548

佐治芻言三十一章　（英國）傅蘭雅口譯（清）應祖錫筆述　清光緒上海江南製造局鉛印本　三冊

410000－2242－0001629　351.2/L315

欽定吏部稽勳司則例八卷　（清）□□編　清刻本　四冊

410000－2242－0001630　351.2/P659

[宣統三年]大清搢紳全書不分卷　（清）□□編　清宣統三年(1911)榮寶齋刻本　六冊

410000－2242－0001631　351.3/L763

明文小題貫□□卷　（清）樓渢輯　清刻本一冊　存三卷(三至五)

410000－2242－0001632　351.3/P659/1

浙江魁卷不分卷　（清）□□編　清刻本一冊

410000－2242－0001633　351.3/P659/2

光緒己卯科直省同年全錄不分卷　（清）□□編　清刻本　一冊

410000－2242－0001634　351.3/Y323/1

光緒壬寅補行庚子辛丑恩正科江南鄉試卷不分卷　（清）□□編　清石印本　一冊

410000－2242－0001635　351.3/Y323/2

道光乙未恩科順天鄉試同年齒錄不分卷（清）□□編　清道光十五年(1835)刻本四冊

410000－2242－0001636　351.3/Y323/3

光緒二十九年癸卯恩科鄉試十八省同年全錄不分卷　（清）□□編　清光緒二十九年(1903)刻本　二冊

410000－2242－0001637　351.3/Y323/4

庚子辛丑恩正併科各省鄉試同年全錄不分卷（清）□□編　清光緒二十八年(1902)刻本一冊

410000－2242－0001638　351.3/Y323/4

辛丑科補行庚子恩科各省鄉試同年全錄不分卷　（清）□□編　清光緒二十七年(1901)刻本　一冊

410000－2242－0001639　351.4/K434

光緒乙酉科各直省選拔同年明經通譜不分卷（清）□□編　清光緒奎光齋刻本　四冊

410000－2242－0001640　351.4/P659/1

[光緒]大清搢紳全書四卷　（清）□□編　清光緒十一年(1885)京都琉璃廠斌陞堂刻本四冊

410000－2242－0001641　351.4/P659/1

[光緒]大清中樞備覽二卷　（清）□□編　清光緒十一年(1885)京都琉璃廠斌陞堂刻本二冊

410000－2242－0001642　351.4/P659/2

[光緒]大清搢紳全書四卷　（清）□□編　清光緒十八年(1892)京都琉璃廠榮錄堂刻本二冊　存二卷(二、四)

410000－2242－0001643　951.05/L339B

建炎以來繫年要錄二百卷　（宋）李心傳撰清光緒五年(1879)蕭氏刻本　六十冊

410000－2242－0001644　410.8/C297/1A

許學叢書三集十四種　（清）張炳翔編　清光緒九年(1883)長洲張氏儀鄦廬刻本　二十二冊　存十二種

410000－2242－0001645　351.4/P659/4

[光緒]大清搢紳全書□□卷　（清）□□編清光緒三十二年(1906)京都琉璃廠榮錄堂刻本　一冊

410000－2242－0001646　351.4/P659/5

大清搢紳全書□□卷　（清）□□編　清末刻本　一冊

410000－2242－0001647　351.4/P659/3

[光緒]大清搢紳全書四卷　（清）□□編　清光緒二十八年（1902）京都琉璃廠榮錄堂刻本　三冊　存三卷（一至二、四）

410000－2242－0001648　351.4/P659/3

[光緒]大清搢紳全書□□卷　（清）□□編　清刻本　一冊

410000－2242－0001649　351.4/P659/6

爵秩全覽不分卷　（清）□□編　清光緒二十五年（1899）刻本　一冊

410000－2242－0001650　351.4/V183

[宣統]大清搢紳全書四卷　（清）□□編　清宣統三年（1911）京都琉璃廠榮錄堂刻本　二冊　存二卷（一、三）

410000－2242－0001651　351.4/W477

樞垣題名不分卷　（清）吳孝銘編　清道光十八年（1838）刻清光緒十年（1884）重修刻本　一冊

410000－2242－0001652　351.4/Y323

[光緒十二年丙戌]中州同官錄六卷　（清）□□編　清光緒十二年（1886）刻本　六冊

410000－2242－0001653　351.4/Y323/1

[同治十一年壬申]中州同官錄六卷　（清）□□編　清同治十一年（1872）刻本　四冊　存四卷（二至三、五至六）

410000－2242－0001654　351.4/Y323/1

[光緒二十四年戊戌]中州同官錄不分卷　(清)□□編　清光緒二十四年（1898）刻本　二冊

410000－2242－0001655　351.4/Y323/2

[光緒戊戌]中州候補佐貳同官錄不分卷　(清)□□編　清光緒二十四年（1898）刻本　一冊

410000－2242－0001656　351.4/Y323/3

[光緒三年丁丑]中州同官錄□□卷　（清）□□編　清光緒三年（1877）刻本　三冊　存三卷（二、五、未知）

410000－2242－0001657　351.4/Y323/4

[清]中州同官錄不分卷　（清）□□編　清刻本　二冊

410000－2242－0001658　351.4/Y323/5

[同治二年癸亥]中州同官錄六卷　（清）□□編　清同治二年（1863）刻本　六冊

410000－2242－0001659　351.4/Y323/6

[咸豐元年辛亥]中州同官錄四卷　（清）□□編　清咸豐元年（1851）刻本　四冊

410000－2242－0001660　351.4/Y323/7

[光緒二年丙子]中州同官錄六卷　（清）□□編　清光緒二年（1876）刻本　六冊

410000－2242－0001661　351.4/Y323/8

[光緒十六年庚寅]中州同官錄五卷　（清）□□編　清光緒十六年（1890）刻本　五冊

410000－2242－0001662　351.4/Y323/9

[光緒二十一年辛丑]中州同官錄五卷　（清）□□編　清光緒二十一年（1895）刻本　五冊

410000－2242－0001663　351.4/Y323/10

[光緒二十三年辛酉]中州同官錄五卷　（清）□□編　清光緒二十三年（1897）刻本　五冊

410000－2242－0001664　351.4/Y323/11

[光緒二十四年戊戌]中州同官錄五卷　（清）□□編　清光緒二十四年（1898）刻本　五冊

410000－2242－0001665　351.4/Y323/12

[光緒三十一年乙巳]中州同官錄四卷　（清）□□編　清光緒三十一年（1905）刻本　四冊

410000－2242－0001666　351.4/Y323/13

[光緒三十二年丙午]中州同官錄四卷　（清）□□編　清光緒三十二年（1906）刻本　四冊

410000－2242－0001667　351.4/Y323/14

[光緒三十四年戊申]中州同官錄四卷　（清）□□編　清光緒三十四年（1908）刻本　四冊

410000－2242－0001668　351.4/Y323/15

大清搢紳全書四卷新增搢紳全書二卷　（清）□□編　清光緒二十三年(1897)京都琉璃廠松竹齋、榮寶齋刻本　五冊

410000－2242－0001669　351.6/F329/1

校邠廬抗議不分卷　（清）馮桂芬撰　清光緒二十三年(1897)鉛印本　二冊

410000－2242－0001670　351.6/F329/2

校邠廬抗議二卷　（清）馮桂芬撰　清光緒二十四年(1898)刻本　二冊

410000－2242－0001671　351.7/K171

北洋公牘類纂二十五卷　甘厚慈編　清光緒三十三年(1907)益森印刷公司鉛印本　二十冊

410000－2242－0001672　351.7/L347/1A

資治新書首一卷初集十四卷二集二十卷（清）李漁輯　清光緒二十年(1894)上海圖書集成印書局鉛印本　十二冊

410000－2242－0001673　351.7/L347/1B

資治新書首一卷初集十四卷二集二十卷（清）李漁輯　清光緒二十年(1894)上海圖書集成印書局鉛印本　十一冊

410000－2242－0001674　351.7/L347/1C

資治新書首一卷初集十四卷二集二十卷（清）李漁輯　清光緒二十年(1894)上海圖書集成印書局鉛印本　十一冊

410000－2242－0001675　351.7/L347/1D

資治新書首一卷初集十四卷二集二十卷（清）李漁輯　清光緒二十年(1894)上海圖書集成印書局鉛印本　十二冊

410000－2242－0001676　351.7/L347/1E

資治新書首一卷初集十四卷二集二十卷（清）李漁輯　清光緒二十年(1894)上海圖書集成印書局鉛印本　十二冊

410000－2242－0001677　351.7/L347/2

資治新書首一卷初集十四卷二集二十卷（清）李漁輯　清康熙刻本　二十冊

410000－2242－0001678　351.76/F186

撫豫卹災錄十二卷　（清）方受疇輯　清嘉慶刻本　六冊

410000－2242－0001679　351.76/N.124/1A

欽定康濟錄四卷　（清）倪國璉編　清同治八年(1869)崇文書局刻本　四冊

410000－2242－0001680　351.76/N.124/2B

欽定康濟錄四卷　（清）倪國璉編　清同治三年(1864)刻本　三冊

410000－2242－0001681　351.76/T.452/1A

撫豫宣化錄四卷　（清）田文鏡撰　清雍正刻本　八冊

410000－2242－0001682　351.76/T.452/2

撫豫宣化錄四卷　（清）田文鏡撰　清抄本　九冊

410000－2242－0001683　351.951/W225/1

熙朝紀政六卷　（清）王慶雲編　清光緒二十四年(1898)石印本　二冊　存二卷(三至四)

410000－2242－0001684　351.951/W225/2

熙朝紀政六卷　（清）王慶雲編　清光緒二十四年(1898)石印本　六冊

410000－2242－0001685　352.1/V443/1

治譜約編三種　（清）蔣士銓等撰　清光緒二十九年(1903)四川臬署刻本　一冊

410000－2242－0001686　352.92/H.464

鄉守輯要合鈔十卷　（清）許乃釗編　清咸豐刻本　二冊

410000－2242－0001687　352.925/S915

保甲書輯要四卷　（清）徐棟編　清同治七年(1868)刻本　一冊

410000－2242－0001688　353.01/C313

入幕須知五種　（清）張廷驤輯　清光緒十三年(1887)元和張氏刻本　六冊

410000－2242－0001689　353.01/H464/1

官海指南五種　（清）許乃普輯　清咸豐九年(1859)刻本　七冊

410000－2242－0001690　353.01/H511

李贄一卷　（清）胡文學撰輯　清順治刻本
一冊

410000－2242－0001691　353.01/L641/1

劉簾舫吏治三書三種附南豐劉簾舫先生行述
政績一種　（清）劉衡撰　清同治十年(1871)
豫省聚文齋刻本　四冊

410000－2242－0001692　353.01/L641/2

劉簾舫吏治三書三種　（清）劉衡撰　清同治
七年(1868)江蘇書局刻本　一冊

410000－2242－0001693　353.01/P659

現行常例不分卷　（清）□□編　清刻本
一冊

410000－2242－0001694　353.01/P.352/1

[同治癸酉科]各省選拔同年明經通譜不分卷
　（清）彭祖賢選　清同治十二年(1873)京都
琉璃廠東文錦齋等六家刻字鋪刻本　三冊

410000－2242－0001695　353.01/P.352/2

[同治癸酉科]各省選拔同年明經通譜不分卷
　（清）彭祖賢等選　清同治十二年(1873)東
文錦齋等六家刻字鋪刻本　四冊

410000－2242－0001696　353.01/S914A

學治臆端一卷　（清）徐壽茲撰　清光緒二十
七年(1901)大梁刻本　一冊

410000－2242－0001697　353.01/S914B

學治臆端一卷　（清）徐壽茲撰　清光緒二十
七年(1901)大梁刻本　一冊

410000－2242－0001698　353.01/S914C

學治臆端一卷　（清）徐壽茲撰　清光緒二十
七年(1901)大梁刻本　一冊

410000－2242－0001699　353.01/S914D

學治臆端一卷　（清）徐壽茲撰　清光緒二十
七年(1901)大梁刻本　一冊

410000－2242－0001700　353.02/C278/2

[光緒年間]奏稿一卷　（清）張之洞等奏　清
光緒抄本　一冊

410000－2242－0001701　353.02/C291/1

張大司馬奏稿四卷　（清）張亮基撰　清咸豐
刻本　四冊

410000－2242－0001702　353.02/C291/2

張大司馬奏稿四卷　（清）張亮基撰　清光緒
十七年(1891)刻本　四冊

410000－2242－0001703　353.02/C311

張靖達公奏議八卷首一卷　（清）張樹聲撰
清光緒二十五年(1899)刻本　四冊

410000－2242－0001704　353.02/C.238

兩漢策要十二卷　（金）常彥修編　清光緒十
三年(1887)同文書局石印本　八冊

410000－2242－0001705　353.02/H432

經畧洪承疇奏對筆記二卷　（清）洪承疇撰
　清光緒十九年(1893)京都榮錄堂刻本
一冊

410000－2242－0001706　353.02/H466

督河奏疏十卷　（清）許僙屏撰　（清）吳翊寅
校　清光緒元年(1875)刻本　四冊

410000－2242－0001707　353.02/H476

新增籌餉事例不分卷　（清）戶部奏　清同治
八年(1869)善成堂刻本　五冊

410000－2242－0001708　S353.02/H656

歷代名臣奏議三百十九卷　（明）黃淮　（明）
楊士奇等輯　明崇禎八年(1635)刻本　七十
冊　存二百八十三卷(一至二十五、六十二至
三百十九)

410000－2242－0001709　353.02/K786

郭侍郎奏疏十二卷　（清）郭嵩燾撰　清光緒
十八年(1892)刻本　十二冊

410000－2242－0001710　353.02/K.181

戊戌奏稿一卷　康有為撰　清宣統三年
(1911)鉛印本　一冊

410000－2242－0001711　353.02/K.181A

戊戌奏稿一卷　康有為撰　清宣統三年
(1911)鉛印本　一冊

410000－2242－0001712　353.02/L645

江楚會奏變法四摺　（清）劉坤一　（清）張之

洞撰　清光緒二十七年（1901）兩湖書院刻本
　　一冊

410000－2242－0001713　353.02/L663
劉中丞奏議二十卷　（清）劉蓉撰　清光緒十
一年（1885）思賢講舍刻本　十冊

410000－2242－0001714　353.02/L712/1
駱文忠公奏議十六卷奏稿十一卷　（清）駱秉
章撰　清光緒四年（1878）刻本　二十四冊

410000－2242－0001715　353.02/L712/1A
駱文忠公奏稿十一卷　（清）駱秉章撰　清光
緒四年（1878）刻本　九冊　存九卷（二至十）

410000－2242－0001716　353.02/L712/2
駱文忠公奏稿十卷　（清）駱秉章撰　清光緒
十七年（1891）刻本　十四冊

410000－2242－0001717　S353.02/L787
唐陸宣公翰苑集奏議七卷奏草七卷製誥十卷
　　（唐）陸贄撰　明萬曆三十五年（1607）刻本
　　八冊

410000－2242－0001718　353.02/L787/1
評註陸宣公全集二十六卷　（唐）陸贄撰
（宋）郎曄註　（清）馬傳庚評　清光緒二十六
年（1900）刻本　六冊

410000－2242－0001719　353.02/L787/2
陸宣公奏議七卷奏草七卷　（唐）陸贄撰　清
光緒十七年（1891）刻本　四冊

410000－2242－0001720　353.02/L787/5
陸宣公集二十二卷　（唐）陸贄撰　清光緒二
十年（1894）上海鴻寶齋石印本　六冊

410000－2242－0001721　353.02/N123/1
那文毅公奏議八十卷　（清）那彥成撰　清道
光十四年（1834）刻本　四十七冊

410000－2242－0001722　353.02/N123/2
那文毅公奏議八十卷　（清）那彥成撰　清道
光十四年（1834）刻本　四十冊　存六十八卷
（一至十一、十三至十七、二十至二十五、二十
八至二十九、三十一至四十七、五十至五十
六、六十至七十九）

410000－2242－0001723　353.02/N124
宋遼金元菁華錄十四卷　（清）納蘭常安選評
　　清光緒二十六年（1900）上海書局石印本
四冊

410000－2242－0001724　353.02/P239
包孝肅奏議十卷　（宋）包拯撰　清同治二年
（1863）刻本　四冊

410000－2242－0001725　353.02/P.178/1
作新末議不分卷續議不分卷　（清）潘守廉撰
　　清光緒三十年（1904）刻本　二冊

410000－2242－0001726　353.02/P.637
**資政院會奏議事細則及分股辦事細則摺附清
單一卷**　（清）傅倫等撰　清宣統二年（1910）
鉛印本　一冊

410000－2242－0001727　353.02/S825
宋二孫先生奏議事略四卷　（宋）孫覺　（宋）
孫升撰　清道光二十五年（1845）刻本　二冊

410000－2242－0001728　353.02/S.432/1
沈文肅公政書七卷　（清）沈葆楨撰　清光緒
六年（1880）吳門節署排印本　十二冊

410000－2242－0001729　353.02/S.432/2
沈文肅公政書七卷　（清）沈葆楨撰　（清）吳
元炳編　清光緒六年（1880）刻本　五冊　存
三卷（一至三）

410000－2242－0001730　353.02/T483
丁文誠公奏稿二十六卷首一卷　（清）丁寶楨
撰　清光緒十九年（1893）刻本　十三冊

410000－2242－0001731　353.02/T.543
[同治]中興京外奏議約編八卷　（清）陳弢編
　　清光緒元年（1875）簏劍囊琴之室刻本
八冊

410000－2242－0001732　353.02/T.543A
[同治]中興京外奏議約編八卷　（清）陳弢編
　　清光緒元年（1875）簏劍囊琴之室刻本　三
冊　存三卷（五、七至八）

410000－2242－0001733　353.02/T.543B
[同治]中興京外奏議約編八卷　（清）陳弢編

清光緒元年（1875）篋劍囊琴之室刻本
八冊

410000－2242－0001734　353.02/T.543C
[同治]中興京外奏議約編八卷　（清）陳弢編
　清光緒元年（1875）篋劍囊琴之室刻本　六
冊　存六卷（一至四、七至八）

410000－2242－0001735　353.02/V353
[道咸同]三朝奏議選一卷　（清）曾國藩等撰
　清末刻本　一冊

410000－2242－0001736　353.02/V354/1
曾文正公奏議十卷首一卷末一卷補編四卷
（清）曾國藩撰　（清）薛福成編　清同治十三
年（1874）醉六堂刻本　十四冊

410000－2242－0001737　353.02/V354/2
曾忠襄公奏議三十二卷　（清）曾國荃撰　清
光緒二十九年（1903）刻本　三十二冊

410000－2242－0001738　353.02/V681
恪靖奏稿續編七十六卷　（清）左宗棠撰　清
光緒刻本　四十三冊

410000－2242－0001739　353.02/V.553/1
清代九朝聖訓七百六十二卷　（清）努爾哈赤
等訓　清光緒五年（1879）總理各國事務衙門
鉛印本　四百四十八冊

410000－2242－0001740　353.02/V.553/2
清代十朝聖訓不分卷　（清）努爾哈赤等撰
清石印本　八十冊

410000－2242－0001741　353.02/Y186
南皮張宮保政書十二卷　（清）仰止廬主編
清光緒二十七年（1901）上海圖書集成印書局
鉛印本　六冊

410000－2242－0001742　353.02/Y333
憲政編查館奏摺及城鎮鄉地方自治章程一卷
　（清）奕劻等撰　清光緒三十四年（1908）鉛
印本　一冊

410000－2242－0001743　353.02/Y675/1
于清端公政書八卷續集一卷首一卷外集一卷
　（清）于成龍撰　（清）蔡方炳等編　清乾隆

二十六年（1761）增刻本　十一冊

410000－2242－0001744　353.02/Y731/1
[同治十三年至光緒二十七年]諭摺彙存二十
二卷　（清）□□輯　清光緒二十九年（1903）
上海慎記書莊石印本　二十四冊

410000－2242－0001745　353.02/Y731/2
[光緒三十一年至光緒三十二年]諭摺彙存不
分卷　（清）□□輯　清光緒擷華書局活字本
五冊

410000－2242－0001746　353.02/Y868/1
硃批諭旨三百六十卷　（清）雍正十年（1732）
編　清乾隆刻本　六十四冊

410000－2242－0001747　353.02/Y868/1A
硃批諭旨不分卷　（清）鄂爾泰等編　清乾隆
三年（1738）石印本　六十冊

410000－2242－0001748　353.02/Y868/1B
硃批諭旨不分卷　（清）鄂爾泰等編　清刻本
六十八冊

410000－2242－0001749　353.25/L814
立寨併邨清野設伏增兵籌餉疏一卷　（明）盧
象昇撰　清咸豐十年（1860）宋燕詒堂刻本
一冊

410000－2242－0001750　353.25/L814A
堅壁清野議一卷　（清）龔景瀚撰　清咸豐十
年（1860）宋燕詒堂刻本　一冊

410000－2242－0001751　353.028/C298
張公奏議二十四卷　（清）張鵬翮撰　清嘉慶
五年（1800）刻本　二十四冊

410000－2242－0001752　925.11/Y211/1
十五家年譜叢書二十二卷　（清）楊希閔等撰
　（清）陳履恆集　清光緒元年至三十四年
（1875－1908）揚州陳氏刻本　十六冊

410000－2242－0001753　353.028/L539/2
林文忠公政書三十七卷　（清）林則徐撰　清
光緒二年（1876）鉛印本　八冊

410000－2242－0001754　353.028/L539/2A
林文忠公政書三十七卷　（清）林則徐撰　清

光緒二年(1876)刻本　十冊

410000－2242－0001755　353.028/L539/2B
林文忠公政書三十七卷　(清)林則徐撰　清光緒二年(1876)刻本　二十冊

410000－2242－0001756　353.028/P.354
彭剛直公奏稿八卷　(清)彭玉麟撰　清光緒十七年(1891)鉛印本　一冊　存四卷(一至四)

410000－2242－0001757　353.028/P.354A
彭剛直公奏稿八卷　(清)彭玉麟撰　清光緒十七年(1891)鉛印本　四冊

410000－2242－0001758　353.028/S463
出使奏疏二卷　(清)薛福成撰　清光緒二十年(1894)刻本　二冊

410000－2242－0001759　353.03/H653
國朝貢舉考畧□□卷附明貢舉考畧一卷　(清)黃崇蘭編　清嘉慶八年(1803)刻本　二冊　存二卷(國朝貢舉考畧一、明貢舉考畧一卷)

410000－2242－0001760　353.03/K.547
欽定科場條例六十卷　(清)奎潤等編　清光緒十一年(1885)刻本　三十冊　存四十卷(一至十八、三十五至三十八、四十二至四十九、五十一至六十、)

410000－2242－0001761　353.03/L656
增訂歷科表判句解不分卷　(清)劉慎修輯　(□)汪敬堂補編　清雍正二年(1724)三多齋刻本　六冊

410000－2242－0001762　353.03/T634
欽定科場條例六十卷　(清)杜受田等編　清咸豐二年(1852)刻本　二十冊

410000－2242－0001763　353.03/T634A
欽定科場條例六十卷　(清)杜受田等編　清嘉慶九年(1804)刻本　十二冊

410000－2242－0001764　353.03/T634B
欽定科場條例六十卷　(清)杜受田等編　清光緒十一年(1885)刻本　七冊　存二十卷

(一至二十)

410000－2242－0001765　353.03/V.278/4
續增科場條例不分卷　(清)□□撰　清同治刻本　三冊

410000－2242－0001766　353.04/C278/1
張文襄公奏稿五十卷附函稿七卷電稿六十六卷公牘稿二十八卷　(清)張之洞撰　(□)許同華輯　清宣統鉛印本　六十二冊

410000－2242－0001767　353.04/C278/2
張文襄公電稿六十六卷　(清)張之洞撰　(□)許同華輯　清宣統鉛印本　一冊

410000－2242－0001768　353.04/C278/3
張文襄公奏稿五十卷首目錄一卷公牘二十八卷公牘目錄一卷函稿六卷續編一卷電稿六十六卷　(清)張之洞撰　(□)許同華輯　清宣統鉛印本　七十冊

410000－2242－0001769　353.04/C317
牧民忠告二卷　(元)張養浩撰　清同治七年(1868)姑蘇書局刻本　一冊

410000－2242－0001770　353.04/H363
新政真詮六編不分卷　(清)何啟等編　清光緒格致新根館鉛印本　六冊

410000－2242－0001771　353.04/L537
文學興國策二卷　(美國)林樂知譯　清光緒二十二年(1896)廣學會鉛印本　二冊

410000－2242－0001772　353.04/L817
求己錄三卷　(清)蘆涇遯士編　清光緒二十八年(1902)江南製造局鉛印本　一冊

410000－2242－0001773　353.04/L817A
求己錄三卷　(清)蘆涇遯士編　清光緒刻本　三冊

410000－2242－0001774　353.06/L945
救命書一卷　(明)呂坤撰　清咸豐元年(1851)刻本　一冊

410000－2242－0001775　353.06/W227
宋州從政錄一卷　(清)王鳳生撰　清道光五年(1825)刻本　一冊

410000－2242－0001776　353.06/Y458

陝衛治略十卷　（清）嚴作霖撰　清光緒十九年(1893)刻本　十冊

410000－2242－0001777　353.06/Y683

救荒六十策一卷　（清）寄湘漁父撰　清光緒二十四年(1898)河南省城東司門聚文齋刻本　一冊

410000－2242－0001778　S353.06/Y849

芸暉書屋筆記不分卷　（清）兆琛撰　清同治芸暉書屋稿本　八冊

410000－2242－0001779　353.08/N359

農工商部現行章程二十一種　（清）農工商部編　清宣統元年(1909)鉛印本　十三冊

410000－2242－0001780　353.09/C744

治平全書三十二卷　（清）朱健　（清）朱徽撰　清道光二十九年(1849)來鹿堂刻本　十六冊

410000－2242－0001781　S353.09/K.354

幸魯盛典四十卷　（清）孔毓圻等輯　清康熙五十年(1711)刻本　十二冊

410000－2242－0001782　353.09/L635

漢晉迄明謚彙十卷　（清）劉長華編　皇朝謚彙考五卷　（清）劉長華編　清光緒六年至十八年(1880－1892)刻本　六冊

410000－2242－0001783　353.093/K212

晉政輯要四十卷　（清）剛毅等編　清光緒十四年(1888)刻本　八冊　存十二卷(二十九至四十)

410000－2242－0001784　353.093/K212A

晉政輯要四十卷　（清）剛毅等編　清光緒十四年(1888)刻本　十冊　存十四卷(五至十八)

410000－2242－0001785　353.094/L331

唐六典三十卷　（唐）玄宗李隆基撰　（唐）李林甫等注　清嘉慶五年(1800)掃葉山房刻本　六冊

410000－2242－0001786　353.096/Y796

元典章六十卷附新集一卷　（元）□□編　清光緒三十四年(1908)刻本　十八冊　存四十七卷(一至二、十至十七、二十至五十六)

410000－2242－0001787　353.096/Y796A

元典章六十卷附新集一卷　（元）□□編　清光緒三十四年(1908)刻本　十三冊　存四十卷(十五至五十三、新集一卷)

410000－2242－0001788　353.098/C.514

盛京典制備考八卷　（清）崇厚編　清光緒四年(1878)刻本　六冊

410000－2242－0001789　353.098/D195

[嘉慶]上諭條例不分卷　（清）仁宗顒琰撰　清嘉慶江蘇布政使司衙門刻本　六十九冊

410000－2242－0001790　353.098/D.347

欽定六部處分則例四十七卷　（清）慶桂等編　清嘉慶十六年(1811)刻本　二十四冊

410000－2242－0001791　353.098/H716

彙刊條例冊乾隆至道光不分卷　（□）□□編　清刻本　八十七冊

410000－2242－0001792　353.098/L637

欽定工部軍器則例六十卷　（清）劉權之等編　清嘉慶十七年(1812)刻本　四十冊

410000－2242－0001793　353.098/S351

欽定吏部則例六十五卷　（清）錫珍等編　清光緒十二年(1886)刻本　三十八冊

410000－2242－0001794　353.098/S.563

欽定宗人府則例三十一卷　（清）書麟等編　清道光二十九年(1849)刻本　十冊

410000－2242－0001795　353.098/T572

欽定軍器則例二十四卷　（清）董誥等編　清光緒十七年(1891)鉛印本　十二冊

410000－2242－0001796　353.098/T.513

欽定理藩院則例六十四卷　（清）托津等編　清道光刻本　三十二冊

410000－2242－0001797　353.098/V183

欽定戶部則例一百卷　（清）戴齡等編　清同治十三年(1874)刻本　六十冊

410000－2242－0001798　353.098/V.273/1

欽定工部則例一百四十二卷　（清）曹振鏞等編　清嘉慶二十四年(1819)刻本　二十冊

410000－2242－0001799　353.098/V.273/2

欽定工部續增則例一百三十六卷附保固則例四卷　（清）曹振鏞等續編　清嘉慶二十四年(1819)刻本　二十八冊

410000－2242－0001800　353.098/V.613

秋審比較彙案續編八卷　（清）沈家本撰　清光緒十年(1884)刻本　八冊

410000－2242－0001801　353.098/W256

欽定國子監則例四十五卷　（清）汪廷珍續修　清道光四年(1824)刻本　六冊

410000－2242－0001802　353.098/W362/1

欽定六部處分則例五十二卷　（清）文孚等編　清光緒十八年(1892)圖書集成局石印本　八冊

410000－2242－0001803　353.098/W362/1A

欽定六部處分則例五十二卷　（清）文孚等編　清光緒十八年(1892)圖書集成局石印本　六冊

410000－2242－0001804　353.098/W362/1B

欽定六部處分則例五十二卷　（清）文孚等編　清光緒十八年(1892)圖書集成局石印本　八冊

410000－2242－0001805　353.098/W362/2

欽定禮部則例二百〇二卷　（清）文孚等編　清嘉慶二十五年(1820)刻本　二十四冊

410000－2242－0001806　353.098/Y868

欽頒州縣事宜一卷　（清）田文鏡條例　清同治七年(1868)江蘇書局刻本　一冊

410000－2242－0001807　355.02/L949

六韜六卷逸文一卷　（周）呂望撰　（清）孫星衍校　清光緒二十四年(1898)成都志古堂刻本　一冊　存四卷(一至四)

410000－2242－0001808　355.02/S838

孫子十家註十三卷　（周）孫武撰　孫子十家

註遺說一卷　（宋）鄭友賢撰　孫子敘錄一卷　（清）畢以珣撰　清光緒三年(1877)浙江書局刻本　六冊

410000－2242－0001809　355.02/W254

戊笈談兵十卷　（清）汪紱撰　清光緒二十年(1894)刻本　八冊

410000－2242－0001810　355.32/K.124

團練實紀不分卷　（清）開封府正堂羅印頒　清咸豐十年(1860)省紳刻本　一冊

410000－2242－0001811　355.349/W233/1

湘軍志十六卷　王闓運撰　清光緒刻本　四冊

410000－2242－0001812　355.349/W233/2

湘軍志十六卷　王闓運撰　清光緒十二年(1886)成都墨香書屋刻本　四冊

410000－2242－0001813　355.349/W233/2A

湘軍志十六卷　王闓運撰　清光緒十二年(1886)墨香書屋刻本　四冊

410000－2242－0001814　355.349/W233/2B

湘軍志十六卷　王闓運撰　清光緒十二年(1886)墨香書屋刻本　四冊

410000－2242－0001815　355.3651/W513

武備輯要六卷　（清）許乃釗編　清道光十二年(1832)刻本　四冊

410000－2242－0001816　355.38/L136

借箸籌防論略一卷附礮概淺說一卷　（德國）來春石泰撰　沈敦和譯　清光緒二十一年(1895)金陵練兵處刻本　一冊

410000－2242－0001817　355.04/H497/1

讀史兵略四十六卷　（清）胡林翼編　清咸豐十一年(1861)刻本　十六冊

410000－2242－0001818　351.76/T.452/1B

撫豫宣化錄四卷　（清）田文鏡撰　清雍正刻本　九冊

410000－2242－0001819　355.04/H497/3

讀史兵略四十六卷　（清）胡林翼編　清光緒元年(1875)崇文書局刻本　十六冊

410000－2242－0001820　355.04/H497/3A

讀史兵略四十六卷　（清）胡林翼編　清光緒元年(1875)崇文書局刻本　十四冊

410000－2242－0001821　355.04/H497/3B

讀史兵略四十六卷　（清）胡林翼編　清光緒元年(1875)崇文書局刻本　四冊　存十一卷（十八至二十、二十八至三十、三十一至三十三、四十三至四十四）

410000－2242－0001822　355.4/H713

洴澼百金方十四卷　（清）惠麓酒民編　清乾隆刻本　十冊

410000－2242－0001823　355.52/S894

兵學新書十六卷附一卷　（清）徐建寅編　清光緒刻本　九冊

410000－2242－0001824　355.61/T.185/1

皇朝經世文編兵政摘抄一卷附寨堡圖說一卷　（清）檀萃等編　清咸豐九年(1859)本固堂、省齋刻本　一冊

410000－2242－0001825　355.61/T.185/2

皇朝經世文編兵政摘抄一卷附寨堡圖說一卷　（清）檀萃等編　清咸豐十年(1860)刻本　一冊

410000－2242－0001826　355.83/L636/1

火龍經三卷　（漢）諸葛亮撰　（明）劉基校　兵法百戰經一卷　（明）王鳴鶴編訂　（明）何仲叔參輯　清咸豐五年(1855)刻本　四冊

410000－2242－0001827　355.83/L636/1A

火龍經三卷　（明）劉基補撰　（明）毛希秉彙輯　七注陰符經一卷　（周）姜尚注　（漢）張良解　（漢）諸葛亮釋　清咸豐五年(1855)刻本　四冊

410000－2242－0001828　355.098/C.237

欽定兵部續纂處分則例四卷　（清）長齡等編　清道光刻本　四冊

410000－2242－0001829　355.098/P569

欽定兵部處分則例八旗三十七卷綠營三十九卷　（清）□□撰　清道光刻本　二十四冊

410000－2242－0001830　355.098/P569A

欽定兵部處分則例八旗三十七卷綠營三十九卷　（清）□□撰　清道光刻本　二十四冊　存四卷（十八至二十一）

410000－2242－0001831　356.3/Y411

河陽空心炮台圖式一卷　（清）葉世槐編撰　清同治元年(1862)十三研齋葉氏刻本　一冊

410000－2242－0001832　356.76/Y195/1

籌濟編三十二卷首一卷　（清）楊景仁編　清光緒五年(1879)河南藩庫刻本　八冊

410000－2242－0001833　356.76/Y195/2

籌濟編三十二卷首一卷　（清）楊景仁編　清光緒九年(1883)武昌書局刻本　八冊

410000－2242－0001834　356.76/Y195/2A

籌濟編三十二卷首一卷　（清）楊景仁編　清光緒五年(1879)河南藩庫刻本　八冊

410000－2242－0001835　356.943/W495

德國陸軍考四卷　吳宗濂譯　（法國）歐盟撰　清光緒二十七年(1901)江南製造局鉛印本　四冊

410000－2242－0001836　357/C519

水師章程十四卷續編六卷　（清）鄭昌棪筆述　（美國）林樂知譯　（英國）水師兵部撰　清光緒江南製造總局刻本　十六冊

410000－2242－0001837　357/C.371

東溟校伍錄二卷　（清）陳錦編　清光緒二年(1876)橘蔭軒刻本　一冊

410000－2242－0001838　357.2/H.461

外國師船圖表十二卷　（清）許景澄撰　清光緒二十二年(1896)浙江官書局石印本　四冊

410000－2242－0001839　S365/L123

鹿洲公案二卷　（清）藍鼎元撰　清雍正十年(1732)刻本　一冊　存一卷（下）

410000－2242－0001840　370.77/C764

豫南書院圖一卷　（清）朱壽鏞撰　清光緒十七年(1891)刻本　一冊

410000－2242－0001841　370.951/K475/1

欽定學政全書八十六卷　（清）恭阿拉等編
清嘉慶十七年(1812)刻本　二十冊

410000－2242－0001842　370.951/K475/1A
欽定學政全書八十六卷　（清）恭阿拉等編
清嘉慶十七年(1812)刻本　十五冊　存五十
三卷(十八至二十一、三十五至八十三)

410000－2242－0001843　370.951/K475/1B
欽定學政全書八十六卷　（清）恭阿拉等編
清嘉慶十七年(1812)刻本　九冊　存三十三
卷(十五至二十八、三十五至四十二、五十至
五十一、五十六至五十八、七十七至八十二)

410000－2242－0001844　951.052/L355/1B
遼史拾遺二十四卷附遼史補遺補五卷遼史紀
年表一卷　（清）厲鶚撰　清光緒元年(1875)
江蘇書局刻本　八冊

410000－2242－0001845　370.951/K475/1C
欽定學政全書八十六卷　（清）恭阿拉等編
清嘉慶十七年(1812)刻本　四冊　存二十卷
(六十至七十九)

410000－2242－0001846　371.4151/K.353
學制節要不分卷　（清）孔祥霖編　清末前河
南省學務公所鉛印本　四冊

410000－2242－0001847　371.4151/S.337
國朝先正學規彙編不分卷　（清）邵松年輯
清光緒十九年(1893)河南督學署刻本　一冊

410000－2242－0001848　374.27/C679
大學分科中國史研究法初編一卷　（清）周嵩
年纂　清宣統二年(1910)河南大公石印本
一冊

410000－2242－0001849　380.951/W222
各國通商始末記二十卷　（清）王之春編　清
光緒二十一年(1895)寶善書局石印本　六冊

410000－2242－0001850　390.1/S133
羣學肄言十六卷　（英國）斯賓塞撰　嚴復譯
　清光緒二十九年(1903)上海文明編譯局鉛
印本　四冊

410000－2242－0001851　398.1/Y548

風俗通義十卷　（漢）應劭撰　清刻本　二冊

410000－2242－0001852　398.6/D.396
文公家禮儀節八卷　（明）丘濬輯　清刻本
六冊

410000－2242－0001853　398.6/K276
南巡盛典一百二十卷　（清）高晉等編　清光
緒八年(1882)上海點石齋石印本　八冊

410000－2242－0001854　398.6/K718
饗宮敬事錄六卷　（清）桂良修　清同治十一
年(1872)刻本　三冊

410000－2242－0001855　398.6/L643
大清通禮品官士庶人喪禮傳二卷　（清）劉人
熙編　清光緒十一年(1885)都門刻本　二冊

410000－2242－0001856　398.6/L945
四禮翼一卷　（明）呂坤撰　明刻本　一冊

410000－2242－0001857　398.6/M712
大清通禮五十四卷　（清）穆克登額續編　清
道光四年(1824)刻本　十二冊

410000－2242－0001858　398.6/P.216
文廟祀典考五十卷首一卷　（清）龐鍾璐編
清光緒四年(1878)龐氏刻本　八冊

410000－2242－0001859　398.6/P.216A
文廟祀典考五十卷首一卷　（清）龐鍾璐編
清光緒四年(1878)龐氏刻本　十二冊

410000－2242－0001860　398.6/S123
司馬氏書儀十卷　（宋）司馬光撰　清同治七
年(1868)江蘇書局刻本　一冊

410000－2242－0001861　398.6/Y498
吾學錄初編二十四卷　（清）吳榮光編　清道
光十二年(1832)刻本　八冊

410000－2242－0001862　398.8/C764
勅封大王將軍紀略一卷　（清）朱壽鏞編　清
光緒十五年(1889)寶應朱氏刻本　一冊

410000－2242－0001863　402.4/C.393
太史林碧山先生珠玉同聲四卷附戚參軍八音
字義便覽四卷　（清）陳他輯　清美新堂刻本

一册 存四卷(三至四、八音字義便覽三至四)

410000－2242－0001864　410.8/C297/1

許學叢書三集十四種 （清）張炳翔編　清光緒九年(1883)長洲張氏儀郵廬刻本　二十四册

410000－2242－0001865　410.8/T482

韻學蘦言舉要五卷 （清）丁顯編　**諧聲譜二卷** （清）丁顯編　清光緒二十六年(1900)刻本　三册

410000－2242－0001866　412/C321/1

小學答問一卷　章炳麟撰　清宣統元年(1909)刻本　一册

410000－2242－0001867　412/W222/1

文字蒙求四卷 （清）王筠撰　清光緒十三年(1887)梁谿浦氏刻本　一册

410000－2242－0001868　412/W222/2

文字蒙求四卷 （清）王筠撰　清道光刻本　一册

410000－2242－0001869　412/W222/3

文字蒙求四卷 （清）王筠撰　清上海文瑞樓石印本　二册　存三卷(一至三)

410000－2242－0001870　951.054/T.513/1B

金史一百三十五卷附金國語解一卷 （元）脫脫等撰　清同治十三年(1874)江蘇書局刻本　十七册

410000－2242－0001871　412.1/C755/1

駢雅訓纂十六卷 （明）朱謀㙔撰　（清）魏茂林訓　清光緒七年(1881)淪雅齋刻本　八册

410000－2242－0001872　412.1/C755/2

駢雅訓纂十六卷 （明）朱謀㙔撰　（清）魏茂林訓　清光緒十二年(1886)虞山後知不足齋刻本　六册

410000－2242－0001873　412.1/C755/3

駢雅訓纂十六卷附補遺一卷 （明）朱謀㙔撰　（清）魏茂林訓　清光緒二十年(1894)積山書局石印本　八册

410000－2242－0001874　412.1/C755/5

駢雅訓纂十六卷 （明）朱謀㙔撰　（清）魏茂林訓　清淪雅齋刻本　二册　存五卷(十二至十六)

410000－2242－0001875　412.1/C755/6

駢雅七卷首一卷 （明）朱謀㙔撰　（清）魏茂林撰　清同治十一年(1872)經綸書室刻本　八册

410000－2242－0001876　412.1/C.449

選雅二十卷　程先甲撰　清光緒二十八年(1902)千一齋刻本　八册

410000－2242－0001877　S412.11/E193

爾雅音不分卷 （□）□□撰　（清）高世異點校　清雍正抄本　一册

410000－2242－0001878　412.11/H379/1

爾雅郭注義疏二十卷 （清）郝懿行撰　清同治六年(1867)刻本　八册

410000－2242－0001879　412.11/H379/1A

爾雅郭注義疏二十卷 （清）郝懿行撰　清同治四年(1865)刻本　八册

410000－2242－0001880　412.11/H379/2

爾雅郭注義疏二十卷 （清）郝懿行撰　清光緒十三年(1887)湖北官書局刻本　八册

410000－2242－0001881　951.054/T.513/1C

金史一百三十五卷附金國語解一卷 （元）脫脫等撰　清光緒二十九年(1903)五洲同文書局石印本　二十三册

410000－2242－0001882　412.11/K785

爾雅義疏二十卷 （晉）郭璞注　（清）郝懿行疏　清同治六年(1867)歷邑中和堂刻本　八册

410000－2242－0001883　412.11/K785/4

爾雅十一卷 （晉）郭璞注　清光緒十二年(1886)湖北官書處刻本　三册

410000－2242－0001884　412.11/K785/5

爾雅注疏十一卷 （晉）郭璞注　（宋）邢昺疏　**校勘記十卷** （清）阮元撰　清嘉慶二十年

(1815)江西南昌府學刻本　六冊

410000－2242－0001885　412.11/K785/6

爾雅注疏十一卷　（晉）郭璞注　（宋）邢昺疏
明崇禎元年(1628)汲古閣刻本　四冊

410000－2242－0001886　412.11/K785/7

爾雅注疏十一卷　（晉）郭璞注　（宋）邢昺疏
清嘉慶七年(1802)刻本　三冊

410000－2242－0001887　412.11/K785/9

爾雅三卷　（晉）郭璞注　清嘉慶六年(1801)
刻本　三冊

410000－2242－0001888　412.11/S.337/1

爾雅正義二十卷　（清）邵晉涵著　**爾雅釋文
三卷**　（唐）陸德明撰　清乾隆刻本　六冊

410000－2242－0001889　412.11/S.337/1A

爾雅正義二十卷　（清）邵晉涵著　**爾雅釋文
三卷**　（唐）陸德明撰　清乾隆五十三年
(1788)餘姚邵氏家塾刻本　九冊

410000－2242－0001890　412.11/S.337/2

爾雅正義二十卷　（清）邵晉涵著　**爾雅釋義
三卷**　（唐）陸德明撰　清乾隆五十三年
(1788)餘姚邵氏家塾刻本　八冊

410000－2242－0001891　412.11/S.337/2A

爾雅正義二十卷　（清）邵晉涵著　**爾雅釋文
三卷**　（唐）陸德明撰　清乾隆五十三年
(1788)餘姚邵氏家塾刻本　八冊

410000－2242－0001892　412.11/S.337/2B

爾雅正義二十卷　（清）邵晉涵著　**爾雅釋文
三卷**　（唐）陸德明撰　清乾隆五十三年
(1788)餘姚邵氏家塾刻本　八冊

410000－2242－0001893　412.11/S.337/2C

爾雅正義二十卷　（清）邵晉涵著　**爾雅釋文
三卷**　（唐）陸德明撰　清乾隆五十三年(1788)
餘姚邵氏家塾刻本　十冊

410000－2242－0001894　412.11/W244

爾雅郭注佚存補訂二十卷　王樹枏撰　清光
緒十八年(1892)文莫室王氏刻本　八冊

410000－2242－0001895　412.112/K785

爾雅三卷　（晉）郭璞注　清光緒十二年
(1886)上海石印本　二冊

410000－2242－0001896　412.113/L328

韻書音義考五卷　（清）李光瓊撰　清嘉慶四
年(1799)刻本　四冊

410000－2242－0001897　412.117/S467

小學考五十卷　（清）謝啟昆撰　清光緒十五
年(1889)鴻文書局石印本　六冊

410000－2242－0001898　811.18/C317/2

簡松草堂詩集二十卷　（清）張雲璈撰　清嘉
慶刻本　四冊　存十一卷(一至十一)

410000－2242－0001899　811.18/C317/3

天寶新詠一卷　（清）張鏞撰　清道光刻本
一冊

410000－2242－0001900　811.18/C415/1

甌北集五十卷續增詩集三卷　（清）趙翼撰
清光緒三年(1877)刻本　十四冊

410000－2242－0001901　811.18/C415/2

甌北集五十卷甌北詩話十卷續詩話二卷
(清)趙翼撰　清嘉慶十七年(1812)湛貽堂刻
本　九冊

410000－2242－0001902　811.18/C415/3

甌北詩鈔二十卷　（清）趙翼撰　清壽考堂刻
本　八冊

410000－2242－0001903　811.18/C415/4

甌北詩鈔二十卷　（清）趙翼撰　清湛貽堂刻
本　八冊

410000－2242－0001904　811.18/C415/5A

甌北詩鈔二十卷　（清）趙翼撰　清宣統三年
(1911)掃葉山房石印本　八冊

410000－2242－0001905　811.18/C415/5

甌北詩鈔二十卷　（清）趙翼撰　清宣統三年
(1911)掃葉山房石印本　八冊

410000－2242－0001906　811.18/C672A

耕獵齋咏史樂府二卷　（清）周懷綬撰　（清）
呂振騏輯注　清咸豐刻本　二冊

410000 – 2242 – 0001907　811.18／C672

耕獵齋咏史樂府二卷　（清）周懷綬撰　（清）
呂振騏輯注　清咸豐刻本　二冊

410000 – 2242 – 0001908　811.18／C679

十六國宮詞二卷　（清）周昇注　清道光二十
年(1840)櫻西書屋刻本　一冊

410000 – 2242 – 0001909　811.18／C682A

拜梅書屋詩鈔十卷　（清）周焌圻撰　梅仙詩
存一卷　（清）周清鑑撰　清光緒十九年
(1893)刻本　四冊

410000 – 2242 – 0001910　811.18／C682

拜梅書屋詩鈔十卷　（清）周焌圻撰　梅仙詩
存一卷　（清）周清鑑撰　清光緒十九年
(1893)刻本　四冊

410000 – 2242 – 0001911　811.18／C683／2

雅存堂詩鈔四卷末一卷　（清）周樏撰　清同
治十三年(1874)刻本　一冊

410000 – 2242 – 0001912　811.18／C768A

小萬卷齋文藁二十五卷經進藁四卷詩藁三十
二卷詩續藁十三卷　（清）朱琦撰　清光緒十
一年(1885)朱氏嘉樹山房刻本　十二冊

410000 – 2242 – 0001913　811.18／C768

小萬卷齋文藁二十五卷經進藁四卷詩藁三十
二卷詩續藁十三卷　（清）朱琦撰　清光緒十
一年(1885)朱氏嘉樹山房刻本　二十四冊

410000 – 2242 – 0001914　S811.18／C769

查吟集四卷　（清）朱維熊撰　清雍正四年
(1726)朱苐刻本　四冊

410000 – 2242 – 0001915　811.18／C771／1

曝書亭集外稿八卷　（清）朱彝尊撰　（清）馮
登府編　清道光刻本　二冊

410000 – 2242 – 0001916　811.18／C.368

紫竹山房詩集十二卷　（清）陳兆崙撰　清乾
隆刻本　六冊

410000 – 2242 – 0001917　811.18／C.372

商於唫稿二卷　（清）陳祁撰　清嘉慶五年
(1800)刻本　一冊

410000 – 2242 – 0001918　S811.18／C.375

生香書屋詩集六卷恩光集三卷　（清）陳浩撰
清乾隆陳氏生香書屋刻本　四冊

410000 – 2242 – 0001919　811.18／C.375／2

簡學齋詩存四卷詩删四卷附館課賦存一卷館
課賦續鈔一卷試律續鈔一卷　（清）陳沆撰
清咸豐二年(1852)刻本　六冊

410000 – 2242 – 0001920　811.18／C.379

蓬萊閣詩錄四卷　（清）陳克家撰　清同治八
年(1869)江蘇書局刻本　一冊

410000 – 2242 – 0001921　811.18／C.381

心潛書屋詩存一卷詞賸一卷　（清）陳亮疇撰
清光緒三十二年(1906)刻本　一冊

410000 – 2242 – 0001922　811.18／C.389／2

陳比部遺集三種　（清）陳壽祺撰　清同治八
年(1869)刻本　一冊

410000 – 2242 – 0001923　811.18／C.396／1

湖海樓詩集八卷　（清）陳維崧撰　清康熙二
十六年至二十八年(1687－1689)患立堂刻本
四冊

410000 – 2242 – 0001924　811.18／C.396／2

頤道堂詩選十六卷　（清）陳文述撰　清嘉慶
刻本　二冊

410000 – 2242 – 0001925　811.18／D429

吳詩集覽二十卷　（清）吳偉業撰　（清）靳榮
藩輯　清乾隆四十年(1775)凌雲亭刻本　十
六冊

410000 – 2242 – 0001926　S811.18／D435

玉溪生詩意八卷　（清）屈復撰　清乾隆四年
(1739)刻本　八冊

410000 – 2242 – 0001927　811.18／D458／2

八指頭陀詩集十卷補遺一卷雜文一卷附詞一
卷　（清）釋敬安撰　清光緒二十四年(1898)
刻本　二冊

410000 – 2242 – 0001928　811.18／D.131

饅飠亭集三十二卷　（清）祁寯藻撰　清咸豐
六年(1856)刻本　六冊

410000－2242－0001929　811.18/D.288A
御製圓明園詩二卷　(清)高宗弘曆撰　清光緒十三年(1887)天津石印書屋石印本　二冊

410000－2242－0001930　811.18/D.288
御製圓明園詩二卷　(清)高宗弘曆撰　清光緒十三年(1887)天津石印書屋石印本　二冊

410000－2242－0001931　811.18/D.398/1
東山草堂詩集續編一卷　(清)邱嘉穗撰　清光緒八年(1882)邱氏刻本　一冊

410000－2242－0001932　811.18/D.398/2
東山草堂詩集八卷　(清)邱嘉穗撰　清光緒八年(1882)邱氏刻本　二冊

410000－2242－0001933　811.18/F153/1
范伯子詩集十九卷　(清)范當世撰　清鉛印本　三冊

410000－2242－0001934　811.18/F153/2A
范伯子詩集十九卷　(清)范當世撰　清光緒三十四年(1908)刻本　二冊　存九卷(一至九)

410000－2242－0001935　811.18/F153/2
范伯子詩集十九卷　(清)范當世撰　清光緒三十四年(1908)刻本　四冊

410000－2242－0001936　811.18/F158
樊山集二十四卷續集二十八卷　(清)樊增祥撰　清光緒十九年至二十八年(1893－1902)西安臬署刻本　三冊　存二十卷(樊山集九至十五,續集一至九、二十五至二十八)

410000－2242－0001937　811.18/F184
秋水集十六卷　(清)馮如京撰　清乾隆五年(1740)清暉堂刻本　五冊

410000－2242－0001938　811.18/F186/1
稻花齋詩鈔八卷　(清)方于穀撰　清嘉慶二十二年(1817)刻本　四冊

410000－2242－0001939　811.18/F329
懷舊集二卷　(清)馮舒撰　清光緒三年(1877)刻本　一冊

410000－2242－0001940　811.18/F539
傅徵君霜紅龕詩鈔不分卷　(清)傅山撰　清乾隆三十二年(1767)止軒刻本　二冊

410000－2242－0001941　S811.18/H185
有懷堂詩稿六卷　(清)韓菼撰　清康熙四十二年(1703)刻本　一冊

410000－2242－0001942　811.18/H361/1
越巢詩集二卷　(清)何鞏道撰　(清)何其英編　清嘉慶二十四年(1819)翁陔園刻本　二冊

410000－2242－0001943　811.18/H361/2
通隱堂詩初集四卷　(清)何承道撰　清光緒二十四年(1898)瀘陽客舍刻本　一冊

410000－2242－0001944　811.18/H372
南塘漁父詩抄二卷　(清)何栻撰　(清)何其英編　**濤村詩草一卷**　(清)何宇撰　(清)何綱　(清)何百揆編　**花村詩草一卷**　(清)何暉山撰　清嘉慶二十四年(1819)翁陔園刻本　二冊

410000－2242－0001945　811.18/H375
寄漚詩存二卷　(清)何延慶撰　**挹翠樓詩存二卷**　(清)朱紹頤撰　清刻本　一冊

410000－2242－0001946　811.18/H461/2
四憶堂詩集六卷遺稿一卷　(清)侯方域撰　(清)賈開宗等選注　清刻本　一冊

410000－2242－0001947　811.18/H461/3
四憶堂詩集六卷遺稿一卷　(清)侯方域撰　(清)賈開宗等選注　清刻本　二冊

410000－2242－0001948　811.18/H494
尊聞堂古今體詩十六卷　(清)胡兆春撰　清同治刻本　五冊　存十四卷(三至十六)

410000－2242－0001949　811.18/H496
退補齋詩存十六卷首一卷　(清)胡鳳丹撰　清同治十二年(1873)胡氏退補齋刻本　四冊

410000－2242－0001950　811.18/H652
讀白華草堂詩集初集九卷二集十二卷苜蓿集八卷　(清)黄釗撰　清道光刻本　八冊

410000－2242－0001951　811.18/H653/2

鐵石齋記事不分卷　（清）黃璟撰　清末石印
本　一冊

410000－2242－0001952　811.18/H654/1

四百三十二峰草堂詩九種　（清）黃璟撰　清
光緒刻本　八冊

410000－2242－0001953　811.18/H654/2

兩當軒詩鈔十四卷悔存詞鈔二卷　（清）黃景仁
撰　清道光十五年(1835)書帶草堂刻本　四冊

410000－2242－0001954　811.18/H654/3

兩當軒集二十二卷考異二卷附錄四卷　（清）
黃景仁撰　清宣統二年(1910)掃葉山房石印
本　六冊

410000－2242－0001955　811.18/H656/1

鶴窠村人初稿一卷　（清）黃協塤撰　清光緒
三十四年(1908)國光書局鉛印本　一冊

410000－2242－0001956　811.18/H664/1

山谷詩集注內集二十卷外集十七卷別集二卷
外集補四卷別集補一卷年譜十四卷　（宋）黃
庭堅撰　（清）任淵等注　清乾隆五十四年
(1789)樹經堂刻本　二十冊

410000－2242－0001957　811.18/H664/2

山谷詩集注內集二十卷外集十七卷別集二卷
　（宋）黃庭堅撰　（清）任淵注　清光緒二十
一年(1895)著易堂書局刻本　二十冊

410000－2242－0001958　S811.18/H665

僊屏書屋初集詩錄十六卷後錄二卷　（清）黃
爵滋撰　清道光二十六年(1846)涇縣翟西園
活字本　五冊　存四卷(九至十二)

410000－2242－0001959　811.18/H665/3

日本雜事詩二卷　（清）黃遵憲撰　清光緒二
十四年(1898)富文堂刻本　二冊

410000－2242－0001960　811.18/H.227

紅杏山房詩存四卷附紅杏山房試帖詩草一卷
　（清）項兆麟撰　清光緒元年(1875)六安求
我齋刻本　一冊

410000－2242－0001961　811.18/H.465

自怡軒詩十二卷續集二卷和陶詩一卷和阮詩

一卷　（清）許寶善撰　清乾隆五十四年
(1789)刻本　三冊

410000－2242－0001962　811.18/K266

載酒堂詩鈔二卷　（清）高念東撰　（清）宋漫
堂輯　清刻本　一冊

410000－2242－0001963　811.18/K564

響泉集三十卷　（清）顧光旭撰　清乾隆刻本
　六冊

410000－2242－0001964　S811.18/K565

敬一堂詩鈔十六卷　（清）顧八代撰　（清）鄂
爾泰輯　清乾隆十五年(1750)刻本　四冊

410000－2242－0001965　811.18/K782/2

靈芬館詩集初集四卷二集十卷三集四卷四集
十二卷　（清）郭麐撰　清嘉慶道光間刻本
六冊

410000－2242－0001966　811.18/K786/1

養知書屋詩集十五卷　（清）郭嵩燾撰　清光
緒十八年(1892)刻本　四冊

410000－2242－0001967　811.18/K786/2

聊復集三卷　（清）郭綬之撰　（清）柯蘅選
清同治六年(1867)刻本　一冊

410000－2242－0001968　811.18/K.323

春雨堂詩選不分卷　（清）柯蘅撰　（清）郭綬
之選　清同治二年(1863)刻本　一冊

410000－2242－0001969　811.18/L231

綠雲山房詩草二卷首一卷終一卷　（清）勞蓉
君撰　清光緒四年(1878)刻本　二冊

410000－2242－0001970　S811.18/L324/1

香草居集七卷　（清）李符撰　清乾隆刻本
二冊

410000－2242－0001971　811.18/L325

顥顏室詩稿四卷　（清）李瀚昌撰　清宣統元
年(1909)石印本　二冊

410000－2242－0001972　811.18/L331

秋錦山房集十卷　（清）李良年撰　清康熙三
十五年(1696)刻本　二冊　存五卷(一至二、
八至十)

410000－2242－0001973　811.18/L337

天瘦閣詩鈔四卷　（清）李寶翰撰　清光緒十四年(1888)刻本　二冊

410000－2242－0001974　811.18/L341/1

十六契齋詩鈔四卷　（清）李少白撰　清光緒二十六年(1900)刻本　四冊

410000－2242－0001975　811.18/L341/2

天補樓行記一卷　（清）李士棻撰　清光緒十一年(1885)活字本　一冊

410000－2242－0001976　811.18/L341/3

晉史詠二卷　（清）李澍棻撰　清宣統三年(1911)既翕堂刻本　二冊

410000－2242－0001977　811.18/L343/2

鴻楠齋初刻詩集二卷　（清）李圖撰　清道光七年(1827)刻本　一冊

410000－2242－0001978　811.18/L344A

武定詩續鈔二十四卷　（清）李佐賢編輯　清同治六年(1867)李氏刻本　八冊

410000－2242－0001979　811.18/L344

武定詩續鈔二十四卷　（清）李佐賢編輯　清同治六年(1867)李氏刻本　八冊

410000－2242－0001980　811.18/L347/2

味薏居詩二卷　（清）李嶽生撰　清光緒三十一年(1905)魏氏石印本　一冊

410000－2242－0001981　811.18/L355

樊榭山房集十卷續集十卷文集八卷集外詩三卷集外詞四卷　（清）厲鶚撰　清光緒十年(1884)刻本　九冊

410000－2242－0001982　S811.18/L428

怡情集二卷　（清）梁御撰　清乾隆三十六年(1771)刻本　一冊　存一卷(一)

410000－2242－0001983　811.18/L656

師竹軒詩集四卷　（清）劉樹堂撰　清光緒十五年(1889)浙江官書局刻本　一冊

410000－2242－0001984　811.18/L657

七頌堂文一卷七頌堂尺牘一卷　（清）劉體仁撰　清同治七年(1868)刻本　一冊

410000－2242－0001985　811.18/L715

嶺南集六卷　（清）程含章撰　清道光元年(1821)刻本　一冊　存二卷(一至二)

410000－2242－0001986　811.18/L716

香葉草堂詩存不分卷　（清）羅聘撰　清道光十四年(1834)刻本　一冊

410000－2242－0001987　811.18/L946

呂晚村東莊詩存七卷　（清）呂留良撰　清宣統三年(1911)神州國光社鉛印本　一冊

410000－2242－0001988　811.18/M123

集聖教序四卷　（清）馬慧裕撰　清嘉慶刻本　四冊

410000－2242－0001989　811.18/M123/1

集聖教序詩四卷續集四卷　（清）馬慧裕撰　清嘉慶貽穀堂刻本　八冊

410000－2242－0001990　811.18/M123/2

河干詩鈔四卷　（清）馬慧裕撰　清嘉慶貽穀堂刻本　二冊

410000－2242－0001991　811.18/M247

廉園詩鈔八卷　（清）毛國翰撰　清道光刻本　二冊

410000－2242－0001992　811.18/M364

贈雲山館遺詩三卷附紅藕花榭詩餘一卷　（清）孟傳璿撰　清道光二十四年(1844)刻本　二冊

410000－2242－0001993　811.18/M615

邵亭遺詩八卷　（清）莫友芝撰　清光緒元年(1875)刻本　四冊

410000－2242－0001994　811.18/N.311

寄園爐餘集不分卷　（清）牛頤志撰　（清）李西堂編　清光緒十八年(1892)刻本　一冊

410000－2242－0001995　811.18/P247

桐華舸詩續鈔八卷　（清）鮑瑞駿撰　清光緒二年(1876)刻本　四冊

410000－2242－0001996　811.18/P275

曠廬詩集二十卷　（清）白永修撰　清光緒二十九年(1903)膠東逸園刻本　四冊

410000－2242－0001997　814.5/T.254

藏海居士集二卷　（宋）吳可撰　清咸豐四年(1854)宜秋館刻本　一冊

410000－2242－0001998　811.18/P659/1

靜涵書屋詩存四卷　（清）王蘭廣撰　清同治刻本　一冊　存二卷(三至四)

410000－2242－0001999　811.18/P.352/1

小謨觴館全集詩集八卷續集二卷詩餘附錄一卷續集詩餘附錄一卷文集四卷續二卷　（清）彭兆蓀撰　（清）孫元培　（清）孫長熙輯注　清光緒二十年(1894)觀自得齋刻本　十冊

410000－2242－0002000　811.18/P.352/2

小謨觴館全集詩集八卷續集二卷詩餘附錄一卷文集四卷續二卷　（清）彭兆蓀撰　清嘉慶十一年(1806)刻本　四冊

410000－2242－0002001　811.18/P.352/3

雪鴻堂詩集二卷　（清）彭嘉寅撰　清同治十年(1871)刻本　二冊

410000－2242－0002002　811.18/P.354/1

松風閣詩鈔二十六卷　（清）彭蘊章撰　清同治刻本　八冊

410000－2242－0002003　811.18/P.354/2

秋士先生遺集六卷　（清）彭績撰　清乾隆五十四年(1789)彭氏刻本　一冊

410000－2242－0002004　811.18/S467

樹經堂詠史詩八卷　（清）謝啟昆撰　清道光五年(1825)刻本　八冊

410000－2242－0002005　S811.18/S663

綿津山人詩集二十九卷楓香詞一卷漫堂說詩一卷　（清）宋犖撰　清康熙二十七年(1688)刻本　三冊　存三十二卷(八至二十九、楓香詞一卷、漫堂說詩一卷,補入一冊:十七至二十四)

410000－2242－0002006　811.18/S663/1

回中集一卷附聯句詩一卷　（清）宋犖撰　（清）王士禎批點　清康熙刻本　一冊

410000－2242－0002007　811.18/S663/2

綿津山人詩集二十七卷　（清）宋犖撰　清康熙二十七年(1688)刻本　四冊

410000－2242－0002008　811.18/S668

綏服紀略詩不分卷　（清）松筠撰　清道光元年(1821)刻本　一冊

410000－2242－0002009　811.18/S837/1

擔峰詩四卷　（清）孫淫撰　清康熙刻本　四冊

410000－2242－0002010　811.18/S837/2

游黃山詩一卷　（清）孫淫撰　清刻本　一冊

410000－2242－0002011　811.18/S838/1

得閒人集二卷　（清）孫望雅撰　清順治刻本　二冊

410000－2242－0002012　811.18/S838/3

南唐雜事詩不分卷　（清）孫榕撰　清光緒二十二年(1896)鉛印本　一冊

410000－2242－0002013　811.18/S898

含清堂詩存十卷　（清）徐光第撰　清同治三年(1864)汴城刻本　四冊

410000－2242－0002014　811.18/S914/1A

寸草軒詩存四卷　（清）徐盛持撰　清光緒十九年(1893)東河督署刻本　二冊

410000－2242－0002015　811.18/S914/1

寸草軒詩存四卷　（清）徐盛持撰　清光緒十九年(1893)東河督署刻本　二冊

410000－2242－0002016　811.18/S914/2

煙嶼樓詩集十八卷　（清）徐時棟撰　游杭合集一卷　（清）徐元第　（清）徐時棟撰　清同治六年(1867)虎胛山房葉氏刻本　四冊

410000－2242－0002017　811.18/S.156

施愚山先生學餘詩集五十卷　（清）施閏章撰　清康熙四十七年(1708)曹氏棟亭刻本　六冊

410000－2242－0002018　811.18/S.429/1

吉林紀事詩四卷首一卷末一卷　（清）沈兆禔撰並注　清宣統三年(1911)金陵聚珍書局鉛印本　二冊

410000－2242－0002019　811.18/S.566/1A

鉼水齋詩集十七卷別集二卷詩話一卷　（清）
舒位撰　清嘉慶二十一年(1816)刻光緒十二
年(1886)刻本　八冊

410000－2242－0002020　811.18/S.566/1

鉼水齋詩集十七卷別集二卷詩話一卷　（清）
舒位撰　清嘉慶二十一年(1816)刻光緒十二
年(1886)刻本　八冊

410000－2242－0002021　811.18/S.566/2A

綠猗軒詩鈔二卷文鈔二卷駢體文鈔一卷
（清）舒燾撰　清同治四年(1865)刻本　二冊

410000－2242－0002022　811.18/S.566/2

綠猗軒詩鈔二卷文鈔二卷駢體文鈔一卷
（清）舒燾撰　清同治四年(1865)刻本　二冊

410000－2242－0002023　811.18/T.222

修竹吾廬詩鈔不分卷　（清）唐堯卿撰　清光
緒刻本　一冊

410000－2242－0002024　811.18/T.226/1

金源紀事詩八卷　（清）湯運泰撰　清同治十
二年(1873)淮南書局刻本　四冊

410000－2242－0002025　811.18/T.614

是程堂初集四卷　（清）屠倬撰　清嘉慶刻本
　一冊

410000－2242－0002026　811.18/V124

蟬雪吟三卷　（清）自修居士撰　清光緒刻本
　一冊

410000－2242－0002027　811.18/V442/1

春暉閣詩鈔選六卷　（清）蔣湘南撰　清同治
八年(1869)刻本　二冊

410000－2242－0002028　811.18/V442/2

春暉閣詩鈔選六卷　（清）蔣湘南撰　清同治
八年(1869)刻本　二冊

410000－2242－0002029　811.1088/C317/1B

弘正四傑詩集七十卷　（清）張雨珊輯　清光
緒二十一年(1895)張氏湘雨樓刻本　十六冊

410000－2242－0002030　811.18/V443

嘯古堂詩集八卷　（清）蔣敦復撰　清宣統三

年(1911)廣益書局石印本　二冊

410000－2242－0002031　S811.18/V721

躬恥齋詩鈔十四卷首一卷　（清）宗稷辰撰
清末九曲山房刻本　七冊

410000－2242－0002032　811.18/V.186/1

六半樓詩鈔四卷　（清）蔡鵬飛撰　清光緒十
年(1884)蕭隆盛刻本　一冊

410000－2242－0002033　811.18/V.187A

夢綠草堂詩鈔十二卷首一卷末一卷附錄一卷
　（清）蔡壽祺撰　清咸豐七年(1857)刻本
六冊

410000－2242－0002034　811.18/V.187

夢綠草堂詩鈔十二卷首一卷末一卷附錄一卷
　（清）蔡壽祺撰　清咸豐七年(1857)刻本
六冊

410000－2242－0002035　S811.18/V.478A

牧齋有學集詩注十四卷　（清）錢謙益撰
（清）錢曾箋注　清雍正玉詔堂刻本　十二冊

410000－2242－0002036　S811.18/V.478

牧齋初學集詩注二十卷　（清）錢謙益撰
（清）錢曾箋注　清雍正玉詔堂刻本　十四冊

410000－2242－0002037　811.18/V.481

存素堂詩稿十四卷　（清）錢寶琛撰　清光緒
十年(1884)刻本　二冊

410000－2242－0002038　811.18/V.482

潛研堂詩集十卷續集十卷　（清）錢大昕撰
清嘉慶刻本　六冊

410000－2242－0002039　S811.18/V.773

拙圃詩草二卷　（清）崔應階撰　清雍正刻本
　二冊

410000－2242－0002040　S811.18/W177

紅崖草堂詩集十二卷　（清）萬邦榮撰　清乾
隆六年(1741)刻本　四冊

410000－2242－0002041　811.18/W222

龍壁山房詩草十七卷　（清）王拯撰　清咸豐
九年(1859)至同治刻本　三冊

410000－2242－0002042　811.18/W243

釣琴軒詩鈔四卷　（清）王鐔撰　清光緒十七年(1891)刻本　一冊

410000－2242－0002043　811.18/W244/1A

漁洋山人精華錄訓纂十卷補十卷金氏精華錄箋注辨訛一卷漁洋山人自撰年譜二卷目錄二卷　（清）王士禎　（清）惠棟撰　清光緒十七年(1891)徐氏述史樓刻本　十四冊

410000－2242－0002044　811.18/W244/1B

漁洋山人精華錄訓纂十卷補十卷金氏精華錄箋注辨訛一卷漁洋山人自撰年譜二卷目錄二卷　（清）王士禎　（清）惠棟撰　清光緒十七年(1891)徐氏述史樓刻本　二十四冊

410000－2242－0002045　811.18/W244/5

漁洋山人精華錄十卷　（清）王士禎撰　（清）林佶編　清康熙三十九年(1700)林佶寫刻本　六冊

410000－2242－0002046　S811.18/W244/7

漁洋山人精華錄箋注十二卷補注一卷附年譜一卷　（清）王士禎撰　（清）金榮箋註　清乾隆二年(1737)金氏鳳翻堂刻本　十二冊

410000－2242－0002047　S811.18/W244/8

漁洋山人詩集二十二卷續集十六卷　（清）王士禎撰　清康熙二十三年(1684)刻本　八冊

410000－2242－0002048　811.18/W247

守硯齋試帖初集四卷　（清）王祖光撰　清光緒二十四年(1898)刻本　四冊

410000－2242－0002049　811.18/W248

讀選樓詩稿十卷　（清）王采蘋撰　清光緒二十年(1894)刻本　二冊

410000－2242－0002050　811.18/W256/1

自然好學齋詩鈔十卷　（清）汪端撰　清同治十三年(1874)刻本　二冊

410000－2242－0002051　811.18/W256/2

秋影樓詩集九卷　（清）汪繹撰　清光緒二十三年(1897)鐵琴銅劍樓瞿氏刻本　二冊

410000－2242－0002052　S811.18/W324

思園遺稿不分卷　（清）衛台擢撰　清乾隆稿本　二冊

410000－2242－0002053　811.18/W428/2

瓶廬詩鈔六卷　（清）翁同龢撰　清光緒開文印刷所刻本　二冊

410000－2242－0002054　811.18/W468

蘭山課業松厓詩錄二卷　（清）吳鎮撰　（清）楊芳燦選　清乾隆五十七年(1792)刻本　二冊

410000－2242－0002055　811.18/W478

吳摯甫詩集不分卷　（清）吳汝綸撰　清宣統二年(1910)國學扶輪社石印本　一冊

410000－2242－0002056　811.18/W491

香蘇山館古體詩集十四卷　（清）吳嵩梁撰　清道光二十三年(1843)刻本　二冊　存九卷(一至九)

410000－2242－0002057　S811.18/W497

蓮洋集十二卷補遺一卷附錄一卷　（清）吳雯撰　清乾隆十七年(1752)夢崔草堂刻本　七冊

410000－2242－0002058　811.18/W497/2

吳徵君蓮洋詩鈔不分卷　（清）吳雯撰　清乾隆三十二年(1767)刻本　四冊

410000－2242－0002059　811.18/W497/3

吳詩集覽二十卷附談藪一卷　（清）吳偉業撰　（清）靳榮藩輯　清乾隆四十年(1775)凌雲亭刻本　九冊　存八卷(十一至十八)

410000－2242－0002060　811.18/W497/7A

梅村詩集箋注十八卷附吳梅村詞一卷　（清）吳偉業　（清）吳翌鳳撰　清嘉慶十九年(1814)滄浪吟榭刻本　十三冊

410000－2242－0002061　811.18/W497/7B

梅村詩集箋注十八卷　（清）吳偉業　（清）吳翌鳳撰　清嘉慶十九年(1814)滄浪吟榭刻本　十二冊

410000－2242－0002062　811.18/W497/7C

梅村詩集箋注十八卷　（清）吳偉業　（清）吳

翌鳳撰　清嘉慶十九年(1814)滄浪吟榭刻本
　十二冊

410000－2242－0002063　811.18/W497/6
梅村詩集箋注十八卷　(清)吳偉業　(清)吳
翌鳳撰　清光緒十年(1884)湖北官書處刻本
　十二冊

410000－2242－0002064　811.18/W497/7D
梅村詩集箋注十八卷　(清)吳偉業　(清)吳
翌鳳撰　清嘉慶十九年(1814)滄浪吟榭刻本
　六冊

410000－2242－0002065　811.18/W497/7E
梅村詩集箋注十八卷　(清)吳偉業　(清)吳
翌鳳撰　清嘉慶十九年(1814)滄浪吟榭刻本
　八冊

410000－2242－0002066　811.18/W513
授堂詩鈔八卷　(清)武億撰　清道光二十三
年(1843)刻本　二冊

410000－2242－0002067　811.18/Y195
春星閣詩鈔十五卷　(清)楊季鸞撰　清道光
刻本　二冊

410000－2242－0002068　811.18/Y232/1
不易居詩鈔四卷　(清)楊瑛昶撰　清乾隆刻
本　一冊　存二卷(三至四)

410000－2242－0002069　811.18/Y319
漁洋山人精華錄會心偶筆六卷　(清)伊應鼎
編述　清乾隆二十四年(1759)刻本　四冊

410000－2242－0002070　811.18/Y329
琴臺夢語一卷錦里詩錄一卷峨眉詩錄一卷青
城詩錄一卷林屋詩錄一卷　(清)易順鼎撰
清光緒十三年(1887)刻本　一冊

410000－2242－0002071　811.18/Y398/2A
藏書紀事詩七卷　葉昌熾撰　清光緒二十三
年(1897)長沙學使署刻本　六冊

410000－2242－0002072　811.18/Y398/2B
藏書紀事詩七卷　葉昌熾撰　清光緒二十三
年(1897)長沙學使署刻本　十二冊

410000－2242－0002073　811.18/Y398/2C

藏書紀事詩七卷　葉昌熾撰　清光緒二十三
年(1897)長沙學使署刻本　十二冊

410000－2242－0002074　811.18/Y433
庚子都門紀事詩六卷首一卷　(清)延清撰
清光緒二十八年(1902)鉛印本　二冊

410000－2242－0002075　811.18/Y433/1
六硯草堂詩集四卷　(清)延君壽撰　清道光
六年(1826)刻本　四冊

410000－2242－0002076　811.18/Y615
擬明史樂府一卷外國竹枝詞一卷　(清)尤侗
撰　清刻本　一冊

410000－2242－0002077　811.18/Y676
靜宜吟館詩集不分卷　(清)于修儒撰　清嘉
慶十七年(1812)刻本　一冊

410000－2242－0002078　811.18/Y723
燕石詩鈔二卷　(清)虞書撰　清宣統三年
(1911)重印嘉慶刻本　一冊

410000－2242－0002079　811.18/Y818/1
小倉山房詩集三十七卷補遺二卷　(清)袁枚
撰　清光緒十八年(1892)著易堂石印本
六冊

410000－2242－0002080　811.18/Y819
文誠公詩稿拾遺一卷　(清)袁保恆撰　清宣
統三年(1911)清芬閣鉛印本　一冊

410000－2242－0002081　811.191/C.397
石遺室詩集十卷補遺一卷朱絲詞二卷詩續集
二卷鍾嶸詩品平義三卷　陳衍撰　清光緒三
十一年(1905)刻本　六冊

410000－2242－0002082　811.191/W471
缶廬詩四卷缶廬別存一卷　吳昌碩撰　清光
緒十九年(1893)刻本　一冊

410000－2242－0002083　811.304/S898A
詞苑叢談十二卷　(清)徐釚撰　清康熙刻本
　十冊

410000－2242－0002084　811.304/S898
詞苑叢談十二卷　(清)徐釚撰　清康熙刻本
　八冊

410000－2242－0002085　S811.307/C176/3
詞學全書十六卷附錄一卷　(清)查繼超輯
清康熙十八年(1679)刻本　八冊

410000－2242－0002086　811.307/S467/1
白香詞譜箋四卷　(清)舒夢蘭輯　(清)謝朝
徵箋　清光緒十一年(1885)刻本　二冊

410000－2242－0002087　S811.307/W177A
詞律二十卷　(清)萬樹撰　清康熙二十六年
(1687)刻本　九冊　存十五卷(一至三、八至
十九)

410000－2242－0002088　811.307/W177/2
詞律二十卷　(清)萬樹撰　**詞律拾遺八卷**
(清)徐本立編　**詞律補遺一卷**　(清)杜文瀾
編　清光緒二年(1876)刻本　十六冊

410000－2242－0002089　811.308/C285
詞選二卷茗柯詞一卷　(清)張惠言錄　**立山
詞一卷**　(清)張琦撰　清道光十年(1830)官
書處刻本　一冊

410000－2242－0002090　811.308/C285B
詞選二卷茗柯詞一卷　(清)張惠言錄　**立山
詞一卷**　(清)張琦撰　**續詞選二卷附錄一卷**
(清)董毅錄　清道光十年(1830)官書處刻
本　二冊

410000－2242－0002091　811.308/C285C
詞選二卷茗柯詞一卷　(清)張惠言錄　**立山
詞一卷**　(清)張琦撰　**續詞選二卷附錄一卷**
(清)董毅錄　清道光十年(1830)官書處刻
本　二冊

410000－2242－0002092　811.308/C377/2
花間集十卷　(後蜀)趙崇祚集　清光緒十四
年(1888)徐氏刻本　二冊

410000－2242－0002093　811.308/C771/3
歷朝詞綜三種　(清)朱彝尊　(清)王昶編
清光緒二十八年(1902)浦氏刻本　二十四冊

410000－2242－0002094　811.308/C771/4
詞綜三十六卷　(清)朱彝尊抄撮　(清)汪森
增定　(清)柯崇樸編次　(清)周箕辨譌　清

410000－2242－0002094（承上）康熙十七年(1678)裘杼樓刻乾隆九年(1744)
補刻本　八冊

410000－2242－0002095　811.308/C771/1
詞綜三十八卷　(清)朱彝尊編　清嘉慶七年
(1802)刻本　五冊

410000－2242－0002096　811.308/D266
宋元名家詞十五種　(清)江標編　清光緒二
十一年(1895)思賢書局刻本　六冊

410000－2242－0002097　S811.308/K566/1
**草堂詩餘正集六卷續集二卷新集五卷別集四
卷**　(明)顧從敬輯　(明)沈際飛評　明末童
湧泉刻本　十六冊

410000－2242－0002098　S811.308/K566/2
類編草堂詩餘四卷　(明)顧從敬編次　明刻
本　四冊

410000－2242－0002099　811.308/M579/1
雲自在龕彙刻名家詞十六種　繆荃孫編　清
光緒繆氏刻本　四冊

410000－2242－0002100　811.308/S911/1A
小檀欒室彙刻閨秀詞十集　徐乃昌編　清光
緒二十二年(1896)徐氏刻本　十六冊　存八
集八十種(一至八)

410000－2242－0002101　811.308/S911/1
小檀欒室彙刻閨秀詞十集　徐乃昌編　清光
緒二十二年(1896)徐氏刻本　十二冊　存六
集六十種(一至六)

410000－2242－0002102　811.308/S.433/2
古今詞選十二卷　(清)沈時棟選　清康熙五
十五年(1716)至山堂刻本　四冊

410000－2242－0002103　811.308/T483/1
西泠詞萃六種　(清)丁丙輯　清光緒十一年
至十三年(1885－1887)丁氏刻本　四冊

410000－2242－0002104　811.308/V.525/1A
詞學叢書六種　(清)秦恩復編　清嘉慶道光
秦氏享帚精舍刻本　十四冊

410000－2242－0002105　811.308/V.525/1B
詞學叢書六種　(清)秦恩復編　清嘉慶道光

秦氏享帚精舍刻本　十二冊

410000－2242－0002106　811.308/W242/1
四印齋彙刻宋元三十一家詞三十一種　（清）
王鵬運編　清光緒十九年（1893）四印齋刻本
四冊

410000－2242－0002107　S814.8/W24
帶經堂全集九十二卷　（清）王士禎撰　清康
熙五十年（1711）七略書堂刻本　三十六冊

410000－2242－0002108　811.3085/F329
宋六十一家詞選十二卷　（清）馮煦編　清光
緒十三年（1887）冶城山館刻本　四冊

410000－2242－0002109　811.3085/M248/2A
宋六十名家詞六十一種　（明）毛晉輯　清光
緒十四年（1888）汪氏刻本　二十二冊　缺
二種

410000－2242－0002110　811.3085/M248/2B
宋六十名家詞六十一種　（明）毛晉輯　清光
緒十四年（1888）汪氏刻本　二十四冊

410000－2242－0002111　811.3085/M248/2C
宋六十名家詞六十一種　（明）毛晉輯　清光
緒十四年（1888）汪氏刻本　二十四冊

410000－2242－0002112　811.3085/S532
稼軒集鈔存四卷首一卷末一卷稼軒詞四卷補
遺一卷　（宋）辛棄疾撰　（清）辛啟泰編　清
嘉慶十六年（1811）刻本　六冊

410000－2242－0002113　811.3085/W242/1A
四印齋所刻詞二十種　（清）王鵬運編　清光
緒十四至十八年（1888－1892）王氏家塾刻本
四冊　存三種

410000－2242－0002114　811.3085/W242/1B
四印齋所刻詞二十種　（清）王鵬運編　清光
緒十四至十八年（1888－1892）王氏家塾刻本
十三冊

410000－2242－0002115　811.3085/W242/1C
四印齋所刻詞二十種　（清）王鵬運編　清光
緒十四至十八年（1888－1892）王氏家塾刻本
八冊　存十二種

410000－2242－0002116　811.3085/W242/1B
四印齋彙刻宋元三十一家詞三十一種　（清）
王鵬運編　清光緒十四至十八年（1888－
1892）王氏家塾刻本　四冊

410000－2242－0002117　814.8/K411
竹亭文略一卷　（清）耿迪吉撰　清同治七年
（1868）刻本　一冊

410000－2242－0002118　811.3088/F158/1
二家詞鈔二種五卷　樊增祥編　清光緒二十
八年（1902）刻本　二冊

410000－2242－0002119　811.3088/K479/1
浙西六家詞六種附一種　（清）陳維崧編　清
嘉慶九年（1804）刻本　六冊

410000－2242－0002120　811.3088/P.353/1
薇省同聲集四種　（清）彭鑾編　清光緒十六
年（1890）刻本　一冊

410000－2242－0002121　811.3088/T186
篋中詞六卷續四卷　（清）譚獻纂錄　清光緒
八年（1882）刻本　四冊

410000－2242－0002122　811.35/C682
宋四家詞選一卷　（清）周濟輯　清同治十二
年（1873）潘氏滂喜齋刻本　一冊

410000－2242－0002123　811.35/C767
東坡樂府三卷　（清）朱祖謀編　清宣統三年
（1911）刻本　二冊

410000－2242－0002124　811.35/L345
漱玉詞一卷　（宋）李清照撰　斷腸詞一卷
（宋）朱淑真撰　清光緒七年（1881）王氏四印
齋刻本　一冊

410000－2242－0002125　811.36/S.335
蟻術詞選四卷　（元）邵亨貞撰　清光緒十七
年（1891）刻本　二冊

410000－2242－0002126　811.38/C379
香銷酒醒詞一卷曲一卷　（清）趙慶熺撰　清
道光二十九年（1849）刻本　一冊

410000－2242－0002127　912/H497/1B
皇朝中外壹統輿圖中一卷南十卷北二十卷首

一卷　（清）胡林翼　（清）嚴樹森主持
（清）鄒世詒　（清）晏啟鎮編繪　清同治二年
(1863)刻本　三十二冊

410000－2242－0002128　811.38/C415

瘦鶴軒詞一卷　（清）趙彥俞撰　清同治十二
年(1873)刻本　一冊

410000－2242－0002129　811.38/C668/1

金梁夢月詞二卷附懷夢詞一卷　（清）周之琦
撰　清道光愛日軒陸貞一刻本　一冊

410000－2242－0002130　811.38/C668/2

鴻雪詞二卷　（清）周之琦撰　清道光刻本
一冊

410000－2242－0002131　811.38/C.396/1

迦陵詞全集三十卷　（清）陳維崧撰　清康熙
二十九年(1690)患立堂刻本　一冊　存七卷
（一至七）

410000－2242－0002132　811.38/F183

香研居詞麈五卷　（清）方成培撰　清光緒二
年(1876)刻本　二冊

410000－2242－0002133　S811.38/K563

彈指詞二卷　（清）顧貞觀撰　清道光海寧陳
氏活字本　二冊

410000－2242－0002134　811.38/L244

樗州詞二卷　（清）勒方琦撰　清光緒八年
(1882)刻本　一冊

410000－2242－0002135　811.38/S917

飲綠樓詩餘一卷　（清）徐燕謀撰　清同治十
二年(1873)傳吉堂刻本　一冊

410000－2242－0002136　811.38/V.276

樂府補亡不分卷　（清）曹元忠編　清光緒二
十七年(1901)刻本　一冊

410000－2242－0002137　811.38/W242

半塘丙丁戊稿三卷　（清）王鵬運撰　清光緒
刻本　二冊

410000－2242－0002138　811.38/W254

雨屋深鐙詞一卷續稿一卷三編一卷　（清）汪
兆鏞撰　清宣統三年(1911)鉛印本　一冊

410000－2242－0002139　811.5/C749/1

楚辭集注八卷　（宋）朱熹集注　清光緒三年
(1877)崇文書局刻本　二冊

410000－2242－0002140　811.5/D.435A

楚辭新集註八卷末一卷　（清）屈復撰　清乾
隆三年(1738)刻本　一冊　存一卷（一）

410000－2242－0002141　811.5/D.435B

楚辭新集註八卷末一卷　（清）屈復撰　清乾
隆三年(1738)刻本　四冊

410000－2242－0002142　811.5/K479

離騷箋二卷　（清）龔景瀚撰　清光緒元年
(1875)崇文書局刻本　一冊

410000－2242－0002143　811.5/L539A

楚辭燈四卷附楚懷襄二王在位事蹟考一卷
（清）林雲銘論述　清康熙三十六年(1697)刻
本　二冊

410000－2242－0002144　811.5/L539

楚辭燈四卷附楚懷襄二王在位事蹟考一卷
（清）林雲銘論述　清康熙三十六年(1697)刻
本　四冊

410000－2242－0002145　S811.5/L793

楚辭疏十九卷附錄一卷讀楚辭語一卷　（明）
陸時雍疏　（明）周拱辰注　明末緝柳齋刻本
三冊

410000－2242－0002146　S811.5/L793/1

楚辭十九卷附錄一卷讀楚辭語一卷　（明）陸
時雍撰　（明）周拱辰注　清康熙四十四年
(1705)刻本　八冊

410000－2242－0002147　811.5/V439A

山帶閣註楚辭六卷餘論二卷說韻一卷首一
卷　（清）蔣驥註　清雍正山帶閣刻本
六冊

410000－2242－0002148　811.5/V439B

山帶閣註楚辭六卷餘論二卷說韻一卷首一卷
（清）蔣驥註　清雍正山帶閣刻本　六冊

410000－2242－0002149　811.5/W227/1A

楚辭通釋十四卷末一卷　（清）王夫之撰　清

100

同治四年(1865)曾氏金陵節署刻本　二冊

410000－2242－0002150　811.5/W227/1B
楚辭通釋十四卷末一卷　（清）王夫之撰　清
同治四年(1865)曾氏金陵節署刻本　三冊

410000－2242－0002151　811.5/W227/1C
楚辭通釋十四卷末一卷　（清）王夫之撰　清
同治四年(1865)曾氏金陵節署刻本　五冊

410000－2242－0002152　S811.5/W251
楚辭章句十七卷附錄一卷　（漢）王逸撰
（明）馮紹祖校勘　明萬曆十四年(1586)武林
馮紹祖刻本　六冊

410000－2242－0002153　811.5/W251/1A
楚辭十七卷　（戰國）屈原撰　（漢）王逸章句
（宋）洪興祖補注　清同治十一年(1872)金
陵書局刻本　四冊

410000－2242－0002154　811.5/W251/1B
楚辭十七卷　（戰國）屈原撰　（漢）王逸章句
（宋）洪興祖補注　清同治十一年(1872)金
陵書局刻本　四冊

410000－2242－0002155　811.5/W251/1C
楚辭十七卷　（戰國）屈原撰　（漢）王逸章句
（宋）洪興祖補注　清同治十一年(1872)金
陵書局刻本　四冊

410000－2242－0002156　811.6/P.175
兩浙校士錄不分卷　（清）吳鍾駿輯　清刻本
一冊

410000－2242－0002157　811.6/W492
陶嘉書屋律賦不分卷　（清）吳式芬撰　清刻
本　一冊

410000－2242－0002158　811.604/C744
賦鈔札記六卷　（清）朱錦綬記　清刻本
一冊

410000－2242－0002159　811.604/Y685
賦學指南十卷二集六卷　（清）余丙照編輯
清咸豐八年(1858)尚德堂刻本　六冊

410000－2242－0002160　811.608/C285
七十家賦鈔六卷　（清）張惠言編　清道光元

年(1821)康氏刻本　四冊

410000－2242－0002161　811.608/C.397/1
御定歷代賦彙一百四十卷外集二十卷逸句二
卷補遺二十二卷目錄二卷　（清）陳元龍編
清康熙四十五年(1706)刻本　四十八冊

410000－2242－0002162　811.608/C.397/2
御定歷代賦彙一百四十卷外集二十卷逸句二
卷補遺二十二卷目錄二卷　（清）陳元龍編輯
清光緒十二年(1886)石印本　十六冊

410000－2242－0002163　811.608/K563
律賦必以集二卷　（清）顧蒓編選　清道光二
年(1822)刻本　二冊

410000－2242－0002164　811.608/L867
賦鈔箋略十五卷　（清）雷琳撰　（清）張杏濱
箋　清乾隆二十年(1755)刻本　二冊　存七
卷(五至八、十三至十五)

410000－2242－0002165　811.608/M122A
六朝唐賦讀本不分卷　（清）馬傳庚選注　清
同治十三年(1874)玉燕書巢馬氏刻本　二冊

410000－2242－0002166　811.608/M122B
六朝唐賦讀本不分卷　（清）馬傳庚選注　清
同治十三年(1874)玉燕書巢馬氏刻本　二冊

410000－2242－0002167　811.608/Y323
賦海大觀三十二卷　（清）沈祖燕編　清光緒
二十年(1894)石印本　十二冊　存十三卷
(三、五、八至十、十二、十六至十八、二十二、
二十五、三十一至三十二)

410000－2242－0002168　811.6088/C771
國朝律賦揀金錄初刻十二卷二刻十二卷
（清）朱一飛輯　清乾隆五十四年(1789)博古
堂刻本　二冊　存六卷(初刻十至十二、二刻
一至三)

410000－2242－0002169　811.6088/M643
夢華廬賦海三十卷　（清）夢華廬主人編　清
光緒十二年(1886)點石齋石印本　八冊

410000－2242－0002170　811.68/P247
覺生賦鈔一卷附試律鈔一卷　（清）鮑桂星撰

清刻本　一冊

410000－2242－0002171　811.08/C522

海紅華館詩鈔十卷詞鈔二卷　（清）鄭瑛撰
清道光十五年(1835)刻本　二冊

410000－2242－0002172　811.8/L675

玉磬山房詩十卷　（清）劉大觀撰　清嘉慶十
五年(1810)刻本　四冊

410000－2242－0002173　812.12/S666

祭皋陶一卷　（清）二鄉亭主人編　（清）隨緣
居士評　清康熙十一年(1672)刻本　一冊

410000－2242－0002174　812.1208/W175

綴白裘十二集四十八卷　（清）錢德蒼輯　清
道光三年(1823)刻本　六冊　存十二卷(十
集四卷、十一集四卷、十二集四卷)

410000－2242－0002175　812.2/H433

長生殿傳奇二卷　（清）洪昇填詞　（清）吳人
論文　清光緒十三年(1887)蜚英館石印本
二冊

410000－2242－0002176　S812.2/L347/1

笠翁十種曲二十卷　（清）李漁編次　清康熙
刻本　二十冊

410000－2242－0002177　S812.2/M248/2

六十種曲二十卷　（明）毛晉輯　明毛氏汲古
閣刻本　二十冊

410000－2242－0002178　812.2/M316

百寶箱二卷三十二齣　（清）梅窗主人撰　清
光緒二十年(1894)袖海山房石印本　二冊

410000－2242－0002179　812.2/S.429

伏虎韜二卷　（清）紅心詞客撰　清刻本
一冊

410000－2242－0002180　812.2/S.439

審音鑑古錄九種六十六折　（清）□□編　清
道光十四年(1834)王繼善刻本　十二冊

410000－2242－0002181　812.2/T.225/3

牡丹亭還魂記二卷　（明）湯顯祖編　清光緒
十二年(1886)積山書局石印本　二冊

410000－2242－0002182　S812.2/V.482

雅趣藏書不分卷　（清）錢書撰　清康熙四十
二年(1703)朱墨套印本　二冊

410000－2242－0002183　S812.2/W244

增補箋註繪像第六才子西廂釋解八卷　（元）
王實甫撰　（清）金聖嘆批　清康熙八年
(1669)刻本　四冊

410000－2242－0002184　812.2/W244/3

此宜閣增訂金批西廂四卷首一卷末一卷
(元)王實甫撰　（清）金聖嘆批　清刻本
六冊

410000－2242－0002185　812.2/Y224

單刀會一卷附義並尼山一卷　（清）楊詵編
清光緒刻本　一冊

410000－2242－0002186　812.2/Y411

納書楹西廂記全譜二卷附續西廂記譜一卷
(清)葉堂訂譜　（清）許寶善參訂　清乾隆六
十年(1795)刻本　四冊

410000－2242－0002187　812.26/K264

琴香堂繪像第七才子書琵琶記六卷　（元）高
明撰　清琴香室刻本　六冊

410000－2242－0002188　S812.27/Y798/1

雪韻堂批點燕子箋記二卷　（明）阮大鋮撰
清刻本　二冊

410000－2242－0002189　S812.28/C.368

紅樓夢傳奇八卷　（清）陳鍾麟撰　清道光刻
本　八冊

410000－2242－0002190　812.28/C.381/1

玉獅堂十種曲十五卷附悲鳳曲一卷　（清）陳
烺撰　清光緒十七年(1891)徐光鑾刻本　十
四冊

410000－2242－0002191　812.28/C.397

燕山外史八卷　（清）陳球撰　清嘉慶十六年
(1811)刻本　二冊

410000－2242－0002192　812.28/H433/3

長生殿傳奇二卷　（清）洪昇填詞　（清）吳人
論文　（清）徐麟樂句　清康熙五十四年

(1715)刻本　二冊

410000－2242－0002193　812.28/H.157

南陽樂傳奇二卷　（清）夏綸撰　（清）徐夢元評　清乾隆十四年(1749)世光堂刻本　二冊

410000－2242－0002194　812.28/H.663/1

倚晴樓七種曲七種　（清）黃燮清撰　清光緒三十三年(1907)海鹽開通新書局刻本　十冊

410000－2242－0002195　812.28/L513A

補天石傳奇八卷　（清）煉情子填詞　（清）吹鐵簫人正譜　清道光十年(1830)刻本　四冊

410000－2242－0002196　812.28/L513B

補天石傳奇八卷　（清）煉情子填詞　（清）吹鐵簫人正譜　清道光十年(1830)刻本　一冊存一卷(三)

410000－2242－0002197　812.28/S665

介山記二卷　（清）宋廷魁撰　清乾隆十五年(1750)刻本　四冊

410000－2242－0002198　812.28/Y615

黑白衛一卷　（清）尤侗撰　清康熙三年(1664)刻本　一冊

410000－2242－0002199　812.28/Y899/1

紫霞巾傳奇二卷　（清）榕西逸客編　（清）東村氏評閱　清嘉慶六年(1801)刻本　二冊

410000－2242－0002200　812.28/Y899/2

花月痕傳奇二卷　（清）榕西逸客編　（清）東村氏評閱　清道光七年(1827)刻本　二冊

410000－2242－0002201　812.7/H.525

萬松老人評唱天童覺和尚頌古從容庵錄三卷　（元）釋離知錄　清順治七年(1650)刻本　一冊　存一卷(二)

410000－2242－0002202　812.07/W243/1

遏雲閣曲譜初集不分卷　（清）王錫純輯（清）李秀雲拍正　清末上海著易堂鉛印本　九冊

410000－2242－0002203　812.07/W523

鞠臺集秀錄一卷　（清）□□撰　清刻本　一冊

410000－2242－0002204　812.07/Y411/1

納書楹邯鄲記全譜二卷　（清）葉堂訂譜　清乾隆五十七年(1792)納書楹刻本　二冊

410000－2242－0002205　812.07/Y411/2

納書楹曲譜正集四卷續集四卷外集二卷補遺四卷牡丹亭譜二卷紫釵記譜二卷邯鄲記譜二卷南柯記譜二卷　（清）葉堂訂譜　清乾隆五十七年(1792)刻本　二十二冊

410000－2242－0002206　812.07/Y411/3

納書楹曲譜正集四卷續集四卷外集二卷補遺四卷牡丹亭譜二卷紫釵記譜二卷邯鄲記譜二卷南柯記譜二卷　（清）葉堂訂譜　清道光二十八年(1848)刻本　二十二冊

410000－2242－0002207　812.71/C299

明紀彈詞註二卷　（清）張三異撰　（清）張仲璜註　清道光十二年(1832)楊氏刻本　二冊

410000－2242－0002208　812.71/D.398

繪圖筆生花十六卷三十二回　（清）邱心如撰　清光緒二十五年(1899)上海書局石印本　十六冊

410000－2242－0002209　812.71/Y225/1

廿一史彈詞註十一卷首一卷　（明）楊慎編撰　（清）張三異增定　（清）張仲璜註　清光緒十四年(1888)小積書岩活字本　八冊

410000－2242－0002210　812.71/Y225/2A

廿一史彈詞註十一卷　（明）楊慎編撰　（清）張三異增定　（清）張仲璜註　清乾隆五十一年(1786)視履堂刻本　十冊

410000－2242－0002211　812.71/Y225/2B

廿一史彈詞註十一卷　（明）楊慎編撰　（清）張三異增定　（清）張仲璜註　清乾隆五十一年(1786)視履堂刻本　十二冊

410000－2242－0002212　812.71/Y225/2C

廿一史彈詞註十一卷　（明）楊慎編撰　（清）張三異增定　（清）張仲璜註　清乾隆五十一年(1786)視履堂刻本　十二冊

410000－2242－0002213　812.71/Y225/2D

廿一史彈詞註十一卷　（明）楊慎編撰　（清）張三異增定　（清）張仲璜註　清乾隆五十一年(1786)視履堂刻本　十一冊

410000－2242－0002214　812.71/Y225/2E
廿一史彈詞註十一卷　（明）楊慎編撰　（清）張三異增定　（清）張仲璜註　清乾隆五十一年(1786)視履堂刻本　十二冊

410000－2242－0002215　812.71/Y225/2F
廿一史彈詞註十一卷　（明）楊慎編撰　（清）張三異增定　（清）張仲璜註　清乾隆五十一年(1786)視履堂刻本　十冊

410000－2242－0002216　812.71/Y323/1
新刻玉釧緣全傳三十二卷　（□）□□撰　清道光二十二年(1842)京邸靜觀齋刻本　六十四冊

410000－2242－0002217　812.71/Y323/2
繪圖安邦誌八卷附繪圖定國志八卷　（□）□□撰　清宣統二年(1910)章福記書局石印本　十六冊

410000－2242－0002218　812.71/Y323/3
繡像全圖再生緣全傳二十卷　（清）陳端生撰　清光緒三十一年(1905)永記書莊石印本　十八冊

410000－2242－0002219　812.72/D398
錦上花四十八回　（□）□□撰　清道光六年(1826)文茂堂刻本　十一冊

410000－2242－0002220　S812.74/S659
宋志十卷　（清）華氏改輯　清抄本　十冊

410000－2242－0002221　813.1/C285
博物志十卷　（晉）張華撰　清光緒元年(1875)崇文書局刻本　一冊

410000－2242－0002222　813.1/C298
妙香室叢話十四卷　（清）張培仁編輯　清光緒申報館鉛印本　二冊　存六卷(一至六)

410000－2242－0002223　813.1/F185
夢園叢說內篇八卷外篇八卷　（清）方濬頤撰　清同治十三年(1874)刻本　四冊

410000－2242－0002224　813.1/K279
御覽闕史二卷　（唐）高彥休撰　清光緒三年(1877)湖北崇文書局刻本　一冊

410000－2242－0002225　813.1/K566/1
顧氏明朝四十家小說四十種　（明）顧元慶編　清宣統三年(1911)國學扶輪社鉛印本　八冊

410000－2242－0002226　813.1/T155
藤陰雜記十二卷　（清）戴珞撰　清光緒三年(1877)刻本　一冊　存六卷(七至十二)

410000－2242－0002227　813.1/W245
摭言十五卷　（五代）王定保撰　清乾隆二十一年(1756)盧氏雅雨堂刻本　三冊

410000－2242－0002228　813.1/Y797
茶餘客話二十二卷　（清）阮葵生撰　清光緒十四年(1888)鉛印本　四冊

410000－2242－0002229　813.108/J381
說唐薛家府傳六卷首二卷　（清）如蓮居士編次　清宏道堂刻本　四冊

410000－2242－0002230　412.22/L358B
說文通檢十四卷首一卷末一卷　（清）黎永椿撰　清光緒五年(1879)刻本　二冊

410000－2242－0002231　813.108/L324/6
太平廣記五百卷　（宋）李昉等撰　清道光二十六年(1846)刻本　三十五冊　存三百五十六卷(一至五十五、八十至一百八十四、一百九十七至三百二十三、三百三十四至三百四十六、三百七十二至四百、四百二十至四百三十八、四百六十至四百六十七)

410000－2242－0002232　813.108/L334/1
藏說小萃七種　（明）李鶚翀輯　清光緒十四年(1888)金氏刻本　一冊

410000－2242－0002233　813.108/L794/1
古今說海一百三十五種一百四十二卷　（明）陸楫編　清宣統元年(1909)集成圖書公司鉛印本　十二冊

410000－2242－0002234　813.108/L794/2A

古今說海一百四十二卷　（明）陸楫編　清道光元年(1821)邵氏西山堂刻本　十二冊

410000－2242－0002235　813.108/L794/2B
古今說海一百四十二卷　（明）陸楫編　清道光元年(1821)邵氏西山堂刻本　三十二冊

410000－2242－0002236　813.108/M316
青泥蓮花記十三卷　（明）梅鼎祚纂輯　清宣統二年(1910)京都自強書局石印本　四冊

410000－2242－0002237　813.1082/Y323
三教源流搜神大全七卷　（宋）□□輯　唐女郎魚玄機詩一卷附錄一卷　（唐）魚玄機撰　清宣統元年(1909)葉氏刻本　三冊

410000－2242－0002238　813.1084/C.381/1
唐人說薈□□種　（清）陳世熙輯　清乾隆刻本　一冊　存四種

410000－2242－0002239　813.1084/C.381/3
唐人說薈二十卷　（清）陳世熙輯　清同治八年(1869)右文堂刻本　十九冊　存一卷(四)

410000－2242－0002240　S813.1087/M552/2
皇明百家小說一百〇八種　（明）□□輯　清初刻本　十冊

410000－2242－0002241　S813.1087/M552/3
宋人百家小說□□種　（明）□□輯　清初刻本　一冊

410000－2242－0002242　813.13/H367
世說新語補二十卷附釋名一卷　（南朝宋）劉義慶撰　（南朝梁）劉孝標注　（宋）劉應登評　（明）何良俊增　（明）王世貞刪　（明）王世懋評　（明）張文柱注　（清）黃汝琳補訂　清乾隆二十七年(1762)茂清書屋刻本　一冊　存三卷(一至三)

410000－2242－0002243　S813.13/H367/1
李卓吾批點世說新語補二十卷附釋名一卷　（南朝宋）劉義慶撰　（南朝梁）劉孝標注　（宋）劉辰翁批　（明）何良俊增補　（明）王世貞刪定　（明）王世懋批釋　（明）李贄　（明）張文柱校注　明萬曆十三年(1585)刻本　六冊

410000－2242－0002244　S813.13/L663
世說新語注八卷　（南朝梁）劉孝標注　（明）王世懋批點　明凌瀛初刻本　四冊

410000－2242－0002245　S813.13/L663/4
世說新語注六卷　（南朝梁）劉孝標注　（明）吳中珩撰　明吳勉學刻本　六冊

410000－2242－0002246　813.13/L663/7A
世說新語六卷　（南朝宋）劉義慶撰　清末掃葉山房石印本　四冊　存四卷(三至六)

410000－2242－0002247　813.13/L663/9
世說新語六卷附釋名一卷　（南朝宋）劉義慶撰　（南朝梁）劉孝標注　清光緒十七年(1891)思賢講舍刻本　六冊

410000－2242－0002248　813.13/L663/10A
世說新語六卷　（南朝宋）劉義慶撰　（南朝梁）劉孝標注　清光緒三年(1877)湖北崇文書局刻本　三冊　存一卷(六)

410000－2242－0002249　813.13/L663/10B
世說新語六卷　（南朝宋）劉義慶撰　（南朝梁）劉孝標注　清光緒三年(1877)湖北崇文書局刻本　四冊

410000－2242－0002250　813.13/L663/11
世說新語六卷　（南朝宋）劉義慶撰　（南朝梁）劉孝標注　清光緒三年(1877)湖北崇文書局刻本　四冊

410000－2242－0002251　813.13/L663/11
酉陽雜俎二十卷續集十卷　（唐）段成式撰　清光緒三年(1877)湖北崇文書局刻本　六冊

410000－2242－0002252　S813.14/T678
酉陽雜俎二十卷續集十卷　（唐）段成式撰　（明）毛晉訂　明毛氏汲古閣刻本　五冊

410000－2242－0002253　951.121233/W243B
[康熙]封邱縣續志一卷　（清）王錫魁等纂修　清康熙十九年(1680)刻本　一冊

410000－2242－0002254　813.14/T678/2
酉陽雜俎二十卷續集十卷　（唐）段成式撰　清光緒元年(1875)湖北崇文書局刻本　三冊

410000－2242－0002255　813.14/T678/3

酉陽雜俎二十卷續集十卷　（唐）段成式撰
清光緒三年(1877)湖北崇文書局刻本　六冊

410000－2242－0002256　S813.15/L744

龍圖公案六卷九十六則　（明）□□撰　清善
成堂刻本　六冊

410000－2242－0002257　813.15/L794/2

老學庵筆記十卷　（宋）陸游撰　清光緒元年
(1875)湖北崇文書局刻本　二冊

410000－2242－0002258　412.22/C767/5C

說文通訓定聲十八卷附補遺十八卷　（清）朱
駿聲撰　清光緒十四年(1888)上海鴻文書局
石印本　九冊

410000－2242－0002259　813.15/S123/2

涑水記聞十六卷　（宋）司馬光撰　清刻本
三冊　存十三卷(四至十六)

410000－2242－0002260　813.15/S123/3

涑水記聞十六卷附補遺一卷　（宋）司馬光撰
　清光緒三年(1877)湖北崇文書局刻本
三冊

410000－2242－0002261　813.15/V.187

鐵圍山叢談六卷　（宋）蔡絛撰　清乾隆四十
八年(1783)鮑氏知不足齋刻本　二冊

410000－2242－0002262　813.15/W246

唐語林八卷附校勘記一卷　（宋）王讜撰　清
光緒十九年(1893)湖北官書處刻本　四冊

410000－2242－0002263　S813.17/T.256

輟耕錄三十卷　（明）陶宗儀撰　明崇禎毛氏
汲古閣刻本　十冊

410000－2242－0002264　813.18/C372/1A

嘯亭雜錄十卷續錄三卷　（清）昭槤撰　清光
緒鴻章書局石印本　五冊

410000－2242－0002265　813.18/C372/1B

嘯亭雜錄十卷續錄三卷　（清）昭槤撰　清光
緒鴻章書局石印本　六冊

410000－2242－0002266　813.18/C372/1C

嘯亭雜錄十卷續錄三卷　（清）昭槤撰　清光

緒鴻章書局石印本　六冊

410000－2242－0002267　813.18/C372/1D

嘯亭雜錄十卷續錄三卷　（清）昭槤撰　清光
緒鴻章書局石印本　六冊

410000－2242－0002268　813.18/S829/1

大戴禮記十三卷　（北周）盧辯注　清乾隆二
十一年(1756)盧氏雅雨堂刻本　二冊

410000－2242－0002269　813.18/C372/3

嘯亭雜錄十卷續錄三卷　（清）昭槤撰　清
緒二十七年(1901)掃葉山房石印本　六冊

410000－2242－0002270　813.18/C372/3

庸盦筆記二卷　（清）薛福成撰　清光緒二十
七年(1901)掃葉山房石印本　一冊

410000－2242－0002271　813.18/C372/3

皇朝武功紀盛四卷　（清）趙翼撰　清光緒二
十七年(1901)掃葉山房石印本　一冊

410000－2242－0002272　813.18/C415

簷曝雜記六卷　（清）趙翼撰　清壽考堂刻本
二冊

410000－2242－0002273　813.18/C754

江城舊事十六卷附錄一卷　（清）朱樂撰　清
末刻本　三冊　存六卷(七至十、十五至十
六)

410000－2242－0002274　S813.18/C772

瑣蛣雜記二十卷　（清）竹勿山石道人撰　清
乾隆六十年(1795)刻本　十冊

410000－2242－0002275　813.18/S829/1

北夢瑣言二十卷　（宋）孫光憲纂集　清乾隆
二十一年(1756)盧氏雅雨堂刻本　三冊

410000－2242－0002276　813.18/S829/2

北夢瑣言二十卷　（宋）孫光憲撰　清乾隆二
十一年(1756)盧氏雅雨堂刻本　二冊

410000－2242－0002277　813.18/T.614

蟫史二十卷　（清）屠紳撰　清屠氏磊砢山房
刻本　六冊　存十二卷(三至六、九至十二、
十五至十六、十九至二十)

410000－2242－0002278　813.18/Y262

竹葉亭雜記八卷　（清）姚元之撰　清光緒十九年(1893)刻本　二册

410000－2242－0002279　813.2/C279/1

虞初新志二十卷　（清）張潮輯　清咸豐元年(1851)小娜嬛山館刻本　六册

410000－2242－0002280　S813.2/C378

寄園寄所寄十二卷　（清）趙吉士撰　清康熙三十五年(1696)刻本　十七册

410000－2242－0002281　S813.2/C675

癸辛雜識前集一卷續集二卷別集二卷　（宋）周密輯　（明）毛晉訂　明虞山毛氏汲古閣刻本　二册　存三卷(續集二卷、別集下)

410000－2242－0002282　813.2/D129/1

閱微草堂筆記五種　（清）紀昀撰　清道光十五年(1835)廣州財政司刻本　十册

410000－2242－0002283　813.2/D129/4

閱微草堂筆記五種　（清）紀昀撰　清道光十五年(1835)刻本　九册　存二卷(十四至十五)

410000－2242－0002284　813.2/H366

鑑誡錄十卷　（後蜀）何光遠編　清光緒三年(1877)湖北崇文書局刻本　二册

410000－2242－0002285　813.2/H376

疑獄集十卷　（五代）和凝編纂　**附錄三十則一卷**　（清）金鳳清增輯　清咸豐元年(1851)金氏刻本　二册

410000－2242－0002286　813.2/K169

搜神記二十卷　（晉）干寶撰　清光緒元年(1875)湖北崇文書局刻本　二册

410000－2242－0002287　813.2/K785/1A

山海經十八卷　（晉）郭璞傳　（清）畢沅校　清光緒三年(1877)浙江書局刻本　三册

410000－2242－0002288　813.2/K785/1B

山海經十八卷　（晉）郭璞傳　（清）畢沅校　清光緒三年(1877)浙江書局刻本　三册

410000－2242－0002289　813.2/K785/1C

山海經十八卷　（晉）郭璞傳　（清）畢沅校　清光緒三年(1877)浙江書局刻本　三册

410000－2242－0002290　813.2/K785/2A

山海經箋疏十八卷　（晉）郭璞傳　（清）郝懿行箋疏　清嘉慶十四年(1809)阮氏瑯嬛僊館刻本　一册　存九卷(九至十七)

410000－2242－0002291　813.2/K785/2B

山海經箋疏十八卷圖讚一卷敘錄一卷　（晉）郭璞傳　（清）郝懿行箋疏　**山海經訂譌一卷**　（清）郝懿行撰　清嘉慶十四年(1809)阮氏瑯嬛僊館刻本　四册

410000－2242－0002292　813.2/K785/2C

山海經箋疏十八卷圖讚一卷敘錄一卷　（晉）郭璞傳　（清）郝懿行箋疏　**山海經訂譌一卷**　（清）郝懿行撰　清嘉慶十四年(1809)阮氏瑯嬛僊館刻本　四册

410000－2242－0002293　813.2/K785/2D

山海經箋疏十八卷圖讚一卷敘錄一卷　（晉）郭璞傳　（清）郝懿行箋疏　**山海經訂譌一卷**　（清）郝懿行撰　清嘉慶十四年(1809)阮氏瑯嬛僊館刻本　四册

410000－2242－0002294　813.2/K785/4

山海經箋疏十八卷圖讚一卷敘錄一卷　（晉）郭璞傳　（清）郝懿行箋疏　**山海經訂譌一卷**　（清）郝懿行撰　清光緒十九年(1893)五彩公司石印本　六册

410000－2242－0002295　813.2/K785/8

穆天子傳六卷首一卷末一卷　（晉）郭璞注　（清）檀萃疏　清石渠閣刻本　六册

410000－2242－0002296　813.2/M331

舟車醒睡錄不分卷　（□）捫虱談虎客輯評　清宣統上海國光印刷普通部鉛印本　一册

410000－2242－0002297　S813.2/S887

稽神錄六卷拾遺一卷　（宋）徐鉉撰　（明）毛晉考訂　明崇禎毛氏汲古閣刻本　四册

410000－2242－0002298　813.2/T.226/1

翼駉稗編八卷　（清）湯用中撰　清道光二十

九年(1849)刻本　八冊

410000－2242－0002299　813.2/T.226/2
翼駉稗編八卷　（清）湯用中撰　清刻本　二
冊　存二卷(六至七)

410000－2242－0002300　813.2/W478
山海經廣注十八卷山海經圖五卷　（清）吳任
臣注　清康熙刻本　六冊

410000－2242－0002301　813.28/L943
聊齋志異注十六卷　（清）呂湛恩輯　清道光
五年(1825)步月樓刻本　四冊

410000－2242－0002302　813.28/N.313/1
觚賸八卷續編四卷　（清）鈕琇撰　清末時中
書局石印本　六冊

410000－2242－0002303　813.28/P.639/4
聊齋志異評註十六卷　（清）蒲松齡撰　（清）
王士正評　（清）呂湛恩註　清同治六年
(1867)刻本　十三冊　存十三卷

410000－2242－0002304　813.28/P.639/6
詳註聊齋志異圖詠十六卷首一卷　（清）蒲松
齡撰　（清）呂湛恩註　清光緒十二年(1886)
上海同文書局石印本　五冊　存十卷(一至
二、五至六、九至十二、十五至十六)

410000－2242－0002305　813.28/P.639/7
詳註聊齋志異圖詠十六卷首一卷　（清）蒲松
齡撰　（清）呂湛恩註　清光緒十四年(1888)
鴻寶齋石印本　八冊

410000－2242－0002306　813.28/P.639/9A
聊齋志異新評十六卷　（清）蒲松齡撰　（清）
王士正評　（清）但明倫新評　清道光二十二
年(1842)但氏刻本　十二冊

410000－2242－0002307　813.28/P.639/9B
聊齋志異新評十六卷　（清）蒲松齡撰　（清）
王士正評　（清）但明倫新評　清道光二十二
年(1842)但氏朱墨套印本　十六冊

410000－2242－0002308　813.28/Y694/3B
右台仙館筆記十六卷　（清）俞樾撰　清光緒
刻本　六冊

410000－2242－0002309　813.28/Y694/3A
右台仙館筆記十六卷　（清）俞樾撰　清光緒
刻本　八冊

410000－2242－0002310　813.28/Y819
子不語二十四卷　（清）袁枚撰　清同文堂刻
本　十冊

410000－2242－0002311　813.291/W497
我佛山人札記小說四卷　吳沃堯撰　清宣統
二年(1910)輿論時事報鉛印本　一冊

410000－2242－0002312　813.37/S.433
野獲編三十卷補遺四卷　（明）沈德符撰
（清）錢枋輯　清道光七年(1827)姚氏扶荔山
房刻本　二十冊

410000－2242－0002313　813.4/T.448
石點頭十四卷　（明）天然癡叟撰　清刻本
二冊　存三卷(八、十一至十二)

410000－2242－0002314　813.5/C.377
說唐全傳六十八回說唐後傳四十二回　（清）
陳汝衡校訂　清乾隆元年(1736)刻本　八冊

410000－2242－0002315　813.5/D426
繡像第五才子書水滸傳七十五卷七十回
（明）金聖嘆評點　清芥子園山房刻本　十
二冊

410000－2242－0002316　813.5/H.579
新鐫玉茗堂批評按鑒參補南北宋志傳二十卷
一百回　（明）熊鍾谷編　（明）研石山樵訂正
明萬曆文錦堂刻本　十冊

410000－2242－0002317　813.5/T.426
繡像合錦廻文傳十六卷　（清）鐵華山人重輯
（清）素軒評　清道光六年(1826)刻本
八冊

410000－2242－0002318　813.5/W329
花月痕十六卷五十二回　（清）魏秀仁撰　清
光緒著易堂鉛印本　四冊

410000－2242－0002319　813.5/Y323/1
雅觀樓全傳四卷　（清）□□撰　清道光元年
(1821)同文堂刻本　四冊

410000－2242－0002320　813.502/P659

繡像西漢演義□□卷　（□）□□撰　清末鉛
印本　一冊　存一卷(二)

410000－2242－0002321　813.54/Y323

說唐前傳八卷六十八回　（清）□□撰　清刻
本　五冊

410000－2242－0002322　813.56/S.156/2

水滸全傳一百二十四回　（元）施耐庵撰
（清）金聖歎批評　清刻本　六冊

410000－2242－0002323　813.57/C111

韓昌黎全傳八卷三十回附金丹大要二卷
（清）雉衡山人編　清碧梧山莊石印本　九冊

410000－2242－0002324　813.57/F329/2

東周列國志八卷一百八回　（明）馮夢龍撰
（清）蔡元放評點　清光緒二十五年(1899)石
印本　七冊

410000－2242－0002325　813.57/K.355

續英烈傳五卷三十四回　（清）空谷老人撰
清集古齋刻本　五冊

410000－2242－0002326　813.57/L715/4

三國志全圖演義六十卷一百二十回　（明）羅
貫中撰　（清）毛宗崗評　清光緒三十二年
(1906)益元堂書局刻本　十冊

410000－2242－0002327　813.57/L715/5

映旭齋增訂北宋三遂平妖全傳十八卷四十回
（明）羅貫中撰　（明）龍子猶補　清咸豐二
年(1852)刻本　六冊

410000－2242－0002328　S813.57/V.525

楊家府演義八卷　（明）秦淮墨客校閱　（明）
煙波釣叟考訂　清嘉慶十四年(1809)書業堂
刻本　八冊

410000－2242－0002329　813.58/C643/3

封神演義十九卷一百回　（明）鍾惺評釋　清
乾隆三十四年(1769)致和堂刻本　二十冊

410000－2242－0002330　813.58/C772

繡像粉妝樓全傳十卷八十回　（清）竹溪山人
撰　清懷善堂刻本　八冊

410000－2242－0002331　813.58/C.391

品花寶鑑六十回　（清）陳森撰　清咸豐刻本
二十四冊

410000－2242－0002332　S813.58/C.391/1

品花寶鑑六十回　（清）陳森撰　清道光二十
九年(1849)刻本　十冊

410000－2242－0002333　813.58/D442

雪月梅十卷五十回　（清）鏡湖逸叟撰　清聚
錦堂刻本　九冊　存五卷(一至五)

410000－2242－0002334　813.58/K144A

紅樓夢圖詠不分卷　（清）改琦繪　清光緒五
年(1879)刻本　四冊

410000－2242－0002335　813.58/K144B

紅樓夢圖詠不分卷　（清）改琦繪　清光緒五
年(1879)刻本　四冊

410000－2242－0002336　813.58/L327/1

圖像鏡花緣二十卷一百回　（清）李汝珍撰
清光緒二十一年(1895)文盛書局鉛印本
六冊

410000－2242－0002337　813.58/L327/3

繪圖鏡花緣一百回　（清）李汝珍撰　清光緒
十四年(1888)點石齋石印本　六冊

410000－2242－0002338　813.58/L663

西遊原旨二十四卷一百回　（清）劉一明撰
清嘉慶二十四年(1819)刻本　二十四冊

410000－2242－0002339　813.58/T.448

快心編初集五卷十回二集五卷十回三集六卷
十二回　（清）天花才子撰　（清）四橋居士評
點　清課花書屋刻本　十六冊

410000－2242－0002340　S813.58/V.275

繡像紅樓夢一百二十回　（清）曹霑撰　（清）
王希廉評　清光緒二年(1876)聚珍堂活字本
二十四冊

410000－2242－0002341　813.58/V.478

增訂繪圖精忠說岳全傳二十卷八十回　（清）
錢彩撰　清光緒二十四年(1898)文正書局石
印本　六冊　存六卷(一至六)

410000－2242－0002342　813.58/W251

紅樓夢圖詠附廣義不分卷　(清)王芸階繪圖
　(清)青山山農撰　清光緒八年(1882)點石
齋石印本　一冊

410000－2242－0002343　813.58/W362

兒女英雄傳四十回首一回　(清)文康撰　清
光緒十四年(1888)有益堂刻本　十六冊

410000－2242－0002344　813.58/Y694

蕩寇志七十卷末一卷　(清)俞萬春撰　清光
緒九年(1883)申報館鉛印本　十六冊

410000－2242－0002345　813.72/L715

漢宋奇書六十卷　(明)羅貫中等撰　清興賢
堂刻本　二十四冊

410000－2242－0002346　813.72/V.276

增評補像全圖金玉緣一百二十回　(清)曹霑
撰　清光緒三十四年(1908)求不負齋石印本
　十六冊

410000－2242－0002347　813.72/Y323

繡像檮杌閑評全傳五十卷五十回　(清)□□
撰　清刻本　十二冊

410000－2242－0002348　S813.08/T.256/1

說郛十二種　(明)陶宗儀輯　明刻本　三冊

410000－2242－0002349　813.08/W469/1

說鈴前集三十七種後集十六種　(清)吳震方
輯　清光緒五年(1879)兩儀堂刻本　二十
八冊

410000－2242－0002350　813.08/W469/2

說鈴前集三十七種後集十六種　(清)吳震方
輯　清道光五年(1825)聚秀堂刻本　三十
二冊

410000－2242－0002351　S813.08/W469/3

說鈴前集三十三種後集十九種　(清)吳震方
編　清康熙四十四年(1705)刻本　十六冊

410000－2242－0002352　S813.08/W469/4

說鈴續集七種　(清)吳震方編　清康熙五十
一年(1712)學古堂刻本　六冊

410000－2242－0002353　S814.2/V.187

蔡中郎集十卷外紀一卷外集四卷傳表一卷
(漢)蔡邕撰　(清)陶敦復等校　清光緒十六
年(1890)番禺陶氏刻本　五冊

410000－2242－0002354　814.2/V.187/1

蔡中郎集十卷外紀一卷外集四卷傳表一卷
(漢)蔡邕撰　清咸豐二年(1852)楊以增海源
閣刻本　六冊

410000－2242－0002355　814.2/V.187/3A

蔡中郎集六卷補遺一卷　(漢)蔡邕撰　清康熙
三十四年(1695)刻本　一冊　存二卷(四至五)

410000－2242－0002356　814.2/V.187/3B

蔡中郎集六卷補遺一卷　(漢)蔡邕撰　清康
熙三十四年(1695)刻本　二冊

410000－2242－0002357　814.22/V.187/4

蔡中郎文集十卷外傳一卷　(漢)蔡邕撰　詩
苑眾芳一卷　(清)劉瑄編　作義要訣一卷
(元)倪士毅撰　清光緒七年(1881)陸氏刻本
　三冊

410000－2242－0002358　814.3/D267

江文通集八卷　(南朝梁)江淹撰　清宣統三
年(1911)文明書局鉛印本　一冊

410000－2242－0002359　814.3/S825

孫廷尉集不分卷　(晉)孫綽撰　清刻本
一冊

410000－2242－0002360　814.3/S899/2

徐孝穆全集六卷　(南朝陳)徐陵撰　(清)吳
兆宜注　清康熙藝古堂刻本　一冊　存三卷
(四至六)

410000－2242－0002361　814.3/S899/4

徐孝穆六卷　(南朝陳)徐陵撰　(清)吳兆宜
注　清光緒二年(1876)翰墨園刻本　四冊

410000－2242－0002362　S814.3/T.256

陶淵明集十卷　(晉)陶潛撰　清咸豐刻本
二冊

410000－2242－0002363　814.3/T.256/5

靖節先生集十卷首一卷末一卷　(晉)陶潛撰
　(清)陶澍集註　清光緒九年(1883)江蘇書

局刻本　四册

410000－2242－0002364　814.3/T.256/6

陶靖節先生集六卷　（晉）陶潛撰　清同治九
年(1870)刻本　二册

410000－2242－0002365　814.3/T.256/7

陶淵明集八卷首一卷末一卷　（晉）陶潛撰
清光緒五年(1879)翰墨園刻本　二册

410000－2242－0002366　814.3/T.256/7B

陶淵明集八卷首一卷末一卷　（晉）陶潛撰
清光緒五年(1879)翰墨園刻本　二册

410000－2242－0002367　S814.3/Y716

**庾子山集十六卷附總釋一卷年譜一卷本傳一
卷**　（北周）庾信撰　（清）倪璠注　清康熙二
十六年(1687)崇岫堂刻本　六册

410000－2242－0002368　814.3/Y716/2

庾子山集十六卷　（北周）庾信撰　（清）倪璠
註釋　清光緒十六年(1890)成都試院刻本
十二册

410000－2242－0002369　814.3/Y716/3

庾子山集十六卷　（北周）庾信撰　（清）倪璠
註釋　清道光十九年(1839)刻本　十二册

410000－2242－0002370　814.3211/H314

何衡陽集一卷　（南朝宋）何承天撰　清光緒
十八年(1892)章經濟堂刻本　一册

410000－2242－0002371　814.4/C317

張說之文集二十五卷　（唐）張說撰　清光緒
三十一年(1905)朱氏刻本　三册

410000－2242－0002372　S814.4/H184

**朱文公校昌黎先生文集四十卷外集十卷遺文
一卷集傳一卷**　（唐）韓愈撰　（唐）李漢編集
　（宋）朱熹考異　明萬曆三十三年(1605)刻
本　六册

410000－2242－0002373　814.4/H185/3

**昌黎先生集四十卷外集十卷遺文一卷附點勘
四卷**　（唐）韓愈撰　（清）陳景雲編　清宣統
三年(1911)石印本　十册

410000－2242－0002374　814.4/H185/10

韓子粹言不分卷　（唐）韓愈撰　（清）李光地
編　清康熙五峰閣刻本　二册

410000－2242－0002375　814.4/L337/1

李太白全集三十六卷　（唐）李白撰　（清）王
琦注　清乾隆寶笏樓刻本　十四册

410000－2242－0002376　814.4/L337/4

李太白文集三十六卷　（唐）李白撰　（清）王
琦注　清乾隆二十四年(1759)寶笏樓刻本
二十四册

410000－2242－0002377　814.4/L337/5

李太白文集三十卷　（唐）李白撰　清光緒十
四年(1888)湖北官書處刻本　四册

410000－2242－0002378　814.4/L341/2

李義山文集箋註十卷　（唐）李商隱撰　（清）
徐樹穀箋　（清）徐炯註　清乾隆三十五年
(1770)刻本　四册

410000－2242－0002379　814.4/L627/1

柳文四十三卷別集二卷外集二卷補錄一卷
（唐）柳宗元撰　（唐）劉禹錫編　清同治七年
(1868)刻本　六册

410000－2242－0002380　814.4/L627/3

河東先生文集六卷　（唐）柳宗元撰　清宣統
二年(1910)會文堂石印本　六册

410000－2242－0002381　814.4/L663/2

劉賓客文集三十卷外集十卷　（唐）劉禹錫撰
　清光緒三十一年(1905)朱氏刻本　五册

410000－2242－0002382　814.4/L712/4

駱賓王文集十卷　（唐）駱賓王撰　清宣統三
年(1911)鴻章書局石印本　二册

410000－2242－0002383　814.4/L712/5

駱臨海集十卷　（唐）駱賓王撰　清嘉慶二十
五年(1820)刻本　二册

410000－2242－0002384　814.4/L712/6

駱侍御全集四卷考異一卷　（唐）駱賓王撰
（明）顏文原註　清道光五年(1825)刻本
四册

410000－2242－0002385　814.4/L787/1

陸宣公集制誥十卷奏草七卷奏議七卷 （唐）
陸贄撰　清光緒十七年（1891）丁氏刻本
八冊

410000－2242－0002386　814.4/L787/2

唐陸宣公集二十二卷 （唐）陸贄撰　清咸豐
元年（1851）闐中縣署刻本　六冊

410000－2242－0002387　814.4/L787/3

陸宣公集二十二卷 （唐）陸贄撰　清同治五
年（1866）楊氏問竹軒家塾刻本　六冊

410000－2242－0002388　814.4/L787/4

陸宣公集二十二卷 （唐）陸贄撰　（清）年羹
堯重訂　清康熙六十一年（1722）善成堂書局
刻本　六冊

410000－2242－0002389　814.04/S123/1

司空表聖文集十卷 （唐）司空圖撰　清光緒
三十一年（1905）朱氏刻本　一冊

410000－2242－0002390　814.4/S837/2A

孫可之文集二卷 （唐）孫樵撰　清宣統二年
（1910）守政書局鉛印本　二冊

410000－2242－0002391　814.4/S837/2B

孫可之文集二卷 （唐）孫樵撰　清宣統二年
（1910）守政書局鉛印本　二冊

410000－2242－0002392　814.4/S837/3

孫可之文集二卷 （唐）孫樵撰　清光緒二十
二年（1896）遂園刻本　一冊

410000－2242－0002393　814.4/T634

樊川文集二十卷外集一卷別集一卷 （唐）杜
牧撰　清光緒二十二年（1896）楊氏景蘇園影
刻本　四冊

410000－2242－0002394　814.4/W225/1

麟角集不分卷 （唐）王棨撰　清光緒十年
（1884）宏福山王氏天壤閣刻本　一冊

410000－2242－0002395　814.4/W225/2A

李太白集輯注三十六卷 （唐）李白撰　（清）
王琦注　清乾隆二十四年（1759）聚錦堂刻本
十六冊

410000－2242－0002396　814.4/W225/2B

李太白集輯注三十六卷 （唐）李白撰　（清）
王琦注　清乾隆二十四年（1759）聚錦堂刻本
二十冊

410000－2242－0002397　814.4/W241/2

王子安集註二十卷 （唐）王勃撰　清光緒九
年（1883）蔣氏雙唐碑館刻本　六冊

410000－2242－0002398　814.4/W241/3

王子安集十六卷 （唐）王勃撰　清光緒五年
（1879）醉經堂刻本　四冊

410000－2242－0002399　814.4/W326

魏鄭公文集三卷 （唐）魏徵撰　清光緒刻本
一冊

410000－2242－0002400　814.4/Y453/2A

顏魯公文集十五卷 （唐）顏真卿撰　（清）黃
本驥編　清宣統二年（1910）守政書局刻本
二冊　存六卷（一至三、十三至十五）

410000－2242－0002401　814.4/Y453/2B

顏魯公文集十五卷 （唐）顏真卿撰　（清）黃
本驥編　清宣統二年（1910）守政書局刻本
十冊

410000－2242－0002402　814.4/Y453/4

顏魯公文集三十卷首一卷年譜一卷補遺一卷
（唐）顏真卿撰　（清）黃本驥編　清道光黃
本驥刻本　十二冊

410000－2242－0002403　S814.5/C749

朱子古文讀本六卷附本傳一卷 （宋）朱熹撰
（清）周大章輯　清康熙五十六年（1717）寶
旭齋刻本　十六冊

410000－2242－0002404　814.5/C749/1

朱子文集大全類編一百十卷 （宋）朱熹撰
清雍正八年（1730）紫陽書堂刻本　七十二冊

410000－2242－0002405　814.5/C876

南宋文範七十卷 （清）莊仲方編　清光緒十
四年（1888）江蘇書局刻本　十六冊

410000－2242－0002406　814.5/C.381/2

龍川文集三十卷補遺一卷附錄一卷 （宋）陳
亮撰　清宣統鄂官書處刻本　十冊

410000－2242－0002407　814.5/C.381/3

龍川文集三十卷補遺一卷附錄一卷　（宋）陳亮撰　清同治七年(1868)退補齋刻本　八冊

410000－2242－0002408　814.5/C.391/1

後山集二十四卷　（宋）陳師道撰　清光緒十一年(1885)陶福祥刻本　四冊

410000－2242－0002409　S814.5/C.392

宋太學生陳東盡忠錄八卷　（宋）陳東撰　明天啟刻本　二冊

410000－2242－0002410　814.5/D266/1A

白石道人詩集二卷集外詩一卷附錄一卷詩說一卷歌曲四卷歌曲別集一卷續讀書譜一卷詩詞評論一卷評論補遺一卷集事補遺一卷投贈詩詞補遺一卷逸事一卷　（宋）姜夔撰　清宣統二年(1910)掃葉山房石印本　二冊　存八卷(詩集二卷、歌曲別集一卷、讀書譜一卷、詩詞評論一卷、集事補遺一卷、投贈詩詞補遺一卷、逸事一卷)

410000－2242－0002411　814.5/D266/1B

白石道人詩集二卷集外詩一卷附錄一卷詩說一卷歌曲四卷歌曲別集一卷續讀書譜一卷詩詞評論一卷評論補遺一卷集事補遺一卷投贈詩詞補遺一卷逸事一卷　（宋）姜夔撰　清宣統二年(1910)掃葉山房石印本　四冊

410000－2242－0002412　814.5/D266/2C

白石道人詩集二卷集外詩一卷附錄一卷詩說一卷歌曲四卷歌曲別集一卷續讀書譜一卷詩詞評論一卷評論補遺一卷集事補遺一卷投贈詩詞補遺一卷逸事一卷　（宋）姜夔撰　清宣統二年(1910)掃葉山房石印本　三冊

410000－2242－0002413　814.5/D.129

鐔津文集十九卷　（宋）釋契嵩撰　清光緒二十八年(1902)揚州藏經院刻本　四冊

410000－2242－0002414　814.5/F149/1

范文正公集四十八卷　（宋）范仲淹撰　清康熙歲寒堂刻本　十冊

410000－2242－0002415　814.5/H179/1

安陽集五十卷附忠獻韓魏王家傳十卷別錄三

卷遺事一卷　（宋）韓琦撰　（宋）王巖叟別錄　（宋）強至遺事　清乾隆三十一年(1766)黃邦寧刻本　十冊

410000－2242－0002416　814.5/H179/2A

安陽集十集五十卷附錄一卷　（宋）韓琦撰　清乾隆晝錦堂刻本　九冊

410000－2242－0002417　814.5/H179/2B

安陽集十集五十卷　（宋）韓琦撰　清乾隆晝錦堂刻本　十冊

410000－2242－0002418　814.5/H179/2C

安陽集十集五十卷　（宋）韓琦撰　清乾隆晝錦堂刻本　十冊

410000－2242－0002419　814.5/H179/2D

安陽集十集五十卷　（宋）韓琦撰　清乾隆晝錦堂刻本　十冊

410000－2242－0002420　814.5/H663

豫章先生遺文十二卷　（宋）黃庭堅撰　清同治元年(1862)祝氏漢鹿齋刻本　四冊

410000－2242－0002421　814.5/H664

黃文節公全集正集三十二卷續集十卷外集二十四卷別集十九卷附伐檀集二卷　（宋）黃庭堅　（宋）黃庶撰　清光緒二十年(1894)湘西黃氏刻本　二十八冊

410000－2242－0002422　814.5/L322

建炎進退志四卷建炎時政記三卷附錄一卷　（宋）李綱撰　清光緒邵武徐氏刻本　一冊

410000－2242－0002423　S814.5/L328

宋李忠定公文集選二十九卷奏議選十五卷首四卷　（宋）李綱撰　（明）左光先選　（明）李春熙輯　明崇禎刻清康熙乾隆修補重印刻本　六冊　存二十七卷(文集選三至九、十五至二十九,奏議選一至四,首四下)

410000－2242－0002424　814.5/L328/1

李泰伯先生全集三十七卷附年譜一卷外集三卷　（宋）李覯撰　清康熙四年(1665)李氏家塾刻本　八冊

410000－2242－0002425　814.5/L717

羅豫章先生集十二卷首一卷末卷一卷　（宋）羅從彥撰　清光緒九年(1883)張氏刻本　四冊

410000－2242－0002426　814.5/L787/1

象山先生全集三十六卷　（宋）陸九淵撰　清宣統二年(1910)江左書林鉛印本　八冊

410000－2242－0002427　814.5/L787/2

象山先生全集三十六卷　（宋）陸九淵撰　象山先生文集校勘畧一卷　（清）喻魯臺校勘　清同治十年(1871)大儒家廟刻本　十冊

410000－2242－0002428　S814.5/L794

渭南文集五十卷　（宋）陸游撰　明毛氏汲古閣刻本　十四冊

410000－2242－0002429　814.5/O146/2

宋大家歐陽文忠公文鈔三十二卷　（宋）歐陽修撰　（明）茅坤輯　清大盛堂刻本　一冊　存七卷(十四至二十)

410000－2242－0002430　S814.5/S123

司馬溫公文集八十二卷　（宋）司馬光撰　明崇禎元年(1628)吳時亮刻清康熙十七年(1678)林芃百補刻本　二十四冊

410000－2242－0002431　814.5/S123/3

司馬溫公文集八十二卷　（宋）司馬光撰　清乾隆十年(1745)刻本　二十二冊

410000－2242－0002432　814.5/S123/4

司馬文正公傳家集八十卷　（宋）司馬光撰　清光緒十二年(1886)解梁書院刻本　十六冊

410000－2242－0002433　814.5/S123/5

司馬溫公文集八十二卷　（宋）司馬光撰　清刻本　二十四冊

410000－2242－0002434　814.5/S737/1

蘇老泉先生全集二十卷附錄二卷　（宋）蘇洵撰　清末自強書局石印本　四冊

410000－2242－0002435　S814.5/S738

坡仙集十六卷　（宋）蘇軾撰　（明）李贄評輯　明萬曆二十八年(1600)焦竑刻本　二十冊

410000－2242－0002436　814.5/S738/1

東坡先生全集錄九卷　（宋）蘇軾撰　（清）儲欣錄　清康熙松麟堂刻本　四冊

410000－2242－0002437　814.5/S738/2A

東坡集八十四卷　（宋）蘇軾撰　清道光刻本　二冊　存四卷(五十八至五十九、六十三至六十四)

410000－2242－0002438　814.5/S738/2B

東坡集八十四卷　（宋）蘇軾撰　（清）王宗稷編　清道光十二年(1832)刻本　四十六冊

410000－2242－0002439　814.5/S738/5A

東坡集一百十卷附校勘記二卷　（宋）蘇軾撰　年譜　（清）王宗稷編　墓誌銘　（清）穎濱撰　清宣統元年(1909)石印本　四十冊

410000－2242－0002440　814.5/S738/5B

東坡七集一百十卷附校勘記二卷　（宋）蘇軾撰　清宣統元年(1909)寶華庵石印本　四十八冊

410000－2242－0002441　814.5/S738/6

蘇學士文集十六卷　（宋）蘇舜欽撰　清宣統三年(1911)龍文閣書局石印本　六冊

410000－2242－0002442　814.5/S738/8

宋大家蘇文忠公文鈔二十八卷　（宋）蘇軾撰　（明）茅坤輯　清大盛堂刻本　二冊　存十一卷(一至十一)

410000－2242－0002443　S814.5/S738/9B

東坡先生全集七十五卷　（宋）蘇軾撰　明末項煜刻本　二十四冊

410000－2242－0002444　S814.5/S738/10

東坡先生詩集註三十二卷　（宋）蘇軾撰　（宋）王十朋集註　明崇禎刻本　十二冊

410000－2242－0002445　814.5/S897/2

徐騎省集三十卷補遺一卷　（宋）徐鉉撰　校勘記一卷　（清）李英元纂　清光緒十九年(1893)李氏刻本　八冊

410000－2242－0002446　814.5/T.254

邕州小集一卷　（宋）陶弼撰　清咸豐四年(1854)李之鼎宜秋館刻本　一冊

410000－2242－0002447　S814.5/V329

西山先生真文忠公文集五十五卷　（宋）真德
秀撰　清康熙刻本　三冊　存四卷（三十四
至三十五、四十三至四十四）

410000－2242－0002448　814.5/V329/2

**西山先生真文忠公文集五十五卷附心經一卷
政經一卷年譜一卷**　（宋）真德秀撰　清康熙
刻本　三十冊

410000－2242－0002449　814.5/V719/1

宗忠簡公集八卷　（宋）宗澤撰　（清）熊人霖
原訂　清康熙三十年(1691)刻本　六冊

410000－2242－0002450　814.5/V.274

松隱文集四十卷　（宋）曹勳撰　清末劉氏嘉
業堂刻本　四冊

410000－2242－0002451　814.5/W244/2

宋王忠文公文集五十卷　（宋）王十朋撰　（清）
唐傳鉎重編　清雍正六年(1728)刻本　十冊

410000－2242－0002452　814.5/W256/1

浮溪集三十二卷　（宋）汪藻撰　清道光二十
七年(1847)刻本　八冊

410000－2242－0002453　814.5/W363/2A

文信國公集二十卷首一卷　（宋）文天祥撰
清刻本　十二冊

410000－2242－0002454　814.5/Y225

楊龜山先生集四十二卷首一卷　（宋）楊時撰
　附羅豫章先生集十二卷　（宋）羅從彥撰
清光緒九年(1883)刻本　六冊

410000－2242－0002455　S814.5/Y225/1

龜山先生集四十二卷　（宋）楊時撰　清順治
八年(1651)雪香齋刻本　十冊

410000－2242－0002456　814.5/Y411

水心文集二十九卷　（宋）葉適撰　清乾隆二
十年(1755)刻本　八冊

410000－2242－0002457　814.5/Y577/1

岳忠武王文集八卷首一卷末一卷　（宋）岳飛
撰　（清）黃邦寧編　清宣統江左書林石印本
　四冊

410000－2242－0002458　814.5/Y577/2A

岳忠武王文集八卷首一卷末一卷　（宋）岳飛
撰　（清）黃邦寧編　清刻本　四冊

410000－2242－0002459　814.5/Y577/2B

岳忠武王文集八卷首一卷末一卷　（宋）岳飛
撰　（清）黃邦寧編　清刻本　四冊

410000－2242－0002460　814.5/Y577/2C

岳忠武王文集八卷首一卷末一卷　（宋）岳飛
撰　（清）黃邦寧編　清刻本　四冊

410000－2242－0002461　814.5/Y615

西堂全集十七種　（清）尤侗撰　清順治十二
年(1655)刻本　十冊　存五種二十七卷（剩
槀二卷、秋夢錄一卷、雜組一集八卷、二集八
卷、三集八卷）

410000－2242－0002462　814.54/W231/2

滹南王先生文集四十五卷續一卷　（金）王若
虛撰　清光緒十二年(1886)刻本　一冊　存
十卷（二十五至三十四）

410000－2242－0002463　814.54/Y796/1

**元遺山先生全集四十卷新樂府四卷續夷堅志
四卷考證三卷**　（金）元好問撰　附錄一卷
（明）儲瓘輯　補載一卷　（清）施國祁輯　年
譜一卷　（清）翁方綱編　年譜一卷　（清）施
國祁編　年譜二卷　（清）淩廷堪編　年譜二
卷　（清）李光廷編　清光緒七年(1881)讀書
山房刻本　十九冊

410000－2242－0002464　814.6/H379

郝文忠公陵川文集三十九卷附錄一卷　（元）
郝經撰　（清）王鏐編　清乾隆刻本　十冊

410000－2242－0002465　814.6/L663/2

三賢文集十二卷　（元）劉因等撰　清道光十
六年(1836)刻本　六冊　存四卷（容城文靖
劉先生文集四卷）

410000－2242－0002466　814.6/L663/3

三賢文集十二卷　（元）劉因等撰　清光緒二
十四年(1898)刻本　六冊　存八卷（容城忠
愍楊先生文集四卷、容城鐘元孫先生文集四
卷）

410000－2242－0002467　814.6/W471
吳文正公集四十九卷外集三卷　（元）吳澄撰
清乾隆二十一年(1756)刻本　三十二冊

410000－2242－0002468　814.6/Y796
元遺山先生集四十卷新樂府四卷附考證三卷
續夷堅志四卷附錄一卷補載一卷淩輯年譜三
卷翁輯年譜一卷施輯年譜一卷　（金）元好問
撰　清光緒七年(1881)讀書山房刻本　十
七冊

410000－2242－0002469　814.7/C238
湛甘泉先生文集三十二卷　（明）湛若水撰
清同治五年(1866)資政堂刻本　十冊

410000－2242－0002470　814.7/C281/2A
明張文忠公全集四十七卷　（明）張居正撰
清光緒二十七年(1901)紅藤碧樹山館刻本
十六冊

410000－2242－0002471　814.7/C281/2B
明張文忠公全集四十七卷　（明）張居正撰
清光緒二十七年(1901)紅藤碧樹山館刻本
十六冊

410000－2242－0002472　814.7/C288
張忠敏公遺集六卷　（明）張國維撰　清光緒
五年(1879)江蘇書局刻本　六冊

410000－2242－0002473　814.7/C311
月鹿堂文集八卷　（明）張師繹撰　清道光六
年(1826)張氏刻本　四冊

410000－2242－0002474　814.7/C679
垂光集一卷附錄一卷　（明）周璽撰　清光緒
元年(1875)張氏毓秀堂刻本　一冊

410000－2242－0002475　S814.7/C771
高皇帝御製文集二十卷　（明）朱元璋撰　明
刻本　十二冊

410000－2242－0002476　814.7/C777/1A
懷星堂全集三十卷　（明）祝允明撰　清宣統
二年(1910)中國書畫會鉛印本　八冊

410000－2242－0002477　814.7/C777/1B
懷星堂全集三十卷　（明）祝允明撰　清宣統
二年(1910)中國書畫會鉛印本　八冊

410000－2242－0002478　814.7/C777/1C
懷星堂全集三十卷　（明）祝允明撰　清宣統
二年(1910)中國書畫會鉛印本　八冊

410000－2242－0002479　814.7/C.376/1A
白沙子全集十卷古詩教解二卷附錄一卷
（明）陳獻章撰　（明）湛若水注　清乾隆三十
六年(1771)碧玉樓刻本　十冊

410000－2242－0002480　814.7/C.376/1B
白沙子全集十卷古詩教解二卷附錄一卷
（明）陳獻章撰　（明）湛若水注　清乾隆三十
六年(1771)碧玉樓刻本　十二冊

410000－2242－0002481　814.7/C.376/2
白沙子全集六卷附錄一卷　（明）陳獻章撰
（清）何九疇編　清刻本　十二冊

410000－2242－0002482　814.7/D129
紀文達公遺集三十二卷　（清）紀昀撰　（清）
紀樹馨編校　清嘉慶刻本　十六冊　存十六
卷(一至十六)

410000－2242－0002483　814.7/H362/1A
何大復先生集三十八卷附錄一卷　（明）何景
明撰　清光緒十九年(1893)豫南書院刻本
十二冊

410000－2242－0002484　814.7/H362/1B
何大復先生集三十八卷附錄一卷　（明）何景
明撰　清光緒十九年(1893)豫南書院刻本
十二冊

410000－2242－0002485　814.7/H362/2
何大復先生集三十八卷附錄一卷　（明）何景
明撰　清宣統元年(1909)厚生印書館石印本
八冊

410000－2242－0002486　814.7/H362/3
何大復先生集三十八卷　（明）何景明撰　清
咸豐二年(1852)世守堂刻本　八冊

410000－2242－0002487　814.7/H373
何文定公全集十一卷　（明）何塘撰　清道光
二十八年(1848)涇縣張氏刻本　四冊

410000－2242－0002488　S814.7/H373/1
何文定公文集十一卷　（明）何瑭撰　明萬曆
四年(1576)賈待問刻本　四冊

410000－2242－0002489　814.7/H461/1A
壯悔堂文集十卷　（清）侯方域撰　清嘉慶二
十二年(1817)強忍堂刻本　四冊

410000－2242－0002490　814.7/H461/1B
壯悔堂文集十卷　（清）侯方域撰　清嘉慶二
十二年(1817)強忍堂刻本　四冊

410000－2242－0002491　814.7/H461/2
壯悔堂文集十卷　（清）侯方域撰　清刻本
六冊

410000－2242－0002492　814.7/H461/3
壯悔堂文集十卷　（清）侯方域撰　清刻本
八冊

410000－2242－0002493　814.7/H461/5
壯悔堂集壯悔堂文集十卷　（清）侯方域撰
回憶堂詩集六卷　（清）賈開宗選注　清刻本
八冊

410000－2242－0002494　814.7/H461/6
壯悔堂文集十卷回憶堂詩集六卷　（清）侯方
域撰　清宣統元年(1909)掃葉山房石印本
六冊

410000－2242－0002495　814.7/H461/7
壯悔堂文集十卷回憶堂詩集六卷　（清）侯方
域撰　清光緒四年(1878)刻本　八冊

410000－2242－0002496　814.7/H461/8
壯悔堂文集十卷回憶堂詩集六卷　（清）侯方
域撰　清同治刻本　八冊

410000－2242－0002497　814.7/H461/9
壯悔堂文集十卷回憶堂詩集六卷　（清）侯方
域撰　清刻本　八冊

410000－2242－0002498　S814.7/H461/10
壯悔堂文集十卷附壯悔堂遺稿一卷　（清）侯
方域撰　清順治十三年(1656)刻本　四冊

410000－2242－0002499　814.7/H653/1
陶庵集二十二卷首一卷末一卷　（明）黃淳燿

撰　清光緒五年(1879)刻本　八冊

410000－2242－0002500　814.7/H664A
黃漳浦集五十卷年譜二卷　（明）黃道周撰
（清）莊起儔編年譜　清道光刻本　六冊

410000－2242－0002501　814.7/H664B
黃漳浦集五十卷年譜二卷　（明）黃道周撰
（明）莊起儔編年譜　清道光刻本　二十四冊

410000－2242－0002502　814.7/H665/1
南雷文定前集十一卷後集四卷三集三卷四集
四卷附錄一卷　（明）黃宗羲撰　清刻本
八冊

410000－2242－0002503　814.7/H.581
熊襄愍公集十卷末一卷　（明）熊廷弼撰　清
嘉慶十七年(1812)刻本　十冊

410000－2242－0002504　814.7/K271
高子遺書十二卷附錄一卷年譜一卷　（明）高
攀龍撰　（明）華允誠編年譜　清光緒二年
(1876)刻本　八冊

410000－2242－0002505　814.7/K566/2
炳燭齋文集初刻一卷續刻一卷　（明）顧大韶
撰　清宣統元年(1909)國學扶輪社鉛印本
二冊

410000－2242－0002506　814.7/K726/1
歸震川先生全集三十卷　（明）歸有光撰　清
光緒元年(1875)常熟歸氏刻本　十二冊

410000－2242－0002507　814.7/K726/3A
震川先生集三十卷別集十卷　（明）歸有光撰
　清光緒六年(1880)常熟歸氏刻本　十六冊

410000－2242－0002508　814.7/K726/3B
震川先生集三十卷別集十卷　（明）歸有光撰
　清光緒六年(1880)常熟歸氏刻本　十六冊

410000－2242－0002509　814.7/L318/1
李氏焚書六卷　（明）李贄撰　清光緒三十四
年(1908)上海國學保存會鉛印本　二冊

410000－2242－0002510　S814.7/L332
空同子集六十六卷附錄二卷目錄三卷　（明）
李夢陽撰　（明）鄧雲霄　（明）潘之恆校　明

萬曆三十年(1602)刻本　十二冊

410000－2242－0002511　814.7/L332/1
空同先生集六十六卷　(明)李夢陽撰　明嘉靖九年(1530)刻本　十六冊　存六十三卷(一至六十三)

410000－2242－0002512　S814.7/L332/2
空同詩鈔十六卷　(明)李夢陽撰　空同詩鈔附錄一卷　(明)崔銑撰　清乾隆十五年(1750)誦芬堂刻本　八冊

410000－2242－0002513　814.7/L338
滄溟先生集三十卷　(明)李攀龍撰　清道光二十七年(1847)刻本　八冊

410000－2242－0002514　814.7/L342
懷麓堂集九十八卷　(明)李東陽撰　清康熙二十年(1681)刻本　二十冊

410000－2242－0002515　814.7/L636
太師誠意伯劉文成公集二十卷　(明)劉基撰　清光緒二十六年(1900)浙江書局刻本　十冊

410000－2242－0002516　814.7/L637A
雨谿文集二十四卷　(明)劉球撰　清宣統二年(1910)守政書局刻本　四冊

410000－2242－0002517　814.7/L637B
雨谿文集二十四卷　(明)劉球撰　清宣統二年(1910)守政書局刻本　四冊

410000－2242－0002518　814.7/L646/1
劉文烈公全集十二卷　(明)劉理順撰　清光緒二十四年(1898)杞縣官廨刻本　六冊

410000－2242－0002519　814.7/L646/1B
劉文烈公全集十二卷　(明)劉理順撰　清光緒二十四年(1898)杞縣官廨刻本　六冊

410000－2242－0002520　814.7/L646/2
劉文烈公全集十二卷　(明)劉理順撰　清光緒元年(1875)查以謙刻本　六冊

410000－2242－0002521　814.7/L715
念庵羅先生文集二十四卷　(明)羅洪先撰　清雍正元年(1723)吉水羅氏刻本　十二冊

410000－2242－0002522　S814.7/L796
鹿忠節公集二十一卷　(明)鹿善繼撰　清康熙刻本　六冊

410000－2242－0002523　814.7/L814A
蚋蠓集五卷　(明)盧枏撰　清同治四年(1865)刻本　一冊　存一卷(五)

410000－2242－0002524　814.7/L814B
蚋蠓集五卷　(明)盧枏撰　清同治四年(1865)刻本　五冊

410000－2242－0002525　814.7/L814C
蚋蠓集五卷　(明)盧枏撰　清同治四年(1865)刻本　五冊

410000－2242－0002526　814.7/L945
去僞齋集十卷　(明)呂坤撰　清道光七年(1827)開封府署刻本　十二冊

410000－2242－0002527　814.7/S464/2
薛文清公薛先生文集二十四卷　(明)薛瑄撰　(明)張鼎編　清雍正十二年(1734)薛氏刻本　十二冊

410000－2242－0002528　S814.7/S663
新刊宋學士全集三十三卷　(明)宋濂撰　明嘉靖三十年(1551)修清初周日燦補修刻本　十二冊

410000－2242－0002529　814.7/S665
宋布衣文集一卷詩集二卷清平閣倡和詩一卷　(明)宋登春撰　清乾隆二十一年(1756)試意堂刻本　四冊

410000－2242－0002530　814.7/S826
夏峰先生集十四卷補遺二卷　(明)孫奇逢撰　清道光二十五年(1845)大梁書局刻本　八冊

410000－2242－0002531　814.7/S837
滄螺集六卷附錄一卷　(明)孫作撰　清光緒二十二年(1896)刻本　一冊

410000－2242－0002532　814.7/S.138/2
史忠正公集四卷首一卷末一卷　(明)史可法撰　清咸豐二年(1852)刻本　二冊

410000－2242－0002533　814.7/S.138/3

史忠正公集四卷首一卷末一卷　（明）史可法撰　清同治十年(1871)繡谷麗澤書屋刻本　二冊

410000－2242－0002534　814.7/S.138/4

史忠正公集四卷首一卷末一卷　（明）史可法撰　清光緒二十三年(1897)湘南書局刻本　二冊

410000－2242－0002535　814.7/T652

堵文忠公集十卷附錄一卷年譜一卷　（明）堵允錫撰　清光緒十三年(1887)刻本　六冊

410000－2242－0002536　S814.7/T.222

袁中郎先生批評唐伯虎彙集四卷附外集一卷　（明）唐寅撰　（明）袁宏道評　明刻本　一冊

410000－2242－0002537　814.7/T.222/1A

重刊校正唐荆川先生文集十二卷補遺五卷外集三卷附錄一卷　（明）唐順之撰　清光緒三十年(1904)江南書局刻本　十冊

410000－2242－0002538　814.7/T.222/1B

重刊校正唐荆川先生文集十二卷補遺五卷外集三卷附錄一卷　（明）唐順之撰　清光緒三十年(1904)江南書局刻本　十冊

410000－2242－0002539　814.7/T.222/1C

重刊校正唐荆川先生文集十二卷補遺五卷外集三卷附錄一卷　（明）唐順之撰　清光緒三十年(1904)江南書局刻本　十冊

410000－2242－0002540　814.7/T.222/1D

重刊校正唐荆川先生文集十二卷補遺五卷外集三卷附錄一卷　（明）唐順之撰　清光緒三十年(1904)江南書局刻本　十冊

410000－2242－0002541　814.7/T.222/3

六如居士全集七卷補遺一卷外集六卷畫譜三卷附製義一卷花塢聯吟四卷墨亭新賦一卷　（明）唐寅撰　（清）唐仲冕編　清嘉慶六年(1801)刻本　六冊

410000－2242－0002542　814.7/V.362/1

止止堂集五卷　（明）戚繼光撰　清光緒十四年(1888)山東書局刻本　四冊

410000－2242－0002543　814.7/V.772/1

洹詞十二卷　（明）崔銑撰　清乾隆三十六年(1771)同安黃氏刻本　六冊

410000－2242－0002544　814.7/V.772/2

洹詞十二卷　（明）崔銑撰　清同治二年(1863)刻本　六冊

410000－2242－0002545　814.7/W224

龍谿王先生全集二十二卷　（明）王畿撰　（明）丁賓編　清光緒八年(1882)刻本　六冊　存十一卷(一至十一)

410000－2242－0002546　S814.7/W224/1

王王屋遺稿二卷　（清）王昇撰　清康熙三十九年(1700)王氏刻本　二冊

410000－2242－0002547　S814.7/W244

弇州山人續稿二百〇七卷目錄十卷　（明）王世貞撰　明刻本　六十二冊　存一百八十八卷(一至五十五、六十七至一百〇七、一百二十六至二百〇七,目錄十卷)

410000－2242－0002548　814.7/W244/1

蒼谷全集十二卷附錄一卷　（明）王尚絅撰　清乾隆密止堂刻本　十二冊

410000－2242－0002549　814.7/W244/4

讀書後八卷　（明）王世貞撰　清乾隆味菜廬木活字本　四冊

410000－2242－0002550　814.7/W251/2

黎陽王襄敏公集四卷　（明）王越撰　清刻本　四冊

410000－2242－0002551　814.7/W479

甔甀稿選三卷　（明）吳國倫撰　（清）陶成瑜選　清康熙五年(1666)刻本　二冊　存二卷(上中)

410000－2242－0002552　814.7/Y193/1

楊忠愍公全集四卷　（明）楊繼盛撰　清康熙刻本　四冊

410000－2242－0002553　814.7/Y193/2

楊忠愍公集四卷　（明）楊繼盛撰　清光緒二十一年(1895)刻本　四冊

410000－2242－0002554　814.7/Y193/3

楊椒山先生集四卷　（明）楊繼盛撰　清道光二十一年(1841)會文齋刻本　二冊

410000－2242－0002555　814.7/Y215

楊忠烈公文集五卷　（明）楊漣撰　清宣統三年(1911)文盛書局石印本　四冊

410000－2242－0002556　S814.7/Y225

升庵先生文集八十一卷目錄四卷　（明）楊慎撰　明萬曆二十九年(1601)刻本　十冊

410000－2242－0002557　814.7/Y225/1

太史升庵全集八十一卷目錄二卷　（明）楊慎撰　清康熙刻本　二十九冊

410000－2242－0002558　S814.7/Y225/2

楊升庵文集七種　（明）楊慎撰　明萬曆焦竑刻本　十冊

410000－2242－0002559　814.7/Y458

鈐山堂集四十卷　（明）嚴嵩撰　清乾隆二十三年(1758)刻本　十冊

410000－2242－0002560　814.7/Y495

欽定洞麓堂集十卷續集二十八卷　（明）尹臺撰　清嘉慶五年(1800)尹氏刻本　十二冊

410000－2242－0002561　S814.7/Y713

吳皋先生續集四卷　（明）喻時撰　明嘉靖四十五年(1566)刻明隆慶增補安希堯刻本　四冊

410000－2242－0002562　814.7/Y818/1

黎雲館類定袁中郎全集二十四卷目錄二十四卷　（明）袁宏道撰　清道光刻本　十六冊

410000－2242－0002563　814.8/C285

茗柯文初編一卷二編二卷三編一卷四編一卷　（清）張惠言撰　清光緒七年(1881)刻本　二冊

410000－2242－0002564　814.8/C292A

月齋文集八卷詩集四卷　（清）張穆撰　（清）吳履敬　（清）吳式訓編　清咸豐八年(1858)刻本　四冊

410000－2242－0002565　814.8/C292B

月齋文集八集詩集四卷　（清）張穆撰　（清）吳履敬　（清）吳式訓編　清咸豐八年(1858)刻本　六冊

410000－2242－0002566　814.8/C292C

月齋文集八集詩集四卷　（清）張穆撰　（清）吳履敬　（清）吳式訓編　清咸豐八年(1858)刻本　六冊

410000－2242－0002567　814.8/C297A

正誼堂文集四十卷首一卷　張伯行撰　清光緒二年(1876)揚烈堂刻本　二十冊

410000－2242－0002568　814.8/C297B

正誼堂文集四十卷　張伯行撰　清光緒二年(1876)揚烈堂刻本　二十冊

410000－2242－0002569　814.8/C297C

正誼堂文集四十卷　張伯行撰　清光緒二年(1876)揚烈堂刻本　二十冊

410000－2242－0002570　814.8/C297D

正誼堂文集四十卷首一卷　張伯行撰　清光緒二年(1876)揚烈堂刻本　二十冊

410000－2242－0002571　S814.08/C298

廣文選刪□□卷　（明）張溥刪閱　明末刻本　八冊　存十卷(二至十一)

410000－2242－0002572　814.08/C298/1

漢魏六朝百三家集一百十八卷　（明）張溥編　清光緒五年(1879)信述堂刻本　一百冊

410000－2242－0002573　814.08/C298/2

漢魏六朝百三家集一百十八卷　（明）張溥編　清光緒十八年(1892)章經濟堂刻本　一百十四冊

410000－2242－0002574　S814.08/C298/5

漢魏六朝百三名家集一百十八卷　（明）張溥輯　明末刻本　六冊

410000－2242－0002575　814.8/C311

養素堂文集三十四卷　（清）張澍撰　清道光棗華書屋刻本　十五冊

410000－2242－0002576　814.08/C316A

學海堂三集二十四卷　（清）張維屏編　清咸
豐九年(1859)啟秀山房刻本　六冊

410000－2242－0002577　814.08/C316B

學海堂三集二十四卷　（清）張維屏編　清咸
豐九年(1859)啟秀山房刻本　十冊

410000－2242－0002578　814.8/C317/3

濂亭文集八卷　（清）張裕釗撰　（清）查燕緒
編　清光緒八年(1882)海寧查氏木漸齋刻本
六冊

410000－2242－0002579　814.08/C318/1A

古文苑二十一卷　（宋）章樵註　清光緒十二
年(1886)江蘇書局刻本　四冊

410000－2242－0002580　814.08/C318/1B

古文苑二十一卷　（宋）章樵注　清光緒十二
年(1886)江蘇書局刻本　四冊

410000－2242－0002581　814.08/C318/2－1A

古文苑二十一卷　（宋）章樵註　清光緒十二
年(1886)江蘇書局刻本　四冊

410000－2242－0002582　814.08/C318/2－1B

古文苑二十一卷　（宋）章樵註　清光緒十二
年(1886)江蘇書局刻本　四冊

410000－2242－0002583　814.08/C318/2－2A

續古文苑二十卷　（清）孫星衍編　清光緒九
年(1883)江蘇書局刻本　六冊

410000－2242－0002584　814.08/C318/2－2B

續古文苑二十卷　（清）孫星衍編　清光緒九
年(1883)江蘇書局刻本　六冊

410000－2242－0002585　814.8/C321A

思綺堂文集十卷　（清）章藻功撰　清康熙刻
本　十冊

410000－2242－0002586　814.8/C321B

思綺堂文集十卷　（清）章藻功撰　清康熙刻
本　二十冊

410000－2242－0002587　814.8/C321C

思綺堂文集十卷　（清）章藻功撰　清康熙刻
本　三冊　存四卷(三至六)

410000－2242－0002588　814.8/C386

青草堂集十二卷二集六卷三集十六卷補集七
卷文約鈔二卷　（清）趙國華撰　清光緒刻本
十七冊

410000－2242－0002589　814.8/C529/4

板橋詩鈔不分卷板橋家書不分卷板橋詞鈔不
分卷　（清）鄭燮撰　清末刻本　四冊

410000－2242－0002590　814.8/C531

鄭中丞益樓集三卷　（清）鄭敦謹撰　清末刻
本　二冊　存二卷(二至三)

410000－2242－0002591　S814.8/C675

賴古堂集二十四卷　（清）周亮工撰　清康熙
二十一年(1682)懷德堂刻本　六冊

410000－2242－0002592　814.08/C679

宮閨文選二十六卷　（清）周壽昌輯　清道光
二十六年(1846)刻本　十冊

410000－2242－0002593　814.8/C683/1A

春酒堂文集不分卷　（清）周容撰　清宣統二
年(1910)國學扶輪社鉛印本　一冊

410000－2242－0002594　814.8/C683/1B

春酒堂文集不分卷　（清）周容撰　清宣統二
年(1910)國學扶輪社鉛印本　一冊

410000－2242－0002595　814.8/C683/1C

春酒堂文集不分卷　（清）周容撰　清宣統二
年(1910)國學扶輪社鉛印本　一冊

410000－2242－0002596　814.8/C683/2

周憩亭集十卷首一卷末一卷　（清）周玉瓚撰
清光緒五年(1879)刻本　四冊

410000－2242－0002597　814.8/C685/1A

志遠堂文集十卷附四大觀樓詩鈔八卷　（清）
鄒鍾撰　清光緒十二年(1886)山東王氏刻本
五冊　存九卷(二至十)

410000－2242－0002598　814.8/C685/1B

志遠堂文集十卷附四大觀樓詩鈔八卷　（清）
鄒鍾撰　清光緒十二年(1886)山東王氏刻本
八冊

410000－2242－0002599　814.8/C685/2

世忠堂文集六卷附家傳一卷守城善後紀略一卷　（清）鄒鳴鶴撰　清同治二年(1863)刻本　八冊

410000－2242－0002600　814.8/C744

朱九江先生集十卷首一卷　（清）朱次琦撰　（清）簡朝亮撰卷首　清光緒二十三年(1897)刻本　四冊

410000－2242－0002601　814.8/C768

小萬卷齋文稿二十四卷經末一卷　（清）朱琦撰　清光緒十一年(1885)涇縣朱氏嘉樹山房刻本　十二冊

410000－2242－0002602　S814.8/C771/1

曝書亭集八十卷附錄一卷　（清）朱彝尊撰　清乾隆刻本　十二冊

410000－2242－0002603　814.8/C771/2

曝書亭集八十卷　（清）朱彝尊撰　笛漁小稿十卷　（清）朱昆田撰　清光緒十五年(1889)刻本　二十冊

410000－2242－0002604　814.08/C876

金文雅十六卷　（清）莊仲方輯　清光緒十七年(1891)江蘇書局刻本　四冊

410000－2242－0002605　S814.8/C.238

怡古堂文鈔不分卷　（清）常茂徠撰　清同治稿本　二冊

410000－2242－0002606　S814.08/C.377/1

古文奇賞二十二卷目錄一卷略紀一卷　（明）陳仁錫評選　明萬曆四十六年(1618)刻本　一冊　存三卷(一、目錄一卷、略紀一卷)

410000－2242－0002607　S814.08/C.377/2

四續古文奇賞五十三卷　（明）陳仁錫評選　明天啟五年(1625)刻本　二十冊

410000－2242－0002608　814.8/C.381

句溪雜著六卷　（清）陳立撰　清光緒十四年(1888)廣雅書局刻本　一冊

410000－2242－0002609　814.8/C.393A

午亭文編五十卷　（清）陳廷敬撰　清乾隆四十三年(1778)侯官林佶刻本　十冊

410000－2242－0002610　814.8/C.393B

午亭文編五十卷　（清）陳廷敬撰　清乾隆四十三年(1778)侯官林佶刻本　十六冊

410000－2242－0002611　814.8/C.393C

午亭文編五十卷　（清）陳廷敬撰　清乾隆四十三年(1778)侯官林佶刻本　十六冊

410000－2242－0002612　814.8/C.396A

陳其年先生湖海樓全集五十四卷　（清）陳維崧撰　清康熙患立堂刻本　十四冊

410000－2242－0002613　814.8/C.396B

陳其年先生湖海樓全集五十四卷　（清）陳維崧撰　清康熙患立堂刻本　十二冊

410000－2242－0002614　814.8/C.396/3

陳迦陵文集六卷　（清）陳維崧撰　清道光刻本　一冊　存三卷(四至六)

410000－2242－0002615　814.8/C.396/4

陳迦陵儷體文集十卷附迦陵詞全集十五卷　（清）陳維崧撰　清道光刻本　七冊

410000－2242－0002616　814.8/C.396/5

陳檢討集二十卷　（清）陳維崧撰　清康熙三十二年(1693)漁古山房刻本　六冊

410000－2242－0002617　814.8/C.396/7

陳檢討集十二卷詩鈔十卷詞鈔八卷　（清）陳維崧撰　（清）蔣景祁等編　清康熙二十三年(1684)天藜閣刻本　一冊　存十二卷(集一至六、十至十二，詩鈔七至九)

410000－2242－0002618　814.8/C.396/8

陳檢討集二十卷　（清）陳維崧撰　（清）程師恭註　清康熙三十三年(1694)刻本　四冊

410000－2242－0002619　814.8/C.396/9

陳檢討集二十卷　（清）陳維崧撰　（清）程師恭註　清康熙三十二年(1693)漁古山房刻本　二冊

410000－2242－0002620　814.8/C.397

太乙舟文集八卷　（清）陳用光撰　觀象居詩鈔二卷　（清）陳蘭瑞撰　清道光二十三年(1843)刻本　八冊

410000－2242－0002621　814.08/C.572/1

古文七種　（清）儲欣編選　清光緒九年
(1883)靜遠堂刻本　三十二冊

410000－2242－0002622　814.08/C.572/2

重訂七種文選七種　（清）儲欣編選　清乾隆
五十年(1785)二南堂刻本　八冊　存一種十
四卷(左傳選一至十四)

410000－2242－0002623　814.8/D129

紀文達公遺集文十六卷詩十六卷　（清）紀昀
撰　（清）紀樹馨編　清嘉慶十七年(1812)紀
樹馨刻本　十六冊

410000－2242－0002624　814.8/D131

改亭集十八卷　（清）計東撰　清康熙刻本
六冊

410000－2242－0002625　814.8/D268

湛園未定稿六卷　（清）姜宸英撰　清宣統二
年(1910)汲綆齋書局石印本　六冊

410000－2242－0002626　814.8/D268

湛園未定稿六卷　（清）姜宸英撰　清宣統二
年(1910)汲綆齋書局石印本　六冊

410000－2242－0002627　814.8/D424/1－1

棕亭聯體文鈔十卷　（清）金兆燕撰　清道光
十六年(1836)贈雲軒刻本　三冊

410000－2242－0002628　814.8/D424/1－2

棕亭詩鈔九卷　（清）金兆燕撰　清嘉慶十二
年(1807)贈雲軒刻本　三冊

410000－2242－0002629　814.08/D426

學海堂四集二十八卷　（清）金錫齡編　清光
緒十二年(1886)啟秀山房刻本　十七冊

410000－2242－0002630　814.08/D453A

古文詞略讀本二十四卷　（清）京師大學堂編
　清光緒三十四年(1908)陝西學務公所圖書
局鉛印本　四冊

410000－2242－0002631　814.08/D453B

古文詞略讀本二十四卷　（清）京師大學堂編
　清光緒三十四年(1908)陝西學務公所圖書
局鉛印本　四冊

410000－2242－0002632　814.08/D453C

古文詞略讀本二十四卷　（清）京師大學堂編
　清光緒三十四年(1908)陝西學務公所圖書
局鉛印本　四冊

410000－2242－0002633　S814.8/D455/1

崧台書二種　（清）景日昣撰　清康熙刻本
三冊

410000－2242－0002634　814.8/D.398A

東山草堂文集二十卷　（清）邱嘉穗撰　清光
緒八年(1882)漢陽邱氏刻本　八冊

410000－2242－0002635　814.8/D.398B

東山草堂文集二十卷　（清）邱嘉穗撰　清光
緒八年(1882)漢陽邱氏刻本　八冊

410000－2242－0002636　814.8/D.435A

翁山文外十六卷　（清）屈大均撰　清宣統二
年(1910)國學扶輪社鉛印本　五冊

410000－2242－0002637　814.8/D.435B

翁山文外十六卷　（清）屈大均撰　清宣統二
年(1910)國學扶輪社鉛印本　五冊

410000－2242－0002638　814.08/F184

瀛奎律髓刊誤四十九卷　（元）方回輯　（清）
紀昀批點　清光緒六年(1880)懺花盦刻本
十二冊

410000－2242－0002639　814.8/F185A

方望溪文鈔六卷　（清）方苞撰　清宣統二年
(1910)國學扶輪社鉛印本　五冊

410000－2242－0002640　814.8/F185B

方望溪文鈔六卷　（清）方苞撰　清宣統二年
(1910)國學扶輪社鉛印本　五冊

410000－2242－0002641　814.8/F185/1

望溪文集補遺一卷　（清）方苞撰　清光緒二
十九年(1903)刻本　一冊

410000－2242－0002642　814.8/F185/3

方望溪先生文集十八卷　（清）方苞撰　**年譜
一卷**　（清）蘇惇元編　清咸豐刻本　六冊

410000－2242－0002643　814.8/F185/5

望溪集不分卷　（清）方苞撰　（清）王兆符

（清）程釜輯　清乾隆五年(1740)刻本　十冊

410000－2242－0002644　814.8/F329

顯志堂集十二卷附夢奈詩稿一卷　（清）馮桂芬撰　清光緒二年(1876)校邠廬刻本　八冊

410000－2242－0002645　814.8/F539/2A

霜紅龕集四十卷附錄三卷年譜一卷　（清）傅山撰　清宣統三年(1911)山陽丁氏刻本　十二冊

410000－2242－0002646　814.8/F539/2B

霜紅龕集四十卷附錄三卷年譜一卷　（清）傅山撰　清宣統三年(1911)山陽丁氏刻本　十二冊

410000－2242－0002647　814.8/H217/1A

道古堂全集七十六卷文集四十八卷詩集二十六卷集外文一卷集外詩一卷　（清）杭世駿撰　清乾隆四十一年(1776)槐塘汪沆刻光緒十四年(1888)泉唐汪曾唯振綺堂補刻本　十六冊

410000－2242－0002648　814.8/H217/1B

道古堂全集七十六卷文集四十八卷詩集二十六卷集外文一卷集外詩一卷　（清）杭世駿撰　清乾隆四十一年(1776)槐塘汪沆刻光緒十四年(1888)泉唐汪曾唯振綺堂補刻本　十六冊

410000－2242－0002649　814.8/H217/1C

道古堂全集七十六卷文集四十八卷詩集二十六卷集外文一卷集外詩一卷　（清）杭世駿撰　清乾隆四十一年(1776)槐塘汪沆刻光緒十四年(1888)泉唐汪曾唯振綺堂補刻本　十六冊

410000－2242－0002650　814.8/H361A

義門先生集十二卷附錄一卷　（清）何焯撰（清）吳雲等輯　清宣統三年(1911)中華圖書館石印本　四冊

410000－2242－0002651　814.8/H361B

義門先生集十二卷附錄一卷　（清）何焯撰（清）吳雲等輯　清宣統三年(1911)中華圖書館石印本　四冊

410000－2242－0002652　814.8/H362/1

天根詩鈔二卷文鈔四卷續集一卷　（清）何家琪撰　清光緒三十二年(1906)刻本　四冊

410000－2242－0002653　814.08/H428/1

御選唐宋文醇五十八卷　（清）高宗弘曆編　清道光刻本　十六冊

410000－2242－0002654　814.08/H428/2

御選唐宋文醇五十八卷　（清）高宗弘曆編　清光緒二十三年(1897)巴蜀傅善成堂刻本　二十四冊

410000－2242－0002655　814.8/H432/3

卷施閣文甲集十卷乙集八卷詩集二十卷　（清）洪亮吉撰　清乾隆六十年(1795)貴陽節署刻本　八冊

410000－2242－0002656　814.8/H432/4

卷施閣詩二十卷鮚軒詩八卷　（清）洪亮吉撰　清乾隆六十年(1795)刻本　五冊　存十九卷(卷施閣詩十至二十、鮚軒詩一至八)

410000－2242－0002657　814.8/H496

退補齋文存十二卷　（清）胡鳳丹撰　清同治胡氏退補齋刻本　三冊

410000－2242－0002658　S814.8/H496/1

葆璞堂文集四卷詩集四卷　（清）胡煦撰　清乾隆三十七年(1772)光山胡氏葆璞堂刻本　二冊

410000－2242－0002659　814.8/H497/1A

胡文忠公遺集八十六卷　（清）胡林翼撰（清）鄭敦謹（清）曾國荃編　清同治六年(1867)刻本　三十一冊

410000－2242－0002660　814.8/H497/1B

胡文忠公遺集八十六卷　（清）胡林翼撰（清）鄭敦謹（清）曾國荃編　清同治六年(1867)刻本　三十二冊

410000－2242－0002661　814.8/H497/1C

胡文忠公遺集八十六卷　（清）胡林翼撰（清）鄭敦謹（清）曾國荃編　清同治六年(1867)刻本　三十二冊

410000－2242－0002662　814.8/H497/2

胡文忠公遺集八十六卷首一卷　（清）胡林翼
撰　（清）鄭敦謹　（清）曾國荃編　清光緒十
四年(1888)著易堂鉛印本　八冊

410000－2242－0002663　814.8/H497/3

胡文忠公遺集八十六卷　（清）胡林翼撰
（清）鄭敦謹　（清）曾國荃編　清光緒元年
(1875)湖北崇文書局刻本　三十二冊

410000－2242－0002664　814.8/H499/1A

石筍山房文集六卷補遺一卷詩集十二卷補遺
二卷續補遺二卷　（清）胡天游撰　清咸豐二
年(1852)刻本　十冊

410000－2242－0002665　814.8/H499/1B

石筍山房文集六卷補遺一卷詩集十二卷補遺
二卷續補遺二卷　（清）胡天游撰　清咸豐二
年(1852)刻本　十冊

410000－2242－0002666　814.8/H499/2

石筍山房文集五卷補遺一卷　（清）胡天游撰
清宣統元年(1909)國學扶輪社鉛印本
四冊

410000－2242－0002667　814.8/H499/3

石筍山房文集六卷詩集十二卷詩集補遺二卷
續補遺二卷　（清）胡天游撰　清宣統二年
(1910)國學扶輪社石印本　十冊

410000－2242－0002668　814.8/H654/2

兩當軒集二十二卷考異二卷附錄四卷　（清）
黃景仁撰　清光緒二年(1876)家塾刻本
六冊

410000－2242－0002669　S814.08/H663

合諸名家點評古文鴻藻十二卷　（明）黃士京
輯　明末刻本　六冊

410000－2242－0002670　814.08/H.464A

六朝文絜四卷　（清）許梿評選　清光緒三年
(1877)刻本　三冊

410000－2242－0002671　814.08/H.464B

六朝文絜四卷　（清）許梿評選　清光緒三年
(1877)刻本　一冊

410000－2242－0002672　814.8/H.465

斷鐵集詩存一卷文存一卷附行述一卷墓誌銘
一卷　（清）許炳勳撰　清光緒三十三年
(1907)鉛印本　一冊

410000－2242－0002673　814.8/H.466/1

許酉山集不分卷　（清）許三禮撰　（清）許迪
澍校閱　清雍正乾隆刻本　四冊

410000－2242－0002674　814.8/H.466/2

許松濱先生全集四十三卷首一卷末一卷
（清）許錫麒撰　清光緒十七年(1891)刻本
八冊

410000－2242－0002675　814.8/H.467

鑑止水齋集二十卷　（清）許宗彥撰　清末刻
本　六冊·

410000－2242－0002676　814.8/K122/1A

顧仲恭文集初刻不分卷續刻不分卷　（明）顧
大韶撰　清宣統元年(1909)國學扶輪社鉛印
本　二冊

410000－2242－0002677　814.8/K122/1B

顧仲恭文集初刻不分卷續刻不分卷　（明）顧
大韶撰　清宣統元年(1909)國學扶輪社鉛印
本　二冊

410000－2242－0002678　814.08/K252

古文知新十二卷　（清）高朝瓔注評　（清）沈
世凱訂　清康熙四十五年(1706)學者堂刻本
八冊

410000－2242－0002679　814.8/K272

高陶堂遺集八卷遺文一卷　（清）高心夔撰
清光緒八年(1882)平湖朱氏刻本　三冊

410000－2242－0002680　814.08/K275

歸餘鈔四卷　（清）高塘編　清乾隆五十三年
(1788)刻本　八冊

410000－2242－0002681　814.8/K399

遵汝山房文稿八卷續編四卷　（清）耿興宗撰
（清）耿芸編　清道光二十一年(1841)刻本
六冊

410000－2242－0002682　S814.8/K399/1

125

敬恕堂存稿不分卷 （清）耿介撰 清康熙嵩
陽書院刻本 四冊

410000－2242－0002683 814.8/K411C
竹亭文略一卷 （清）耿迪吉撰 清同治七年
(1868)刻本 一冊

410000－2242－0002684 814.8/K411A
竹亭文略一卷 （清）耿迪吉撰 清同治七年
(1868)刻本 一冊

410000－2242－0002685 S814.08/K439/1
古文正集二編 （明）葛蕭編 明崇禎九年
(1636)刻本 六冊

410000－2242－0002686 814.08/K473
文苑英華選六十卷 （清）宮夢仁編選 清康
熙刻本 二十四冊

410000－2242－0002687 814.8/K481/4A
精刊定盦全集文集三卷續集四卷文集補四卷
續錄一卷拾遺一卷詩集二卷雜詩一卷未刻詩
一卷詞選三卷詞錄一卷手鈔詞一卷未刻詞一
卷年譜一卷 （清）龔自珍撰 清宣統元年
(1909)國學扶輪社鉛印本 七冊

410000－2242－0002688 814.8/K481/4B
精刊定盦全集文集三卷續集四卷文集補四卷
續錄一卷拾遺一卷詩集二卷雜詩一卷未刻詩
一卷詞選三卷詞錄一卷手鈔詞一卷未刻詞一
卷年譜一卷 （清）龔自珍撰 清宣統元年
(1909)國學扶輪社鉛印本 七冊

410000－2242－0002689 814.8/K481/3
定盦全集文集三卷續集四卷文集補二卷續錄
一卷雜詩一卷詞錄一卷 （清）龔自珍撰 清
同治七年(1868)刻本 六冊

410000－2242－0002690 814.8/K481/6A
龔定盦全集文集三卷續集四卷文集補四卷續
錄一卷拾遺一卷詩集二卷雜詩一卷未刻詩一
卷詞選三卷詞錄一卷手鈔詞一卷未刻詞一卷
年譜一卷 （清）龔自珍撰 清宣統二年
(1910)國學扶輪社鉛印本 七冊

410000－2242－0002691 814.8/K481/6B

龔定盦全集文集三卷續集四卷文集補四卷續
錄一卷拾遺一卷詩集二卷雜詩一卷未刻詩一
卷詞選三卷詞錄一卷手抄詞一卷未刻詞一卷
年譜一卷 （清）龔自珍撰 清宣統二年
(1910)國學扶輪社鉛印本 七冊

410000－2242－0002692 814.08/K552
古文辭類要箋證不分卷 （□）□□撰 清末
石印本 十二冊

410000－2242－0002693 814.8/K563
虞東先生文錄八卷 （清）顧鎮撰 清道光刻
本 二冊

410000－2242－0002694 412.117/S467
小學考五十卷 （清）謝啟昆撰 清光緒十五
年(1889)鴻文書局石印本 六冊

410000－2242－0002695 412.117/S467/2
小學考五十卷 （清）謝啟昆編 清光緒十四
年(1888)浙江書局刻本 二十冊

410000－2242－0002696 S412.12/L717
爾雅翼三十二卷 （宋）羅願撰 （元）洪焱祖音
釋 明正德十四年(1519)羅文殊刻本 四冊

410000－2242－0002697 S412.12/L717/1
爾雅翼三十二卷 （宋）羅願撰 （元）洪焱祖
音釋 明崇禎六年(1633)文獻祠刻本 八冊

410000－2242－0002698 412.121/K351/1
小爾雅一卷 （秦）孔鮒撰 （清）朱駿聲約注
清道光刻本 一冊

410000－2242－0002699 412.121/K351/2
離騷賦一卷 （楚）屈原撰 （漢）王逸注
（清）朱駿聲補注 清道光刻本 一冊

410000－2242－0002700 412.121/K438
小爾雅疏證五卷 （清）葛其仁撰 清道光十
九年(1839)刻本 四冊

410000－2242－0002701 412.121/W229/1
小爾雅疏八卷 （清）王煦撰 清光緒十一年
(1885)邵武徐氏刻本 四冊

410000－2242－0002702 412.121/W229/2
小爾雅疏八卷 （清）王煦撰 清光緒十一年

(1885)邵武徐氏刻本　二冊

410000－2242－0002703　S412.122/L642
[篆文]釋名疏證八卷補遺一卷續釋名一卷
（漢）劉熙撰　清乾隆刻本　二冊

410000－2242－0002704　412.122/L642/2
釋名疏證補八卷續釋名釋名補遺共一卷疏證
補附一卷　（漢）劉熙撰　王先謙集　清光緒
二十二年(1896)刻本　三冊

410000－2242－0002705　412.122/L642/3
釋名疏證補八卷續釋名釋名補遺共一卷疏證
補附一卷　（漢）劉熙撰　王先謙集　清光緒
二十二年(1896)刻本　四冊

410000－2242－0002706　412.123/L793
埤雅二十卷　（宋）陸佃撰　清藝林山房刻本
四冊

410000－2242－0002707　412.123/W236/1
廣雅疏證十卷附博雅音十卷　（清）王念孫撰
清刻本　十二冊

410000－2242－0002708　412.123/W236/2
廣雅疏證十卷　（清）王念孫撰　清刻本
十冊

410000－2242－0002709　412.123/W236/3A
廣雅疏證十卷　（清）王念孫撰　清光緒五年
(1879)淮南書局刻本　八冊

410000－2242－0002710　412.123/W236/3B
廣雅疏證十卷　（清）王念孫撰　清光緒五年
(1879)淮南書局刻本　八冊

410000－2242－0002711　412.13/W493
字說一卷　（清）吳大澂撰　清光緒十九年
(1893)思賢講舍刻本　一冊

410000－2242－0002712　412.13/Y798/1
經籍纂詁一百〇六卷附補遺一百〇六卷
(清)阮元撰集　清光緒九年(1883)點石齋石
印本　十冊

410000－2242－0002713　412.13/Y798/2
經籍纂詁一百〇六卷首一卷附補遺一百〇六
卷　（清）阮元撰集　清同治十二年(1873)淮

南書局刻本　四十八冊

410000－2242－0002714　412.13/Y798/3
經籍纂詁一百〇六卷首一卷附補遺一百〇六
卷　（清）阮元撰集　清光緒六年(1880)淮南
書局刻本　四十八冊

410000－2242－0002715　412.13/Y798/4
經籍纂詁一百〇六卷首一卷附補遺一百〇六
卷　（清）阮元撰集　清光緒六年(1880)淮南
書局刻本　四十冊

410000－2242－0002716　412.18/L637/2A
助字辨略五卷　（清）劉淇撰　清咸豐五年
(1855)刻本　五冊

410000－2242－0002717　412.18/L637/2B
助字辨略五卷　（清）劉淇撰　清咸豐五年
(1855)刻本　五冊

410000－2242－0002718　412.18/W498A
別雅五卷　（清）吳玉搢輯　清道光二十九年
(1849)小蓬萊山館刻本　五冊

410000－2242－0002719　412.18/W498B
別雅五卷　（清）吳玉搢輯　清乾隆十年
(1745)程氏督經堂刻本　五冊

410000－2242－0002720　412.2/C317
復古編二卷　（宋）張有撰　清光緒八年
(1882)淮南書局刻本　二冊

410000－2242－0002721　412.2/L637
隸韻十卷附考證二卷　（宋）劉球纂　（清）翁
方綱考證　清嘉慶十五年(1810)江都秦氏刻
本　六冊

410000－2242－0002722　412.2/L655
古文審八卷首一卷　（清）劉心源撰　清光緒
十七年(1891)嘉魚劉氏龍江樓刻本　六冊

410000－2242－0002723　412.2/S914
徐氏三種　（清）徐士業校刊　清光緒十七年
(1891)文成堂刻本　四冊

410000－2242－0002724　412.2/S.139/1
急就篇四卷　（漢）史游撰　（唐）顏師古注
(宋)王應麟補註　清光緒六年(1880)福山王

氏天壤閣刻本　一冊

410000－2242－0002725　412.2/S.169A
增訂金壺字考十九卷　（清）釋適之原編
（清）田朝恆增訂　二集二十一卷補錄一卷補
注一卷　（清）田朝恆續編　清乾隆刻本
四冊

410000－2242－0002726　412.2/S.169B
金壺字考十九卷　（清）釋適之原編　（清）田
朝恆增訂　二集二十一卷補錄一卷補注一卷
　（清）田朝恆續編　清乾隆刻本　四冊

410000－2242－0002727　412.21/L339
倉頡篇三卷　（清）陳其榮輯　清光緒十八年
(1892)石埭徐氏觀自得齋刻本　一冊

410000－2242－0002728　412.22/C286
說文楬原二卷　（清）張行孚撰　清刻本
二冊

410000－2242－0002729　412.22/C286
說文發疑六卷　（清）張行孚述　清光緒九年
(1883)刻本　二冊

410000－2242－0002730　412.22/C518
說文逸字二卷　（清）鄭珍撰　附錄一卷
(清)鄭知同撰　清光緒福山王氏刻本　一冊

410000－2242－0002731　412.22/C767/1
說文通訓定聲十八卷補遺十八卷　（清）朱駿
聲撰　清光緒八年(1882)臨嘯閣刻本　二十
二冊

410000－2242－0002732　412.22/C767/2
說文通訓定聲十八卷柬韻一卷附說雅十九篇
古今韻準一卷行狀一卷　（清）朱駿聲撰　清
同治臨嘯閣刻本　二十四冊

410000－2242－0002733　412.22/C767/3
說文通訓定聲十八卷附說雅十九篇古今韻準
一卷　（清）朱駿聲撰　清同治臨嘯閣刻本
三十冊

410000－2242－0002734　412.22/C767/4
說文通訓定聲十八卷柬韻一卷附說雅十九篇
古今韻準一卷行狀一卷　（清）朱駿聲撰　清

同治臨嘯閣刻本　二十三冊

410000－2242－0002735　412.22/C767/5A
說文通訓定聲十八卷柬韻一卷附說雅十九篇
古今韻準一卷行狀一卷　（清）朱駿聲撰　清
同治臨嘯閣刻本　二十四冊

410000－2242－0002736　412.22/C767/5B
說文通訓定聲十八卷柬韻一卷附說雅十九篇
古今韻準一卷行狀一卷　（清）朱駿聲撰　清
同治臨嘯閣刻本　二十四冊

410000－2242－0002737　S412.22/H.466
說文解字十五卷　（漢）許慎撰　清初毛氏汲
古閣刻本　八冊

410000－2242－0002738　412.22/H.466/3
說文解字十五卷　（漢）許慎撰　說文通檢十
四卷首一卷末一卷　（清）黎永椿撰　清同治
十二年(1873)刻本　十冊

410000－2242－0002739　412.22/H.466/4
說文解字十五卷　（漢）許慎撰　清同治十二
年(1873)刻本　八冊

410000－2242－0002740　412.22/K718/1
說文解字義證五十卷　（清）桂馥撰　清同治
九年(1870)湖北崇文書局刻本　三十二冊

410000－2242－0002741　412.22/K718/2A
說文解字義證五十卷　（清）桂馥撰　清同治
九年(1870)湖北崇文書局刻本　三十二冊

410000－2242－0002742　412.22/K718/2B
說文解字義證五十卷　（清）桂馥撰　清同治
九年(1870)湖北崇文書局刻本　三十二冊

410000－2242－0002743　412.22/K718/2C
說文解字義證五十卷　（清）桂馥撰　清同治
九年(1870)湖北崇文書局刻本　三十二冊

410000－2242－0002744　412.22/K718/3
說文解字義證五十卷　（清）桂馥撰　清同治
九年(1870)湖北崇文書局刻本　三十二冊

410000－2242－0002745　412.22/K718/4
說文解字義證五十卷　（清）桂馥撰　清同治
九年(1870)湖北崇文書局刻本　三十二冊

410000 – 2242 – 0002746　412.22/K718/5

說文解字義證五十卷　（清）桂馥撰　清同治
九年(1870)湖北崇文書局刻本　八冊　存十
二卷(十至二十一)

410000 – 2242 – 0002747　412.22/L324A

說文辨字正俗八卷　（清）李富孫撰　清嘉慶
刻本　四冊

410000 – 2242 – 0002748　412.22/L324B

說文辨字正俗八卷　（清）李富孫撰　清嘉慶
刻本　四冊

410000 – 2242 – 0002749　412.22/L324C

說文辨字正俗八卷　（清）李富孫撰　清嘉慶
刻本　四冊

410000 – 2242 – 0002750　412.22/L358A

說文通檢十四卷首一卷末一卷　（清）黎永椿
編　清光緒二年(1876)崇文書局刻本　二冊

410000 – 2242 – 0002751　412.22/L358/2

說文通檢十四卷首一卷末一卷　（清）黎永椿
編　清光緒二年(1876)文昌書局刻本　二冊

410000 – 2242 – 0002752　412.22/L867/1

雷刻四種　（清）雷浚編　清光緒十年(1884)
雷氏刻本　五冊

410000 – 2242 – 0002753　412.22/L867/2

雷刻四種　（清）雷浚編　清光緒十年(1884)
雷氏刻本　六冊

410000 – 2242 – 0002754　412.22/M615

仿唐寫本說文解字木部箋異一卷　（清）莫友
芝撰　清同治二年(1863)刻本　一冊

410000 – 2242 – 0002755　412.22/N.312

說文解字校錄十五卷　（清）鈕樹玉撰　清光
緒十一年(1885)江蘇書局刻本　十四冊

410000 – 2242 – 0002756　412.22/N.313

段氏說文注訂八卷　（清）鈕樹玉撰　清同治
十三年(1874)湖北崇文書局刻本　二冊

410000 – 2242 – 0002757　412.22/S463

說文答問疏證六卷　（清）薛傳均撰　清光緒
十三年(1887)鴻寶齋書局石印本　二冊

410000 – 2242 – 0002758　412.22/S898

說文繫傳四十卷附校勘記三卷　（南唐）徐鍇
（清）祁寯藻撰　清道光十九年(1839)壽陽
祁寯藻刻本　八冊

410000 – 2242 – 0002759　412.22/S898/2

說文繫傳四十卷附校勘記三卷　（南唐）徐鍇
（清）祁寯藻撰　清道光十九年(1839)壽陽
祁寯藻刻本　八冊

410000 – 2242 – 0002760　412.22/T679/1

說文解字注三十卷六書音均表二卷　（清）段
玉裁撰　說文通檢十四卷首一卷末一卷
（清）黎永椿撰　清光緒十四年(1888)蜚英館
石印本　八冊

410000 – 2242 – 0002761　412.22/T679/4A

說文解字注三十二卷　（清）段玉裁撰　說文
通檢十四卷首一卷末一卷　（清）黎永椿撰
說文解字注匡謬八卷　（清）徐承慶撰　清宣
統二年(1910)江左書林石印本　八冊

410000 – 2242 – 0002762　412.22/T679/4B

段注說文解字部目分韻一卷　（清）陳奐撰
六書音均表五卷汲古閣說文訂一卷　（清）段
玉裁撰　說文通檢十四卷首一卷末一卷
（清）黎永椿撰　清光緒十六年(1890)石印本
一冊

410000 – 2242 – 0002763　412.22/T679/4C

說文解字注三十二卷　（清）段玉裁撰　清嘉
慶二十年(1815)經韻樓刻本　十六冊

410000 – 2242 – 0002764　412.22/T679/5

說文解字注三十二卷　（清）段玉裁撰　清同
治六年(1867)刻本　十六冊

410000 – 2242 – 0002765　412.22/T679/8

說文解字注三十二卷　（清）段玉裁撰　說文
通檢十四卷首一卷末一卷　（清）黎永椿撰
說文解字注匡謬八卷　（清）徐承慶撰　清宣
統二年(1910)江左書林石印本　八冊

410000 – 2242 – 0002766　412.22/T679/9A

說文解字注三十二卷附汲古閣說文訂一卷
（清）段玉裁撰　清光緒元年(1875)湖北崇文

書局刻本　十八冊

410000－2242－0002767　412.22/T679/9B

說文解字注三十二卷附汲古閣說文訂一卷
（清）段玉裁撰　清光緒元年(1875)湖北崇文
書局刻本　十八冊

410000－2242－0002768　412.22/V.482

說文答問疏證六卷　（清）錢大昕撰　（清）薛
傳均注　清刻本　二冊

410000－2242－0002769　412.22/W251/1

安邱王氏說文三種附文字蒙求四卷　（清）王
筠撰　清同治四年(1865)刻本　三十四冊

410000－2242－0002770　412.22/W251/4A

說文繫傳校錄三十卷　（清）王筠撰　清同治
刻本　三冊

410000－2242－0002771　412.22/W251/4B

說文繫傳校錄三十卷　（清）王筠撰　清同治
刻本　三冊

410000－2242－0002772　412.22/W251/5

說文繫傳校錄三十卷　（清）王筠撰　清同治
刻本　四冊

410000－2242－0002773　412.22/W251/6A

說文句讀三十卷附補正三十卷　（清）王筠撰
　清同治四年(1865)刻本　十五冊

410000－2242－0002774　412.22/W251/6B

說文句讀三十卷附補正三十卷　（清）王筠撰
　書清同治四年(1865)刻本　十六冊

410000－2242－0002775　412.22/W251/7

說文句讀三十卷附補正三十卷　（清）王筠撰
　清涵芬樓刻本　十四冊

410000－2242－0002776　412.22/W251/10

說文釋例二十卷　（清）王筠撰　清光緒十二
年(1886)積山書局石印本　六冊

410000－2242－0002777　412.22/W251/11A

說文釋例二十卷　（清）王筠撰　清同治四年
(1865)刻本　十三冊

410000－2242－0002778　412.22/W251/11B

說文釋例補正二十卷　（清）王筠撰　清同治
四年(1865)刻本　一冊

410000－2242－0002779　412.22/W251/12

說文釋例二十卷　（清）王筠撰　清同治四年
(1865)刻本　十一冊

410000－2242－0002780　412.22/W251/13

說文釋例二十卷　（清）王筠撰　清同治四年
(1865)刻本　十一冊　存二卷(五至六)

410000－2242－0002781　412.22/Y262/1A

說文校議十五卷　（清）姚文田　（清）嚴可均
撰　清同治十三年(1874)歸安姚氏刻本
五冊

410000－2242－0002782　412.22/Y262/1B

說文校議十五卷　（清）姚文田　（清）嚴可均
撰　清同治十三年(1874)歸安姚氏刻本
六冊

410000－2242－0002783　412.223/C.381

聲律通考十卷　（清）陳澧撰　清咸豐十年
(1860)刻本　二冊

410000－2242－0002784　412.223/D192

音韻貫珠一卷　（清）賈椿齡編　清嘉慶九年
(1804)雨化堂刻本　一冊

410000－2242－0002785　412.223/D267

古韻標準四卷首一卷　（清）江永編　清乾隆
三十六年(1771)刻本　六冊

410000－2242－0002786　412.223/S898A

說文解字韻譜十卷　（南唐）徐鍇撰　清同治
三年(1864)吳縣馮桂芬刻本　二冊

410000－2242－0002787　412.223/S898B

說文解字韻譜十卷　（南唐）徐鍇撰　清同治
三年(1864)吳縣馮桂芬刻本　二冊

410000－2242－0002788　412.223/V.362

**漢學諧聲二十四卷附說文補考一卷說文又考
一卷**　（清）戚學標撰　清嘉慶刻本　八冊

410000－2242－0002789　412.223/Y457

說文聲類十六卷後敘一卷　（清）嚴可均撰
清光緒十四年(1888)南菁書院刻本　一冊

410000 – 2242 – 0002790　S412.224/C678

六書正譌五卷　（元）周伯琦編注　（明）胡正言訂纂　明崇禎十竹齋刻本　五冊

410000 – 2242 – 0002791　412.224/F539

六書分類十二卷首一卷　（清）傅世垚輯纂　清乾隆五十四年(1789)聽松閣刻本　十三冊

410000 – 2242 – 0002792　S412.224/F539/1

六書分類十二卷首一卷　（清）傅世垚撰　清康熙四十四年(1705)聽松閣刻本　九冊

410000 – 2242 – 0002793　412.224/M526/1

六書通十卷　（明）閔齊伋撰　（清）畢弘述篆訂　清順治十八年(1661)基閎堂刻本　六冊

410000 – 2242 – 0002794　412.224/M526/2

六書通十卷　（明）閔齊伋撰　（清）畢弘述篆訂　清廣益書局石印本　五冊

410000 – 2242 – 0002795　412.224/M526/3

六書通十卷　（明）閔齊伋撰　（清）畢弘述篆訂　清乾隆六十年(1795)刻本　八冊

410000 – 2242 – 0002796　412.224/M526/4

六書通十卷首一卷　（明）閔齊伋撰　（清）畢弘述篆訂　清光緒十九年(1893)上海書局石印本　五冊

410000 – 2242 – 0002797　S412.224/W327

六書精蘊六卷　（明）魏校撰　音釋舉要一卷　（明）徐官撰　明嘉靖十九年(1540)刻本　十二冊

410000 – 2242 – 0002798　412.225/K564

說文辨疑一卷　（清）顧廣圻撰　清光緒三年(1877)崇文書局刻本　一冊

410000 – 2242 – 0002799　412.2251/H.581

經韻集字析解二卷附編一卷　（清）熊守謙訂　（清）彭良敞注　清道光十三年(1833)河南撫署刻本　二冊

410000 – 2242 – 0002800　412.2253/S838/2

古籀拾遺三卷附宋鄭和禮器文字考一卷　（清）孫詒讓撰　清同治刻本　四冊

410000 – 2242 – 0002801　412.2253/W493/1

說文古籀補十四卷附錄一卷補遺一卷　（清）吳大澂撰　清光緒十年(1884)刻本　二冊

410000 – 2242 – 0002802　412.227/M615

唐寫本說文解字木部箋異一卷　（清）莫友芝撰　清同治三年(1864)安慶刻本　一冊

410000 – 2242 – 0002803　412.23/L761/2

班馬字類二卷　（宋）婁機撰　清光緒九年(1883)知不足齋刻本　四冊

410000 – 2242 – 0002804　412.28/T634

冢緟四十八卷　（清）杜大恆撰　清光緒二十二年(1896)麗峰書屋刻本　八冊

410000 – 2242 – 0002805　412.3/J254

小學鉤沉十九卷　（清）任大椿輯　（清）王念孫校正　清光緒十年(1884)龍氏刻本　二冊

410000 – 2242 – 0002806　412.3/K563

小學鉤沉續編八卷　（清）顧震福撰　清光緒十八年(1892)刻本　四冊

410000 – 2242 – 0002807　811.18/L656

韻香閣詩草一卷　（清）孔祥淑撰　清光緒十五年(1889)浙江官書局刻本　一冊

410000 – 2242 – 0002808　412.4/K775/2

汗簡七卷　（宋）郭忠恕撰　清光緒五年(1879)點石齋石印本　一冊

410000 – 2242 – 0002809　412.4/Y818/1

選集漢印分韻二卷續集二卷　（清）袁日省編　（清）謝雲生摹錄　選集漢印分韻續集二卷　（清）謝景卿纂摹　清嘉慶二年(1797)漱藝堂刻本　續集嘉慶八年(1803)刻本　四冊

410000 – 2242 – 0002810　412.45/L761

漢隸字源六卷　（宋）婁機撰　清光緒三年(1877)川東官舍刻本　六冊

410000 – 2242 – 0002811　811.18/V.186/1

文杏堂詩賸一卷　（清）趙青士撰　清光緒十年(1884)蕭隆盛刻本　一冊

410000 – 2242 – 0002812　412.48/L231

簡字叢錄一卷　勞乃宣編　清光緒三十二年(1906)刻本　一冊

410000－2242－0002813　413/C317/1

康熙字典十二集　（清）張玉書等編纂　清光
緒三十年（1904）上海錦章書局石印本　六冊

410000－2242－0002814　413/C317/8

康熙字典十二集　（清）張玉書等編　清刻本
　　八冊　存四集（丑集下、辰集上中下、巳集
上中下、申集下）

410000－2242－0002815　413/C317/9

康熙字典十二集附備考一卷補遺一卷　（清）
張玉書等編　清啟元堂刻本　四十冊

410000－2242－0002816　413/C317/10

康熙字典十二集附備考一卷補遺一卷　（清）
張玉書等編　清啟元堂刻本　四十冊

410000－2242－0002817　413/C317/11

康熙字典十二集附備考一卷補遺一卷　（清）
張玉書等編　清上海鴻寶書局石印本　六冊

410000－2242－0002818　413/C317/12

康熙字典十二集附備考一卷補遺一卷　（清）
張玉書等編　清宣統元年（1909）育文書局石
印本　六冊

410000－2242－0002819　413/C317/13

康熙字典十二集附備考一卷補遺一卷　（清）
張玉書等編　清光緒十三年（1887）同文書局
石印本　六冊

410000－2242－0002820　413/C317/14

康熙字典十二集附備考一卷補遺一卷　（清）
張玉書等編　清光緒十三年（1887）點石齋石
印本　六冊

410000－2242－0002821　413/C.388/1

大廣益會玉篇三十卷　（南朝梁）顧野王撰
（唐）孫強增字　（宋）陳彭年等重修　**玉篇校
勘札記一卷**　（清）鄧顯鶴撰　清道光三十年
（1850）新化鄧氏刻本　三冊

410000－2242－0002822　S413/C.388/3－1

大宋重修廣韻五卷　（宋）陳彭年等撰　清康
熙四十三年（1704）張士俊澤存堂刻本　五冊

410000－2242－0002823　S413/C.388/3－2

大廣益會玉篇三十卷　（南朝梁）顧野王撰
（唐）孫強增字　清康熙四十三年（1704）張士
俊澤存堂刻本　三冊

410000－2242－0002824　413/K774

文科大辭典十二冊　（清）國學扶輪社編　清
宣統三年（1911）中國詞典公司鉛印本　十
二冊

410000－2242－0002825　413/M316/2

龍章字彙十二卷首一卷末一卷　（明）梅膺祚
輯　清乾隆九年（1744）三樂齋刻本　十四冊

410000－2242－0002826　413/M316/4

重訂雲錦字彙十二卷首一卷末一卷　（明）梅
膺祚輯　清康熙二十七年（1688）致和堂刻本
　　七冊　存七卷（子、丑、寅、卯、巳、未，首一
卷）

410000－2242－0002827　413/S.217

藝文備覽一百二十卷附補詳字義十四篇
（清）沙木集注　清嘉慶刻本　三十冊

410000－2242－0002828　413/T351A

隸篇十五卷續十五卷再續十五卷　（清）翟雲
升編　清道光十八年（1838）刻本　十冊

410000－2242－0002829　413/T351B

隸篇十五卷續十五卷再續十五卷　（清）翟雲
升編　清道光十八年（1838）刻本　四冊　存
七卷（一至七）

410000－2242－0002830　413/W251/1

字典考證十二集　（清）王引之等輯　清刻本
　　四冊

410000－2242－0002831　413/W251/2

字典考證十二集　（清）王引之等輯　清光緒
二十一年（1895）鴻文書局石印本　一冊

410000－2242－0002832　415.1/M122

馬氏文通十卷　（清）馬建忠撰　清光緒二十
四年（1898）商務印書館鉛印本　十冊

410000－2242－0002833　415.8/W254

二十四筆不分卷　（清）汪武曹撰　清光緒十
一年（1885）刻本　一冊

410000－2242－0002834　416/S.161/1

聲譜二卷聲說二卷　（清）時庸勘撰　清光緒
十八年(1892)刻本　四冊

410000－2242－0002835　416/S.161/2

聲譜二卷　（清）時庸勘撰　清光緒十八年
(1892)刻本　一冊

410000－2242－0002836　416.1/T482

形聲類篇五卷　（清）丁履恆撰　清光緒十五
年(1889)刻本　一冊

410000－2242－0002837　416.2/C288

古韻發明不分卷切韻肆考不分卷　（清）張畊
撰　清道光芸心堂刻本　四冊

410000－2242－0002838　416.2/C685

五均論二卷　（清）鄒漢勳撰　清光緒元年
(1875)刻本　一冊

410000－2242－0002839　S416.2/D.238

元韻譜不分卷　（明）喬中和撰　明萬曆三十
九年(1611)刻本　一冊

410000－2242－0002840　416.2/F539A

古音類表九卷　（清）傅壽彤撰　清光緒二年
(1876)大梁臬署刻本　四冊

410000－2242－0002841　416.2/F539B

古音類表九卷　（清）傅壽彤撰　清光緒二年
(1876)大梁臬署刻本　四冊

410000－2242－0002842　416.2/F539C

古音類表九卷　（清）傅壽彤撰　清光緒二年
(1876)大梁臬署刻本　四冊

410000－2242－0002843　416.2/K566/2

音學五書三十八卷　（清）顧炎武撰　清光緒
十一年(1885)湘陰岾贍堂刻本　十二冊

410000－2242－0002844　416.2/K566/3

音學五書三十八卷　（清）顧炎武撰　清光緒
十六年(1890)思賢講舍刻本　十四冊

410000－2242－0002845　416.2/K566/4A

音學五書三十八卷　（清）顧炎武撰　清刻本
十冊　存十五卷(六至二十)

410000－2242－0002846　416.2/K566/4B

音學五書三十八卷　（清）顧炎武撰　清光緒
十一年(1885)觀稼樓刻本　十二冊

410000－2242－0002847　416.2/K566/4C

音學五書三十八卷　（清）顧炎武撰　清光緒
十一年(1885)觀稼樓刻本　十二冊

410000－2242－0002848　416.2/K566/5

音學五書三十八卷　（清）顧炎武撰　清光緒
十六年(1890)思賢講舍刻本　六冊　存十六
卷(十八至二十五、三十一至三十八)

410000－2242－0002849　416.2/K566/6

音學五書三十八卷　（清）顧炎武撰　清光緒
十六年(1890)思賢講舍刻本　一冊　存三卷
(一至三)

410000－2242－0002850　S416.2/K566/7

音學五書三十八卷　（清）顧炎武撰　清康熙
六年(1667)山陽張弨符山堂刻本　十冊

410000－2242－0002851　416.2/L347/2

古今韻考四卷附切韻法一卷　（清）李因篤撰
清光緒六年(1880)天壤閣刻本　一冊

410000－2242－0002852　416.2/L347/3

佩文廣韻匯編五卷　（清）李元祺編輯　清同
治十一年(1872)金陵書局刻本　二冊

410000－2242－0002853　416.2/L743

古韻通說二十卷　（清）龍啟瑞撰　清光緒九
年(1883)尊經書局刻本　四冊

410000－2242－0002854　S416.2/L947

音韻日月燈三種六十卷首一卷　（明）呂維祺
撰　明崇禎七年(1634)志清堂刻本　十二冊

410000－2242－0002855　416.2/M246

古今通韻十二卷首一卷　（清）毛奇齡撰　清
康熙二十三年(1684)刻本　五冊　存五卷
(一至四、首一卷)

410000－2242－0002856　416.2/S.161

聲說二卷　（清）時庸勘撰　清光緒十八年
(1892)星使行署刻本　二冊

410000－2242－0002857　416.2/S.161/2

聲說二卷　（清）時庸勱撰　清光緒十八年(1892)星使行署刻本　一冊

410000－2242－0002858　416.2/S.335/1
古今韻略五卷例言一卷　（清）邵長蘅撰　清康熙三十五年(1696)宋氏刻本　五冊

410000－2242－0002859　416.2/S.335/2A
古今韻略五卷例言一卷　（清）邵長蘅撰　清康熙三十五年(1696)商丘宋氏刻本　四冊

410000－2242－0002860　416.2/S.335/2B
古今韻略五卷例言一卷　（清）邵長蘅撰　清康熙三十五年(1696)商丘宋氏刻本　十冊

410000－2242－0002861　416.2/S.335/2C
古今韻略五卷例言一卷　（清）邵長蘅撰　清康熙三十五年(1696)商丘宋氏刻本　三冊存四卷(一至四)

410000－2242－0002862　416.2/W498
韻補五卷　（宋）吳棫撰　**韻補正一卷**　（清）顧炎武撰　清光緒邵武徐氏刻本　六冊

410000－2242－0002863　416.2/Y262/2A
古音諧八卷首一卷　（清）姚文田撰　清道光二十五年(1845)刻本　六冊

410000－2242－0002864　416.2/Y262/2B
古音諧八卷首一卷　（清）姚文田撰　清道光二十五年(1845)刻本　四冊

410000－2242－0002865　416.2/Y262/2C
古音諧八卷首一卷　（清）姚文田撰　清道光二十五年(1845)刻本　四冊

410000－2242－0002866　S416.2/Y866
韻學源流不分卷　（□）□□撰　清道光抄本　一冊

410000－2242－0002867　416.3/D267/3
韻歧五卷　（清）江昱輯　清光緒七年(1881)刻本　二冊

410000－2242－0002868　416.3/F157
新纂五方元音二卷　（清）樊騰鳳原本　（清）年希堯增補　清光緒三年(1877)瑯環小築刻本　一冊

410000－2242－0002869　416.3/H.466
詩韻合璧五卷　（清）許時庚校　清光緒十二年(1886)錦章圖書局石印本　五冊

410000－2242－0002870　416.3/K433/3A
詞林正韻三卷　（清）戈載輯　清同治四年(1865)滑台官舍刻本　一冊

410000－2242－0002871　416.3/S.429
韻辨附文五卷　（清）沈兆霖編　清同治十二年(1873)東川書院刻本　五冊

410000－2242－0002872　416.3/S.429/1
附釋文互注禮部韻略五卷　（宋）丁度撰　清光緒二年(1876)川東官舍刻本　四冊

410000－2242－0002873　416.3/Y683/2
詩韻集成十卷　（清）余照輯　清同治三年(1864)刻本　四冊

410000－2242－0002874　S416.4/D459
新校經史海篇直音五卷　（□）□□撰　明刻本　二冊　存二卷(四至五)

410000－2242－0002875　416.4/F183A
集韻考正十卷　（清）方成珪撰　清光緒五年(1879)孫氏詒善堂刻本　十冊

410000－2242－0002876　416.4/F183B
集韻考正十卷　（清）方成珪撰　清光緒五年(1879)孫氏詒善堂刻本　十冊

410000－2242－0002877　S416.4/H184/1
韻書四種四十卷　（明）釋真空編　明崇禎二至十年(1629－1637)金陵新仁同眾姓刻本　十一冊　存三十八卷(改並五音集韻十五卷、改並五音類聚四聲篇十五卷、新編篇韻貫珠集八卷)

410000－2242－0002878　416.4/H657
古今韻會舉要三十卷　（元）黃公紹編　（元）熊忠舉要　清光緒九年(1883)淮南書局刻本　十冊

410000－2242－0002879　416.4/T314
韻府約編二十四卷　（清）鄧愷撰　清刻本　十一冊　存十一卷(二至十二)

410000－2242－0002880　416.4/T484/1
集韻十卷　（宋）丁度等撰　清光緒二年
（1876）川東官舍刻本　十冊

410000－2242－0002881　416.4/T484/2
集韻十卷　（宋）丁度等撰　清嘉慶十九年
（1814）刻本　十冊

410000－2242－0002882　416.4/Y515/3
韻府群玉二十卷　（元）陰時夫編輯　（□）陰
中夫編注　（明）王元貞校正　清同治十三年
（1874）京都寶經堂刻本　十冊

410000－2242－0002883　416.4/Y515/4
新增說文韻府群玉二十卷　（元）陰時夫編輯
　（□）陰中夫編注　（明）王元貞校正　清康
熙五十五年（1716）文盛堂天德堂刻本　　九冊

410000－2242－0002884　416.4/Y515/5
新增說文韻府群玉二十卷　（元）陰時夫編輯
　（□）陰中夫編注　（明）王元貞校正　清大
文堂刻本　十六冊

410000－2242－0002885　417.1/C.415
廣續方言四卷附拾遺一卷　程先甲輯　清宣
統二年（1910）刻本　三冊

410000－2242－0002886　417.1/T154/1
方言疏證十三卷附續方言二卷　（清）戴震撰
　（清）杭世駿搜集　清刻本　二冊

410000－2242－0002887　417.1/T154/2
方言疏證十三卷　（清）戴震撰　清光緒八年
（1882）汗青簃刻本　四冊

410000－2242－0002888　417.1/V.482/1A
方言箋疏十三卷　（清）錢繹撰集　清光緒十
六年（1890）紅蝠山房刻本　六冊

410000－2242－0002889　417.1/V.482/1B
方言箋疏十三卷　（清）錢繹撰集　清光緒十
六年（1890）紅蝠山房刻本　六冊

410000－2242－0002890　417.1/V.482/2
方言箋疏十三卷　（清）錢繹撰集　清刻本
一冊　存五卷（一至五）

410000－2242－0002891　417.1/Y189/1A

410000－2242－0002892　417.1/Y189/1B
方言十三卷首一卷　（漢）揚雄撰　（晉）郭璞
注　**續方言二卷**　（清）杭世駿纂輯　**續方言
補一卷**　（清）程際盛補輯　清光緒十七年
（1891）思賢講舍刻本　二冊

410000－2242－0002893　418.1/H.159
百姓昭明一卷　（清）夏雲集輯編　清光緒十
一年（1885）刻本　一冊

410000－2242－0002894　418.1/K728
童歌養正一卷　（清）歸繼先輯　清光緒九年
（1883）武昌書局刻本　一冊

410000－2242－0002895　418.1/K.179
家塾蒙求五卷　（清）康基淵纂輯　清道光三
年（1823）刻本　四冊

410000－2242－0002896　418.1/P659
澄衷蒙學堂字課圖說一卷　（清）□□撰　清
末刻本　一冊

410000－2242－0002897　418.1/S435
新增龍文鞭影二卷　（明）蕭良有撰　（明）楊
臣諍增訂　**二集二卷**　（清）李暉吉　（清）許
瓚續輯　清道光弁山書樓刻本　四冊

410000－2242－0002898　418.1/W251
三字經訓詁一卷　（宋）王應麟撰　（清）王相
晉訓詁　清同治九年（1870）刻本　一冊

410000－2242－0002899　418.2/Y231
佛教初學課本一卷　（清）楊文會撰　清光緒
三十二年（1906）金陵刻經處刻本　一冊

410000－2242－0002900　455/V353
英文舉隅一卷　（美國）喀爾原撰　（清）曾紀
澤編譯　清光緒五年（1879）同文館鉛印本
一冊

410000－2242－0002901　502/C519
格致啟蒙四卷　（英國）羅斯古等纂　（美國）

林樂知　（清）鄭昌棪譯　清光緒江南製造局刻本　四冊

410000－2242－0002902　504/H525

康熙幾暇格物編二卷　（清）聖祖玄燁撰（清）盛昱録　清光緒石印本　一冊

410000－2242－0002903　505/F538

格致彙編不分卷　（英國）傅蘭雅輯　清光緒二年（1876）格致書室鉛印本　二十八冊

410000－2242－0002904　508/S894/1

格致叢書一百十種　（清）徐建寅編　清光緒二十七年（1901）石印本　三十二冊

410000－2242－0002905　510/L341

則古昔齋算學十三種附圓錐曲線說一種（清）李善蘭撰　清同治六年（1867）刻本七冊

410000－2242－0002906　510/L341/2

則古昔齋算學十三種　（清）李善蘭撰　清同治六年（1867）刻本　六冊

410000－2242－0002907　510.1/F538

決疑數學十卷首一卷　（英國）傅蘭雅口譯（清）華蘅芳筆述　清光緒二十三年（1897）飛鴻閣石印本　二冊

410000－2242－0002908　510.8/C314

翠薇山房數學十二種　（清）張作楠撰　清嘉慶、道光金華張氏刻本　四冊　存□□種

410000－2242－0002909　510.8/M316/1

曆算全書二十八種　（清）梅文鼎撰　清咸豐九年（1859）刻本　二十四冊

410000－2242－0002910　510.8/M316/2A

梅氏叢書輯要六十二卷　（清）梅文鼎撰　清同治石印本　六冊

410000－2242－0002911　510.8/M316/2B

梅氏叢書輯要六十二卷　（清）梅文鼎撰　清乾隆刻本　八冊　存三十三卷（一至三十三）

410000－2242－0002912　510.9/L231

古籌算考釋六卷　勞乃宣撰　清光緒十二年（1886）完縣官舍刻本　六冊

410000－2242－0002913　511/M316

學疆恕齋筆算十卷　（清）梅啟照撰　清光緒八年（1882）東河節署刻本　八冊

410000－2242－0002914　511.1/T572A

算法一得十卷　（清）董恩新輯　清光緒三十四年（1908）汴垣崇實齋刻本　九冊

410000－2242－0002915　511.1/T572B

算法一得十卷　（清）董恩新輯　清光緒三十四年（1908）汴垣崇實齋刻本　九冊

410000－2242－0002916　511.1/T572C

算法一得十卷　（清）董恩新輯　清光緒三十四年（1908）汴垣崇實齋刻本　九冊

410000－2242－0002917　511.1/T572D

算法一得十卷　（清）董恩新輯　清光緒三十四年（1908）汴垣崇實齋刻本　九冊

410000－2242－0002918　513/S898A

幾何原本十五卷　（意大利）利瑪竇口譯（明）徐光啟筆述　清同治四年（1865）金陵曾氏刻本　八冊

410000－2242－0002919　513/S898B

幾何原本十五卷　（意大利）利瑪竇口譯（明）徐光啟筆述　清同治四年（1865）金陵曾氏刻本　八冊

410000－2242－0002920　513.9/L638

天元句股細草二卷　（清）劉鶚撰　清光緒刻本　一冊

410000－2242－0002921　519/W229

緝古算經一卷　（唐）王孝通撰并注　術數記遺一卷　（漢）徐岳撰　（北周）甄鸞註　清乾隆曲阜孔氏刻本　一冊

410000－2242－0002922　520/L712

熒惑新解一卷　（愛爾蘭）駱三畏譯　清光緒二十五年（1899）同文館鉛印本　一冊

410000－2242－0002923　520/L867

古經天象考十二卷圖說一卷緒說一卷　（清）雷學淇撰　清道光刻本　七冊

410000－2242－0002924　520/W243

曉庵新法六卷 （明）王錫闡撰 清光緒二十二年（1896）鴻寶齋石印本 一冊

410000 – 2242 – 0002925 520.3/H664
管窺輯要八十卷 （清）黃鼎纂定 清順治三元堂刻本 三十六冊

410000 – 2242 – 0002926 521/W251
六經天文編二卷 （宋）王應麟撰 清光緒九年（1883）浙江書局刻本 二冊

410000 – 2242 – 0002927 522/S894A
高厚蒙求四集 （清）徐朝俊撰 清嘉慶十二年（1807）刻本 八冊

410000 – 2242 – 0002928 522/S894B
高厚蒙求四集 （清）徐朝俊撰 清同治五年至光緒元年（1866 – 1875）刻本 六冊

410000 – 2242 – 0002929 526.9/S914B
測地繪圖十一卷附卷一卷 （英國）富路瑪撰 （英國）傅蘭雅口譯 （清）徐壽筆述 清刻本 四冊

410000 – 2242 – 0002930 524/L332
圓天圖說三卷續編二卷 （清）李明徹撰 清嘉慶二十四年（1819）刻本 續編道光元年（1821）刻本 五冊

410000 – 2242 – 0002931 526.9/S914A
測地繪圖十一卷附卷一卷 （英國）富路瑪撰 （英國）傅蘭雅口譯 （清）徐壽筆述 清刻本 四冊

410000 – 2242 – 0002932 529.2/C767
歲星表一卷 （清）朱駿聲撰 清光緒二十年（1894）刻本 一冊

410000 – 2242 – 0002933 529.2/W256
疑年表一卷超辰表三卷 （清）汪曰楨撰 清刻本 一冊

410000 – 2242 – 0002934 529.3/C.443/1
成氏曆書三種 （清）成蓉鏡撰 清光緒十四年（1888）南菁書院刻本 二冊

410000 – 2242 – 0002935 529.3/D267
翼梅八卷 （清）江永撰 清乾隆刻本 八冊

410000 – 2242 – 0002936 S529.3/K.179
御製欽若曆書四十二卷 （清）允祿等撰 清雍正二年（1724）內府刻本 十六冊 存二十六卷（上篇十六卷、下篇十卷）

410000 – 2242 – 0002937 529.3/L328
曆象本要一卷 （清）李光地撰 清康熙刻本 一冊

410000 – 2242 – 0002938 529.3/L427
古術今測八卷 （清）梁僧寶撰 清光緒二十四年（1898）王氏家塾刻本 四冊

410000 – 2242 – 0002939 529.3/S896
天元曆理全書十二卷首一卷 （清）徐發撰 清康熙刻本 五冊

410000 – 2242 – 0002940 529.3/W256/1
太歲超辰表三卷 （清）汪曰楨撰 清刻本 三冊

410000 – 2242 – 0002941 529.3/W256/2
歷代長術輯要十卷附古今推步諸術考二卷 （清）汪曰楨撰 清同治六年（1867）刻本 六冊

410000 – 2242 – 0002942 529.3/Y262A
邃雅堂學古錄六卷 （清）姚文田撰 清道光七年（1827）刻本 四冊

410000 – 2242 – 0002943 529.3/Y262B
邃雅堂學古錄六卷 （清）姚文田撰 清道光七年（1827）刻本 四冊

410000 – 2242 – 0002944 529.3/Y262/2C
邃雅堂學古錄七卷 （清）姚文田撰 清道光七年（1827）刻本 六冊

410000 – 2242 – 0002945 529.3/Y862/2
御製曆象考成後編十卷 （清）允祿等編 清光緒二十二年（1896）上海書局石印本 十冊

410000 – 2242 – 0002946 530/W222
物理學上編四卷中編四卷下編四卷 （清）王季烈重編 （日本）藤田豐八譯 （日本）飯盛挺造編纂 清光緒二十六年（1900）江南製造局刻本 十二冊

410000－2242－0002947　531.2/N622

重學二十卷附圓錐曲線說三卷　（英國）艾約瑟口譯　（清）李善蘭筆述　清同治五年(1866)刻本　六冊

410000－2242－0002948　537/S894

電學十卷首一卷　（英國）瑙挨德撰　（英國）傅蘭雅口譯　（清）徐建寅筆述　清光緒刻本　六冊

410000－2242－0002949　580.12/C176A

采芳隨筆二十四卷　（清）查彬輯　清嘉慶十九年(1814)刻本　十六冊

410000－2242－0002950　580.12/C176B

采芳隨筆二十四卷　（清）查彬輯　清嘉慶十九年(1814)鉛印本　十六冊

410000－2242－0002951　580.8/L325/1

佩文齋廣群芳譜一百卷　（清）劉灝編　清康熙四十七年(1708)刻本　四十六冊

410000－2242－0002952　580.8/L325/2

佩文齋廣群芳譜一百卷　（清）劉灝編　清康熙四十七年(1708)刻本　四十七冊　存二卷(八十二至八十三)

410000－2242－0002953　580.951/W473/1

植物名實圖考三十八卷　（清）吳其濬撰　清光緒刻本　六十冊

410000－2242－0002954　580.951/W473/2

植物名實圖考三十八卷　（清）吳其濬撰　清道光二十八年(1848)刻本　三十八冊

410000－2242－0002955　580.951/W473/3

植物名實圖考三十八卷　（清）吳其濬撰　清光緒刻本　十冊　存十九卷(一至十九)

410000－2242－0002956　580.951/W473/4

植物名實圖考長編二十二卷　（清）吳其濬編　清光緒刻本　二十二冊

410000－2242－0002957　580.951/W473/5

植物名實圖考長編二十二卷　（清）吳其濬編　清光緒刻本　十冊　存十卷(十三至二十二)

410000－2242－0002958　610.1/C278

靈樞經九卷　（清）張志聰集註　清刻本　十二冊

410000－2242－0002959　610.1/C281/1

景岳全書六十四卷　（明）張介賓撰　清雲峰書屋刻本　十六冊　存三十九卷(一至六、九至十八、三十四至三十七、四十六至六十四)

410000－2242－0002960　610.1/W241/1A

黃帝內經素問二十四卷遺篇一卷　（唐）王冰注　清光緒三年(1877)浙江書局刻本　八冊

410000－2242－0002961　610.1/W241/1B

黃帝內經素問二十四卷遺篇一卷靈樞十二卷　（唐）王冰注　清光緒二十二年(1896)圖書集成局石印本　六冊

410000－2242－0002962　610.8/H666/1

昌邑黃先生醫書八種　（清）黃元御撰　清道光十二年(1832)燮禾精舍刻本　十六冊

410000－2242－0002963　610.8/S915/1

徐氏醫學十六種　（清）徐大椿撰　清光緒三十三年(1907)上海醫學社石印本　十二冊

410000－2242－0002964　610.8/W469

豫醫雙璧兩種　（清）吳重熹輯　清宣統元年(1909)鉛印本　八冊

410000－2242－0002965　615/C286

本草綱目拾遺十卷　（清）趙學敏輯　清光緒十一年(1885)張氏味古齋刻本　八冊

410000－2242－0002966　S615/L167

滇南本草三卷　（明）蘭茂纂訂　清刻本　一冊

410000－2242－0002967　814.8/K411B

竹亭文略一卷　（清）耿迪吉撰　清同治七年(1868)刻本　一冊

410000－2242－0002968　S615/L341/1

本草綱目五十二卷圖三卷附奇經八脈考一卷　（明）李時珍撰　清康熙書業堂刻本　四十八冊

410000－2242－0002969　615/W254/1

增補醫方集解三卷 （清）汪昂輯 清康熙刻
本 一冊 存一卷（上）

410000－2242－0002970 615/W255/1

重鐫本草醫方合編六卷 （清）汪昂撰 清乾
隆五年(1740)小酉山房刻本 六冊

410000－2242－0002971 615/W498

本草從新十八卷 （清）吳儀洛撰 清光緒二
十二年(1896)上海圖書集成印書局鉛印本
四冊

410000－2242－0002972 615.16/L136

西藥大成十卷首一卷 （英國）海得蘭 （英
國）來拉撰 （英國）傅蘭雅口譯 （清）趙元
益筆述 清光緒十年(1884)江南製造局刻本
十六冊

410000－2242－0002973 615.19/D265

名醫類案十二卷續名醫類案三十六卷 （明）
江瓘集 （清）魏之琇編集 清宣統元年
(1909)上海書局石印本 十六冊

410000－2242－0002974 615.19/P248/1

校正增廣驗方新編十八卷首一卷 （清）鮑相
璈編 清光緒三十年(1904)洽記書局石印本
六冊

410000－2242－0002975 615.19/P248/2

增廣驗方新編十六卷首一卷痧癥全書三卷首
一卷咽喉秘集二卷首一卷 （清）鮑相璈編輯
（清）張紹棠增輯 清光緒九年(1883)石印
本 六冊

410000－2242－0002976 814.8/K411/1A

中州朱玉錄二卷 （清）耿興宗撰 清刻本
二冊

410000－2242－0002977 615.19/S917

敬信錄四卷 （清）徐榮輯 清道光十四年
(1834)刻本 四冊

410000－2242－0002978 615.28/F237

急救應驗良方不分卷 （清）費山壽纂輯 清
光緒七年(1881)江右樹德書屋刻本 三冊

410000－2242－0002979 615.294/C321

針灸大成十卷 （清）章廷珪重修 清咸豐十
年(1860)刻本 三冊 存三卷（一、三、五）

410000－2242－0002980 615.294/C321/1

繪圖鍼灸大成十七卷 （清）章廷珪重修 清
光緒三十四年(1908)章福記石印本 十七冊

410000－2242－0002981 615.294/C512

針灸大成十卷 （清）章廷珪重修 清刻本
一冊 存一卷（六）

410000－2242－0002982 616/H428

御纂醫宗金鑑七十四卷首一卷 （清）吳謙等
撰 清光緒三十一年(1905)錦章書局石印本
十六冊

410000－2242－0002983 616.077/C278/1

仲景全書六種 （漢）張仲景撰 （晉）王叔和
編 清光緒二十年(1894)成都鄧氏崇文齋刻
本 八冊

410000－2242－0002984 616.077/C.375

極效神方一卷 （清）陳鶴雲編 清宣統二年
(1910)刻本 一冊

410000－2242－0002985 616.077/C.391

辨證奇聞十五卷 （清）陳士鐸撰 清同治六
年(1867)刻本 八冊

410000－2242－0002986 616.077/L231

濟眾錄一卷 （清）勞守慎纂定 清光緒三十
二年(1906)刻本 一冊

410000－2242－0002987 616.077/F232

類聚方五十卷首一卷 （清）張勇編 清康熙
刻本 二十六冊 存十九卷（二、十一至二十
五、二十七至二十八,首一卷）

410000－2242－0002988 616.077/T127

達生保嬰稀痘全篇二卷 （□）巫齋居士編
清刻本 一冊

410000－2242－0002989 616.077/Y713

寓意草一卷 （清）喻昌撰 清光緒簡青齋石
印本 一冊

410000－2242－0002990 616.077/Y717

尚論前篇四卷首一卷後篇四卷 （清）喻昌撰

清光緒簡青齋石印本 一冊

410000－2242－0002991 616.08/C.384/1

南雅堂醫書全集四十八種 （清）陳念祖撰
清光緒三十二年（1906）吳閩醫學書會石印本
二十四冊

410000－2242－0002992 616.08/C.384/2

陳修園醫書三十種 （清）陳念祖撰 清光緒
三十一年（1905）商務印書館鉛印本 二十冊

410000－2242－0002993 616.91/C743

重訂痘診定論新編四卷 （清）朱純嘏編輯
清同治九年（1870）刻本 二冊

410000－2242－0002994 617/W241

新刊外科正宗四卷 （明）陳實功纂 清乾隆
三十三年（1768）博雅堂刻本 二冊

410000－2242－0002995 617/Y684

外科樞要不分卷 （清）佘肯堂撰 清道光十
二年（1832）浚儀佳日山房刻本 一冊

410000－2242－0002996 617.52/S.138

喉科指掌一卷 （清）史載門編 清同治十二
年（1873）聚文齋刻本 一冊

410000－2242－0002997 S618/C334

太醫院校注婦人良方大全二十四卷 （宋）陳
自明撰 （明）薛立齋校注 明富春堂刻本
八冊

410000－2242－0002998 618/T.222

大生要旨五卷 （清）唐千頃纂 清末五通廠
官運鹽局刻本 一冊

410000－2242－0002999 618.1/S.566

婦科五十二章 （美國）湯麥斯撰 舒高第
（清）鄭昌棪譯 清光緒二十六年（1900）製造
局鉛印本 六冊

410000－2242－0003000 621.14/S894

汽機必以十二卷首一卷附一卷 （英國）蒲而
徭撰 （英國）傅蘭雅口譯 （清）徐建寅筆述
清光緒刻本 六冊

410000－2242－0003001 621.81/H554

制機理法八卷 （英國）覺顯祿斯撰 （英國）

傅蘭雅口譯 （清）華備鈺筆述 清光緒二十
五年（1899）江南製造局刻本 四冊

410000－2242－0003002 622/S.133/1

礦務叢鈔十二種 （英國）士密德等輯 （英
國）傅蘭雅口譯 （清）王德均等筆述 清光
緒二十三年（1897）六光書局石印本 十一冊
存九卷（一至九）

410000－2242－0003003 622.13/H378

相地探金石法四卷 （英國）喝爾勃特喀格司
撰 （清）王汝駒譯 清光緒刻本 三冊

410000－2242－0003004 622.3/W244

開礦器法圖說十卷 （美國）俺特累撰 （英
國）傅蘭雅口譯 王樹善筆述 清光緒二十
五年（1899）江南製造局石印本 六冊

410000－2242－0003005 622.8/W254

鑄金論署六卷附圖一卷 （英國）司布勒村撰
（英國）傅蘭雅口譯 （清）汪振聲筆述 清
光緒二十八年（1902）江南製造局刻本 六冊

410000－2242－0003006 623.2/S.566

水雷秘要五卷附圖一卷 （英國）史理孟纂
舒高第口譯 （清）鄭昌棪筆述 清光緒六年
（1880）江南製造局刻本 六冊

410000－2242－0003007 623.4/W329

江南製造局記十卷首一卷附卷一卷 （清）魏
允撰 清光緒三十一年（1905）文寶書局石印
本 十冊

410000－2242－0003008 627.1/D429A

治河方略十卷首一卷 （清）靳輔撰 清嘉慶
四年（1799）靳文鈞刻本 十冊

410000－2242－0003009 627.1/D429B

治河方略十卷首一卷 （清）靳輔撰 清嘉慶
四年（1799）靳文鈞刻本 十一冊

410000－2242－0003010 627.1/D429C

治河方略十卷首一卷 （清）靳輔撰 清嘉慶
四年（1799）靳文鈞刻本 十冊

410000－2242－0003011 627.1/S919/1

迴瀾紀要二卷安瀾紀要二卷 （清）徐端撰

清同治十二年(1873)刻本　四冊

410000 - 2242 - 0003012　627.1/S919/2A
迴瀾紀要二卷安瀾紀要二卷　（清）徐端撰
清同治十二年(1873)刻本　四冊

410000 - 2242 - 0003013　627.1/S919/2B
迴瀾紀要二卷安瀾紀要二卷　（清）徐端撰
清同治十二年(1873)刻本　四冊

410000 - 2242 - 0003014　627.1/S919/3A
迴瀾紀要二卷附安瀾紀要二卷　（清）徐端撰
　清光緒十一年(1885)刻本　四冊

410000 - 2242 - 0003015　627.1/S919/3B
迴瀾紀要二卷附安瀾紀要二卷　（清）徐端撰
　清光緒十一年(1885)刻本　四冊

410000 - 2242 - 0003016　951.0012/P395/2A
續資治通鑑二百二十卷　（清）畢沅編　清光
緒十六年(1890)上海積山書局石印本　二十
二冊

410000 - 2242 - 0003017　627.12/S914
豫南水利厄言一卷　（清）徐壽茲撰　清光緒
二十七年(1901)刻本　一冊

410000 - 2242 - 0003018　627.13/P659
擬定成規二卷　（清）□□撰　清刻本　一冊
　存一卷(下)

410000 - 2242 - 0003019　627.188/S914
豫南水利厄言一卷　（清）徐壽茲撰　清光緒
二十七年(1901)刻本　一冊

410000 - 2242 - 0003020　630.8/H379
**寶訓八卷附蜂衙小記一卷燕子春秋一卷記海
錯一卷**　（清）郝懿行撰　清光緒五年(1879)
東路廳署刻本　六冊

410000 - 2242 - 0003021　630.8/N359/1
農學叢書二集　羅振玉輯　清光緒二十六年
(1900)江南總農會鉛印本　二十二冊

410000 - 2242 - 0003022　630.8/S123
農桑輯要七卷　（元）司農司撰　清光緒六年
(1880)河南臬署刻本　三冊

410000 - 2242 - 0003023　630.8/S898/1A
農政全書六十卷　（明）徐光啟纂輯　清同治
十三年(1874)山東書局刻本　二十冊

410000 - 2242 - 0003024　630.8/S898/1B
農政全書六十卷　（明）徐光啟纂輯　清同治
十三年(1874)山東書局刻本　三十二冊

410000 - 2242 - 0003025　630.8/S898/2
農政全書六十卷　（明）徐光啟纂輯　清光緒
二十六年(1900)文海書局石印本　八冊

410000 - 2242 - 0003026　630.8/S898/3
農政全書六十卷　（明）徐光啟纂輯　清宣統
元年(1909)上海求學齋局石印本　八冊

410000 - 2242 - 0003027　630.8/S898/4
農政全書六十卷　（明）徐光啟纂輯　清宣統
元年(1909)上海求學齋石印本　三冊　存二
十四卷(一至七、二十四至四十)

410000 - 2242 - 0003028　631.7/L539
畿輔水利議一卷　（清）林則徐撰　清光緒二
年(1876)三山林氏刻本　一冊

410000 - 2242 - 0003029　631.9/S898
農事占候一卷　（明）徐光啟撰　清咸豐九年
(1859)刻本　一冊

410000 - 2242 - 0003030　638.1/H552
蜜蜂飼養法不分卷　（日本）花房柳條撰
（日本）藤田豐八譯　清北洋官報局石印本
一冊

410000 - 2242 - 0003031　638.2/C518
樗繭譜一卷　（清）鄭珍纂　（清）莫友芝注
清光緒八年(1882)河南臬署刻本　一冊

410000 - 2242 - 0003032　638.2/V.225
蠶桑白話二卷　（清）吳宗周撰　（清）陳幹才
　（清）徐謙山訂正　清光緒三十三年(1907)
河南省農工商務局刻本　一冊

410000 - 2242 - 0003033　638.2/Y732
蠶桑輯要合編不分卷　（清）豫山撰　清光緒
六年(1880)河南蠶桑局刻本　二冊

410000 - 2242 - 0003034　651.2/S538

新文牘十卷 （□）□□編 清光緒三十四年
(1908)石印本 十冊

410000－2242－0003035 661/W254

化學工藝初集四卷二集四卷三集二卷附圖三
卷 （英國）能智撰 （英國）傅蘭雅口譯
（清）汪振生筆述 清光緒二十四年(1898)江
南製造局鉛印本 十三冊

410000－2242－0003036 662.1/L316

制火藥法三卷 （英國）利稼孫 （英國）華得
斯輯 （英國）傅蘭雅口譯 （清）丁樹棠筆述
清末刻本 一冊

410000－2242－0003037 666.3/L164

景德鎮陶錄十卷 （清）藍浦撰 （清）鄭廷桂
補輯 清光緒十七年(1891)刻本 四冊

410000－2242－0003038 667.7/C.566

植漆法一卷 （日本）初瀨川健增撰 清光緒
二十三年(1897)北洋官報局石印本 一冊

410000－2242－0003039 708/H662/1

美術叢書初集續集後集一百二十冊 黃賓虹
輯 清宣統上海神州國光社鉛印本 一百十
六冊

410000－2242－0003040 708/H.467/1

娛園叢刻十種 （清）許增編 清光緒十五年
(1889)仁和許氏刻本 六冊

410000－2242－0003041 736/C.379/1

篆刻鍼度八卷 （清）陳克恕撰 清同治四年
(1865)寶籀齋刻本 二冊

410000－2242－0003042 736/W234

新心別館印存不分卷 （清）王笠夫編 清同
治三年(1864)刻本 二冊

410000－2242－0003043 736/Y232

印印不分卷 （清）楊沂孫編 （清）殷用霖刻
石 清光緒二年(1876)臘印本 四冊

410000－2242－0003044 740.1/F538

畫器須知六章 （英國）傅蘭雅撰 清光緒十
四年(1888)刻本 一冊

410000－2242－0003045 750.1/C279/1A

清河書畫舫十二集 （明）張丑撰 清乾隆二
十八年(1763)池北草堂刻本 十二冊

410000－2242－0003046 750.1/C279/1B

清河書畫舫十二集 （明）張丑撰 清乾隆二
十八年(1763)池北草堂刻本 十二冊

410000－2242－0003047 750.1/C279/1C

清河書畫舫十二集 （明）張丑撰 清乾隆二
十八年(1763)池北草堂刻本 十二冊

410000－2242－0003048 750.1/C279/2A

清河書畫舫十二集 （明）張丑撰 清乾隆二
十八年(1763)池北草堂刻本 十二冊

410000－2242－0003049 750.1/C279/2B

清河書畫舫十二集 （明）張丑撰 清乾隆二
十八年(1763)池北草堂刻本 六冊 存六集
（燕尾點波綠皺六集）

410000－2242－0003050 750.1/C279/3

清河書畫舫十二集 （明）張丑撰 清光緒元
年(1875)刻本 十二冊

410000－2242－0003051 750.1/C675

雲煙過眼錄二卷 （宋）周密撰 續集一卷
（元）湯允謨撰 清光緒十三年(1887)陸氏十
萬卷樓刻本 二冊

410000－2242－0003052 750.1/S825/2

庚子銷夏記八卷附閑者軒帖考一卷 （清）孫承
澤撰 清宣統三年(1911)風雨樓活字本 三冊

410000－2242－0003053 750.1/S825/3

庚子銷夏記八卷 （清）孫承澤撰 清光緒四
年(1878)崇川葛氏刻本 四冊

410000－2242－0003054 750.1/T648

鐵網珊瑚二十卷 （明）都穆撰 清乾隆二十
三年(1758)七世孫肇斌刻本 八冊

410000－2242－0003055 750.1/V527/1

桐陰論畫二卷首一卷附錄一卷畫訣二卷二編
二卷三編二卷 （清）秦祖永撰 清同治三年
(1864)刻本 四冊

410000－2242－0003056 750.2/C313

寶繪錄二十卷 （明）張泰階彙纂 清光緒六

年(1880)刻本　八册

410000－2242－0003057　S750.2/C313/1
寶繪錄二十卷　（明）張泰階輯　唐六如畫譜
三卷附袁中郎先生批評唐伯虎記事一卷
（明）唐寅輯　清知不足齋刻本　八册

410000－2242－0003058　750.3/A173A
墨緣彙觀四卷　（清）安岐撰　清光緒二十六
年(1900)鉛印本　六册

410000－2242－0003059　750.3/A173B
墨緣彙觀四卷　（清）安岐撰　清光緒二十六
年(1900)鉛印本　六册

410000－2242－0003060　750.3/C288/1
國朝畫徵錄三卷續錄二卷附錄一卷　（清）張
庚撰　清光緒十九年(1893)積山書局石印本
二册

410000－2242－0003061　750.3/C288/2A
國朝畫徵錄三卷續錄二卷　（清）張庚撰　清
刻本　二册

410000－2242－0003062　750.3/C288/2B
國朝畫徵錄三卷續錄二卷　（清）張庚撰　清
刻本　二册

410000－2242－0003063　750.3/F328/2
國朝畫識十七卷附墨香居畫識十卷　（清）馮
金伯纂輯　清道光十一年(1831)增補江左書
林刻本　十二册

410000－2242－0003064　750.3/L344
書畫鑑影二十四卷　（清）李佐賢輯　清同治
十年(1871)利津李氏刻本　十二册

410000－2242－0003065　750.3/P.178
紅雪山房畫品十二則　（清）潘曾瑩撰　清道
光十三年(1833)刻本　一册

410000－2242－0003066　750.3/T.222
文房肆考圖說八卷　（清）唐秉鈞撰　清乾隆
四十三年(1778)刻本　四册

410000－2242－0003067　S750.6/H662/1
東觀餘論二卷附錄一卷　（宋）黃伯思撰　清
光緒邵武徐氏刻本　四册

410000－2242－0003068　750.6/P.217A
虛齋名畫錄十六卷續錄四卷　龐元濟撰　清
宣統元年(1909)烏程龐氏刻本　二十册

410000－2242－0003069　750.6/P.217B
虛齋名畫錄十六卷續錄四卷　龐元濟撰　清
宣統元年(1909)烏程龐氏刻本　二十册

410000－2242－0003070　750.6/T.255
紅豆樹館書畫記八卷　（清）陶樑編輯　清光
緒八年(1882)吳縣潘氏刻本　六册

410000－2242－0003071　750.7/T572
畫禪室隨筆四卷　（清）董其昌撰　清宣統三
年(1911)掃葉山房石印本　三册

410000－2242－0003072　750.8/C299/1
四銅鼓齋論畫集刻十二種　（清）張祥河編
清宣統元年(1909)會文齋刻本　四册

410000－2242－0003073　750.8/P.178A
楷法溯源十四卷目錄一卷　（清）潘存輯　楊
守敬編　清光緒三年(1877)宜都楊氏刻本
十四册

410000－2242－0003074　750.8/P.178B
楷法溯源十四卷目錄一卷　（清）潘存輯　楊
守敬編　清光緒三年(1877)宜都楊氏刻本
十五册

410000－2242－0003075　750.9/L355
南宋院畫錄八卷　（清）厲鶚輯　清光緒十年
(1884)錢唐丁氏竹書堂刻本　四册

410000－2242－0003076　750.9/S838/2A
佩文齋書畫譜一百卷　（清）孫岳頒等撰　清
刻本　十六册　存三十卷(十一至二十、三十
一至四十、八十一至九十)

410000－2242－0003077　750.9/S838/2B
佩文齋書畫譜一百卷　（清）孫岳頒等撰　清
鉛印本　六册　存四十三卷(七至二十九、八
十一至一百)

410000－2242－0003078　750.9/S838/4
佩文齋書畫譜一百卷　（清）孫岳頒等編　清
康熙四十七年(1708)靜文堂刻本　五十六册

143

410000－2242－0003079　S752/C.387/1

御定歷代題畫詩類一百二十卷　（清）陳邦彥輯　清康熙四十六年（1707）內府刻本　二十四冊

410000－2242－0003080　S752/C.387/2

御定歷代題畫詩類一百二十卷　（清）陳邦彥輯　清康熙四十六年（1707）內府刻本　二十四冊

410000－2242－0003081　752/W244

王箬林先生題跋十四卷　（清）王澍撰　清乾隆錢氏刻本　八冊

410000－2242－0003082　752.2/S835

聲畫集八卷　（宋）孫紹遠編　清康熙四十五年（1706）揚州曹氏棟亭刻本　四冊

410000－2242－0003083　754.1/F328

快雪堂法帖五卷　（清）馮銓摹　（清）劉光暘刻石　清初拓本　六冊

410000－2242－0003084　754.1/H176/2

漢有道先生碑不分卷　（漢）□□撰　清拓本　一冊

410000－2242－0003085　754.1/P385

經訓堂法書十二卷　（清）畢沅刻　清乾隆五十四年（1789）拓本　十冊

410000－2242－0003086　754.1/P659/3

黃陵廟碑不分卷　（□）□□撰　清光緒拓本　一冊

410000－2242－0003087　754.1/T572/1A

戲鴻堂法書十六冊　（明）董其昌審定　清宣統二年（1910）新學會社石印本　十五冊

410000－2242－0003088　754.1/T572/1B

戲鴻堂法書十六冊　（明）董其昌審定　清宣統二年（1910）新學會社石印本　十六冊

410000－2242－0003089　754.1/T572/2A

渤海藏真帖八冊　（明）董其昌編　清宣統元年（1909）文明書局石印本　七冊

410000－2242－0003090　754.1/T572/2B

渤海藏真帖八冊　（明）董其昌編　清宣統元年（1909）文明書局石印本　八冊

410000－2242－0003091　754.1/T.221

唐姜柔遠碑不分卷　（唐）□□撰　清光緒石印本　一冊

410000－2242－0003092　754.1/V353

滋蕙堂墨寶八卷　（清）曾恆德譔集　清乾隆三十三年（1768）拓本　四冊　存四卷（一、三至四、七）

410000－2242－0003093　754.1/W224/1

會稽王氏清芬錄一卷　（清）王繼香編　清光緒二十五年（1899）鴻文書局石印本　一冊

410000－2242－0003094　754.1/W427

宋拓夏承碑一卷　（清）翁方綱藏本　清光緒十九年（1893）蜚英館石印本　一冊

410000－2242－0003095　754.1/W492

古今楹聯彙刻十二卷　（清）吳石潛輯　清光緒二十六年（1900）刻本　十二冊

410000－2242－0003096　754.2/W176

迦陵填詞圖一卷　（清）萬貢珍輯　（清）胡萬本摹勒　清拓本　一冊

410000－2242－0003097　S754.3/W427/1

蘇齋題跋不分卷　（清）翁方綱撰　（清）何溱集錄　清同治二年（1863）逸湖抄本　二冊

410000－2242－0003098　754.4/C287

固始張侍郎遺跡一卷　（清）張仁黼書　清宣統元年（1909）固始張氏鉛印本　一冊

410000－2242－0003099　754.4/C376/2

趙撝叔先生尺牘一卷　（清）趙撝叔撰　清光緒三十一年（1905）嚴氏小長蘆館石印本　一冊

410000－2242－0003100　754.4/S738/4A

陶淵明集十卷　（宋）蘇軾書　清光緒五年（1879）刻本　三冊

410000－2242－0003101　754.4/S738/4B

陶淵明集十卷　（宋）蘇軾書　清光緒五年（1879）刻本　四冊

410000－2242－0003102　754.4/S738/4C

陶淵明集十卷　（宋）蘇軾書　清光緒五年
(1879)刻本　三冊

410000－2242－0003103　754.4/S.429

沈石翁手臨一卷　（清）沈用熙書　清末石印
本　一冊

410000－2242－0003104　S754.5/K563

隸辨八卷　（清）顧藹吉撰　清康熙五十七年
(1718)項氏玉淵堂刻本　八冊

410000－2242－0003105　754.5/K563/1

隸辨八卷　（清）顧藹吉撰　清乾隆八年
(1743)刻本　六冊　存四卷(一至四)

410000－2242－0003106　754.5/K563/2

隸辨八卷　（清）顧藹吉撰　清乾隆八年
(1743)刻本　八冊

410000－2242－0003107　S755.1/C299

詩龕寫生不分卷　（清）張祥河繪　清道光彩
色畫真跡寫本　一冊

410000－2242－0003108　755.1/C.363

岑襄勤公勛德介福圖四十幀　（清）包家吉編
　清光緒十七年(1891)石印本　一冊

410000－2242－0003109　S755.1/C.447

程琦山水花卉畫冊不分卷　（清）程琦繪　清
乾隆寫本　一冊

410000－2242－0003110　755.1/H.525

御製耕織圖二卷　（清）聖祖玄燁撰　清光緒
五年(1879)點石齋石印本　一冊

410000－2242－0003111　S755.1/L337

李芸甫水部墨筆花卉一卷　（清）李秉綬繪
清道光彩墨畫真跡寫本　一冊

410000－2242－0003112　755.1/P659

滿文畫冊不分卷　（□）□□撰　清武英殿刻
本　一冊

410000－2242－0003113　S755.1/S.295

晚笑堂竹莊畫傳不分卷　（清）上官周繪撰
清乾隆八年(1743)刻本　二冊

410000－2242－0003114　755.1/S.295/1

晚笑堂畫傳不分卷　（清）上官周繪撰　清乾
隆刻本　二冊

410000－2242－0003115　S755.1/S.295/4

晚笑堂竹莊畫傳不分卷　（清）上官周繪撰
清乾隆八年(1743)刻本　四冊

410000－2242－0003116　S755.1/T456/1

點石齋畫報五百二十八號不分卷　（清）點石
齋編　清光緒十至二十四年(1884－1898)石
印本　六十一冊

410000－2242－0003117　S755.1/T456/2

點石齋畫報四十四集　（清）點石齋編　清光
緒十至二十四年(1884－1898)石印本　十
一冊

410000－2242－0003118　S755.1/T456/3

點石齋畫報四十四集　（清）點石齋編　清光
緒十至二十四年(1884－1898)石印本　八冊

410000－2242－0003119　755.1/W234

於越先賢像傳讚二卷　（清）王齡繪　清咸豐
六年(1856)刻本　二冊

410000－2242－0003120　755.1/W251

欽定元王惲永華事略補圖六卷　（元）王惲撰
　（清）徐鄘等補　清光緒刻本　一冊

410000－2242－0003121　755.1/Y213

楊忠武侯宣勤積慶圖不分卷　（清）楊光圻編
　清光緒十年(1884)石印本　一冊

410000－2242－0003122　755.1/Y323

萬壽盛典四卷　（清）□□繪圖　清刻本　一
冊　存一卷(四)

410000－2242－0003123　755.1/Y722

四明人物傳圖不分卷　（清）虞琴繪　清光緒
十二年(1886)刻本　四冊

410000－2242－0003124　755.2/C286/1

海上名人畫稿不分卷　（清）張熊等繪　清光
緒同文書局石印本　二冊

410000－2242－0003125　S755.2/F184

棉花圖冊不分卷　（清）方觀承撰　清乾隆石

刻藍拓白文拓本　一冊

410000－2242－0003126　755.2/J252

於越先賢像傳讚二卷　（清）任熊繪　（清）王
齡撰　清咸豐七年(1857)刻本　二冊

410000－2242－0003127　755.2/L428

聖諭像解二十卷　（清）梁延年編繪　清光緒
二十九年(1903)江蘇撫署石印本　十冊

410000－2242－0003128　755.2/M127

詩中畫二卷　（清）馬濤繪　清光緒十一年
(1885)石印本　二冊

410000－2242－0003129　755.2/P.176

椒石粉本一卷　（清）潘嵐繪　清光緒十七年
(1891)石印本　一冊

410000－2242－0003130　755.2/P.178

餐英館畫稿一卷　（清）潘駿德繪　清光緒十
九年(1893)刻本　二冊

410000－2242－0003131　755.2/S.284

賞奇軒合編五種　（清）□□輯　清光緒十二
年(1886)同文書局石印本　五冊

410000－2242－0003132　S755.2/S.284/1

賞奇軒四種合編四卷　（清）□□輯　清光緒
十二年(1886)刻本　四冊　存四卷

410000－2242－0003133　755.2/V.551

青在堂翎毛花卉譜一卷　（□）□□編　清刻
本　一冊

410000－2242－0003134　755.2/W232/2

芥子園畫傳五卷　（清）王概等摹　清康熙十
八年(1679)刻本　四冊

410000－2242－0003135　755.2/W232/3

芥子園畫傳第一集五卷　（清）王概等摹　清
刻本　五冊

410000－2242－0003136　755.2/W232/5

芥子園畫傳二集四卷　（清）王概等摹　清乾
隆書業堂刻本　四冊

410000－2242－0003137　755.2/W232/6

芥子園畫傳一集六卷二集九卷三集六卷

（清）王概等摹　清光緒十三年(1887)石印本
十二冊

410000－2242－0003138　755.2/W232/7

芥子園畫傳三集不分卷　（清）王概等摹　清
刻本　一冊

410000－2242－0003139　755.2/W232/9

芥子園畫傳四集四卷附圖章會纂一卷　（清）
王概等摹　清小酉山房刻本　四冊

410000－2242－0003140　755.2/W232/10

芥子園畫傳四集四卷附圖章會纂一卷　（清）
王概等摹　清刻本　四冊

410000－2242－0003141　755.5/T154

習苦齋畫絮十卷　（清）戴熙撰　清光緒十九
年(1893)刻本　四冊

410000－2242－0003142　S761/S.469

聖賢像讚三卷　（明）呂元善撰　明崇禎五年
(1632)刻本　四冊

410000－2242－0003143　781.1/L328

古樂經傳五卷　（清）李光地撰　清乾隆元年
(1736)李清植刻本　一冊　存二卷(一至二)

410000－2242－0003144　781.2/D.398/1

律音彙考八卷　（清）邱之稑撰　清道光十八
年(1838)刻本　四冊

410000－2242－0003145　781.2/D.398/2

律音彙考八卷　（清）邱之稑撰　清道光十八
年(1838)刻本　四冊

410000－2242－0003146　781.3/H.315

中祀合編一卷　（清）葉樹森編　清刻本
一冊

410000－2242－0003147　781.8/C285/2

琴學入門四卷　（清）張鶴靜撰　清宣統元年
(1909)刻本　四冊

410000－2242－0003148　S781.8/C675

五知齋琴譜八卷　（清）周魯封匯纂　清乾隆
二年(1737)刻本　八冊

410000－2242－0003149　781.8/C675/3

五知齋琴譜八卷　（清）周魯封撰　清乾隆十
一年(1746)刻本　一冊　存一卷(一)

410000－2242－0003150　S781.8/C.448

松風閣琴譜二卷抒懷操一卷　（清）程雄輯
清(1644－1911)文粹堂刻本　四冊

410000－2242－0003151　S781.8/V.273

春草堂琴譜六卷首一卷　（清）蘇璟　（清）曹
尚絅　（清）戴源撰　清乾隆九年(1744)刻本
三冊

410000－2242－0003152　S781.8/W469

德音堂琴譜十卷　（清）汪天榮輯　清康熙六
十年(1721)刻本　四冊

410000－2242－0003153　S781.8/W469/1

德音堂琴譜十卷　（清）汪天榮輯　清康熙刻
本　六冊

410000－2242－0003154　781.8/W476/2

自遠堂琴譜十二卷　（清）吳灯編　清嘉慶六
年(1801)自遠堂刻本　十二冊

410000－2242－0003155　794/S.156

奕理指歸圖二卷　（清）施定庵撰　（清）錢東
匯繪圖　清乾隆三十六年(1771)刻本　二冊

410000－.2242－0003156　794.08/Y411/1A

麗廎叢書九種　葉德輝輯　清光緒三十二年
(1906)葉氏長沙刻本　二冊　存五種

410000－2242－0003157　794.08/Y411/1B

麗廎叢書九種　葉德輝輯　清光緒三十二年
(1906)葉氏刻本　七冊　存八種

410000－2242－0003158　S808/L642

文心雕龍輯注十卷　（清）黃叔琳輯注　清乾
隆六年(1741)養素堂刻本　四冊

410000－2242－0003159　808/L642/2A

文心雕龍十卷　（南朝梁）劉勰撰　（清）黃叔
琳注　（清）紀昀評　清道光十三年(1833)兩
廣節署刻本　四冊

410000－2242－0003160　808/L642/2B

文心雕龍十卷　（南朝梁）劉勰撰　（清）黃叔
琳注　（清）紀昀評　清道光十三年(1833)兩

廣節署刻本　四冊

410000－2242－0003161　808/L642/2C

文心雕龍十卷　（南朝梁）劉勰撰　（清）黃叔
琳注　（清）紀昀評　清道光十三年(1833)兩
廣節署刻本　四冊

410000－2242－0003162　808/L642/3

文心雕龍十卷　（南朝梁）劉勰撰　（明）楊慎
批點　（清）張松孫輯注　清乾隆五十六年
(1791)刻本　四冊

410000－2242－0003163　808/L642/4

文心雕龍十卷　（南朝梁）劉勰撰　（清）彭瑞
麟校　清刻本　二冊

410000－2242－0003164　810.22/S831A

四六叢話三十三卷附選詩叢話一卷　（清）孫
梅編　清光緒七年(1881)刻本　十二冊

410000－2242－0003165　810.22/S831B

四六叢話三十三卷附選詩叢話一卷　（清）孫
梅編　清光緒七年(1881)刻本　十六冊

410000－2242－0003166　810.4/S659/1

漫堂說詩一卷　（清）宋犖撰　清末鉛印本
一冊

410000－2242－0003167　810.8/H.412/1

學海堂叢刻十三種　（清）□□編　清光緒學
海堂刻本　十三冊

410000－2242－0003168　810.8/K774

香艷叢書二十集三百二十五種　國學扶輪社
編　清宣統二年(1910)國學扶輪社鉛印本
七十九冊

410000－2242－0003169　810.8/K.523/1

阮盦筆記五種　（清）況周儀撰　清光緒三十
三年(1907)刻本　四冊

410000－2242－0003170　810.8/L321/1

懷潞園叢刊十四種　（清）李嘉績編　清光緒
李氏代耕堂刻本　六冊　存十種

410000－2242－0003171　810.8/L344/1

石泉書屋全集八卷　（清）李佐賢撰　清同治
李氏刻本　十五冊

410000－2242－0003172　S810.8/L789

重刊校正笠澤叢書四卷補遺一卷續補遺一卷
（唐）陸龜蒙撰　清雍正九年(1731)陸鍾輝
刻本　四冊

410000－2242－0003173　810.8/S827/1

檇李遺書二十八種　（清）孫福清編　清光緒
四年(1878)望雲仙館刻本　二十四冊　缺
一種

410000－2242－0003174　810.8/S.298/1

稗海七十四種　（明）商濬編　清刻本　八十
冊　缺四種

410000－2242－0003175　S810.8/S.298/2

稗海七十種　（明）商濬輯　明萬曆刻本　八
十冊

410000－2242－0003176　810.8/T483/1

當歸草堂叢書八種　（清）丁丙輯　清同治十
年(1871)丁氏正修堂刻本　八冊

410000－2242－0003177　810.8/T.186/1

半厂叢書初編十六種　（清）譚獻編　清光緒
十五年(1889)譚氏刻本　十六冊

410000－2242－0003178　810.8/T.186/1B

半厂叢書初編十六種　（清）譚獻編　清光緒
十五年(1889)譚氏刻本　十六冊

410000－2242－0003179　810.88/Y818

隨園三十六種　（清）袁枚撰　清光緒三十四
年(1908)上海集成圖書公司鉛印本　五十冊

410000－2242－0003180　811.1/C317

張氏詩集合編八卷　（清）張畇輯　清刻本
一冊　存一卷(六)

410000－2242－0003181　811.102/H184/2

韓詩外傳十卷　（漢）韓嬰撰　清光緒元年
(1875)湖北崇文書局刻本　二冊

410000－2242－0003182　811.102/H184/5

韓詩外傳十卷　（漢）韓嬰撰　（清）黃錫褆校
　毛詩草木鳥獸蟲魚疏二卷　（三國吳）陸璣
撰　清乾隆刻本　三冊

410000－2242－0003183　S811.102/L346

杜律通解四卷　（清）李文煒箋釋　清雍正刻
本　四冊

410000－2242－0003184　811.102/N.124

詩句題解韻編四集十二卷　（清）倪承瓚編
清光緒元年(1875)申報館鉛印本　十一冊

410000－2242－0003185　811.102/S916/1

而庵說唐詩二十二卷　（清）徐增述　清康熙
九誥堂刻本　八冊

410000－2242－0003186　811.102/S916/2A

而庵說唐詩二十二卷首一卷　（清）徐增撰
清乾隆二十三年(1758)文茂堂刻本　六冊

410000－2242－0003187　811.102/S916/2B

而庵說唐詩二十二卷首一卷　（清）徐增撰
清乾隆二十三年(1758)文茂堂刻本　十冊

410000－2242－0003188　811.102/T.246

澹香齋試帖輯注不分卷　（清）王廷紹撰
（清）張熙宇輯評　清同治九年(1870)刻本
一冊

410000－2242－0003189　811.102/W247/1

聲調三譜四卷　（清）王祖源輯　（清）王士禎
口授　（清）何世璂述　清光緒八年(1882)王
氏刻本　一冊

410000－2242－0003190　811.104/C281

眉山詩案廣證六卷　（清）張鑒撰　清光緒十
年(1884)江蘇書局刻本　二冊

410000－2242－0003191　811.104/C748

李義山詩集輯評三卷　（清）朱鶴齡箋註
（清）沈厚塽輯評　清同治九年(1870)倅署刻
本　四冊

410000－2242－0003192　S811.104/D.131

唐詩紀事八十一卷　（宋）計有功撰　明崇禎
五年(1632)毛氏汲古閣刻本　二十四冊

410000－2242－0003193　811.104/F186/1

昭昧詹言十卷續八卷續錄二卷　（清）方東樹
撰　清光緒十七年(1891)刻本　六冊

410000－2242－0003194　811.104/L355

宋詩紀事一百卷　（清）厲鶚　（清）馬曰琯輯

清乾隆刻本　二十冊

410000－2242－0003195　811.104/L642/1A
文心雕龍十卷　（南朝梁）劉勰撰　（清）黃叔琳注　（清）紀昀評　清道光十三年(1833)兩廣節署刻本　三冊

410000－2242－0003196　811.104/L642/1B
文心雕龍十卷　（南朝梁）劉勰撰　（清）黃叔琳注　（清）紀昀評　清道光十三年(1833)兩廣節署刻本　四冊

410000－2242－0003197　811.104/L642/3A
文心雕龍十卷　（南朝梁）劉勰撰　（清）黃叔琳注　（清）紀昀評　清光緒十九年(1893)思賢講舍刻本　四冊

410000－2242－0003198　811.104/L642/3B
文心雕龍十卷　（南朝梁）劉勰撰　（清）黃叔琳注　（清）紀昀評　清光緒十九年(1893)思賢講舍刻本　四冊

410000－2242－0003199　811.104/L642/4
文心雕龍十卷　（南朝梁）劉勰撰　（清）彭瑞麟校　清刻本　二冊

410000－2242－0003200　811.104/S.567
樵說十卷　（清）蜀西樵也撰　清光緒十八年(1892)刻本　二冊

410000－2242－0003201　811.104/T484
曹集銓評十卷　（清）丁晏撰　清同治十一年(1872)金陵書局刻本　二冊

410000－2242－0003202　811.104/W244/1
漁洋詩話二卷　（清）王士禛撰　清宣統元年(1909)掃葉山房石印本　一冊

410000－2242－0003203　811.104/W244/3
漁洋詩話二卷　（清）王士禛撰　清嘉慶三年(1798)刻本　二冊

410000－2242－0003204　811.104/W244/4
漁洋詩話三卷　（清）王士禛撰　清乾隆十三年(1748)刻本　一冊

410000－2242－0003205　811.105/C.375
詩比興箋四卷　（清）陳沆撰　清光緒九年

(1883)刻本　二冊

410000－2242－0003206　811.106/L425
飲冰室詩話五卷　梁啟超撰　清宣統二年(1910)上海書局石印本　五冊

410000－2242－0003207　811.106/L661
學詩闕疑二卷尚書辨疑一卷　（清）劉青芝纂　清乾隆二十年(1755)刻本　一冊

410000－2242－0003208　811.106/S.429
說詩晬語二卷　（清）沈德潛撰　清嘉慶三年(1798)刻本　一冊

410000－2242－0003209　811.106/T156
吟林綴語四卷　（清）戴文選撰　清光緒三年(1877)刻本　四冊

410000－2242－0003210　811.106/W244/2A
帶經堂詩話三十卷首一卷　（清）王士禛撰　清同治十二年(1873)藏修堂刻本　十冊

410000－2242－0003211　811.106/W244/2B
帶經堂詩話三十卷首一卷　（清）王士禛撰　清同治十二年(1873)藏修堂刻本　十六冊

410000－2242－0003212　811.106/W244/3
五代詩話十二卷　（清）王士禛撰　清乾隆十三年(1748)養素堂刻本　三冊

410000－2242－0003213　811.106/Y818/2
隨園詩話十六卷補遺十卷　（清）袁枚撰　清刻本　五冊　存十一卷(七至八、十一至十二,補遺一至七)

410000－2242－0003214　811.108/C282
宛鄰書屋古詩錄十二卷　（清）張琦編　清同治八年(1869)刻本　六冊

410000－2242－0003215　811.108/C317
古詩賞析二十二卷　（清）張玉榖選解　清乾隆刻本　六冊

410000－2242－0003216　811.108/C763
金陵詩徵四十四卷　（清）朱緒曾編　清光緒十八年(1892)刻本　十二冊

410000－2242－0003217　811.108/C767A

149

宋元明詩約鈔三百首不分卷 （清）朱梓
（清）冷昌言編輯　清道光二十一年（1841）華
峰書屋刻本　一册

410000－2242－0003218　811.108/C767B
宋元明詩約鈔三百首不分卷 （清）朱梓
（清）冷昌言編輯　清道光二十一年（1841）華
峰書屋刻本　一册

410000－2242－0003219　811.108/C771
曝書亭集詩注二十二卷年譜一卷補遺二卷
（清）朱彝尊撰　（清）楊謙注　清乾隆木山閣
刻本　四册　存十三卷（一至十二、年譜一
卷）

410000－2242－0003220　811.108/C.394
采菽堂古詩選三十八卷補遺四卷 （清）陳祚
明編　清康熙刻本　二十册

410000－2242－0003221　811.108/C.443
多歲堂古詩存八卷 （清）成書編　清道光十
一年（1831）刻本　四册

410000－2242－0003222　811.108/F328
翠滴樓詩集六卷 （清）馮雲驪撰　清乾隆刻
本　一册

410000－2242－0003223　S811.108/F332
詩紀一百五十六卷目錄三十六卷 （明）馮惟
訥輯　明萬曆十四年（1586）吳琯謝陛陸弼俞
策刻本　二十册

410000－2242－0003224　S811.108/F332/1
－1
詩紀一百五十六卷目錄三十六卷 （明）馮惟
訥輯　明萬曆十三年（1585）刻本　九册　存
五十二卷（一至二十、三十一至三十五、一百
二十二至一百二十九、一百四十、一百四十五
至一百四十八、一百五十四至一百五十六、目
錄一至四、七、二十八至二十九、三十三至三
十六）

410000－2242－0003225　S811.108/F332/1
－2
唐詩紀一百七十卷目錄三十四卷 （明）吳琯
輯　明萬曆十三年（1585）刻本　三十一册

存一百八十卷（一至五、十一至五十五、六十
一至一百五十五、一百六十一至一百六十五，
目錄一、三至十一、十三至三十一、三十三）

410000－2242－0003226　811.108/H184
瀛奎律髓刊誤四十九卷 （元）方回編　（清）
紀昀批點　清光緒六年（1880）懺花盦刻本
十册

410000－2242－0003227　811.108/H428/1
御選唐宋詩醇四十七卷 （清）高宗弘曆編
清乾隆二十五年（1760）遺安堂刻本　二十
四册

410000－2242－0003228　811.108/H428/2
御選唐宋詩醇四十七卷 （清）高宗弘曆編
清光緒七年（1881）刻本　二十册

410000－2242－0003229　811.108/H428/3A
御選唐宋詩醇四十七卷 （清）高宗弘曆編
清乾隆二十五年（1760）紫陽書院刻本　十二
册　存二十六卷（一至二十六）

410000－2242－0003230　811.108/H428/3B
御選唐宋詩醇四十七卷 （清）高宗弘曆編
清乾隆二十五年（1760）紫陽書院刻本　二十
二册

410000－2242－0003231　811.108/H428/4
御選唐宋詩醇四十七卷 （清）高宗弘曆編
清宣統二年（1910）上海書局石印本　十册

410000－2242－0003232　811.108/L341/2
蘭言詩鈔四卷 （清）李瑞撰　清同治四年
（1865）會元堂刻本　四册

410000－2242－0003233　811.108/L347
小學絃歌八卷 （清）李元度編　清光緒刻本
四册

410000－2242－0003234　811.108/L657
歷朝詩約選九十三卷 （清）劉大櫆編　清光
緒二十一年（1895）文徵閣刻本　二十二册

410000－2242－0003235　811.108/L787
歷朝名媛詩詞十二卷 （清）陸昶評選　清乾
隆三十八年（1773）紅樹樓刻本　四册

410000－2242－0003236　811.108/P395

增廣試帖詩海三十二卷　（清）畢沅輯　清經訓堂石印本　二冊　存五卷（三至七）

410000－2242－0003237　811.108/S659

四家詠史樂府十七卷　（清）宋澤元編　清光緒三十二年(1906)懺花盦刻本　六冊

410000－2242－0003238　811.108/S899/4

玉臺新詠箋註十卷　（南朝陳）徐陵編　（清）吳兆宜注　清光緒五年(1879)宏達堂刻本　六冊

410000－2242－0003239　811.108/S917/1

彙纂詩法度鍼三十三卷　（清）徐文弼編　清乾隆二十四年(1759)本立堂刻本　八冊

410000－2242－0003240　811.108/S917/2A

彙纂詩法度鍼三十三卷　（清）徐文弼編　清乾隆三十六年(1771)謙牧堂刻本　五冊　存九卷（二至十）

410000－2242－0003241　811.108/S917/2B

彙纂詩法度鍼三十三卷　（清）徐文弼編　清乾隆三十六年(1771)謙牧堂刻本　二冊　存十卷（一至十）

410000－2242－0003242　811.108/S.433/5

古詩源四卷　（清）沈德潛選　清光緒十八年(1892)湘南謝文盛堂刻本　四冊

410000－2242－0003243　811.108/S.433/6

古詩源四卷　（清）沈德潛選　清光緒十八年(1892)湘南文章書局刻本　四冊

410000－2242－0003244　811.108/T178

試帖十萬軍聲選初集十四卷　（清）丹桂籍輯　清光緒二十年(1894)袖海山房石印本　七冊　存十卷（目錄一卷，三至四、七至八、十至十四）

410000－2242－0003245　811.108/T313/1

沅湘耆舊集前編四十卷　（清）鄧顯鶴編　清道光二十四年(1844)鄧氏小九華山樓刻本　八冊

410000－2242－0003246　811.108/T313/2

沅湘耆舊集二百卷　（清）鄧顯鶴編　清刻本　四十一冊　存六十三卷（二十三至二十六、五十四至七十二、七十七至八十三、九十四至九十六、一百四十五至一百四十八、一百五十六至一百七十四、一百八十八至一百九十一、一百九十八至二百）

410000－2242－0003247　811.108/V354/5

十八家詩鈔二十八卷　（清）曾國藩纂　（清）李鴻章審定　清光緒二十九年(1903)鴻寶書局石印本　十四冊

410000－2242－0003248　811.108/W233

八代詩選二十卷　王闓運編　清光緒十六年(1890)江蘇書局刻本　八冊

410000－2242－0003249　811.108/W243/1

增補重訂千家詩注解四卷　（清）王相選注　清同治十一年(1872)書業德刻本　一冊

410000－2242－0003250　811.108/W243/2

增補重訂千家詩注解四卷　（清）王相選注　清同治十二年(1873)同文堂刻本　一冊

410000－2242－0003251　811.108/W243/3

新鐫五言千家詩注解二卷　（清）王相選注　清文聚堂刻本　一冊

410000－2242－0003252　S811.108/W244

古詩箋三十二卷　（清）王士禎選　（清）聞人倓箋　清乾隆三十一年(1766)芷蘭堂刻本　十六冊　存二十九卷（五言詩一至十七、七言詩四至十五）

410000－2242－0003253　811.108/W251/4

古唐詩合解十二卷　（清）王堯衢注　清刻本　四冊

410000－2242－0003254　811.108/W251/8

江蘇詩徵一百八十三卷　（清）王豫輯　清道光元年(1821)詩徵閣刻本　四十冊

410000－2242－0003255　S811.108/W298

才調集補註十卷　（清）殷元勳箋註　（清）宋邦綏補註　清乾隆五十八年(1793)刻本　八冊

410000 – 2242 – 0003256　811.108/W298/3

才調集補註十卷　（後蜀）韋縠編　（清）殷元勳箋　（清）宋邦綏補註　清乾隆五十八年(1793)刻本　四冊

410000 – 2242 – 0003257　811.108/W498

宋金元詩永二十卷補遺二卷　（清）吳綺編　清刻本　六冊

410000 – 2242 – 0003258　811.108/Y694

詠物詩選八卷　（清）俞琰編　清雍正刻本　四冊

410000 – 2242 – 0003259　811.108/Y889

金錯膽鮮四卷　（清）禮親王永恩輯　清嘉慶三年(1798)誠正堂刻本　四冊

410000 – 2242 – 0003260　S811.1081/K782

樂府詩集一百卷目錄二卷　（宋）郭茂倩輯　明毛氏汲古閣刻本　十二冊

410000 – 2242 – 0003261　S811.1081/K782A

樂府詩集一百卷目錄二卷　（宋）郭茂倩輯　明毛氏汲古閣刻本　十二冊

410000 – 2242 – 0003262　811.1081/K782/1

樂府詩集一百卷　（宋）郭茂倩編　清同治十三年(1874)湖北崇文書局刻本　十六冊

410000 – 2242 – 0003263　811.1081/K782/2

樂府詩集一百卷　（宋）郭茂倩編　清光緒元年(1875)湖北崇文書局刻本　十五冊

410000 – 2242 – 0003264　811.1082/W243

漢鏡歌釋文箋一卷　王先謙撰　清同治十一年(1872)刻本　一冊

410000 – 2242 – 0003265　S811.1084/C.377

唐詩七律箋註六卷　（清）趙臣瑗撰　清康熙山海樓刻本　六冊

410000 – 2242 – 0003266　811.1084/D266/1A

唐人五十家小集五十種　（清）江標編　清光緒二十一年(1895)江氏靈鶼閣影刻本　十二冊

410000 – 2242 – 0003267　811.1084/D266/1B

唐人五十家小集五十種　（清）江標編　清光

緒二十一年(1895)江氏靈鶼閣影刻本　十六冊

410000 – 2242 – 0003268　811.1084/D266/1C

唐人五十家小集五十種　（清）江標編　清光緒二十一年(1895)江氏靈鶼閣影刻本　十六冊

410000 – 2242 – 0003269　811.1084/D266/1D

唐人五十家小集五十種　（清）江標編　清光緒二十一年(1895)江氏靈鶼閣影刻本　十六冊

410000 – 2242 – 0003270　811.1084/D266/1E

唐人五十家小集五十種　（清）江標編　清光緒二十一年(1895)江氏靈鶼閣影刻本　十六冊

410000 – 2242 – 0003271　811.1084/D266/2

唐人五十家小集五十種　（清）江標編　清光緒二十一年(1895)江氏靈鶼閣影刻本　八冊

410000 – 2242 – 0003272　811.1084/H495/1

唐四家詩集四種　（清）胡鳳丹輯　清光緒十三年(1887)湖北官書局刻本　五冊

410000 – 2242 – 0003273　811.1084/K269

唐詩正聲十卷　（明）高棅原編　清康熙耘經堂刻本　十冊

410000 – 2242 – 0003274　811.1084/K563

辟疆園杜詩註解十七卷　（明）顧宸註解　清康熙二年(1663)吳門書林刻本　七冊　存七卷(五言律詩一至三,七言律詩一至三、五)

410000 – 2242 – 0003275　S811.1084/K.179

御選唐詩三十二卷附錄三卷　（清）聖祖玄燁選　（清）陳敬亭等編註　清康熙五十二年(1713)內府刻本　四冊　存八卷(十三至二十)

410000 – 2242 – 0003276　811.1084/L343

全五代詩九十卷　（清）李調元編　清乾隆四十五年(1780)刻本　五冊　存四十九卷(一至四十九)

410000 – 2242 – 0003277　811.1084/L794

唐詩鼓吹十卷　（清）陸貽典等增注　清乾隆
五十七年（1792）刻本　四冊

410000－2242－0003278　811.1084/L813
中晚唐詩叩彈集十二卷　（清）杜詔　（清）杜
庭珠輯　清康熙四十三年（1704）采山亭活字
本　六冊

410000－2242－0003279　811.1084/M128
唐詩正聲四十七卷　（清）馬允剛編選　清嘉
慶耘經堂刻本　四十七冊

410000－2242－0003280　811.1084/S917
全唐詩錄一百卷　（清）徐焯編　清康熙刻本
　二冊　存六卷（十四至十六、八十八至九十）

410000－2242－0003281　811.1084/S.433/1A
重訂唐詩別裁集二十卷　（清）沈德潛編　清
乾隆二十八年（1763）教忠堂刻本　八冊

410000－2242－0003282　811.1084/S.
433/1B
重訂唐詩別裁集二十卷　（清）沈德潛編　清
乾隆二十八年（1763）教忠堂刻本　十六冊

410000－2242－0003283　811.1084/S.433/3
唐詩別裁集引典備註二十卷　（清）沈德潛選
　（清）俞汝昌增註　清道光十八年（1838）資
善堂刻本　十二冊

410000－2242－0003284　S811.1084/T.221/1
唐詩解三十六卷　（清）唐汝詢撰　清順治十
六年（1659）萬笈堂刻本　二十四冊

410000－2242－0003285　S811.1084/T.222
廣十二家唐詩七種　（明）蔣孝輯　明嘉靖刻
本　五冊

410000－2242－0003286　811.1084/V243
應試唐詩類釋十九卷　（清）臧岳編　清乾隆
三十三年（1768）三齋堂刻本　六冊

410000－2242－0003287　811.1084/V243/1
應試唐詩類釋十九卷　（清）臧岳編　清乾隆
二十七年（1762）英德堂刻本　四冊

410000－2242－0003288　811.1084/V.276/1A
全唐詩九百卷　（清）曹寅等編　清康熙揚州

詩局刻本　六十一冊

410000－2242－0003289　811.1084/V.276/1B
全唐詩九百卷　（清）曹寅等編　清康熙揚州
詩局刻本　一百二十冊

410000－2242－0003290　811.1084/V.276/1C
全唐詩九百卷　（清）曹寅等編　清康熙揚州
詩局刻本　一百二十冊

410000－2242－0003291　811.1084/V.276/1D
全唐詩九百卷　（清）曹寅等編　清康熙揚州
詩局刻本　一百二十冊

410000－2242－0003292　811.1084/V.276/1E
全唐詩九百卷　（清）曹寅等編　清康熙揚州
詩局刻本　二十冊　存一百二十卷（一函五
十二卷、三函六十八卷）

410000－2242－0003293　811.1084/V.276/2A
全唐詩三十二卷　（清）曹寅等編　清光緒十
三年（1887）同文書局石印本　三十一冊

410000－2242－0003294　811.1084/V.276/2B
全唐詩三十二卷　（清）曹寅等編　清光緒十
三年（1887）同文書局石印本　三十二冊

410000－2242－0003295　811.1084/V.276/2C
全唐詩三十二卷　（清）曹寅等編　清光緒十
三年（1887）同文書局石印本　三十二冊

410000－2242－0003296　811.1084/V.276/2D
全唐詩三十二卷　（清）曹寅等編　清光緒十
三年（1887）同文書局石印本　三十二冊

410000－2242－0003297　811.1084/V.276/2E
全唐詩三十二卷　（清）曹寅等編　清光緒十
三年（1887）同文書局石印本　二十四冊　存
二十四卷

410000－2242－0003298　811.1084/V.276/2F
全唐詩三十二卷　（清）曹寅等編　清光緒十
三年（1887）同文書局石印本　三十二冊

410000－2242－0003299　811.1084/W244/1
唐賢三昧集三卷　（清）王士禎編　清康熙刻
本　三冊

410000 – 2242 –0003300　811.1084/W244/3
唐賢三昧集箋註三卷　（清）王士禎輯　（清）
吳焵注　（清）黃培芳評　清宣統二年（1910）
淵古齋石印本　六冊

410000 – 2242 –0003301　S811.1084/W254
唐四家詩八卷　（清）汪立名編校　清康熙三
十四年（1695）刻本　六冊

410000 – 2242 –0003302　811.1084/W255/2
唐四家詩集四種　（清）汪立名輯　清宣統湖
北官書局刻本　五冊

410000 – 2242 –0003303　811.1084/W471A
全唐詩鈔八十卷　（清）吳成儀編　清嘉慶十
三年（1808）刻本　一冊　存七卷（四十五至
五十一）

410000 – 2242 –0003304　811.1084/W471B
全唐詩鈔八十卷　（清）吳成儀編　清嘉慶十
三年（1808）刻本　二十冊

410000 – 2242 –0003305　811.1084/W492
唐詩箋要八卷　（清）吳瑞榮編　（清）陳霖普
參訂　清乾隆二十三年（1758）三樂齋刻本
一冊　存六卷（三至八）

410000 – 2242 –0003306　811.1085/C.397
宋十五家詩選不分卷　（清）陳訏輯　清康熙
三十二年（1693）刻本　六冊

410000 – 2242 –0003307　811.1085/K565/1A
南宋群賢小集一百十七卷　（清）顧修重輯
清嘉慶六年（1801）顧氏讀畫齋刻本　三十
六冊

410000 – 2242 –0003308　811.1085/K565/1B
南宋群賢小集一百十七卷　（清）顧修重輯
清嘉慶六年（1801）顧氏讀畫齋刻本　四十冊

410000 – 2242 –0003309　811.1085/V881/1
宋代五十六家詩集不分卷　（清）坐春書塾選
輯　清宣統二年（1910）龍文閣石印本　六冊

410000 – 2242 –0003310　811.1085/W469/1
宋詩鈔初集九十四卷　（清）吳之振　（清）呂
留良編　清康熙十年（1671）吳氏鑑古堂刻本

二十四冊

410000 – 2242 –0003311　811.1085/Y232/2
西崑酬唱集二卷　（宋）楊億編　清光緒邵武
徐氏刻本　一冊

410000 – 2242 –0003312　811.1085/Y796A
中州集十卷附中州樂府一卷　（金）元好問撰
清光緒七年（1881）讀書山房刻本　十冊

410000 – 2242 –0003313　811.1085/Y796B
中州集十卷附中州樂府一卷　（金）元好問撰
清光緒七年（1881）讀書山房刻本　十冊

410000 – 2242 –0003314　811.10854/K789/1
全金詩增補中州集七十二卷　（清）郭元釪補
輯　（金）元好問原本　清乾隆五十四年
（1789）西爽閣刻本　二十四冊

410000 – 2242 –0003315　811.1086/F188/2
河汾諸老詩集八卷　（元）房祺編　清咸豐二
年（1852）伍氏刻本　二冊

410000 – 2242 –0003316　811.1086/F336
精選名儒草堂詩餘三卷　（元）鳳林書院輯
清嘉慶十六年（1811）刻本　二冊

410000 – 2242 –0003317　811.1086/K564
元詩選七卷　（清）顧奎光輯　清乾隆刻本
二冊　存三卷（一至三）

410000 – 2242 –0003318　811.1086/K565
元詩選三百〇四卷　（清）顧嗣立編　清康熙
顧氏秀野草堂刻本　一冊

410000 – 2242 –0003319　811.1086/K565B
元詩選三百〇四卷　（清）顧嗣立編　清康熙
顧氏秀埜草堂刻本　四十冊

410000 – 2242 –0003320　811.1086/K565/1
元詩選九集　（清）顧嗣立編　清康熙三十三
年（1694）秀野草堂刻本　十八冊

410000 – 2242 –0003321　S811.1086/K565/2
元詩選十集卷首一卷　（清）顧嗣立編　清康
熙秀野草堂刻本　四十九冊

410000 – 2242 –0003322　811.1087/C771/2

明詩綜一百卷 （清）朱彝尊編 清康熙四十四年（1705）刻本 二十四冊

410000 - 2242 - 0003323 S811.1087/C771/3
明詩綜一百卷 （清）朱彝尊編 清雍正朱氏六峰閣刻本 三十二冊

410000 - 2242 - 0003324 S811.1087/C771/4
明詩綜一百卷 （清）朱彝尊編 清雍正朱氏六峰閣刻本 二十四冊

410000 - 2242 - 0003325 S811.1087/C771/5
明詩綜一百卷 （清）朱彝尊編 清雍正朱氏六峰閣刻本 二十四冊 存七十七卷（二十一至五十、五十四至一百）

410000 - 2242 - 0003326 S811.1087/H653
藜照樓明二十四家詩定二十四卷 （清）黃昌衢編 清康熙二十八年（1689）藜照樓刻本 十二冊

410000 - 2242 - 0003327 S811.1087/L812
明詩抄十二卷 （清）魯之裕編 清乾隆刻本 十冊

410000 - 2242 - 0003328 S811.1087/N175
南園前五先生詩五卷後五先生詩二十五卷 （明）趙介等撰 清同治九年（1870）陳氏刻本 八冊

410000 - 2242 - 0003329 S811.1087/S.155
秋水庵花影集五卷 （明）施紹莘撰 明末（1368 - 1644）刻本 四冊

410000 - 2242 - 0003330 S811.1087/S.433
明詩別裁集十二卷 （清）沈德潛 （清）周准輯 清乾隆四年（1739）刻本 四冊

410000 - 2242 - 0003331 S811.1087/V.478
列朝詩集八十一卷 （清）錢謙益編 清宣統二年（1910）鉛印本 五十六冊 存六十八卷（甲集二十二卷、乙集八卷、丙集十六卷、丁集十六卷、閏集六卷）

410000 - 2242 - 0003332 S811.1087/V.478/1
列朝詩集八十一卷 （清）錢謙益編 清順治九年（1652）毛氏汲古閣刻本 四十冊

410000 - 2242 - 0003333 811.1088/C287
張氏棣芬謄稿二卷 （清）張金奏 （清）張金管撰 清同治活字本 一冊

410000 - 2242 - 0003334 811.1088/C317/1A
弘正四傑詩集七十卷 （清）張雨珊輯 清光緒二十一年（1895）張氏湘雨樓刻本 十六冊

410000 - 2242 - 0003335 811.1088/C317/1C
弘正四傑詩集七十卷 （清）張雨珊輯 清光緒二十一年（1895）張氏湘雨樓刻本 十六冊

410000 - 2242 - 0003336 811.1088/C518
知守齋詩初集六卷二集四卷別集一卷 （清）鄭開禧撰 清道光六年（1826）刻本 二冊

410000 - 2242 - 0003337 811.1088/C763
國朝金陵詩徵四十八卷 （清）朱緒曾編 清光緒十一年（1885）刻本 十六冊

410000 - 2242 - 0003338 811.1088/C764
續金陵詩徵六卷 （清）朱紹亭編 清光緒二十年（1894）刻本 六冊

410000 - 2242 - 0003339 811.1088/C.372
明湖載酒二集一卷補遺一卷 （清）陳琪輯 清宣統二年（1910）片雲樓臘印本 一冊

410000 - 2242 - 0003340 811.1088/C.381
孤園山莊詩剩十種 （清）陳瀏撰 清宣統二年（1910）鉛印本 一冊

410000 - 2242 - 0003341 811.1088/H432
北江詩話六卷 （清）洪亮吉撰 清掃葉山房石印本 一冊 存二卷（四至五）

410000 - 2242 - 0003342 811.1088/L345/1
越三子集三種 （清）李慈銘編 清同治十一年（1872）潘氏滂喜齋刻本 三冊

410000 - 2242 - 0003343 811.1088/L793
東都鴻爪集不分卷 （清）陸襄鉞等撰 清刻本 一冊

410000 - 2242 - 0003344 S811.1088/L813
國朝山左詩抄六十卷 （清）盧見曾纂 清乾隆二十三年（1758）雅雨堂刻本 二十冊

410000－2242－0003345　811.1088/L946

夢月巖詩集二十卷　（清）呂履恆撰　清雍正
三年(1725)刻本　一冊　存五卷(六至十)

410000－2242－0003346　811.1088/M128

東都倡和集一卷　（清）馬永修等撰　清光緒
十九年(1893)刻本　一冊

410000－2242－0003347　811.1088/M249

五周先生集一卷　（清）冒廣生輯　清光緒二
十二年(1896)刻本　一冊

410000－2242－0003348　811.1088/M579

國朝常州詞錄三十一卷　繆荃孫編　清光緒
二十二年(1896)刻本　十二冊

410000－2242－0003349　811.1088/P395

吳會英才集二十四卷　（清）畢沅輯　清刻本
八冊

410000－2242－0003350　S811.1088/P659/1

國朝十一家詩彙編十一種　（清）梅清等撰
清康熙刻本　二冊

410000－2242－0003351　811.1088/P.178

玉堂試帖振採集六卷　（清）潘曾瑩編　清道
光二十三年(1843)刻本　六冊

410000－2242－0003352　811.1088/S895

本事詩十二卷　（清）徐釚輯　清光緒十四年
(1888)半松書屋刻本　六冊

410000－2242－0003353　S811.1088/S895/1

本事詩十二卷　（清）徐釚輯　清乾隆二十二
年(1757)半松書屋刻本　四冊

410000－2242－0003354　811.1088/S.172/1

夢綠迂庵存稿五種　（清）釋野颿　（清）釋明
慧撰　清道光九年(1829)刻本　二冊

410000－2242－0003355　811.1088/S.429/2

南宋襍事詩七卷　（清）沈嘉轍等撰　清道光
刻本　四冊

410000－2242－0003356　811.1088/S.429/3

南宋襍事詩七卷　（清）沈嘉轍等撰　清同治
十一年(1872)淮南書局刻本　四冊

410000－2242－0003357　811.1088/S.433/1A

欽定國朝詩別裁集三十二卷　（清）沈德潛編
評　清乾隆二十六年(1761)刻本　十冊　存
二十卷(一至二、九至十八、二十五至三十二)

410000－2242－0003358　811.1088/S.433/1B

欽定國朝詩別裁集三十二卷　（清）沈德潛編
評　清乾隆二十六年(1761)刻本　十二冊

410000－2242－0003359　811.1088/S.433/1C

欽定國朝詩別裁集三十二卷　（清）沈德潛編
評　清乾隆二十六年(1761)刻本　十六冊

410000－2242－0003360　811.1088/S.433/2

欽定國朝詩別裁集三十二卷　（清）沈德潛編
清刻本　十二冊

410000－2242－0003361　S811.1088/S.433/3

欽定國朝詩別裁集三十六卷　（清）沈德潛輯
評　清乾隆二十四年(1759)刻本　十八冊

410000－2242－0003362　S811.1088/S.433/4

欽定國朝詩別裁集三十二卷　（清）沈德潛輯
評　清乾隆刻本　七冊　存十四卷(二至十
一、十四至十七)

410000－2242－0003363　S811.1088/S.433/5

本朝應制和聲集六卷首三卷　（清）沈德潛
（清）王居正編　清乾隆九年(1744)刻本
八冊

410000－2242－0003364　811.1088/S.567

詩緣前編四卷　（清）蜀西樵也編　清光緒十
六年(1890)刻本　一冊

410000－2242－0003365　811.1088/T483/1

西泠五布衣遺著七種　（清）丁丙輯　清同治
十二年(1873)丁氏當歸草堂刻本　六冊

410000－2242－0003366　811.1088/T.255

國朝畿輔詩傳六十卷　（清）陶樑輯　清道光
十九年(1839)紅豆樹館刻本　十六冊

410000－2242－0003367　811.1088/T.426

欽定熙朝雅頌集一百〇六卷首集二十二卷餘
集二卷　（清）鐵保輯　清嘉慶刻本　二十
四冊

410000－2242－0003368　811.1088/W228

閨秀詩選六卷 （清）王慧秋輯　清末鉛印本
二冊

410000－2242－0003369　811.1088/W245

洗心齋詩集一卷附胡烈婦傳記一卷 （清）王
多士思皇撰　清雍正七年(1729)刻本　一冊

410000－2242－0003370　811.1088/W476A

**國朝杭郡詩輯三十二卷續輯四十六卷三輯一
百卷** （清）吳顥　（清）吳振棫輯　清同治十
三年(1874)刻續輯光緒二年(1876)刻三輯
光緒十九年(1893)刻本　三十六冊

410000－2242－0003371　811.1088/W476B

**國朝杭郡詩輯三十二卷續輯四十六卷三輯一
百卷** （清）吳顥　（清）吳振棫輯　清同治十
三年(1874)刻續輯光緒二年(1876)刻三輯
光緒十九年(1893)刻本　八十四冊

410000－2242－0003372　811.1088/W482

依綠園詩鈔不分卷 （清）吳螺峰撰　清同治
十二年(1873)刻本　一冊

410000－2242－0003373　811.13/S468/2

謝康樂集二卷 （南朝宋）謝靈運撰　清光緒
十八年(1892)善化章經濟堂刻本　二冊

410000－2242－0003374　811.13/S468/4A

謝康樂集四卷 （南朝宋）謝靈運撰　清同治
六年(1867)刻本　二冊

410000－2242－0003375　811.13/S468/4B

謝康樂集四卷 （南朝宋）謝靈運撰　清同治
六年(1867)刻本　二冊

410000－2242－0003376　811.13/T.256/1

陶詩析義四卷 （晉）陶潛撰　（清）黃文煥析
義　清光緒二年(1876)刻本　二冊

410000－2242－0003377　811.13/T.256/2

陶靖節先生詩四卷 （晉）陶潛撰　（宋）湯漢
注　清嘉慶元年(1796)刻本　一冊

410000－2242－0003378　811.13/T.256/4A

陶淵明詩不分卷 （晉）陶潛撰　清光緒元年
(1875)影刻本　二冊

410000－2242－0003379　811.13/T.256/4B

陶淵明詩不分卷 （晉）陶潛撰　清光緒元年
(1875)影刻本　一冊

410000－2242－0003380　811.13/W364

陶詩彙評四卷東坡和陶合箋四卷 （清）溫汝
能纂訂　清光緒十八年(1892)上海五彩公司
石印本　四冊

410000－2242－0003381　811.14/C682

杜詩約選五律串解二卷 （清）周作淵解　清
乾隆五十五年(1790)文鳥堂刻本　二冊

410000－2242－0003382　811.14/C748

李義山詩集箋註三卷集外詩箋註一卷 （清）
朱鶴齡撰　（清）程夢星刪補　清乾隆八年
(1743)東柯草堂刻本　四冊

410000－2242－0003383　S811.14/C.537

杜詩詳注二十五卷首一卷 （清）仇兆鰲撰
清康熙三十二年(1693)刻本　十四冊

410000－2242－0003384　S811.14/C.572

唐儲光羲詩集五卷 （唐）儲光羲撰　明嘉靖
二十九年(1550)刻本　一冊

410000－2242－0003385　811.14/F186

韓昌黎詩集編年箋註十二卷 （清）方世舉撰
清宣統二年(1910)石印本　十二冊

410000－2242－0003386　811.14/H185/1A

昌黎先生詩增注證訛十一卷年譜一卷 （唐）
韓愈撰　（清）顧嗣立刪補　（清）黃鉞增注
清咸豐七年(1857)鮑氏刻本　四冊

410000－2242－0003387　811.14/H185/1B

昌黎先生詩增注證訛十一卷年譜一卷 （唐）
韓愈撰　（清）顧嗣立刪補　（清）黃鉞增注
清咸豐七年(1857)鮑氏刻本　六冊

410000－2242－0003388　811.14/H185/2

昌黎先生詩集註十一卷附年譜一卷 （唐）韓
愈撰　（清）顧嗣立刪補　清光緒十九年
(1893)翰墨園刻本　四冊

410000－2242－0003389　811.14/H185/3

昌黎先生全集四十卷遺文一卷點勘四卷

(唐)韓愈撰　(唐)李漢編　清宣統三年(1911)石印本　十冊

410000－2242－0003390　S811.14/H511
唐詩貫珠六十卷　(清)胡以梅箋註　清康熙五十四年(1715)素心堂刻本　六冊　存十五卷(三十四至四十八)

410000－2242－0003391　S811.14/L325
李長吉歌詩集四卷外集一卷　(唐)李賀撰　(宋)吳正子箋註　(宋)劉辰翁評點　明刻本　二冊

410000－2242－0003392　811.14/L325/4
李長吉集四卷外集一卷　(唐)李賀撰　(清)黃淳耀評　(清)黎簡批點　清光緒十八年(1892)寫刻本　二冊

410000－2242－0003393　811.14/L325/6
協律鉤元四卷外集一卷　(唐)李賀撰　(清)陳本禮箋註　清嘉慶刻本　二冊

410000－2242－0003394　S811.14/L325/7
昌谷集四卷　(唐)李賀撰　(清)姚文燮注　清康熙五年(1666)刻本　四冊

410000－2242－0003395　S811.14/L325/8
歌詩編四卷集外詩一卷　(唐)李賀撰　清康熙毛氏汲古閣刻本　一冊

410000－2242－0003396　811.14/L332
李空同詩集三十三卷附錄一卷　(明)李夢陽撰　清刻本　六冊

410000－2242－0003397　S811.14/L337/1
分類補註李太白詩二十五卷　(唐)李白撰　(宋)楊齊賢補註　明嘉靖二十五年(1546)玉几山人刻本　十二冊

410000－2242－0003398　S811.14/L337/2
分類補註李太白詩二十五卷　(唐)李白撰　(宋)楊齊賢集註　(元)蕭士贇補註　明萬曆長洲許自昌刻本　九冊　存二十二卷(一至二十二)

410000－2242－0003399　811.14/L341/2
玉溪生詩詳注三卷樊南文集詳注八卷附年譜

一卷　(唐)李商隱撰　(清)馮浩編訂　清乾隆四十五年(1780)刻本　十二冊

410000－2242－0003400　811.14/L341/5A
李義山詩集三卷　(唐)李商隱撰　(清)朱鶴齡箋註　(清)沈厚塽輯評　清同治九年(1870)刻本　四冊

410000－2242－0003401　811.14/L341/5B
李義山詩集三卷　(唐)李商隱撰　(清)朱鶴齡箋註　(清)沈厚塽輯評　清同治九年(1870)刻本　四冊

410000－2242－0003402　811.14/L341/6
李義山詩集三卷　(唐)李商隱撰　(清)朱鶴齡箋註　(清)沈厚塽輯評　清光緒二十四年(1898)聶氏刻本　四冊

410000－2242－0003403　811.14/L341/7
李義山詩集箋註三卷集外詩箋註一卷附詩話一卷年譜一卷　(唐)李商隱撰　(清)朱鶴齡箋註　(清)程夢星刪補並編年譜　清乾隆九年(1744)汪增寧東柯草堂刻本　四冊

410000－2242－0003404　811.14/M364/1
孟東野集十卷　(唐)孟郊撰　清宣統二年(1910)著易堂石印本　四冊

410000－2242－0003405　811.14/P274/2A
白香山詩集長慶集二十卷後集十七卷別集一卷補遺二卷　(唐)白居易撰　(清)汪立名編訂　清康熙四十一年(1702)一隅草堂刻本　七冊　存三十一卷(長慶集五至二十、後集一至十五)

410000－2242－0003406　811.14/P274/2B
白香山詩集長慶集二十卷後集十七卷別集一卷補遺二卷　(唐)白居易撰　(清)汪立名編訂　清康熙四十一年(1702)一隅草堂刻本　八冊

410000－2242－0003407　811.14/P274/2C
白香山詩集長慶集二十卷後集十七卷別集一卷補遺二卷　(唐)白居易撰　(清)汪立名編訂　清康熙四十一年(1702)一隅草堂刻本　十冊

410000－2242－0003408　811.14/P274/2D

白香山詩集長慶集二十卷後集十七卷別集一
卷補遺二卷　（唐）白居易撰　（清）汪立名編
訂　清康熙四十一年(1702)一隅草堂刻本
十二冊

410000－2242－0003409　811.14/P274/2E

白香山詩集長慶集二十卷後集十七卷別集一
卷補遺二卷　（唐）白居易撰　（清）汪立名編
訂　清康熙四十一年(1702)一隅草堂刻本
十二冊

410000－2242－0003410　811.14/T634

杜荀鶴文集三卷　（唐）杜荀鶴撰　清康熙席
氏琴川書屋刻本　一冊

410000－2242－0003411　811.14/T634/1A

讀杜心解六卷首二卷　（唐）杜甫撰　（清）浦
起龍解　清雍正二年(1724)浦氏寧我齋刻本
十二冊

410000－2242－0003412　811.14/T634/1B

讀杜心解六卷首二卷　（唐）杜甫撰　（清）浦
起龍解　清雍正二年(1724)浦氏寧我齋刻本
十二冊

410000－2242－0003413　811.14/T634/1C

讀杜心解六卷首二卷　（唐）杜甫撰　（清）浦
起龍解　清雍正二年(1724)浦氏寧我齋刻本
十二冊

410000－2242－0003414　811.14/T634/1D

讀杜心解六卷首二卷　（唐）杜甫撰　（清）浦
起龍解　清雍正二年(1724)浦氏寧我齋刻本
七冊　存五卷(首一卷、二至五)

410000－2242－0003415　811.14/T634/1E

讀杜心解六卷首二卷　（唐）杜甫撰　（清）浦
起龍解　清雍正二年(1724)浦氏寧我齋刻本
六冊　存六卷(首一卷、二至六)

410000－2242－0003416　811.14/T634/6

杜工部集二十卷首一卷　（唐）杜甫撰　清道
光十四年(1834)芸葉盦刻本　八冊

410000－2242－0003417　811.14/T634/7A

五家評本杜工部集二十卷　（唐）杜甫撰　清
光緒二年(1876)粵東翰墨園刻本　十冊

410000－2242－0003418　811.14/T634/7B

五家評本杜工部集二十卷　（唐）杜甫撰　清
光緒二年(1876)粵東翰墨園刻本　十冊

410000－2242－0003419　811.14/T634/7C

五家評本杜工部集二十卷　（唐）杜甫撰　清
光緒二年(1876)粵東翰墨園刻本　十冊

410000－2242－0003420　811.14/T634/10A

杜詩鏡銓二十卷附杜文註解二卷年譜一卷
（唐）杜甫撰　（清）楊倫編　清同治十一年
(1872)望三益齋刻本　十一冊

410000－2242－0003421　811.14/T634/10B

杜詩鏡銓二十卷附杜文註解二卷年譜一卷
（唐）杜甫撰　（清）楊倫編　清同治十一年
(1872)望三益齋刻本　十冊

410000－2242－0003422　811.14/T634/10C

杜詩鏡銓二十卷附杜文註解二卷年譜一卷
（唐）杜甫撰　（清）楊倫編　清同治十一年
(1872)望三益齋刻本　十冊

410000－2242－0003423　811.14/T634/10D

杜詩鏡銓二十卷附杜文註解二卷年譜一卷
（唐）杜甫撰　（清）楊倫編　清同治十一年
(1872)望三益齋刻本　十二冊

410000－2242－0003424　811.14/T634/10E

杜詩鏡銓二十卷附杜文註解二卷年譜一卷
（唐）杜甫撰　（清）楊倫編　清同治十一年
(1872)望三益齋刻本　十冊

410000－2242－0003425　811.14/T634/12A

杜詩鏡銓二十卷附杜文註解二卷年譜一卷
（唐）杜甫撰　（清）楊倫編　清光緒十八年
(1892)著易堂鉛印本　六冊

410000－2242－0003426　811.14/T634/12B

杜詩鏡銓二十卷附杜文註解二卷年譜一卷
（唐）杜甫撰　（清）楊倫編　清光緒十八年
(1892)著易堂鉛印本　六冊

410000－2242－0003427　811.14/T634/13

朱竹垞先生杜詩評本二十四卷　（唐）杜甫撰
（清）朱彝尊評　清道光十一年(1831)江西
藩署刻本　八冊

410000－2242－0003428　811.14/T634/14
杜詩詳注二十五卷附錄一卷　（唐）杜甫撰
（清）仇兆鰲編　清康熙三十二年(1693)刻本
　十四冊

410000－2242－0003429　811.14/T634/15
杜詩詳注二十五卷附錄一卷　（唐）杜甫撰
（清）仇兆鰲編　清康熙三十二年(1693)刻本
　二十八冊

410000－2242－0003430　811.14/T634/16
杜詩註解二十卷　（唐）杜甫撰　（清）張溍評
註　清讀書堂刻本　十一冊

410000－2242－0003431　811.14/T634/17
杜詩註釋二十四卷　（唐）杜甫撰　（清）許寶
善編輯　清嘉慶七年(1802)自怡軒刻本　十
二冊

410000－2242－0003432　S811.14/T634/21
杜工部集箋註二十卷年譜一卷諸家詩話一卷
唱酬題詠附錄一卷杜工部集附錄一卷　（清）
錢謙益撰　清康熙六年(1667)刻本　十二冊

410000－2242－0003433　S811.14/T634/22
杜工部集箋註二十卷年譜一卷諸家詩話一卷
唱酬題詠附錄一卷杜工部集附錄一卷　（清）
錢謙益撰　清乾隆四十七年(1782)刻本
十冊

410000－2242－0003434　S811.14/T634/23
杜工部集箋註二十卷年譜一卷諸家詩話一卷唱
酬題詠附錄一卷杜工部集附錄一卷　（清）錢謙
益撰　清乾隆四十七年(1782)刻本　六冊

410000－2242－0003435　S811.14/T634/24
杜律啟蒙十二卷年譜一卷　（清）邊連寶撰
清乾隆四十二年(1777)刻本　四冊

410000－2242－0003436　811.14/W223/1
李長吉歌詩四卷外集一卷首一卷　（清）王琦
匯解　清乾隆二十五年(1760)王氏寶笏樓刻

本　四冊

410000－2242－0003437　811.14/W223/2
李太白文集三十六卷　（清）王琦輯注　清乾
隆刻本　二十冊

410000－2242－0003438　S811.14/W298
浣花集十卷補遺一卷　（唐）韋莊撰　清康熙
席氏琴川書屋刻本　一冊

410000－2242－0003439　811.14/W298/2A
韋蘇州集十卷　（唐）韋應物撰　清宣統三年
(1911)自強書局石印本　五冊

410000－2242－0003440　811.14/W298/2B
韋蘇州集十卷　（唐）韋應物撰　清宣統三年
(1911)自強書局石印本　六冊

410000－2242－0003441　811.14/W298/2C
韋蘇州集十卷　（唐）韋應物撰　清宣統三年
(1911)自強書局石印本　六冊

410000－2242－0003442　811.14/W364A
溫飛卿詩集箋注九卷　（唐）溫庭筠撰　（明）
曾益原注　（清）顧予咸補注　清宣統二年
(1910)上海國學扶輪社影秀野草堂本　四冊

410000－2242－0003443　811.14/W364B
溫飛卿詩集箋注九卷　（唐）溫庭筠撰　（明）
曾益原注　（清）顧予咸補注　清宣統二年
(1910)上海國學扶輪社影秀野草堂本　四冊

410000－2242－0003444　811.14/W364C
溫飛卿詩集箋注九卷　（唐）溫庭筠撰　（明）
曾益原注　（清）顧予咸補注　清宣統二年
(1910)上海國學扶輪社影秀野草堂本　四冊

410000－2242－0003445　S811.14/W478
唐英歌詩三卷　（唐）吳融撰　清康熙席氏琴
川書屋刻本　一冊

410000－2242－0003446　811.15/C387
角山樓蘇詩評註彙鈔二十卷目錄二卷附錄三
卷附錄目錄三卷　（宋）蘇軾撰　（清）趙克宜
輯訂　清咸豐刻本　八冊

410000－2242－0003447　811.15/F149
范石湖詩集三十四卷　（宋）范成大撰　（清）

顧嗣協等重訂　清康熙二十七年（1688）刻本
八冊

410000－2242－0003448　811.15/H664/4
山谷詩集注內集二十卷外集十七卷別集二卷
山谷詩集別集補一卷外集補四卷　（宋）黃庭
堅撰　（宋）任淵注內集　（宋）史容注外集
（宋）史季溫注別集　清光緒二十年（1894）刻
本　十六冊

410000－2242－0003449　811.15/L645
後村居士詩二十卷　（宋）劉克莊撰　清康熙
刻本　十四冊

410000－2242－0003450　S811.15/L794A
劍南詩稿八十五卷　（宋）陸游撰　明末清初
毛氏汲古閣刻本　四十一冊

410000－2242－0003451　811.15/L794/1A
劍南詩鈔六卷　（宋）陸游撰　（清）楊大鶴選
清光緒五年（1879）善成堂刻本　七冊

410000－2242－0003452　811.15/L794/1B
劍南詩鈔六卷　（宋）陸游撰　（清）楊大鶴選
清光緒五年（1879）善成堂刻本　五冊

410000－2242－0003453　811.15/S735
宋大家蘇文定公文鈔二十卷　（宋）蘇轍撰
（明）茅坤輯　清刻本　一冊　存六卷（一至
六）

410000－2242－0003454　S811.15/S738
補註東坡編年詩五十卷年表一卷　（清）查慎
行補註　清乾隆二十六年（1761）李氏香雨齋
刻本　二十冊

410000－2242－0003455　811.15/S738/2
東坡詩選十二卷　（宋）蘇軾撰　（明）譚元春
選　年譜一卷　（宋）王宗稷編　清康熙刻本
八冊

410000－2242－0003456　811.15/S738/3
施注蘇詩四十二卷續補遺二卷　（宋）蘇軾撰
（宋）施元之注　東坡年譜一卷　（宋）王宗
稷編　王注正譌一卷　（清）邵長蘅編　清康
熙三十八年（1699）刻本　十六冊

410000－2242－0003457　811.15/S738/5
施注蘇詩四十二卷　（宋）施元之撰　（清）
邵長蘅等刪補　東坡年譜一卷　（宋）王宗
稷編　王注正譌一卷　（清）邵長蘅正譌
注蘇例言一卷　（清）邵長蘅纂　東坡先生
墓誌銘一卷　（宋）蘇轍撰　清康熙刻本
八冊

410000－2242－0003458　811.15/S738/6
角山樓蘇詩評註彙鈔二十卷附錄三卷　（宋）
蘇軾撰　（清）趙克宜輯　清咸豐二年（1852）
刻本　八冊

410000－2242－0003459　811.15/S.337A
宋邵康節先生伊川擊壤集十卷　（宋）邵雍撰
（明）吳瀚摘注　清道光二十五年（1845）刻
本　六冊

410000－2242－0003460　811.15/S.337B
宋邵康節先生伊川擊壤集十卷　（宋）邵雍撰
（明）吳瀚摘注　清道光二十五年（1845）刻
本　六冊

410000－2242－0003461　S811.15/S.337/1
伊川擊壤集二十卷　（宋）邵雍撰　清初
（1644－1735）刻本　六冊

410000－2242－0003462　811.15/V353/1
金陵百詠一卷　（宋）曾極撰　嘉禾百詠一卷
（宋）張堯同撰　清光緒二十九年（1903）葉
氏刻本　一冊

410000－2242－0003463　811.15/V353/2
茶山集八卷　（宋）曾幾撰　清乾隆四十一年
（1776）刻本　二冊

410000－2242－0003464　S811.15/W221
王荊文公詩注五十卷　（宋）李壁撰　清乾隆
六年（1741）清綺齋刻本　八冊

410000－2242－0003465　811.154/Y796/1
遺山詩集二十卷　（金）元好問撰　考異一卷
（清）黎維樅輯　清光緒六年（1880）刻本
六冊

410000－2242－0003466　811.154/Y796/3

元遺山詩集箋註十四卷　（金）元好問撰
（清）施國祁箋　清道光二年（1822）刻本
六冊

410000－2242－0003467　811.16/C285
張淮陽集一卷　（元）張弘範撰　清光緒二十
二年（1896）刻本　一冊

410000－2242－0003468　811.16/C317
貞居先生詩集七卷補遺二卷附錄二卷　（元）
張雨撰　清光緒二十三年（1897）丁氏八千卷
樓刻本　三冊

410000－2242－0003469　811.16/S161A
雁門集十四卷　（元）薩都剌撰　（清）薩龍光
編註　清嘉慶十二年（1807）刻本　八冊

410000－2242－0003470　811.16/S161B
雁門集十四卷　（元）薩都剌撰　（清）薩龍光
編註　清嘉慶十二年（1807）刻本　八冊

410000－2242－0003471　811.16/Y231/1
鐵崖詩集三種　（元）楊維禎撰　（清）樓卜瀍
注　清光緒十四年（1888）樓氏崇德堂刻本
十冊

410000－2242－0003472　S811.17/H461
四憶堂詩集六卷　（清）侯方域撰　（清）賈開
宗　（清）徐作肅選　清初（1644－1735）刻本
　二冊

410000－2242－0003473　S811.17/K254
高季迪先生大全十八卷　（清）高啟撰　清康
熙竹素園刻本　四冊

410000－2242－0003474　811.17/K254/2
高青邱詩集注十八卷附扣舷集一卷鳧藻集五
卷　（明）高啟撰　（清）金檀輯注　清雍正六
年（1728）文瑞樓刻本　八冊

410000－2242－0003475　811.17/K566/3
亭林詩集五卷　（明）顧炎武撰　清光緒二年
（1876）湖南書局刻本　二冊

410000－2242－0003476　811.17/K566/4A
顧亭林先生詩箋註十七卷校補一卷　（明）顧
炎武撰　（清）徐嘉輯　清光緒二十三年

（1897）徐氏味靜齋刻本　六冊

410000－2242－0003477　811.17/K566/4B
顧亭林先生詩箋註十七卷校補一卷　（明）顧
炎武撰　（清）徐嘉輯　清光緒二十三年
（1897）徐氏味靜齋刻本　六冊

410000－2242－0003478　811.17/L327
竹懶李先生畫媵不分卷續畫媵不分卷　（清）
李日華撰　清光緒八年（1882）刻本　二冊

410000－2242－0003479　811.17/L332/1
李空同詩集三十二卷附錄一卷　（明）李夢陽
撰　清宣統二年（1910）掃葉山房石印本
十冊

410000－2242－0003480　811.17/L332/2
空同詩集三十四卷　（明）李夢陽撰　清光緒
十五年（1889）嚴氏刻本　六冊

410000－2242－0003481　811.17/S467
四溟山人詩集十卷　（明）謝榛撰　清宣統元
年（1909）秋問影樓鉛印本　三冊

410000－2242－0003482　811.17/W251/1
疑雨集四卷　（明）王彥泓撰　清宣統元年
（1909）著易堂石印本　二冊

410000－2242－0003483　811.18/C122
雙桂堂詩存四卷　（清）支清彥撰　清光緒二
十四年（1898）刻本　四冊

410000－2242－0003484　811.18/C282A
宛鄰詩二卷附宛鄰文二卷　（清）張琦撰　清
光緒十七年（1891）宛鄰書屋鉛印本　一冊

410000－2242－0003485　811.18/C282B
宛鄰詩二卷附宛鄰文二卷　（清）張琦撰　清
光緒十七年（1891）宛鄰書屋鉛印本　一冊

410000－2242－0003486　811.18/C297
墨花軒詩詞刪存一卷　（清）張葆謙撰　清同
治四年（1865）刻本　一冊

410000－2242－0003487　811.18/C316/2
船山詩草二十卷　（清）張問陶撰　清光緒十
年（1884）經文堂刻本　十二冊

410000－2242－0003488　811.18/C316/3A

船山詩草二十卷　（清）張問陶撰　清嘉慶二十年(1815)刻本　六冊

410000－2242－0003489　811.18/C316/3B

船山詩草二十卷　（清）張問陶撰　清嘉慶二十年(1815)刻本　八冊

410000－2242－0003490　811.18/C316/4

船山詩草二十卷　（清）張問陶撰　清道光元年(1821)刻本　四冊

410000－2242－0003491　811.18/C316/5

船山詩草選六卷　（清）張問陶撰　清嘉慶二十二年(1817)刻本　三冊

410000－2242－0003492　814.08/L935A

中州名賢文表三十卷續中州名賢文表六十八卷　（明）劉昌編　（清）邵松年續編　清光緒三十年(1904)鴻文書局石印本　二十三冊存七十九卷(七至十六、二十一至三十，續一至三十九、四十六至六十一、六十五至六十八)

410000－2242－0003493　811.18/F153/1

蘊素軒詩稿四卷　（清）姚倚雲撰　清鉛印本　一冊

410000－2242－0003494　811.18/H461/4

四憶堂詩集六卷遺稿一卷　（清）侯方域撰　（清）賈開宗等選注　清刻本　二冊

410000－2242－0003495　811.18/H656/1

賓紅閣豔體詩一卷　（清）黃夢畹撰　清光緒三十四年(1908)國光書局鉛印本　一冊

410000－2242－0003496　814.8/K564/1

思適齋集十八卷　（清）顧廣圻撰　清道光二十九年(1849)上海徐氏刻本　四冊

410000－2242－0003497　814.08/K566

乾坤正氣集(文)五百七十四卷首二卷　（清）顧沅編　清道光二十八年(1848)求是齋刻本　一百五十八冊

410000－2242－0003498　811.308/C771/1

明詞綜十二卷　（清）王昶纂　清嘉慶七年(1802)刻本　一冊

410000－2242－0003499　814.8/K654/2A

因寄軒文初集十卷二集六卷補遺一卷附管嗣復小異遺文一卷　（清）管同撰　清光緒五年(1879)刻本　四冊

410000－2242－0003500　811.308/C771/1

國朝詞綜五十六卷　（清）王昶纂　清嘉慶七年(1802)刻本　六冊

410000－2242－0003501　814.8/K654/2

因寄軒文初集十卷二集六卷補遺一卷附管嗣復小異遺文一卷　（清）管同撰　清光緒五年(1879)刻本　四冊

410000－2242－0003502　814.8/K786/1

養知書屋全集五十六卷　（清）郭嵩燾撰　清光緒十九年(1893)刻本　二十三冊

410000－2242－0003503　814.8/K786/2

養知書屋文集二十八卷　（清）郭嵩燾撰　清光緒十八年(1892)刻本　十二冊

410000－2242－0003504　814.8/K786/3

晚香村舍稿八卷　（清）郭綬之撰　清咸豐十一年(1861)刻本　二冊

410000－2242－0003505　814.8/K786/4

餐霞集四卷　（清）郭綬之撰　清同治四年(1865)刻本　一冊

410000－2242－0003506　S814.8/L164/1

平台紀略一卷　（清）藍鼎元撰　（清）王者輔評　清雍正十年(1732)刻本　一冊

410000－2242－0003507　S814.8/L164/2

東征集六卷　（清）藍鼎元撰　（清）王者輔評　清雍正十年(1732)刻本　二冊

410000－2242－0003508　814.8/L318

養一齋文集二十卷　（清）李兆洛撰　清光緒四年(1878)刻本　十冊

410000－2242－0003509　814.8/L318A

養一齋文集二十卷　（清）李兆洛撰　清光緒四年(1878)刻本　八冊

410000－2242－0003510　814.08/L318/1
駢體文鈔三十一卷　（清）李兆洛編　清道光
康氏(康紹鏞)刻本　八冊

410000－2242－0003511　814.08/L318/2
駢體文鈔三十一卷　（清）李兆洛編　清同治
六年(1867)徐氏刻本　八冊

410000－2242－0003512　814.08/L318/2A
駢體文鈔三十一卷　（清）李兆洛編　清同治
六年(1867)徐氏刻本　八冊

410000－2242－0003513　814.8/L319
皇朝文典一百卷　（清）李澄編　清嘉慶刻本
　三十二冊

410000－2242－0003514　S814.08/L324
文苑英華一千卷　（宋）李昉等編　明隆慶元
年(1567)刻萬曆補修福建刻本　一百冊

410000－2242－0003515　814.8/L324
穆堂初稿五十卷別稿四十九卷　（清）李紱撰
　清道光十一年(1831)奉國堂刻本　二十
八冊

410000－2242－0003516　814.8/L325
李文忠公全集一百六十五卷　（清）李鴻章撰
　清光緒三十一年(1905)刻本　一百冊

410000－2242－0003517　814.8/L325A
李文忠公全集一百六十五卷　（清）李鴻章撰
　清光緒三十一年(1905)刻本　一百冊

410000－2242－0003518　814.8/L328/3
榕村全集四十卷別集五卷　（清）李光地撰
清乾隆元年(1736)李清植刻本　八冊

410000－2242－0003519　814.8/L328/3
榕村全集四十卷別集五卷　（清）李光地撰
清乾隆元年(1736)李清植刻本　十二冊

410000－2242－0003520　814.8/L337
欂頁集五卷附南遊草一卷補遺一卷　（清）李
柏撰　清宣統三年(1911)鄠縣李氏刻本
六冊

410000－2242－0003521　814.8/L339
棣懷堂隨筆十一卷末一卷附雲湖合編二卷

（清）李象鵾撰　清道光刻本　八冊

410000－2242－0003522　814.8/L343
鴻桷齋文集初刻一卷　（清）李圖撰　清道光
二十七年(1847)刻本　一冊

410000－2242－0003523　814.08/L344
元明文選四十六卷　（清）李祖陶編　清道光
二十五年(1845)刻本　二十二冊

410000－2242－0003524　814.8/L347/2
二曲集四十六卷　（清）李顒撰　清光緒三年
(1877)刻本　十六冊

410000－2242－0003525　814.8/L347/2A
二曲集四十六卷　（清）李顒撰　清光緒三年
(1877)刻本　十六冊

410000－2242－0003526　814.8/L347/4
天岳山館文鈔四十卷　（清）李元度撰　清光
緒六年(1880)刻本　十六冊

410000－2242－0003527　814.8/L347/5
李二麯集四十六卷　（清）李顒撰　清光緒三
年(1877)刻本　十六冊

410000－2242－0003528　814.8/L355
樊榭山房集十卷續集十卷文集八卷集外詩四
卷集外詞五卷集外曲二卷　（清）厲鶚撰　清
光緒十年(1884)錢唐汪氏振綺堂刻本　十冊

410000－2242－0003529　814.8/L358
拙尊園叢稿六卷　（清）黎庶昌撰　清光緒十
九年(1893)上海醉六堂石印本　二冊

410000－2242－0003530　814.08/L358/3
續古文辭類纂二十八卷　（清）黎庶昌編　清
光緒二十一年(1895)狀元閣刻本　十二冊

410000－2242－0003531　814.08/L358/4
續古文辭類纂二十八卷　（清）黎庶昌編　清
光緒十六年(1890)金陵書局刻本　十二冊

410000－2242－0003532　814.8/L534
虛直堂文集二十四卷　（清）劉榛撰　清康熙
刻本　六冊

410000－2242－0003533　S814.8/L534/1

虛直堂文集二十四卷　（清）劉榛撰　清康熙
二十七年(1688)刻本　六冊

410000－2242－0003534　814.08/L534/1
諸葛宗岳史四公文集四種　（清）劉質慧校
清同治十二年(1873)刻本　六冊

410000－2242－0003535　814.8/L538/1
畏廬文集一卷　林紓撰　清宣統二年(1910)
商務印書館鉛印本　一冊

410000－2242－0003536　814.8/L539
滇軺紀程一卷　（清）林則徐撰　清光緒三年
(1877)刻本　一冊

410000－2242－0003537　814.08/L539/1
古文析義十四卷　（清）林雲銘編　清康熙刻
本　六冊

410000－2242－0003538　814.08/L539/2
古文析義六卷　（清）林雲銘編　清康熙刻本
六冊

410000－2242－0003539　814.08/L539/2A
古文析義六卷　（清）林雲銘編　清康熙刻本
六冊

410000－2242－0003540　814.08/L571
漢魏六朝文繡四卷續鈔一卷　（清）凌德編
清光緒八年(1882)刻本　四冊

410000－2242－0003541　814.8/L645/2A
孟塗全集詩前集十卷後集二十二卷文集十卷
駢體文集二卷　（清）劉開撰　清道光六年
(1826)姚氏檗山草堂刻本　八冊

410000－2242－0003542　814.8/L645/2
孟塗全集詩前集十卷後集二十二卷文集十卷
駢體文集二卷　（清）劉開撰　清道光六年
(1826)姚氏檗山草堂刻本　八冊

410000－2242－0003543　S814.8/L653
鴻齋文集三卷補遺一卷　（清）劉伯梁撰　清
乾隆二十一年(1756)刻本　一冊

410000－2242－0003544　814.08/L656/1
秋浦雙忠錄四十卷　（清）劉世珩編　清光緒
二十六年(1900)劉氏唐石簃刻本　六冊

410000－2242－0003545　814.08/L656/1A
秋浦雙忠錄四十卷　（清）劉世珩編　清光緒
二十六年(1900)劉氏唐石簃刻本　六冊

410000－2242－0003546　814.08/L656/1B
秋浦雙忠錄四十卷　（清）劉世珩編　清光緒
二十六年(1900)劉氏唐石簃刻本　六冊

410000－2242－0003547　814.8/L657
海峰文集八卷詩集十一卷　（清）劉大櫆撰
清同治十三年(1874)刻本　七冊

410000－2242－0003548　814.8/L657A
海峰文集八卷詩集十一卷　（清）劉大櫆撰
清同治十三年(1874)刻本　八冊

410000－2242－0003549　814.8/L659/1
夢園詩集十六卷文集八卷　（清）劉曾騄撰
清光緒十七年(1891)刻本　四冊

410000－2242－0003550　814.8/L659/2
邁堂文畧二卷　（清）李祖陶撰　清同治刻本
一冊

410000－2242－0003551　814.8/L662
青溪舊屋文集十一卷　（清）劉文淇撰　清光
緒九年(1883)刻本　二冊

410000－2242－0003552　814.8/L663
槐軒雜著不分卷　（清）劉沅撰　清光緒二十
七年(1901)刻本　一冊

410000－2242－0003553　814.8/L663A
槐軒雜著不分卷　（清）劉沅撰　清光緒二十
七年(1901)刻本　三冊

410000－2242－0003554　814.8/L789
崇百藥齋文集二十卷續集四卷三集四卷
(清)陸繼輅撰　清嘉慶二十五年(1820)合肥
學舍刻本　六冊

410000－2242－0003555　814.8/L791/1
三魚堂文集十二卷　（清）陸隴其撰　清康熙
刻本　二冊　存六卷(七至十二)

410000－2242－0003556　814.8/L791/2
三魚堂文集十二卷外集六卷附錄一卷　（清）
陸隴其撰　清康熙四十年(1701)刻本　八冊

410000－2242－0003557　814.8/L793/1

儀顧堂集十六卷　（清）陸心源撰　清同治十三年(1874)刻本　六冊

410000－2242－0003558　814.8/L793/2

儀顧堂集十六卷　（清）陸心源撰　清光緒二十四年(1898)刻本　六冊

410000－2242－0003559　814.08/L935

中州名賢文表三十卷續中州名賢文表六十八卷　（明）劉昌編　（清）邵松年續編　清光緒三十年(1904)鴻文書局石印本　九冊　存三十九卷(一至三十、續一至九)

410000－2242－0003560　814.08/L935B

中州名賢文表三十卷續中州名賢文表六十八卷　（明）劉昌編　（清）邵松年續編　清光緒三十年(1904)鴻文書局石印本　二十八冊

410000－2242－0003561　814.08/L935C

中州名賢文表三十卷續中州名賢文表六十八卷　（明）劉昌編　（清）邵松年續編　清光緒三十年(1904)鴻文書局石印本　二十八冊

410000－2242－0003562　814.08/L935D

中州名賢文表三十卷續中州名賢文表六十八卷　（明）劉昌編　（清）邵松年續編　清光緒三十年(1904)鴻文書局石印本　二十八冊

410000－2242－0003563　814.08/L935E

中州名賢文表三十卷續中州名賢文表六十八卷　（明）劉昌編　（清）邵松年續編　清光緒三十年(1904)鴻文書局石印本　二十八冊

410000－2242－0003564　S814.08/L935/1

中州名賢文表三十卷　（明）劉昌輯　清康熙四十五年(1706)汪立名刻本　十二冊

410000－2242－0003565　S814.8/L948

柏岩文集四卷　（清）呂宣曾撰　清乾隆五十年(1785)刻本　二冊

410000－2242－0003566　814.8/M126

四六彫蟲十卷　（清）馬朴撰　清同治十一年(1872)刻本　六冊

410000－2242－0003567　814.8/M127/1

樸麗子十九卷　（清）馬時芳撰　清末石印本　四冊

410000－2242－0003568　814.8/M127/2

樸麗子二卷續朴麗子二卷　（清）馬時芳撰　清光緒二十一年(1895)刻本　四冊

410000－2242－0003569　814.8/M127/3

樸麗子十九卷　（清）馬時芳撰　清光緒二十一年(1895)澄性書屋刻本　四冊

410000－2242－0003570　814.08/M247

唐宋八大家文鈔一百四十四卷　（明）茅坤編　清大盛堂刻本　四十四冊

410000－2242－0003571　S814.08/M247/1

唐宋八大家文抄一百四十四卷　（明）茅坤選評　明崇禎金閭簣玉堂刻本　六十二冊

410000－2242－0003572　814.8/M316/1

柏梘山房文集十六卷文續集一卷駢體文二卷詩集十卷詩續集二卷　（清）梅曾亮撰　清咸豐六年(1856)刻本　六冊

410000－2242－0003573　814.8/M316/2

柏梘山房文集十六卷文續集一卷駢體文二卷詩集十卷詩續集二卷　（清）梅曾亮撰　清宣統三年(1911)國學扶輪社石印本　八冊

410000－2242－0003574　814.8/M552

夢綠詩存一卷迂菴詩存一卷迂菴文存一卷迂菴語存一卷迂菴賤存一卷　（清）釋明慧等撰　清道光刻本　一冊

410000－2242－0003575　814.8/M579/1

藝風堂文集七卷外篇一卷　繆荃孫撰　清光緒二十六年(1900)刻本　四冊

410000－2242－0003576　814.8/M579/2

藝風堂文續集八卷外集一卷　繆荃孫撰　清宣統二年(1910)刻本　四冊

410000－2242－0003577　814.8/N311

空山堂文集十二卷詩集六卷　（清）牛運震撰　清嘉慶八年(1803)刻本　六冊

410000－2242－0003578　814.8/P659

紫藤軒文稿二卷　（清）□□撰　清刻本　一

冊　存一卷(卷下)

410000－2242－0003579　814.8/P.175/1

香禪精舍集十種　(清)潘鍾瑞撰　清光緒十年(1884)長洲潘氏刻本　十冊

410000－2242－0003580　814.8/P.175/2

香禪精舍集十二種　(清)潘鍾瑞撰　清光緒十年(1884)長洲潘氏刻本　十六冊

410000－2242－0003581　814.8/P.178/1

有真意齋文集不分卷　(清)潘世恩撰　清光緒二十四年(1898)刻本　二冊

410000－2242－0003582　814.8/P.352

芝庭先生集十八卷附錄一卷　(清)彭啟豐撰　清同治彭氏刻本　六冊

410000－2242－0003583　814.8/P.354/1－1

二林居集二十四卷附秋士先生遺集六卷　(清)彭紹升撰　清光緒七年(1881)刻本　八冊

410000－2242－0003584　814.8/P.354/2

秋士先生遺集六卷　(清)彭續撰　清光緒七年(1881)刻本　二冊

410000－2242－0003585　529.3/Y862

御製曆象考成前編十六卷後編十卷　(清)允祿編　清雍正刻本　十九冊

410000－2242－0003586　814.8/P.354/6A

松桂堂全集三十七卷南淮集三卷延露詞三卷　(清)彭孫遹撰　清宣統三年(1911)埽葉山房石印本　十二冊

410000－2242－0003587　814.8/P.354/6B

松桂堂全集三十七卷南淮集三卷延露詞三卷　(清)彭孫遹撰　清宣統三年(1911)埽葉山房石印本　十二冊

410000－2242－0003588　814.8/P.354/7

歸樸龕叢稿十二卷　(清)彭蘊章撰　清道光刻本　四冊

410000－2242－0003589　814.8/P.354/7A

歸樸龕叢稿十二卷續編四卷　(清)彭蘊章撰　(清)彭慰高續編　年譜　(清)彭蘊章撰

清道光刻本　五冊

410000－2242－0003590　814.8/P.627

見在龕雜作存稿七卷附稿二卷　(清)濮文暹撰　清宣統三年(1911)山東藝文局鉛印本　四冊

410000－2242－0003591　814.08/P.634

古文眉詮七十九卷　(清)浦起龍編　清乾隆九年(1744)靜寄東軒刻本　二十四冊

410000－2242－0003592　814.8/P.639/1

聊齋先生文集二卷聊齋詞一卷　(清)蒲松齡撰　清宣統國學扶輪社鉛印本　三冊

410000－2242－0003593　814.8/S435

敬孚類藁十六卷　(清)蕭穆撰　清光緒三十二年(1906)刻本　四冊

410000－2242－0003594　814.8/S463/1

庸盦海外文編四卷　(清)薛福成撰　清光緒二十一年(1895)蕭山陳氏刻本　四冊

410000－2242－0003595　814.8/S463/2

庸盦全集九種　(清)薛福成撰　清光緒十年至二十四年(1884－1898)刻本　四十二冊

410000－2242－0003596　814.8/S463/3

庸盦全集六種　(清)薛福成撰　清光緒十八年至二十二年(1892－1896)上海醉六堂石印本　十二冊

410000－2242－0003597　814.8/S463/4

出使日記續刻十卷出使公牘八卷出使奏疏二卷　(清)薛福成撰　清光緒二十年至二十四年(1894－1898)傳經樓刻本　二十冊

410000－2242－0003598　814.8/S471/1

謝梅莊先生遺集八卷附西北域記一卷　(清)謝濟世撰　清光緒三十四年(1908)鉛印本　二冊

410000－2242－0003599　814.8/S471/1A

謝梅莊先生遺集八卷附西北域記一卷　(清)謝濟世撰　清光緒三十四年(1908)鉛印本　二冊

410000－2242－0003600　814.8/S471/2

會稽山齋全集七種 （清）謝應芝撰 清光緒
十四年(1888)刻本 六冊

410000－2242－0003601 814.8/W246

煙霞萬古樓文集六卷 （清）王曇撰 清道光
二十年(1840)刻本 二冊

410000－2242－0003602 814.08/W249/5

唐人合集四種 （唐）王維等撰 清光緒十年
(1884)同文書局石印本 八冊

410000－2242－0003603 814.8/W251

西亭文抄十二卷附錄一卷 （清）王原撰
（清）劉汝錫編 清光緒十七年(1891)劉氏不
遠復齋刻本 四冊

410000－2242－0003604 814.08/W254/1

古文喈鳳新編八卷 （清）汪基編 清末經文
堂刻本 八冊

410000－2242－0003605 814.8/S666

安雅堂文集二卷書啟一卷重刻文集二卷詩不
分卷二鄉亭詞三卷未刻稿八卷入蜀集二卷
（清）宋琬撰 清順治十七年至乾隆三十一年
(1660－1766)刻本 十六冊

410000－2242－0003606 814.8/S827

之遊唾餘錄二卷 （清）孫福海撰 清光緒十
六年(1890)刻本 一冊

410000－2242－0003607 814.8/S835/1

孫淵如先生全集十二種 （清）孫星衍撰 清
光緒十年至十一年(1884－1885)朱氏槐廬家
塾刻本 十二冊

410000－2242－0003608 814.8/S835/2

紀文達公遺集十六卷首一卷 （清）紀樹馨輯
清宣統二年(1910)保粹樓石印本 八冊

410000－2242－0003609 S814.8/S895

憺園文集三十六卷 （清）徐乾學撰 清康熙
三十六年(1697)冠山堂刻本 十二冊

410000－2242－0003610 814.8/S914

蘊學齋課草不分卷 （清）徐紹康撰 清光緒
十四年(1888)武清徐氏刻本 一冊

410000－2242－0003611 814.8/S.111

國朝論策類編六卷附經義一卷 （清）識小社
等撰 清光緒二十四年(1898)識小社刻本
四冊

410000－2242－0003612 814.8/S.155

施愚山學餘文集二十八卷詩集五十卷別集四
卷外集二卷家風述畧一卷 （清）施閏章撰
隨村先生遺集六卷 （清）施瑮撰 施氏家風
述畧續編一卷 （清）施彥恪撰 施愚山年譜
四卷 （清）施念曾撰 清宣統二年至三年
(1910－1911)上海國學扶輪社石印本 二
十冊

410000－2242－0003613 814.8/S.156/1

施愚山先生學餘文集二十八卷別集四卷外集
二卷施氏家風述畧一卷 （清）施閏章著 隨
村先生遺集六卷 （清）施瑮撰 施氏家風述
畧續編一卷 （清）施彥恪撰 清乾隆刻本
九冊

410000－2242－0003614 814.8/S.156/2

施愚山先生學餘文集二十八卷詩集五十卷別
集四卷家風述畧一卷 （清）施閏章撰 施愚
山年譜四卷 （清）施念曾撰 施氏家風述畧
續編一卷 （清）施彥恪撰 隨村先生遺集六
卷 （清）施瑮撰 清乾隆刻本 二十三冊

410000－2242－0003615 814.8/S.156/3

澤雅堂文集十卷 （清）施補華撰 清光緒十
九年(1893)刻本 二冊

410000－2242－0003616 814.8/S.335A

邵子湘全集三十卷 （清）邵長蘅撰 清光緒
二十二年(1896)刻本 十二冊

410000－2242－0003617 814.8/S.335B

邵子湘全集三十卷 （清）邵長蘅撰 清光緒
二十二年(1896)刻本 十二冊

410000－2242－0003618 814.8/S.337

謙受堂集十五卷 （清）邵大業撰 清嘉慶
二年(1797)刻本 一冊 存四卷(十二至十
五)

410000－2242－0003619 814.08/S.337

續中州名賢文表六十八卷 （清）邵松年編

清光緒三十年(1904)鴻文書局石印本　二十二冊

410000－2242－0003620　S814.8/S.433/1
歸愚集六十二卷　(清)沈德潛撰　清乾隆刻本　二十冊

410000－2242－0003621　S814.08/T154/1
二十一史文鈔三百三十二卷　(明)戴羲摘鈔　明崇禎十一年(1638)刻本　二十八冊

410000－2242－0003622　814.8/T154/2
戴東原集十二卷　(清)戴震著　年譜一卷札記一卷　(清)段玉裁編　清宣統二年(1910)渭南嚴氏孝義家塾刻本　六冊

410000－2242－0003623　814.8/T154/2A
戴東原集十二卷　(清)戴震撰　年譜一卷札記一卷　(清)段玉裁編　清宣統二年(1910)渭南嚴氏孝義家塾刻本　六冊

410000－2242－0003624　814.8/T154/3
戴東原集十二卷　(清)戴震撰　清光緒十年(1884)刻本　四冊

410000－2242－0003625　814.8/T154/4
戴東原集十二卷　(清)戴震撰　年譜一卷札記一卷　(清)段玉裁編　清宣統二年(1910)渭南嚴氏孝義家塾刻本　四冊

410000－2242－0003626　814.8/T155/1
南山全集十四卷　(清)戴名世撰　清刻本　五冊

410000－2242－0003627　814.8/K411/1B
中州朱玉錄二卷　(清)耿興宗撰　清刻本　二冊

410000－2242－0003628　814.8/T155/4
戴南山文鈔六卷　(清)戴名世撰　清宣統二年(1910)國學扶輪社鉛印本　三冊

410000－2242－0003629　814.8/T156
純甫古文鈔六卷　(清)戴楫撰　清同治九年(1870)刻本　一冊

410000－2242－0003630　814.8/T.187/1
石菊影廬筆識二卷　(清)譚嗣同撰　清光緒

二十三年(1897)刻本　一冊

410000－2242－0003631　814.8/T.221/1
唐確慎公集十卷首一卷末一卷　(清)唐鑑撰　清光緒元年(1875)刻本　六冊

410000－2242－0003632　814.8/T.221/2
唐確慎公集十卷首一卷末一卷　(清)唐鑑撰　清光緒元年(1875)刻本　三冊　存五卷(一至四、首一卷)

410000－2242－0003633　814.08/T.222
古文翼八卷　(清)唐德介編　清光緒十九年(1893)經國書局刻本　八冊

410000－2242－0003634　814.8/T.226/1
湯子遺書十卷　(清)湯斌撰　潛菴先生年譜一卷　(清)王廷燦編　附錄一卷　(清)湯沆等撰　清刻本　八冊

410000－2242－0003635　814.8/T.226/2
湯文正公全集五種　(清)湯斌撰　清同治九年(1870)刻本　十八冊

410000－2242－0003636　814.8/T.226/2A
湯文正公全集五種　(清)湯斌撰　清同治九年(1870)刻本　三十二冊

410000－2242－0003637　814.8/T.226/2B
湯文正公全集五種　(清)湯斌撰　清同治九年(1870)刻本　三十二冊

410000－2242－0003638　814.8/T.226/2C
湯文正公全集五種　(清)湯斌撰　清同治九年(1870)刻本　三十二冊

410000－2242－0003639　814.8/T.226/3
湯子遺書十卷首一卷　(清)湯斌撰　清同治九年(1870)刻本　十四冊

410000－2242－0003640　814.8/K411/1C
中州朱玉錄二卷　(清)耿興宗撰　清刻本　一冊　存一卷(一)

410000－2242－0003641　814.8/T.226/4
湯子遺書十卷首一卷　(清)湯斌撰　年譜一卷　(清)王廷燦編　清同治九年(1870)刻本　十六冊

410000－2242－0003642　814.8/T.226/5

湯子遺書十卷　（清）湯斌撰　**附錄一卷**（清）湯沅等撰　**年譜一卷**（清）王廷燦編　**輓詩一卷**（清）彭定求等撰　清刻本　六冊

410000－2242－0003643　814.8/T.226/6

湯子遺書四卷首一卷　（清）湯斌撰　清光緒五年(1879)鉛印本　七冊

410000－2242－0003644　814.8/T.226/8

湯子遺書續編二卷　（清）湯斌撰　清同治九年(1870)刻本　二冊

410000－2242－0003645　814.8/T.226/8

湯子遺書續編二卷　（清）湯斌撰　清同治刻本　二冊

410000－2242－0003646　814.8/T.226/9

潛庵先生遺稿五卷　（清）湯斌撰　清康熙刻本　一冊　存二卷(一至二)

410000－2242－0003647　814.8/T.256

陶文毅公全集六十四首一卷末一卷　（清）陶澍撰　清道光二十年(1840)淮北士民公刻本　二十二冊

410000－2242－0003648　814.8/T.256A

陶文毅公全集六十四卷首一卷末一卷　（清）陶澍撰　清道光二十年(1840)淮北士民公刻本　二十三冊

410000－2242－0003649　S814.08/V329/1

西山先生真文忠公文章正宗二十四卷　（宋）真德秀輯　明嘉靖刻本　一冊　存四卷(二十一上下、二十二上下)

410000－2242－0003650　S814.08/V329/2

西山先生真文忠公文章正宗二十四卷　（宋）真德秀輯　明刻本　三冊　存三卷(一至三)

410000－2242－0003651　S814.08/V329/3

西山先生真文忠公文章正宗二十四卷　（宋）真德秀輯　明刻本　二十四冊

410000－2242－0003652　S814.08/V329/4

續文章正宗十九卷　（宋）真德秀撰　明末刻本　十冊

410000－2242－0003653　814.8/V354/2

曾惠敏公遺集十七卷　（清）曾紀澤撰　清光緒十九年(1893)江南製造局鉛印本　八冊

410000－2242－0003654　814.08/V354/3

經史百家雜鈔二十六卷　（清）曾國藩編　清光緒三十二年(1906)商務印書館鉛印本　十二冊

410000－2242－0003655　814.08/V354/3A

經史百家雜鈔二十六卷　（清）曾國藩編　清光緒三十二年(1906)商務印書館鉛印本　十二冊

410000－2242－0003656　814.8/V354/3B

曾忠襄公文集二卷　（清）曾國荃撰　（清）蕭榮爵編　清光緒二十九年(1903)刻本　二冊

410000－2242－0003657　814.8/V354/4

國朝駢體正宗十二卷　（清）曾燠編　清同治十三年(1874)聚賢堂刻本　六冊

410000－2242－0003658　814.8/V439

友竹草堂文集六卷詩集二卷　（清）蔣慶第撰　清光緒刻本　四冊

410000－2242－0003659　814.8/V442

七經樓文鈔六卷春暉閣詩鈔選六卷　（清）蔣湘南撰　清同治九年(1870)馬氏家塾刻本　六冊

410000－2242－0003660　814.8/V442/1

七經樓文鈔六卷　（清）蔣湘南撰　清同治八年(1869)馬氏家塾刻本　六冊

410000－2242－0003661　814.8/V442/2

七經樓文鈔六卷　（清）蔣湘南撰　清道光二十七年(1847)刻本　四冊

410000－2242－0003662　814.8/V442/4

七經樓文鈔六卷　（清）蔣湘南撰　清刻本　一冊

410000－2242－0003663　814.8/V442/5

七經樓遺集不分卷　（清）蔣湘南撰　**曇隱居草一卷**（清）釋寂然撰　清道光三十年(1850)經川圖書館刻本　一冊

410000－2242－0003664　814.8/V443/1

忠雅堂文集十二卷　（清）蔣士銓撰　清嘉慶刻本　六冊

410000－2242－0003665　814.8/V443/2

忠雅堂集三十卷　（清）蔣士銓撰　清刻本　十二冊

410000－2242－0003666　814.8/V465

雕菰樓集二十四卷附密梅花館集一卷　（清）焦循撰　清道光四年(1824)蘇州文學山房活字本　十二冊

410000－2242－0003667　814.8/V681/1

恪靖侯盾鼻餘瀋不分卷　（清）左宗棠編　（清）柳葆元等錄　（清）石本清覆校　清光緒八年(1882)刻本　一冊

410000－2242－0003668　814.8/V681/2

左文襄公全集一百〇九卷　（清）左宗棠撰　清光緒十六年至十八年(1890－1892)刻本　一百〇四冊

410000－2242－0003669　814.8/V.184

文變三卷　（清）蔡元培選　清光緒二十八年(1902)商務印書館鉛印本　二冊

410000－2242－0003670　814.08/V.187/2

古文雅正十四卷　（清）蔡世遠選評　清雍正崇文堂刻本　六冊

410000－2242－0003671　814.8/V.479

錢牧齋文鈔不分卷　（清）錢謙益撰　清宣統元年(1909)國學扶輪社鉛印本　四冊

410000－2242－0003672　814.8/V.479

錢牧齋文鈔不分卷　（清）錢謙益撰　清宣統元年(1909)國學扶輪社鉛印本　四冊

410000－2242－0003673　814.8/V.481

存素堂文稿四卷補遺一卷詩稿二卷存素堂集續編四卷　（清）錢寶琛撰　清同治九年至光緒六年(1870－1880)刻本　六冊

410000－2242－0003674　814.8/V.482/1

錢南園遺集六卷　（清）錢灃撰　清光緒十九年(1893)浙江書局刻本　二冊

410000－2242－0003675　814.8/V.482/2

甘泉鄉人稿二十四卷附曝書雜記三卷　（清）錢泰吉撰　清同治十一年(1872)刻本　五冊

410000－2242－0003676　814.8/V.482/3

潛研堂文集五十卷　（清）錢大昕撰　清光緒十年(1884)長沙龍氏刻本　十六冊

410000－2242－0003677　814.8/V.482/4

潛研堂文集五十卷　（清）錢大昕撰　清嘉慶十一年(1806)刻本　十二冊

410000－2242－0003678　814.8/V.772

崔翰林遺集二卷附錄一卷　（清）崔舜球撰　清光緒十四年(1888)刻本　一冊

410000－2242－0003679　814.8/V.885/1

鮚埼亭集三十八卷首一卷世譜外編五十卷　（清）全祖望撰　清光緒十五年(1889)借樹山房刻本　二十四冊

410000－2242－0003680　814.8/V.885/2

鮚埼亭集三十八卷首一卷世譜外編五十卷　（清）全祖望撰　清同治十一年(1872)借樹山房刻本　二十二冊

410000－2242－0003681　814.08/W221

四六法海十二卷　（明）王志堅編　清乾隆二十三年(1758)刻本　十三冊

410000－2242－0003682　S814.08/W221/1

四六法海十二卷　（明）王志堅編　明天啟七年(1627)刻本　十二冊

410000－2242－0003683　814.08/W222

四六法海十二卷　（明）王志堅編　清乾隆刻本　七冊

410000－2242－0003684　814.8/W225/2

淵雅堂全集十種　（清）王芑孫撰　清嘉慶八年至二十五年(1803－1820)檇園刻本　二十四冊

410000－2242－0003685　814.8/W227/2

船山經義不分卷　（清）王夫之撰　清光緒二十二年(1896)潞河滌塵館刻本　一冊

410000－2242－0003686　814.8/W233/1

湘綺樓文集八卷詩集十四卷箋啟八卷　王闓運撰　清宣統二年(1910)國學扶輪社石印本　十二冊

410000－2242－0003687　814.8/W235

王石和文九卷　（清）王玿撰　清乾隆六年(1741)培風齋刻本　二冊

410000－2242－0003688　814.8/W241

百柱堂全集五十二卷首一卷　（清）王柏心撰　清光緒十九年(1893)刻本　十六冊

410000－2242－0003689　814.8/W243/1

虛受堂文集十六卷　王先謙撰　清宣統二年(1910)國學書社石印本　六冊

410000－2242－0003690　814.8/W243/1A

虛受堂文集十六卷　王先謙撰　清宣統二年(1910)國學書社石印本　六冊

410000－2242－0003691　814.8/W243/2

虛受堂文集十六卷　王先謙撰　清光緒二十六年(1900)刻本　五冊

410000－2242－0003692　814.08/W243/2A

續古文辭類纂三十四卷　王先謙纂集　清光緒十八年(1892)席氏掃葉山房刻本　八冊

410000－2242－0003693　814.8/W243/3

虛受堂文集十六卷　王先謙撰　清咸豐十一年(1861)刻本　八冊

410000－2242－0003694　814.8/W243/4

虛受堂文集十六卷詩存十八卷書札二卷年譜三卷　王先謙撰　清咸豐十一年(1861)刻本　十七冊

410000－2242－0003695　814.08/W254/2

古文喈鳳新編八卷　（清）汪基編　清末宏德堂刻本　八冊

410000－2242－0003696　814.8/K566/1－1

亭林軼詩一卷　（清）顧炎武撰　顧亭林先生年譜　（清）吳映奎輯　亭林先生神道表（清）全祖望撰　同志贈言　（清）沈岱瞻纂　清光緒十一年(1885)上海埽葉山房刻本　一冊

輶山堂文集八卷　（清）管世銘撰　清嘉慶六年(1801)刻本　一冊

410000－2242－0003698　814.8/K564/2B

因寄軒文初集十卷二集六卷補遺一卷附管嗣復小異遺文一卷　（清）管同撰　清光緒五年(1879)刻本　四冊

410000－2242－0003699　814.8/W254/3A

述學內篇三卷補遺一卷外編一卷別錄一卷（清）汪中撰　清同治八年(1869)揚州書局刻本　二冊

410000－2242－0003700　814.8/W254/3B

述學內篇三卷補遺一卷外編一卷別錄一卷（清）汪中撰　清同治八年(1869)揚州書局刻本　一冊

410000－2242－0003701　814.8/W256/1

汪鈍翁文鈔□□卷　（清）汪琬撰　清刻本　一冊　存二卷(十一至十二)

410000－2242－0003702　814.8/W256/2

堯峰文鈔四十卷　（清）汪琬撰　（清）林佶編　清宣統二年(1910)上海集成圖書公司石印本　八冊

410000－2242－0003703　814.8/W327

古微堂內集二卷外集八卷　（清）魏源撰　清宣統元年(1909)國學扶輪社鉛印本　六冊

410000－2242－0003704　814.8/W329/1A

古微堂內外集內集三卷外集七卷　（清）魏源撰　清宣統元年(1909)國學扶輪社鉛印本　五冊

410000－2242－0003705　814.8/W329/1B

古微堂內外集內集三卷外集七卷　（清）魏源撰　清宣統元年(1909)國學扶輪社鉛印本　六冊

410000－2242－0003706　814.8/W329/2A

古微堂內外集內集三卷外集七卷　（清）魏源撰　清光緒四年(1878)淮南書局刻本　四冊

410000－2242－0003707　814.8/W329/2B

古微堂内外集内集三卷外集七卷 （清）魏源撰 清光緒四年(1878)淮南書局刻本 四冊

410000－2242－0003708 814.8/W366

怡養齋制藝不分卷附試帖不分卷律賦不分卷古今體詩不分卷 （清）聞捷撰 清光緒八年(1882)刻本 四冊

410000－2242－0003709 814.8/W389A

倭文端公遺書十一卷首二卷 （清）倭仁撰 清光緒刻本 二冊 存四卷(三、九至十一)

410000－2242－0003710 814.8/W389B

倭文端公遺書十一卷首二卷 （清）倭仁撰 清光緒刻本 八冊

410000－2242－0003711 814.8/W389C

倭文端公遺書十一卷首二卷 （清）倭仁撰 清光緒刻本 八冊

410000－2242－0003712 814.8/W389D

倭文端公遺書八卷首一卷續刊三卷末一卷 （清）倭仁撰 清光緒元年(1875)六安求我齋刻本 四冊

410000－2242－0003713 814.08/W465/1

粵十三家集十三種 （清）伍元薇編 清道光二十年(1840)伍氏詩雪軒刻本 三十冊

410000－2242－0003714 814.8/W478/2

吳摯甫文集四卷附詩集一卷 （清）吳汝綸撰 清宣統二年(1910)國學扶輪社石印本 六冊

410000－2242－0003715 814.08/W482A

學海堂二集二十二卷 （清）吳蘭修編 清道光十八年(1838)啟秀山房刻本 十三冊

410000－2242－0003716 814.08/W482B

學海堂二集二十二卷 （清）吳蘭修編 清道光十八年(1838)啟秀山房刻本 十二冊

410000－2242－0003717 814.08/W482C

學海堂二集二十二卷 （清）吳蘭修編 清道光十八年(1838)啟秀山房刻本 十冊

410000－2242－0003718 814.8/W483

枻湖文集十二卷 （清）吳敏樹撰 清光緒十

九年(1893)思賢講舍刻本 二冊

410000－2242－0003719 814.8/W488/1A

半舫館剩稿二卷附填詞一卷 （清）吳葆晉撰 清光緒十一年(1885)固始吳氏刻本 一冊

410000－2242－0003720 814.8/W488/1B

半舫館剩稿二卷附填詞一卷 （清）吳葆晉撰 清光緒十一年(1885)固始吳氏刻本 二冊

410000－2242－0003721 814.8/W491/1

有正味齋全集五種 （清）吳錫麒撰 清同人堂刻本 十六冊

410000－2242－0003722 814.8/W491/2

有正味齋全集詩集十六卷詩續集二卷駢體文集二十四卷駢體文續集八卷詞集八卷詞續集八卷外集五卷續集二卷 （清）吳錫麒撰 清刻本 十二冊

410000－2242－0003723 814.8/W495

吳學士文集四卷詩集五卷 （清）吳蕭撰 清光緒八年(1882)江寧藩署刻本 六冊

410000－2242－0003724 951.0014/L329

尚史七十二卷 （清）李鍇編 清乾隆三十八年(1773)刻本 二十冊

410000－2242－0003725 S814.8/W498

香亭文稿十二卷 （清）吳玉綸撰 清乾隆六十年(1795)刻本 六冊

410000－2242－0003726 814.8/W513

授堂文鈔八卷續集十卷讀畫山房文鈔二卷 （清）武億撰 清道光二十三年(1843)刻本 二冊

410000－2242－0003727 814.8/Y227/1

朱飲山千金譜二十九卷 （清）楊廷茲重輯 清乾隆刻本 八冊

410000－2242－0003728 814.8/Y227/2

朱飲山三韻易知十卷 （清）楊廷茲重輯 清乾隆刻本 二冊

410000－2242－0003729 814.8/Y232

移芝室古文十二卷 （清）楊彝珍撰 清光緒刻本 三冊

173

410000－2242－0003730　S814.8/Y232/1

石齋文集八卷　（清）楊運昌撰　清康熙三十年(1691)刻本　二冊

410000－2242－0003731　814.08/Y261/2

古文辭類纂七十五卷　（清）姚鼐編　清道光五年(1825)惜抱軒刻本　十二冊

410000－2242－0003732　814.08/Y261/3

古文辭類纂七十五卷續編二十三卷　（清）姚鼐編　王先謙續編　清光緒三十三年(1907)商務印書館鉛印本　十一冊

410000－2242－0003733　814.8/Y261/3－2A

惜抱軒文集十六卷文後集十卷詩集十卷後詩集一卷外集一卷題跋三卷筆記八卷左傳補注一卷公羊補注一卷穀梁補注一卷國語補注一卷九經說十七卷五言今體詩鈔九卷七言今體詩鈔九卷　（清）姚鼐撰　清同治五年(1866)省心閣刻本　十冊

410000－2242－0003734　814.8/Y261/3－2B

惜抱軒文集十六卷文後集十卷詩集十卷後詩集一卷外集一卷題跋三卷筆記八卷左傳補注一卷公羊補注一卷穀梁補注一卷國語補注一卷九經說十七卷五言今體詩鈔九卷七言今體詩鈔九卷　（清）姚鼐撰　清同治五年(1866)省心閣刻本　二十冊

410000－2242－0003735　814.8/Y261/4

惜抱軒文集十六卷詩集十卷　（清）姚鼐撰　清嘉慶十二年(1807)刻本　八冊

410000－2242－0003736　814.8/Y262/1

東溟文集樂道堂全集六卷外集四卷後湘詩集九卷二集五卷　（清）姚瑩撰　清道光十三年(1833)刻本　八冊

410000－2242－0003737　814.8/Y262/2

邃雅堂文集十卷續編一卷　（清）姚文田撰　清道光元年(1821)江陰學使者署刻本　六冊

410000－2242－0003738　814.8/Y282/1

樂道堂全集十六卷　（清）奕訢撰　清同治光緒刻本　十五冊

410000－2242－0003739　814.08/Y454/1

全上古三代秦漢三國六朝文七百四十一卷　（清）嚴可均編　清光緒二十年(1894)王氏刻本　一百冊

410000－2242－0003740　814.08/Y454/2

全上古三代秦漢三國六朝文七百四十一卷　（清）嚴可均編　清光緒十九年(1893)廣雅書局刻本　七十五冊

410000－2242－0003741　S814.08/Y512

古文英華十二卷　（清）殷承爵選　（清）殷克緒編校　清康熙四十三年(1704)刻本　六冊

410000－2242－0003742　814.8/Y615/3

西堂全集十八種　（清）尤侗撰　清康熙二十三年(1684)刻本　九冊

410000－2242－0003743　814.8/Y615/4

西堂全集十八種　（清）尤侗撰　清康熙二十三年(1684)刻本　八冊

410000－2242－0003744　814.8/Y615/2

西堂全集十八種　（清）尤侗撰　清順治十二年(1655)刻本　十二冊

410000－2242－0003745　814.08/Y675

古文分編集評不分卷　（清）于光華輯　清坊間刻本　四冊

410000－2242－0003746　814.08/Y683/1

重訂古文釋義新編八卷　（清）余城評註　清宣統三年(1911)文瑞樓石印本　七冊

410000－2242－0003747　814.8/Y692/1A

癸巳存稿十五卷　（清）俞正燮撰　清光緒十年(1884)　七冊

410000－2242－0003748　814.8/Y692/1B

癸巳存稿十五卷　（清）俞正燮撰　清光緒十年(1884)刻本　八冊

410000－2242－0003749　814.8/Y692/1C

癸巳存稿十五卷　（清）俞正燮撰　清光緒十年(1884)刻本　六冊

410000－2242－0003750　814.8/Y692/1D

癸巳存稿十五卷　（清）俞正燮撰　清光緒十

年(1884)刻本　八冊

410000－2242－0003751　814.8/Y692/1E
癸巳存稿十五卷　（清）俞正燮撰　清光緒十年(1884)刻本　六冊

410000－2242－0003752　814.8/Y692/3A
癸巳類稿十五卷　（清）俞正燮撰　清光緒五年(1879)會稽章氏刻本　一冊　存一卷(二)

410000－2242－0003753　814.8/Y692/3B
癸巳類稿十五卷　（清）俞正燮撰　清光緒五年(1879)會稽章氏刻本　十二冊

410000－2242－0003754　814.8/Y692/3C
癸巳類稿十五卷　（清）俞正燮撰　清光緒五年(1879)會稽章氏刻本　六冊

410000－2242－0003755　814.8/Y692/3D
癸巳類稿十五卷　（清）俞正燮撰　清光緒五年(1879)會稽章氏刻本　十冊

410000－2242－0003756　814.8/Y692/4
癸巳類稿十五卷　（清）俞正燮撰　清道光十三年(1833)求日益齋刻本　一冊　存十二卷(一至三、七至十五)

410000－2242－0003757　814.8/Y692/4B
癸巳類稿十五卷　（清）俞正燮撰　清道光十三年(1833)求日益齋刻本　十冊

410000－2242－0003758　814.8/Y694
賓萌集五卷外集四卷春在堂雜文二卷續編五卷三編四卷　（清）俞樾撰　清同治刻本八冊

410000－2242－0003759　814.8/Y713
惺諟齋初稿文鈔四卷賦抄一卷詩抄一卷經義駢枝二卷慎思錄二卷　（清）喻長霖撰　清宣統三年(1911)鉛印本　五冊

410000－2242－0003760　814.8/Y722
滄園文集二卷首一卷　（清）虞景璜撰　清宣統三年(1911)鎮海虞史刻本　一冊

410000－2242－0003761　814.08/Y798B
學海堂集十六卷　（清）阮元編　清道光五年(1825)啟秀山房刻本　六冊

410000－2242－0003762　814.08/Y798A
學海堂集十六卷　（清）阮元編　清道光五年(1825)啟秀山房刻本　六冊

410000－2242－0003763　814.8/Y818/1
小倉山房文集三十五卷　（清）袁枚撰　清乾隆刻本　四冊

410000－2242－0003764　814.8/Y818/4
袁文合箋十六卷　（清）袁枚撰　（清）王廣業箋　（清）于振煦考訂　清光緒八年(1882)刻本　八冊

410000－2242－0003765　814.8/Y818/5A
袁文箋正十六卷補註一卷　（清）袁枚撰（清）石韞玉箋　清嘉慶十七年(1812)刻本四冊

410000－2242－0003766　814.8/Y818/5B
袁文箋正十六卷補註一卷　（清）袁枚撰（清）石韞玉箋　清嘉慶十七年(1812)刻本八冊

410000－2242－0003767　814.8/Y818/5C
袁文箋正十六卷補註一卷　（清）袁枚撰（清）石韞玉箋　清嘉慶十七年(1812)刻本八冊

410000－2242－0003768　814.8/Y863/2
大雲山房文稿初集四卷二集四卷　（清）惲敬撰　清光緒十四年(1888)官書處刻本　八冊

410000－2242－0003769　814.8/Y863/3
大雲山房文稿初集四卷二集四卷言事二卷（清）惲敬撰　清嘉慶二十年(1815)武寧盧氏刻本　十冊

410000－2242－0003770　814.8/Y863/4
惲子居文鈔四卷　（清）惲敬撰　清宣統二年(1910)國學扶輪社石印本　四冊

410000－2242－0003771　814.8/Y863/5
甌香館集十二卷末一卷　（清）惲格撰　（清）蔣光煦輯　清道光二十六年(1846)海昌蔣氏刻本　四冊

410000－2242－0003772　S814.082/C284

175

文選纂註十二卷 （明）張鳳翼撰　明萬曆八年（1580）刻本　十二冊

410000－2242－0003773　S814.082/C315

兩漢文選西漢文二十卷東漢文二十卷 （明）張采輯　明崇禎六年（1633）刻本　二十冊

410000－2242－0003774　814.082/C768/1

文選集釋二十四卷 （清）朱珔編　清光緒元年（1875）朱氏梅村家塾刻本　十二冊

410000－2242－0003775　814.082/C.377

文選補遺四十卷 （宋）陳仁子輯　清道光二十五年（1845）刻本　十六冊

410000－2242－0003776　814.082/C.572

史記選六卷 （清）儲欣評選　清乾隆四十年（1775）二南堂刻本　四冊

410000－2242－0003777　814.082/H372

文選類雋十四卷 （清）何松編　清光緒二十二年（1896）鴻寶齋書局石印本　一冊

410000－2242－0003778　814.082/L425A

文選旁證四十六卷 （清）梁章鉅撰　清光緒八年（1882）刻本　十二冊

410000－2242－0003779　814.082/L425B

文選旁證四十六卷 （清）梁章鉅撰　清光緒八年（1882）刻本　十二冊

410000－2242－0003780　814.082/S437/1A

文選注六十卷 （南朝梁）昭明太子蕭統編（唐）李善注　清乾隆三十七年（1772）葉氏海綠軒刻本　十五冊

410000－2242－0003781　814.082/S437/1B

文選注六十卷 （南朝梁）昭明太子蕭統編（唐）李善注　清乾隆三十七年（1772）葉氏海綠軒刻本　十九冊

410000－2242－0003782　814.082/S437/1C

文選注六十卷 （南朝梁）昭明太子蕭統編（唐）李善注　清乾隆三十七年（1772）葉氏海綠軒刻本　二十四冊

410000－2242－0003783　814.082/S437/2A

文選注六十卷 （南朝梁）昭明太子蕭統編

（唐）李善注　清乾隆三十七年（1772）葉氏海綠軒刻本　八冊

410000－2242－0003784　814.082/S437/2B

文選注六十卷 （南朝梁）昭明太子蕭統編（唐）李善注　清乾隆三十七年（1772）葉氏海綠軒刻本　十六冊

410000－2242－0003785　814.082/S437/3C

文選注六十卷 （南朝梁）昭明太子蕭統編（唐）李善注　清同治八年（1869）金陵書局刻本　十冊

410000－2242－0003786　814.082/S437/3D

文選注六十卷 （南朝梁）昭明太子蕭統編（唐）李善注　清同治八年（1869）金陵書局刻本　十冊

410000－2242－0003787　814.082/S437/4

文選注六十卷 （南朝梁）昭明太子蕭統編（唐）李善注　清乾隆五十九年（1794）尚德堂刻本　十二冊

410000－2242－0003788　814.082/S437/5

文選注六十卷 （南朝梁）昭明太子蕭統編（唐）李善注　清乾隆十六年（1751）文盛堂刻本　五冊

410000－2242－0003789　814.082/S437/7A

文選注六十卷 （南朝梁）昭明太子蕭統編（唐）李善注　（清）胡克家撰　清嘉慶十四年（1809）胡氏刻本　二十四冊

410000－2242－0003790　814.082/S437/7B

文選注六十卷 （南朝梁）昭明太子蕭統編（唐）李善注　（清）胡克家撰　清嘉慶十四年（1809）胡氏刻本　二十四冊

410000－2242－0003791　814.082/S437/13

孫批胡刻文選五卷附考異一卷 （南朝梁）昭明太子蕭統編　（唐）李善注　（明）孫月峰批　清光緒二十一年（1895）寶文書局石印本　六冊

410000－2242－0003792　814.082/Y675/1

昭明文選集評十五卷首一卷 （清）于光華編

清乾隆四十三年（1778）心簡齋刻本　十六冊

410000－2242－0003793　814.0821/C.572
西漢文選四卷　（清）儲欣評選　清乾隆四十年（1775）二南堂刻本　二冊

410000－2242－0003794　814.0823/Y457/3
全三國文七十五卷　（清）嚴可均編　清光緒廣雅書局刻本　一冊　存七卷(一至七)

410000－2242－0003795　814.083/L785/1
六朝四家集四種　（晉）陶潛等撰　清光緒二十年（1894）章經濟堂刻本　七冊

410000－2242－0003796　S814.083/W256/1
漢魏六朝諸家文集二十二種　（明）汪士賢編　明刻本　十六冊

410000－2242－0003797　814.084/C.375
全唐文紀事一百二十二卷　（清）陳鴻墀撰　清同治刻本　三十二冊

410000－2242－0003798　814.084/C.572
唐宋八大家類選十四卷　（清）儲欣評選　清乾隆五十年（1785）二南堂刻本　八冊

410000－2242－0003799　814.084/H.227/1
初唐四傑文集二十一卷　（清）項家達編　清光緒五年（1879）淮南書局刻本　四冊

410000－2242－0003800　814.084/H.227/5
初唐四傑集詩文三十七卷　（清）項家達編　清乾隆四十六年（1781）項氏刻本　十冊

410000－2242－0003801　814.084/H.227/6
初唐四傑集詩文三十七卷　（清）項家達編　清同治叢雅居刻本　十冊

410000－2242－0003802　814.084/S.433
評註唐宋八家古文讀本□□卷　（清）沈德潛評註　清末掃葉山房石印本　六冊　存十四卷(三至十四、二十四至二十五)

410000－2242－0003803　814.084/T573/1
全唐文一千卷總目三卷　（清）董誥等編　清嘉慶刻本　一百六十冊

410000－2242－0003804　814.084/T573/2A
全唐文一千卷總目三卷　（清）董誥等編　清嘉慶刻本　一冊　存四卷(一至四)

410000－2242－0003805　814.084/T573/2B
全唐文一千卷總目三卷　（清）董誥等編　清光緒二十七年（1901）廣雅書局刻本　一百九十八冊

410000－2242－0003806　814.084/Y259/1A
唐文粹一百卷補遺二十六卷　（宋）姚鉉編（清）郭麐補遺　清光緒十六年（1890）許氏榆園刻本　二十冊

410000－2242－0003807　814.084/Y259/1B
唐文粹一百卷補遺二十六卷　（宋）姚鉉編（清）郭麐補遺　清光緒十六年（1890）許氏榆園刻本　二十冊

410000－2242－0003808　814.084/Y259/1C
唐文粹一百卷補遺二十六卷　（宋）姚鉉編（清）郭麐補遺　清光緒十六年（1890）許氏榆園刻本　二十冊

410000－2242－0003809　814.084/Y259/1D
唐文粹一百卷補遺二十六卷　（宋）姚鉉編（清）郭麐補遺　清光緒十六年（1890）許氏榆園刻本　二十冊

410000－2242－0003810　814.084/Y259/2
唐文粹一百卷　（宋）姚鉉編　清光緒九年（1883）江蘇書局刻本　十六冊

410000－2242－0003811　814.0845/L344/1
金元明八大文選八種　（清）李祖陶評選（金）元好問等撰　清道光二十五年（1845）孫明刻本　二十六冊

410000－2242－0003812　814.085/C281/1A
金文最六十卷　（清）張金吾輯　清光緒二十一年（1895）蘇州書局刻本　七冊

410000－2242－0003813　814.085/C281/1B
金文最六十卷　（清）張金吾輯　清光緒二十一年（1895）蘇州書局刻本　十六冊

410000－2242－0003814　814.085/C281/1C

金文最六十卷　（清）張金吾輯　清光緒二十
一年(1895)蘇州書局刻本　十六冊

410000－2242－0003815　814.085/C876
南宋文範七十卷　（清）莊仲方編　清光緒十
四年(1888)江蘇書局刻本　十六冊

410000－2242－0003816　814.085/L328
濂洛關閩古文辭彙纂不分卷　（清）李光燦等
編　清光緒二十二年(1896)滌塵館刻本
一冊

410000－2242－0003817　S814.085/L949B
校正重刊官板宋朝文鑒一百五十卷　（宋）呂
祖謙輯　明金陵唐錦池刻本　十六冊

410000－2242－0003818　814.085/L949/2
宋文鑑一百五十卷　（宋）呂祖謙編　清光緒
十二年(1886)江蘇書局刻本　二十四冊

410000－2242－0003819　814.085/L949/4
校正重刊官板宋朝文鑒一百五十卷　（宋）呂
祖謙輯　明唐錦池刻本　一冊　存八卷(三
十六至四十、六十七殘、六十八、六十九殘)

410000－2242－0003820　814.085/P659
宋人經義約鈔一卷　（清）不夜山人輯　清光
緒二十四年(1898)刻本　一冊

410000－2242－0003821　814.085/S737/1
三蘇文集三種　（宋）蘇洵等撰　清宣統會文
堂石印本　八冊

410000－2242－0003822　814.085/S737/2A
三蘇全集六種　（宋）蘇洵等撰　清道光十七
年(1837)三蘇祠刻本　七十七冊

410000－2242－0003823　814.085/S737/2B
三蘇全集七種　（宋）蘇洵等撰　清道光十七
年(1837)三蘇祠刻本　八十冊

410000－2242－0003824　814.085/T572A
南宋文錄錄二十四卷　（清）董兆熊輯　清光
緒十七年(1891)蘇州書局刻本　三冊

410000－2242－0003825　814.085/T572B
南宋文錄錄二十四卷　（清）董兆熊輯　清光
緒十七年(1891)蘇州書局刻本　六冊

410000－2242－0003826　814.085/T572C
南宋文錄錄二十四卷　（清）董兆熊輯　清光
緒十七年(1891)蘇州書局刻本　六冊

410000－2242－0003827　814.085/W231
遼文萃七卷附遼文藝文志補證一卷西夏文綴
二卷西夏藝文志一卷　（清）王仁俊編　清光
緒三十年(1904)程頌萬署無冰閣刻本　一冊

410000－2242－0003828　S814.085/Y225
嘉樂齋三蘇文範十八卷　（明）楊慎輯　（明）
袁宏道參閱　明天啟二年(1622)南城翁少麓
刻本　十二冊

410000－2242－0003829　814.0854/C876
金文雅十六卷　（清）莊仲方編　清光緒十七
年(1891)江蘇書局刻本　四冊

410000－2242－0003830　814.086/S738/1A
元文類七十卷　（元）蘇天爵編　清光緒十五
年(1889)江蘇書局刻本　十冊

410000－2242－0003831　814.086/S738/1B
元文類七十卷　（元）蘇天爵編　清光緒十五
年(1889)江蘇書局刻本　十冊

410000－2242－0003832　S814.087/C.377
明文奇賞四十卷　（明）陳仁錫評選　明天啟
三年(1623)刻本　二十冊

410000－2242－0003833　814.087/H.461
明文才調集不分卷　（清）許振禕編　（清）鄧
輔綸訂　清光緒十九年(1893)刻本　六冊

410000－2242－0003834　814.087/H.579
欽定本朝四書文□□卷　（清）熊伯龍等撰
清刻本　一冊

410000－2242－0003835　814.087/L656/1
貴池二妙集二種　（清）劉世珩編　清光緒二
十六年(1900)劉氏唐石簃刻本　十二冊

410000－2242－0003836　814.087/L763
增訂明文分類小題貫不分卷　（清）樓溉撰
　清乾隆四十三年(1778)致和堂刻本
一冊

410000－2242－0003837　814.087/S464A

明文在一百卷　（清）薛熙纂　（清）何潔輯
清光緒十五年(1889)江蘇書局刻本　十冊

410000－2242－0003838　814.087/S464B
明文在一百卷　（清）薛熙纂　（清）何潔輯
清光緒十五年(1889)江蘇書局刻本　四冊

410000－2242－0003839　814.087/S464C
明文在一百卷　（清）薛熙纂　（清）何潔輯
清光緒十五年(1889)江蘇書局刻本　十冊

410000－2242－0003840　814.087/S464D
明文在一百卷　（清）薛熙纂　（清）何潔輯
清光緒十五年(1889)江蘇書局刻本　十冊

410000－2242－0003841　814.087/S464E
明文在一百卷　（清）薛熙纂　（清）何潔輯
清光緒十五年(1889)江蘇書局刻本　十冊

410000－2242－0003842　814.087/S834
明文正氣集二卷　（清）孫葆田編　清光緒十
六年(1890)尚志堂刻本　二冊

410000－2242－0003843　814.087/S.427/1
廣平申氏詩文集十一種　（明）申佳胤等撰
清道光二十七年(1847)刻本　十五冊

410000－2242－0003844　814.087/V243
明文小題傳薪八卷　（清）臧岳評釋　清道光
書葉堂刻本　四冊

410000－2242－0003845　814.088/C745
怡志堂詩初編八卷文初編六卷　（清）朱琦撰
　清咸豐七年至同治七年(1857－1868)刻本
四冊

410000－2242－0003846　814.088/C.368A
皇朝經世文三編八十卷　（清）陳忠倚編　清
光緒二十七年(1901)上海書局石印本　十
四冊

410000－2242－0003847　814.088/C.368B
皇朝經世文三編八十卷　（清）陳忠倚輯　清
光緒二十八年(1902)寶文書局石印本　十
六冊

410000－2242－0003848　814.088/C.368C
皇朝經世文三編八十卷　（清）陳忠倚輯　清

光緒二十八年(1902)上海書局石印本　十
六冊

410000－2242－0003849　814.088/C.368D
皇朝經世文三編八十卷　（清）陳忠倚輯　清
光緒二十七年(1901)上海書局石印本　十
六冊

410000－2242－0003850　814.088/C.368/2
國朝古文所見集十三卷　（清）陳兆麒編　清
道光刻本　三冊

410000－2242－0003851　814.088/D111/1
最近四大家古文鈔四卷　（清）寄古齋主人編
纂　清光緒三十四年(1908)寄古齋鉛印本
四冊

410000－2242－0003852　814.088/D.397
皇朝經世文五編三十二卷　（清）求是齋主人
輯　清光緒二十八年(1902)宜今室石印本
十二冊

410000－2242－0003853　814.088/H367
皇朝經世文四編五十二卷　（清）何良棟編
清光緒二十八年(1902)鴻寶書局石印本　十
二冊

410000－2242－0003854　814.088/H382/1
皇朝經世文編一百二十卷　（清）賀長齡編
清光緒二十八年(1902)寶善書局石印本　二
十冊

410000－2242－0003855　814.088/H382/2
皇朝經世文編一百二十卷　（清）賀長齡編
清光緒九年(1883)翠筠山房刻本　九十六冊

410000－2242－0003856　814.088/H382/3
皇朝經世文編一百二十卷　（清）賀長齡編
　清光緒十二年(1886)思補樓石印本　六
十冊

410000－2242－0003857　814.088/H382/4
皇朝經世文編一百二十卷總目二卷　（清）賀
長齡編　清光緒點石齋石印本　十二冊

410000－2242－0003858　814.088/H382/5
皇朝經世文編一百二十卷總目二卷　（清）賀

長齡編　清光緒二十四年（1898）宏文閣鉛印本　二十二冊

410000－2242－0003859　814.088/H382/6
皇朝經世文編一百二十卷總目二卷　（清）賀長齡輯　清道光六年（1826）刻本　六十八冊　存一百十三卷（一至二十九、三十四至五十六、六十至一百二十）

410000－2242－0003860　814.088/H382/7
皇朝經世文編補一百二十卷　（清）賀長齡輯（清）張鵬飛補　清道光七年（1827）來鹿堂刻本　六十七冊　存七十九卷（一至五、七至十四、二十六至六十九、九十五至一百〇一、一百〇四、一百〇七至一百二十）

410000－2242－0003861　814.088/H663/1A
中州名賢集十卷首一卷末一卷　（清）黄舒昺編　清光緒十九年（1893）刻本　十二冊

410000－2242－0003862　814.088/H663/1B
中州名賢集十卷首一卷末一卷　（清）黄舒昺編　清光緒十九年（1893）刻本　十二冊

410000－2242－0003863　814.088/H663/1C
中州名賢集十卷首一卷末一卷　（清）黄舒昺編　清光緒十九年（1893）刻本　十二冊

410000－2242－0003864　814.088/H663/2
中州名賢集文鈔十卷詩鈔三卷語錄三卷學規一卷講義二卷　（清）黄舒昺編　清光緒十九年（1893）洛學書院刻本　十六冊

410000－2242－0003865　814.088/H.461
國朝文才調集不分卷　（清）許振褘集評（清）鄧輔綸參訂　清光緒十九年（1893）刻本　八冊

410000－2242－0003866　814.088/H.466/1
二許先生集二種　（清）許新堂（清）許雨田撰　清光緒十四年（1888）鉛印本　三冊

410000－2242－0003867　814.088/K438A
皇朝經世文續編一百二十卷　（清）葛士濬輯　清光緒二十七年（1901）久敬齋鉛印本　二十四冊

410000－2242－0003868　814.088/K438B
皇朝經世文續編一百二十卷　（清）葛士濬輯　清光緒二十七年（1901）久敬齋鉛印本　二十四冊

410000－2242－0003869　814.088/K439/1
皇朝經世文續編一百二十卷　（清）葛士濬輯　清光緒二十二年（1896）寶善書局石印本　二十冊

410000－2242－0003870　814.088/K439/2
皇朝經世文續編一百二十卷　（清）葛士濬輯　清光緒二十四年（1898）文盛書局石印本　二十冊

410000－2242－0003871　814.088/K439/3A
皇朝經世文續編一百二十卷　（清）葛士濬輯　清光緒十四年（1888）上海圖書集成局鉛印本　三十二冊

410000－2242－0003872　814.088/K439/3B
皇朝經世文續編一百二十卷　（清）葛士濬輯　清光緒十四年（1888）上海圖書集成局鉛印本　三十二冊

410000－2242－0003873　814.088/K439/4
皇朝經世文續編一百二十卷　（清）葛士濬輯　清光緒十七年（1891）廣百宋齋鉛印本　十三冊　存六十六卷（一至六十、九十四至九十九）

410000－2242－0003874　814.088/L539
林嚴文鈔四卷　林紓　嚴復撰　清宣統元年（1909）國學扶輪社鉛印本　四冊

410000－2242－0003875　814.088/L794/1A
切問齋文鈔三十卷　（清）陸燿輯　清道光四年（1824）刻本　十冊

410000－2242－0003876　814.088/L794/1B
切問齋文鈔三十卷　（清）陸燿輯　清道光四年（1824）刻本　十冊

410000－2242－0003877　814.088/L794/2
切問齋文鈔三十卷　（清）陸燿輯　清光緒十九年（1893）李氏刻本　八冊

410000 – 2242 – 0003878　814.088/L812A

普天忠憤集十四卷　（清）魯陽生輯　清光緒
二十一年(1895)石印本　十二冊

410000 – 2242 – 0003879　814.088/L812B

普天忠憤集十四卷首一卷　（清）魯陽生輯
清光緒二十一年(1895)石印本　十二冊

410000 – 2242 – 0003880　814.088/M277/1

皇朝經世文新編三十二卷　（清）麥仲華輯
清光緒二十七年(1901)上海書局石印本　十
六冊

410000 – 2242 – 0003881　814.088/M277/2

皇朝經世文新編三十二卷　（清）麥仲華輯
清光緒二十八年(1902)古香閣石印本　十
六冊

410000 – 2242 – 0003882　814.088/M277/3

皇朝經世文新編三十二卷　（清）麥仲華輯
清光緒石印本　十二冊　存十八卷(一至五、
九至十、十二至二十二)

410000 – 2242 – 0003883　814.088/M277/4

皇朝經世文新編二十一卷　（清）麥仲華輯
清光緒二十八年(1902)瑤林書館石印本　二
十冊

410000 – 2242 – 0003884　814.088/M277/5

皇朝經世文新編二十一卷　（清）麥仲華輯
清光緒二十四年(1898)上海譯書局石印本
二十四冊

410000 – 2242 – 0003885　814.088/P659

守約堂稿□□卷　（清）□□撰　清刻本　二
冊　存一卷

410000 – 2242 – 0003886　814.088/P.354/1

易堂九子文鈔九種　（清）彭玉雯編　清道光
十七年(1837)刻本　十二冊

410000 – 2242 – 0003887　S814.088/S666/1B

國朝三家文鈔三十二卷　（清）宋犖　（清）許
汝霖編　清康熙三十三年(1694)刻本　十
一冊

410000 – 2242 – 0003888　814.088/S738A

國朝中州文徵五十四卷首一卷　（清）蘇源生
編　清道光二十五年(1845)刻本　二十九冊

410000 – 2242 – 0003889　814.088/S738B

國朝中州文徵五十四卷首一卷　（清）蘇源生
編　清道光二十五年(1845)刻本　二十八冊

410000 – 2242 – 0003890　814.088/S738C

國朝中州文徵五十四卷首一卷　（清）蘇源生
編　清道光二十五年(1845)刻本　二十八冊

410000 – 2242 – 0003891　814.088/S738D

國朝中州文徵五十四卷首一卷　（清）蘇源生
編　清道光二十五年(1845)刻本　二十八冊

410000 – 2242 – 0003892　814.088/S894

國朝二十四家文鈔二十四卷　（清）徐斐然輯
　清道光十年(1830)刻本　六冊　存十五卷
(一至十、二十至二十四)

410000 – 2242 – 0003893　814.088/S.335/1

皇朝經世文統編一百〇七卷　（清）邵之棠編
　清光緒二十七年(1901)寶善齋石印本　五
十二冊

410000 – 2242 – 0003894　814.088/S.335/2

皇朝經世文統編一百〇七卷　（清）邵之棠編
　清光緒石印本　二十三冊　存五十二卷
(三至四十五、四十七、四十九至五十六)

410000 – 2242 – 0003895　814.088/S.433A

國朝文匯二百卷　（清）沈萃芬編　清宣統元
年(1909)國學扶輪社石印本　九十一冊

410000 – 2242 – 0003896　814.088/S.433B

國朝文匯二百卷　（清）沈萃芬編　清宣統元
年(1909)國學扶輪社石印本　一百〇一冊

410000 – 2242 – 0003897　814.088/S.467A

皇朝經世文續編一百二十卷　（清）盛康輯
清光緒二十三年(1897)盛氏思補樓刻本　七
十二冊

410000 – 2242 – 0003898　814.088/S.467B

皇朝經世文續編一百二十卷　（清）盛康輯
清光緒二十三年(1897)盛氏思補樓刻本　八
十冊

410000－2242－0003899　814.088/S.468

八旗文經五十六卷附作者考三卷敍錄一卷
（清）盛昱編　（清）楊鐘羲編　清光緒二十七年(1901)刻本　十二冊

410000－2242－0003900　814.088/T481A

項城袁氏家集六十五卷　丁振鐸編　清宣統三年(1911)清芬閣鉛印本　五十六冊

410000－2242－0003901　814.088/T481B

項城袁氏家集六十五卷　丁振鐸編　清宣統三年(1911)清芬閣鉛印本　五十六冊

410000－2242－0003902　814.088/T481C

項城袁氏家集六十五卷　丁振鐸編　清宣統三年(1911)清芬閣鉛印本　五十冊

410000－2242－0003903　814.088/V354/1

國朝駢體正宗十二卷　（清）曾燠輯　清嘉慶十一年(1806)刻本　六冊

410000－2242－0003904　814.088/V354/2

國朝駢體正宗十二卷　（清）曾燠輯　清同治十三年(1874)刻本　六冊

410000－2242－0003905　814.088/V.553/1

清代御製詩文集一千一百三十二卷　（清）奕訢輯　清光緒五年(1879)總理各國事務衙門鉛印本　五百四十二冊

410000－2242－0003906　814.088/W221/1A

湖海文傳七十五卷　（清）王昶輯　清道光十七年(1837)刻本　十二冊

410000－2242－0003907　814.088/W221/1B

湖海文傳七十五卷　（清）王昶輯　清道光十七年(1837)刻本　二十冊

410000－2242－0003908　814.088/W221/1C

湖海文傳七十五卷　（清）王昶輯　清道光十九年(1839)刻本　十六冊

410000－2242－0003909　814.088/W221/1D

湖海文傳七十五卷　（清）王昶輯　清道光十七年(1837)刻本　十六冊

410000－2242－0003910　814.088/W256/1

御覽集六種　（清）汪廷珍等撰　清道光元年(1821)刻本　六冊

410000－2242－0003911　814.088/W256/2A

汪羅彭薛四家合鈔四種　（清）汪縉等撰　清宣統二年(1910)國學扶輪社鉛印本　六冊

410000－2242－0003912　814.088/W256/2B

汪羅彭薛四家合鈔四種　（清）汪縉等撰　清宣統二年(1910)國學扶輪社鉛印本　六冊

410000－2242－0003913　814.088/W329/1

御書印心石屋詩文薈十卷　（清）魏源編　清道光刻本　七冊

410000－2242－0003914　814.088/W329/2

寧都三魏全集七種　（清）魏際瑞等撰　清刻本　四十八冊

410000－2242－0003915　814.088/W329/3

寧都三魏全集八種　（清）魏際瑞等撰　清道光二十五年(1845)絾園書塾刻本　五十冊

410000－2242－0003916　S814.088/W329/4

寧都三魏全集六種　（清）魏際瑞等撰　清康熙易堂刻本　四十八冊

410000－2242－0003917　814.088/W495/1

八家四六文注八卷　（清）吳鼒編選　（清）許貞幹注　清光緒十八年(1892)上海圖書集成印書局鉛印本　八冊

410000－2242－0003918　814.088/W495/2

國朝八家四六文鈔八種　（清）吳鼒輯　清光緒二十四年(1898)江左書林刻本　四冊

410000－2242－0003919　814.088/W495/3A

八家四六文鈔八種　（清）吳鼒輯　清嘉慶刻本　四冊

410000－2242－0003920　814.088/W495/3B

八家四六文鈔八種　（清）吳鼒輯　清嘉慶刻本　四冊

410000－2242－0003921　814.088/W495/3C

八家四六文鈔八種　（清）吳鼒輯　清嘉慶刻本　四冊

410000－2242－0003922　814.088/Y232

國朝古文正的五卷附錄二卷　（清）楊彝珍輯
清光緒六年(1880)活字本　六冊

410000－2242－0003923　814.088/Y233

精選中外時務文編四十四卷　（清）養晦生編
清光緒二十三年(1897)積山書局石印本
二十冊

410000－2242－0003924　814.088/Y258/1

國朝文錄八十二卷　（清）姚椿編　清光緒二
十六年(1900)掃葉山房石印本　十五冊

410000－2242－0003925　814.088/Y258/2

國朝文錄八十二卷　（清）姚椿編　清咸豐元
年(1851)終南山館刻本　三十二冊

410000－2242－0003926　814.088/Y258/3

古文辭類纂七十四卷續古文辭類纂三十四卷
　（清）姚鼐編　王先謙續編　清光緒三十年
(1904)商務印書館鉛印本　八冊

410000－2242－0003927　814.088/Y261

皇朝駢文類苑十四卷　（清）姚燮編　清光緒
七年(1881)刻本　二十冊

410000－2242－0003928　814.088/Y798

詁經精舍文集十四卷　（清）阮元編　清嘉慶
六年(1801)阮氏琅嬛僊館刻本　六冊

410000－2242－0003929　814.089/C321/1

章譚合鈔兩種六卷　章炳麟撰　（清）譚嗣同
撰　清宣統二年(1910)國學扶輪社鉛印本
五冊

410000－2242－0003930　814.9/K399

遵汝山房文稿八卷附耿氏七葉棣萼集四卷
(清)耿興宗撰　清光緒二十七年(1901)刻本
十冊

410000－2242－0003931　814.9/Y456/1

侯官嚴氏叢刻五種　嚴復譯撰　清光緒二十
七年(1901)讀有用書之齋刻本　四冊

410000－2242－0003932　814.91/C.449

金陵賦□□卷　（清）程先甲撰　清宣統二年
(1910)江寧程氏千一齋刻本　一冊

410000－2242－0003933　814.91/F158/1A

樊山全集八十二卷　樊增祥撰　清光緒十九
年至三十二年(1893－1906)渭南縣署刻本
二十四冊

410000－2242－0003934　814.91/F158/1B

樊山全集八十二卷　樊增祥撰　清光緒十九
年至三十二年(1893－1906)渭南縣署刻本
一冊　存三卷(二家詠古詩一卷、二家詩帖二
卷)

410000－2242－0003935　814.91/Y329

丁戊之間行卷十卷　易順鼎撰　清光緒五年
(1879)刻本　二冊

410000－2242－0003936　816/L328

鴻雪一痕集十卷　（清）李光昭撰　清道光二
十八年(1848)弁山樓刻本　四冊

410000－2242－0003937　816/N175/1

尺牘初桄二卷　（清）南窗侍者輯　清光緒十
二年(1886)慈母堂鉛印本　二冊

410000－2242－0003938　816/N175/2

增選尺牘初桄二卷　（清）南窗侍者輯　清光
緒二十五年(1899)慎記石印本　一冊

410000－2242－0003939　816.8/H466B

詳注秋水軒尺牘四卷　（清）許思湄撰　清光
緒十年(1884)上洋管氏刻本　二冊

410000－2242－0003940　816.8/C681B

周文忠公尺牘二卷雜文附錄一卷　（清）周天
爵撰　清同治七年(1868)蘇松太道署刻本
一冊

410000－2242－0003941　816.8/C681A

周文忠公尺牘二卷雜文附錄一卷　（清）周天
爵撰　清同治七年(1868)蘇松太道署刻本
一冊

410000－2242－0003942　816.8/C682

賴古堂尺牘文鈔三選結隣集十六卷　（清）
周在浚等編　清道光十四年(1834)刻本
六冊

410000－2242－0003943　816.8/C682/1

賴古堂尺牘新鈔三選結鄰集十五卷　（清）周

在浚等輯　清康熙九年(1670)情話軒刻本
二冊　存六卷(一至六)

410000－2242－0003944　816.8/C.178

增批分類尺牘正集八卷續集八卷　(清)柴冕
英撰　清光緒十年(1884)廣益書局石印本
十五冊

410000－2242－0003945　816.8/C.375B

培遠堂偶存稿手札節要二卷　(清)陳宏謀撰
　清宣統二年(1910)守政書局刻本　一冊
存一卷(上)

410000－2242－0003946　816.8/C.392

枕善堂尺牘一隅二十卷　(清)陳大溶撰　清
道光二十二年(1842)大文堂刻本　十冊

410000－2242－0003947　816.8/C.397

知味軒稟言四卷啟事三卷　(清)陳毓靈撰
清咸豐十年(1860)刻本　七冊

410000－2242－0003948　816.8/H466C

詳注秋水軒尺牘四卷　(清)許思湄撰　清光
緒十年(1884)上洋管氏刻本　一冊　存二卷
(三至四)

410000－2242－0003949　816.8/H497A

胡文忠公遺集書牘十卷首一卷　(清)胡林翼
撰　清同治五年(1866)山左刻本　八冊

410000－2242－0003950　816.8/H497B

胡文忠公遺集書牘十卷首一卷　(清)胡林翼
撰　清同治五年(1866)刻本　八冊

410000－2242－0003951　816.8/L325/1

李文忠公朋僚函稿二十四卷　(清)李鴻章撰
　(清)吳汝綸編　清光緒二十八年(1902)蓮
池書社鉛印本　十二冊

410000－2242－0003952　816.8/M579

壓線編四卷　(清)繆艮撰　清道光十七年
(1837)刻本　四冊

410000－2242－0003953　S816.8/T.225

玉茗堂尺牘六卷　(明)湯顯祖撰　明刻本
六冊

410000－2242－0003954　816.8/V354/2

曾忠襄公批牘五卷　(清)曾國荃撰　(清)蕭
榮爵編　清光緒二十九年(1903)刻本　四冊

410000－2242－0003955　816.8/V354/3

曾忠襄公書札二十二卷　(清)曾國荃撰
(清)蕭榮爵編　清光緒二十九年(1903)刻本
　二十二冊

410000－2242－0003956　816.8/V611

半園尺牘二十五卷補遺六卷　(清)靜福山人
撰　清咸豐十年(1860)刻本　十七冊

410000－2242－0003957　816.8/V681/1

清人手札四種　(清)左宗棠等撰　清光緒十
年(1884)岾瞻堂刻本　一冊

410000－2242－0003958　816.8/W228/1

分類尺牘備覽三十卷　(清)王虎榜編　清光
緒二十五年(1899)慎記石印本　七冊

410000－2242－0003959　816.8/W246

弢園尺牘十二卷續抄六卷　(清)王韜撰　清光
緒六年至十五年(1880－1889)活字本　六冊

410000－2242－0003960　816.8/W478

桐城吳先生尺牘五卷補遺一卷諭兒書一卷
(清)吳汝綸撰　清光緒二十九年(1903)桐城
吳氏刻本　三冊

410000－2242－0003961　816.8/W491/1

昭代名人尺牘二十四卷　(清)吳修輯　清光
緒三十四年(1908)西泠印社石印本　二十
四冊

410000－2242－0003962　816.8/W491/2A

昭代名人尺牘小傳二十四卷　(清)吳修編
清光緒三十四年(1908)西泠印社石印本
二冊

410000－2242－0003963　816.8/W491/2B

昭代名人尺牘小傳二十四卷　(清)吳修編
清光緒三十四年(1908)西泠印社石印本
二冊

410000－2242－0003964　816.8/W495

國朝名人書札二卷　吳曾祺編　清宣統元年
(1909)商務印書館鉛印本　四冊

410000－2242－0003965　816.8/Y261/2

惜抱先生尺牘八卷　（清）姚鼐撰　（清）陳用光編　清宣統元年（1909）小萬柳堂刻本四冊

410000－2242－0003966　816.8/Y261/3

惜抱先生尺牘不分卷　（清）姚鼐撰　清同治十二年（1873）刻本　一冊

410000－2242－0003967　816.8/Y261/4

惜抱先生尺牘補編二卷　（清）姚鼐撰　（清）徐守亮補輯　清光緒五年（1879）刻本　一冊

410000－2242－0003968　816.8/Y457

留萜庵尺牘四卷　（清）嚴籡撰　清咸豐六年（1856）刻本　二冊

410000－2242－0003969　816.08/Y818/1

小倉山房往還書札全集十八卷　（清）袁枚撰　（清）朱士俊編　清光緒十三年（1887）鉛印本　二冊

410000－2242－0003970　816.08/Y818/2

小倉山房尺牘六卷　（清）袁枚撰　清同治二年（1863）經元堂刻本　四冊

410000－2242－0003971　925.1108/H176B

漢名臣傳三十二卷　（清）國史館編　清（1644－1911）北京榮錦書坊排印本　二十三冊

410000－2242－0003972　816.91/H656

黃留守書牘二卷　黃興撰　吳硯雲編　清宣統廣益書局鉛印本　二冊

410000－2242－0003973　817.8/F153

越諺三卷　（清）范寅編　清光緒八年（1882）刻本　三冊

410000－2242－0003974　817.8/T634

古謠諺一百卷　（清）杜文瀾編　清咸豐十一年（1861）刻本　十六冊

410000－2242－0003975　818/D428

彭玉麟家書不分卷　（清）襟霞閣主輯　清東亞書局鉛印本　一冊

410000－2242－0003976　818/F323

封氏聞見記十卷　（唐）封演撰　清乾隆二十一年（1756）盧氏雅雨堂刻本　一冊

410000－2242－0003977　818/P659

經濟類考約編二卷　（□）□□撰　清刻本二冊　存一卷（上）

410000－2242－0003978　818/V611/1A

行腳山東記不分卷　（清）無辨和尚撰　清光緒鉛印本　一冊

410000－2242－0003979　818/V611/1A

小眼觀世不分卷　（清）七屋靜觀氏撰　清光緒鉛印本　一冊

410000－2242－0003980　818/V.482

屑玉叢譚二集六卷　（清）錢徵　（清）蔡爾康輯　清光緒申報館鉛印本　一冊　存一卷（杭俗遺風）

410000－2242－0003981　818/W523

目耕齋讀本初集不分卷二集不分卷三集不分卷　（清）徐楷　（清）沈叔眉編　清道光刻本二冊

410000－2242－0003982　818.31/H359A

合肥相國七十賜壽圖附壽言不分卷　（清）羅豐祿　（清）楊宗濂輯　清光緒石印本　五冊

410000－2242－0003983　818.31/H359B

合肥相國七十賜壽圖附壽言不分卷　（清）羅豐祿　（清）楊宗濂輯　清光緒石印本　六冊

410000－2242－0003984　818.32/C.631

吳柳堂先生諫文不分卷　（清）傅巖霖輯　清光緒六年（1880）刻本　一冊

410000－2242－0003985　818.32/S437

曾忠襄榮哀錄二卷　（清）蕭榮爵輯　清光緒二十九年（1903）刻本　二冊

410000－2242－0003986　818.4/C671

西湖楹聯四卷　（清）周慶祺編　清光緒二十三年（1897）知止軒刻本　四冊

410000－2242－0003987　818.4/H.159

游宦題聯錄一卷　（清）夏雲夏編　清光緒十五年（1889）刻本　一冊

410000－2242－0003988　818.4/L425

楹聯叢話十二卷續話四卷　（清）梁章鉅輯　清道光二十年(1840)刻本　六冊

410000－2242－0003989　818.5/C278/1

輶軒語一卷　（清）張之洞撰　清光緒二十一年(1895)湖北官書局刻本　一冊

410000－2242－0003990　818.5/C278/2

輶軒語一卷　（清）張之洞撰　清光緒立文堂刻本　一冊

410000－2242－0003991　818.5/H432

歷科狀元策不分卷　（清）洪鈞等撰　清光緒刻本　四冊

410000－2242－0003992　818.5/H462

養雲山館試帖四卷　（清）許球撰　清道光二十七年(1847)三義堂刻本　四冊

410000－2242－0003993　818.5/L339

西漚試帖輯注二卷附修竹齋試帖輯注一卷櫻花館試帖輯注一卷簡學齋試帖輯注一卷澹香齋試帖輯注一卷尚絅堂試帖輯注一卷桐雲閣試帖輯注一卷　（清）李惺等撰　清同治九年(1870)京師琉璃廠刻本　七冊

410000－2242－0003994　818.5/L799/1

仁在堂試帖詳注不分卷　（清）路德編　清光緒七年(1881)刻本　八冊

410000－2242－0003995　818.5/L799/2

仁在堂時藝階八卷附時藝引三卷　（清）路德編　清咸豐元年(1851)刻本　八冊

410000－2242－0003996　818.5/M691

初學導先集一卷　（清）木犀香館居士撰　清光緒二年(1876)刻本　一冊

410000－2242－0003997　818.5/W222/1

七家詩輯註彙鈔七種　（清）王植桂輯註　清光緒十二年(1886)刻本　八冊

410000－2242－0003998　818.5/W241

增訂註釋塾課分編不分卷　（清）王步青編　清金陵致和堂刻本　二冊

410000－2242－0003999　818.5/W495

410000－2242－0004000　818.5/Y863

作文家法一卷　（清）吳自肅撰　清道光七年(1827)刻本　一冊

直省鄉墨權輿不分卷　（清）惲毓鼎輯　清光緒二十八年(1902)京都博文齋刻本　四冊

410000－2242－0004001　818.6/C317

三洲日記八卷　（清）張蔭桓撰　清光緒二十二年(1896)刻本　八冊

410000－2242－0004002　818.6/C771

無邪堂答問五卷　（清）朱一新撰　清光緒二十一年(1895)廣雅書局刻本　五冊

410000－2242－0004003　818.6/C.379/1

郎潛紀聞十四卷二筆十六卷　（清）陳康祺撰　清光緒十年(1884)刻本　十二冊

410000－2242－0004004　818.6/C.379/3

郎潛紀聞二十一卷：初筆七卷二筆八卷三筆六卷　（清）陳康祺撰　清宣統二年(1910)掃葉山房石印本　十冊

410000－2242－0004005　818.6/D427/2

粟香隨筆八卷二筆八卷三筆八卷四筆八卷五筆八卷　（清）金武祥撰　清光緒七年(1881)掃葉山房石印本　十五冊

410000－2242－0004006　818.6/D.398

東山草堂邇言六卷　（清）邱嘉穗撰　清光緒漢陽耕餘堂丘氏刻本　二冊

410000－2242－0004007　S818.6/F122

清秘述聞十六卷　（清）法式善撰　清嘉慶四年(1799)刻本　六冊

410000－2242－0004008　S818.6/F122

槐廳載筆二十卷　（清）法式善撰　清嘉慶四年(1799)刻本　六冊

410000－2242－0004009　818.6/L346/1

古文筆跡一卷　（清）李文桂撰　清道光利津李氏刻本　一冊

410000－2242－0004010　S818.6/L347/1

閑情偶寄十六卷　（清）李漁撰　清康熙十年(1671)翼聖堂刻本　八冊

410000－2242－0004011　818.6/L425/2

浪跡叢談十一卷　（清）梁章鉅撰　清道光二十七年(1847)刻本　四冊

410000－2242－0004012　818.6/L425/3

浪跡續談八卷　（清）梁章鉅撰　清道光二十八年(1848)亦東園刻本　四冊

410000－2242－0004013　818.6/L425/4A

制義叢話二十四卷題名一卷　（清）梁章鉅撰　清咸豐九年(1859)知足知不足齋刻本　八冊

410000－2242－0004014　818.6/L425/4B

制義叢話二十四卷題名一卷　（清）梁章鉅撰　清咸豐九年(1859)知足知不足齋刻本　八冊

410000－2242－0004015　818.6/L425/4C

制義叢話二十四卷題名一卷　（清）梁章鉅撰　清咸豐九年(1859)知足知不足齋刻本　七冊

410000－2242－0004016　818.6/L641

圖開勝跡六卷附紀恩慕義一卷戰功紀略一卷　（清）劉厚基編　清光緒刻本　八冊

410000－2242－0004017　818.6/L642

新序十卷　（漢）劉向撰　清光緒元年(1875)湖北崇文書局刻本　二冊

410000－2242－0004018　818.6/L663

簡園日記存鈔一卷　（清）劉頤撰　清光緒二十年(1894)石印本　一冊

410000－2242－0004019　818.6/L714

面城精舍雜文甲編一卷　羅振玉撰　清光緒十八年(1892)刻本　一冊

410000－2242－0004020　818.6/L791/1

三魚堂日記十卷　（清）陸隴其撰　清同治九年(1870)浙江書局刻本　四冊

410000－2242－0004021　818.6/L791/2

三魚堂日記十卷外集六卷　（清）陸隴其撰　清同治九年(1870)浙江書局刻本　六冊

410000－2242－0004022　818.6/M122

紀恩錄一卷　（清）馬文植撰　清光緒十八年(1892)刻本　一冊

410000－2242－0004023　818.6/N692

東谷贅言二卷　（明）敖英撰　清龔耀南刻本　一冊

410000－2242－0004024　818.6/N.124/2

桐蔭清話八卷　（清）倪鴻撰　清同治十三年(1874)刻本　四冊

410000－2242－0004025　818.6/P659/2

覺顛冥齋內言一卷　（清）唐才藏撰　清末鉛印本　一冊

410000－2242－0004026　818.6/S463

出使英法意比四國日記六卷　（清）薛福成撰　清光緒十八年(1892)石印本　三冊

410000－2242－0004027　818.6/S467

教諭語一卷　（清）謝金鑾撰　清嘉慶二十一年(1816)安溪學署刻本　一冊

410000－2242－0004028　818.6/T.256A

蜀輶日記四卷　（清）陶澍撰　清道光七年(1827)刻本　二冊

410000－2242－0004029　818.6/T.256B

蜀輶日記四卷　（清）陶澍撰　清光緒七年(1881)刻本　二冊

410000－2242－0004030　818.6/T.256C

蜀輶日記四卷　（清）陶澍撰　清光緒七年(1881)刻本　四冊

410000－2242－0004031　818.6/V439

雨堂偶筆五卷　（清）蔣慶籛撰　清光緒二十三年(1897)刻本　二冊

410000－2242－0004032　818.6/W475

尋親記一卷　（清）吳藩撰　清光緒二十七年(1901)汝寧府刻本　一冊

410000－2242－0004033　818.6/W492

梁園日札三卷　（清）吳士芬撰　清咸豐吳氏刻本　一冊

410000－2242－0004034　818.6/W512

桃江日記二卷名宦錄一卷　（清）武穆淳撰
清道光刻本　二冊

410000－2242－0004035　818.6/Y692

夢厂雜著十卷　（清）俞蛟撰　清同治九年
(1870)刻本　八冊

410000－2242－0004036　818.6/Y694

曲園雜纂五十卷　（清）俞樾撰　清光緒刻本
十冊

410000－2242－0004037　818.6/Y828

願體集四卷　（清）李仲麟重輯　清同治十三
年(1874)刻本　一冊　存一卷(下)

410000－2242－0004038　818.7/C239

情史類略二十四卷　（清）詹詹外史評輯　清
道光二十八年(1848)經綸堂刻本　十二冊

410000－2242－0004039　S818.7/C297

墨莊漫錄十卷　（宋）張邦基撰　（明）商濬校
明萬曆商氏刻本　二冊

410000－2242－0004040　818.7/H432C

容齋隨筆十六卷續編十六卷三筆十六卷四筆
十六卷五筆十卷　（宋）洪邁撰　清乾隆五十
九年(1794)刻本　二十冊

410000－2242－0004041　818.7/H.467

玉井山館筆記一卷　（清）許宗衡撰　清同治
十三年(1874)吳縣潘氏滂喜齋刻本　一冊

410000－2242－0004042　818.7/K628

洪經略奏對筆記二卷　（清）廣百宋齋輯　清
光緒十六年(1890)鉛印本　一冊

410000－2242－0004043　818.7/K789

紀恩事略一卷　（清）郭元釪撰　清康熙刻本
一冊

410000－2242－0004044　818.7/L322

丁壬煙語一卷　（清）李洽撰　清光緒十一年
(1885)刻本　一冊

410000－2242－0004045　818.7/L425/1

退庵隨筆二十二卷退庵自訂年譜一卷　（清）
梁章鉅撰　清同治十一年(1872)刻本　八冊

410000－2242－0004046　818.7/L425/2A

退庵隨筆二十卷　（清）梁章鉅撰　清道光十
六年(1836)刻本　六冊

410000－2242－0004047　818.7/L425/2B

退庵隨筆二十卷　（清）梁章鉅撰　清道光十
六年(1836)李廷錫刻本　六冊

410000－2242－0004048　818.7/L426

北東園筆錄初編六卷續編六卷三編六卷四編
六卷　（清）梁恭辰撰　清同治五年(1866)刻
本　八冊

410000－2242－0004049　818.7/L794/1

冷廬雜識八卷續編一卷　（清）陸以湉撰　清
咸豐六年(1856)刻本　八冊

410000－2242－0004050　818.7/L794/2

冷廬雜識八卷　（清）陸以湉撰　清咸豐六年
(1856)刻本　八冊

410000－2242－0004051　818.7/M579

文章遊戲四編三十二卷　（清）繆艮編　（清）
湯小眉參訂　清道光元年(1821)刻本　十
八冊

410000－2242－0004052　818.7/S.433/1

拜鵑樓校刻小品四種四卷　沈宗畸編　清光
緒二十六年(1900)番禺沈氏刻本　四冊

410000－2242－0004053　818.7/T.152

聞見瓣香錄四卷　（清）秦武域撰　清嘉慶八
年(1803)刻本　二冊

410000－2242－0004054　818.7/W242

鄉園憶舊四卷　（清）王培荀輯　清道光二十
五年(1845)刻本　四冊

410000－2242－0004055　818.7/Y411

鷗陂漁話六卷　（清）葉廷琯撰　清同治八年
(1869)刻本　二冊

410000－2242－0004056　818.7/Y798/1

小滄浪筆談四卷　（清）阮元撰　清光緒二十
六年(1900)江蘇書局刻本　二冊

410000－2242－0004057　818.7/Y798/2B

定香亭筆談四卷　（清）阮元記　（清）吳文溥

錄　清光緒二十五年(1899)浙江書局刻本
四冊

410000－2242－0004058　818.7/Y818
隨園隨筆二十八卷　(清)袁枚撰　清嘉慶十
三年(1808)刻本　十四冊

410000－2242－0004059　818.8/S659
泰西各國采風記一卷　(清)宋育仁撰　清光
緒二十三年(1897)著易堂書局鉛印本　一冊

410000－2242－0004060　843.7/S427
巴黎茶花女遺事一卷　(法國)小仲馬撰　清
光緒二十五年(1899)託昌言報館鉛印本
一冊

410000－2242－0004061　851.0012/S917A
竹書紀年統箋十二卷雜述一卷　(清)徐文靖
撰　清光緒三年(1877)浙江書局刻本　四冊

410000－2242－0004062　851.0012/S917B
竹書紀年統箋十二卷　(清)徐文靖撰　清光
緒三年(1877)浙江書局刻本　四冊

410000－2242－0004063　853/E122/1
雙線記二十四回六卷　(英國)厄冷撰　(清)
逸儒口譯　(清)秀玉筆述　清光緒二十九年
(1903)武林印刷所鉛印本　二冊

410000－2242－0004064　883.9/K682
雪中梅二卷十五回　(日本)廣東鐵腸撰
(清)熊垓譯　清光緒二十九年(1903)刻本
二冊

410000－2242－0004065　895.34/D424
東古文存一卷求雨篇一卷　(朝)金正喜撰
清光緒福山王氏刻本　一冊

410000－2242－0004066　902/Y457/1A
四裔編年表四卷　(清)嚴良勳　(美國)林樂
知譯　(清)李鳳苞編　清江南機器製造局刻
本　四冊

410000－2242－0004067　902/Y457/1B
四裔編年表四卷　(清)嚴良勳　(美國)林樂
知譯　(清)李鳳苞編　清江南機器製造局刻
本　四冊

410000－2242－0004068　902/Y457/2
四裔編年表四卷　(清)嚴良勳　(美國)林樂
知譯　(清)李鳳苞編　清光緒二十三年
(1897)江南機器製造局石印本　四冊

410000－2242－0004069　908/W251
如諫果室叢刻三種　(清)王延釗撰　清光緒
三十四年(1908)鉛印本　一冊

410000－2242－0004070　412.23/L761/2B
班馬字類二卷　(宋)婁機撰　清光緒九年
(1883)知不足齋刻本　四冊

410000－2242－0004071　915.1/W243/1
輿地紀勝二百卷　(宋)王象之撰　清咸豐五
年(1855)南海伍氏刻本　二十二冊

410000－2242－0004072　915.1/W243/2
輿地紀勝二百卷　(宋)王象之撰　清道光二
十九年(1849)懼盍齋刻本　六十四冊

410000－2242－0004073　910.2/L328
環遊地球新錄四卷　(清)李圭撰　清光緒四
年(1878)鉛印本　四冊

410000－2242－0004074　910.2/S437
五洲述略四卷　(清)蕭應椿撰　清光緒二十
八年(1902)紫藤花館刻本　六冊

410000－2242－0004075　910.2/S894
瀛寰志略十卷　(清)徐繼畬撰　清光緒二十
一年(1895)寶文局石印本　四冊

410000－2242－0004076　910.2/S894
瀛寰志略十卷　(清)徐繼畬撰　清同治十二
年(1873)掞雲樓刻本　六冊

410000－2242－0004077　910.2/S894
瀛寰志略十卷　(清)徐繼畬撰　清同治五年
(1866)刻本　六冊

410000－2242－0004078　910.2/W329/1
海國圖志一百卷續集二十五卷　(清)魏源撰
　清光緒十三年(1887)巴蜀善成堂刻本　三
十一冊

410000－2242－0004079　910.2/W329/2A
海國圖志一百卷續集二十五卷　(清)魏源撰

清光緒二十四年(1898)文賢閣石印本　十六冊

410000 – 2242 – 0004080　910.2/W329/2B

海國圖志一百卷續集二十五卷　（清）魏源撰　清光緒二十四年(1898)文賢閣石印本　十六冊

410000 – 2242 – 0004081　910.8/H499/1

漸學盧叢書第一集十五種　（清）胡祥鑅輯　清光緒二十三年(1897)元和胡氏石印本　二冊　存七種

410000 – 2242 – 0004082　910.8/M122

中文輿地匯抄十四卷　（清）馬冠群　（清）良伯甫輯　清光緒二十年(1894)文瑞樓石印本　四冊

410000 – 2242 – 0004083　910.8/W243/1

小方壺齋輿地叢鈔十二帙　（清）王錫祺編　清光緒十七年(1891)著易堂鉛印本　六十一冊

410000 – 2242 – 0004084　910.8/W243/2

小方壺齋輿地叢鈔十二帙　（清）王錫祺編　清光緒十七年(1891)著易堂鉛印本　六十三冊

410000 – 2242 – 0004085　910.8/W243/3

小方壺齋輿地叢鈔十二帙續編十二帙　（清）王錫祺編　清光緒十七年(1891)著易堂鉛印本　六十八冊　存三帙

410000 – 2242 – 0004086　912/H497/1A

皇朝中外壹統輿圖中一卷南十卷北二十卷首一卷　（清）胡林翼　（清）嚴樹森主持　（清）鄒世詒　（清）晏啟鎮編繪　清同治二年(1863)刻本　十六冊

410000 – 2242 – 0004087　912/H497/2

皇朝中外壹統輿圖中一卷南十卷北二十卷首一卷　（清）胡林翼主持　清同治二年(1863)刻本　二十七冊

410000 – 2242 – 0004088　S912.51/C631

中國分省地圖不分卷　（□）□□編　清刻本　一合

410000 – 2242 – 0004089　912.51/D266

江西全省輿圖十四卷　（清）朱兆麟校　清光緒二十二年(1897)石印本　十三冊　存十三卷(二至十四)

410000 – 2242 – 0004090　912.51/V721/2

浙江全省輿圖並水路道里記不分卷　（清）宗源瀚等編　清光緒二十年(1894)石印本　十六冊

410000 – 2242 – 0004091　912.51/Y225/1

歷代輿地沿革險要圖注不分卷　楊守敬　饒敦秩撰　清光緒二十二年(1896)石印本　二冊

410000 – 2242 – 0004092　912.51/Y225/2

歷代輿地圖不分卷　楊守敬編　清末刻本　三十二冊

410000 – 2242 – 0004093　912.51121/L325A

河南省縣地圖一卷　（清）李鶴年編　清同治九年(1870)刻本　一冊

410000 – 2242 – 0004094　912.51121/L325B

河南省縣地圖一卷　（清）李鶴年編　清同治九年(1870)刻本　一冊

410000 – 2242 – 0004095　912.51125/C287/1

廣東輿地全圖不分卷　（清）張人駿編　清光緒二十三年(1897)石印本　二冊

410000 – 2242 – 0004096　912.51125/C287/2

廣西輿地全圖不分卷　（清）張人駿編　清光緒二十一年(1895)江都張聯桂署檢石印本　二冊

410000 – 2242 – 0004097　912.51131/C761

福建內地府州縣總圖七十一幅　（清）朱寶善繪　清光緒刻本　一冊

410000 – 2242 – 0004098　S912.951/F185

江南安徽全圖不分卷　（清）方賓穆等繪　清光緒二十二年(1896)點石齋石印本　一冊

410000 – 2242 – 0004099　S912.951/Y229

歷代輿地沿革險要圖不分卷　楊守敬　饒敦

秩撰 清光緒五年（1879）東湖饒氏刻本
二冊

410000－2242－0004100 913.1/W248

元豐九域志十卷 （宋）王存等撰 清光緒八
年（1882）金陵書局刻本 四冊

410000－2242－0004101 913.101/Y457

元和郡縣補志九卷 （清）嚴觀輯 清光緒八
年（1882）金陵書局刻本 二冊

410000－2242－0004102 913.51/C744

金石三例續編四種 （清）朱記榮撰 清光緒
十一年（1885）刻本 一冊

410000－2242－0004103 S913.51/L813

金石三例十五卷 （清）盧見曾輯 清乾隆二
十年（1755）雅雨堂刻本 二冊

410000－2242－0004104 913.51/Y457

江寧金石記八卷附江寧金石待訪目二卷
（清）嚴觀輯 清嘉慶九年（1804）刻本 六冊

410000－2242－0004105 913.5102/C398

金石文鈔八卷續鈔二卷 （清）趙紹祖編 清
光緒二年（1876）刻本 十冊

410000－2242－0004106 913.5102/H.375

金石文字辨異十二卷 （清）邢澍撰 清嘉慶
十五年（1810）貴池劉氏刻本 十冊

410000－2242－0004107 913.5102/M246

關中金石文字存逸考十二卷 （清）毛鳳枝撰
清光緒二十七年（1901）會稽顧氏刻本 八冊

410000－2242－0004108 913.5102/S915

從古堂款識學十六卷 （清）徐同柏撰 清光
緒十二年（1886）同文書局石印本 八冊

410000－2242－0004109 913.5102/W221/1

金石萃編一百六十卷 （清）王昶纂 續編二
十一卷 （清）陸耀通纂 清光緒十九年
（1893）醉六堂石印本 二十四冊

410000－2242－0004110 913.5102/W221/4

金石萃編一百六十卷 （清）王昶纂 清同治
刻本 六十冊 存一百十八卷（四十三至一
百六十）

410000－2242－0004111 913.5102/W427

兩漢金石記二十二卷 （清）翁方綱撰 清乾
隆刻本 十二冊

410000－2242－0004112 913.5102/W498/1

筠清館金石文字五卷 （清）吳榮光撰 清道
光二十二年（1842）南海吳氏刻本 五冊

410000－2242－0004113 913.5102/W498/2

金石存十五卷 （清）吳玉搢撰 清嘉慶二十
四年（1819）山陽李氏聞妙香室刻本 八冊

410000－2242－0004114 913.5102/W513

安陽縣金石錄十二卷 （清）武億撰 清嘉慶
刻本 四冊

410000－2242－0004115 913.5102/Y225/2

望堂金石文字不分卷 楊守敬編 清光緒二
年（1876）楊氏激素飛青閣刻本 十二冊

410000－2242－0004116 913.5103/F332

金石索十二卷 （清）馮雲鵬 （清）馮雲鵷輯
清道光十五年（1835）刻本 十二冊

410000－2242－0004117 913.5103/F332/1

金石索十二卷 （清）馮雲鵬 （清）馮雲鵷輯
清光緒三十三年（1907）文新局石印本 二
十三冊

410000－2242－0004118 913.5103/F332/2

金石索十二卷 （清）馮雲鵬 （清）馮雲鵷輯
清光緒十九年（1893）積山書局石印本 二
十四冊

410000－2242－0004119 913.5103/H653

三博古圖三種 （清）黃晟編 清乾隆十七年
（1752）天都黃氏亦政堂刻本 二十四冊

410000－2242－0004120 S913.5103/L948/1
－1

亦政堂重修考古圖十卷 （宋）呂大臨撰 明
萬曆刻本 五冊

410000－2242－0004121 S913.5103/L948/1
－2

亦政堂重考古玉圖二卷 （宋）朱德潤撰 明
萬曆刻本 一冊

410000－2242－0004122　913.5103/P247

金石屑編一不分卷　（清）鮑昌熙撰　清光緒
嘉興鮑氏刻本　四冊

410000－2242－0004123　S913.5103/W227

泊如齋重修宣和博古圖錄三十卷　（宋）王黼
等撰　明萬曆十六年(1588)泊如齋刻本　十
六冊

410000－2242－0004124　913.5104/K566

山東考古錄一卷續山東考古錄三十二卷
（清）顧炎武撰　清光緒八年(1882)山東書局
刻本　七冊

410000－2242－0004125　913.5104/S838

南朝佛寺志二卷　（清）孫文川述　（清）陳作
霖編　清光緒刻本　二冊

410000－2242－0004126　913.5107/K.351

闕里文獻考一百卷末一卷　（清）孔繼汾編
清光緒刻本　七冊

410000－2242－0004127　913.5107/V441

東湖叢記六卷　（清）蔣光煦撰　清光緒九年
(1883)雲自在龕刻本　三冊

410000－2242－0004128　913.5108/C415/1A

陔餘叢考四十三卷　（清）趙翼撰　清乾隆五
十五年(1790)刻本　十二冊

410000－2242－0004129　913.5108/C415/1B

陔餘叢考四十三卷　（清）趙翼撰　清乾隆五
十五年(1790)刻本　十二冊

410000－2242－0004130　913.5108/415/1C

陔餘叢考四十三卷　（清）趙翼撰　清乾隆五
十五年(1790)刻本　十冊

410000－2242－0004131　913.5108/C415/2D

陔餘叢考四十三卷　（清）趙翼撰　清乾隆五
十五年(1790)鴻章書局石印本　十六冊

410000－2242－0004132　913.5108/C415/2A

陔餘叢考四十三卷　（清）趙翼撰　清乾隆五
十五年(1790)鴻章書局石印本　十六冊

410000－2242－0004133　913.5108/C415/2B

陔餘叢考四十三卷　（清）趙翼撰　清乾隆五

十五年(1790)鴻章書局石印本　十六冊

410000－2242－0004134　913.5108/C415/2C

陔餘叢考四十三卷　（清）趙翼撰　清乾隆五
十五年(1790)鴻章書局石印本　十六冊

410000－2242－0004135　913.5108/C675

荊南萃古編不分卷　（清）周懋琦　（清）劉瀚
輯　清光緒二十年(1894)鴻寶署刻本　三冊

410000－2242－0004136　913.5108/C744/1A

行素草堂金石叢書十六種　（清）朱記榮編
清光緒十四年(1888)行素草堂刻本　四十冊

410000－2242－0004137　913.5108/C744/1B

行素草堂金石叢書十六種　（清）朱記榮編
清光緒十四年(1888)行素草堂刻本　四十冊

410000－2242－0004138　913.5108/C744/2

漢石例六卷　（清）劉寶楠錄　清光緒刻本
一冊　存三卷(四至六)

410000－2242－0004139　913.5108/T572/1

學古齋金石叢書四集十二種　（清）董金南編
清光緒崇川葛氏學古齋刻本　三十冊

410000－2242－0004140　913.5109/C286

山右金石記十卷　（清）張熙編　清光緒十五
年(1889)刻本　六冊

410000－2242－0004141　913.510912/P395

山左金石志二十四卷　（清）畢沅　（清）阮元
撰　清嘉慶二年(1797)儀徵阮氏小琅環僊館
刻本　十二冊

410000－2242－0004142　913.510913/S467

粵西金石略十五卷　（清）謝啟昆撰　清嘉慶
六年(1801)銅鼓亭刻本　四冊

410000－2242－0004143　913.510913/W427

粵東金石略九卷附九曜石考二卷　（清）翁方
綱錄　清乾隆三十六年(1771)石洲草堂刻本
六冊

410000－2242－0004144　913.51102/L714/1

殷商貞卜文字考一卷　羅振玉撰　清宣統二
年(1910)上虞羅氏石印本　一冊

410000－2242－0004145　913.512/C312
二銘草堂金石聚十六卷　（清）張德容編　清
同治張氏二銘堂刻本　十六冊

410000－2242－0004146　913.512/C389
金石錄三十卷　（宋）趙明誠撰　清順治謝世
箕刻本　六冊

410000－2242－0004147　S913.512/C389/1
金石錄三十卷　（宋）趙明誠撰　清順治濟南
謝氏刻本　一冊　存五卷（二十六至三十）

410000－2242－0004148　913.512/C389/2
金石錄三十卷附札記一卷今存目一卷　（宋）
趙明誠撰　繆荃孫著附　清光緒三十一年
（1905）仁和朱氏刻本　四冊

410000－2242－0004149　913.512/L328A
吉金志存四卷　（清）李光庭輯　清咸豐九年
（1859）李氏刻本　四冊

410000－2242－0004150　913.512/L328B
吉金志存四卷　（清）李光庭輯　清咸豐九年
（1859）李氏刻本　四冊

410000－2242－0004151　913.512/L347/1A
括蒼金石志十二卷續四卷　（清）李遇孫輯
（清）鄒伯森校補　清同治十三年（1874）慶州
府署刻本　六冊

410000－2242－0004152　913.512/L347/1B
括蒼金石志十二卷續四卷　（清）李遇孫輯
（清）鄒伯森校補　清同治十三年（1874）慶州
府署刻本　五冊

410000－2242－0004153　913.512/L347/2
括蒼金石志十二卷續四卷　（清）李遇孫輯
（清）鄒伯森校補　清光緒元年（1875）刻本
八冊

410000－2242－0004154　913.512/L642A
金石苑不分卷　（清）劉喜海撰　清道光二十
八年（1848）味經書屋刻本　十五冊

410000－2242－0004155　913.512/L642B
金石苑不分卷　（清）劉喜海撰　清道光二十
八年（1848）味經書屋刻本　六冊

410000－2242－0004156　913.512/W513/1
金石三跋一跋四卷二跋四卷三跋二卷　（清）
武億著錄　清道光二十三年（1843）刻本
二冊

410000－2242－0004157　913.512/W513/2
金石一跋四卷金石續跋十四卷　（清）武億著
錄　清道光二十三年（1843）授堂刻本　三冊
存十四卷（金石一跋一至四、金石續跋五至
十四）

410000－2242－0004158　913.51201/C414A
竹崦盦金石目錄五卷　（清）趙魏集　清宣統
元年（1909）刻本　四冊

410000－2242－0004159　913.51201/C414B
竹崦盦金石目錄五卷　（清）趙魏集　清宣統
元年（1909）刻本　五冊

410000－2242－0004160　913.51201/M579
藝風堂金石文字目十八卷　繆荃孫撰　清光
緒三十二年（1906）刻本　六冊

410000－2242－0004161　913.51202/L793
吳興金石記十六卷　（清）陸心源撰　清光緒
十六年（1890）刻本　四冊

410000－2242－0004162　913.51202/P395A
中州金石記五卷　（清）畢沅編　清光緒八年
（1882）蛟川邵氏望三益齋刻本　四冊

410000－2242－0004163　913.51202/P395B
中州金石記五卷　（清）畢沅編　清光緒八年
（1882）蛟川邵氏望三益齋刻本　五冊

410000－2242－0004164　913.51203/L428/1
西清古鑒四十卷錢錄十六卷　（清）梁詩正等
編纂　清光緒十四年（1888）鴻文書局石印本
二十四冊

410000－2242－0004165　913.51203/L428/3
西清古鑒四十卷錢錄十六卷　（清）梁詩正等
編纂　清光緒十四年（1888）邁宋書館刻本
二十四冊

410000－2242－0004166　913.51203/L428/5
西清古鑒四十卷錢錄十六卷　（清）梁詩正等

193

編纂 清光緒十四年(1888)鴻文書局石印本 二十四冊

410000－2242－0004167　913.51203/N811
金石圖說四卷　（清）牛運震集說　（清）褚峻樞圖　（清）劉世珩編補　清光緒二十年(1894)貴池劉氏聚學軒刻本　四冊

410000－2242－0004168　913.51203/T682/1A
陶齋吉金錄八卷　（清）端方撰　清光緒三十四年(1908)有正書局石印本　八冊

410000－2242－0004169　913.51203/T682/1B
陶齋吉金錄八卷　（清）端方撰　清光緒三十四年(1908)有正書局石印本　八冊

410000－2242－0004170　913.51203/T682/2A
陶齋吉金續錄二卷　（清）端方撰　清宣統元年(1909)石印本　二冊

410000－2242－0004171　913.51203/T682/2B
陶齋吉金續錄二卷　（清）端方撰　清宣統元年(1909)石印本　二冊

410000－2242－0004172　913.51203/W492/2A
攗古錄金文三卷　（清）吳式芬撰　清光緒二十一年(1895)海豐吳氏刻本　九冊

410000－2242－0004173　913.51203/W492/2B
攗古錄金文三卷　（清）吳式芬撰　清光緒二十一年(1895)海豐吳氏刻本　九冊

410000－2242－0004174　913.51203/W492/2C
攗古錄金文三卷　（清）吳式芬撰　清光緒二十一年(1895)海豐吳氏刻本　九冊

410000－2242－0004175　913.51203/W494A
恆軒所見所藏吉金錄不分卷　（清）吳大澂編　清同治十二年至光緒十一年(1873－1885)

吳縣吳氏刻本　二冊

410000－2242－0004176　913.51203/W494B
恆軒所見所藏吉金錄不分卷　（清）吳大澂編　清同治十二年至光緒十一年(1873－1885)吳縣吳氏刻本　二冊

410000－2242－0004177　913.512103/W498A
兩罍軒彝器圖釋十二卷　（清）吳雲編　清同治十一年(1872)刻本　六冊

410000－2242－0004178　913.512103/W498B
兩罍軒彝器圖釋十二卷　（清）吳雲編　清同治十一年(1872)刻本　六冊　存六卷(七至十二)

410000－2242－0004179　913.51207/W492
九鐘精舍金石跋尾甲編一卷　（清）吳士鑑撰　清宣統元年(1909)刻本　一冊

410000－2242－0004180　913.5121/L642A
長安獲古編二卷補一卷　（清）劉喜海編　清光緒三十一年(1905)丹徒劉氏刻本　二冊

410000－2242－0004181　913.5121/L642B
長安獲古編二卷補一卷　（清）劉喜海編　清光緒三十一年(1905)丹徒劉氏刻本　二冊

410000－2242－0004182　913.5121/W255
鐘鼎字源五卷　（清）汪立名撰　清光緒二年(1876)洞庭秦氏麟慶堂刻本　二冊

410000－2242－0004183　913.5121/Y798/2
積古齋鐘鼎彝器款識十卷　（清）阮元編　清光緒五年(1879)刻本　一冊　存二卷(一至二)

410000－2242－0004184　913.5121/Y798/3
積古齋鐘鼎彝器款識十卷　（清）阮元編　清嘉慶九年(1804)刻本　四冊

410000－2242－0004185　913.5123/C.566A
吉金所見錄十六卷　（清）初尚齡纂輯　清嘉慶二十四年(1819)萊陽初氏刻本　四冊

410000－2242－0004186　913.5123/C.566B

吉金所見錄十六卷　（清）初尚齡纂輯　清嘉慶二十四年(1819)萊陽初氏刻本　四冊

410000－2242－0004187　913.5123/F237
異齋所藏錢錄十二卷　（清）費錫申編輯　清光緒十六年(1890)刻本　四冊

410000－2242－0004188　913.5123/H.463
選青小箋十卷　（清）許元愷編譯　清道光二十四年(1844)剪雨樓刻本　一冊　存四卷（一至四）

410000－2242－0004189　913.5123/L341
錢神志七卷　（清）李世熊撰　清道光寧化寺李氏活字本　十冊

410000－2242－0004190　913.5123/L344/1A
古泉匯六十四卷　（清）李佐賢編輯　清同治三年(1864)利津李氏書屋刻本　十六冊

410000－2242－0004191　913.5123/L344/1B
古泉匯六十四卷　（清）李佐賢編輯　清同治三年(1864)利津李氏書屋刻本　十六冊

410000－2242－0004192　913.5123/L344/2
續泉匯十四卷補遺二卷　（清）李佐賢　（清）鮑康編　清光緒元年(1875)刻本　四冊

410000－2242－0004193　913.5123/L428
欽定錢錄十六卷　（清）梁詩正等編　清光緒十二年(1886)峽州有弗學齋刻本　四冊

410000－2242－0004194　913.5123/L428/2
欽定錢錄十六卷　（清）梁詩正等編　清乾隆五十二年(1787)刻本　六冊

410000－2242－0004195　913.5123/M365
泉布統志九卷附錄一卷　（清）孟麟輯　清道光十三年(1833)刻本　十六冊

410000－2242－0004196　913.5123/N.124
古今錢略三十二卷首一卷末一卷　（清）倪模撰　清光緒五年(1879)望江倪氏兩疆勉齋刻本　十六冊

410000－2242－0004197　913.5123/T154/1
古泉叢話四卷　（清）戴熙撰　清同治十一年(1872)淂喜齋刻本　一冊

410000－2242－0004198　913.5123/V.527
遺篋錄八卷　（清）秦寶瓚編　清光緒二十九年(1903)刻本　四冊

410000－2242－0004199　S913.5123/W176
古金錄四卷　（清）萬光煒輯　清乾隆四十九年(1784)刻本　二冊

410000－2242－0004200　913.513/C281
墨妙亭碑目考二卷附考二卷　（清）張鑒撰　清光緒十年(1884)江蘇書局刻本　二冊

410000－2242－0004201　913.513/H498A
山右石刻叢編四十卷　（清）胡聘之撰　清光緒二十五年至二十七年(1899－1901)刻本　二十四冊

410000－2242－0004202　913.513/H498B
山右石刻叢編四十卷　（清）胡聘之撰　清光緒二十五年至二十七年(1899－1901)刻本　二十

410000－2242－0004203　913.513/H665
金石要例一卷　（清）黃宗羲撰　清光緒四年(1878)南海馮氏刻本　一冊

410000－2242－0004204　913.513/S835A
寰宇訪碑錄十二卷　（清）孫星衍　（清）邢澍撰　清光緒九年(1883)江蘇書局刻本　四冊

410000－2242－0004205　913.513/S835B
寰宇訪碑錄十二卷　（清）孫星衍　（清）邢澍撰　補寰宇訪碑錄五卷　（清）趙之謙纂集　清光緒十一年(1885)朱氏槐廬刻本　八冊

410000－2242－0004206　S913.513/S.145/1
石刻叢考五種　（清）林侗等撰　清抄本　八冊

410000－2242－0004207　913.513/W225
碑版文廣例十卷　（清）王芑孫輯　清道光二十一年(1841)刻本　六冊

410000－2242－0004208　913.513/Y323
寶刻類編八卷　（清）鮑廷博校　清道光十八年(1838)東武劉氏刻本　四冊

410000－2242－0004209　913.51302/H.468

忠武侯祠墓誌七卷首一卷末一卷　（清）李復心輯　清同治五年(1866)刻本　四冊

410000－2242－0004210　913.51302/L663

海東金石苑四卷　（清）劉喜海撰　清光緒七年(1881)二銘草堂刻本　四冊

410000－2242－0004211　913.51302/L714/1A

唐代海東藩閥志存一卷　羅振玉校錄　清光緒三年(1877)刻本　一冊

410000－2242－0004212　913.51302/L714/1B

唐代海東藩閥志存一卷　羅振玉校錄　清光緒三年(1877)刻本　一冊

410000－2242－0004213　913.51302/P.381/1

漢碑引經考六卷　（清）皮錫瑞撰　清光緒三十年(1904)刻本　四冊

410000－2242－0004214　913.51302/P.381/2

漢碑引緯考一卷　（清）皮錫瑞撰　清光緒三十年(1904)刻本　一冊

410000－2242－0004215　913.51302/S.433

常山貞石志二十四卷　（清）沈濤撰　清道光二十二年(1842)刻本　八冊

410000－2242－0004216　913.51302/T682A

陶齋藏石記四十四卷附藏磚記二卷　（清）端方撰　清宣統元年(1909)石印本　十二冊

410000－2242－0004217　913.51302/T682B

陶齋藏石記四十四卷附藏磚記二卷　（清）端方撰　清宣統元年(1909)石印本　十二冊

410000－2242－0004218　913.51302/T682C

陶齋藏石記四十四卷附藏磚記二卷　（清）端方撰　清宣統元年(1909)石印本　十二冊

410000－2242－0004219　913.51302/W176

褒谷古跡輯略一卷　（清）萬方田等輯註（清）莫增奎等鑒定　清同治十三年(1874)刻本　一冊

410000－2242－0004220　913.51303/H666

小蓬萊閣金石文字不分卷　（清）黃易撰　清嘉慶五年(1800)刻本　五冊

410000－2242－0004221　913.51303/Y225

匡喆刻經頌不分卷　楊守敬摹　清光緒三十三年(1907)宜都楊氏鄰蘇園刻本　六冊

410000－2242－0004222　913.51307/S.433

石鼓文定本十二卷　（清）沈梧撰　清光緒十六年(1890)古華山館刻本　六冊

410000－2242－0004223　913.51307/V353

石刻補敍二卷　（宋）曾宏父纂述　清乾隆三十四年(1769)刻本　一冊

410000－2242－0004224　913.51308/C376/1

補寰宇訪碑錄五卷失編一卷　（清）趙之謙纂集　清光緒二十年(1894)朱氏槐廬刻本二冊

410000－2242－0004225　913.51309/H662

古志石華三十卷　（清）黃本驥編　清道光二十七年(1847)刻本　八冊

410000－2242－0004226　913.51309/P395

關中金石記八卷　（清）畢沅撰　（清）蔡錫棟增編　清光緒三十四年(1908)渭南嚴氏刻本四冊

410000－2242－0004227　913.51309/Y798

兩浙金石志十八卷補遺一卷　（清）阮元編錄　清光緒十六年(1890)浙江書局刻本　十二冊

410000－2242－0004228　913.515/W492A

封泥考略十卷　（清）吳式芬　（清）陳介祺輯　清光緒三十年(1904)鉛印本　十冊

410000－2242－0004229　913.515/W492B

封泥考略十卷　（清）吳式芬　（清）陳介祺輯　清光緒三十年(1904)鉛印本　十冊

410000－2242－0004230　913.515/W492C

封泥考略十卷　（清）吳式芬　（清）陳介祺輯　清光緒三十年(1904)鉛印本　十冊

410000－2242－0004231　913.5162/C.451

秦漢瓦當文字二卷續一卷　（清）程敦著錄
清乾隆五十二年（1787）橫渠書院拓本　三冊

410000－2242－0004232　913.5162/W498

遁盦古磚存八卷　（清）吳隱輯　清宣統三年
（1911）西泠印社拓本　八冊

410000－2242－0004233　913.5165/L652

鐵雲藏陶不分卷　（清）劉鶚編　清光緒三十
年（1904）丹徒劉氏石印本　四冊

410000－2242－0004234　S913.57/Y457

鐵橋金石跋四卷　（清）嚴可均撰　清光緒三
十一年（1905）古歡閣刻本　一冊

410000－2242－0004235　914.1022/K.351

水經釋地八卷附劉更生年表一卷　（清）孔繼
涵撰　清光緒六年（1880）中南陵徐氏刻本
二冊

410000－2242－0004236　915/C631

日本地理誌一卷　（日本）中村五六編纂
（清）王國維譯　清光緒二十七年（1901）商務
印書館鉛印本　一冊

410000－2242－0004237　915/S.172

枕中書一卷　（晉）葛洪撰　清乾隆五十六年
（1791）金谿王氏刻本　一冊

410000－2242－0004238　915.1/C317

歷代定域史綱四卷　（清）張印西撰　清光緒
二十九年（1903）蓁碧軒鉛印本　一冊

410000－2242－0004239　915.1/C447

廣輿古今鈔二卷　（清）程晴川撰　清乾隆有
識堂刻本　一冊　存一卷（上）

410000－2242－0004240　915.1/C755

水經註箋四十卷　（明）朱謀㙔箋　清同治二
年（1863）長沙余氏刻本　十六冊

410000－2242－0004241　S915.1/C755/1

水經注箋四十卷　（北魏）酈道元注　（明）朱
謀㙔箋　明萬曆四十三年（1615）刻本　十冊

410000－2242－0004242　915.1/D.288

大清一統志四百二十四卷　（清）穆彰阿
（清）潘錫恩纂修　清光緒石印本　五十四冊

存三百八十六卷（十至一百四十七、一百七
十七至四百二十四）

410000－2242－0004243　915.1/H432

大清一統志輯要五十卷　（清）洪亮吉撰　清
光緒二十八年（1902）山左輿圖局石印本　十
二冊

410000－2242－0004244　915.1/K566/1A

讀史方輿紀要一百三十卷附方輿全圖總說五
卷　（清）顧祖禹輯撰　清光緒二十七年
（1901）上海圖書集成局鉛印本　三十二冊

410000－2242－0004245　915.1/K566/1B

讀史方輿紀要一百三十卷附方輿全圖總說五
卷　（清）顧祖禹輯撰　清光緒二十七年
（1901）上海圖書集成局鉛印本　三十二冊

410000－2242－0004246　915.1/K566/3

讀史方輿紀要序二卷　（清）顧祖禹撰　（清）
李式揆註釋　清光緒二十八年（1902）養拙山
房刻本　二冊

410000－2242－0004247　915.1/K566/4

天下郡國利病書一百二十卷　（清）顧炎武輯
　清光緒二十七年（1901）上海圖書集成局鉛
印本　二十八冊

410000－2242－0004248　915.1/K566/4

天下郡國利病書一百二十卷　（清）顧炎武輯
　清光緒二十七年（1901）上海圖書集成局鉛
印本　二十八冊

410000－2242－0004249　915.1/K566/5A

天下郡國利病書一百二十卷　（清）顧炎武輯
　清光緒二十七年（1901）敷文閣刻本　五
十冊

410000－2242－0004250　915.1/K566/5B

天下郡國利病書一百二十卷　（清）顧炎武輯
　清光緒二十七年（1901）敷文閣刻本　五
十冊

410000－2242－0004251　915.1/K566/5C

天下郡國利病書一百二十卷　（清）顧炎武輯
清光緒二十七年（1901）敷文閣刻本　六十冊

410000－2242－0004252　915.1/L711/1

太平寰宇記二百卷目錄二卷補闕一卷　（宋）
樂史撰　清嘉慶六年(1801)刻本　三十冊

410000－2242－0004253　915.1/L711/2

太平寰宇記二百卷目錄二卷補闕一卷　（宋）
樂史撰　清光緒八年(1882)金陵書局刻本
三十六冊

410000－2242－0004254　915.1/L785/1

皇朝輿地略不分卷　（清）六承如原繪　（清）
六嚴德只縮摹　清道光十一年(1831)辨志書
塾　二冊

410000－2242－0004255　915.1/L785/2

皇朝輿地略不分卷　（清）六承如編　清光緒
五年(1879)羊城王氏聽春雨樓刻本　二冊

410000－2242－0004256　S915.1/S241

水經注四十卷首一卷　（北魏）酈道元撰　清
乾隆三十九年(1774)武英殿活字本　三十
二冊

410000－2242－0004257　915.1/T.543A

中外輿地圖說集成一百三十卷　（清）同康主
人編　清光緒二十年(1894)順成書局石印本
二十四冊

410000－2242－0004258　915.1/T.543B

皇朝輿地通考二十三卷　（清）通文主人輯
清光緒二十九年(1903)通文書局石印本　四
十冊

410000－2242－0004259　915.1/V.184

增訂廣輿記二十四卷　（明）陸應陽原纂
（清）蔡方炳增輯　清康熙五十六年(1717)刻
本　十四冊

410000－2242－0004260　750.8/C299/1B

四銅鼓齋論畫集刻十二種　（清）張祥河編
清宣統元年(1909)會文齋刻本　四冊

410000－2242－0004261　812.28/Y615

李白登科記一卷　（清）吳儂填詞　清康熙三
年(1664)刻本　一冊

410000－2242－0004262　S915.1/W248

元豐九域志十卷　（宋）王存撰　清乾隆三十
九年(1774)武英殿活字本　六冊

410000－2242－0004263　915.101/H432

乾隆府廳州縣圖志五十卷　（清）洪亮吉撰
清光緒二十三年(1897)新化三味書室刻本
二十四冊

410000－2242－0004264　915.101/L321A

元和郡縣圖志四十卷　（唐）李吉甫撰　**元和
郡縣補志九卷**　（清）嚴觀輯　清光緒六年至
八年(1880－1882)金陵書局刻本　八冊

410000－2242－0004265　915.101/L321B

元和郡縣圖志四十卷　（唐）李吉甫撰　**元和
郡縣補志九卷**　（清）嚴觀輯　清光緒六年至
八年(1880－1882)金陵書局刻本　十冊

410000－2242－0004266　915.101/L321C

元和郡縣圖志四十卷　（唐）李吉甫撰　清光
緒六年(1880)金陵書局刻本　五冊

410000－2242－0004267　915.101/W251

詩地理考六卷　（宋）王應麟撰　明萬曆十五
年(1587)至清乾隆刻本　一冊

410000－2242－0004268　S915.101/W251/1

通鑑地理通釋十四卷　（宋）王應麟撰　明毛
氏汲古閣刻本　六冊

410000　－　2242　－　0004269　　915.1017/
H375/1A

朔方備乘六十八卷首十二卷　（清）何秋濤撰
清光緒七年(1881)直隸官書局刻本　二十
四冊

410000－2242－0004270　915.1017/H375/1B

朔方備乘六十八卷首十二卷　（清）何秋濤撰
清光緒七年(1881)直隸官書局刻本　二十
四冊

410000－2242－0004271　915.1017/H375/2

朔方備乘六十八卷首十二卷　（清）何秋濤撰
清光緒七年(1881)石印本　八冊

410000－2242－0004272　915.102/V186

增訂廣輿記二十四卷　（清）蔡方炳增輯　清

嘉慶七年(1802)刻本　十六册

410000－2242－0004273　915.1021/H511

蜀道驛程考略一卷　(清)胡薇元撰　清光緒
十九年(1893)刻本　一册

410000－2242－0004274　915.1021/L545

鴻雪因緣圖記二卷　(清)麟慶撰　清道光二
十七年(1847)刻本　二册

410000－2242－0004275　915.1021/P435

周行備覽六卷　(清)妙因居士撰　清乾隆三
年(1738)刻本　二册　存二卷(一、六)

410000－2242－0004276　915.1021/W244

秦蜀驛程後記二卷　(清)王士禎撰　清康熙
刻本　一册

410000－2242－0004277　915.1022/C136

盤山志十卷補遺四卷　(清)釋智朴輯　清同
治十一年(1872)刻本　四册

410000－2242－0004278　915.1022/C535A

清涼山志十卷　(明)鎮澄撰　清乾隆二十年
(1755)刻本　四册

410000－2242－0004279　915.1022/C535B

清涼山志十卷　(明)鎮澄撰　清乾隆二十年
(1755)刻本　四册

410000－2242－0004280　915.1022/C535C

清涼山志十卷　(明)鎮澄撰　清乾隆二十年
(1755)刻本　四册

410000－2242－0004281　915.1022/D424

泰山志二十卷　(清)金榮撰　清光緒二十四
年(1898)刻本　十二册

410000－2242－0004282　915.1022/D455

說嵩三十二卷　(清)景日昣撰　清康熙岳生
堂刻本　三册　存十一卷(十二至十五、二十
三至二十九)

410000－2242－0004283　S915.1022/D455/1

說嵩三十二卷例目一卷　(清)景日昣撰　清
康熙岳生堂刻本　十册

410000－2242－0004284　915.1022/H665

匡廬游錄一卷　(清)黃宗羲撰　清宣統二年
(1910)時中書局鉛印本　一册

410000－2242－0004285　915.1022/L347/1

華嶽志八卷首一卷　(清)李榕撰　清道光十
一年(1831)刻光緒九年(1883)補刻本　四册

410000－2242－0004286　915.1022/L347/2

華嶽志九卷　(清)李榕纂輯　清刻本　三册
　　存七卷(二至八)

410000－2242－0004287　915.1022/M248

廬山志十五卷　(清)毛德琦撰　清康熙刻同
治十年(1871)刻宣統二年(1910)修補刻本
十六册

410000－2242－0004288　915.1022/N.194

泰山道里記一卷　(清)聶欽撰　清乾隆四十
年(1775)雨山堂刻本　一册

410000－2242－0004289　915.1022/V355

廣雁蕩山志二十八卷首一卷末一卷　(清)曾
唯撰　清乾隆五十五年(1790)刻本同治八年
(1869)補刻本　八册

410000－2242－0004290　915.1022/W256

清涼山志輯要二卷附山西志輯要一卷　(清)
汪本直輯　清乾隆刻本　二册

410000－2242－0004291　S915.1022/W496

天下名山記鈔十六卷　(清)吳秋士選　(清)
汪立名較訂　清康熙三十六年(1697)刻本
四册

410000－2242－0004292　915.1023/C415/1

水經注釋四十卷首一卷附錄二卷　(清)趙一
清撰　清乾隆五十一年(1786)趙氏小山堂刻
本　十四册

410000－2242－0004293　915.1023/C415/2

水經注四十卷首一卷附錄二卷　(清)趙一清
撰　水經注箋刊誤十二卷　(清)趙一清　水
經釋地八卷　(清)孔繼涵撰　水經注圖說殘
稿四卷　(清)董佑誠撰　今水經一卷　(清)
黃宗羲撰　清光緒六年(1880)會稽章氏刻本
　　三十六册

410000 – 2242 – 0004294　915.1023/C.381

漢書地理志水道圖說七卷附考正德清胡氏禹
貢圖一卷　（清）陳澧撰　清道光二十八年
（1848）刻本　二冊

410000 – 2242 – 0004295　915.1023/C.392/1

蜀水攷四卷　（清）陳登龍撰　清光緒五年
（1879）綿竹楊氏清泉精舍刻本　二冊

410000 – 2242 – 0004296　915.1023/C.392/2

蜀水攷補註分疏四卷　（清）陳登龍撰　（清）
朱錫穀補註　（清）陳一津分疏　清光緒十六
年（1890）成都試院刻本　四冊

410000 – 2242 – 0004297　915.1023/F184

禹貢水道考異南條五卷北條五卷　（清）方垗
撰　清道光四年（1824）紫霞儷館刻本　二冊

410000 – 2242 – 0004298　915.1023/H666

長江圖說十二卷　（清）黃翼升閱定　（清）馬
徵麟撰　清同治十年（1871）湖北崇文書局刻
本　五冊

410000 – 2242 – 0004299　915.1023/S241/1

水經注四十卷　（漢）桑欽撰　（北魏）酈道元
注　清光緒三年（1877）湖北崇文書局刻本
十二冊

410000 – 2242 – 0004300　915.1023/S241/2A

水經注四十卷　（漢）桑欽撰　（北魏）酈道元
注　清光緒十八年（1892）思賢講舍刻本　十
六冊

410000 – 2242 – 0004301　915.1023/S241/2B

水經注四十卷　（漢）桑欽撰　（北魏）酈道元
注　清光緒十八年（1892）思賢講舍刻本　十
六冊

410000 – 2242 – 0004302　915.1023/S241/4

水經注四十卷　（漢）桑欽撰　（北魏）酈道元
注　山海經十八卷　（晉）郭璞撰　清乾隆十
八年（1753）新安黃氏槐蔭草堂刻本　十冊

410000 – 2242 – 0004303　915.1023/S917

禹貢會箋十二卷　（清）徐文靖撰　清乾隆十
八年（1753）志寧堂刻本　三冊

410000 – 2242 – 0004304　S915.1023/V367

水道提綱二十八卷　（清）齊召南撰　清乾隆
四十一年（1776）刻本　八冊

410000 – 2242 – 0004305　915.1023/V.367/1

水道提綱二十八卷　（清）齊召南撰　清光緒
五年（1879）宏達堂刻本　六冊

410000 – 2242 – 0004306　915.1023/V.367/2

水道提綱二十八卷　（清）齊召南撰　清光緒
四年（1878）刻本　八冊

410000 – 2242 – 0004307　915.1023/V.885

全校水經註四十卷補遺一卷附錄二卷　（北
魏）酈道元注　（清）全祖望校　清光緒十四
年（1888）無錫薛氏刻本　十二冊

410000 – 2242 – 0004308　915.1023/W227/1

河北采風錄四卷　（清）王鳳生編　清道光六
年（1826）河朔官舍刻本　四冊

410000 – 2242 – 0004309　915.1023/W227/2

浙西水利備考不分卷　（清）王鳳生編　清道
光四年（1824）江聲帆影閣刻本　四冊

410000 – 2242 – 0004310　915.1023/Y225/1

水經注圖四十卷　楊守敬撰　清光緒三十一
年（1905）楊氏觀海堂刻本　八冊

410000 – 2242 – 0004311　915.1023/Y225/3

水經注疏要刪四十卷附補遺一卷　楊守敬撰
清光緒三十一年（1905）楊氏觀海堂刻本　六冊

410000 – 2242 – 0004312　915.1023/Y225/4

水經注疏要刪補遺四十卷　楊守敬撰　清宣
統元年（1909）宜都楊氏刻本　六冊

410000 – 2242 – 0004313　915.1023/Y323

淮徐淮楊河工漕規條例不分卷　（清）□□撰
清抄本　二冊

410000 – 2242 – 0004314　S915.1023/Y323/1

[河南巡撫衙門河工檔案]不分卷　（清）□□
撰　清乾隆稿本　一冊

410000 – 2242 – 0004315　915.1024/Y457/2

苗防備覽二十二卷　（清）嚴如熤撰　清道光
二十三年（1843）刻本　八冊

410000 – 2242 – 0004316　915.1025/C312

西湖夢尋五卷　（明）張岱撰　清光緒十九年
(1893)刻本　二冊

410000 – 2242 – 0004317　915.1025/C317A

湯陰精忠廟志十卷　（明）張應登編　清乾隆
刻本　六冊

410000 – 2242 – 0004318　915.1025/C317B

湯陰精忠廟志十卷　（明）張應登編　清乾隆
刻本　六冊

410000 – 2242 – 0004319　915.1025/C317C

湯陰精忠廟志十卷　（明）張應登編　清乾隆
刻本　六冊

410000 – 2242 – 0004320　915.1025/C376

平山堂圖志十卷附名勝全圖一卷　（清）趙之
壁撰　清光緒九年(1883)歐陽利見刻本
四冊

410000 – 2242 – 0004321　915.1025/F331

岳廟志略十卷　（清）馮培編　清光緒五年
(1879)浙江書局刻本　四冊

410000 – 2242 – 0004322　915.1025/F539A

[雍正]西湖志四十八卷附後序一卷　（清）李
衛　（清）傅玉露等纂修　清光緒四年(1878)
浙江書局刻本　二十冊

410000 – 2242 – 0004323　915.1025/F539B

[雍正]西湖志四十八卷附後序一卷　（清）李
衛　（清）傅玉露等纂修　清光緒四年(1878)
浙江書局刻本　二十冊

410000 – 2242 – 0004324　915.1025/L331/2A

汴京遺蹟志二十四卷　（明）李濂撰　清同治
元年(1862)河南官書局刻本　五冊

410000 – 2242 – 0004325　915.1025/L331/2B

汴京遺蹟志二十四卷　（明）李濂撰　清同治
元年(1862)河南官書局刻本　六冊

410000 – 2242 – 0004326　915.1025/L346

[雍正]西湖志四十八卷　（清）李衛　（清）
傅玉露纂修　清雍正九年(1731)刻本　二
十冊

410000 – 2242 – 0004327　915.1025/L714A

[康熙]臥龍崗志二卷　（清）羅景輯　清康熙
五十一年(1712)刻本　二冊

410000 – 2242 – 0004328　915.1025/L714B

[康熙]臥龍崗志二卷　（清）羅景輯　清康熙
五十一年(1712)刻本　二冊

410000 – 2242 – 0004329　915.1025/L789

吳地記一卷附後集一卷　（唐）陸廣微撰　清
同治十二年(1873)江蘇書局刻本　一冊

410000 – 2242 – 0004330　915.1025/M127

[嘉慶]莫愁湖志六卷首一卷　（清）馬士圖纂
清光緒八年(1882)刻本　二冊

410000 – 2242 – 0004331　S915.1025/S659

相國寺志略不分卷　（清）宋繼郊輯　清咸豐
稿本　一冊

410000 – 2242 – 0004332　915.1025/S.433

西湖志纂十五卷首一卷　（清）沈德潛輯　清
乾隆二十年(1755)刻本　二冊　存四卷(八
至九、十三至十四)

410000 – 2242 – 0004333　S915.1025/T.451

西湖志八卷附西湖志餘十八卷　（明）田汝成
輯　（清）姚靖增刪　清康熙二十八年(1689)
刻本　九冊

410000 – 2242 – 0004334　915.1025/T.451/1

[嘉靖]西湖遊覽二十四卷志餘二十六卷
（明）田汝成撰　清光緒二十二年(1896)錢塘
丁氏嘉惠堂刻本　十二冊

410000 – 2242 – 0004335　915.1025/T.451/2

[嘉靖]西湖遊覽志二十四卷志餘二十六卷
（明）田汝成撰　清光緒二十二年(1896)錢塘
丁氏嘉惠堂刻本　十六冊

410000 – 2242 – 0004336　915.1025/V.812

[康熙]梅里志四卷附首一卷　（清）存禮編纂
清道光四年(1824)刻本　四冊

410000 – 2242 – 0004337　915.1025/Y211/4A

洛陽伽藍記五卷　（北魏）楊衒之撰　清光緒
二年(1876)刻本　一冊

410000 – 2242 – 0004338　915.1025/Y211/4B

洛陽伽藍記五卷　（北魏）楊衒之撰　清光緒
二年(1876)刻本　二冊

410000 – 2242 – 0004339　915.1025/Y211/6

洛陽伽藍記五卷　（北魏）楊衒之撰　清刻本
一冊

410000 – 2242 – 0004340　915.1026/C313/1

津門雜記三卷　（清）張燾輯　清光緒十年
(1884)刻本　三冊

410000 – 2242 – 0004341　915.1026/C669

宋東京考二十卷　（清）周城輯　清乾隆刻本
四冊

410000 – 2242 – 0004342　S915.1026/S659

大梁古跡考不分卷　（清）宋繼郊撰　清稿本
一冊

410000 – 2242 – 0004343　S915.1026/S659/1

輯抄東京夢華錄一卷附蘀石齋詩一卷　（清）
宋繼郊輯　清光緒宋氏稿本　一冊

410000 – 2242 – 0004344　S915.1026/S659/2

梁園志餘不分卷　（清）宋繼郊輯　清道光二
十年(1840)稿本　四冊

410000 – 2242 – 0004345　S915.1026/S659/3

東京志略十八帙　（清）宋繼郊輯　清咸豐同
治稿本　二十一冊

410000 – 2242 – 0004346　915.1026/W478A

[光緒]深州風土記二十二卷附國朝貞節表五
卷　（清）吳汝綸纂　清光緒二十六年(1900)
文瑞書院刻本　八冊

410000 – 2242 – 0004347　915.1026/W478B

[光緒]深州風土記二十二卷附國朝貞節表五
卷　（清）吳汝綸纂　清光緒二十六年(1900)
文瑞書院刻本　六冊

410000 – 2242 – 0004348　915.1027/C.374/1A

[道光]歷代地理沿革表四十七卷　（清）陳芳
績撰　清光緒二十一年(1895)廣雅書局刻本
二十四冊

410000 – 2242 – 0004349　915.1027/C.374/1B

[道光]歷代地理沿革表四十七卷　（清）陳芳
績撰　清光緒二十一年(1895)廣雅書局刻本
七冊　存二十二卷(一至二十二)

410000 – 2242 – 0004350　915.1027/C.
374/1C

[道光]歷代地理沿革表四十七卷　（清）陳芳
績撰　清光緒二十一年(1895)廣雅書局刻本
四冊　存十一卷(一至四、二十九至三十、
四十三至四十七)

410000 – 2242 – 0004351　915.1027/C.381

河套志六卷序一冊　（清）陳履中撰　清乾隆
七年(1742)刻本　五冊

410000 – 2242 – 0004352　915.1027/K.155/2

十三州志一卷　（北魏）闞駰撰　（清）張澍輯
清道光元年(1821)二酉堂刻本　一冊

410000 – 2242 – 0004353　915.1027/L318/1A

李氏五種合刊二十七卷　（清）李兆洛撰　清
光緒二十四年(1898)掃葉山房石印本　八冊

410000 – 2242 – 0004354　915.1027/L318/1B

李氏五種合刊二十七卷　（清）李兆洛撰
清光緒二十四年(1898)掃葉山房石印本
八冊

410000 – 2242 – 0004355　915.1027/L318/2

李氏五種合刊二十七卷　（清）李兆洛撰　清
光緒十八年(1892)金陵書局刻本　十六冊

410000 – 2242 – 0004356　915.1027/O146

輿地廣記三十八卷附札記二卷　（宋）歐陽
忞撰　清光緒六年(1880)金陵書局刻本
四冊

410000 – 2242 – 0004357　915.1028/L317

連山書院志六卷　（清）李來章撰　清雍正刻
本　一冊　存四卷(一至四)

410000 – 2242 – 0004358　S915.1028/T.226

嵩陽書院志不分卷　（清）湯斌等撰　清刻本
一冊

410000 – 2242 – 0004359　915.103/L318/3

歷代地理韻編今譯二十卷　（清）李兆洛輯

清道光十七年（1837）刻本　一冊　存三卷
（三至五）

410000－2242－0004360　915.103/S917A
[乾隆]大清一統志表不分卷　（清）許午撰
清乾隆刻本　八冊

410000－2242－0004361　915.103/S917B
[乾隆]大清一統志表不分卷　（清）許午撰
清乾隆刻本　一冊

410000－2242－0004362　915.103/S917C
[乾隆]大清一統志表不分卷　（清）許午撰
清乾隆刻本　八冊

410000－2242－0004363　915.108/H499/1A
問影樓輿地叢書第一集十五種　（清）胡思敬
輯　清光緒三十四年（1908）新昌胡氏京師鉛
印本　十冊

410000－2242－0004364　915.108/H499/1B
問影樓輿地叢書第一集十五種　（清）胡思敬
輯　清光緒三十四年（1908）新昌胡氏京師鉛
印本　九冊

410000－2242－0004365　915.108/H658/2A
得一齋雜著四種　（清）黃楙村撰　清光緒十
二年（1886）夢花軒刻本　二冊

410000－2242－0004366　915.108/H658/2B
得一齋雜著四種　（清）黃楙村撰　清光緒刻
本　四冊

410000－2242－0004367　915.108/P.634/1
皇朝藩屬輿地叢書二十八種　（清）浦口輯
清光緒二十九年（1903）文瑞樓石印本　十六
冊　存九種

410000－2242－0004368　915.108/T.543
中外輿地圖說集成一百三十卷　（清）同康主
人編　清光緒二十年（1894）積山書局石印本
三十二冊

410000－2242－0004369　915.111/C771
日下舊聞四十二卷補遺一卷　（清）朱彝尊撰
清康熙二十六年（1687）昆山徐氏刻本　四
十冊

410000－2242－0004370　915.111/W468/1
宸垣識略十六卷　（清）吳長元編　清乾隆五
十三年（1788）池北草堂刻本　八冊

410000－2242－0004371　915.111/W468/2
宸垣識略十六卷附圖一卷　（清）吳長元編
清光緒二年（1876）刻本　八冊

410000－2242－0004372　915.11166/H655/1
臺灣雜記一卷　（清）黃逢昶撰　清光緒十年
（1884）抄本　一冊

410000－2242－0004373　915.1203/K.351
水經釋地八卷　（清）孔繼涵撰　清刻本
一冊

410000－2242－0004374　915.1203/L325
山東直隸河南三省黃河全圖不分卷　（清）李
鴻章主修　清光緒十六年（1890）鴻文書局石
印本　三冊

410000－2242－0004375　915.1203/L649
歷代黃河變遷圖考四卷　（清）劉鶚撰　清宣
統二年（1910）山東河工研究所鉛印本　四冊

410000－2242－0004376　915.1205/W251
閩都記三十三卷　（明）王應山輯　清道光十
一年（1831）求放心齋刻本　六冊

410000－2242－0004377　915.121/C771/2A
豫乘識小錄二卷　（清）朱雲錦撰　清嘉慶二
十三年（1818）維揚王有耀齋刻本　二冊

410000－2242－0004378　915.121/C771/2B
豫乘識小錄二卷　（清）朱雲錦撰　清同治十
二年（1873）文耀齋刻本　二冊

410000－2242－0004379　915.122/S.467
荆州記三卷　（南朝宋）盛宏之撰　（清）曹元
忠輯　清光緒十九年（1893）蘇州曹氏刻本
一冊

410000－2242－0004380　915.126/P273
廣西輿地全圖二卷　（清）北洋機械器總局圖
算學堂繪　清光緒二十一年（1895）刻本
二冊

410000－2242－0004381　915.131/L339

金川瑣記六卷 （清）李心衡撰 清嘉慶南匯
吳氏刻本 二冊

410000－2242－0004382 915.14/N.194

東三省韓俄交界道里表不分卷 （清）聶士成
撰 清光緒三十四年(1908)鉛印本 一冊

410000－2242－0004383 915.15/A173

湟中行紀二卷 （清）安甫撰 清光緒刻本
一冊

410000－2242－0004384 915.15/S.139

東還紀略一卷 （清）史善長撰 清嘉慶二十
四年(1819)八行堂刻本 一冊

410000－2242－0004385 915.151103/S663

長安志二十卷 （宋）宋敏求撰 清乾隆四十
九年(1784)刻本 五冊

410000－2242－0004386 915.162311/H553

金匱縣輿地全圖不分卷 （清）華鴻模編 清
光緒三十四年(1908)石印本 六冊

410000－2242－0004387 915.166/T484A

治臺必告錄八卷 （清）丁日健輯 清同治六
年(1867)知足知止園刻本 八冊

410000－2242－0004388 915.166/T484B

治臺必告錄八卷 （清）丁日健輯 清同治六
年(1867)知足知止園刻本 八冊

410000－2242－0004389 S915.167/S913

中山傳信錄六卷 （清）徐葆光撰 清康熙六
十年(1721)長洲徐氏二友齋刻本 六冊

410000－2242－0004390 915.18/C292

蒙古遊牧記十六卷 （清）張穆撰 清同治六
年(1867)壽陽祁氏刻本 四冊

410000－2242－0004391 915.2/L318

長春真人西遊記不分卷 （元）李志常撰 清
道光二十七年(1847)靈石楊氏刻本 二冊

410000－2242－0004392 920.3/C317

外國尚友錄十卷 （清）張元輯 清光緒二十
八年(1902)明達學社石印本 二冊

410000－2242－0004393 925.1/C.371

越中觀感錄一卷 （清）陳錦撰 清光緒會稽
徐氏刻本 一冊

410000－2242－0004394 925.1/Y548

風俗通姓氏篇二卷 （漢）應劭纂 （清）張澍
清光緒元年(1875)刻本 一冊

410000－2242－0004395 925.11/C748

歷代名臣言行錄二十四卷 （清）朱桓輯 清
光緒十七年(1891)廣百宋齋鉛印本 十一冊

410000－2242－0004396 925.11/C876

碧血錄五卷 （清）莊仲方撰 （清）夏鸞翔繪
圖 清光緒八年(1882)同文書局石印本
五冊

410000－2242－0004397 S925.11/L428

玉劍尊聞十卷 （清）梁維樞撰 清順治十四
年(1657)刻本 五冊

410000－2242－0004398 925.11/L456/1

校正尚友錄二十二卷 （清）廖用賢 （清）張
伯琮補輯 續集二十二卷 （清）退思主人編
纂 清光緒二十五年(1899)益記書莊石印本
十一冊

410000－2242－0004399 925.11/L456/3

尚友錄二十二卷補遺一卷 （清）廖用賢編
（清）張伯琮補輯 清光緒十六年(1890)掃葉
山房活字本 六冊

410000－2242－0004400 925.11/L456/4

增廣尚友錄統編二十二卷 （清）廖用賢編纂
（清）張伯琮補輯 清末石印本 三冊 存
十卷(三至十二)

410000－2242－0004401 925.11/L642/1

新刊古列女傳八卷 （漢）劉向編撰 （晉）顧
愷之圖畫 清道光五年(1825)揚州阮氏影撫
聚珍本 四冊

410000－2242－0004402 925.11/L642/2A

古列女傳八卷 （漢）劉向撰 清光緒元年
(1875)崇文書局刻本 二冊

410000－2242－0004403 925.11/L642/2B

古列女傳八卷 （漢）劉向撰 清光緒元年

(1875)崇文書局刻本　二冊

410000－2242－0004404　925.11/L642/3
列女傳補注八卷敘錄一卷　（漢）劉向撰
（清）王照圓補註　清光緒八年(1882)刻本
四冊

410000－2242－0004405　925.11/L642/4
列女傳補注八卷　（漢）劉向撰　（清）王照圓
補註　敘錄一卷　（漢）劉向編撰　列仙傳校
正本二卷敘讀一卷　（清）王照圓校正　夢書
一卷　（清）王照圓輯　清嘉慶十七年(1812)
樓霞郝氏曬書堂刻本　五冊

410000－2242－0004406　S925.11/L661
古今孝友傳補遺三卷　（清）劉青芝撰　清乾
隆二十年(1755)刻本　一冊　存二卷(一至
二)

410000－2242－0004407　925.11/M579A
續碑傳集八十六卷首二卷　繆荃孫纂　清宣
統二年(1910)江楚編譯書局刻本　二十四冊

410000－2242－0004408　925.11/M579B
續碑傳集八十六卷首二卷　繆荃孫纂　清宣
統二年(1910)江楚編譯書局刻本　三十冊

410000－2242－0004409　925.11/M579C
續碑傳集八十六卷首二卷　繆荃孫纂　清宣
統二年(1910)江楚編譯書局刻本　二十四冊

410000－2242－0004410　925.11/M579D
續碑傳集八十六卷首二卷　繆荃孫纂　清宣
統二年(1910)江楚編譯書局刻本　二十四冊

410000－2242－0004411　925.11/S826/1A
中州人物考八卷　（明）孫奇逢輯　清道光二
十四年(1844)刻本　六冊

410000－2242－0004412　925.11/S826/1B
中州人物考八卷　（明）孫奇逢輯　清道光二
十四年(1844)刻本　五冊

410000－2242－0004413　925.11/S826/1C
中州人物考八卷　（明）孫奇逢輯　清道光二
十四年(1844)刻本　八冊

410000－2242－0004414　925.11/S826/1D

中州人物考八卷　（明）孫奇逢編　清道光二
十四年(1844)刻本　六冊

410000－2242－0004415　925.11/S826/1E
中州人物考八卷　（明）孫奇逢編　清道光二
十四年(1844)刻本　六冊

410000－2242－0004416　925.11/S826/1F
中州人物考八卷　（明）孫奇逢輯　清道光二
十四年(1844)刻本　四冊　存四卷(五至八)

410000－2242－0004417　925.11/S826/2
畿輔人物考八卷　（清）孫奇逢撰　清同治八
年(1869)刻本　八冊

410000－2242－0004418　925.11/V766
釋惑錄一卷　（清）崔鍾善輯　清光緒二十七
年(1901)荆華館刻本　一冊

410000－2242－0004419　925.11/V.479A
文獻徵存錄十卷　（清）錢林輯　（清）王藻編
　清咸豐八年(1858)有嘉樹軒刻本　十冊

410000－2242－0004420　925.11/V.479B
文獻徵存錄十卷　（清）錢林輯　（清）王藻編
　清咸豐八年(1858)有嘉樹軒刻本　十冊

410000－2242－0004421　925.11/V.481A
壬癸志稿二十八卷　（清）錢寶琛輯　清光緒
六年(1880)存素堂刻本　四冊

410000－2242－0004422　925.11/V.481B
壬癸志稿二十八卷　（清）錢寶琛輯　清光緒
六年(1880)存素堂刻本　四冊

410000－2242－0004423　925.11/V.482
疑年錄四卷　（清）錢大昕編　續疑年錄四卷
　（清）吳修編　補疑年錄四卷　（清）錢椒編
　三續疑年錄十卷　（清）陸心源編　清光緒
刻本　六冊

410000－2242－0004424　925.11/W491/1
續疑年錄四卷　（清）吳修撰　清嘉慶二十三
年(1818)刻本　一冊

410000－2242－0004425　925.11/Y451
明鼎甲徵信錄八卷　（清）閻湘蕙編　清同治
三年(1864)刻本　四冊

410000－2242－0004426　S925.1101/C.238
春秋女譜不分卷　（清）常茂倈輯錄　清道光
三十年（1850）汴梁夷門常氏怡古堂刻本
一冊

410000－2242－0004427　925.1102/F187
方望溪平點史記四卷　（清）方苞撰　清光緒
二年至四年（1876－1878）武昌張氏刻本　一
冊　存三卷（二至四）

410000－2242－0004428　S925.1107/C523
建文遜國臣記八卷　（明）鄭曉撰　明嘉靖四
十五年（1566）刻本　二冊

410000－2242－0004429　925.1107/S837
明遺民錄四十八卷　孫靜庵撰　清宣統新中
華圖書館鉛印本　十二冊

410000－2242－0004430　925.1107/S916
小腆紀傳六十五卷　（清）徐鼒著　**補遺一卷**
（清）徐承禮撰　清光緒十三年（1887）刻本
十六冊

410000－2242－0004431　925.1107/S.337
東南紀事十二卷　（清）邵廷采撰　清光緒十
年（1884）邵武徐氏刻本　一冊

410000－2242－0004432　925.1107/W256
史外八卷　（清）汪有典撰　清光緒三年
（1877）刻本　八冊

410000－2242－0004433　925.1108/C318
章實齋先生遺書六卷附錄一卷　（清）章學誠
撰　清宣統二年（1910）鉛印本　四冊

410000－2242－0004434　925.1108/C753
國朝先正事略續編三十卷　（清）朱孔彰撰
清光緒二十六年（1900）石印本　一冊　存四
卷（一至四）

410000－2242－0004435　925.1108/D195
嘉慶丙子秋季縉紳不分卷　（□）□□編　清
刻本　四冊

410000－2242－0004436　925.1108/L344
鶴徵錄八卷首一卷　（清）李集輯　**鶴徵後錄**
十二卷首一卷　（清）李富孫　（清）李遇孫輯

清嘉慶刻本　六冊

410000－2242－0004437　925.1108/L347/1
國朝先正事略六十卷　（清）李元度撰　清光
緒二十六年（1900）兩儀堂刻本　二十四冊

410000－2242－0004438　925.1108/L347/2A
國朝先正事略六十卷　（清）李元度撰　清光
緒十三年（1887）點石齋刻本　八冊

410000－2242－0004439　925.1108/L347/2B
國朝先正事略六十卷　（清）李元度撰　清光
緒十三年（1887）點石齋刻本　八冊

410000－2242－0004440　925.1108/L347/3
國朝先正事略六十卷　（清）李元度撰　清光
緒二十七年（1901）詞源閣石印本　八冊

410000－2242－0004441　925.1108/L347/6
國朝先正事略六十卷目錄一卷　（清）李元度
撰　清光緒二十二年（1896）上文盛書局石印
本　七冊

410000－2242－0004442　925.1108/L347/8
國朝先正事略六十卷　（清）李元度撰　清光
緒二十八年（1902）仁昌成記石印本　二冊
存二十五卷（二十六至三十三、四十四至六十）

410000－2242－0004443　925.1108/L347/9
國朝耆獻類徵初編七百二十卷附國朝賢媛類
徵初編十二卷　（清）李桓輯　清光緒十年至
十六年（1884－1890）湘陰李氏刻本　三百冊

410000－2242－0004444　925.1108/L714
船山師友記十八卷首一卷　（清）羅正鈞撰
清光緒三十三年（1907）刻本　二冊　存三卷
（一至二、首一卷）

410000－2242－0004445　925.1108/P659/1
大清宣宗效天符運立中體正至文聖武智勇仁
慈勤儉孝敏成皇帝聖訓□□卷　（□）□□撰
清石印本　二冊　存十六卷（七十五至八
十二、九十七至一百○四）

410000－2242－0004446　925.1108/P659/2
咸豐戊午同年齒錄不分卷　（□）□□撰　清
刻本　三冊

410000－2242－0004447　925.1108/S667

[光緒二十一年]大清搢紳全書不分卷　（清）
松竹齋、榮寶齋編　清光緒二十一年(1895)
松竹齋、榮寶齋合刻本　四冊

410000－2242－0004448　925.1108/S835/2A
杞縣節孝錄一卷　（清）孫叔謙等編　清光緒
二十四年(1898)刻本　一冊

410000－2242－0004449　925.1108/S835/2B
杞縣節孝錄一卷　（清）孫叔謙等編　清光緒
二十四年(1898)刻本　一冊

410000－2242－0004450　925.1108/S839
烏喇紀游不分卷　（清）孫栓撰　清康熙二十
二年(1683)刻本　一冊

410000－2242－0004451　925.1108/V984
歷代儒學存真錄十卷　（清）田俶輯　清咸豐
七年(1857)晚悔書屋刻本　一冊　存四卷
(三至六)

410000－2242－0004452　925.1108/V.482A
碑傳集一百六十卷首二卷末二卷　（清）錢儀
吉纂錄　清光緒十九年(1893)江蘇書局刻本
六十冊

410000－2242－0004453　925.1108/V.482B
碑傳集一百六十卷首二卷末二卷　（清）錢儀
吉纂錄　清光緒十九年(1893)江蘇書局刻本
六十冊

410000－2242－0004454　925.1108/V.482C
碑傳集一百六十卷首二卷末二卷　（清）錢儀
吉纂錄　清光緒十九年(1893)江蘇書局刻本
六十冊

410000－2242－0004455　925.1108/V.482D
碑傳集一百六十卷首二卷末二卷　（清）錢儀
吉纂錄　清光緒十九年(1893)江蘇書局刻本
五十九冊

410000－2242－0004456　925.1108/V.482E
碑傳集一百六十卷首二卷末二卷　（清）錢儀
吉纂錄　清光緒十九年(1893)江蘇書局刻本
五十冊

410000－2242－0004457　925.1108/Y911
[光緒三十年]大清搢紳全書不分卷　（清）榮
錄堂編　清光緒三十年(1904)榮錄堂刻本
四冊

410000－2242－0004458　925.111/P659
都門彙纂一卷　（清）□□撰　清刻本　一冊

410000－2242－0004459　S925.111/T.256
忠孝節義錄不分卷　（明）陶溥等撰　（明）陶
漸逵等續　明絳州陶氏刻本　二冊

410000－2242－0004460　925.111/Y262
姚氏先德傳七卷　（清）姚瑩撰　清刻本　一
冊　存六卷(一至六)

410000－2242－0004461　925.112/C679
楚寶四十卷　（明）周聖楷輯　外篇五卷
（清）鄧顯鶴輯　清道光九年(1829)刻本　二
十冊

410000－2242－0004462　S925.112/H664
新鐫旁批詳註總斷廣名將譜二十卷　（明）黃
道周撰　明崇禎十六年(1643)刻本　二十冊

410000－2242－0004463　925.1121/S834
孟志編略五卷末一卷　（清）孫葆田撰　清光
緒十四年(1888)活字本　一冊

410000－2242－0004464　925.1121/T.226A
洛學編正編四卷　（清）湯斌輯　續編一卷
(清)尹會一輯　補編一卷　（清）郭程先輯
清光緒二年(1876)有不為齋刻本　二冊

410000－2242－0004465　925.1121/T.226B
洛學編正編四卷　（清）湯斌輯　續編一卷
(清)尹會一輯　清乾隆元年(1736)刻本
二冊

410000－2242－0004466　925.1121/V.275
洛學拾遺補編二卷　（清）曹肅孫輯　清同治
六年(1867)刻本　一冊

410000－2242－0004467　925.1121/W245
洛學拾遺二卷　（清）王滌心輯　清咸豐五年
(1855)刻本　一冊

410000－2242－0004468　925.11211/F332/1

關學編六卷 （明）馮從吾纂編 （清）王心敬補撰 清嘉慶七年(1802)刻本 二冊

410000－2242－0004469 925.11211/F332/2
關學編原編四卷首一卷 （明）馮從吾撰 續編三卷 （清）王爾緝等撰 清光緒十七年(1891)刻本 四冊

410000－2242－0004470 925.11211/K566
吳郡名賢圖傳讚二十卷 （清）顧沅輯 清道光刻本 八冊

410000－2242－0004471 925.11211/V.527
康熙己未詞科錄十二卷首一卷 （清）秦瀛輯 清光緒十四年(1888)刻本 十二冊

410000－2242－0004472 925.11211/Y211
豫章先賢九家年譜不分卷 （清）楊希閔編 清光緒四年(1878)刻本 八冊

410000－2242－0004473 925.1122/H718/1A
高僧傳初集十五卷首一卷 （南朝梁）釋慧皎撰 二集四十卷 （唐）釋道宣撰 三集三十卷首一卷 （宋）釋贊寧等撰 四集六卷 （明）釋如惺撰 清光緒十年至十八年(1884－1892)江北刻經處刻本 二十四冊

410000－2242－0004474 925.1122/H718/1B
高僧傳初集十五卷首一卷 （南朝梁）釋慧皎撰 清光緒十年(1884)金陵刻經處刻本 四冊

410000－2242－0004475 925.1122/H718/1C
高僧傳初集十五卷首一卷 （南朝梁）釋慧皎撰 二集四十卷 （唐）釋道宣撰 三集三十卷首一卷 （宋）釋贊寧等撰 清光緒十年至十三年(1884－1887)江北刻經處刻本 二十二冊

410000－2242－0004476 925.1122/H718/2
高僧傳初集十五卷首一卷 （南朝梁）釋慧皎撰 清光緒十年(1884)金陵刻經處刻本 二冊

410000－2242－0004477 951.00118/T.543/1C
二十四史二十四種 （漢）司馬遷等撰 清光緒十年(1884)同文書局石印本 七百十一冊

410000－2242－0004478 925.11231/C523
皇朝聖師考七卷首一卷 （清）鄭曉如撰 清同治八年(1869)華文堂刻本 四冊

410000－2242－0004479 925.11232/H.466
許榭政跡一卷 （清）許楣撰 清同治元年(1862)刻本 一冊

410000－2242－0004480 925.112323/C749/2
宋名臣言行錄前集十卷後集十四卷 （宋）朱熹撰 宋名臣言行錄續集八卷別集二十六卷外集十七卷 （宋）李幼武撰 清同治七年(1868)臨川桂氏刻本 十二冊

410000－2242－0004481 925.11232308/C.371
忠義紀聞錄三十卷 （清）陳繼聰編 清光緒八年(1882)刻本 八冊

410000－2242－0004482 925.11232308/V354
高風集二卷續一卷 （清）曾騄編 清光緒十二年(1886)刻本 一冊

410000－2242－0004483 925.112324/K.124
歷代奸庸殷鑒錄三十二卷 （清）開智書局輯 清光緒三十年(1904)博文書館石印本 八冊

410000－2242－0004484 925.11232408/C753/1
中興將帥別傳三十卷 （清）朱孔彰撰 清光緒二十三年(1897)刻本 十冊

410000－2242－0004485 925.11235/C.392
江表忠略二十卷 （清）陳澹然撰 清光緒二十八年(1902)刻本 七冊 存十七卷(一至十三、十七至二十)

410000－2242－0004486 925.1125/Y798/1A
疇人傳四十六卷 （清）阮元撰 續傳六卷 （清）羅士琳撰 清光緒八年(1882)海鹽張氏惺齋刻本 十一冊

410000－2242－0004487 925.1125/Y798/1B
疇人傳四十六卷 （清）阮元撰 續傳六卷 （清）羅士琳撰 清光緒八年(1882)海鹽張氏惺齋刻本 一冊 存三卷(五十至五十二)

410000－2242－0004488　925.1125/Y798/2

疇人傳四十六卷　（清）阮元撰　**續傳六卷**
（清）羅士琳撰　**三編七卷**　（清）諸可寶纂
清光緒二十二年（1896）錦章書局石印本
二冊

410000－2242－0004489　925.1127/P.354/1

**歷代畫史彙傳七十二卷首一卷目錄三卷附錄
二卷**　（清）彭蘊璨編　（清）邱步洲輯　清同
治十三年（1874）三楚耕餘堂邱氏刻本　三十
二冊

410000－2242－0004490　925.1127/P.354/6

**歷代畫史彙傳七十二卷首一卷目錄三卷附錄
二卷**　（清）彭蘊璨編　清光緒八年（1882）掃
葉山房刻本　二十四冊

410000－2242－0004491　925.1127/W498

古今楹聯彙刻小傳十二集首一集　（清）吳隱
輯　清光緒三十二年（1906）西泠印社石印本
二冊

410000－2242－0004492　925.1127/Y399/1

葉氏存古叢書三種　葉銘輯　清宣統二年
（1910）西泠印社鉛印本　八冊

410000－2242－0004493　925.1127/Y399/2

廣印人傳十六卷補遺一卷　葉銘輯　清宣統
二年（1910）西泠印社鉛印本　四冊

410000－2242－0004494　925.112708/C488

國朝書人輯略十一卷首一卷　（清）震鈞輯
清光緒三十四年（1908）刻本　八冊

410000－2242－0004495　925.112708/L347/1

甌鉢羅室書畫過目考四卷首一卷　（清）李玉
棻撰　清光緒二十三年（1897）京都興盛齋刻
本　四冊

410000－2242－0004496　925.1128/S.298

涵芬樓古今文鈔小傳四卷首一卷　（清）商務
印書館編譯所編　清宣統三年（1911）商務印
書館鉛印本　一冊

410000－2242－0004497　925.112808/C316A

國朝詩人徵略六十卷　（清）張維屏輯　清嘉
慶刻本　八冊

410000－2242－0004498　925.112808/C316B

國朝詩人徵略六十卷　（清）張維屏輯　清嘉
慶刻本　十冊

410000－2242－0004499　925.1201/Y442A

晏子春秋七卷附校勘二卷音義二卷　（□）
□□編　清光緒元年（1875）浙江書局刻本
四冊

410000－2242－0004500　925.1202/C782/1

忠武誌八卷　（清）張鵬翮輯　清康熙刻本
八冊

410000－2242－0004501　925.1202/C782/2A

忠武誌八卷　（清）張鵬翮輯　**臥龍崗志二卷**
（清）羅景輯　清同治八年（1869）刻本
十冊

410000－2242－0004502　925.1202/C782/2B

忠武誌八卷　（清）張鵬翮輯　**臥龍崗志二卷**
（清）羅景輯　清康熙冰雪堂刻本　六冊

410000－2242－0004503　925.1202/C782/2C

忠武誌八卷　（清）張鵬翮輯　**臥龍崗志二卷**
（清）羅景輯　清康熙刻本　十冊

410000－2242－0004504　925.1204/C278A

張中丞事實集錄三卷首一卷　（清）王德茂編
清光緒九年（1883）刻本　二冊

410000－2242－0004505　925.1204/C278B

張中丞事實集錄三卷首一卷　（清）王德茂編
清道光二十年（1840）刻本　一冊

410000－2242－0004506　925.1204/W326

魏鄭公文集三卷詩集一卷　（唐）魏徵撰　**諫
錄五卷**　（唐）魏徵撰　（唐）王方慶輯　**諫續
錄一卷**　（唐）魏徵撰　（元）翟思忠輯　清光
緒刻本　二冊

410000－2242－0004507　925.1205/C749/1A

朱子年譜四卷　（清）王懋竑纂定　清白田草
堂刻本　二冊

410000－2242－0004508　925.1205/H499

胡少師年譜二卷　（清）胡培翬原輯　（清）胡

209

培系補編　清光緒八年(1882)續溪胡氏刻本
　一冊

410000－2242－0004509　925.1207/C669
周文襄公年譜一卷附錄一卷校勘記一卷　（明）
周仁俊編　清光緒十五年(1889)刻本　二冊

410000－2242－0004510　925.1207/C771A
建文年譜四卷　（明）趙士喆纂修　清道光二
十九年(1849)味塵軒木活字本　四冊

410000－2242－0004511　925.1207/C771B
建文年譜四卷　（明）趙士喆纂修　清咸豐四
年(1854)習勤堂刻本　三冊

410000－2242－0004512　925.1207/H657
忠節紀略八卷續編一卷　（清）柯自遂輯　清
同治十年(1871)黃氏宗祠刻本　二冊

410000－2242－0004513　925.1207/H664
黃忠端公年譜四卷補遺一卷　（明）莊起儔編
　清道光九年(1829)刻本　二冊

410000－2242－0004514　925.1207/S464A
薛文清公年譜一卷　（明）楊鶴編　清康熙刻
本　一冊

410000－2242－0004515　925.1207/S464B
薛文清公年譜一卷　（明）楊鶴編　清康熙刻
本　一冊

410000－2242－0004516　925.1208/C291/1
張制軍年譜二卷附行狀一卷　（清）林紹年輯
　清光緒三十一年(1905)刻本　二冊

410000－2242－0004517　925.1208/C671A
周漁潢先生年譜一卷　（清）陳田編　清光緒
聽詩齋刻本　一冊

410000－2242－0004518　925.1208/C671B
周漁潢先生年譜一卷　（清）陳田編　清光緒
聽詩齋刻本　一冊

410000－2242－0004519　925.1208/C.514
愓盦年譜一卷附適齋詩集四卷　（清）崇實撰
　清光緒三年(1877)煥文齋刻本　二冊

410000－2242－0004520　925.1208/H179

旌孝錄四卷首一卷　（清）韓明烺編　清咸豐
九年(1859)刻本　四冊

410000－2242－0004521　925.1208/K566/1
顧亭林先生年譜一卷　（清）張穆編　清道光
二十四年(1844)刻本　一冊

410000－2242－0004522　925.1208/K566/2A
顧亭林先生年譜一卷附閻潛丘先生年譜一卷
　（清）張穆編　清道光二十七年(1847)壽陽
祁氏刻本　二冊

410000－2242－0004523　925.1208/K566/2B
顧亭林先生年譜一卷附閻潛丘先生年譜一卷
　（清）張穆編　清道光二十七年(1847)壽陽
祁氏刻本　二冊

410000－2242－0004524　925.1208/L328
李恕谷先生年譜五卷　（清）馮辰纂　清道光
十六年(1836)刻本　二冊

410000－2242－0004525　S951.0014/L345/1
歷代小史一百〇六卷　（明）李栻輯　明萬曆
李栻刻本　一冊　存十卷(十二至二十一)

410000－2242－0004526　925.1208/L428
詒煒集五卷　（清）許振褘編　清光緒十八年
(1892)東河節署刻本　一冊

410000－2242－0004527　925.1208/L714
羅忠節公年譜二卷　（□）□□編　清同治二
年(1863)刻本　一冊

410000－2242－0004528　925.1208/L746
陸清獻公菑嘉遺蹟三卷　（清）黃維玉編輯
清同治六年(1867)上海道署刻本　一冊

410000－2242－0004529　925.1208/L791
陸清獻公年譜一卷　（清）吳光酉編　清同治
七年(1868)武林薇署刻本　一冊

410000－2242－0004530　925.1208/M579
繆樹本事略一卷　（清）繆鍾洛　（清）繆鍾渭
編　清光緒三十年(1904)刻本　一冊

410000－2242－0004531　925.1208/P.478
潘文勤公年譜一卷　（清）潘祖年編　清刻本
　一冊

410000－2242－0004532　925.1208/S436

質齋先生年譜一卷　（清）王其慎編輯　清刻本　一冊

410000－2242－0004533　925.1208/S.157

舜山是仲明先生年譜一卷　（清）張敬立編　清光緒刻本　一冊

410000－2242－0004534　925.1208/S.433

沈端恪公年譜二卷　（清）沈曰富纂　清同治十二年(1873)浙江書局刻本　一冊

410000－2242－0004535　925.1208/T574

還讀我書室老人手訂年譜二卷　（清）董恂撰　清光緒刻本　二冊

410000－2242－0004536　925.1208/T.452

蒙齋年譜一卷　（清）田雯編　清刻本　一冊

410000－2242－0004537　925.1208/V354

曾忠襄公年譜四卷　（清）王定安　（清）蕭榮爵編　清光緒二十九年(1903)刻本　二冊

410000－2242－0004538　925.1208/V681

左文襄公年譜十卷　（清）羅正鈞纂　清光緒二十三年(1897)湘陰左氏刻本　十冊

410000－2242－0004539　925.1208/V.481A

頤壽老人年譜二卷　（清）錢寶琛訂　清同治八年(1869)刻本　一冊

410000－2242－0004540　925.1208/V.481B

頤壽老人年譜二卷　（清）錢寶琛訂　清同治八年(1869)刻本　一冊

410000－2242－0004541　925.1208/V.482

錢警石年譜一卷　（清）錢應溥編　邠農偶吟稿一卷　（清）錢炳森撰　清同治十一年(1872)刻本　一冊

410000－2242－0004542　925.1208/W227

王船山年譜二卷　（清）劉毓崧編　清光緒十二年(1886)江南書局刻本　二冊

410000－2242－0004543　925.1208/W243

王蘭史先生自訂年譜一卷　（清）王錫九撰　清光緒十七年(1891)刻本　一冊

410000－2242－0004544　925.1208/W244/1

漁洋山人自撰年譜二卷　（清）王士禎撰　（清）惠棟補註　清紅豆齋刻本　一冊

410000－2242－0004545　925.1208/W244/2

樓山省身錄六卷　（清）王恕編　清宣統三年(1911)鉛印本　二冊

410000－2242－0004546　925.1208/W254

汪雙池先生年譜四卷　（清）余龍光編　清同治五年(1866)刻本　二冊

410000－2242－0004547　925.1208/Y449

閻潛丘先生年譜一卷　（清）張穆編　清道光二十七年(1847)壽陽祁氏刻本　一冊

410000－2242－0004548　951.0014/L571

南天痕二十六卷　（□）凌雪纂修　清宣統二年(1910)復古社鉛印本　六冊

410000－2242－0004549　925.1221/K.351

孔子編年四卷附孟子編年四卷　（清）狄子奇編　清光緒十三年(1887)浙江書局刻本　二冊

410000－2242－0004550　925.12232408/V354

求闕齋弟子記三十二卷　（清）王定安撰　清光緒二年(1876)刻本　十六冊

410000－2242－0004551　925.18/C522

鄭氏家乘一卷　（清）鄭蕃輯　清康熙刻本　一冊

410000－2242－0004552　925.18/H.581/2

新纂氏族箋釋八卷　（清）熊峻運撰　清刻本　一冊　存一卷(二)

410000－2242－0004553　S925.18/L571

萬姓統譜一百四十卷附歷代帝王姓系統譜六卷氏族博考十四卷　（明）凌迪知撰　明萬曆七年(1579)刻本　四十冊

410000－2242－0004554　925.18/L796

定興鹿氏二續譜十五卷　（清）鹿傳霖輯　清光緒二十三年(1897)刻本　十冊

410000－2242－0004555　925.18/S434

歷代名賢列女氏姓譜一百五十七卷　（清）蕭智漢纂輯　清乾隆五十七年(1792)聽濤山房刻本　一百十七冊

410000－2242－0004556　925.18/W232/3

正定王氏家傳六卷　（清）王耕心撰　清光緒十九年(1893)刻本　一冊

410000－2242－0004557　930/K211

萬國史記二十卷　（日本）岡本監輔撰　清光緒二十七年(1901)同文信記書局石印本　五冊　存八卷(三至七、十八至二十)

410000－2242－0004558　930/L537

埏紘外乘二十五卷　（美國）林樂知譯　（清）嚴良勳譯　補遺一卷　（美國）衛理口譯（清）汪振聲筆述　清光緒二十七年(1901)上海製造局刻本　八冊

410000－2242－0004559　930/S471

萬國通鑑四卷附地圖一卷　（美國）謝衛樓撰（清）趙如光筆述　清光緒八年(1882)刻本六冊

410000－2242－0004560　931/L339

萬國通史前編十卷　（英國）李思倫白輯譯（清）蔡爾康記述　清光緒二十六年(1900)廣學會鉛印本　十冊

410000－2242－0004561　940/Y127

泰西十八周史攬要十二卷　（英國）雅各偉德撰　（英國）季理斐成章譯　（清）李鼎星述稿　清光緒二十八年(1902)商務印書館鉛印本三冊

410000－2242－0004562　940.2/M124A

泰西新史攬要二十四卷　（英國）馬懇西撰（英國）李提摩太譯　清光緒二十一年(1895)美華書館鉛印本　八冊

410000－2242－0004563　940.2/M124B

泰西新史攬要二十四卷　（英國）馬懇西撰（英國）李提摩太譯　清光緒二十一年(1895)美華書館鉛印本　八冊

410000－2242－0004564　940.2/M124C

節本泰西新史攬要八卷　（英國）馬懇西撰（英國）李提摩太譯　（清）周慶雲節錄　清光緒二十七年(1901)夢坡室刻本　二冊

410000－2242－0004565　940.27/C314

普法戰紀二十卷　（清）張宗良口譯　（清）王韜撰輯　清光緒二十一年(1895)弢園王氏活字本　九冊　存十八卷(一至十八)

410000－2242－0004566　940.4/W244

歐洲列國戰事本末二十二卷　王樹枏撰　清光緒二十九年(1903)陝西官運書局石印本六冊

410000－2242－0004567　943/S468/1－1

德國新制紀要一卷檀香山群島志一卷墨西哥述畧一卷　（清）謝希傅纂撰　清鉛印本二冊

410000－2242－0004568　945.08/S667

意大利獨立史不分卷　（日本）松井廣吉撰（清）張仁普譯　清光緒二十八年(1902)鉛印本　一冊

410000－2242－0004569　950/P659

陸軍中學堂東洋各國歷史課本二編　（清）□□撰　清鉛印本　二冊

410000－2242－0004570　951.001/C122/2

支那通史七卷　（日本）那珂通世編　清光緒二十七年(1901)東文學社石印本　三冊　存三卷(一至三)

410000－2242－0004571　951.01/C316

校刊史記集解索隱正義札記五卷　（清）張文虎撰　清同治十一年(1872)金陵書局刻本二冊

410000－2242－0004572　951.001/L359

歷代史略六卷　（清）□□撰　清江楚書局刻本　八冊

410000－2242－0004573　951.01/L428/1

史記志疑三十六卷　（清）梁玉繩撰　補遺一卷　（清）梁學昌編　清乾隆刻本　十二冊

410000－2242－0004574　951.01/L428/3

史記志疑三十六卷 （清）梁玉繩撰 清光緒十三年(1887)廣雅書局刻本 六冊 存二十四卷(五至七、十六至三十六)

410000－2242－0004575 951.01/L571

史記評林一百三十卷 （明）凌稚隆輯 明刻本 十一冊

410000－2242－0004576 S951.01/L571/1

史記評林一百三十卷 （明）凌稚隆輯 明萬曆刻本 十一冊 存三十九卷(九至十六、三十四至四十九、五十六至六十六、七十至七十三)

410000－2242－0004577 S951.01/S123

史記一百三十卷 （漢）司馬遷撰 （南朝宋）裴駰集解 （唐）司馬貞索隱 （唐）張守節正義 明萬曆二十四年(1596)刻本 九冊 存九十卷(三十一至三十三、三十七至四十、四十八至一百三十)

410000－2242－0004578 951.01/S123/1

史記一百三十卷 （漢）司馬遷撰 清光緒十四年(1888)上海圖書集成印書局石印本 十六冊

410000－2242－0004579 951.01/S123/3

史記一百三十卷 （漢）司馬遷撰 清光緒二十九年(1903)五洲同文局石印本 二十五冊

410000－2242－0004580 951.01/S123/5A

史記一百三十卷 （漢）司馬遷撰 （清）歸有光評點 方望溪評點史記四卷 （清）方苞評點 清光緒二年(1876)武昌張氏刻本 三十冊

410000－2242－0004581 951.01/S123/5B

史記一百三十卷 （漢）司馬遷撰 （清）歸有光評點 方望溪評點史記四卷 （清）方苞評點 清光緒二年(1876)武昌張氏刻本 二十冊

410000－2242－0004582 951.01/S123/6A

史記一百三十卷 （漢）司馬遷撰 清光緒十四年(1888)上海圖書集成印書局鉛印本 十六冊

410000－2242－0004583 951.01/S123/6B

史記一百三十卷 （漢）司馬遷撰 清光緒十四年(1888)上海圖書集成印書局鉛印本 十六冊

410000－2242－0004584 951.01/S123/12

史記一百三十卷 （漢）司馬遷撰 清同治十一年(1872)成都書局刻本 二十六冊

410000－2242－0004585 951.01/S123/13

史記一百三十卷 （漢）司馬遷撰 清光緒三十一年(1905)久敬齋石印本 八冊

410000－2242－0004586 951.01/S123/14

史記一百三十卷 （漢）司馬遷撰 清光緒二十四年(1898)祥記書莊石印本 八冊

410000－2242－0004587 S951.01/S123/17

史記一百三十卷 （漢）司馬遷撰 明末陳仁錫刻本 二十六冊

410000－2242－0004588 951.01/S123/19

史記索隱三十卷 （漢）司馬貞撰 明毛氏汲古閣刻本 二冊

410000－2242－0004589 S951.01/S735

重訂古史全本六十卷 （宋）蘇轍撰 （明）吳弘基 （明）吳思穆訂 明萬曆四十年(1612)刻本 二十四冊

410000－2242－0004590 951.001/V.482

諸史拾遺五卷 （清）錢大昕撰 清嘉慶十二年(1807)嘉興郡齋刻本 二冊

410000－2242－0004591 951.1023/L649

歷代黃河變遷圖考四卷 （清）劉鶚撰 清光緒十九年(1893)袖海山房石印本 四冊

410000－2242－0004592 951.11/H662

[同治]畿輔通誌三百卷 （清）李鴻章修 （清）黃彭年等纂 清光緒十年(1884)刻本 二百三十九冊

410000－2242－0004593 S951.011/L715

路史前紀九卷後紀十四卷國名紀十一卷發揮六卷餘論十卷 （宋）羅泌撰 明天啟六年(1626)五桂堂刻本 十五冊 存三十七卷

(前紀九卷,後紀一至九、十一至十三,國名紀丙、戊、己、信,發揮一至二,餘論十卷)

410000－2242－0004594　951.112201/S916
[光緒]重修天津府誌五十四卷首一卷　（清）沈家本監修　（清）徐宗亮等纂修　清光緒二十四年(1898)刻本　二十八冊

410000－2242－0004595　S951.112203/C753
[乾隆]天津縣誌二十四卷　（清）朱奎揚（清）張志奇修　（清）吳廷華纂　清乾隆四年(1739)刻本　八冊

410000－2242－0004596　951.112239/Y628
[光緒]永平府志七十二卷首一卷末一卷（清）游智開修　（清）史夢蘭纂　清光緒五年(1879)敬勝書院刻本　八冊　存十九卷(十七至三十五)

410000－2242－0004597　951.112241/H185
[同治]遷安縣志十八卷首一卷末一卷　（清）游智開修　（清）韓耀光等纂　清同治十二年(1873)文峰書院刻本　八冊

410000 － 2242 － 0004598　951.112261/N.311A
[光緒]豐潤縣志十二卷　（清）牛昶煦等纂輯　清光緒十四年(1888)刻本　十二冊

410000－2242－0004599　951.112455/C679
[道光]南宮縣志十六卷　（清）周栻修（清）陳柱纂　清道光十年(1830)刻本　八冊

410000－2242－0004600　951.112457/C383
[光緒]新河縣誌十六卷　（清）趙鴻鈞等修（清）沈家煥編纂　清光緒二年(1876)刻本　四冊

410000－2242－0004601　951.113/C286/1
[光緒]山西通志一百八十四卷首一卷　（清）張煦修　（清）王軒等纂　清光緒十八年(1892)刻本　九十四冊

410000－2242－0004602　951.113/C286/2
[光緒]山西通志一百八十四卷首一卷　（清）張煦等修　（清）王軒等纂　清光緒十八年

(1892)刻本　四十七冊　存九十一卷(二十七至三十六、五十六至一百〇二、一百三十六至一百五十二、一百六十八至一百八十四)

410000－2242－0004603　951.113/D486
[雍正]山西通志一百八十二卷　（清）覺羅石麟等修　（清）儲大文纂修　清嘉慶十六年(1811)衡齡校刻本　九十八冊

410000－2242－0004604　951.113/Y127
山西志輯要十卷首一卷　（清）雅德編　清乾隆四十五年(1780)刻本　六冊　存六卷(一、六至十)

410000－2242－0004605　S951.113/Y127/1
[乾隆]山西志輯要十卷首一卷　（清）雅德修　（清）汪直纂本　清乾隆四十五年(1780)刻本　十冊

410000－2242－0004606　951.113131/S913A
[嘉慶]介休縣志十四卷　（清）徐品山（清）陸元鏸纂修　清嘉慶二十四年(1819)刻本　八冊

410000－2242－0004607　951.113131/S913B
[嘉慶]介休縣志十四卷　（清）徐品山（清）陸元鏸纂修　清嘉慶二十四年(1819)刻本　二冊　存四卷(八至十一)

410000－2242－0004608　951.1131813/D425
[乾隆]平定州志十卷圖一卷　（清）金明源修（清）寶忻　（清）張培芳纂　清乾隆五十五年(1790)湧雲樓刻本　四冊　存五卷(六至十)

410000－2242－0004609　951.113187/M122
[光緒]壽陽縣志十三卷首一卷　（清）馬家鼎等修　（清）張嘉言等纂　清光緒十六年(1890)壽陽知縣陳守中刻本　六冊

410000－2242－0004610　951.113243/S828
[光緒]五臺新志四卷首一卷　（清）孫汝明等修　清光緒九年(1883)刻本　四冊

410000－2242－0004611　S951.1163/L659
襄城文獻錄二十卷　（清）劉宗泗輯　清乾隆

二十年(1755)刻本　二冊　存五卷(四至八)

410000－2242－0004612　951.00118/C391
吳志二十卷　(晉)陳壽撰　清末珂羅版印本
一冊

410000－2242－0004613　951.00118/L318
四字鑒引八卷　(清)李正中編釋　清嘉慶刻
本　八冊

410000－2242－0004614　951.00118/T.543/1A
二十四史二十四種　(漢)司馬遷等撰　清光
緒十年(1884)同文書局石印本　七百十一冊

410000－2242－0004615　951.00118/T.543/2
二十四史二十四種　(漢)司馬遷等撰　清光
緒二十九年(1903)五洲同文局石印本　七百
十冊

410000－2242－0004616　S951.00118/T.543/3
二十四史二十四種　(漢)司馬遷等撰　清同
治八年(1869)廣東菥古堂刻本　八百五十冊

410000－2242－0004617　951.0012/C313A
御撰資治通鑑綱目三編四卷　(清)張廷玉編
清光緒十三年(1887)點石齋石印本　二冊

410000－2242－0004618　951.0012/C313B
御撰資治通鑑綱目三編四卷　(清)張廷玉編
清光緒十三年(1887)點石齋石印本　一冊
存二卷(一至二)

410000－2242－0004619　951.0012/C313C
御撰資治通鑑綱目三編四卷　(清)張廷玉編
清光緒石印本　二冊

410000－2242－0004620　951.0012/C313D
御撰資治通鑑綱目三編二十卷　(清)張廷玉
編　清乾隆十一年(1746)刻本　六冊

410000－2242－0004621　951.0012/C313E
御撰資治通鑑綱目三編二十卷　(清)張廷玉
編　清乾隆十一年(1746)刻本　六冊

410000－2242－0004622　951.0012/C313/1
御撰資治通鑑綱目三編二十卷　(清)張廷玉
編　清乾隆十一年(1746)刻本　八冊

410000－2242－0004623　951.0012/C521
續史學提要箋釋四卷　(清)鄭機度撰　清咸
豐師竹齋刻本　二冊

410000－2242－0004624　951.0012/C749
資治通鑑綱目前編十八卷首一卷　(宋)金履
祥撰　**資治通鑑綱目五十九卷首一卷**　(宋)
朱熹撰　**續資治通鑑綱目二十七卷**　(明)商
輅撰　**資治通鑑綱目三編四十卷**　(清)朱珪
撰　清光緒五至七年(1879－1881)山東書局
刻本　一百三十四冊

410000－2242－0004625　951.0012/C749/1
資治通鑑綱目前編二十五卷　(明)南軒撰
資治通鑑綱目五十九卷　(宋)朱熹撰　**續資
治通鑑綱目二十七卷**　(明)商輅撰　清康熙
四十年(1701)刻本　一百二十冊

410000－2242－0004626　951.0012/C749/2
資治通鑑綱目前編二十五卷　(明)南軒撰
資治通鑑綱目五十九卷　(宋)朱熹撰　**續資
治通鑑綱目二十七卷**　(明)商輅撰　清嘉慶
十三年(1808)刻本　一百二十冊

410000－2242－0004627　951.0012/C749/3
資治通鑑綱目前編二十五卷　(明)南軒撰
資治通鑑綱目五十九卷　(宋)朱熹撰　**續資
治通鑑綱目二十七卷末一卷**　(明)商輅撰
資治通鑑綱目三編二十卷　(清)張廷玉撰
清初刻本　一百二十六冊

410000－2242－0004628　S951.0012/C749/4
資治通鑑綱目五十九卷　(宋)朱熹撰　(明)
陳仁錫評閱　明崇禎長洲陳氏刻本　六十
九冊

410000－2242－0004629　S951.0012/C749/5
資治通鑑綱目五十九卷　(宋)朱熹撰　明嘉
靖刻本　六冊　存六卷(三十六至四十一)

410000－2242－0004630　S951.0012/C749/6
資治通鑑綱目五十九卷　(宋)朱熹撰　(明)
陳仁錫評閱　明末郁郁堂刻本　三冊　存三
卷(二十九至三十一)

410000－2242－0004631　951.0012/C.374

215

竹書紀年集證五十卷 （清）陳逢衡撰 清嘉慶十八年（1813）哀露軒刻本 十六冊

410000－2242－0004632 951.0012/C.391/1
竹書紀年集註二卷 （清）陳詩集註 清嘉慶十年（1805）刻本 二冊

410000－2242－0004633 951.0012/F537/1A
御批歷代通鑑輯覽一百二十卷 （清）傅恆等編 清光緒三十年（1904）商務鉛印本 二十四冊

410000－2242－0004634 951.0012/F537/1B
御批歷代通鑑輯覽一百二十卷 （清）傅恆等編 清光緒三十年（1904）商務鉛印本 三十九冊

410000－2242－0004635 951.0012/F537/1C
御批歷代通鑑輯覽一百二十卷 （清）傅恆等編 清光緒三十年（1904）商務鉛印本 三十六冊

410000－2242－0004636 951.0012/F537/2
御批歷代通鑑輯覽一百二十卷 （清）傅恆等編 清光緒九年（1883）同文書局石印本 十六冊

410000－2242－0004637 951.0012/F537/4A
御批歷代通鑑輯覽一百二十卷 （清）傅恆等編 清同治十三年（1874）湖南書局刻本 五十九冊

410000－2242－0004638 951.0012/F537/4B
御批歷代通鑑輯覽一百二十卷 （清）傅恆等編 清同治十三年（1874）湖南書局刻本 二十三冊 存四十五卷（一至二、六至二十、五十三至六十四、一百五至一百二十）

410000－2242－0004639 951.0012/H499A
資治通鑑釋文辯誤十二卷 （元）胡三省撰 清光緒十六年（1890）上海積山書局石印本 一冊

410000－2242－0004640 951.0012/H499B
資治通鑑釋文辯誤十二卷 （元）胡三省撰 清光緒十六年（1890）上海積山書局石印本 一冊

410000－2242－0004641 951.0012/H.158/1
明通鑑前編四卷正編九十卷坿編六卷首一卷 （清）夏燮編輯 清光緒二十六年（1900）掃葉山房石印本 十六冊

410000－2242－0004642 951.0012/H.158/2
明通鑑前編四卷正編九十卷坿編六卷 （清）夏燮編輯 清光緒二十九年（1903）點石齋書局石印本 十六冊

410000－2242－0004643 S951.0012/H.525
御批資治通鑑綱目五十九卷前編十八卷首一卷舉要三卷外紀一卷續編二十七卷 （宋）朱熹 （明）商輅撰 （清）聖祖玄燁批 清康熙四十六年（1707）宋犖刻本 五十冊

410000－2242－0004644 951.0012/H.525/1A
御批資治通鑑綱目五十九卷首一卷前編十八卷外紀一卷舉要三卷續編二十七卷首一卷 （清）聖祖玄燁批 清康熙刻本 五十冊

410000－2242－0004645 951.0012/H.525/1B
御批資治通鑑綱目五十九卷首一卷前編十八卷外紀一卷舉要三卷續編二十七卷首一卷 （清）聖祖玄燁批 清康熙刻本 五十冊

410000－2242－0004646 951.0012/H.525/2
御批資治通鑑綱目五十九卷首一卷前編十八卷外紀一卷舉要三卷續編二十七卷首一卷 （清）聖祖玄燁批 清光緒二十八年（1902）上海經香閣石印本 十六冊

410000－2242－0004647 951.0012/K564
資治通鑑刊本識誤三卷 （清）張敦仁撰 清光緒十二年（1886）新陽趙氏刻本 三冊

410000－2242－0004648 951.0012/K.524A
鑑撮四卷附讀史論略一卷 （清）曠敏本編 清同治十三年（1874）二酉齋刻本 五冊

410000－2242－0004649 951.0012/K.524B
鑑撮四卷附讀史論略一卷 （清）曠敏本編 清同治十三年（1874）二酉齋刻本 五冊

410000 – 2242 – 0004650　951.0012/L343

續資治通鑑長編五百二十卷　（宋）李燾撰
清光緒七年（1881）浙江書局刻本　一百〇
八冊

410000 – 2242 – 0004651　S951.0012/L343/1

續資治通鑑長編五百二十卷目錄二卷　（宋）
李燾撰　清嘉慶二十年（1815）海虞張氏愛日
精廬活字本　一百二十冊

410000 – 2242 – 0004652　951.0012/L656/2

資治通鑑外紀十卷目錄五卷釋文辨誤十二卷
　（宋）劉恕編集　（元）胡三省輯　清嘉慶十
六年（1811）刻本　七冊

410000 – 2242 – 0004653　951.0012/L656/3A

資治通鑑外紀十卷目錄五卷　（宋）劉恕編集
　（清）胡克家注補　清同治十年（1871）江蘇
書局刻本　十冊

410000 – 2242 – 0004654　951.0012/L656/3B

資治通鑑外紀十卷目錄五卷　（宋）劉恕編集
　（清）胡克家注補　清同治十年（1871）江蘇
書局刻本　十冊

410000 – 2242 – 0004655　912/H497/1E

**皇朝中外壹統輿圖中一卷南十卷北二十卷首
一卷**　（清）胡林翼　（清）嚴樹森主持
（清）鄒世詒　（清）晏啟鎮編繪　清同治二年
（1863）刻本　十六冊

410000 – 2242 – 0004656　341.5/F538B

各國交涉便法論六卷　（英國）傅蘭雅譯
（英國）費利摩羅巴德撰　清江南制造總局鉛
印本　六冊

410000 – 2242 – 0004657　951.0012/L656/4A

資治通鑑外紀十卷　（宋）劉恕編集　（清）胡
克家注補　清光緒十六年（1890）上海積山書
局石印本　一冊

410000 – 2242 – 0004658　951.0012/L656/4B

資治通鑑外紀十卷　（宋）劉恕編集　（清）胡
克家注補　清光緒十六年（1890）上海積山書
局石印本　一冊

410000 – 2242 – 0004659　S951.0012/N175

資治通鑑綱目前編二十五卷　（明）南軒撰
（明）陳仁錫評閱　明崇禎長洲陳氏刻本
八冊

410000 – 2242 – 0004660　951.0012/P395/1

續資治通鑑二百二十卷　（清）畢沅編　清同
治八年（1869）江蘇書局刻本　六十四冊

410000 – 2242 – 0004661　951.0012/P395/1A

續資治通鑑二百二十卷　（清）畢沅編　清同
治八年（1869）江蘇書局刻本　六十冊

410000 – 2242 – 0004662　327.311/L347/1B

［光緒二年至光緒七年］西國近事彙編□□卷
　（清）上海機器製造局編　清光緒二年至七
年（1876 – 1881）上海機器製造局鉛印本　十
四冊　存十四卷（光緒二年至三年、六年各四
卷、七年三至四）

410000 – 2242 – 0004663　951.0012/P395/1C

續資治通鑑二百二十卷　（清）畢沅編　清同
治八年（1869）江蘇書局刻本　六十冊

410000 – 2242 – 0004664　951.0012/P395/2

續資治通鑑二百二十卷　（清）畢沅編　清光
緒二十四年（1898）上海積山書局石印本　二
十二冊

410000 – 2242 – 0004665　951.0012/P395/3

續資治通鑑二百二十卷　（清）畢沅編　清光
緒十四年（1888）上海蜚英館石印本　二十冊

410000 – 2242 – 0004666　951.0012/P395/4

續資治通鑑二百二十卷　（清）畢沅編　清光
緒二十五年（1899）蜚英館石印本　三十冊

410000 – 2242 – 0004667　951.0012/P659

綱鑑擇語十卷　（清）司徒修撰　清刻本　一
冊　存一卷（六）

410000 – 2242 – 0004668　S951.0012/S123

資治通鑑目錄三十卷　（宋）司馬光撰　明刻
本　五冊　存十二卷（十至二十一）

410000 – 2242 – 0004669　951.0012/S123/4

資治通鑑注二百九十四卷附釋文辨誤十二卷

（宋）司馬光編　（元）胡三省音注　清同治
十年（1871）崇文書局刻本　八十四冊

410000－2242－0004670　951.0012/S123/4A
資治通鑑注二百九十四卷附釋文辯誤十二卷
　（宋）司馬光編　（元）胡三省音注　清同治
十年（1871）崇文書局刻本　五十七冊

410000－2242－0004671　951.0012/S123/4B
資治通鑑注二百九十四卷附釋文辨誤十二卷
　（宋）司馬光編　（元）胡三省音注　清同治
十年（1871）崇文書局刻本　二十冊

410000－2242－0004672　951.0012/S123/7
資治通鑑二百九十四卷　（宋）司馬光撰　清
光緒十四年（1888）長沙楊氏刻本　六十九冊

410000－2242－0004673　951.0012/S123/8
資治通鑑二百九十四卷　（宋）司馬光撰　清
光緒十四年（1888）刻本　二十二冊　存八十
九卷（六十至六十五、一百十二至一百九十
一，目錄十三至十五）

410000－2242－0004674　951.0012/S123/9
兩朝御批資治通鑑二百九十四卷　（宋）司馬
光撰　清光緒二十九年（1903）廣學書局刻本
八十冊

410000－2242－0004675　327.9434/S916A
通商約章類纂三十五卷　（清）徐宗亮編　清
光緒刻本　六冊　存九卷（二十二至三十）

410000－2242－0004676　951.0012/S123/13
資治通鑑二百九十四卷　（宋）司馬光撰
（元）胡三省音注　清光緒二十四年（1898）積
山書局石印本　十九冊　存一百八十六卷
（一至二十、三十一至一百、一百二十一至一
百三十、一百四十一至一百七十、一百八十一
至一百九十、二百三十一至二百四十、二百五
十至二百五十八、二百六十八至二百九十四）

410000－2242－0004677　951.0012/S123/15
資治通鑑目錄三十卷　（宋）司馬光撰　清刻
本　十五冊

410000－2242－0004678　951.0012/S123/18

資治通鑑目錄三十卷　（宋）司馬光撰　清光
緒十七年（1891）刻本　九冊

410000－2242－0004679　925.1205/C749/1B
朱子年譜四卷考異四卷附錄二卷校勘記二卷
　（清）王懋竑纂訂　清光緒九年（1883）武昌
書局刻本　四冊

410000－2242－0004680　951.0012/S123/19
資治通鑑目錄三十卷　（宋）司馬光撰　清同
治八年（1869）江蘇書局刻本　八冊

410000－2242－0004681　951.0012/S123/20
資治通鑑考異三十卷　（宋）司馬光撰　清光
緒十四年（1888）刻本　十冊

410000－2242－0004682　951.0012/S123/21
司馬溫公稽古錄二十卷　（宋）司馬光撰　清
同治十一年（1872）崇文書局刻本　四冊

410000－2242－0004683　951.0012/S123/22
稽古錄二十卷　（宋）司馬光撰　清光緒九年
（1883）解梁書院刻本　四冊

410000－2242－0004684　S951.0012/S466
甲子會紀五卷　（明）薛應旂撰　（明）陳仁錫
評閱　明陳仁錫刻本　四冊

410000－2242－0004685　951.0012/S895/1
資治通鑑後編一百八十四卷附校勘記十五卷
　（清）徐乾學編　（清）夏震武校　清光緒二
十四年（1898）富陽夏氏刻本　五十二冊

410000－2242－0004686　951.0012/S895/1
資治通鑑後編一百八十四卷　（清）徐乾學編
　（清）夏震武校　清光緒富陽夏氏刻本　一
百二十冊

410000－2242－0004687　951.0012/S917
竹書紀年統箋十二卷附雜述一卷前編一卷
（清）徐文靖統箋　（南朝梁）沈約附注　清光
緒三年（1877）浙江書局徐氏刻本　四冊

410000－2242－0004688　951.0012/S917A
竹書紀年統箋十二卷附雜述一卷前編一卷
（清）徐文靖統箋　（南朝梁）沈約附注　清
緒三年（1877）浙江書局徐氏刻本　四冊

410000 - 2242 - 0004689　951.0012/S917B

竹書紀年統箋十二卷附雜述一卷前編一卷
(清)徐文靖統箋　(南朝梁)沈約附注　清光緒三年(1877)浙江書局徐氏刻本　四冊

410000 - 2242 - 0004690　951.0012/S.138/1

資治通鑑釋文三十卷　(宋)史炤撰　清光緒五年(1879)刻本　一冊　存五卷(一至五)

410000 - 2242 - 0004691　951.0012/S.138/2

資治通鑑釋文三十卷釋文辯誤十二卷釋例一卷問疑一卷　(宋)史炤撰　清光緒十四年至十五年(1888－1889)刻本　十冊

410000 - 2242 - 0004692　951.0012/V442

龍門綱鑑要箋四卷正編二十卷　(清)蔣先庚輯　清康熙致和堂刻本　七冊　存八卷(要箋四卷,正編一至二、四至五)

410000 - 2242 - 0004693　951.0012/W227

永厤實錄二十六卷　(清)王夫之撰　清同治四年(1865)湘鄉曾氏刻本　一冊　存六卷(一至六)

410000 - 2242 - 0004694　951.0012/W244/3

綱鑑會纂四十六卷續編二十三卷　(明)王世貞編　清光緒十八年(1892)上海點石齋石印本　十四冊

410000 - 2242 - 0004695　951.0012/W244/3A

綱鑑會纂四十六卷續編二十三卷　(明)王世貞編　清光緒十八年(1892)上海點石齋石印本　十四冊

410000 - 2242 - 0004696　951.0012/W244/4

增評加批歷史綱鑑補三十九卷首一卷　(明)王世貞編　(宋)司馬光通鑑　清末上海錦章圖書局石印本　八冊　存二十一卷(一、四至六、十五至十九、二十二至三十二,首一卷)

410000 - 2242 - 0004697　951.0012/W251/2

通鑑答問五卷　(宋)王應麟撰　清光緒二十八年(1902)石印本　二冊

410000 - 2242 - 0004698　951.0012/W471/2

綱鑑易知錄九十二卷明鑑易知錄十五卷

(清)吳乘權等輯　清光緒十三年(1887)廣百宋齋石印本　十六冊

410000 - 2242 - 0004699　951.0012/W471/3

綱鑑易知錄九十二卷　(清)吳乘權等輯　清康熙五十年(1711)刻本　四十四冊

410000 - 2242 - 0004700　951.0012/W477

資治通鑑地理今釋十六卷　(清)吳熙載撰　清光緒八年(1882)江蘇書局刻本　三冊

410000 - 2242 - 0004701　951.0012/Y261

通鑑輯要正編十九卷續編八卷明史輯要八卷　(清)姚培謙等輯錄　清道光三十年(1850)刻本　十六冊

410000 - 2242 - 0004702　S951.0012/Y398

鼎鍥葉太史匯纂玉堂鑒綱七十二卷　(明)葉問高撰　明刻本　二十四冊

410000 - 2242 - 0004703　951.0012/Y458

資治通鑑補二百九十四卷　(明)嚴衍編　清光緒二年(1876)思補樓刻本　八十冊

410000 - 2242 - 0004704　951.0012/Y818/1

增訂袁了凡先生綱鑑補三十九卷　(明)袁黃編　清同治五年(1866)大文堂刻本　四十二冊

410000 - 2242 - 0004705　951.0012/Y818/2

增評加批歷史綱鑑補三十九卷首一卷　(明)袁黃　(明)王世貞編　**加批明紀通鑑綱目三編二十卷附福唐桂三王本**　(清)張廷玉等編　清廣益書局石印本　九冊　存三十八卷(二十二至三十九、綱目三編二十卷)

410000 - 2242 - 0004706　951.0012/Y818/3

袁王綱鑑合編三十九卷御撰明紀綱目三編二十卷　(明)袁黃　(明)王世貞編　清光緒三十年(1904)上海商務鉛印本　十四冊

410000 - 2242 - 0004707　S951.121/C686/1

[嘉靖]河南通志四十五卷　(明)鄒守愚修　(明)李濂纂　明嘉靖三十四年(1555)刻本　十二冊

410000 - 2242 - 0004708　S951.121/D192

219

[順治]河南通志五十卷　（清）賈漢復修
（清）沈荃纂　清順治十七年(1660)刻本　十
六冊

410000－2242－0004709　S951.121/D192/1
[順治]河南通志五十卷　（清）賈漢復修
（清）沈荃纂　（清）顧汧續修　（清）張沐續
纂　清順治十七年(1660)修康熙三十四年
(1695)續修刻本　十六冊

410000－2242－0004710　951.121/O122/2
[乾隆]續河南通志八十卷首四卷　（清）阿思
哈等修　清乾隆三十二年(1767)刻光緒二十
八年(1902)補刻本　二十一冊

410000－2242－0004711　951.121/O122/3
[乾隆]續河南通志八十卷首四卷　（清）阿思
哈等修　清乾隆三十二年(1767)修光緒二十
八年(1902)補修刻本　二十冊

410000－2242－0004712　951.121/O122/3A
[乾隆]續河南通志八十卷首四卷　（清）阿思
哈等修　清乾隆三十二年(1767)修光緒二十
八年(1902)補修刻本　二十冊

410000－2242－0004713　951.121/P659
河南郡縣沿革表不分卷　□□撰　清末刻本
一冊

410000－2242－0004714　951.121100/K654
[同治]開封府志四十卷　（清）管竭忠纂修
清同治二年(1863)刻本　十冊

410000－2242－0004715　S951.121100/K654/1
開封府志四十卷　（清）管竭忠等修　清康熙
三十四年(1695)刻本　十一冊

410000－2242－0004716　925.1205/C749/1C
朱子年譜四卷考異四卷附錄二卷校勘記二卷
　（清）王懋竑纂訂　清同治九年(1870)白田
草堂刻本　四冊

410000－2242－0004717　951.121101/C311
[乾隆]祥符縣志二十二卷　（清）張淑載編
清乾隆四年(1739)刻本　十二冊

410000－2242－0004718　951.121101/C311A

[乾隆]祥符縣志二十二卷　（清）張淑載編
清乾隆四年(1739)刻本　六冊　存九卷(十
四至二十二)

410000－2242－0004719　951.121101/C311B
[乾隆]祥符縣志二十二卷　（清）張淑載編
清乾隆四年(1739)刻本　二冊　存三卷(三
至四、十五)

410000－2242－0004720　951.121101/C311C
[乾隆]祥符縣志二十二卷　（清）張淑載編
清乾隆四年(1739)刻本　十二冊　存二十卷
(一至十、十三至二十二)

410000－2242－0004721　S951.121101/C311/1
[乾隆]祥符縣志二十二卷　（清）張淑載纂
（清）魯曾煜修　清乾隆四年(1739)刻本　一
冊　存三卷(二十至二十二)

410000－2242－0004722　951.121101/H663/2
[光緒]祥符縣志二十四卷首一卷　（清）沈傳
義修　（清）黃舒昺纂　清光緒二十四年
(1898)刻本　十一冊　存二十卷(一至四、六
至八、十二至二十四)

410000－2242－0004723　文67.61/C.375A
花鏡六卷　（清）陳淏子輯　清文會堂刻本
三冊　存四卷(一至四)

410000－2242－0004724　951.121101/H663/3
[光緒]祥符縣志二十四卷首一卷　（清）沈傳
義修　（清）黃舒昺纂　清光緒二十四年
(1898)刻本　二十冊

410000－2242－0004725　951.121101/H663/3A
[光緒]祥符縣志二十四卷首一卷　（清）沈傳
義修　（清）黃舒昺纂　清光緒二十四年
(1898)刻本　二十冊

410000－2242－0004726　951.121101/H663/3B
[光緒]祥符縣志二十四卷首一卷　（清）沈傳
義修　（清）黃舒昺纂　清光緒二十四年
(1898)刻本　十九冊

410000－2242－0004727　951.121101/H663/3C
[光緒]祥符縣志二十四卷首一卷　（清）沈傳

義修　（清）黃舒昺纂　清光緒二十四年(1898)刻本　二十冊

410000－2242－0004728　951.121101/S659
重修祥符縣志凡例不分卷　（清）宋繼郊編
清同治刻本　一冊

410000－2242－0004729　S951.121101/S659/1
祥符縣採訪初稿不分卷　（清）宋繼郊輯　清
同治稿本　一冊

410000－2242－0004730　S951.121101/S659/2
志略備選不分卷　（清）宋繼郊輯　清同治稿
本　一冊

410000－2242－0004731　S951.121101/S659/3
邑乘備采不分卷　（清）宋繼郊輯　清同治稿
本　一冊

410000－2242－0004732　S951.121101/S659/4
[同治]重修祥符縣志稿不分卷　（清）宋繼郊
輯　清同治稿本　一冊

410000－2242－0004733　S951.121103/L331
敕賜紫雲書院志不分卷　（清）李來章纂修
清康熙三十年(1691)刻本　一冊

410000－2242－0004734　951.121103/W513
陳留縣志四十二卷首一卷　（清）武從超修
清宣統二年(1910)石印本　四冊

410000－2242－0004735　951.121105/C671
[乾隆]杞縣志二十四卷　（清）周璣修　清乾
隆五十三年(1788)刻本　十二冊

410000－2242－0004736　S951.121105/C671/1
[乾隆]杞縣志二十四卷　（清）周璣修
(清)朱璿纂　清乾隆五十三年(1788)刻本
十二冊

410000－2242－0004737　S951.121107/Y797
[乾隆]通許縣志十卷　（清）阮龍光修
(清)邵自祐纂　清乾隆三十五年(1770)刻本
　六冊

410000－2242－0004738　951.121109/L641
[道光]尉氏縣志二十卷首一卷　（清）劉厚滋
等修　清道光十一年(1831)刻本　八冊

410000－2242－0004739　951.121111/H375
[嘉慶]洧川縣志八卷　（清）何文明纂修　清
嘉慶二十三年(1818)刻本　四冊

410000－2242－0004740　951.121113/H368/1
[道光]鄢陵縣志十八卷　（清）何鄂聯修　清
道光十二年(1832)刻本　八冊

410000－2242－0004741　951.121113/H368/1A
[道光]鄢陵縣志十八卷　（清）何鄂聯修　清
道光十二年(1832)刻本　八冊

410000－2242－0004742　951.121113/H368/2
[道光]鄢陵縣志十八卷　（清）何鄂聯修
(清)洪符孫纂　清道光十三年(1833)刻本
六冊　存十一卷(一至三、八至九、十一至十
二、十五至十八)

410000－2242－0004743　951.121113/S738
[同治]鄢陵文獻志四十卷　（清）蘇源生撰
清同治元年(1862)刻本　二十冊

410000－2242－0004744　S951.121113/S.155
[乾隆]鄢陵縣志二十一卷首一卷　（清）施誠
纂修　清乾隆三十七年(1772)刻清乾隆四十
二年(1777)增刻本　八冊

410000－2242－0004745　951.1211143/Y796
[光緒]柘城縣志十卷首一卷　（清）元淮等修
　清光緒二十二年(1896)刻本　十冊

410000－2242－0004746　951.121115/W478A
[同治]中牟縣志十二卷首一卷末一卷　（清）
吳若烺修　清同治九年(1870)刻本　六冊

410000－2242－0004747　951.121115/W478B
[同治]中牟縣志十二卷首一卷末一卷　（清）
吳若烺修　清同治九年(1870)刻本　六冊

410000－2242－0004748　951.121119/C769
[道光]禹州志二十八卷　（清）朱煒修
(清)楊景純等增修　清道光十一年至同治九
年(1831－1870)刻本　十三冊

410000－2242－0004749　951.121121/S471
[嘉慶]密縣志十六卷首一卷　（清）謝增等編
　清嘉慶二十二年(1817)刻本　四冊

410000 - 2242 - 0004750　951.121123/H662

[乾隆]新鄭縣志三十一卷首一卷　（清）黃本誠編　清乾隆四十一年(1776)刻本　十二冊

410000 - 2242 - 0004751　951.121124/C.389

[乾隆]歸德府志三十六卷首一卷　（清）陳錫輅等修　清乾隆十九年至光緒十九年(1754 – 1893)刻本　十冊

410000 - 2242 - 0004752　951.121127/L944

[宣統]寧陵縣志十三卷　（清）呂敬直等續修　清宣統三年(1911)刻本　八冊

410000 - 2242 - 0004753　S951.121129/H.466

[乾隆]鹿邑縣志十二卷首一卷　（清）許葵纂修　清乾隆十八年(1753)真源書院刻本　四冊

410000 - 2242 - 0004754　951.121129/Y676A

光緒鹿邑縣志十六卷首一卷　（清）于滄瀾等修　清光緒二十二年(1896)刻本　六冊

410000 - 2242 - 0004755　951.121129/Y676B

光緒鹿邑縣志十六卷首一卷　（清）于滄瀾等修　清光緒二十二年(1896)刻本　四冊　存十卷(五至十四)

410000 - 2242 - 0004756　951.121129/Y676C

光緒鹿邑縣志十六卷首一卷　（清）于滄瀾等修　清光緒二十二年(1896)刻本　六冊

410000 - 2242 - 0004757　951.121135/L322

[光緒]虞城縣志十卷　（清）李淇修　清光緒二十一年(1895)刻本　四冊

410000 - 2242 - 0004758　951.121141/C.392

[光緒]考城縣志四卷　（清）陳惠敏等修　清康熙三十七年(1698)刻本　四冊

410000 - 2242 - 0004759　S951.121144/V.773

[乾隆]陳州府志三十卷首一卷　（清）崔應階修　（清）姚之琅纂　清乾隆十一年(1746)刻本　二十冊

410000 - 2242 - 0004760　951.121145/Y889

[道光]淮寧縣志二十七卷　（清）永銘纂修　清道光六年(1826)刻本　十二冊

410000 - 2242 - 0004761　951.121149/S665A

[乾隆]西華縣志十四卷首一卷　（清）宋恂重修　清乾隆十九年(1754)刻本　六冊

410000 - 2242 - 0004762　951.121149/S665B

[乾隆]西華縣志十四卷首一卷　（清）宋恂重修　清乾隆十九年(1754)刻本　六冊

410000 - 2242 - 0004763　951.121151/C278

[宣統]項城縣志三十二卷　張鎮芳修　清宣統三年(1911)石印本　九冊

410000 - 2242 - 0004764　951.121151/H185

[乾隆]項城縣志十卷　（清）張為旦纂修　清乾隆十一年(1746)刻本　四冊

410000 - 2242 - 0004765　951.121155/K272A

[道光]太康縣志八卷　（清）戴鳳翔修　（清）高崧　（清）江練纂　清道光八年(1828)刻本　八冊

410000 - 2242 - 0004766　951.121155/K272B

[道光]太康縣志八卷　（清）戴鳳翔纂修　（清）高崧　（清）江練等分修　清道光八年(1828)刻本　六冊

410000 - 2242 - 0004767　951.121157/H.581

[光緒]扶溝縣志十六卷首一卷　（清）熊燦纂修　清光緒十九年(1893)刻本　六冊

410000 - 2242 - 0004768　951.121159/S437

[道光]許州志十六卷首一卷　（清）蕭元吉纂修　清道光十八年(1838)刻本　十二冊

410000 - 2242 - 0004769　951.121163/Y256A

[乾隆]襄城縣志十四卷　（清）汪運正增輯　清乾隆十一年(1746)刻本　一冊　存一卷(十四)

410000 - 2242 - 0004770　951.121163/Y256B

[乾隆]襄城縣志十四卷　（清）汪運正增輯　清乾隆十一年(1746)刻本　十冊

410000 - 2242 - 0004771　951.121163/Y256C

[乾隆]襄城縣志十四卷　（清）汪運正增輯　清乾隆十一年(1746)刻本　十冊

410000 - 2242 - 0004772　951.121163/Y256D

[乾隆]襄城縣志十四卷 （清）汪運正增輯
清乾隆十一年(1746)刻本 九冊

410000－2242－0004773 951.121167/Y797
[乾隆]長葛縣志十卷 （清）阮景咸續修 清
乾隆十二年(1747)刻本 四冊

410000－2242－0004774 951.121169/C317
[乾隆]鄭州志十二卷首一卷 （清）張鉞修
清乾隆十二年(1747)刻本 五冊

410000－2242－0004775 951.121171/L326
[乾隆]滎陽縣志十二卷 （清）李煦修 清乾
隆刻本 四冊

410000－2242－0004776 951.121173/S.427
[康熙]河陰縣志四卷 （清）申奇彩修
（清）毛泰徵纂 清康熙三十年(1691)刻本
四冊

410000－2242－0004777 951.121173/V.767A
[乾隆]滎澤縣志十四卷 （清）崔淇修 清乾
隆十二年(1747)刻本 四冊

410000－2242－0004778 951.121173/V.767B
[乾隆]滎澤縣志十四卷 （清）崔淇修 清乾
隆十二年(1747)刻本 四冊

410000－2242－0004779 951.121200/T277/1
[乾隆]衛輝府志五十三卷首一卷末一卷
（清）德昌等纂修 清乾隆五十三年(1788)刻
本 十一冊 存二十六卷(一至二十、二十三
至二十八)

410000－2242－0004780 951.121200/T277/2
[乾隆]衛輝府志乾隆五十三卷首一卷末一卷
（清）德昌纂修 （清）徐郎齋纂 清乾隆五
十三年(1788)刻本 十四冊 存三十一卷
(一至二十六、二十九至三十、四十九至五十，
首一卷)

410000－2242－0004781 951.121201/S897A
[乾隆]汲縣志十四卷首一卷末一卷 （清）徐
汝瓚纂修 清乾隆二十年(1755)刻本 五冊
存十二卷(一至十二)

410000－2242－0004782 951.121201/S897B

[乾隆]汲縣志十四卷首一卷末一卷 （清）徐
汝瓚等修 清乾隆二十年(1755)刻本 六冊

410000－2242－0004783 951.121203/W251A
[道光]武陟縣志三十六卷 （清）王榮陛修
清道光九年(1829)刻本 八冊

410000－2242－0004784 951.121203/W251B
[道光]武陟縣志三十六卷 （清）王榮陛修
清道光九年(1829)刻本 八冊

410000－2242－0004785 S951.121205/C384
[嘉慶]安陽縣志十四卷首一卷附安陽縣金石
錄十二卷 （清）趙希璜修 （清）武億纂 清
嘉慶四年(1799)刻本 十冊

410000－2242－0004786 951.121205/K722/2
[嘉慶]安陽縣志二十八卷首一卷附金石錄十
二卷 （清）貴泰修 （清）武億編附 清嘉慶
二十四年(1819)刻本 十冊

410000－2242－0004787 S951.121207/Y225
[乾隆]湯陰縣志十卷 （清）楊世達纂修 清
乾隆三年(1738)刻本 四冊

410000－2242－0004788 951.121209/C678A
[光緒]臨漳縣志十八卷首一卷 （清）周秉彝
修 清光緒三十年(1904)刻本 十二冊

410000－2242－0004789 951.121209/C678B
[光緒]臨漳縣志十八卷首一卷 （清）周秉彝
修 清光緒三十年(1904)刻本 十二冊

410000－2242－0004790 951.121211/Y194
[光緒]林縣志十卷首一卷末一卷 （清）楊潮
觀等纂修 清乾隆十七年(1752)刻本 四冊

410000－2242－0004791 951.00118/T.543/1D
二十四史二十四種 （漢）司馬遷等撰 清光
緒十年(1884)同文書局石印本 四百二十冊
存十八種

410000－2242－0004792 951.121221/W473/1
[乾隆]獲嘉縣志十六卷首一卷 （清）吳喬齡
纂修 清乾隆二十一年(1756)刻本 六冊

410000－2242－0004793 951.121223/V.274
[光緒]淇縣輿地圖說二卷 （清）曹廣權撰

清光緒二十七年(1901)刻本　一冊

410000 – 2242 – 0004794　951.121223/W247
[順治]淇縣志十卷圖考一卷　（清）王謙吉
（清）王南國修　（清）白龍躍　（清）葛漢忠
纂　清順治十七年(1660)刻本　一冊　存八
卷(一至七、圖考一卷)

410000 – 2242 – 0004795　951.121225/C682
[光緒]輝縣志二十卷首一卷末一卷　（清）周
際華纂修　清光緒十四年(1888)刻本　八冊

410000 – 2242 – 0004796　951.121227/K776
[順治]胙城縣志四卷　（清）郭金鼎修　清順
治十六年(1659)刻本　二冊

410000 – 2242 – 0004797　951.121227/Y685
[康熙]延津縣志十卷　（清）余心孺修　清康
熙四十一年(1702)刻本　四冊

410000 – 2242 – 0004798　951.121229/H654
[光緒]續濬縣志八卷　（清）黃璟纂　（清）
李作霖　（清）喬景濂分纂　清光緒十二年
(1886)刻本　二冊

410000 – 2242 – 0004799　951.121229/H654
[光緒]續濬縣志八卷　（清）黃璟纂　（清）
李作霖　（清）喬景濂分纂　清光緒十二年
(1886)刻本　二冊

410000 – 2242 – 0004800　951.121229/H.581/1
[嘉慶]濬縣金石錄二卷　（清）熊象階修
（清）武穆淳纂　清嘉慶七年(1802)刻本
一冊

410000 – 2242 – 0004801　951.121229/H.581/2
[嘉慶]濬縣志二十二卷補遺一卷金石錄二卷
　（清）熊象階修　清嘉慶六年(1801)刻本
五冊

410000 – 2242 – 0004802　951.121229/H.581/4
[嘉慶]濬縣志二十二卷補遺一卷金石錄二卷
　（清）熊象階修　清嘉慶六年(1801)刻本
六冊

410000 – 2242 – 0004803　951.121233/W243/1
[康熙]封邱縣續志四卷　（清）王錫魁等纂修

清康熙三十六年(1697)刻本　一冊　存三
卷(一至三)

410000 – 2242 – 0004804　951.121233/W243/2A
[康熙]封邱縣續志一卷　（清）王錫魁等纂修
　清康熙十九年(1680)刻本　一冊

410000 – 2242 – 0004805　951.121233/Y686/1
[順治]封邱縣志九卷　（清）余縉修　清順治
十七年(1660)刻本　五冊

410000 – 2242 – 0004806　951.121233/W243/3A
[康熙]封邱縣續志五卷　（清）王錫魁等纂修
　清康熙三十六年(1697)刻本　一冊　存二
卷(四至五)

410000 – 2242 – 0004807　951.121233/W243/3B
[康熙]封邱縣續志五卷　（清）王錫魁等纂修
　清康熙三十六年(1697)刻本　二冊

410000 – 2242 – 0004808　951.121233/Y686/2
[順治]封邱縣志九卷　（清）余縉修　[康
熙]續志四卷　（清）王錫魁　（清）孟鏐修
清順治十七年(1660)刻本　八冊

410000 – 2242 – 0004809　951.121233/Y686/3
[順治]封邱縣志九卷　（清）余縉修　清順治
十六年(1659)刻本　五冊

410000 – 2242 – 0004810　951.121234/T.221
[乾隆]懷慶府志三十二卷首二卷圖經一卷
（清）唐侍陞　（清）杜琮等纂修　清乾隆五十
四年(1789)刻本　十六冊

410000 – 2242 – 0004811　S951.121234/T.222
[乾隆]新修懷慶府志三十二卷首二卷圖經一
卷　（清）唐侍陞　（清）杜綜纂修　清乾隆五
十四年(1789)刻本　十六冊

410000 – 2242 – 0004812　S951.121234/T.222/1
[乾隆]新修懷慶府志三十二卷首二卷圖經一
卷　（清）唐侍陞　（清）杜綜修　（清）洪亮
吉纂　清乾隆五十四年(1789)刻本　十二冊

410000 – 2242 – 0004813　951.121235/Y821A
[道光]河內縣志三十六卷　（清）袁通纂修
清道光五年(1825)刻本　四冊　存十二卷

224

(五至八、十五至二十、二十二至二十三)

410000－2242－0004814　951.121235/Y821B
[道光]河内縣志三十六卷　（清）袁通纂修
清道光五年(1825)刻本　十冊

410000－2242－0004815　951.121235/Y821C
[道光]河内縣志三十六卷　（清）袁通纂修
清道光五年(1825)刻本　十冊

410000－2242－0004816　951.121239/H365
[嘉慶]續濟源縣志十二卷　（清）何荇芳修
清嘉慶十八年(1813)刻本　四冊

410000－2242－0004817　951.121239/S437/1
濟源縣續志十二卷　（清）何應芳修　清嘉慶
十八年(1813)刻本　十冊

410000－2242－0004818　951.121239/S437/1
[乾隆]濟源縣志十六卷首一卷末一卷附濟源
縣續志十二卷　（清）蕭應植修　（清）何應芳
修續志　清乾隆二十六年(1761)刻本　續志
清嘉慶十八年(1813)刻本　十冊

410000－2242－0004819　951.121239/S437/2
[乾隆]濟源縣志十六卷首一卷末一卷　（清）
蕭應植纂修　清乾隆二十六年(1761)刻本
六冊

410000－2242－0004820　951.121241/W497A
[乾隆]原武縣志十卷　（清）吳文炘纂修　清
乾隆十二年(1747)刻本　五冊

410000－2242－0004821　951.121241/W497B
[乾隆]原武縣志十卷　（清）吳文炘纂修　清
乾隆十二年(1747)刻本　五冊

410000－2242－0004822　951.121243/F328/1A
[道光]修武縣志十二卷首一卷　（清）馮繼照
修　清道光十九年(1839)刻本　八冊　存七
卷(二、四至九)

410000－2242－0004823　951.121243/F328/1B
[道光]修武縣志十二卷首一卷　（清）馮繼照
修　清道光十九年(1839)刻本　十二冊

410000－2242－0004824　951.121243/F328/2
[道光]修武縣志十二卷首一卷　（清）馮繼照

纂修　（清）金皋等修　（清）孔繼中續纂修
清同治七年(1868)刻本　六冊　存六卷(三
至五、九、十一至十二)

410000－2242－0004825　951.121245/C.527A
[乾隆]孟縣志十卷　（清）仇汝瑚修　（清）
馮敏昌撰　清乾隆五十五年(1790)刻本
十冊

410000－2242－0004826　951.121245/C.527B
[乾隆]孟縣志十卷　（清）仇汝瑚修　（清）
馮敏昌纂　清乾隆五十五年(1790)刻本　九
冊　存九卷(一至九)

410000－2242－0004827　951.121247/W225A
[乾隆]溫縣志十二卷首一卷　（清）王其華修
　（清）苗於京纂　清乾隆二十四年(1759)刻
本　四冊　存十一卷(一至四、六至十二)

410000－2242－0004828　951.121247/W225B
[乾隆]溫縣志十二卷首一卷　（清）王其華修
　（清）苗於京纂　清乾隆二十四年(1759)刻
本　四冊　存十一卷(一至四、六至十二)

410000－2242－0004829　S951.121247/W255
[乾隆]溫縣志十二卷首一卷　（清）王其華修
　（清）苗於京纂　清乾隆二十四年(1759)刻
本　四冊

410000－2242－0004830　951.121301/S.155
[乾隆]河南府志一百十六卷首四卷　（清）施
誠修　（清）童鈺　（清）裴希純纂　清乾隆四
十四年(1779)刻本　十六冊　存六十四卷
(三十五至四十三、五十四至五十八、六十至
六十四、七十二至一百十六)

410000－2242－0004831　951.121305/S835A
[乾隆]偃師縣志三十卷　（清）孫星衍
(清)湯敏倬纂　清乾隆五十一年(1786)刻本
　二冊　存二卷(二十七至二十八)

410000－2242－0004832　951.121305/S835B
[乾隆]偃師縣志三十卷　（清）孫星衍
(清)湯敏倬纂　清乾隆五十一年(1786)刻本
　十六冊

225

410000－2242－0004833　951.121305/S835C

[乾隆]偃師縣志三十卷　（清）孫星衍
（清）湯毓倬纂　清乾隆五十一年(1786)刻本
　九冊　存二十二卷(四至二十二、二十七、
二十九至三十)

410000－2242－0004834　951.121313/L787/1

[乾隆]登封縣志三十二卷　（清）洪亮吉
（清）陸繼萼纂　清乾隆五十二年(1787)刻本
　八冊

410000－2242－0004835　951.121313/L787/2

[咸豐]登封縣志三十二卷　（清）洪亮吉
（清）陸繼萼修　清咸豐五年(1855)刻本
八冊

410000－2242－0004836　S951.121315/C289/1

[乾隆]永寧縣志八卷首一卷　（清）張楷纂修
　清乾隆五十五年(1790)刻本　一冊　存二
卷(一、首一卷)

410000－2242－0004837　951.121321/K.179

[乾隆]嵩縣志三十卷首一卷　（清）康基淵纂
修　清乾隆三十二年(1767)刻本　一冊　存
七卷(十六至二十二)

410000－2242－0004838　951.121323/C674A

[光緒]靈寶縣志八卷　（清）周淦等纂修　清
光緒二年(1876)刻本　一冊　存一卷(一)

410000－2242－0004839　951.121323/C674B

[光緒]靈寶縣志八卷　（清）周淦等修　清光
緒二年(1876)刻本　八冊

410000－2242－0004840　951.121323/C674C

[光緒]靈寶縣志八卷首三卷　（清）周淦等修
　清光緒二年(1876)刻本　八冊

410000－2242－0004841　951.121325/L655

[光緒]閿鄉縣志十二卷首一卷末一卷　（清）
劉思恕纂修　清光緒二十年(1894)刻本
八冊

410000－2242－0004842　951.121327/K781A

[光緒]重修盧氏縣誌十八卷首一卷　（清）郭
光澍重修　清光緒十八年(1892)刻本　十冊

410000－2242－0004843　951.121327/K781B

[光緒]重修盧氏縣誌十八卷首一卷　（清）郭
光澍重修　清光緒十八年(1892)刻本　十冊

410000－2242－0004844　951.121327/K781C

[光緒]重修盧氏縣誌十八卷首一卷　（清）郭
光澍重修　清光緒十八年(1892)刻本　十冊

410000－2242－0004845　951.121329/C388/1A

[道光]汝州全志十卷首一卷　（清）趙林成
（清）白明義纂修　清道光二十年(1840)刻本
　九冊

410000－2242－0004846　951.121329/C388/1B

[道光]汝州全志十卷首一卷　（清）趙林成
（清）白明義纂修　清道光二十年(1840)刻本
　十冊

410000－2242－0004847　951.121329/C388/2

直隸汝州全志十卷首一卷　（清）趙林成
（清）白明義纂修　清刻本　一冊　存一卷
(四)

410000－2242－0004848　951.121329/C388/1C

[道光]汝州全志十卷首一卷　（清）趙林成
（清）白明義纂　清道光二十年(1840)刻本
四冊　存五卷(一、三、九至十,首一卷)

410000－2242－0004849　951.121331/W513A

[嘉慶]魯山縣志二十六卷　（清）武億等修
清嘉慶元年(1796)刻本　五冊　存二十三卷
(一至二十三)

410000－2242－0004850　951.121331/W513B

[嘉慶]魯山縣志二十六卷　（清）武億等修
清嘉慶元年(1796)刻本　六冊

410000－2242－0004851　951.121331/W513C

[嘉慶]魯山縣志二十六卷　（清）武億等修
清嘉慶元年(1796)刻本　六冊

410000－2242－0004852　951.121331/W513D

[嘉慶]魯山縣志二十六卷　（清）武億等修
清嘉慶元年(1796)刻本　六冊

410000－2242－0004853　951.121333/Y777

[咸豐]郟縣志十二卷　（清）姜簣修　（清）

郭景泰纂　清咸豐九年(1859)刻本　六冊

410000－2242－0004854　951.121337/C312/2A

[道光]重修伊陽縣志六卷首一卷末一卷
(清)張道超修　(清)馬九功纂　清道光十八
年(1838)刻本　一冊　存一卷(五)

410000－2242－0004855　951.121337/C312/2B

[道光]重修伊陽縣志六卷首一卷末一卷
(清)張道超修　(清)馬九功纂　清道光十八
年(1838)刻本　五冊　存六卷(一至二、四至
六,末一卷)

410000－2242－0004856　S951.121402/C754

[康熙]南陽府志六卷　(清)朱璘纂修　清康
熙三十三年(1694)刻本　十冊

410000－2242－0004857　S951.121403/C288

[康熙]南陽縣志六卷首一卷　(清)張光祖修
(清)宋景愈　(清)徐永芝纂　清康熙三十
二年(1693)刻本　六冊

410000－2242－0004858　951.121405/C.368

[乾隆]南召縣志四卷　(清)陳之煃修　清乾
隆十一年(1746)刻本　四冊

410000－2242－0004859　951.121407/W482

[光緒]鎮平縣志六卷　(清)吳聯元等修　清
光緒二年(1876)刻本　四冊

410000－2242－0004860　951.121411/N.124

[道光]泌陽縣志十二卷首一卷　(清)倪明進
纂修　清道光八年(1828)刻本　六冊

410000－2242－0004861　951.121413/K478

[光緒]桐柏縣志八卷　(清)鞏敬緒修　清光
緒十八年(1892)刻本　四冊

410000－2242－0004862　951.121415/V.441A

[乾隆]鄧州志二十四卷末一卷　(清)蔣光祖
撰　清乾隆二十年(1755)刻本　六冊

410000－2242－0004863　951.121415/V.441B

[乾隆]鄧州志二十四卷末一卷　(清)蔣光祖
撰　清乾隆二十年(1755)刻本　六冊

410000－2242－0004864　951.121419/S894

[乾隆]新野縣志九卷　(清)徐金位纂修　清

乾隆十九年(1754)刻本　四冊

410000－2242－0004865　951.121426/T277A

[嘉慶]汝寧府志三十卷　(清)德昌修　清嘉
慶元年(1796)刻本　六冊　存十七卷(一至
十一、十四至十九)

410000－2242－0004866　951.121426/T277B

[嘉慶]汝寧府志三十卷　(清)德昌修　清嘉
慶元年(1796)刻本　十二冊

410000－2242－0004867　951.121429/P.353

[嘉慶]正陽縣志十卷　(清)彭良弼修　清嘉
慶元年(1796)刻本　四冊

410000－2242－0004868　S951.121431/Y227

[康熙]上蔡縣志十五卷　(清)楊廷望修
(清)張沐纂　清康熙二十九年(1690)刻本
八冊

410000－2242－0004869　951.121433/W247

[乾隆]新蔡縣志十卷　(清)王增纂修
(清)莫璽章輯　清乾隆六十年(1795)刻本
四冊

410000－2242－0004870　951.121441/K439

[乾隆]羅山縣志八卷　(清)葛荃修　清乾隆
十一年(1746)刻本　六冊

410000－2242－0004871　S951.121443/K251

[乾隆]光州志六十八卷附名勝圖說一卷藝文
志十二卷　(清)高兆煌纂修　清乾隆三十五
年(1770)刻本　三十一冊

410000－2242－0004872　951.121445/Y224

[光緒]光州志十二卷首一卷附光州忠節志四
卷　(清)楊修田纂　清光緒十二年(1886)刻
本　十八冊

410000－2242－0004873　951.121445/Y226

[乾隆]光山縣志三十二卷首一卷　(清)楊殿
梓修　清乾隆五十一年(1786)刻光緒十五年
(1889)補刻本　十二冊

410000－2242－0004874　951.121449/S469

[乾隆]重修固始縣志二十六卷首一卷　(清)謝
聘修　清乾隆五十一年(1786)刻本　十六冊

410000－2242－0004875　951.121451/L644A

[嘉慶]息縣志八卷首一卷　（清）劉光輝等修
清嘉慶四年(1799)刻本　八冊

410000－2242－0004876　951.121451/L644B

[嘉慶]息縣志八卷首一卷　（清）劉光輝等修
清嘉慶四年(1799)刻本　八冊

410000－2242－0004877　S951.121451/S342

[光緒]息縣鄉土志不分卷　（清）□□修　清
末抄本　一冊

410000－2242－0004878　S951.121453/H.467

[康熙]商城縣志八卷　（清）許全學纂修　清
康熙二十九年(1690)刻本　四冊

410000－2242－0004879　951.121453/W512

[嘉慶]商城縣志十四卷首一卷末一卷　（清）
武開吉等纂修　清嘉慶八年(1803)刻本　十
一冊

410000－2242－0004880　951.121455/S898A

[咸豐]淅川廳志四卷　（清）徐光第纂　清咸
豐十年(1860)刻本　四冊

410000－2242－0004881　951.121455/S898B

[咸豐]淅川廳志四卷　（清）徐光第纂　清咸
豐十年(1860)刻本　四冊

410000－2242－0004882　951.121475/O146

[同治]叶縣志十卷首一卷　（清）歐陽霖修
（清）倉景恬　（清）胡廷槙纂　清同治十一年
(1872)刻本　八冊

410000－2242－0004883　951.122153/W362

[同治]隨州志三十二卷首一卷　（清）文齡等
修　清同治八年(1869)刻本　十六冊

410000－2242－0004884　951.122157/L659

[同治]應山縣志三十六卷首一卷末一卷
（清）劉宗元等修　（清）吳天錫纂　清同治十
年(1871)刻本　十六冊

410000－2242－0004885　951.122201/Y228A

[同治]襄陽縣志七卷首一卷　（清）楊宗時修
清同治十三年(1874)刻本　八冊

410000－2242－0004886　951.122201/Y228B

[同治]襄陽縣志七卷首一卷　（清）楊宗時修
清同治十三年(1874)刻本　八冊

410000－2242－0004887　951.122302/N.125

[光緒]荊州府志八十卷首一卷　（清）倪文蔚
等修　清光緒六年(1880)刻本　二十六冊
存六十五卷（三至四十一、四十七至七十、七
十九至八十）

410000－2242－0004888　951.122315/V.771

[同治]宜都縣志四卷　（清）崔培元修　清同
治六年(1867)刻本　四冊

410000－2242－0004889　951.123/C.375

[乾隆]湖南通志一百七十四卷首一卷　（清）
陳宏謀修　（清）范咸　（清）歐陽正煥纂　清
乾隆二十二年(1757)刻本　三十六冊

410000－2242－0004890　951.123/L321

元和郡縣志四十卷　（唐）李吉甫撰　清道光
十年(1830)刻本　一冊　存二卷（三十至三
十一）

410000－2242－0004891　951.124/L645

[光緒]江西通志一百八十卷首五卷　（清）劉
坤一等修　（清）趙之謙纂　清光緒六年至七
年(1880－1881)刻本　一百十九冊

410000－2242－0004892　951.124301/W229

光緒贛榆縣志十八卷　（清）王豫熙修　清光
緒十四年(1888)刻本　四冊

410000－2242－0004893　951.125/D.435

[康熙]廣東新語二十七卷　（清）屈大均撰
清康熙刻本　十冊

410000－2242－0004894　951.0013/C744/1

歷朝紀事本末八種附一種　（清）朱記榮編
清光緒十四年(1888)書業公所鉛印本　五十
六冊

410000－2242－0004895　951.0013/C744/2A

歷朝紀事本末八種　（清）陳如升　（清）朱記
榮編　清光緒二十八年(1902)捷記書局石印
本　三十五冊

410000－2242－0004896　951.0013/C744/2B

歷朝紀事本末八種　（清）陳如升　（清）朱記
榮編　清光緒二十八年（1902）捷記書局石印
本　四十二冊

410000－2242－0004897　951.0013/C744/2C
歷朝紀事本末八種　（清）朱記榮編　清光緒
二十八年（1902）捷記書局石印本　七冊

410000－2242－0004898　951.0013/C.387
元史紀事本末二十七卷　（明）陳邦瞻編輯
（明）張溥論正　清同治十三年（1874）江西書
局刻本　四冊

410000－2242－0004899　951.0013/D129/1
紀事本末五種　（□）□□撰　清同治十二年
（1873）江西書局刻本　一百三十六冊

410000－2242－0004900　951.0013/D518/1
歷朝紀事本末九種　（清）高士奇等撰　清宣
統二年（1910）文盛書局石印本　四十冊

410000－2242－0004901　951.0013/D518/2
歷朝紀事本末九種　（清）高士奇等撰　清光
緒十四年（1888）崇德堂鉛印本　四十七冊
存三種

410000－2242－0004902　951.0013/F328
宋史紀事本末一百〇九卷　（明）馮琦撰
（明）陳邦瞻增訂　清同治十三年（1874）江西
書局刻本　二十四冊

410000－2242－0004903　951.0013/K273
左傳紀事本末五十三卷　（清）高士奇撰　清
同治十二年（1873）江西書局刻本　十二冊

410000－2242－0004904　951.0013/K553A
明史紀事本末八十卷　（清）谷應泰撰　清同
治十三年（1874）江西書局刻本　四冊　存十
九卷（二十四至三十四、四十二至四十六、六
十至六十二）

410000－2242－0004905　951.0013/K553B
明史紀事本末八十卷　（清）谷應泰撰　清同
治十三年（1874）江西書局刻本　二十冊

410000－2242－0004906　951.0013/K553C
明史紀事本末八十卷　（清）谷應泰撰　清同

治十三年（1874）江西書局刻本　二十冊

410000－2242－0004907　951.0013/K789/1A
蜀鑑十卷　（宋）郭允蹈撰　札記十卷　（清）
吳文昇撰　清光緒五年（1879）吳興吳氏詒谷
堂刻本　二冊

410000－2242－0004908　951.0013/K789/1B
蜀鑑十卷　（宋）郭允蹈撰　札記十卷　（清）
吳文昇撰　清光緒五年（1879）吳興吳氏詒谷
堂刻本　三冊

410000－2242－0004909　951.0013/L332
續通鑑紀事本末一百十卷　（清）李銘漢編
清光緒二十九年（1903）刻本　三十二冊

410000－2242－0004910　951.0013/M127
繹史一百六十卷　（清）馬驌撰　清光緒二十
三年（1897）武林尚友齋石印本　二十四冊

410000－2242－0004911　S951.0013/M127/1B
繹史一百六十卷　（清）馬驌撰　清康熙九年
（1670）刻本　四十八冊

410000－2242－0004912　951.0013/S123/3
史記菁華錄六卷　（漢）司馬遷撰　（□）耕讀
齋主標點　清光緒八年（1882）扶荔山房刻本
六冊

410000－2242－0004913　951.0013/S123/4
史記精華錄六卷　（漢）司馬遷撰　（□）耕讀
齋主標點　清道光四年（1824）扶荔山房刻本
六冊

410000－2242－0004914　951.0013/S899
三朝北盟會編二百五十卷附校勘記二卷校勘
記補遺一卷　（宋）徐夢莘撰　清光緒四年
（1878）越東鉛印本　四十冊

410000－2242－0004915　951.0013/S.297
續資治通鑑綱目二十七卷　（明）商輅等撰
清康熙四十年（1701）刻本　五冊　存五卷
（一至五）

410000－2242－0004916　S951.0013/S.297/1
續資治通鑑綱目二十七卷　（明）商輅等撰
明崇禎長洲陳氏刻本　二十七冊

410000 - 2242 - 0004917　951.0013/T634

平定粵匪紀略十八卷　（清）杜文瀾編　清同治聚珍本　三冊　存十一卷(四至六、十至十七)

410000 - 2242 - 0004918　951.0013/Y821/1A

通鑑紀事本末二百三十九卷　（宋）袁樞撰（明）張溥論正　清同治十二年(1873)江西書局刻本　六十四冊　存一百八十五卷(五十五至二百三十九)

410000 - 2242 - 0004919　951.0013/Y821/1B

通鑑紀事本末二百三十九卷　（宋）袁樞撰（明）張溥論正　清同治十二年(1873)江西書局刻本　八十冊

410000 - 2242 - 0004920　951.131/C311/1

蜀典十二卷　（清）張澍纂　清光緒二年(1876)尊經書院刻本　四冊

410000 - 2242 - 0004921　951.131/C311/2

蜀典十二卷　（清）張澍纂　清道光十四年(1834)安懷堂刻本　六冊

410000 - 2242 - 0004922　951.131/P.354

蜀故二十七卷　（清）彭遵泗撰　清光緒三年(1877)讀書堂刻本　四冊

410000 - 2242 - 0004923　951.131201/W226

巴縣誌□□卷　（清）王爾鑒修　清乾隆二十五年(1760)刻本　六冊　存八卷(一中下、三至四、十五至十八、十九上)

410000 - 2242 - 0004924　S951.133/N253

[乾隆]貴州通志四十六卷首一卷　（清）鄂爾泰（清）張廣泗修　（清）靖道謨（清）杜詮纂　清乾隆六年(1741)刻本　二十四冊

410000 - 2242 - 0004925　951.134/S.159/1

滇繫□□卷　（清）師範纂輯　清光緒十三年(1887)雲南通志局刻本　六冊　存五卷(八之十八、九至十二)

410000 - 2242 - 0004926　951.134/S.159/2

滇繫□□卷　（清）師範纂輯　清光緒十三年(1887)雲南通志局刻本　十一冊　存七卷(一至六、八之十五至十七)

410000 - 2242 - 0004927　951.134/W249

[光緒]續雲南通志稿一百九十四卷首六卷（清）王文韶　（清）魏光燾修　（清）唐炯等纂　清光緒二十七年(1901)四川岳池刻本七十九冊　存一百五十卷(一至三十、八十一至一百九十四,首六卷)

410000 - 2242 - 0004928　S951.0014/C281

皇明通紀直解十六卷　（清）張嘉和輯　清順治刻本　九冊　存十二卷(三至七、九、十一至十六)

410000 - 2242 - 0004929　951.0014/C315

洛陽搢紳舊聞記五卷　（宋）張齊賢撰　清乾隆四十一年(1776)刻本　二冊

410000 - 2242 - 0004930　951.0014/C415/1

皇朝武功紀盛四卷　（清）趙翼撰　清嘉慶十九年(1814)潢川曾氏刻本　一冊

410000 - 2242 - 0004931　951.0014/C415/2

吳越春秋十卷附徐氏補注一卷札記一卷逸文一卷　（漢）趙曄　（元）徐天祐撰　清光緒三十二年(1906)刻本　一冊

410000 - 2242 - 0004932　951.0014/C532/1

通志二百卷　（宋）鄭樵撰　清光緒二十七年(1901)上海圖書集成局鉛印本　十五冊　存五十四卷(五十一至一百〇四)

410000 - 2242 - 0004933　951.0014/C532/2

通志二百卷　（宋）鄭樵撰　清光緒二十八年(1902)貫吾齋石印本　二十四冊

410000 - 2242 - 0004934　951.0014/C.378

吳門從政錄不分卷　（清）陳光淞撰　清宣統三年(1911)江寧印刷廠鉛印本　一冊

410000 - 2242 - 0004935　951.0014/H375/2

校正元聖武親征錄一卷　（清）何秋濤注　清光緒甲午刻本　一冊

410000 - 2242 - 0004936　951.0014/H379

宋瑣語不分卷　（清）郝懿行撰　清光緒刻本　三冊

410000－2242－0004937　951.0014/H665

行朝錄六卷　（清）黃宗羲撰　清光緒三十二年（1906）國學保存會鉛印本　一冊

410000－2242－0004938　951.0014/K279/2

戰國策三十三卷附札記三卷　（漢）高誘注　清光緒二年（1876）尊經書院刻本　二冊　存二十三卷（一至二十三）

410000－2242－0004939　951.0014/K279/3

戰國策三十三卷附札記三卷　（漢）高誘注　清同治八年（1869）崇文書局刻本　五冊

410000－2242－0004940　951.0014/K563

新鐫歷朝捷錄大全四卷　（明）顧充編　清刻本　八冊

410000－2242－0004941　951.0014/K.351/1

逸周書十卷附錄一卷校正補遺十卷　（晉）孔晁注　清乾隆五十一年（1786）抱經堂刻本　二冊

410000－2242－0004942　416.3/K433/3B

詞林正韻三卷　（清）戈載輯　清光緒七年（1881）刻本　一冊

410000－2242－0004943　925.1108/M184B

滿洲名臣傳四十八卷　（清）國史館編　清（1644－1911）京都正陽門琉璃廠榮錦坊檢字刻本　二十九冊　存三十四卷（八至十一、十三至十五、十七至二十八、三十四至四十八）

410000－2242－0004944　813.2/C279/1

虞初續志十二卷　（清）鄭澍若編　清咸豐元年（1851）小娟嬛山館刻本　四冊

410000－2242－0004945　951.0012/W471/3A

御撰資治通鑑綱目三編二十卷　（清）張廷玉等撰　清乾隆十一年（1746）刻本　四冊

410000－2242－0004946　925.1201/Y442B

晏子春秋七卷附校勘二卷音義二卷　（□）□□編　清光緒元年（1875）浙江書局刻本　四冊

410000－2242－0004947　925.1201/Y442C

晏子春秋七卷附校勘二卷音義二卷　（□）□□編　清光緒元年（1875）浙江書局刻本　四冊

410000－2242－0004948　951.0014/C415/3

皇朝武功紀盛四卷　（清）趙翼撰　清乾隆五十七年（1792）刻本　一冊

410000－2242－0004949　951.0014/C415/2

皇朝武功紀盛四卷　（清）趙翼撰　清乾隆五十七年（1792）刻本　一冊

410000－2242－0004950　951.0014/L643

明宮史八卷　（明）劉若愚撰　清宣統二年（1910）國學扶輪社鉛印本　二冊

410000－2242－0004951　951.0014/P.354/1

蜀碧四卷　（清）彭遵泗撰　清乾隆二十八年（1763）刻本　四冊

410000－2242－0004952　915.121/C771/2C

豫乘識小錄二卷　（清）朱雲錦撰　清同治十二年（1873）文耀齋刻本　二冊

410000－2242－0004953　915.121/C771/2D

豫乘識小錄二卷　（清）朱雲錦撰　清同治十二年（1873）文耀齋刻本　二冊

410000－2242－0004954　951.112261/N.311B

［光緒］豐潤縣志十二卷　（清）牛昶煦等纂輯　清光緒十四年（1888）刻本　十二冊

410000－2242－0004955　951.0014/S.335A

弘簡錄二百五十四卷　（明）邵經邦編　清康熙二十七年（1688）刻本　六十四冊

410000－2242－0004956　951.0014/S.335B

弘簡錄二百五十四卷　（明）邵經邦編　清康熙二十年（1681）刻本　八十冊

410000－2242－0004957　951.0014/S.335C

弘簡錄二百五十四卷　（明）邵經邦編　清康熙二十七年（1688）刻本　二十冊

410000－2242－0004958　951.0014/S.337

續弘簡錄元史類編四十二卷　（清）邵遠平撰　清康熙五十四年（1715）刻本　二十冊

410000－2242－0004959　S951.0014/S.337/1

元史類編四十二卷　（清）邵遠平撰　清康熙刻本　十六冊

410000－2242－0004960　951.0014/T155

行在陽秋二卷　（明）戴笠撰　清琉璃廠刻本　一冊

410000－2242－0004961　951.0014/T634/1

平定粵寇紀略十八卷附記四卷　（清）杜文瀾編　清光緒元年(1875)詁谷堂刻本　十冊

410000－2242－0004962　951.0014/T634/2

平定粵寇紀略十八卷附記四卷　（清）杜文瀾編　清同治十年(1871)聚珍齋刻本　十二冊

410000－2242－0004963　951.0014/T634/3

平定粵寇紀略十八卷附記四卷　（清）杜文瀾編　清同治八年(1869)群玉齋刻本　十冊

410000－2242－0004964　951.0014/T634/4

平定粵寇紀略十八卷附記四卷　（清）杜文瀾編　清光緒元年(1875)詁谷堂刻本　十二冊

410000－2242－0004965　S951.0014/W244

陽明先生平濠書六卷　（明）王守仁撰　明刻本　一冊　存一卷(六)

410000－2242－0004966　951.0014/W364A

南疆繹史勘�考八卷摭遺十八卷　（清）李瑤輯　清道光十年(1830)刻本　十二冊

410000－2242－0004967　951.0014/W364B

南疆繹史勘p考八卷摭遺十八卷　（清）李瑤纂　清道光十年(1830)刻本　六冊

410000－2242－0004968　951.0014/Y684

蜀燹述略六卷　（清）余鴻觀撰　清光緒二十年(1894)鉛印本　四冊

410000－2242－0004969　951.0014/Y818/1

越絕書十五卷　（漢）袁康撰　（明）任如棠校　清刻本　一冊

410000－2242－0004970　951.015/H375

王會篇箋釋三卷　（清）何秋濤箋釋　清光緒十七年(1891)江蘇書局刻本　三冊

410000－2242－0004971　951.015/H963A

周季編略九卷　（清）黃式三撰　清同治十二年(1873)浙江書局刻本　四冊

410000－2242－0004972　951.151/S.433A

[雍正]陝西通志一百卷　（清）沈青崖等編　清雍正刻本　二十冊　存二十卷(五十一至七十)

410000－2242－0004973　951.151/S.433B

[雍正]陝西通志一百卷首一卷　（清）沈青崖等編　清雍正刻本　九十冊

410000－2242－0004974　951.151/S.433C

[雍正]陝西通志一百卷首一卷　（清）沈青崖等編　清雍正刻本　一百冊

410000－2242－0004975　S951.151102/S.566

[乾隆]西安府志八十卷首一卷　（清）舒其紳修　（清）嚴長明纂　清乾隆四十四年(1779)刻本　四十冊

410000－2242－0004976　S951.151125/W482

[乾隆]富平縣志八卷　（清）吳六鰲纂　（清）胡文銓修　清乾隆四十三年(1778)刻本　六冊

410000－2242－0004977　951.151132/J195

[光緒]同州府續志十六卷首一卷　（清）饒應祺修　清光緒七年(1881)刻本　五冊

410000－2242－0004978　951.151132/L323

[咸豐]同州府志三十四卷首二卷　（清）李恩繼　（清）文廉修　（清）蔣湘南纂　清咸豐二年(1852)刻本　一冊　存一卷(三十二)

410000－2242－0004979　951.151135/D424

[乾隆]朝邑縣志十一卷首一卷　（清）金嘉琰等修　清乾隆四十五年(1780)刻本　四冊

410000－2242－0004980　S951.151145/F539

[乾隆]韓城縣志十六卷首一卷　（清）傅應奎修　（清）錢坫　（清）周光鄰纂　清乾隆四十九年(1784)刻本　六冊

410000－2242－0004981　S951.151145/S738/1

[萬曆]韓城縣志八卷　（明）蘇進修　（明）張士佩纂　明萬曆三十五年(1607)刻清康熙

增補刻本　二冊

410000－2242－0004982　951.151187/K.179

[正德]武功縣志三卷　（明）康海撰　清同治
十二年(1873)崇文書局刻本　一冊

410000－2242－0004983　S951.151233/T313

[乾隆]洵陽縣志十四卷　（清）鄧夢琴纂修
清乾隆四十八年(1783)刻本　四冊

410000－2242－0004984　S951.0152/C533

新鍥鄭孩如先生精選國語旁訓便讀二卷
（明）鄭惟岳旁訓　明温陵楊氏刻本　一冊

410000－2242－0004985　320.8/W225B

續文獻通考二百五十四卷　（明）王圻纂輯
明萬曆三十一年(1603)曹時聘、許維新等刻
本　十五冊　存六十四卷（一百四十一至一
百五十二、一百八十至一百八十九、一百九十
至二百、二百〇六至二百十七、二百十八至二
百二十五、二百三十五至二百四十五）

410000－2242－0004986　S951.0153/C533

新鍥鄭孩如先生精選戰國策旁訓便讀四卷
（明）鄭惟岳旁訓　明温陵楊氏刻本　二冊

410000－2242－0004987　951.0153/H662

重刻剡川姚氏本戰國策札記三卷　（清）黃丕
烈撰　清嘉慶八年(1803)刻本　一冊

410000－2242－0004988　951.0153/K279/1

戰國策三十二卷　（漢）高誘注　札記三卷
（清）黃丕烈撰　清嘉慶黃氏讀未見書齋刻本
　五冊

410000－2242－0004989　951.0153/K279/2A

戰國策三十二卷　（漢）高誘注　札記三卷
（清）黃丕烈撰　清宣統崇文書局刻本　五冊

410000－2242－0004990　951.0153/K279/2B

戰國策三十二卷　（漢）高誘注　札記三卷
（清）黃丕烈撰　清宣統崇文書局刻本　五冊

410000－2242－0004991　951.0153/L536

戰國紀年六卷附年表一卷　（清）林春溥撰
清道光十八年(1838)林柏山房刻本　六冊

410000－2242－0004992　951.0153/W256/1

國語校注本三種　（清）汪遠孫撰　清道光二
十六年(1846)錢塘汪氏振綺堂刻本　八冊

410000－2242－0004993　350.4/W225

石渠餘紀六卷　（清）王慶雲撰　清光緒刻本
　六冊

410000－2242－0004994　951.043/O146/6B

五代史記七十四卷　（宋）歐陽修撰　（宋）徐
無黨注　（清）彭元瑞增注　清道光八年
(1828)刻本　四十冊

410000－2242－0004995　351.3/Y323/4

光緒壬寅補行庚子辛丑恩正併科鄉試同年全
錄不分卷　（清）□□編　清光緒二十八年
(1902)刻本　一冊

410000－2242－0004996　951.043/S463/2B

舊五代史一百五十卷　（宋）薛居正等撰　清
同治十一年(1872)崇文書局刻本　十六冊

410000－2242－0004997　951.0153/W298/4B

國語二十一卷　（三國吳）韋昭注　札記二十
一卷　（清）黃丕烈撰　清光緒二年(1876)刻
本　四冊

410000－2242－0004998　951.154/S667

欽定新疆識畧十二卷首一卷　（清）松筠纂
清道光元年(1821)刻本　五冊

410000－2242－0004999　S951.154/Y821

欽定新疆識畧一百六十卷首一卷　（清）袁大
化修　（清）王樹枏　（清）王學曾纂　清宣統
三年(1911)活字本　一百十七冊

410000－2242－0005000　951.161/Y577

[乾隆]山東通志三十五卷首一卷　（清）岳濬
修　清乾隆元年(1736)刻本　二十九冊

410000－2242－0005001　S951.161123/H654

[乾隆]泰安縣志十二卷首一卷末一卷　（清）
黃鈐修　（清）蕭儒林　（清）宋圻纂　清乾隆
四十七年(1782)刻本　九冊　存十三卷（一
至十二、末一卷）

410000－2242－0005002　951.161135/H496A

[康熙]海豐縣誌十二卷首一卷　（清）胡公著

撰　清康熙九年(1670)刻本　四冊

410000－2242－0005003　951.161135/H496B
[康熙]海豐縣誌十二卷首一卷　(清)胡公著
撰　清康熙九年(1670)刻本　三冊

410000－2242－0005004　951.161135/H496C
[康熙]海豐縣誌十二卷首一卷　(清)胡公著
撰　清康熙九年(1670)刻本　四冊

410000－2242－0005005　951.161135/H496D
[康熙]海豐縣誌十二卷首一卷　(清)胡公著
撰　清康熙九年(1670)刻本　四冊

410000－2242－0005006　951.161135/H496E
[康熙]海豐縣誌十二卷首一卷　(清)胡公著
撰　清康熙九年(1670)刻本　四冊

410000－2242－0005007　951.161141/W223
[乾隆]樂陵縣志八卷　(清)王謙益等修　清
乾隆二十七年(1762)刻本　八冊

410000－2242－0005008　S951.161201/H499
[乾隆]濟寧直隸州志三十四卷首一卷　(清)
胡德琳　(清)藍應桂修　(清)周永年
(清)盛百二纂　清乾隆四十三年(1778)刻本
二十冊

410000－2242－0005009　951.161203/L318
[光緒]滋陽縣志十四卷　(清)李兆霖等增修
清光緒十四年(1888)刻本　十冊

410000－2242－0005010　951.161209/L761
[康熙]鄒縣志三卷附賦役全書一卷　(清)婁
一均等修　清康熙五十四年(1715)刻本
五冊

410000－2242－0005011　S951.161223/F328
[乾隆]魚台縣志十三卷首一卷末一卷　(清)
馮振鴻纂修　清乾隆二十九年(1764)刻本
四冊

410000－2242－0005012　951.161231/L321
[光緒]費縣志十六卷首一卷　(清)李敬修修
清光緒二十二年(1896)刻本　十冊

410000－2242－0005013　951.161249/H666
[道光]鉅野縣志二十四卷　(清)黃維翰等纂

清道光二十年(1840)刻本　十六冊

410000－2242－0005014　951.161341/C683
[道光]東平州志三十卷　(清)周雲鳳等修
清道光五年(1825)刻本　十六冊

410000－2242－0005015　951.161343/L326
[道光]東阿縣志二十四卷首一卷　(清)李賢
書修　清道光九年(1829)刻本　十二冊

410000－2242－0005016　951.161345/Y713A
[嘉慶]平陰縣志四卷　(清)喻春林修　清嘉
慶十三年(1808)刻本　四冊

410000－2242－0005017　951.161345/Y713B
[嘉慶]平陰縣志四卷　(清)喻春林修　清嘉
慶十三年(1808)刻本　四冊

410000－2242－0005018　951.161349/L662
[光緒]壽張縣志十卷首一卷附賦役全書一卷
　(清)劉文煒修　(清)王守謙編　清光緒二
十六年(1900)刻本　七冊

410000－2242－0005019　951.161405/Y494
[同治]黃縣志十四卷首一卷　(清)尹繼美修
　(清)王棠等纂　清同治十年(1871)刻本
四冊

410000－2242－0005020　951.161411/W177A
[康熙]萊陽縣志十卷　(清)萬邦維等修　清
康熙十七年(1678)刻本　四冊

410000－2242－0005021　951.161411/W177B
[康熙]萊陽縣志十卷　(清)萬邦維等修　清
康熙十七年(1678)刻本　四冊

410000－2242－0005022　951.161411/W177C
[康熙]萊陽縣志十卷　(清)萬邦維等修　清
康熙十七年(1678)刻本　四冊

410000－2242－0005023　951.161437/L347
[乾隆]即墨縣志十二卷首一卷　(清)李元正
修　清乾隆二十九年(1764)刻本　六冊

410000－2242－0005024　951.161449/Y262
[光緒]臨朐縣志十六卷　(清)姚廷福纂　清
光緒十年(1884)刻本　六冊

410000－2242－0005025　951.1621/K171
白下瑣言十卷　（清）甘熙撰　清同治五年
(1866)江寧甘氏刻本　四冊

410000－2242－0005026　951.162117/H372A
[光緒]丹徒縣志六十卷首四卷　（清）何紹章
等修　（清）呂耀斗纂　清光緒五年(1879)刻
本　三十二冊

410000－2242－0005027　951.162117/H372B
[光緒]丹徒縣志六十卷首四卷　（清）何紹章
等修　（清）呂耀斗纂　清光緒五年(1879)刻
本　三十二冊

410000－2242－0005028　951.162203/Y411
[同治]上海縣志三十二卷首一卷補遺一卷敘
錄一卷　（清）葉廷眷等修　（清）應寶時等纂
清同治十一年(1872)刻本　十六冊

410000－2242－0005029　951.162221/L427
[光緒]寶山縣志十四卷　（清）梁蒲貴修
（清）朱延射纂　清光緒八年(1882)學海書院
刻本　十四冊

410000－2242－0005030　951.162300/L332
[光緒]蘇州府志一百五十卷首三卷　（清）李
銘皖等修　（清）馮桂芬等纂　清光緒七年
(1881)刻本　八十冊

410000－2242－0005031　951.162300/S662
[道光]蘇州府志一百五十卷首十卷　（清）宋
如林等修　（清）石韞玉等纂　清道光四年
(1824)刻本　八十冊

410000－2242－0005032　951.162301/C743
吳郡圖經續記三卷　（宋）朱長文撰　清同治
十二年(1873)江蘇書局刻本　一冊

410000－2242－0005033　S951.162303/C518
常昭合志稿五十卷　（清）鄭鍾祥等纂修　清
光緒三十年(1904)活字本　十七冊

410000－2242－0005034　951.162307/N.125
[光緒]震澤縣志三十八卷　（清）倪師孟等修
清光緒十九年(1893)刻本　八冊

410000－2242－0005035　951.162311/P.295

[光緒]無錫金匱縣志四十卷首一卷附殉難表
二卷列女錄四卷　（清）裴大中等修　清光緒
七年(1881)刻本　十九冊

410000－2242－0005036　951.162315/L814
[光緒]江陰縣志三十卷首一卷　（清）盧思誠
等修　（清）李念詒纂　清光緒四年(1878)刻
本　二十冊

410000－2242－0005037　951.162403/C277
[同治]山陽縣志二十一卷　（清）張兆棟等修
（清）何紹基等纂　清同治十二年(1873)刻
本　十二冊

410000－2242－0005038　951.162403/S824
[光緒]淮安府志四十卷首一卷　（清）孫雲錦
修　（清）吳昆田　（清）高延第纂　清光緒十
年(1884)刻本　十六冊

410000－2242－0005039　951.162412/C311
[嘉慶]重修揚州府志七十二卷首一卷　（清）
張世浣等修　（清）姚文田等纂　清嘉慶十五
年(1810)刻本　四十八冊

410000－2242－0005040　951.162412/Y541
[同治]續纂揚州府志二十四卷　（清）英傑修
（清）晏端書等纂　清同治十三年(1874)刻
本　十二冊

410000－2242－0005041　951.162417/C683
[嘉慶]東台縣志四十卷　（清）周右纂修　清
嘉慶二十一年(1816)刻本　十冊

410000－2242－0005042　951.163/L346A
[光緒]敕修浙江通志二百八十卷首三卷
（清）嵇曾筠等修　清光緒二十五年(1899)浙
江書局刻本　一百二十冊

410000－2242－0005043　951.163/L346B
[光緒]敕修浙江通志二百八十卷首三卷
（清）嵇曾筠等修　清光緒二十五年(1899)浙
江書局刻本　一百二十冊

410000－2242－0005044　951.163103/N.194
[光緒]錢塘縣志不分卷　（明）聶心湯修　武
林遊記一卷　（明）高攀龍撰　流芳亭紀一卷

（明）高攀龍撰　清光緒十九年(1893)武林
丁氏刻本　六冊

410000－2242－0005045　951.163103/S.429
[光緒]仁和縣志十四卷　（明）沈朝宣撰　清
光緒十九年(1893)武林丁氏刻本　五冊

410000－2242－0005046　951.163111/S.156
[淳祐]臨安志□□卷　（宋）施諤纂　清光緒
刻本　一冊　存二卷(七至八)

410000－2242－0005047　951.163111/V.476A
[咸淳]臨安志九十七卷　（宋）潛說友撰　札
記三卷　（清）黃士珣撰　清道光十年(1830)
錢塘汪氏振綺堂刻本　二十四冊

410000－2242－0005048　951.163111/V.476B
[咸淳]臨安志九十七卷　（宋）潛說友撰　札
記三卷　（清）黃士珣撰　清道光十年(1830)
錢塘汪氏振綺堂刻本　二十四冊

410000－2242－0005049　951.163130/V721
[同治]湖州府志九十六卷首一卷　（清）宗源
瀚等修　（清）周學濬等纂　清同治十一年
(1872)開雕十三年(1874)竣工愛山書院刻本
四十冊

410000－2242－0005050　951.163201/Y198
[光緒]鄞縣志七十五卷　（清）張恕等修　清
光緒三年(1877)楊氏刻本　三十二冊

410000－2242－0005051　951.163221/C678
[光緒]餘姚縣志二十七卷首一卷末一卷
（清）周炳麟修　（清）邵友濂等纂　清光緒二
十五年(1899)刻本　十六冊

410000－2242－0005052　951.163223/T.221
[光緒]上虞縣志四十八卷首一卷末一卷
（清）唐煦春修　（清）宋士黻纂　清光緒十六
年(1890)　二十冊

410000－2242－0005053　951.163237/W231
[光緒]寧海縣志二十四卷首一卷　（清）王瑞
成等修　（清）張浚等纂　清光緒二十八年
(1902)刻本　十二冊

410000－2242－0005054　951.00164/L634

御覽天方至聖實錄二十卷　（清）劉智撰　清
同治十年(1871)張璽抄本　九冊

410000－2242－0005055　951.164/T.256
[道光]安徽通志二百六十卷首六卷　（清）陶
澍等修　（清）李振庸等纂修　清道光十年
(1830)刻本　一百冊

410000－2242－0005056　951.164210/L717
[淳熙]新安志十卷　（宋）羅願撰　清光緒十
四年(1888)黟縣李氏刻本　四冊

410000－2242－0005057　951.164333/W243
盱眙縣志稿十七卷　（清）王錫元等修　清光
緒十七年(1891)刻本　八冊

410000－2242－0005058　951.165/S826
[同治]重纂福建通志二百七十八卷首六卷附
列女志一卷　（清）孫爾準等修　（清）陳壽祺
等纂　清同治七年(1868)正誼書院刻本　一
百八十冊

410000－2242－0005059　951.00165/W326/4A
聖武記十四卷　（清）魏源撰　清光緒七年
(1881)刻本　十二冊

410000－2242－0005060　951.00165/W326/4B
聖武記十四卷　（清）魏源撰　清光緒七年
(1881)刻本　十二冊

410000－2242－0005061　S951.166/Y686
[乾隆]續修臺灣府志二十六卷首一卷　（清）
余文儀纂修　（清）黃佾參輯　清乾隆二十九
年(1764)刻本　十三冊

410000－2242－0005062　951.17/H376
[光緒]衛藏通志十六卷首一卷　（清）和琳纂
　清光緒二十一年(1895)刻本　三冊　存六
卷(一至三、十四至十六)

410000－2242－0005063　951.17/H662A
西藏圖考八卷　（清）黃沛翹編　清光緒二十
三年(1897)刻本　四冊

410000－2242－0005064　951.17/H662B
西藏圖考八卷　（清）黃沛翹編　清光緒二十
三年(1897)刻本　六冊

410000－2242－0005065　951.17/S.268

西藏小識四卷　（清）單毓年撰　清光緒三十四年(1908)抄本　四冊

410000－2242－0005066　951.18/C292/1

蒙古遊牧記十六卷　（清）張穆撰　清光緒二十年(1894)上海復古書局石印本　六冊

410000－2242－0005067　951.18/C292/2A

蒙古遊牧記十六卷　（清）張穆撰　清同治六年(1867)壽陽祁氏刻本　四冊

410000－2242－0005068　951.18/C292/2B

蒙古遊牧記十六卷　（清）張穆撰　清同治六年(1867)壽陽祁氏刻本　四冊

410000－2242－0005069　951.0018/C533

廿一史約編不分卷　（清）鄭元慶編　清光緒十三年(1887)鴻文書局石印本　四冊

410000－2242－0005070　951.0018/C.397

史緯三百三十卷首一卷　（漢）司馬遷撰　（清）陳允錫編　清同治九年(1870)刻本　一百〇六冊

410000－2242－0005071　S951.0018/L539

漢雋十卷　（宋）林鉞輯　（明）郟鼎校　明嘉靖十一年(1532)刻本　四冊

410000－2242－0005072　951.0018/P.178

宋稗類鈔三十五卷　（清）潘永因編　清宣統三年(1911)蔾光社石印本　十二冊

410000－2242－0005073　951.0018/S.431

南史識小錄十四卷北史識小錄十四卷　（清）沈名蓀　（清）朱昆田輯　清同治十年(1871)刻本　十冊

410000－2242－0005074　951.0018/T.543

同治十二年癸酉科八旗同年全錄不分卷　（清）□□撰　清同治刻本　二冊

410000－2242－0005075　951.0018/W234

王先生十七史蒙求十六卷　（宋）王冷撰　清康熙五十二年(1713)海陽程氏養志堂刻本　四冊

410000－2242－0005076　S951.0018/Y214

兩漢博聞十二卷　（宋）楊侃輯　明嘉靖三十七年(1558)黃魯曾刻本　六冊

410000－2242－0005077　951.0018/Y261

史記菁華錄六卷　（清）姚苧田輯　清同治十二年(1873)刻本　六冊

410000－2242－0005078　S951.0018/Y818

旁訓史漢芳潤史記二卷漢書後漢書三卷　（明）袁黃選注　明萬曆三十四年(1606)刻本　三冊

410000－2242－0005079　951.0019/L943

滇粹一卷　呂志伊　李根源編　清光緒三十四年(1908)騰越李氏鉛印本　一冊

410000－2242－0005080　951.07/W497B

綏寇紀略十二卷　（清）吳偉業輯　（清）張海鵬考訂　綏寇紀略補遺三卷　（清）吳偉業撰　（清）張海鵬考訂　清嘉慶九年(1804)張氏照曠閣刻本　十冊

410000－2242－0005081　951.021/L571

漢書評林一百卷　（明）凌稚隆輯　（唐）顏師古注　清光緒二十七年(1901)天章書局石印本　十二冊

410000－2242－0005082　S951.021/L571/1

漢書評林一百卷　（明）凌稚隆輯　明萬曆九年(1581)凌稚隆刻本　四十一冊

410000－2242－0005083　951.021/P181/2

前漢書一百二十卷　（漢）班固撰　（唐）顏師古注　清光緒三十一年(1905)久敬齋石印本　十二冊

410000－2242－0005084　951.021/P181/4

前漢書一百二十卷　（漢）班固撰　（唐）顏師古注　清光緒十四年(1888)上海圖書集成印書局鉛印本　二十冊

410000－2242－0005085　951.021/P181/6

前漢書一百二十卷　（漢）班固撰　（唐）顏師古注　清光緒十三年(1887)金陵書局刻本　十六冊

410000－2242－0005086　951.021/P181/7

237

前漢書一百二十卷　（漢）班固撰　（唐）顏師古注　清光緒二十九年（1903）五洲同文局石印本　三十二冊

410000－2242－0005087　951.021/P181/9
前漢書一百二十卷　（漢）班固撰　（唐）顏師古注　清光緒二十四年（1898）祥記書莊石印本　八冊

410000－2242－0005088　951.021/P181/10
前漢書一百二十卷　（漢）班固撰　（唐）顏師古注　清同治八年（1869）金陵書局刻本　十五冊　存一百卷（一至一百）

410000－2242－0005089　951.021/P181/11
前漢書一百二十卷　（漢）班固撰　（唐）顏師古注　清光緒十四年（1888）蜚英館石印本　八冊　存四十卷（一至四十）

410000－2242－0005090　951.021/P181/12
前漢書一百二十卷　（漢）班固撰　（唐）顏師古注　清光緒三十一年（1905）武林竹簡齋石印本　十冊

410000－2242－0005091　951.021/S.429
漢書疏證三十六卷　（清）沈欽韓撰　清光緒二十六年（1900）浙江書局刻本　四冊　存十卷（一至十）

410000－2242－0005092　951.021/V.482
漢書辨疑二十二卷　（清）錢大昭撰　清光緒十三年（1887）廣雅書局刻本　一冊　存四卷（一至四）

410000－2242－0005093　951.021/W238
漢書志十六卷　（清）王念孫撰　清光緒二十一年（1895）刻本　四冊

410000－2242－0005094　951.021/W243/1
漢書補註一百卷首一卷　（漢）班固撰　（唐）顏師古　王先謙注　清光緒二十六年（1900）長沙王氏刻本　三十一冊

410000－2242－0005095　951.021/W243/2
漢書補註一百卷首一卷　王先謙注　清光緒二十六年（1900）刻本　三十二冊

410000－2242－0005096　951.022/F153/1
後漢書一百二十卷　（南朝宋）范曄撰　清光緒十八年（1892）武林竹簡齋石印本　八冊

410000－2242－0005097　951.022/F153/5
後漢書一百二十卷　（南朝宋）范曄撰　清光緒十四年（1888）上海圖書集成印書局鉛印本　十二冊

410000－2242－0005098　951.022/F153/6
後漢書一百二十卷　（南朝宋）范曄撰　清光緒三十一年（1905）武林竹簡齋石印本　八冊

410000－2242－0005099　951.022/F153/8
後漢書一百二十卷　（南朝宋）范曄撰　清光緒十三年（1887）金陵書局刻本　十六冊

410000－2242－0005100　951.022/F153/9
後漢書一百二十卷附考證一卷　（南朝宋）范曄撰　清光緒二十九年（1903）五洲同文書局石印本　二十八冊

410000－2242－0005101　951.022/F153/10
後漢書一百二十卷　（南朝宋）范曄撰　（唐）李賢注　清同治八年（1869）金陵書局石印本　十二冊

410000－2242－0005102　951.022/F153/11
後漢書一百二十卷　（南朝宋）范曄撰　（南朝梁）劉昭補志　（唐）李賢注　清光緒三十一年（1905）久敬齋石印本　八冊

410000－2242－0005103　951.022/F153/16
後漢書一百二十卷　（南朝宋）范曄撰　（南朝梁）劉昭補志　（唐）李賢注　清光緒十四年（1888）蜚英館石印本　十二冊

410000－2242－0005104　951.022/H379
續後漢書九十卷　（元）郝經撰　清光緒刻本　一冊　存五卷（二十六至三十）

410000－2242－0005105　951.022/H461
後漢書補註續一卷　（清）侯康撰　清光緒十七年（1891）廣雅書局刻本　一冊

410000－2242－0005106　951.022/S434
續後漢書四十二卷義例一卷音義四卷札記一

238

卷　(宋)蕭常撰　郝經續後漢書九十卷札記
四卷　(元)郝經撰　清道光二十一年(1841)
刻本　三十二冊

410000－2242－0005107　951.022/S.429
後漢書疏證三十卷　(清)沈欽韓撰　清光緒
二十六年(1900)浙江書局刻本　九冊

410000－2242－0005108　951.022/Y818
後漢光武皇帝紀三十卷　(晉)袁宏撰　清光
緒二年(1876)嶺南述古堂刻本　六冊

410000－2242－0005109　951.0023/C415/1
廿二史劄記三十六卷補遺一卷　(清)趙翼撰
清刻本　十冊

410000－2242－0005110　951.0023/C415/2
廿二史劄記三十六卷補遺一卷　(清)趙翼撰
清光緒刻本　八冊　存十八卷(二十至三
十六、補遺一卷)

410000－2242－0005111　951.0023/C415/2B
廿二史劄記三十六卷補遺一卷　(清)趙翼撰
清光緒二十五年(1899)漢文書局刻本　十
六冊

410000－2242－0005112　951.023/C.391
魏志三十卷　(晉)陳壽撰　(南朝宋)裴松之注
清光緒三十一年(1905)久敬齋石印本　二冊

410000－2242－0005113　951.023/C.391/4
三國志六十五卷　(晉)陳壽撰　(南朝宋)裴
松之注　清光緒十四年(1888)上海圖書集成
印書局鉛印本　七冊

410000－2242－0005114　951.023/C.391/5
三國志六十五卷　(晉)陳壽撰　(南朝宋)裴
松之注　清同治九年(1870)金陵書局鉛印本
八冊

410000－2242－0005115　951.023/C.391/7
三國志六十五卷　(晉)陳壽撰　(南朝宋)裴
松之注　清光緒十三年(1887)江南書局刻本
五冊

410000－2242－0005116　951.023/C.391/8
三國志六十五卷　(晉)陳壽撰　(南朝宋)裴

松之注　清光緒十三年(1887)江南書局刻本
二十四冊

410000－2242－0005117　951.023/C.391/12
三國志六十五卷　(晉)陳壽撰　(南朝宋)裴
松之注　清光緒十四年(1888)蜚英館石印本
八冊

410000－2242－0005118　951.023/H432
三國疆域志補注十九卷　(清)洪亮吉撰
(清)謝鍾英補注　清光緒刻本　八冊

410000－2242－0005119　951.0023/L342/1
史論五種附一種　(清)李祖陶撰　清同治十
年(1871)刻本　八冊

410000－2242－0005120　S951.0023/L661
劉嘯林史論四卷　(清)劉青霞撰　清乾隆二
十年(1755)刻本　二冊

410000－2242－0005121　951.0023/L663
史存三十卷　(清)劉沅編　清道光二十七年
(1847)刻本　十六冊

410000－2242－0005122　951.0023/S123/1
司馬溫公稽古錄二十卷附校勘記一卷　(宋)
司馬光撰　清光緒五年(1879)江蘇書局刻本
四冊

410000－2242－0005123　951.0023/S123/2
司馬溫公稽古錄二十卷　(宋)司馬光撰　清
同治十一年(1872)湖北崇文書局刻本　四冊

410000－2242－0005124　951.023/V.482
三國志證聞三卷　(清)錢儀吉撰　清光緒十
一年(1885)江蘇書局刻本　二冊

410000－2242－0005125　951.0023/Y676A
讀史漫錄十四卷　(明)于慎行撰　清光緒二
十一年(1895)刻本　六冊

410000－2242－0005126　951.0023/Y676B
讀史漫錄十四卷　(明)于慎行撰　清光緒二
十一年(1895)刻本　六冊

410000－2242－0005127　951.0023/Y676C
讀史漫錄十四卷　(明)于慎行撰　清光緒二
十一年(1895)刻本　六冊

410000－2242－0005128　951.0023／Y676D

讀史漫錄十四卷　（明）于慎行撰　清光緒二十一年(1895)刻本　六冊

410000－2242－0005129　951.00231／P247／1

皇朝謚法考五卷續編一卷　（清）鮑康編　續補編一卷　（清）徐士鑾撰　清同治三年(1864)刻本　二冊

410000－2242－0005130　951.00231／P247／2

皇朝謚法考五卷　（清）鮑康編　編年備攷一卷　（清）薛浚輯　清同治三年(1864)刻本　一冊

410000－2242－0005131　951.00231／P247／3

皇朝謚法考五卷補編一卷　（清）鮑康編　清同治三年(1864)刻本　一冊

410000－2242－0005132　951.00231／V.482／1

考史拾遺十卷　（清）錢大昕撰　清嘉慶十二年(1807)嘉興郡齋刻本　四冊

410000－2242－0005133　951.00231／V.482／2

考史拾遺十卷　（清）錢大昕撰　清嘉慶十二年(1807)嘉興郡齋刻本　二冊　存五卷(三史拾遺一至五)

410000－2242－0005134　951.00231／W235／3

十七史商榷一百卷　（清）王鳴盛撰　清光緒十九年(1893)廣雅書局刻本　十八冊

410000－2242－0005135　951.032／W256B

南北史補志十四卷附讚一卷　（清）汪士鐸撰　清光緒四年(1878)淮南書局刻本　六冊

410000－2242－0005136　951.00231／W235／4A

十七史商榷一百卷　（清）王鳴盛撰　清乾隆五十二年(1787)刻本　十六冊

410000－2242－0005137　951.00231／W235／4B

十七史商榷一百卷　（清）王鳴盛撰　清乾隆五十二年(1787)刻本　二十四冊

410000－2242－0005138　951.2832／V.527

平浙紀略十六卷　（清）秦緗業　（清）陳鍾英編　清同治十二年(1873)浙江書局刻本　四冊

410000－2242－0005139　951.003／C.371

日涉編十二卷　（清）陳堦編　（清）艾白輝補編　清康熙二十七年(1688)刻本　十二冊

410000－2242－0005140　951.003／L789

帝王謚年諱譜自漢迄明不分卷　（清）陸費墀撰　清阮福刻本　一冊

410000－2242－0005141　951.003／T678

廿四史三表二十卷　（清）段長基撰　清光緒元年(1875)味古山房刻本　十六冊

410000－2242－0005142　951.003／W177／1

歷代紀元彙考八卷續編一卷　（清）萬斯同輯　清光緒二十三年(1897)瀚洲李氏刻本　一冊

410000－2242－0005143　951.003／W177／2

歷代史表五十九卷　（清）萬斯同輯　清光緒十九年(1893)古香閣石印本　八冊

410000－2242－0005144　S951.003／W475

列國世次便考圖附唐昭陵陪葬考一卷　（清）吳鳳來輯　清常茂徠抄本　一冊

410000－2242－0005145　951.003／Y225

皇朝謚法考十卷　（清）楊樹編　清光緒二十八年(1902)刻本　二冊

410000－2242－0005146　951.031／F188／4

晉書一百三十卷　（唐）房玄齡撰　音義三卷　（清）楊正衡撰　清同治十年(1871)金陵書局刻本　二十冊

410000－2242－0005147　951.031／F188／5

晉書一百三十卷　（唐）房玄齡撰　清光緒二十九年(1903)五洲同文局石印本　三十冊

410000－2242－0005148　951.031／F188／7

晉書一百三十卷　（唐）房玄齡撰　清光緒十四年(1888)上海圖書集成書局鉛印本　十六冊

410000－2242－0005149　S951.031／H553

晉書纂七卷　（明）華玄禔爾遐父纂　明萬曆刻本　一冊　存一卷(四)

410000－2242－0005150　951.0312／D.767

十六國春秋一百卷 （北魏）崔鴻撰 清刻本
　三十二冊 存八十一卷（二至六、十三至二
　十一、二十三至四十九、五十六至六十五、七
　十一至一百）

410000－2242－0005151　951.0312/T.225
十六國春秋輯補一百卷附年表一卷 （清）湯
　球撰 清光緒二十一年（1895）廣雅書局刻本
　十冊

410000－2242－0005152　S951.0312/V.767
十六國春秋一百卷 （北魏）崔鴻撰 清乾隆
　四十六年（1781）仁和汪日桂刻本 二十四冊

410000－2242－0005153　951.032/W256A
南北史補志十四卷附讚一卷 （清）汪士鐸撰
　清光緒四年（1878）淮南書局刻本 六冊

410000－2242－0005154　951.0321/L347/1A
南史八十卷 （唐）李延壽撰 清同治十一年
　（1872）金陵書局刻本 五冊 存四十卷（一
　至四十）

410000－2242－0005155　951.0321/L347/5A
南史八十卷 （唐）李延壽撰 清光緒十四年
　（1888）上海圖書集成書局鉛印本 十二冊

410000－2242－0005156　951.03211/S.433/1A
宋書一百卷 （南朝梁）沈約撰 清同治十一
　年（1872）金陵書局刻本 十六冊

410000－2242－0005157　951.03211/S.433/4A
宋書一百卷 （南朝梁）沈約撰 清光緒十四
　年（1888）上海圖書集成書局鉛印本 十二冊

410000－2242－0005158　951.03211/S.433/8
宋書一百卷 （南朝梁）沈約撰 清金陵書局
　刻本 三冊 存二十五卷（十六至二十、四十
　一至六十）

410000－2242－0005159　951.03212/S437/1A
南齊書五十九卷 （南朝梁）蕭子顯撰 清同
　治十三年（1874）金陵書局刻本 六冊

410000－2242－0005160　951.03213/Y261/1A
梁書五十六卷 （唐）姚思廉撰 清同治十三
　年（1874）金陵書局刻本 六冊

410000－2242－0005161　951.03214/Y261/1A
陳書三十六卷 （唐）姚思廉撰 清同治十一
　年（1872）金陵書局刻本 四冊

410000－2242－0005162　951.03214/Y261/3A
陳書三十六卷 （唐）姚思廉撰 清光緒十四
　年（1888）上海圖書集成書局鉛印本 四冊

410000－2242－0005163　S951.0322/L342
北史一百卷 （唐）李延壽撰 明萬曆二十年
　（1592）刻清順治、康熙遞修本 十二冊 存
　四十一卷（二十六至三十一、六十六至一百）

410000－2242－0005164　951.0322/L347/1A
北史一百卷 （唐）李延壽撰 清同治十一年
　（1872）金陵書局刻本 十八冊

410000－2242－0005165　951.0322/L347/2A
北史一百卷 （唐）李延壽撰 清光緒十四年
　（1888）上海圖書集成書局鉛印本 二十三冊

410000－2242－0005166　951.03221/W329/1A
魏書一百十四卷 （北齊）魏收撰 清同治十
　一年（1872）金陵書局刻本 十二冊

410000－2242－0005167　951.03221/W329/3
魏書一百十四卷 （北齊）魏收撰 清光緒十
　四年（1888）上海圖書集成書局鉛印本 十
　六冊

410000－2242－0005168　951.03222/L337/1A
北齊書五十卷 （唐）李百藥撰 清同治十三
　年（1874）金陵書局刻本 四冊

410000－2242－0005169　951.03222/L337/3
北齊書五十卷 （唐）李百藥撰 清光緒二十
　九年（1903）五洲同文局石印本 八冊

410000－2242－0005170　951.03222/L337/4A
北齊書五十卷 （唐）李百藥撰 清光緒十四
　年（1888）上海圖書集成印書局鉛印本 六冊

410000－2242－0005171　951.03223/L567/1A
周書五十卷 （唐）令狐德棻撰 清同治十三
　年（1874）金陵書局刻本 四冊

410000－2242－0005172　951.03223/L567/4
周書五十卷 （唐）令狐德棻撰 清光緒二十

九年(1903)五洲同文局石印本　八冊

410000－2242－0005173　951.03223/L567/5A
周書五十卷　(唐)令狐德棻撰　清光緒十四年(1888)上海圖書集成印書局刻本　四冊

410000－2242－0005174　951.033/W326/6
隋書八十五卷　(唐)魏徵撰　清光緒二十九年(1903)五洲同文局石印本　二十四冊

410000－2242－0005175　951.033/Y225/1
隋書地理志考證九卷附補遺一卷　楊守敬撰　清光緒二十七年(1901)宜都楊氏刻本六冊

410000－2242－0005176　951.033/Y225/2
重訂隋書地理志考證九卷　楊守敬撰　清光緒二十七年(1901)宜都楊氏刻本　二冊　存三卷(五至七)

410000－2242－0005177　951.004/C298/1
歷代史論十二卷　(明)張溥論正　元史論一卷　(明)張溥論正　明史論一編四卷　(清)谷應泰論正　左傳史論二卷　(清)高士奇論正　史論一編四卷　(明)張溥論正　清光緒二十四年(1898)滬江寄廬草堂石印本　四冊

410000－2242－0005178　951.004/C298/2
歷代史論十二卷　(明)張溥論正　清光緒二十四年(1898)石印本　六冊

410000－2242－0005179　951.004/C318/1A
文史通義八卷校讎通義三卷　(清)章學誠撰清道光十二年(1832)刻本　五冊

410000－2242－0005180　951.004/C318/5A
文史通義八卷校讎通義三卷　(清)章學誠撰清光緒二十八年(1902)湖南勸學書舍刻本八冊

410000－2242－0005181　951.004/C318/6A
章氏遺書二種　(清)章學誠撰　清光緒三年(1877)貴陽刻本　五冊

410000－2242－0005182　951.004/C318/7
文史通義八卷　(清)章學誠撰　清光緒二十四年(1898)長沙經文書局刻本　七冊

410000－2242－0005183　951.004/C523
古今人物論三十六卷　(明)鄭賢輯　清光緒二十八年(1902)掃葉山房石印本　六冊

410000－2242－0005184　951.004/D129/1
史通削繁四卷　(清)紀昀輯　清光緒元年(1875)刻本　四冊

410000－2242－0005185　951.004/D129/2
史通削繁四卷　(清)紀昀輯　清光緒二十一年(1895)寶慶澹雅書局刻本　四冊

410000－2242－0005186　951.004/D129/3
史通削繁四卷　(清)紀昀輯　清光緒元年(1875)湖北崇文書局刻本　四冊

410000－2242－0005187　951.004/D129/4A
史通削繁四卷　(清)紀昀輯　清道光十三年(1833)刻本　四冊

410000－2242－0005188　951.004/D129/4B
史通削繁四卷　(清)紀昀輯　清道光十三年(1833)刻本　四冊

410000－2242－0005189　951.004/D129/4C
史通削繁四卷　(清)紀昀輯　清道光十三年(1833)刻本　四冊

410000－2242－0005190　951.004/K438
涉史隨筆不分卷　(宋)葛洪撰　清道光十年(1830)長白榮氏刻本　一冊

410000－2242－0005191　951.004/L359
歷代史事論海三十二卷附近科鄉會史事論海四卷　(□)□□編　清光緒三十年(1904)石印本　二十一冊

410000－2242－0005192　951.004/L539
評選船山史論二卷　林紓評選　清宣統三年(1911)商務印書館鉛印本　二冊

410000－2242－0005193　951.04/L642/1A
舊唐書二百卷　(後晉)劉昫撰　清同治十一年(1872)浙江書局刻本　二十八冊

410000－2242－0005194　951.04/L642/3
舊唐書二百卷　(後晉)劉昫撰　清光緒十四年(1888)上海圖書集成印書局鉛印本　三十冊

410000 - 2242 - 0005195　951.04/L642/5

舊唐書二百卷　(後晉)劉昫撰　清光緒二十
九年(1903)五洲同文局石印本　四十四冊

410000 - 2242 - 0005196　S951.04/O146

歐陽修新唐書讚不分卷　(宋)歐陽修撰　清
鮑氏知不足齋抄本　二冊

410000 - 2242 - 0005197　951.04/O146/1

唐書二百二十五卷附釋音二十五卷　(宋)歐
陽修　(宋)宋祁　(宋)董衝撰　清光緒二十
九年(1903)五洲同文局石印本　五十冊

410000 - 2242 - 0005198　951.04/O146/2

唐書二百二十五卷　(宋)歐陽修　(宋)宋祁
撰　清同治十二年(1873)浙江書局刻本　三
十八冊　存一百六十卷(一至三十九、七十二
至一百九十二)

410000 - 2242 - 0005199　951.04/O146/3

唐書二百二十五卷附釋音二十五卷　(宋)歐
陽修　(宋)宋祁　(宋)董衝撰　清光緒十四
年(1888)上海圖書集成印書局鉛印本　三十
二冊

410000 - 2242 - 0005200　951.04/O146/6

唐書二百二十五卷　(宋)歐陽修　(宋)宋祁
撰　清初刻本　四冊　存三十一卷(四十至
五十四、一百至一百十五)

410000 - 2242 - 0005201　951.004/P.178

綱鑑總論二卷　(清)潘榮撰　清光緒二十七
年(1901)煥文書局石印本　二冊

410000 - 2242 - 0005202　951.004/P.634/2

史通通釋二十卷　(唐)劉知幾撰　(清)浦起
龍釋　清光緒十九年(1893)文瑞樓石印本
八冊

410000 - 2242 - 0005203　951.004/S123

通鑑論三卷附稽古錄論一卷　(宋)司馬光撰
清光緒二十七年(1901)石印本　三冊

410000 - 2242 - 0005204　951.004/S917

古今史論統編十六卷　(清)徐永隆編　清光
緒二十八年(1902)石印本　十一冊

410000 - 2242 - 0005205　951.04/S.432

新舊唐書合鈔二百六十卷附宰相世系表訂譌
十二卷唐書補正六卷　(清)沈炳震纂　清同
治十年(1871)武林吳氏清來堂刻本　八十冊

410000 - 2242 - 0005206　951.004/T.222

唐宋名賢歷代確論一百卷　(明)□□編　清
光緒二十八年(1902)石印本　八冊

410000 - 2242 - 0005207　951.004/V.481

史目表一卷　(清)錢恂撰　清宣統歸安錢氏
刻本　一冊

410000 - 2242 - 0005208　951.004/W227/2

宋論十五卷　(清)王夫之撰　清同治四年
(1865)金陵節署刻本　三冊

410000 - 2242 - 0005209　951.004/W244

史論正鵠初集四卷二集四卷三集八卷　(清)
王樹敏編　清光緒二十七年(1901)久敬齋石
印本　十六冊

410000 - 2242 - 0005210　951.004/Y821

精選二十四史政治新論二十四卷　(清)袁紹
隨編　清光緒二十八年(1902)文盛堂石印本
二十

410000 - 2242 - 0005211　951.043/O146/1A

五代史七十四卷　(宋)歐陽修撰　(宋)徐無
黨注　清同治十一年(1872)崇文書局刻本
八冊

410000 - 2242 - 0005212　951.043/O146/1B

五代史七十四卷　(宋)歐陽修撰　(宋)徐無
黨注　清同治十一年(1872)崇文書局刻本
八冊

410000 - 2242 - 0005213　951.043/O146/1C

五代史七十四卷　(宋)歐陽修撰　(宋)徐無
黨注　清同治十一年(1872)崇文書局刻本
八冊

410000 - 2242 - 0005214　951.043/O146/1D

五代史七十四卷　(宋)歐陽修撰　(宋)徐無
黨注　清同治十一年(1872)崇文書局刻本
八冊

410000－2242－0005215　951.043/O146/2A

五代史七十四卷　（宋）歐陽修撰　清光緒十四年(1888)上海圖書集成印書局鉛印本　六冊

410000－2242－0005216　951.043/O146/2B

五代史七十四卷　（宋）歐陽修撰　清光緒十四年(1888)上海圖書集成印書局鉛印本　六冊

410000－2242－0005217　951.043/O146/4A

五代史七十四卷　（宋）歐陽修撰　清光緒二十九年(1903)五洲同文局石印本　十冊

410000－2242－0005218　951.043/O146/4B

五代史七十四卷　（宋）歐陽修修　清光緒二十九年(1903)五洲同文局石印本　四冊

410000－2242－0005219　951.043/O146/5

五代史記七十四卷　（宋）歐陽修撰　（宋）徐無黨注　（清）彭元瑞增注　清道光雲牲書屋刻本　四十冊

410000－2242－0005220　951.043/O146/6A

五代史記七十四卷　（宋）歐陽修撰　（宋）徐無黨注　（清）彭元瑞增注　清道光八年(1828)刻本　四十冊

410000－2242－0005221　951.043/O146/7

五代史記七十四卷　（宋）歐陽修撰　（宋）徐無黨注　（清）彭元瑞增注　清道光八年(1828)刻本　五十二冊

410000－2242－0005222　951.043/S463/2A

舊五代史一百五十卷　（宋）薛居正等撰　清同治十一年(1872)崇文書局刻本　十冊

410000－2242－0005223　951.043/S463/3A

舊五代史一百五十卷　（宋）薛居正等撰　清光緒十四年(1888)上海圖書集成印書局鉛印本　十二冊

410000－2242－0005224　951.043/S463/5

舊五代史一百五十卷目錄二卷　（宋）薛居正等撰　清光緒二十九年(1903)五洲同文局石印本　二十四冊

410000－2242－0005225　951.043/W478/1

十國春秋一百十四卷拾遺一卷備考一卷　（清）吳任臣撰　（清）周昂輯　清乾隆五十八年(1793)此宜閣刻本　十九冊

410000－2242－0005226　951.043/W478/2

十國春秋一百十四卷拾遺一卷備考一卷　（清）吳任臣撰　（清）周昂輯　清乾隆五十八年(1793)此宜閣刻本　三十冊

410000－2242－0005227　951.043/W478/3

十國春秋一百十四卷　（清）吳任臣撰　清康熙匯賢齋刻本　十冊

410000－2242－0005228　951.0432/C.369

續唐書七十卷　（清）陳鱣撰　清光緒二十一年(1895)廣雅書局刻本　六冊

410000－2242－0005229　951.05/L339A

建炎以來繫年要錄二百卷　（宋）李心傳撰　清光緒八年(1882)蕭氏刻本　三十九冊

410000－2242－0005230　951.05/S341

四朝別史四十二卷　（清）席世臣輯　清乾隆嘉慶席氏掃葉山房刻本　十九冊

410000－2242－0005231　951.05/T.513/4

宋史四百九十六卷　（元）脫脫等撰　清光緒元年(1875)浙江書局刻本　四十一冊

410000－2242－0005232　951.05/T.513/5

宋史四百九十六卷　（元）脫脫等撰　清光緒元年(1875)浙江書局刻本　一百冊

410000－2242－0005233　951.05/T.513/7

宋史四百九十六卷　（元）脫脫等撰　清光緒十四年(1888)上海圖書集成印書局刻本　六十五冊

410000－2242－0005234　951.05/T.513/8

宋史四百九十六卷　（元）脫脫等撰　清光緒十四年(1888)上海圖書集成印書局刻本　五十三冊　存五十三卷(八十七至九十四、一百五十七至二百〇一)

410000－2242－0005235　951.05/Y577/1

金佗粹編二十八卷　（宋）岳珂編　清光緒九

年(1883)浙江書局刻本　六冊

410000－2242－0005236　951.05/Y577/2

金佗續編三十卷　（宋）岳珂編　清光緒九年
(1883)浙江書局刻本　六冊

410000－2242－0005237　S951.05014/W223

東都事略一百三十卷　（宋）王偁撰　明刻本
十二冊

410000－2242－0005238　951.05014/W223/1

東都事略一百三十卷　（宋）王偁撰　清乾隆
六十年(1795)常熟席氏掃葉山房刻本　八冊

410000－2242－0005239　951.0512/H.579

中興小紀四十卷　（宋）熊克撰　清光緒十七
年(1891)廣雅書局刻本　五冊

410000－2242－0005240　951.0512/L337

中興戰功錄一卷　（宋）李壁撰　清光緒三十
一年(1905)刻本　一冊

410000－2242－0005241　951.0512/V.482

南宋書六十八卷　（明）錢士升撰　清嘉慶二
年(1797)掃葉山房刻本　十冊

410000－2242－0005242　951.052/L347

遼史紀事本末四十卷　（清）李有棠編　清光
緒二十八年(1902)著易堂石印本　二冊

410000－2242－0005243　951.052/L355/1A

遼史拾遺二十四卷附遼史紀年表一卷　（清）
厲鶚撰　清光緒元年(1875)江蘇書局刻本
八冊

410000－2242－0005244　951.052/L355/2

遼史拾遺二十四卷附遼史紀年表一卷　（清）
厲鶚撰　清道光元年(1875)錢塘汪氏刻本
十二冊

410000－2242－0005245　951.052/T.513/1A

遼史一百十五卷　（元）脫脫等撰　清同治十
二年(1873)江蘇書局刻本　六冊

410000－2242－0005246　951.052/T.513/3A

遼史一百十六卷　（元）脫脫等撰　清光緒十
四年(1888)上海圖書集成印書局鉛印本
八冊

410000－2242－0005247　951.052/T.513/5

遼史一百十六卷　（元）脫脫等撰　清光緒二
十九年(1903)五洲同文局石印本　九冊

410000－2242－0005248　951.052/Y198

遼史拾遺補五卷　（清）楊復吉輯　清光緒三
年(1877)江蘇書局刻本　二冊

410000－2242－0005249　951.053/C281

西夏紀事本末三十六卷首二卷　（清）張鑒撰
清光緒十一年(1885)江蘇書局刻本　三冊

410000－2242－0005250　951.054/P659

歸潛志十四卷　（元）劉祁撰　清刻本　一冊
存六卷(九至十四)

410000－2242－0005251　951.054/S.155

金源劄記二卷　（清）施國祁撰　清嘉慶十七
年(1812)潯溪吉貝居刻本　一冊

410000－2242－0005252　951.054/T.513/1A

金史一百三十五卷附金國語解一卷　（元）脫
脫等撰　清同治十三年(1874)江蘇書局刻本
二十冊

410000－2242－0005253　951.054/T.513/3A

金史一百三十五卷附金國語解一卷　（元）脫
脫等撰　清光緒十四年(1888)上海圖書集成
印書局刻本　十六冊

410000－2242－0005254　951.054/T.513/3B

金史一百三十五卷　（元）脫脫等撰　清光緒十
四年(1888)上海圖書集成印書局刻本　十六冊

410000－2242－0005255　951.054/T.513/3C

金史一百三十五卷附金國語詳解一卷　（元）
脫脫等撰　清光緒十四年(1888)上海圖書集
成印書局刻本　十六冊

410000－2242－0005256　951.054/T.513/4

金史一百三十五卷　（元）脫脫等撰　清光緒
二十九年(1903)五洲同文局刻本　二十三冊

410000－2242－0005257　951.055/D.288

**欽定遼史語解十卷金史語解十二卷元史語解
二十四卷**　清光緒四年(1878)江蘇書局刻本
十二冊

410000－2242－0005258　951.06/H432

元史譯文證補三十卷　（清）洪鈞撰　清光緒二十三年(1897)刻本　四冊

410000－2242－0005259　951.06/L346/1A

元朝秘史注十五卷　（清）李文田注　清光緒二十二年(1896)通隱堂刻本　四冊

410000－2242－0005260　951.06/M218A

元朝秘史十卷續集二卷　（元）忙豁侖紐察（元）脫察安撰　清光緒三十四年(1908)葉氏觀古堂刻本　六冊

410000－2242－0005261　951.06/M218B

元朝秘史十卷續集二卷　（元）忙豁侖紐察（元）脫察安撰　清光緒三十四年(1908)葉氏觀古堂刻本　六冊

410000－2242－0005262　951.06/M218C

元朝秘史十卷續集二卷　（元）忙豁侖紐察（元）脫察安撰　清光緒三十四年(1908)葉氏觀古堂刻本　六冊

410000－2242－0005263　S951.06/S663

元史二百十卷目錄二卷　（明）宋濂等撰　明洪武二年(1369)修明嘉靖萬曆遞修刻本　三十冊

410000－2242－0005264　951.06/S663/1A

元史二百十卷　（明）宋濂等撰　清同治十三年(1874)江蘇書局刻本　二十三冊

410000－2242－0005265　951.06/S663/1B

元史二百十卷　（明）宋濂等撰　清同治十三年(1874)江蘇書局刻本　四十冊

410000－2242－0005266　951.06/S663/1C

元史二百十卷　（明）宋濂等撰　清同治十三年(1874)江蘇書局刻本　三十六冊　存一百五十七卷(一至二十二、五十至八十七、一百十四至二百十)

410000－2242－0005267　951.06/S663/1D

元史二百十卷　（明）宋濂等撰　清同治十三年(1874)江蘇書局刻本　四十冊

410000－2242－0005268　951.06/S663/3A

元史二百十卷　（明）宋濂等撰　清光緒十四年(1888)上海圖書集成局鉛印本　二十四冊

410000－2242－0005269　951.06/S663/3B

元史二百十卷　（明）宋濂等撰　清光緒十四年(1888)上海圖書集成局鉛印本　二十四冊

410000－2242－0005270　951.06/S663/3C

元史二百十卷　（明）宋濂等撰　清光緒十四年(1888)上海圖書集成局鉛印本　二十四冊

410000－2242－0005271　951.06/V354A

元書一百〇二卷　（清）曾廉撰　清宣統三年(1911)刻本　二十冊

410000－2242－0005272　951.06/V354B

元書一百〇二卷　（清）曾廉撰　清宣統三年(1911)刻本　二十冊

410000－2242－0005273　951.06/W329A

元史新編九十五卷　（清）魏源撰　清光緒三十一年(1905)魏慎微堂刻本　三十二冊

410000－2242－0005274　951.06/W329B

元史新編九十五卷　（清）魏源撰　清光緒三十一年(1905)魏慎微堂刻本　三十二冊

410000－2242－0005275　951.06/W329C

元史新編九十五卷　（清）魏源撰　清光緒三十一年(1905)魏慎微堂刻本　三十冊　存五卷(九十一至九十五)

410000－2242－0005276　951.07/C313/1A

明史三百三十二卷目錄四卷　（清）張廷玉等撰　清光緒二十九年(1903)五洲同文局石印本　一百十二冊

410000－2242－0005277　951.07/C313/2A

明史三百三十二卷目錄四卷　（清）張廷玉等撰　清光緒十四年(1888)上海圖書集成印書局鉛印本　四十冊

410000－2242－0005278　951.07/C313/2B

明史三百三十二卷目錄四卷　（清）張廷玉等撰　清光緒十四年(1888)上海圖書集成印書局鉛印本　四十冊

410000－2242－0005279　951.07/C313/2C

明史三百三十二卷目録四卷 （清）張廷玉等撰 清光緒十四年（1888）上海圖書集成印書局鉛印本 四十册

410000－2242－0005280 951.07/C313/5A
明史三百三十二卷目録四卷 （清）張廷玉等撰 清光緒三年（1877）湖北崇文書局刻本 七十一册

410000－2242－0005281 951.07/C313/5B
明史三百三十二卷目録四卷 （清）張廷玉等撰 清光緒三年（1877）湖北崇文書局刻本 八十册

410000－2242－0005282 951.07/C313/5C
明史三百三十二卷目録四卷 （清）張廷玉等撰 清光緒三年（1877）湖北崇文書局刻本 六十五册

410000－2242－0005283 951.07/C313/5D
明史三百三十二卷目録四卷 （清）張廷玉等撰 清光緒三年（1877）湖北崇文書局刻本 四十八册

410000－2242－0005284 951.07/C313/6
明史三百三十二卷目録四卷 （清）張廷玉等撰 清光緒刻本 二册 存五卷（四十至四十一、二百四十一至二百四十三）

410000－2242－0005285 S951.07/C.371
皇明資治通鑑十四卷續記三卷 （明）陳建（明）卜大有撰 明萬曆三十二年（1604）卜世臣刻本 十二册

410000－2242－0005286 951.07/C.375/1A
明紀六十卷 （清）陳鶴編 清光緒十六年（1890）積山書局石印本 六册

410000－2242－0005287 951.07/C.375/1B
明紀六十卷 （清）陳鶴編 清光緒十六年（1890）積山書局石印本 六册

410000－2242－0005288 041.95/H665/2B
宋元學案一百卷首一卷 （清）黃宗羲撰 清上海文瑞樓石印本 三十二册

410000－2242－0005289 951.07/C.375/3A

荊駝逸史五十種 （清）陳湖逸士編 清道光中活字本 三十二册

410000－2242－0005290 951.07/C.375/3B
荊駝逸史五十種 （清）陳湖逸士編 清道光中活字本 六十四册

410000－2242－0005291 951.07/D131/1A
明季北略二十四卷 （清）計六奇編 清嘉慶道光京都琉璃廠半松居士木活字本 十二册

410000－2242－0005292 951.07/D131/1B
明季北略二十四卷 （清）計六奇編 清嘉慶道光京都琉璃廠半松居士木活字本 十册

410000－2242－0005293 951.07/D131/2
明季南略十八卷 （清）計六奇編 清嘉慶道光京都半松居士木活字本 十二册

410000－2242－0005294 951.07/F236
荒書一卷附燕峰詩鈔一卷 （清）費密編 清光緒三十四年（1908）大關唐氏怡蘭堂刻本 一册

410000－2242－0005295 951.007/H654
史學提要輯注四卷 （宋）黃繼善編 （清）狄寬增訂 清乾隆二十八年（1763）刻本 四册

410000－2242－0005296 951.07/H.158A
明通鑑九十卷前編四卷附編六卷首一卷 （清）夏燮編 清同治十二年（1873）官黃官廨活字本 四十册

410000－2242－0005297 951.07/H.158B
明通鑑九十卷前編四卷附編六卷首一卷 （清）夏燮編 清同治十二年（1873）官黃官廨活字本 四十七册

410000－2242－0005298 007.4/T154/1A
孟子字義疏證三卷 （清）戴震撰 清鉛印本 二册

410000－2242－0005299 416.2/S.335/3B
古今韻略五卷 （清）邵長蘅纂 清康熙三十五年（1696）刻本 四册

410000－2242－0005300 S951.07/L326
大明一統志九十卷 （明）李賢等撰 明刻本

二十四冊

410000－2242－0005301　951.07/L629C

明季稗史彙編二十七卷　（清）留雲居士輯
清光緒二十二年（1896）上海圖書集成書局影
印本　六冊

410000－2242－0005302　951.07/L629D

明季稗史彙編二十七卷　（清）留雲居士輯
清光緒二十二年（1896）上海圖書集成書局影
印本　六冊

410000－2242－0005303　951.0023/C415/3B

廿二史劄記三十六卷　（清）趙翼撰　清湛貽
堂刻本　十六冊

410000－2242－0005304　925.18/H.581/1B

新纂氏族箋釋八卷　（清）熊竣運撰　清中期
（1736－1820）經綸堂刻本　八冊

410000－2242－0005305　951.0023/W227B

讀通鑑論十六卷附宋論十五卷　（清）王夫之
撰　清光緒三十年（1904）上海商務印書館鉛
印本　八冊

410000－2242－0005306　951.0023/W227C

讀通鑑論十六卷附宋論十五卷　（清）王夫之
撰　清光緒三十年（1904）上海商務印書館鉛
印本　十冊

410000－2242－0005307　080/S917/1B

紹興先正遺書四集十五種　（清）徐友蘭編
清光緒會稽徐氏鑄學齋刻本　二十四冊

410000－2242－0005308　951.07/N.125

續明紀事本末十八卷　（清）倪在田輯　清光
緒二十九年（1903）育英學社鉛印本　五冊

410000－2242－0005309　951.07/S916/1A

小腆紀年附考二十卷　（清）徐鼒撰　清咸豐
十一年（1861）刻本　十六冊

410000－2242－0005310　951.07/S916/1B

小腆紀年附考二十卷　（清）徐鼒撰　清咸豐
十一年（1861）刻本　二十冊

410000－2242－0005311　951.07/S916/2

小腆紀傳六十五卷　（清）徐鼒撰　清光緒十

三年（1887）刻本　八冊　存四十卷（一至四
十）

410000－2242－0005312　951.07/T.186

明大政纂要六十三卷　（明）譚希思編　清光
緒二十一年（1895）思賢書局刻本　三十冊

410000－2242－0005313　951.07/T.226A

潛庵先生擬明史稿二十卷　（清）湯斌撰　清
咸豐刻本　十一冊

410000－2242－0005314　951.07/T.226B

潛庵先生擬明史稿二十卷　（清）湯斌撰　清
咸豐刻本　十一冊

410000－2242－0005315　951.07/T.226C

潛庵先生擬明史稿二十卷　（清）湯斌撰　清
咸豐刻本　一冊　存一卷（十九）

410000－2242－0005316　951.07/W228/1A

明史稿三百十卷　（清）王鴻緒撰　清康熙敬
慎堂刻本　八十冊

410000－2242－0005317　951.07/W228/1B

明史稿三百十卷　（清）王鴻緒撰　清康熙敬
慎堂刻本　一百○八冊

410000－2242－0005318　951.07/W228/1C

明史稿三百十卷　（清）王鴻緒撰　清康熙敬
慎堂刻本　四十冊　存一百五十三卷（一至
十九、二十至三十三、九十九至一百○五、一
百○六至一百三十一、二百二十四至三百十）

410000－2242－0005319　951.07/W228/1D

明史稿三百十卷　（清）王鴻緒撰　清康熙敬
慎堂刻本　一冊

410000－2242－0005320　951.07/W228/1E

明史稿三百十卷　（清）王鴻緒撰　清康熙敬
慎堂刻本　七冊

410000－2242－0005321　951.07/W228/1F

明史稿三百十卷　（清）王鴻緒撰　清康熙敬
慎堂刻本　四十八冊

410000－2242－0005322　951.07/W228/1G

明史稿三百十卷　（清）王鴻緒撰　清康熙敬慎
堂刻本　十六冊　存七十六卷（一至七十六）

410000－2242－0005323　951.07/W244

弇山堂別集一百卷　（明）王世貞撰　清廣雅
書局刻本　二十冊

410000－2242－0005324　951.07/W483/1

勝朝遺事一編　（清）吳彌光編　清光緒九年
（1883）懺華盦刻本　十八冊

410000－2242－0005325　951.07/W497A

綏寇紀略十二卷　（清）吳偉業輯　（清）張海
鵬考訂　綏寇紀略補遺三卷　（清）吳偉業撰
　（清）張海鵬考訂　清嘉慶九年（1804）張氏
照曠閣刻本　八冊

410000－2242－0005326　811.108/W256/1D

佩文齋詠物詩選四百八十卷　（清）汪霦等編
　清康熙四十六年（1707）內府刻本　八冊
存九十三卷（一至四十八、七十至八十三、九
十八至一百二十八）

410000－2242－0005327　951.08/C311A

皇朝掌故彙編內編六十卷外編四十卷　（清）
張壽鏞等編　清光緒二十八年（1902）求實書
社鉛印本　五十九冊

410000－2242－0005328　951.08/C311B

皇朝掌故彙編內編六十卷首一卷外編四十卷
　（清）張壽鏞等編　清光緒二十八年（1902）
求實書社鉛印本　六十冊

410000－2242－0005329　951.08/C311C

皇朝掌故彙編內編六十卷首一卷外編四十卷
　（清）張壽鏞等編　清光緒二十八年（1902）
求實書社鉛印本　六十冊

410000－2242－0005330　951.08/C488

天咫偶聞十卷　（清）震鈞編　清光緒三十三
年（1907）甘棠轉舍刻本　八冊

410000－2242－0005331　951.08/C764A

東華續錄光緒朝二百二十卷　（清）朱壽朋編
　清宣統元年（1909）上海集成圖書公司鉛印
本　三十四冊　存一百十六卷（一百〇一至
二百十六）

410000－2242－0005332　951.08/C764B

東華續錄光緒朝二百二十卷　（清）朱壽朋編
　清宣統元年（1909）上海集成圖書公司鉛印
本　六十四冊

410000－2242－0005333　951.08/C764C

東華續錄光緒朝二百二十卷　（清）朱壽朋編
　清宣統元年（1909）上海集成圖書公司鉛印
本　六十四冊

410000－2242－0005334　951.08/C.369

霆軍紀略十六卷　（清）陳昌編　清光緒八年
（1882）刻本　六冊

410000－2242－0005335　951.08/D131A

皇朝藩部要略十八卷附世系表四卷　（清）祁
韻士編　清光緒十年（1884）浙江書局刻本
八冊

410000－2242－0005336　951.08/D131B

皇朝藩部要略十八卷附世系表四卷　（清）祁
韻士編　清光緒十年（1884）浙江書局刻本
八冊

410000－2242－0005337　951.08/H515

國朝事略六卷　（清）湖南中學堂編　清光緒
三十四年（1908）湖南中學堂鉛印本　二冊

410000－2242－0005338　951.008/K568/3

掌故叢編不分卷　故宮博物院編　清光緒二
十九年（1903）掃葉山房鉛印本　六冊

410000－2242－0005339　951.08/P659

十一朝東華錄分類輯要二十四卷　（□）□□
撰　清末鉛印本　二十三冊　存二十三卷
（二至二十四）

410000－2242－0005340　951.08/V356

支那新史覽要六卷　（日本）增田貢撰　清光
緒二十七年（1901）上洋會文堂石印本　三冊
　存五卷（一至五）

410000－2242－0005341　951.08/V441

東華錄三十二卷　（清）蔣良騏編　清石印本
　二冊

410000－2242－0005342　951.08/W243/1

東華錄一百九十四卷續錄三百三十卷　王先

謙編　清光緒十四年(1888)籍三倉室刻本
二百冊

410000－2242－0005343　951.08/W243/2
東華錄一百九十四卷續錄三百三十卷　王先
謙編　清光緒十年(1884)廣百宋齋刻本　一
百〇九冊

410000－2242－0005344　951.08/W243/3A
東華錄一百九十四卷續錄三百三十卷　王先
謙編　清光緒二十五年(1899)仿泰西法石印
本　八十八冊

410000－2242－0005345　951.08/W243/3B
東華錄一百九十四卷續錄三百三十卷　王先
謙編　清光緒十七年(1891)廣百宋齋刻本
一百冊

410000－2242－0005346　951.08/W243/4
東華續錄三百三十卷　王先謙編　清光緒十
七年(1891)廣百宋齋刻本　六十冊

410000－2242－0005347　951.008/W255/1
振綺堂叢書十二種　(清)汪康年輯　清光緒
二十年(1894)錢塘汪氏振綺堂刻本　八冊

410000－2242－0005348　951.008/W255/2
振綺堂叢書第一集十種　(清)汪康年撰　清
宣統二年(1910)汪氏刻本　六冊

410000－2242－0005349　951.08/Y494/1A
豫軍紀略十二卷　(清)尹耕雲編　清同治十
一年(1872)刻本　十二冊

410000－2242－0005350　951.08/Y494/1B
豫軍紀略十二卷　(清)尹耕雲編　清光緒三
年(1877)申報館仿聚珍鉛印本　六冊

410000－2242－0005351　951.08/Y494/1C
豫軍紀略十二卷　(清)尹耕雲編　清光緒三
年(1877)申報館仿聚珍鉛印本　六冊

410000－2242－0005352　951.08/Y494/1D
豫軍紀略十二卷　(清)尹耕雲編　清同治十
一年(1872)刻本　六冊

410000－2242－0005353　951.08/Y494/1E
豫軍紀略十二卷　(清)尹耕雲編　清同治十

一年(1877)刻本　十冊

410000－2242－0005354　951.081/O122A
皇清開國方略三十二卷首一卷　(清)阿桂等
撰　清乾隆五十一年(1786)武英殿刻本　十
五冊　存三十一卷(二至三十二)

410000－2242－0005355　951.081/O122B
皇清開國方略三十二卷首一卷　(清)阿桂等
撰　清乾隆五十一年(1786)武英殿刻本　十
六冊

410000－2242－0005356　951.081/O122C
皇清開國方略三十二卷首一卷　(清)阿桂等
撰　清乾隆五十一年(1786)武英殿刻本　十
六冊

410000－2242－0005357　S951.0813/Y228
平閩記十三卷　(清)楊捷撰　清康熙二十二
年(1683)世澤堂刻本　十冊

410000－2242－0005358　951.083/C749/1
剿平捻匪方略三百二十卷　(清)朱學勤等編
清同治十一年(1872)鉛印本　一百冊

410000－2242－0005359　951.083/C749/2
剿平捻匪方略三百二十卷　(清)朱學勤等編
清同治十一年(1872)鉛印本　二百八十
二冊

410000－2242－0005360　951.083/C749/3
欽定剿平粵匪方略四百二十卷首一卷　(清)
朱學勤等編　清同治十一年(1872)鉛印本
一百三十九冊

410000－2242－0005361　951.083/C749/4
欽定剿平粵匪方略四百二十卷首一卷　(清)
朱學勤等編　清同治十一年(1872)鉛印本
三百三十二冊

410000－2242－0005362　951.083/C.387/1A
欽定平定貴州苗匪紀略四十卷　(清)陳邦
瑞等編　清光緒二十二年(1896)鉛印本
九冊

410000－2242－0005363　951.083/C.387/1B
欽定平定貴州苗匪紀略四十卷　(清)陳邦瑞

等編　清光緒二十二年（1896）鉛印本　四十冊

410000－2242－0005364　951.083/C.387/2A
欽定平定雲南回匪方略五十卷　（清）陳邦瑞等編　清光緒二十二年（1896）鉛印本　五十一冊

410000－2242－0005365　951.083/C.387/2B
欽定平定雲南回匪方略五十卷　（清）陳邦瑞等編　清光緒二十二年（1896）鉛印本　九冊

410000－2242－0005366　951.083/C.387/3A
平定陝甘新疆回匪方略三百二十卷　（清）陳邦瑞等編　清光緒二十二年（1896）鉛印本　二百五十八冊

410000－2242－0005367　951.083/C.387/3B
平定陝甘新疆回匪方略三百二十卷　（清）陳邦瑞等編　清光緒二十二年（1896）鉛印本　八十三冊

410000－2242－0005368　951.0832/D456
山東軍興紀略二十二卷　（清）徑北草堂編　清同治十三年（1874）濟南書局刻本　九冊

410000－2242－0005369　951.0832/L337
中興別記六十一卷　（清）李濱撰　清宣統二年（1910）鉛印本　十一冊

410000－2242－0005370　951.0832/W245/1A
湘軍記二十卷　（清）王定安撰　清光緒十五年（1889）江南書局刻本　八冊

410000－2242－0005371　S951.0832/Y323
[河南巡撫衙門軍政檔案]不分卷　（清）□□撰　清咸豐、同治稿本　十六冊

410000－2242－0005372　951.0832/Y329
平定關隴紀略十四卷　（清）易孔昭編　清光緒十三年（1887）刻本　十二冊

410000－2242－0005373　951.0832/Y399
滄城殉難錄四卷　（清）葉圭綬等修　清光緒八年（1882）刻本　四冊

410000－2242－0005374　951.0832/Y494A

征剿紀略四卷附十陣圖一卷　（清）尹嘉賓撰　清光緒刻本　五冊

410000－2242－0005375　951.0832/Y494B
征剿紀略四卷附十陣圖一卷　（清）尹嘉賓撰　清光緒刻本　五冊

410000－2242－0005376　951.0834/S.433A
光緒政要三十四卷　（清）沈桐生編　清宣統元年（1909）崇義堂石印本　三十冊

410000－2242－0005377　951.0834/S.433B
光緒政要三十四卷　（清）沈桐生編　清宣統元年（1909）崇義堂石印本　三十冊

410000－2242－0005378　951.0835/L537A
中東戰紀本末八卷　（美國）林樂知著譯（清）蔡爾康纂輯　清光緒二十三年（1897）上海圖書集成局鉛印本　八冊

410000－2242－0005379　951.0835/L537B
中東戰紀本末八卷續編四卷　（美國）林樂知著譯　（清）蔡爾康纂輯　清光緒二十三年（1897）上海圖書集成局鉛印本　十二冊

410000－2242－0005380　951.0835/L537C
中東戰紀本末八卷續編四卷三編四卷　（美國）林樂知著譯　（清）蔡爾康纂輯　清光緒二十三年（1897）上海圖書集成局鉛印本　十五冊

410000－2242－0005381　951.0835/L537D
中東戰紀本末八卷續編四卷　（美國）林樂知著譯　（清）蔡爾康纂輯　清光緒二十三年（1897）上海圖書集成局鉛印本　八冊

410000－2242－0005382　951.0835/W241
中東戰紀本末六卷　（清）王炳耀撰　清光緒二十二年（1896）上海書局石印本　四冊

410000－2242－0005383　951.0836/D124A
西巡大事本末記四卷　（日本）吉田良太郎口譯　（清）八詠樓主人筆述　清光緒二十七年（1901）上海書局石印本　二冊　存二卷（三至四）

410000－2242－0005384　951.0836/D124B

西巡大事本末記四卷 （日本）吉田良太郎口譯 （清）八詠樓主人筆述 清光緒二十七年（1901）上海書局石印本 六冊

410000－2242－0005385 951.0836/D.239A
拳匪紀略八卷 （清）僑析生撰 清光緒二十七年（1901）石印本 一冊

410000－2242－0005386 951.0836/D.239B
拳匪紀略八卷後編二卷 （清）僑析生撰 清光緒二十七年（1901）石印本 四冊

410000－2242－0005387 951.0836/L537
直東剿匪電存四卷首一卷 （清）林學瑊編 清光緒三十二年（1906）石印本 四冊

410000－2242－0005388 951.0836/L944
庚子海外紀事四卷 （清）呂海寰編 清光緒二十七年（1901）辦理商約行轅鉛印本 四冊

410000－2242－0005389 951.0836/S336A
西巡迴鑾始末記六卷 （日本）吉田良太郎譯 （清）八詠樓主人錄 清光緒三十一年（1905）石印本 六冊

410000－2242－0005390 951.0836/S336B
西巡迴鑾始末記六卷 （日本）吉田良太郎譯 （清）八詠樓主人錄 清光緒三十一年（1905）石印本 六冊

410000－2242－0005391 951.0836/V682
拳匪紀事六卷 （日本）佐原篤介撰 （清）漚隱撰 清光緒二十七年（1901）鉛印本 六冊

410000－2242－0005392 952/H665/1A
日本國志四十卷首一卷 （清）黃遵憲撰 清光緒二十四年（1898）上海圖書集成書局鉛印本 八冊

410000－2242－0005393 952/H665/1C
日本國志四十卷首一卷 （清）黃遵憲撰 清光緒二十四年（1898）上海圖書集成書局鉛印本 十冊

410000－2242－0005394 952/H665/2
日本國志四十卷首一卷 （清）黃遵憲撰 清光緒二十四年（1898）浙江書局刻本 十冊

410000－2242－0005395 952/H665/3
日本國志四十卷首一卷 （清）黃遵憲撰 清光緒十六年（1890）羊城圖文齋刻本 十冊

410000－2242－0005396 952/Y262
日本地理兵要十卷 姚文棟撰 清光緒二十年（1894）寶善書局石印本 五冊

410000－2242－0005397 954/H658
印度箚記二卷附遊歷芻言一卷 （清）黃懋材述 清光緒十九年（1893）灌陽唐氏得一齋刻本 二冊

410000－2242－0005398 959.4/H.454/1A
爪哇志不分卷 （清）學部編譯圖書局編纂 清光緒三十三年（1907）學部編譯圖書局鉛印本 一冊

410000－2242－0005399 959.4/H.454/1
爪哇新志不分卷 （清）學部編譯圖書局編纂 清光緒三十三年（1907）學部編譯圖書局鉛印本 一冊

410000－2242－0005400 959.4/H.454/1
蘇門答拉志不分卷 （清）學部編譯圖書局編纂 清光緒三十三年（1907）學部編譯圖書局鉛印本 一冊

410000－2242－0005401 959.4/H.454/1
蘇門答拉新志不分卷 （清）學部編譯圖書局編纂 清光緒三十三年（1907）學部編譯圖書局鉛印本 一冊

410000－2242－0005402 973/S.437
美西戰史不分卷 （日本）森山信規撰 （日本）陸軍部編譯局編譯 清宣統元年（1909）陸軍部編譯局鉛印本 一冊

410000－2242－0005403 951.01/S123/9A
史記一百三十卷 （漢）司馬遷撰 清同治五至九年（1866－1870）金陵書局刻本 二十冊

410000－2242－0005404 951.01/S123/9B
史記一百三十卷 （漢）司馬遷撰 清同治五至九年（1866－1870）金陵書局刻本 二十冊

410000－2242－0005405 951.01/S123/9C

史記一百三十卷 （漢）司馬遷撰 清同治
五至九年（1866 － 1870）金陵書局刻本 二
十冊

410000 － 2242 － 0005406 951.01/S123/9D

史記一百三十卷 （漢）司馬遷撰 清同治五
至九年（1866 － 1870）金陵書局刻本 二十
二冊

410000 － 2242 － 0005407 951.121233/
W243/2B

[康熙]封邱縣續志一卷 （清）王錫魁等纂修
清康熙十九年（1680）刻本 一冊

410000 － 2242 － 0005408 951.0023/C415/3C

廿二史劄記三十六卷補遺一卷 （清）趙翼撰
清光緒二十五年（1899）湖南書局刻本 十
六冊

410000 － 2242 － 0005409 912/H497/1C

皇朝中外壹統輿圖中一卷南十卷北二十卷首
一卷 （清）胡林翼 （清）嚴樹森主持
（清）鄒世詒 （清）晏啟鎮編繪 清同治二年
（1863）刻本 三十二冊

410000 － 2242 － 0005410 912/H497/1D

皇朝中外壹統輿圖中一卷南十卷北二十卷首
一卷 （清）胡林翼 （清）嚴樹森主持
（清）鄒世詒 （清）晏啟鎮編繪 清同治二年
（1863）刻本 三十二冊

410000 － 2242 － 0005411 951.004/C318/1B

文史通義八卷校讎通義三卷 （清）章學誠撰
清道光十二年（1832）刻本 五冊

410000 － 2242 － 0005412 951.004/C318/5B

文史通義八卷校讎通義三卷 （清）章學誠撰
清光緒二十八年（1902）湖南勸學書舍刻本
八冊

410000 － 2242 － 0005413 350.4/S915/2

牧令書輯要十卷 （清）徐棟原編 （清）丁日
昌選評 清抄本 一冊 存一卷（一）

410000 － 2242 － 0005414 350.4/W225/1

石渠餘紀六卷 （清）王慶雲撰 王文勤公年

譜一卷 （清）王傳璨編 清光緒閩縣王氏刻
本 七冊

410000 － 2242 － 0005415 350.4/W469/1

貞觀政要十卷 （唐）吳兢輯 清道光三年
（1823）刻本 六冊

410000 － 2242 － 0005416 352.1/T276

得一錄十六卷 （清）余治編 清刻本 一冊
存二卷（十三至十四）

410000 － 2242 － 0005417 353.02/C278/1

奏議不分卷 （清）張之洞等撰 清末泥活字
本 二冊

410000 － 2242 － 0005418 353.02/C316

求治管見一卷 （清）張文濬撰 清光緒鉛印
本 一冊

410000 － 2242 － 0005419 353.02/H665

黃侍御疏稿六卷 （明）黃宗昌撰 清抄本
六冊

410000 － 2242 － 0005420 353.02/K276

高吳奏議不分卷 （清）高晉 （清）吳嗣爵奏
稿 清碧梧齋抄本 二十六冊

410000 － 2242 － 0005421 353.02/L787/4

唐陸宣公翰苑集二十四卷 （唐）陸贄撰
（清）張佩芳註釋 清乾隆平潭李氏師竹堂刻
本 八冊

410000 － 2242 － 0005422 353.02/T.226

潛庵先生疏稿不分卷 （清）湯斌撰 撫梁疏
稿不分卷 （清）郭增光撰 清鈔本 二冊

410000 － 2242 － 0005423 353.02/Y868/3

朱批諭旨不分卷 （清）允祿 （清）鄂爾泰編
清刻本 六十八冊

410000 － 2242 － 0005424 353.04/L325

合肥李勤恪公政書十卷首一卷 （清）李瀚章
撰李經畬等編輯 清光緒石印本 十冊

410000 － 2242 － 0005425 353.09/S351

欽定吏部則例六卷 （清）錫珍撰 清刻本
四冊

410000－2242－0005426　353.094/W242

唐會要一百卷　（宋）王溥撰　清刻本　二十七冊

410000－2242－0005427　353.098/S914

東三省政略十二卷　徐世昌編　宣統三年(1911)鉛印本　四十冊

410000－2242－0005428　353.098/T251

道光條例不分卷　（清）□□編　清刻本　十六冊

410000－2242－0005429　951.052/L355/1C

遼史拾遺二十四卷附遼史紀年表一卷　（清）厲鶚撰　清光緒元年(1875)江蘇書局刻本　八冊

410000－2242－0005430　355.32/V.362

練兵實紀九卷雜集六卷　（明）戚繼光撰　清刻本　一冊　存三卷(一至三)

410000－2242－0005431　355.38/K655

籌海初集四卷　（清）關天培編　清光緒上海申報館鉛印本　四冊

410000－2242－0005432　355.83/L636/2

火龍經三卷　（明）劉基撰　兵法百戰經一卷　（清）王鳴鶴編　清刻本　四冊

410000－2242－0005433　355.84/S.566

臨陣傷科捷要四卷附圖一卷　（英國）帕脫編　舒高第　（清）鄭昌棪譯　清江南機器製造總局鉛印本　四冊

410000－2242－0005434　文67.61/C.375B

花鏡六卷　（清）陳淏子輯　清文會堂刻本　二冊

410000－2242－0005435　951.052/T.513/1B

遼史一百十五卷　（元）脫脫等撰　清同治十二年(1873)江蘇書局刻本　十二冊

410000－2242－0005436　951.0153/W298/1

國語二十一卷　（三國吳）韋昭注　札記二十一卷　（清）黃丕烈撰　清嘉慶五年(1800)吳門黃氏讀未見書齋刻本　三冊

410000－2242－0005437　951.06/S663/1A

元史語解二十四卷　（明）宋濂等撰　清同治十三年(1874)江蘇書局刻本　四冊

410000－2242－0005438　811.108/W256/1B

佩文齋詠物詩選四百八十六卷　（清）汪霦等編　清康熙四十六年(1707)內府刻本　四十八冊

410000－2242－0005439　951.052/T.513/1C

遼史一百十五卷　（元）脫脫等撰　清同治十二年(1873)江蘇書局刻本　六冊　存六十八卷(四十八至一百十五)

410000－2242－0005440　398.8/V132

勒封大王將軍畫像不分卷　（清）紫荊樹館重繪　清光緒上海點石齋石印本　一冊

410000－2242－0005441　412.2/S.155

字課圖書不分卷　施崇恩編　清上海彪蒙書室石印本　十冊

410000－2242－0005442　412.2/W251

說文繫傳校錄三十卷　（清）王筠撰　清刻本　四冊

410000－2242－0005443　951.06/L346/1B

元朝秘史注十五卷　（清）李文田注　清光緒二十二年(1896)通隱堂刻本　四冊

410000－2242－0005444　412.11/K785/6

爾雅註疏十一卷　（晉）郭璞註　（宋）邢昺疏　明汲古閣刻本　四冊

410000－2242－0005445　412.11/Y789

爾雅註疏校勘記三卷附爾雅釋文校勘記二卷　（清）阮元撰　（清）臧庸校　清刻本　二冊

410000－2242－0005446　412.12/C317

博雅十卷　（三國魏）張揖纂輯　清光緒三年(1877)刻本　一冊

410000－2242－0005447　951.07/C313/1B

明史三百三十二卷目錄四卷　（清）張廷玉等撰　清光緒二十九年(1903)五洲同文局石印本　一百十二冊

410000－2242－0005448　412.18/W498/2

別雅五卷　（清）吳玉搢輯　清乾隆七年

（1742）山陽吳氏督經堂刻本　五冊

410000－2242－0005449　412.22/C678
說文字原一卷　（元）周伯琦編註　（明）胡正
言訂纂　清善成堂刻本　二冊

410000－2242－0005450　416.5/C631B
中州音韻一卷附司馬溫公切韻一卷　（清）張
漢重校　（宋）司馬光撰　清末石印本　一冊

410000－2242－0005451　412.22/C767/7
說文通訓定聲十八卷附補遺十八卷　（清）朱
駿聲撰　清光緒十四年（1888）上海鴻文書局
石印本　九冊

410000－2242－0005452　412.22/H713
小學類編七種　（清）惠棟等撰　清咸豐二年
（1852）半畝園刻本　六冊

410000－2242－0005453　412.22/H.466/1
說文解字十五卷　（漢）許慎撰　明汲古閣刻
本　六冊

410000－2242－0005454　007.2/T313/3
論語集註五卷　（宋）朱熹集註　清乾隆自怡
軒刻本　一冊

410000－2242－0005455　S755.1/K253/1
清代名人畫冊不分卷　（清）高簡等繪　清初
彩墨真跡寫本　一冊

410000－2242－0005456　755.1/K253/2
清代名人畫冊不分卷　（清）高簡等繪　清彩
墨真跡寫本　一冊

410000－2242－0005457　004.2/D.288/3A
欽定儀禮義疏四十卷首二卷　（清）□□撰
清光緒刻本　三十冊

410000－2242－0005458　412.22/W251/9
說文釋例二十卷　（清）王筠撰　清中江家塾
刻本　二十冊

410000－2242－0005459　412.23/L761
班馬字類二卷　（宋）婁機撰　清光緒九年
（1883）后知不足齋刻本　二冊

410000－2242－0005460　S412.23/L761/1
班馬字類二卷　（宋）婁機撰　清康熙祁門馬
氏叢書樓刻本　二冊

410000－2242－0005461　417.1/C321B
新方言一卷附嶺外三州語一卷　章炳麟撰
清光緒三十四年（1908）鉛印本　一冊

410000－2242－0005462　412.113/S565
訓詁諧音四卷　（□）槐蔭主人編撰　（□）星
沙淡雲子校　清長沙謙善書局石印本　二冊

410000－2242－0005463　412.223/M437
說文聲讀表七卷　（清）苗夔纂　清光緒六年
（1880）福山王氏刻本　一冊

410000－2242－0005464　811.104/C.393/1B
明詩紀事一百八十七卷　（清）陳田輯　清光
緒二十五年至宣統三年（1899－1911）陳氏聽
詩齋刻本　三十五冊

410000－2242－0005465　127/K399/1B
中州道學編二卷　（清）耿介編　清康熙三十
年（1691）嵩陽書院刻本　二冊

410000－2242－0005466　412/W222/3
文字蒙求四卷　（清）王筠撰　清宣統二年
（1910）上海文瑞樓石印本　一冊

410000－2242－0005467　413/C317/15
康熙字典十二集附補遺一卷備考一卷　（清）
張玉書等編　清刻本　十四冊

410000－2242－0005468　811.104/C.393/1C
明詩紀事一百八十七卷　（清）陳田輯　清光
緒二十五年至宣統三年（1899－1911）陳氏聽
詩齋刻本　三十八冊

410000－2242－0005469　811.104/C.393/1D
明詩紀事一百八十七卷　（清）陳田輯　清光
緒二十五年至宣統三年（1899－1911）陳氏聽
詩齋刻本　三十八冊

410000－2242－0005470　413/C317/6
康熙字典十二集附補遺一卷備考一卷　（清）
張玉書等編　清上海錦章書局石印本　六冊

410000－2242－0005471　413/C317/7
康熙字典十二集附補遺一卷備考一卷　（清）

張玉書等編　清刻本　四十冊

410000－2242－0005472　413/M316

會海字彙十二集首一卷末一卷　（明）梅膺祚
音釋　清刻本　十四冊

410000－2242－0005473　413/M316/3

慎貽齋重訂字彙十二集首一卷末一卷　（明）
梅膺祚集　清刻本　十三冊

410000－2242－0005474　520.2/L341B

談天十八卷首一卷附表一卷　（英國）侯失勒
撰　（英國）偉烈亞力口譯　（清）李善蘭筆述
清江南製造局刻本　四冊

410000－2242－0005475　520.2/L341C

談天十八卷首一卷附表一卷　（英國）侯失勒
撰　（英國）偉烈亞力口譯　（清）李善蘭筆述
清江南製造局刻本　四冊

410000－2242－0005476　416.2/C.381/1

切韻考六卷　（清）陳澧撰　清咸豐十年
(1860)番禺陳氏刻本　二冊

410000－2242－0005477　416.2/S.335/3A

古今韻略五卷　（清）邵長蘅纂　清康熙三十
五年(1696)刻本　十冊

410000－2242－0005478　416.2/S.335/4

古今韻略五卷　（清）邵長蘅纂　清刻本　三
冊　存四卷(一至四)

410000－2242－0005479　416.2/S.471

聲韻要刊二種　（清）戴震等撰　清北平松筠
閣鉛印本　二冊

410000－2242－0005480　416.3/K433/2

詞林正韻三卷　（清）戈載輯　清光緒七年
(1881)四印齋刻本　一冊

410000－2242－0005481　416.3/Y683/1

增廣詩韻集成十卷　（清）余照編　清上海錦
章圖書局石印本　二冊

410000－2242－0005482　416.4/P659

韻府拾遺一百〇六卷　（清）張玉書等撰　清
末石印本　一冊　存五卷(一至五)

410000－2242－0005483　416.4/Y515/1

新增說文韻府群玉二十卷　（元）陰時夫編輯
（元）陰中夫編注　（明）王元貞校正　清文
光堂刻本　十冊

410000－2242－0005484　416.4/Y515/2

韻府群玉二十卷　（元）陰時夫編輯　（元）陰
中夫編注　（明）王元貞校正　清資善堂刻本
二十冊

410000－2242－0005485　416.5/C631A

中州音韻一卷附司馬温公切韻一卷　（清）張
漢重校　（宋）司馬光撰　清末石印本　一冊

410000－2242－0005486　951.0832/W245/1B

湘軍記二十卷　（清）王定安撰　清光緒十五
年(1889)江南書局刻本　十二冊

410000－2242－0005487　417.1/C321A

新方言一卷附嶺外三州語一卷　章炳麟撰
清光緒三十四年(1908)鉛印本　一冊

410000－2242－0005488　417.1/Y189/3

方言十三卷補遺一卷　（漢）揚雄撰　（晉）郭
璞注　清抱經堂刻本　一冊

410000－2242－0005489　951.0832/W245/1C

湘軍記二十卷　（清）王定安撰　清光緒十五
年(1889)上海書局石印本　四冊

410000－2242－0005490　512/H553

代數術二十五卷首一卷　（英國）華里司輯
（英國）傅蘭雅口譯　（清）華蘅芳筆述　清同
治十二年(1873)江南製造局刻本　六冊

410000－2242－0005491　520.2/L341A

談天十八卷首一卷附表一卷　（英國）侯失勒
撰　（英國）偉烈亞力口譯　（清）李善蘭筆述
清江南製造局刻本　四冊

410000－2242－0005492　540.2/S835B

化學鑑原補編六卷附卷一卷　（英國）傅蘭雅
口譯　（清）徐壽筆述　清江南製造局刻本
六冊

410000－2242－0005493　951.0321/L347/1B

南史八十卷　（唐）李延壽撰　清同治十一年

（1872）金陵書局刻本　十二冊

410000－2242－0005494　529.3/C.381
三統術詳說四卷　（清）陳澧撰　清刻本
一冊

410000－2242－0005495　755.1/W498/1
吳友如畫寶十二集　吳友如畫　清宣統元年
（1909）上海璧園石印本　十九冊

410000－2242－0005496　951.0321/L347/1C
南史八十卷　（唐）李延壽撰　清同治十一年
（1872）金陵書局刻本　十二冊

410000－2242－0005497　951.0324/L347/1B
南史八十卷　（唐）李延壽撰　清同治十一年
（1872）金陵書局刻本　十二冊

410000－2242－0005498　951.0321/L347/1E
南史八十卷　（唐）李延壽撰　清同治十一年
（1872）金陵書局刻本　三冊　存十六卷（四
十至五十、五十六至六十）

410000－2242－0005499　540.2/S835A
化學鑑原補編六卷附卷一卷　（英國）傅蘭雅
口譯　（清）徐壽筆述　清江南製造局刻本
六冊

410000－2242－0005500　540/S914
化學求教十五卷　（德國）富里西尼烏斯撰
（英國）傅蘭雅口譯　（清）徐壽筆述　清江南
製造局刻本　十四冊

410000－2242－0005501　951.0321/L347/5B
南史八十卷　（唐）李延壽撰　清光緒十四年
（1888）上海圖書集成書局鉛印本　十二冊

410000－2242－0005502　755.2/M523
民立畫報不分卷　（清）民立畫報館編　清宣
統上海民立畫報館石印本　一冊

410000－2242－0005503　755.2/W232/1
賞奇軒四種合編　（清）□□摹　清刻本
四冊

410000－2242－0005504　610.2/C415
儒門醫學三卷　（英國）海得藍撰　（英國）傅
蘭雅口譯　（清）趙元益筆述　清江南製造局

刻本　四冊

410000－2242－0005505　952/H665/1B
日本國志四十卷首一卷　（清）黃遵憲撰　清
光緒二十四年（1898）上海圖書集成書局鉛印
本　八冊

410000－2242－0005506　615/W254/2
本草備要八卷經絡歌訣一卷湯頭歌訣一卷
（清）汪昂輯　清刻本　四冊

410000－2242－0005507　755.2/W232/11
芥子園畫傳五卷　（清）王概等摹　清康熙十
八年（1679）刻本　五冊

410000－2242－0005508　616.077/C.385
醫學從眾錄八卷　（清）陳念祖撰　清末間會
文堂書局石印本　六冊

410000－2242－0005509　616.077/L318
古吳童氏重校醫宗必讀十卷　（清）李中梓撰
清末上海翔文書局石印本　一冊

410000－2242－0005510　951.03211/S.433/1B
宋書一百卷　（南朝梁）沈約撰　清同治十一
年（1872）金陵書局刻本　十六冊

410000－2242－0005511　951.03211/S.433/4B
宋書一百卷　（南朝梁）沈約撰　清光緒十四
年（1888）上海圖書集成書局鉛印本　十二冊

410000－2242－0005512　951.03212/S437/1B
南齊書五十九卷　（南朝梁）蕭子顯撰　清同
治十三年（1874）金陵書局刻本　六冊

410000－2242－0005513　951.03212/S437/1C
南齊書五十九卷　（南朝梁）蕭子顯撰　清同
治十三年（1874）金陵書局刻本　六冊

410000－2242－0005514　620.4/C643/1
工程致富論略十三卷首一卷附圖一卷　（英
國）瑪體生撰　（英國）傅蘭雅口譯　（清）鍾
天緯筆述　清江南製造局鉛印本　七冊　存
十二卷（一至十二）

410000－2242－0005515　620.4/C643/2
工程致富論略十三卷首一卷附圖一卷　（英
國）瑪體生撰　（英國）傅蘭雅口譯　（清）鍾

257

天緯筆述　清江南製造局鉛印本　八冊

410000－2242－0005516　620.4/C643/3
銀礦指南一卷　（美國）亞倫撰　（英國）傅蘭雅口譯　（清）應祖錫筆述　清江南製造局鉛印本　一冊

410000－2242－0005517　621.14/S914
汽機發軔九卷　（英國）美以納　（英國）白勞那撰　（英國）偉烈口譯　（清）徐壽筆述　清江南製造局刻本　四冊

410000－2242－0005518　622.8/S914
寶藏興焉十二冊　（英國）費而奔撰　（英國）傅蘭雅口譯　（清）徐壽筆述　清江南製造局刻本　十六冊

410000－2242－0005519　622.33/W245
開煤要法十二卷　（英國）士密德輯　（英國）傅蘭雅口譯　（清）王德均筆述　清江南製造局刻本　二冊

410000－2242－0005520　622.81/S.566
煉金新語十章　（英國）奧斯吞撰　舒高第（清）鄭昌棪譯　清光緒十七年(1891)江南製造局鉛印本　三冊

410000－2242－0005521　623.43/S.566
礦乘新法三卷首一卷附圖一卷　舒高第口譯（清）鄭昌棪筆述　清江南製造總局鉛印本　六冊

410000－2242－0005522　625.5/P659
督同工師踏勘川漢路線記一卷　（清）□□撰　清光緒三十二年(1906)鄭州大通路龍昌石印本　一冊

410000－2242－0005523　630.8/W243/1
二如亭群芳譜二十八卷首一卷　（明）王象晉纂輯　明汲古閣刻本　二十四冊

410000－2242－0005524　630.8/W243/2
二如亭群芳譜二十八卷首一卷　（明）王象晉纂輯　清文德堂刻本　二十四冊

410000－2242－0005525　630.8/W243/3
二如亭群芳譜二十八卷首一卷　（明）王象晉

纂輯　清兩儀堂刻本　二十四冊

410000－2242－0005526　680.92/S.429
墨法集要一卷　（明）沈繼孫撰　清刻本　一冊

410000－2242－0005527　951.03212/S437/1D
南齊書五十九卷　（南朝梁）蕭子顯撰　清同治十三年(1874)金陵書局刻本　六冊

410000－2242－0005528　951.03213/Y261/1B
梁書五十六卷　（唐）姚思廉撰　清同治十三年(1874)金陵書局刻本　四冊

410000－2242－0005529　951.03213/Y261/1C
梁書五十六卷　（唐）姚思廉撰　清同治十三年(1874)金陵書局刻本　八冊

410000－2242－0005530　951.03213/Y261/1D
梁書五十六卷　（唐）姚思廉撰　清同治十三年(1874)金陵書局刻本　六冊

410000－2242－0005531　745.2/P659
唐畫像讚碑不分卷　（唐）□□撰　清拓本　一冊

410000－2242－0005532　951.03214/Y261/1B
陳書三十六卷　（唐）姚思廉撰　清同治十一年(1872)金陵書局刻本　四冊

410000－2242－0005533　750.3/D424
桐園臥游錄一卷　（清）金鳳清撰　清刻本　一冊

410000－2242－0005534　750.6/S.337
澄蘭室古緣萃錄十八卷　（清）邵松年輯　清光緒三十年(1904)上海鴻文書局石印本　六冊

410000－2242－0005535　750.7/K433
漢溪書法通解八卷　（清）戈守智纂撰　清乾隆霽雲閣刻本　一冊　存二卷(一至二)

410000－2242－0005536　951.0834/H432/1B
臺灣戰紀二卷　（清）洪棄父撰　清光緒三十二年(1906)鉛印本　二冊

410000－2242－0005537　文44.2283/S437

文選六十卷附文選考異十卷 （南朝梁）昭明太子蕭統撰 （唐）李善注 （清）胡克家考異 清宣統三年(1911)上海會文堂書局石印本 十六冊

410000－2242－0005538　S750.9/T.256
越畫見聞三卷 （清）陶元藻撰 （清）陶軒編次　清刻本　三冊

410000－2242－0005539　951.03214/Y261/1C
陳書三十六卷 （唐）姚思廉撰　清同治十一年(1872)金陵書局刻本　四冊

410000－2242－0005540　752.2/W251/1－1
麓台題畫藁一卷 （清）王原祁撰　清上海有正書局鉛印本　一冊

410000－2242－0005541　752.2/W251/1－2
墨井畫跋一卷 （清）吳歷撰　清上海有正書局鉛印本　一冊

410000－2242－0005542　754.1/C389/1
御服碑不分卷 （元）趙孟頫書　清拓本　二冊

410000－2242－0005543　754.1/C389/2
張公碑銘不分卷 （元）趙孟頫書　清拓本　一冊

410000－2242－0005544　754.1/C389/3
孫德彧道行碑不分卷 （元）趙孟頫書 （元）鄧文原撰　清拓本　一冊

410000－2242－0005545　754.1/C.571/1
王希良舊藏雁塔聖教序不分卷 （唐）褚遂良書 （唐）萬文韶刻　清拓本　一冊

410000－2242－0005546　754.1/D192
明初拓魏賈使君碑不分卷 （□）□□撰　上海有正書局石印本　一冊

410000－2242－0005547　754.1/H176/1
漢孔謙碑不分卷 （漢）□□撰　清拓本　一冊

410000－2242－0005548　754.1/H176/3
漢石經殘字不分卷 （漢）□□撰　清上海有正書局石印本　一冊

410000－2242－0005549　754.1/H372
何蝯叟臨道因碑不分卷 （清）何紹基臨摹　清拓本　二冊

410000－2242－0005550　754.1/H428
謁明陵八韻不分卷 （清）清高宗弘曆書　清墨拓本　一冊

410000－2242－0005551　754.1/H554
南皮張氏雙烈女廟碑不分卷 （清）華世奎書　清拓本　一冊

410000－2242－0005552　754.1/H666
黃小松藏漢碑五種 （□）□□編　清上海有正書局石印本　五冊

410000－2242－0005553　754.1/K786
郭臨九成宮醴泉銘不分卷 （清）郭尚先書　清拓本　一冊

410000－2242－0005554　754.1/K.351/1
漢泰山都尉孔君銘不分卷 （漢）□□撰　清上海有正書局石印本　一冊

410000－2242－0005555　754.1/K.351/2
孔宙碑碑陰不分卷 （漢）□□撰　清上海有正書局石印本　一冊

410000－2242－0005556　754.1/K.353/1
魏封宗聖侯孔羨碑不分卷 （三國）曹植撰　清上海有正書局石印本　一冊

410000－2242－0005557　754.1/K.354
唐孔沖遠碑不分卷 （唐）□□撰　清上海有正書局石印本　一冊

410000－2242－0005558　754.1/L331
嵩陽觀聖德感應碑不分卷 （唐）李林甫撰 （唐）徐浩書　清拓本　一冊

410000－2242－0005559　754.1/L339/1
深公碑銘不分卷 （宋）李洵纂　清拓本　一冊

410000－2242－0005560　754.1/L341/1
晉祠銘不分卷 （唐）太宗李世民書　清拓本　一冊

410000－2242－0005561　754.1/L347/5
唐拓雲麾李秀碑不分卷　（唐）李邕書　清拓本　一冊

410000－2242－0005562　754.1/L347/6
唐李北海麓山寺碑不分卷　（唐）李邕書　清拓本　一冊

410000－2242－0005563　754.1/L363/5
最初拓禮器碑不分卷　（□）□□撰　清上海有正書局石印本　一冊

410000－2242－0005564　754.1/L428/1
三希堂法帖不分卷　（清）梁詩正等編　清上海有正書局石印本　二十一冊

410000－2242－0005565　754.1/L428/2
御製三希堂法帖三十二卷　（清）梁詩正等校刊　清拓本　三十二冊

410000－2242－0005566　754.1/L626/1
玄秘塔碑銘不分卷　（唐）柳公權書　（唐）裴休著文　清拓本　一冊

410000－2242－0005567　754.1/L626/2
金沂州普照寺碑不分卷　（唐）柳公權書　仲汝文撰　清拓本　一冊

410000－2242－0005568　754.1/L641
墨刻四卷　（清）劉鐶之摹勒　清拓本　五冊

410000－2242－0005569　754.1/L663
劉石庵草書不分卷　（清）劉墉書　清拓本　一冊

410000－2242－0005570　754.1/O146/1
宋拓九成宮醴泉銘不分卷　（唐）歐陽詢書　清上海有正書局石印本　一冊

410000－2242－0005571　754.1/O146/2
九成宮醴泉銘碑不分卷　（唐）歐陽詢書　清拓本　一冊

410000－2242－0005572　754.1/O146/3
道因法師碑不分卷　（唐）李儼撰　（唐）歐陽通書　清拓本　一冊

410000－2242－0005573　754.1/P659/1

北魏元正墓誌銘不分卷　（北魏）□□撰　清拓本　一冊

410000－2242－0005574　754.1/P659/2
北海相景君銘不分卷　（漢）□□書　清拓本　一冊

410000－2242－0005575　754.1/P659/4
姚忠肅公神道碑不分卷　（□）□□書　清拓本　二冊

410000－2242－0005576　754.1/P659/5
碑帖拓片不分卷　（唐）□□撰　清拓本　一冊

410000－2242－0005577　754.1/P.294/2
唐故圭峰定慧禪師傳法碑不分卷　（唐）裴休書　（唐）柳公權篆額　（唐）邵建初刻　清拓本　一冊

410000－2242－0005578　754.1/S336/1
西嶽華山廟碑不分卷　（□）□□撰　清拓本　一冊

410000－2242－0005579　754.1/S336/2
西嶽華山廟碑拓本三種　（□）□□撰　清上海有正書局石印本　三冊

410000－2242－0005580　754.1/S659/1
宋拓黃庭内景經不分卷　（□）□□撰　清上海有正書局石印本　一冊

410000－2242－0005581　754.1/S736
易州鐵像頌不分卷　（唐）蘇靈芝書　清拓本　二冊

410000－2242－0005582　754.1/S.295/1
隋上方寺塔槃遺刻漢甀池五瑞圖拓本不分卷　（□）□□撰　清上海有正書局石印本　一冊

410000－2242－0005583　754.1/T352
重修東海神廟碑記不分卷　（清）翟雲升書　（清）王鎮撰　清拓本　一冊

410000－2242－0005584　754.1/V.276/3
漢曹全碑不分卷　（漢）□□撰　清拓本　一冊

410000－2242－0005585　754.1/V.276/4

曹景完碑不分卷　（□)□□撰　清拓本

一冊

410000－2242－0005586　754.1/V.276/5

曹景完碑不分卷　（□)□□撰　清拓本

一冊

410000－2242－0005587　754.1/V.478/1

錢南園叢帖不分卷　（清)錢灃書　清上海求

古齋石印本　五冊

410000－2242－0005588　754.1/V.478/1A

錢南園臨爭坐位不分卷　（清)錢南園書　清

上海求古齋石印本　四冊

410000－2242－0005589　754.1/V.482/2

攀雲閣帖四集十六卷　（清)錢泳摹勒　清拓

本　十五冊

410000－2242－0005590　754.1/V.553

魏故營州刺史懿侯高貞之碑不分卷　（北魏)

清徽永刻　清拓本　一冊

410000－2242－0005591　754.1/V.744/1

原拓爨龍顔碑不分卷　（□)□□撰　清拓本

一冊

410000－2242－0005592　754.1/W222/1

淳化閣帖十卷　（宋)王著編纂　明拓本　九

冊　存九卷(一至三、五至十)

410000－2242－0005593　754.1/W222/2

淳化閣帖十卷釋文二卷　（宋)王著編纂　明

萬曆四十三年(1615)墨拓本　七冊　存七卷

(子、丑、卯、辰、午,釋文戌、亥)

410000－2242－0005594　754.1/W222/3

淳化閣帖十卷　（宋)王著編纂　明墨拓本

十冊

410000－2242－0005595　754.1/W222/4

淳化閣帖十卷　（宋)王著編纂　明墨拓本

九冊

410000－2242－0005596　754.1/W222/5

淳化閣帖十卷　（宋)王著編纂　明墨拓本

九冊

410000－2242－0005597　754.1/W222/6

淳化閣帖十卷　（宋)王著編纂　清墨拓本

五冊

410000－2242－0005598　754.1/W222/7

翁園摹刊淳化帖十卷　（□)□□撰　清拓本

十冊

410000－2242－0005599　754.1/W244

石門頌不分卷　（漢)王升文撰　晁漢強　王

戒鐫　清拓本　一冊

410000－2242－0005600　754.1/W512/1

大周升仙太子碑不分卷　（唐)武曌書　清拓

本　二冊

410000－2242－0005601　754.1/W512/3

漢武梁祠畫像題榜字不分卷　（□)□□撰

清上海有正書局石印本　一冊

410000－2242－0005602　754.1/W523/1

碑帖不分卷　（□)□□書　清拓本　一冊

410000－2242－0005603　754.1/W523/2

隋洛州南和縣澧水石橋碑不分卷　（隋)□□

書　清墨拓本　一冊

410000－2242－0005604　754.1/Y226

佛說六門陀羅尼經不分卷　（唐)楊淡刻　清

拓本　一冊

410000－2242－0005605　754.1/Y318

明拓伊闕佛龕碑不分卷　（□)□□撰　清上

海有正書局石印本　一冊

410000－2242－0005606　754.1/Y323/1

無名帖不分卷　（□)□□撰　清拓本　一冊

410000－2242－0005607　754.1/Y323/2

篆隸字帖不分卷　（□)□□撰　清拓本

一冊

410000－2242－0005608　754.1/Y453/3

宋拓大麻姑僊壇記不分卷　（唐)顏真卿書

清上海有正書局石印本　一冊

410000－2242－0005609　754.1/Y453/4

東方先生畫讚不分卷　（唐)顏真卿書　清拓

本　一册

410000－2242－0005610　754.1/Y453/5

顏氏家廟碑不分卷　（唐）顏真卿書　清拓本
　一册

410000－2242－0005611　754.1/Y494

尹宙碑不分卷　（□）□□撰　清拓本　一册

410000－2242－0005612　754.1/Y619

六朝墓誌菁華不分卷　（清）有正書局編　清
上海有正書局石印本　十五册

410000－2242－0005613　754.1/Y723

豳州昭仁寺碑文不分卷　（唐）虞世南書
（唐）朱子奢撰　清拓本　二册

410000－2242－0005614　754.1/Y863

南田叢帖不分卷　（清）惲格書　清上海有正
書局石印本　五册

410000－2242－0005615　754.2/C136/3

智永禪師千字文不分卷　（南朝陳）釋智永書
清上海科學儀器館石印本　一册

410000－2242－0005616　754.2/C768

清芬閣米帖四卷　（清）朱采編　清拓本
八册

410000－2242－0005617　754.2/C771

東書堂集古法帖十卷　（明）朱有燉摹　清拓
本　十册

410000－2242－0005618　754.2/H382

賀季真草書孝經不分卷　（唐）賀知章書　清
上海有正書局石印本　一册

410000－2242－0005619　754.2/H551

玉清宮碑銘等二種　（清）胡徵君撰　（清）曹
鴻勳書　清拓本　一册

410000－2242－0005620　754.2/H585/1

唐釋懷素聖母帖不分卷　（唐）釋懷素書　清
上海藝苑真賞社石印本　一册

410000－2242－0005621　754.2/H585/2

懷素草書不分卷　（唐）釋懷素書　清拓本
一册

410000－2242－0005622　754.2/J253

任樂如臨書譜不分卷　（清）任愷書　清拓本
一册

410000－2242－0005623　754.2/K.182

御書高松賦不分卷　（清）康熙書　清拓本
一册

410000－2242－0005624　754.2/L347

李陽冰篆書千字文不分卷　（唐）李陽冰篆書
清上海碧梧山莊石印本　一册

410000－2242－0005625　754.2/L428

秋碧堂法書不分卷　（清）梁清標編　清拓本
八册

410000－2242－0005626　754.2/L579

舊拓靈飛經不分卷　（□）□□撰　清上海有
正書局石印本　一册

410000－2242－0005627　754.2/S216

三希堂小楷四種　（清）□□編　清上海有正
書局石印本　一册

410000－2242－0005628　000.2/L793/4

經典釋文□□卷　（唐）陸德明撰　清刻本
九册

410000－2242－0005629　000.3/C311

五經文字三卷　（唐）張參著　五經文字疑一
卷　（清）孔繼涵撰　九經字樣一卷　（唐）
唐玄度著　九經字樣疑一卷　（清）孔繼涵
撰　清乾隆三十三年(1768)紅櫚書屋刻本
三册

410000－2242－0005630　081.8/Y798B

揅經室一集十四卷二集八卷三集五卷四集十
三卷續集九卷再續集五卷外集五卷　（清）阮
元撰　清道光三年(1823)刻本　二十四册

410000－2242－0005631　755.2/W232/4

芥子園畫傳二集四種　（清）王概等摹　清嘉
慶五年(1800)金陵芥子園刻本　四册

410000－2242－0005632　000.11/S125

四書五經義大全五十六卷　（清）雙璞齋主人
輯　清光緒二十八年(1902)上海圖書集成局

鉛印本　十三冊

410000－2242－0005633　000.11/S.132/2
十三經注疏十三種　（清）阮元撰　清掃葉山
房石印本　二十九冊

410000－2242－0005634　000.11/S.132/4
十三經注疏十三種　（清）阮元撰　清石印本
七冊

410000－2242－0005635　000.11/W243/3
皇清經解續編□□種　王先謙編　清刻本
一冊

410000－2242－0005636　000.11/W243/4
皇清經解續編□□種　王先謙編　清刻本
三冊

410000－2242－0005637　001.2/C686
易經備旨七卷　（清）鄒聖脉輯　清坊刻本
五冊

410000－2242－0005638　001.2/P246
周易輯注發明二卷　（清）暴驥遠撰　清河南
新豐印刷局鉛印本　一冊　存一卷(二)

410000－2242－0005639　001.2/Y296
四庫未收書目提要五卷　（清）阮元輯　清道
光二年(1822)上海掃葉山房石印本　一冊

410000－2242－0005640　001.7/L813
中庵籤易一卷　（明）盧翰撰　清李氏刻本
二冊

410000－2242－0005641　755.2/W232/8
芥子園畫傳三集六卷　（清）王概等摹　清末
上海同文書局石印本　四冊

410000－2242－0005642　951.03214/
Y261/2D
陳書三十六卷　（唐）姚思廉撰　清同治十一
年(1872)金陵書局刻本　二冊

410000－2242－0005643　781.1/S917
荀勖笛律圖注一卷　（清）徐養原撰　清光緒
湖北崇文書局刻本　一冊

410000－2242－0005644　003.1/C749/3A

詩集傳八卷　（宋）朱熹撰　清善成堂刻本
四冊

410000－2242－0005645　080/S917/1C
紹興先正遺書四集十五種　（清）徐友蘭編
清光緒會稽徐氏鑄學齋刻本　十六冊　存
八種

410000－2242－0005646　003.1/L714/1
毛鄭詩斠議一卷　羅振玉撰　清光緒十五年
(1889)上虞羅氏鉛印本　一冊

410000－2242－0005647　951.03214/Y261/3B
陳書三十六卷　（唐）姚思廉撰　清光緒十
四年(1888)上海圖書集成書局鉛印本
四冊

410000－2242－0005648　003.4/C679
詩考異字箋餘十四卷　（清）周邵蓮撰　清光
緒德化李氏木犀軒刻本　二冊

410000－2242－0005649　003.7/F537
御纂詩義折中二十卷　（清）傅恆等編　清光
緒東昌書業德坊刻本　四冊

410000－2242－0005650　003/W478
詩經不分卷　（清）吳汝綸評點　清光緒都門
印書局鉛印本　二冊

410000－2242－0005651　004.1/C523/2
周禮六卷　（漢）鄭玄注　清嘉慶十一年
(1806)清芬閣刻本　六冊

410000－2242－0005652　004.1/C.447
周禮故書考一卷　（清）程際盛輯　周官禮經
註正誤一卷　（清）張宗泰綴述　清光緒南陵
徐氏刻本　一冊

410000－2242－0005653　004.1/D.288
欽定周官義疏四十八卷首一卷　（清）高宗弘
曆纂　清光緒漱芳閣刻本　七冊　存十四卷
(一至十四)

410000－2242－0005654　004.2/D.288/1
欽定儀禮義疏四十八卷首二卷　（清）允祿纂
清刻本　三十冊

410000－2242－0005655　004.3/F152/2

禮記體注四卷 （清）范翔編 清漱芳軒刻本
四冊

410000－2242－0005656 004.3/F152/3

全本禮記體注十卷 （清）范翔編 （清）徐敬
軒補輯 清致和堂刻本 十冊

410000－2242－0005657 004.3/F185

禮記析疑四十八卷 （清）方苞撰 清三多齋
刻本 五冊

410000－2242－0005658 004.4/V.525/2

五禮通考二百六十二卷 （清）秦蕙田撰 清
刻本 一百十九冊

410000－2242－0005659 951.0322/L347/1B

北史一百卷 （唐）李延壽撰 清同治十一年
(1872)金陵書局刻本 二十四冊 存九十卷
(一至二十、二十七至三十、三十五至一百)

410000－2242－0005660 004/Y862/2

儀禮儀疏四十八卷首二卷 （清）允祿等撰
清尊經閣刻本 六冊 存十一卷(一至十、首
一卷)

410000－2242－0005661 951.0322/L347/1C

北史一百卷 （唐）李延壽撰 清同治十一年
(1872)金陵書局刻本 十三冊 存八十一卷
(一至三十四、四十一至五十一、六十五至一
百)

410000－2242－0005662 S814.7/L324

穆堂初稿五十卷 （清）李紱撰 清乾隆五年
(1740)無怒軒刻本 十六冊

410000－2242－0005663 S951.0013/M127/1

繹史一百六十卷 （清）馬驌撰 清康熙九年
(1670)刻本 二十四冊

410000－2242－0005664 005.1/T634/6

春秋左傳五十卷 （晉）杜預注 （明）鍾惺等
評點 清末上海商務印書館石印本 十二冊

410000－2242－0005665 951.0322/L347/1D

北史一百卷 （唐）李延壽撰 清同治十一年
(1872)金陵書局刻本 二十冊

410000－2242－0005666 005.2/C.375

公羊逸禮考徵一卷 （清）陳奐撰 清同治七
年(1868)吳縣潘氏刻本 一冊

410000－2242－0005667 005.2/L456

公羊春秋經傳驗推補證十一卷首一卷 廖平
撰 清光緒六譯館刻本 二冊 存二卷(二、
四)

410000－2242－0005668 007.2/T313/3

四書補註備旨四種 （清）鄧林撰 清乾隆四
十四年(1779)善成堂刻本 五冊

410000－2242－0005669 007.3/C749/2

論語集註十卷 （□）□□撰 清刻本 一冊

410000－2242－0005670 007.4/C749/1

孟子集註四卷 （宋）朱熹集註 清末鉛印本
三冊 存三卷(一至二、四)

410000－2242－0005671 007.4/T154/1

孟子字義疏證三卷附錄一卷 （清）戴震撰
清同治三年(1864)刻本 二冊

410000－2242－0005672 951.0322/L347/2B

北史一百卷 （唐）李延壽撰 清光緒十四年
(1888)上海圖書集成書局鉛印本 十六冊

410000－2242－0005673 007.7/K786

說四書四卷 （清）郭善鄰撰 清乾隆四十二
年(1777)刻本 一冊

410000－2242－0005674 007.7/T351

四書考異總考三十六卷條考三十六卷 （清）
翟灝撰 清乾隆三十四年(1769)翟氏無不宜
齋刻本 十二冊

410000－2242－0005675 007.7/T634/2

四書析義大全四種 （清）杜定基訂 清乾隆
刻本 五冊

410000－2242－0005676 007/L347/1

四書反身錄八卷首一卷 （清）李顒撰 清咸
豐元年(1851)湘陰蔣氏小娜嬛山館刻本
四冊

410000－2242－0005677 007/L347/2

四書反身錄八卷 （清）李顒撰 清道光十一
年(1831)浙江書局刻本 四冊

410000－2242－0005678　007/S826

四書近指二十卷　（清）孫奇逢撰　清康熙元年(1662)中州學署刻本　五冊

410000－2242－0005679　951.0322/L347/2C

北史一百卷　（唐）李延壽撰　清光緒十四年(1888)上海圖書集成書局鉛印本　十六冊

410000－2242－0005680　951.03221/W329/1B

魏書一百十四卷　（北齊）魏收撰　清同治十一年(1872)金陵書局刻本　二十冊

410000－2242－0005681　951.03221/W329/1C

魏書一百十四卷　（北齊）魏收撰　清同治十一年(1872)金陵書局刻本　二十冊

410000－2242－0005682　010.75/L793

儀顧堂題跋十六卷續跋十六卷　（清）陸心源撰　清光緒十六至十八年(1890－1892)歸安陸氏刻本　八冊

410000－2242－0005683　951.03221/W329/1D

魏書一百十四卷　（北齊）魏收撰　清同治十一年(1872)金陵書局刻本　二十冊

410000－2242－0005684　951.03222/L337/1B

北齊書五十卷　（唐）李百藥撰　清同治十三年(1874)金陵書局刻本　四冊

410000－2242－0005685　951.03222/L337/1C

北齊書五十卷　（唐）李百藥撰　清同治十三年(1874)金陵書局刻本　六冊

410000－2242－0005686　951.03222/L337/1D

北齊書五十卷　（唐）李百藥撰　清同治十三年(1874)金陵書局刻本　四冊

410000－2242－0005687　951.03222/L337/4B

北齊書五十卷　（唐）李百藥撰　清光緒十四年(1888)上海圖書集成印書局鉛印本　六冊

410000－2242－0005688　951.03223/L567/1B

周書五十卷　（唐）令狐德棻撰　清同治十三年(1874)金陵書局刻本　四冊

410000－2242－0005689　012/D.439/2

鐵琴銅劍樓藏書目錄二十四卷　（清）瞿鏞撰

清光緒二十四年(1898)常熟瞿氏刻本十冊

410000－2242－0005690　951.03223/L567/1C

周書五十卷　（唐）令狐德棻撰　清同治十三年(1874)金陵書局刻本　四冊

410000－2242－0005691　951.03223/L567/5B

周書五十卷　（唐）令狐德棻撰　清光緒十四年(1888)上海圖書集成印書局刻本　四冊

410000－2242－0005692　012/M615/1

邵亭知見傳本書目十六卷　（清）莫友芝撰　清宣統三年(1911)上海國學扶輪社鉛印本六冊

410000－2242－0005693　012/S835/1

帶經堂書目四卷　（清）孫樹枌撰　清宣統(1909－1911)順德鄧氏風雨樓叢書鉛印本三冊

410000－2242－0005694　012/S835/2

帶經堂書目四卷　（清）孫樹枌撰　（清）陳微芝藏　清宣統三年(1911)上海國光印刷所鉛印本　三冊

410000－2242－0005695　012/T314

群碧樓書目不分卷　（清）鄧邦述撰　清宣統三年(1911)鉛印本　一冊

410000－2242－0005696　811.108/W244/1B

古今詩選五十卷　（清）王士禎選　清末上海掃葉山房石印本　十冊

410000－2242－0005697　811.108/W256/1C

佩文齋詠物詩選四百八十六卷　（清）汪霦等編　清康熙四十六年(1707)內府刻本　三十二冊

410000－2242－0005698　015.06/V.482

元史藝文志四卷附元史氏族表三卷　（清）錢大昕撰　清嘉慶十一年(1806)江蘇書局刻本四冊

410000－2242－0005699　031.1/H498/1

子史輯要詩賦題解四卷續編四卷　（清）胡淵本編　清刻本　四冊

410000－2242－0005700　031.1/K473/1B

讀書紀數略五十四卷　（清）宮夢仁撰　清刻本　十二冊

410000－2242－0005701　814.082/S437/11

文選注六十卷　（南朝梁）昭明太子蕭統編　（唐）李善注　清乾隆江右文彬堂刻本　十二冊

410000－2242－0005702　814.082/S437/12

文選注六十卷　（南朝梁）昭明太子蕭統編　（唐）李善注　清乾隆光霽堂刻本　二冊　存八卷（七、一至三、七至十）

410000－2242－0005703　814.082/S437/13

文選六十卷附文選考異十卷　（南朝梁）昭明太子蕭統編　（唐）李善注　清上海鴻文書局石印本　六冊

410000－2242－0005704　814.082/S437/9

文選注六十卷　（南朝梁）昭明太子蕭統編　（唐）李善注　清康熙四明林氏刻本　二十四冊

410000－2242－0005705　814.082/Y675/2

昭明文選集評十五卷　（清）于光華編　清乾隆四十三年(1778)刻本　十六冊

410000－2242－0005706　814.082/Y675/3

昭明文選集評十五卷　（清）于光華編　清乾隆四十三年(1778)刻本　十六冊　存六卷（九至十二、十四至十五）

410000－2242－0005707　030/C317/1

淵鑑類函四百五十卷　（清）張英等纂　清康熙四十九年(1710)吟堂刻本　一百四十冊

410000－2242－0005708　031.1/C.369

留青新集三十卷　（清）陳枚選　（清）陸圻纂輯　（清）陳德裕增輯　清康熙四十六年(1707)大觀堂刻本　十六冊　存十五卷（十六至三十）

410000－2242－0005709　031.1/C.379/1

格致鏡原一百卷　（清）陳元龍編　清光緒十四年(1888)上海大同書局石印本　八冊　存

四十六卷（五十五至一百）

410000－2242－0005710　031.1/C.379/2

格致鏡原一百卷　（清）陳元龍編　清光緒十四年(1888)上海大同書局石印本　十六冊

410000－2242－0005711　031.1/H361/1

分類字錦六十四卷　（清）何焯等編　清康熙六十一年(1722)内府刻本　七十二冊

410000－2242－0005712　031.1/H361/2

分類字錦六十四卷　（清）何焯等編　清刻本　七十二冊

410000－2242－0005713　031.1/H498/2

子史輯要詩賦題解四卷續編四卷　（清）胡淵本編　清怡蓮堂刻本　四冊

410000－2242－0005714　031.1/K473/1A

讀書紀數略五十四卷　（清）宮夢仁撰　清抄本　十冊

410000－2242－0005715　031.1/W328

古今紀始通考四卷　（清）魏嵩撰　清光緒二十八年(1902)佑廉樞記石印本　四冊

410000－2242－0005716　031.1/Y862/3

子史精華一百六十卷　（清）允祿等編　清刻本　三十二冊　存一百〇四卷（二十九至一百三十二）

410000－2242－0005717　031.2/V.187/3

佩文韻府一百〇六卷韻府拾遺一百〇六卷　（清）蔡升元等編　清刻本　一百六十冊

410000－2242－0005718　040.21/T.222

木鍾台雜集不分卷　（明）唐樞撰　清刻本　四冊

410000－2242－0005719　041.5/T315/1

[清光緒三十一年至宣統三年]國粹學報□□號　鄧實編　清鉛印本　八十冊

410000－2242－0005720　041.5/T315/2

[清光緒三十一年]國粹學報十二號　鄧實編　清鉛印本　十冊

410000－2242－0005721　814.0822/Y457/2

全後漢文一百〇六卷　（清）嚴可均編　清光緒湖北廣雅書局刻本　四冊　存三十四卷（四十至四十七、八十一至一百〇六）

410000－2242－0005722　041.17/H652/2

黃氏日抄分類九十七卷　（宋）黃震編　清刻本　二冊　存六卷（六十一至六十六）

410000－2242－0005723　041.17/W222

復齋錄六卷　（清）王建常撰　清靜一齋刻本　四冊

410000－2242－0005724　814.088/S.335/3

皇朝經世文統編一百二十卷　（清）邵之棠編　清光緒二十七年（1901）石印本　十一冊　存三十八卷（二十三至四十七、一百〇八至一百二十）

410000－2242－0005725　814.088/Y258/4

古文辭類纂七十四卷續古文辭類纂三十四卷　（清）姚鼐編　王先謙續編　清光緒三十年（1904）上海商務印書館鉛印本　十二冊

410000－2242－0005726　814.088/Y258/5

古文辭類纂七十四卷　（清）姚鼐編　清光緒三十年（1904）上海商務印書館鉛印本　一冊　存十卷（十一至二十）

410000－2242－0005727　951.0324/L347/1A

南史八十卷　（唐）李延壽撰　清同治十一年（1872）金陵書局刻本　十二冊　存四十卷（一至四十）

410000－2242－0005728　951.0324/L347/1C

南史八十卷　（唐）李延壽撰　清同治十一年（1872）金陵書局刻本　十二冊

410000－2242－0005729　951.0324/L347/1D

南史八十卷　（唐）李延壽撰　清同治十一年（1872）金陵書局刻本　十二冊

410000－2242－0005730　951.0324/L347/1E

南史八十卷　（唐）李延壽撰　清同治十一年（1872）金陵書局刻本　三冊　存十六卷（四十至五十、五十六至六十）

410000－2242－0005731　041.29/D264A

漢學師承記八卷經師經義一卷宋學淵源記二卷附記一卷　（清）江藩撰　清光緒三十年（1904）上海文瑞樓石印本　二冊　存六卷（一至六）

410000－2242－0005732　951.05/T.513/9

宋史四百九十六卷　（元）脫脫等撰　清光緒十四年（1888）上海圖書集成印書局刻本　三十九冊　存三百十九卷（一百七十八至四百九十六）

410000－2242－0005733　041.95/H665/2A

宋元學案一百卷首一卷　（清）黃宗羲撰　清上海文瑞樓石印本　三十二冊

410000－2242－0005734　041.97/H665/5

明儒學案六十二卷　（清）黃宗羲撰　清上海文瑞樓石印本　十六冊

410000－2242－0005735　080/W235/2

增訂漢魏叢書九十六種　（清）王謨輯　清宣統三年（1911）上海大通書局石印本　三十二冊

410000－2242－0005736　951.05/T.513/10

宋史四百九十六卷　（元）脫脫等撰　清光緒元年（1875）浙江書局刻本　六十一冊

410000－2242－0005737　080.8/H658/1

黃氏遺集四種　（清）黃銘先等撰　清刻本　四冊

410000－2242－0005738　080.8/H.467/2

榆園叢刊十五種附娛園叢刻十一種　（清）許增輯　清朱氏抱經堂刻本　十六冊

410000－2242－0005739　951.06/S663/1E

元史二百十卷　（明）宋濂等撰　清同治十三年（1874）江蘇書局刻本　七冊　存五十五卷（一百三十八至一百四十四、一百五十七至二百〇四）

410000－2242－0005740　951.0153/W298/4A

國語二十一卷　（三國吳）韋昭注　清光緒二年（1876）刻本　二冊　存十一卷（四至十四）

410000 – 2242 – 0005741　081.8/H.466B

天中許子政學合一集不分卷　(清)許三禮撰
清告天樓刻本　十冊

410000 – 2242 – 0005742　080/C.451/4

增訂漢魏叢書九十六種　(清)王謨輯　清宣
統三年(1911)上海大通書局石印本　二十四
冊　存四十七種

410000 – 2242 – 0005743　080/K252/1

續知不足齋叢書十七種　(清)高承勳輯　清
渤海高氏刻本　十六冊

410000 – 2242 – 0005744　811.1088/C856/B

批點七家詩試帖詳註七卷　(清)張熙宇輯評
清末上海大成書局石印本　四冊

410000 – 2242 – 0005745　080/D.288/4

武英殿聚珍版叢書一百三十九種　(清)高宗
弘曆敕輯　清道光十年(1830)刻本　九冊
存一種

410000 – 2242 – 0005746　080/W235/2

增訂漢魏叢書九十六種　(清)王謨輯　清宣
統三年(1911)上海大通書局石印本　三十
二冊

410000 – 2242 – 0005747　081.5/L794/1

陸放翁全集五種　(宋)陸游撰　清養雲書屋
刻本　十六冊

410000 – 2242 – 0005748　120.7/Y694B

諸子平議三十五卷　(清)俞樾撰　清同治十
年(1871)潘霨等刻本　十二冊

410000 – 2242 – 0005749　813.58/C643/2B

繡像封神演義十二卷一百回　(明)許仲琳撰
(明)鍾惺評釋　清上海廣興書局鉛印本
十一冊

410000 – 2242 – 0005750　081.8/H.466A

天中許子政學合一集不分卷　(清)許三禮撰
清告天樓刻本　六冊

410000 – 2242 – 0005751　813.58/C643/2C

繡像封神演義十二卷一百回　(明)許仲琳撰
(明)鍾惺評釋　清上海廣興書局鉛印本

六冊　存六卷(一、七至十、十二)

410000 – 2242 – 0005752　813.58/L327/2B

繪圖鏡花緣一百回　(清)李汝珍撰　清上海
校經山房石印本　八冊

410000 – 2242 – 0005753　081.8/Y694/3

春在堂全書三十四種　(清)俞樾撰　清光緒
二十三年(1897)石印本　六冊　存三種

410000 – 2242 – 0005754　081.8/Y798A

**揅經室一集十四卷二集八卷三集五卷四集十
三卷續集九卷再續集五卷外集五卷**　(清)阮
元撰　清文選樓刻本　二十四冊

410000 – 2242 – 0005755　081.8/Y818/3

隨園三十六種　(清)袁枚撰　清隨園刻本
四十八冊

410000 – 2242 – 0005756　081.8/Y818/5

隨園三十八種　(清)袁枚等撰　清光緒十八
年(1892)著易堂石印本　二十冊　存十七種

410000 – 2242 – 0005757　121.5/W223/1B

論衡三十卷　(漢)王充撰　(清)顧汝璉校
清刻本　八冊

410000 – 2242 – 0005758　814.08/L358/1B

續古文辭類纂二十八卷　(清)黎庶昌編　清
光緒上海商務印書館鉛印本　十二冊

410000 – 2242 – 0005759　814.08/S895C

古文淵鑒六十四卷　(清)徐乾學等編　清淵
鑒齋刻本　八冊　存十七卷(一至十七)

410000 – 2242 – 0005760　122.4/K777/1B

莊子集釋十卷　(清)郭慶藩輯　清光緒二十
年(1894)湘陰思賢講舍刻本　八冊

410000 – 2242 – 0005761　951.0834/H432/1C

臺灣戰紀二卷　(清)洪棄父撰　清光緒三十
二年(1906)鉛印本　二冊

410000 – 2242 – 0005762　814.8/C668

珠巢存課二卷　(清)周之琦撰　清刻本
一冊

410000 – 2242 – 0005763　120.7/Y694A

諸子平議三十五卷　（清）俞樾撰　清同治十年(1871)潘霨等刻本　十二冊

410000－2242－0005764　818.6/L425/2

浪跡三談六卷　（清）梁章鉅撰　清咸豐七年(1857)福州梁氏刻本　四冊

410000－2242－0005765　121.4/Y193

荀子二十卷　（唐）楊倞注　（清）吳汝綸點勘　清鉛印本　二冊

410000－2242－0005766　818.6/L425/3

浪跡三談六卷　（清）梁章鉅撰　清道光二十八年(1848)亦東園刻本　四冊

410000－2242－0005767　818.6/L425/4

浪跡三談六卷　（清）梁章鉅撰　清道光二十七年(1847)亦東園刻本　四冊

410000－2242－0005768　121.5/W223/1A

論衡三十卷　（漢）王充撰　（清）顧汝璵校　清刻本　八冊

410000－2242－0005769　812.28/V443/2B

藏園九種曲九種　（清）蔣士銓撰　清漁古堂刻本　六冊

410000－2242－0005770　814.8/H428/1

樂善堂全集定本三十卷　（清）高宗弘曆撰　清乾隆二十三年(1758)武英殿刻本　十八冊

410000－2242－0005771　122.1/W227

老子衍一卷　（清）王夫之撰　清同治四年(1865)湘鄉曾氏刻本　一冊

410000－2242－0005772　814.8/H428/2

樂善堂全集四十卷附日知薈說四卷　（清）高宗弘曆撰　清乾隆二年(1737)刻本　二十八冊

410000－2242－0005773　122.3/L471/6

列子八卷　（戰國）列禦寇撰　清刻本　四冊

410000－2242－0005774　122.4/K777/1A

莊子集釋十卷　（清）郭慶藩輯　清光緒二十年(1894)湘陰思賢講舍刻本　八冊

410000－2242－0005775　816.8/C281

張義士遺稿一卷　（清）張繼庚撰　清同治光緒固始張氏刻本　一冊

410000－2242－0005776　122.4/W243

莊子集解八卷　（清）王夫之撰　王先謙輯　清宣統元年(1909)上海掃葉山房石印本　四冊

410000－2242－0005777　813.1/S917B

玉芝堂談薈三十六卷　（清）徐應秋輯　清蒨園刻本　十三冊　存二十七卷(一至十一、十三至二十四、二十九至三十、三十五至三十六)

410000－2242－0005778　913.51201/Y262B

中州金石目四卷附補遺一卷　（清）姚晏編　清光緒九年(1883)歸安姚氏咫進齋刻本　二冊

410000－2242－0005779　913.513/W229

墓銘舉例四卷　（明）王行撰　清刻本　一冊

410000－2242－0005780　915.1/K566/2B

讀史方輿紀要一百三十卷附方輿全圖總說五卷　（清）顧祖禹撰　清光緒二十七年(1901)集成書局鉛印本　三十二冊

410000－2242－0005781　125.2/S838/1

孫子十家註十三卷　（周）孫武撰　（清）孫星衍　（清）吳人驥校　清光緒三年(1877)杭州浙江書局刻本　一冊　存二卷(七至八)

410000－2242－0005782　915.102/V.482B

新斠注地理志集釋十六卷　（清）錢坫撰　（清）徐松集釋　清同治十三年(1874)會稽章氏刻本　八冊

410000－2242－0005783　915.1017/H375/3B

朔方備乘六十八卷　（清）何秋濤撰　清光緒寶善書局石印本　八冊

410000－2242－0005784　816.91/F158

樊山判牘四卷　樊增祥撰　清宣統三年(1911)法政學社石印本　四冊

410000－2242－0005785　915.1023/D171B

峽江圖考不分卷　（清）江國璋輯　清光緒二十年(1894)上祥袖海山房書局石印本　一冊

410000 – 2242 – 0005786　126.11/L633/4

淮南鴻烈解二十一卷　（漢）劉安撰　清刻本
　　五冊　存十八卷(一至十八)

410000 – 2242 – 0005787　951.021/P181/5B

前漢書一百二十卷　（漢）班固撰　（唐）顏師
古注　清順治汲古閣刻本　九冊　存五十四
卷(五至十五、三十一至四十四、五十八至八
十六)

410000 – 2242 – 0005788　951.021/W243/3B

漢書補註一百卷首一卷　王先謙註　清上海
鴻章書局石印本　四十冊

410000 – 2242 – 0005789　951.031/F188/1B

晉書一百三十卷　（唐）太宗李世民撰　明崇
禎汲古閣刻本　四冊　存十八卷(六十一至
七十八)

410000 – 2242 – 0005790　951.03221/W329/7

魏書一百十四卷　（北齊）魏收撰　清光緒十
四年(1888)上海圖書集成書局鉛印本　五冊
　　存四十三卷(八至五十)

410000 – 2242 – 0005791　127/K399/1A

中州道學編二卷　（清）耿介編　清康熙三十
年(1691)嵩陽書院刻本　二冊

410000 – 2242 – 0005792　818.6/L425/1

浪跡三談六卷　（清）梁章鉅撰　清咸豐七年
(1857)福州梁氏刻本　二冊

410000 – 2242 – 0005793　951.07/L629/1B

明季稗史彙編十六種　（清）留雲居士編　清
都城琉璃廠刻本　十六冊

410000 – 2242 – 0005794　951.07/L629/1C

明季稗史彙編十六種　（清）留雲居士編　清
都城琉璃廠刻本　十二冊

410000 – 2242 – 0005795　818.6/P.178

思補齋筆記八卷　（清）潘世恩撰　清咸豐刻
本　二冊

410000 – 2242 – 0005796　818.6/S464

薛文清公策問不分卷　（明）薛瑄撰　清雍正
十二年(1734)刻本　一冊

410000 – 2242 – 0005797　S811.307/W177B

詞律二十卷　（清）萬樹撰　清康熙二十六年
(1687)刻本　十一冊

410000 – 2242 – 0005798　154.61/C.393

河洛理數七卷　（宋）陳摶撰　清文奎堂刻本
　　六冊

410000 – 2242 – 0005799　154.64/P659

[占卜測字]不分卷　（□）□□撰　清刻本
　一冊

410000 – 2242 – 0005800　814.8/C771/2

曝書亭集八十卷附錄一卷　（清）朱彝尊撰
清乾隆刻本　三十冊

410000 – 2242 – 0005801　818.7/C313

澄懷園語四卷　（清）張廷玉撰　清石印本
　一冊

410000 – 2242 – 0005802　S007/L946B

呂晚邨先生四書講義四十三卷　（清）呂留良
撰　清康熙二十五年(1686)天蓋樓刻本　十
二冊

410000 – 2242 – 0005803　223.1/S.166/1B

諸經日誦朝時功課集要一卷　（清）釋實榮
(清)釋通圓輯　清乾隆二十五年(1760)刻本
　　一冊

410000 – 2242 – 0005804　175.3/L345

女世說四卷補遺一卷　（清）李清撰　清道光
五年(1825)文會堂刻本　四冊

410000 – 2242 – 0005805　175.4/C311

課子隨筆節鈔六卷附錄一卷續編一卷　（清）
張師載編　清上海文瑞樓石印本　四冊

410000 – 2242 – 0005806　223.1/S.166/1C

諸經日誦朝時功課集要一卷　（清）釋實榮
(清)釋通圓輯　清乾隆二十五年(1760)刻本
　　一冊

410000 – 2242 – 0005807　175.4/C.387

見天室家學遺訓附雜著一卷　（清）陳保遐撰
　清光山陳氏鉛印本　一冊

410000 – 2242 – 0005808　200/N.124

兩教辨正不分卷 （美國）倪維思撰 清光緒
十五年(1889)上海美華書館鉛印本 一冊

410000－2242－0005809 223.1/S.166/1D
諸經日誦朝時功課集要一卷 （清）釋實榮
（清）釋通圓輯 清乾隆二十五年(1760)刻本
一冊

410000－2242－0005810 220.8/P659
金剛般若波羅密經直解不分卷 （□）□□撰
清刻本 一冊

410000－2242－0005811 S813.08/H433
夷堅志十集 （宋）洪邁撰 清乾隆四十二年
(1777)涇縣洪氏刻本 十冊

410000－2242－0005812 223.1/S.166/1E
諸經日誦朝時功課集要一卷 （清）釋實榮
（清）釋通圓輯 清乾隆二十五年(1760)刻本
一冊

410000－2242－0005813 223.1/S.166/1F
諸經日誦朝時功課集要一卷 （清）釋實榮
（清）釋通圓輯 清乾隆二十五年(1760)刻本
一冊

410000－2242－0005814 S951.07/M248/1
平叛記二卷 （清）毛霦撰 清康熙五十五年
(1716)刻本 四冊

410000－2242－0005815 S031.1/P.354B
山堂肆考二百二十八卷附補遺十二卷 （明）
彭大翼纂 （明）張幼學編輯 明萬曆梅墅石
渠閣刻本 六十冊

410000－2242－0005816 S814.085/L949A
校正重刊官板宋朝文鑒一百五十卷 （宋）呂
祖謙輯 明金陵唐錦池刻本 二十八冊

410000－2242－0005817 S814.088/S666/1A
國朝三家文鈔三十二卷 （清）宋犖 （清）許
汝霖編 清康熙三十三年(1694)刻本 六冊

410000－2242－0005818 951.03213/Y261/4
梁書五十六卷 （唐）姚思廉撰 清光緒十四
年(1888)上海圖書集成書局鉛印本 四冊

410000－2242－0005819 951.03214/Y261/2
陳書三十六卷 （唐）姚思廉撰 明崇禎四年
(1631)毛氏汲古閣刻本 四冊 存二十八卷
（一至二十八）

410000－2242－0005820 223/V.473/2
水陸儀軌一卷 （宋）志磐撰 明古杭雲樓後
學袾宏重訂刻本 一冊

410000－2242－0005821 S224.6/Y433
宗鏡錄一百卷 （宋）釋延壽集 清雍正十二
年(1734)內府刻本 二十冊

410000－2242－0005822 224.7/W231/1
龍舒淨土文十卷 （宋）王日休撰 清刻本
一冊

410000－2242－0005823 224.14/M316
相宗史傳略錄不分卷 （清）梅光義編 清刻
本 一冊

410000－2242－0005824 225/P659
御錄經海一滴六卷 （清）世宗胤禛撰 清刻
本 二冊 存二卷（三、五）

410000－2242－0005825 818.7/H432B
容齋隨筆十六卷續編十六卷三筆十六卷四筆
十六卷五筆十卷 （宋）洪邁撰 清乾隆五十
九年(1794)刻本 二十冊

410000－2242－0005826 818.7/H432A
容齋隨筆十六卷續編十六卷三筆十六卷四筆
十六卷五筆十卷 （宋）洪邁撰 清乾隆五十
九年(1794)刻本 十二冊

410000－2242－0005827 257/F157
燕京開教略三篇 （法國）樊國梁撰 清光緒
三十一年(1905)救世堂鉛印本 三冊

410000－2242－0005828 818.7/Y798/2A
定香亭筆談四卷 （清）阮元記 （清）吳文溥
錄 清光緒二十五年(1899)浙江書局刻本
四冊

410000－2242－0005829 304/C452
皇朝經濟文新編□□卷 （清）宜今室編 清
光緒二十七年(1901)浙東宜今室石印本
六冊

410000－2242－0005830　320.8/W363/2

欽定大清會典一百卷　（清）允裪編纂　清光緒十九年(1893)上海圖書集成印書局石印本　八冊

410000－2242－0005831　317/V719

[第一次]宗人府統計表不分卷　（清）宗人府統計處編　清宣統二年(1910)石印本　一冊

410000－2242－0005832　320.8/T.226/1

三通考輯要三種　湯壽潛編　清光緒二十五年(1899)上海圖書集成局鉛印本　三十冊

410000－2242－0005833　320.8/W324

漢官舊儀二卷補遺一卷　（漢）衛宏撰　清刻本　一冊

410000－2242－0005834　320.8/W363/1

欽定大清會典一百卷　清乾隆二十九年(1764)仿武英殿聚珍版刻本　二十四冊

410000－2242－0005835　S031.1/Y692/B

唐類函二百卷　（明）俞安期輯　明萬曆三十一年(1603)俞氏刻本　四十冊

410000－2242－0005836　S031.1/Y692/C

唐類函二百卷　（明）俞安期輯　明萬曆三十一年(1603)俞氏刻本　五十九冊　存一百九十六卷(一至一百九十六)

410000－2242－0005837　S031.2/L571B

五車韻瑞一百六十卷　（明）凌稚隆輯　明金閶葉瑤池刻本　二十四冊

410000－2242－0005838　S814.5/S738/9A

東坡先生全集七十五卷　（宋）蘇軾撰　明末項煜刻本　三十五冊　存七十三卷(一至九、十二至七十五)

410000－2242－0005839　326.8/S427

蒙古源流八卷　（蒙古）小徹辰薩囊台吉撰　清刻本　四冊

410000－2242－0005840　S811.14/T634

杜荀鶴文集三卷　（唐）杜荀鶴撰　清康熙席氏琴川書屋刻本　一冊

410000－2242－0005841　S814.2/V.187A

蔡中郎集十卷外紀一卷外集四卷傳表一卷　（漢）蔡邕撰　（清）陶敦復等校　清咸豐二年(1852)東郡楊氏海源閣仿宋刻本　六冊

410000－2242－0005842　S811.15/L794

劍南詩稿八十五卷　（宋）陸游撰　明末清初毛氏汲古閣刻本　四十一冊

410000－2242－0005843　S080/L358/B

古逸叢書二十六種　（清）黎庶昌編　清光緒十年(1884)遵義黎氏日本東京使署影刻本　四十九冊

410000－2242－0005844　336.251/Y716

魚鱗冊不分卷　（清）□□編　清寫本　二冊

410000－2242－0005845　S754.4/S897

蘭亭序十三跋　（清）徐仁麟臨　清寫本　一冊

410000－2242－0005846　S679.92/W177

墨表四卷　（清）萬壽祺撰　清嘉慶戴光曾抄本　一冊

410000－2242－0005847　341.5/F538A

各國交涉便法論六卷　（英國）傅蘭雅譯　（英國）費利摩羅巴德撰　清末鉛印本　六冊

410000－2242－0005848　951.043/S463/2C

舊五代史一百五十卷　（宋）薛居正等撰　清同治十一年(1872)崇文書局刻本　十六冊

410000－2242－0005849　951.043/S463/3B

舊五代史一百五十卷　（宋）薛居正等撰　清光緒十四年(1888)上海圖書集成印書局鉛印本　十二冊

410000－2242－0005850　951.052/T.513/3B

遼史一百十六卷　（元）脫脫等撰　清光緒十四年(1888)上海圖書集成印書局鉛印本　八冊

410000－2242－0005851　951.052/T.513/3C

遼史一百十六卷　（元）脫脫等撰　清光緒十四年(1888)上海圖書集成印書局鉛印本　八冊

410000－2242－0005852　781.8/C675/1

五知齋琴譜六卷　（清）徐祺撰　（清）周魯封
彙輯　清末校經山房成記書局石印本　十
二冊

410000－2242－0005853　781.8/C675/2
五知齋琴譜八卷　（清）徐祺撰　（清）周魯封
彙輯　清乾隆二年(1737)棲心琴社刻本
六冊

410000－2242－0005854　781.8/C675/4
五知齋琴譜八卷　（清）徐祺撰　（清）周魯封
彙輯　清乾隆二年(1737)棲心琴社刻本
八冊

410000－2242－0005855　S781.8/H.131
戲曲曲譜不分卷　　（□）□□撰　　清抄本
四冊

410000－2242－0005856　781.8/W476/1
自遠堂琴譜十二卷　（清）吳灯彙輯　清末校
經山房石印本　十二冊

410000－2242－0005857　794/Y333
奕理指歸不分卷　（清）施襄夏撰　清抄本
六冊

410000－2242－0005858　811.102/L346/2
杜律通解四卷　（清）李文煒箋釋　清刻本
一冊　存一卷(二)

410000－2242－0005859　811.102/O146
詩本義十五卷附鄭氏詩譜一卷　（宋）歐陽修
撰　清都門印書局鉛印本　二冊

410000－2242－0005860　814.4/L337/2
李太白全集三十六卷　（唐）李白撰　（清）王
琦注　清乾隆二十四年(1759)上海掃葉山房
石印本　六冊　存七卷(三十至三十六)

410000－2242－0005861　811.104/C176
初白庵詩評三卷附詞綜偶評一卷　（清）查慎
行撰　（清）張載華輯　清末上海六藝書局石
印本　六冊

410000－2242－0005862　811.104/C.393/1A
明詩紀事一百八十七卷　（清）陳田編　清光
緒二十五年至宣統三年(1899－1911)陳氏聽

詩齋刻本　六冊　存三十卷(甲集一至三十)

410000－2242－0005863　811.104/C.397/1
元詩紀事二十四卷　陳衍輯　清光緒石遺室
鉛印本　六冊

410000－2242－0005864　811.106/C415/2
甌北詩話十二卷　（清）趙翼撰　甌北先生年
譜一卷墓誌銘一卷　（□）□□編　清光緒四
川官印刷局刻本　四冊

410000－2242－0005865　811.106/H511A
詩藪內編六卷外編四卷雜編六卷　（明）胡應
麟撰　清光緒二十二年(1896)廣雅書局刻本
四冊

410000－2242－0005866　814.5/S123/2
司馬溫公文集十四卷　（宋）司馬光撰　張伯
行重訂　清光緒正誼堂刻本　六冊

410000－2242－0005867　814.5/V719/2
宗忠簡公文集卷首一卷補遺一卷遺事二卷
(宋)宗澤撰　清同治十二年(1873)三原劉質
慧刻本　二冊

410000－2242－0005868　811.108/H428/5
御選唐宋詩醇四十七卷　（清）梁詩正等編
清刻本　一冊　存三卷(十七至十九)

410000－2242－0005869　811.108/S899/5
玉臺新詠箋註十卷　（南朝陳）徐陵編　（清）
吳兆宜註　（清）程際盛刪補　清乾隆刻本
四冊

410000－2242－0005870　S080.8/L661/1B
劉氏傳家集一百九十九卷　（清）劉青芝輯
清乾隆二十年(1755)襄邑繼賜堂刻本　一百
〇三冊

410000－2242－0005871　811.108/S.433/3
古詩源十四卷　（清）沈德潛選　清尊經閣刻
本　四冊

410000－2242－0005872　811.108/S.433/8
評選古詩源四卷　（清）沈德潛選　清末上海
掃葉山房石印本　四冊

410000－2242－0005873　814.5/Y577/4

岳忠武王文集八卷首一卷附錄一卷 （宋）岳飛撰 （清）黃邦寧編 清同治十二年（1873）三原劉質慧刻本 一冊 存四卷（二至五）

410000－2242－0005874 814.7/C281/3
張太岳文集四十七卷 （明）張居正撰 清咸豐、同治刻本（江陵鄧氏藏板） 十六冊

410000－2242－0005875 811.108/W244/1A
古今詩選五十卷 （清）王士禛選 清末上海掃葉山房石印本 十冊

410000－2242－0005876 811.108/W251/1
古唐詩合解十二卷 （清）王堯衢注 清末狀元閣李光明刻本 五冊

410000－2242－0005877 811.108/W251/2
古唐詩合解十六卷 （清）王堯衢注 清善成堂刻本 三冊

410000－2242－0005878 811.108/W251/3
古唐詩合解十六卷 （清）王堯衢注 清文華樓刻本 六冊

410000－2242－0005879 811.108/W251/6
古唐詩合解十六卷 （清）王堯衢注 清宏道堂刻本 四冊

410000－2242－0005880 811.108/W251/7
古唐詩合解十二卷 （清）王堯衢注 清書業德刻本 一冊 存二卷（三至四）

410000－2242－0005881 811.108/W256/1A
佩文齋詠物詩選四百八十六卷 （清）汪霦等編 清康熙四十六年（1707）内府刻本 六十四冊

410000－2242－0005882 041.29/D264B
漢學師承記八卷經師經義一卷宋學淵源記二卷附記一卷 （清）江藩撰 清光緒三十年（1904）上海文瑞樓石印本 四冊

410000－2242－0005883 811.1083/C679
十六國宮詞二卷 （清）周昇撰 清末上海掃葉山房石印本 四冊

410000－2242－0005884 811.1084/H336/2
唐詩三百首註疏六卷 （清）蘅塘退士編

（清）章燮註 清末上海群學社石印本 四冊

410000－2242－0005885 811.1084/H336/3
唐詩三百首註疏六卷 （清）蘅塘退士編（清）章燮註 唐詩三百首續選一卷 （清）于慶元編 清刻本 六冊

410000－2242－0005886 811.1084/H336/7
註釋唐詩三百首不分卷 （清）蘅塘退士編 清末李光明莊刻本 一冊

410000－2242－0005887 951.05/T.513/11
宋史四百九十六卷 （元）脫脫等撰 清光緒十四年（1888）上海圖書集成印書局刻本 三十三冊 存一百五十五卷（三十七至一百四十二、一百七十六至二百二十四）

410000－2242－0005888 951.05/T.513/12
宋史四百九十六卷 （元）脫脫等撰 清光緒元年（1875）浙江書局刻本 一冊 存二卷（二百三十三至二百三十四）

410000－2242－0005889 814.8/L347/3
二麯集二十六卷 （清）李顒撰 清光緒二十六年（1900）湘陰奎樓蔣氏小娜嬛山館刻本 六冊 存二十卷（一至二十）

410000－2242－0005890 811.10854/K789/2
御訂全金詩增補中州集七十二卷首二卷（金）元好問原本 （清）郭元釪增輯 清康熙五十年（1711）刻本 二十四冊

410000－2242－0005891 811.1087/C771/1
明詩綜一百卷 （清）朱彝尊錄 （清）汪森輯評 清康熙四十四年（1705）西泠吳氏清來堂刻本 四十冊

410000－2242－0005892 811.1087/W256
明三十家詩選初集八卷二集八卷 （清）汪端輯 清刻本 二冊 存四卷（二集一至二、五至六）

410000－2242－0005893 811.1088/C286/A
批點七家詩試帖詳註七卷 （清）張熙宇輯評 清上海大成書局石印本 四冊

410000－2242－0005894 藝781.8/C673

琴譜諧聲六卷　（清）周顯祖編　清嘉慶二十
五年（1820）聽真軒刻本　六冊

410000－2242－0005895　814.7/C317
東田先生奏稿三卷　（明）張羽撰　清抄本
四冊

410000－2242－0005896　811.1088/S.429/4
南宋雜事詩七卷　（清）沈嘉轍等撰　清武林
芹香齋刻本　四冊

410000－2242－0005897　教175.4/C311
課子隨筆節鈔六卷附續編一卷　（清）張又渠
輯　（清）徐桐節鈔　清同治十年（1871）刻本
四冊

410000－2242－0005898　S814.7/T.222/4
重刊校正唐荊川先生文集十二卷　（明）唐順
之撰　明嘉靖三十二年（1553）浙江葉寶山堂
刻本　六冊

410000－2242－0005899　教175/S469
聖諭廣訓直解一卷　（清）聖祖玄燁撰　（清）
世宗胤禛廣訓　清雍正二年（1724）刻本
二冊

410000－2242－0005900　811.13/T.256/3
陶靖節先生詩四卷　（晉）陶潛撰　（宋）湯漢
注　清光緒會稽章是刻本　二冊

410000－2242－0005901　913.51201/Y226
中州金石目錄八卷　（清）楊鐸輯　清同治六
年（1867）南陵徐氏藝風堂刻本　二冊

410000－2242－0005902　811.14/L813/1
盧照隣集二卷　（唐）盧照鄰撰　明刻本
一冊

410000－2242－0005903　913.51201/Y262A
中州金石目四卷附補遺一卷　（清）姚晏編
清光緒九年（1883）歸安姚氏咫進齋刻本
二冊

410000－2242－0005904　811.15/H664/3
山谷詩集注內集二十卷外集十七卷別集二卷
外集補四卷別集補一卷年譜十四卷　（宋）黃
庭堅撰　（宋）任淵等注　清乾隆五十四年

（1789）樹經堂刻本　二十冊

410000－2242－0005905　811.18/H665/1B
人境盧詩草十一卷　（清）黃遵憲撰　清宣統
三年（1911）嘉應黃氏鉛印本　四冊

410000－2242－0005906　811.15/M316/2
宛陵先生集六十卷拾遺一卷附錄三卷續金針
詩格一卷　（宋）梅堯臣撰　清道光十年
（1830）刻本　十一冊

410000－2242－0005907　教925.112/T.226
洛學編四卷　（清）湯斌輯　洛學續編一卷
（清）尹會一輯　清同治九年（1870）刻本
一冊

410000－2242－0005908　811.17/K254/4
高季迪先生大全集十八卷　（明）高啟撰　清
康熙間長洲許氏竹素園刻本　六冊

410000－2242－0005909　913.5121/Y798/4
積古齋鐘鼎彝器款識十卷　（清）阮元編　清
道光二十三年（1843）積古齋拓本　一冊

410000－2242－0005910　教951.021/P181
前漢書一百二十卷　（漢）班固撰　（唐）顏師
古注　清光緒十三年（1887）金陵書局刻本
十六冊　存一百卷（一至一百）

410000－2242－0005911　811.18/H461/4
四憶堂詩集六卷　（清）侯方域撰　（清）賈開
宗等注　清乾隆刻本　二冊

410000－2242－0005912　811.18/H665/1A
人境盧詩草十一卷　（清）黃遵憲撰　清宣統
三年（1911）嘉應黃氏鉛印本　四冊

410000－2242－0005913　教005/S738
春秋繁露義證十七卷首一卷攷證一卷　（清）
蘇輿撰　清宣統二年（1910）刻本　四冊

410000－2242－0005914　811.18/L537/1
晚翠軒集一卷補遺一卷　（清）林旭撰　崦樓
遺稿二卷　（清）沈鵲應撰　清光緒鉛印本
一冊

410000－2242－0005915　數510.8/C314
翠薇山房數學十五種　（清）張作楠學算　清

嘉慶二十五年(1820)刻本　十二冊　存九種

410000－2242－0005916　教 915.1025/C668
白鹿書院志十九卷　(清)毛德琦重訂　(清)
周兆蘭重修　清乾隆六十年(1795)刻本
八冊

410000－2242－0005917　S811.18/V611
寶硯齋詩存六卷　(清)靜軒氏撰　清抄本
一冊　存五卷(二至六)

410000－2242－0005918　811.18/W227/2
五十自定稿一卷　(清)王夫之撰　清同治四
年(1865)湘鄉曾國荃刻本　一冊

410000－2242－0005919　811.18/W244/3
**漁洋山人精華錄箋注十二卷補注一卷年譜一
卷**　(清)王士禎撰　(清)金榮注　(清)徐
淮纂輯　清末上海鴻章書局石印本　十二冊

410000－2242－0005920　811.18/W244/4
**漁洋山人精華錄箋注十二卷補注一卷年譜一
卷**　(清)王士禎撰　(清)金榮注　(清)徐
淮纂輯　清雍正鳳翊堂刻本　十冊

410000－2242－0005921　數 510.8/M316A
梅氏叢書輯要六十二卷　(清)梅文鼎撰　清
光緒十四年(1888)龍文書局石印本　六冊

410000－2242－0005922　811.18/Y398/1
藏書紀事詩七卷　葉昌熾撰　清宣統二年
(1910)葉氏刻本　六冊

410000－2242－0005923　811.18/Y818/2
小倉山房詩集三十六卷　(清)袁枚撰　清乾
隆刻本　十二冊

410000－2242－0005924　教 175/L661
儒門法語輯要不分卷　(清)彭定求重編
(清)湯金釗輯要　清光緒八年(1882)山東書
局刻本　一冊

410000－2242－0005925　數 511/V.274
直方大齋算學上編十三卷坿卷二卷　(清)曹
汝英撰　清光緒二十九年(1903)刻本　六冊

410000－2242－0005926　教 175/L661
人譜三卷人譜類記增訂六卷　(明)劉宗周撰

清同治七年(1868)濟南公廨吳興丁氏刻本
二冊

410000－2242－0005927　教 127.3/W244
王文成公全集三十八卷　(明)王守仁撰　清
刻本　二十四冊

410000－2242－0005928　數 512/V.274/1
經心書院算學課程五卷　(清)曹汝川纂　清
刻本　五冊

410000－2242－0005929　教 080/C297
正誼堂全書六十六種　張伯行撰　清同治五
年(1866)福州正誼書院刻本　八冊　存二種

410000－2242－0005930　數 511.1/K564
九數存古九卷　(清)顧觀光撰　清光緒十八
年(1892)江蘇書局刻本　四冊

410000－2242－0005931　數 519/L327
李氏遺書十一種　(清)李銳撰　清嘉慶二十
四年(1819)刻本　六冊

410000－2242－0005932　數 510.8/C.396
中西算學大成一百卷　(清)陳維祺纂　清光
緒二十三年(1897)孟夏上海博文書局石印本
二十冊

410000－2242－0005933　教 320.8/M128
文獻通考三百四十八卷　(元)馬端臨撰　清
光緒二十二年(1896)刻本　十冊　存二十卷
(十九至三十八)

410000－2242－0005934　教 028/C392
程氏家塾分年日程三卷　(元)程端禮撰　清
同治七年(1868)湖北崇文書局刻本　二冊

410000－2242－0005935　教 080.5/C448
二程全書六種　(宋)程頤　(宋)程顥撰　清
同治十年(1871)江蘇金陵六安求我齋刻本
十五冊

410000－2242－0005936　教 127.12/L328
古香齋新刻袖珍御纂朱子全書六十六卷
(宋)朱熹撰　(清)李光地等編　清光緒九年
至十年(1883－1884)南海孔氏三十有三萬卷
堂刻本　三十六冊

410000－2242－0005937　教 000.11/Y798

皇清經解一千四百〇八卷 （清）阮元輯　清道光學海堂刻本　三十六冊　存一百五十二卷(三百六十六至四百十九、六百二十至六百四十七、一千一百〇三至一千一百七十二、)

410000－2242－0005938　教 814.08/Y454

全上古三代秦漢三國六朝文七百四十六卷 （清）嚴可均輯　清光緒十九年(1893)廣雅書局刻本　二十冊　存一百六十卷(全上古三代文一至十六、全秦文一、全漢文一至六十三、全後漢文存一至八十)

410000－2242－0005939　數 513/S898

幾何原本十五卷 （意大利）利瑪竇口譯（明）徐光啟筆受　清同治四年(1865)刻本　八冊

410000－2242－0005940　數 514/H553

三角數理十一卷 （英國）海麻士輯　（英國）傅蘭雅口譯　（清）華蘅芳筆述　清江南製造總局刻本　六冊

410000－2242－0005941　數 512.7/T341

代數備旨十三章 （美國）狄考文選譯　（清）鄒立文　（清）生福維筆述　清光緒二十六年(1900)上海美華書館刻本　一冊

410000－2242－0005942　教 951.05/K323

宋史新編二百卷 （明）柯維騏撰　清康熙六十一年(1722)刻本　四十二冊

410000－2242－0005943　教 004.3/W227

禮記章句四十九卷 （清）王夫之撰　清同治四年(1865)金陵湘鄉曾氏刻本　四十九冊

410000－2242－0005944　數 517/H553

微積溯源八卷 （英國）華里司輯　（英國）傅蘭雅口譯　（清）華蘅芳筆述　清同治十三年(1874)江南機器製造總局刻本　六冊

410000－2242－0005945　教 004.3/C375

禮記十卷 （元）陳澔集說　清金陵奎壁齋刻本　十冊

410000－2242－0005946　數 512/553

代數術二十五卷首一卷 （英國）華里司輯（英國）傅蘭雅口譯　（清）華蘅芳筆述　清刻本　六冊

410000－2242－0005947　教 001/W227

周易外傳七卷 （清）王夫之撰　清同治四年(1865)金陵湘鄉曾國荃刻本　四冊

410000－2242－0005948　811.35/C289

蘇堤漁唱一卷附錄一卷 （宋）張可久輯　清光緒二十七年(1901)錢塘丁氏嘉惠堂刻本　一冊

410000－2242－0005949　數 512.1/F184

代數通藝錄十六卷續集二卷 （清）方愷撰　清光緒二十四年(1898)石印本　八冊

410000－2242－0005950　811.38/P.639

聊齋詞一卷 （清）蒲松齡撰　清末刻本　一冊

410000－2242－0005951　數 512.9/L893

代數難題解法十六卷 （英國）倫德編輯（英國）傅蘭雅口譯　（清）華蘅芳筆述　清江南製造總局刻本　六冊

410000－2242－0005952　教 121.5/C278

勸學篇二卷 （清）張之洞撰　清光緒二十四年(1898)刻本　二冊

410000－2242－0005953　811.5/W251/2

楚辭十七卷 （戰國）屈原等撰　（漢）劉向集（漢）王逸章句　清初汲古閣天德堂印本　六冊

410000－2242－0005954　數 519/C686

鄒徵君遺書八種附刻二種 （清）鄒伯奇撰　清同治十二年(1873)廣州拾芥園刻本　五冊

410000－2242－0005955　教 814.08/Y411

增訂漢魏六朝別解六十二卷 （明）葉紹泰撰　明崇禎采隱山居刻本　八冊　存三十卷(三十至五十九)

410000－2242－0005956　教 814.08/Y411A

增訂漢魏六朝別解六十二卷 （明）葉紹泰輯　明崇禎采隱山居刻本　十六冊　存六十卷(一至六十)

410000－2242－0005957　811.608/C.397/3

御定歷代賦彙補遺二十二卷　（清）陳元龍編
清康熙四十五年(1706)內府刻本　四冊
存十一卷(一至十一)

410000－2242－0005958　811.608/L347/1

賦學正鵠十卷　（清）李元度編　清同治十年
(1871)文餘堂刻本　四冊

410000－2242－0005959　811.608/L347/2

賦學正鵠集釋十一卷　（清）李元度編　清同
元堂刻本　八冊

410000－2242－0005960　811.608/L641

本朝試賦麗則四卷　（清）李光理　（清）李光
瓊等輯　清乾隆三十四年(1769)金陵三多齋
刻本　一冊　存一卷(一)

410000－2242－0005961　811.6087/W227

船山九賦不分卷　（明）王夫之撰　清活字本
一冊

410000－2242－0005962　教000.11/W243

皇清經解續編二百〇九種　王先謙輯　清光
緒十四年(1888)江陰南菁書院刻本　十冊
存二十三種

410000－2242－0005963　數510.8/M316

梅氏叢書輯要六十二卷　（清）梅文鼎撰　清
刻本　八冊

410000－2242－0005964　數510.8/T484

白芙堂算學叢書二十一種附二十二種　（清）
丁取忠輯　清同治光緒長沙古荷花池精舍刻
本　二十八冊

410000－2242－0005965　教002.5/W227

尚書引義六卷　（清）王夫之撰　清同治四年
(1865)湘鄉曾氏刻本　三冊

410000－2242－0005966　教175.1/C642

弟子職音誼不分卷　（清）鍾廣撰　清光緒十
六年(1890)刻本　一冊

410000－2242－0005967　812.28/K.354/2

桃花扇傳奇二卷四十二齣　（清）孔尚任編
清刻本　六冊

410000－2242－0005968　教081.8/C291

楊園先生全集五十四卷　（清）張履祥編　清
同治十一年(1872)江蘇書局刻本　八冊　存
四十八卷(一至四十八)

410000－2242－0005969　812.28/V443/2A

藏園九種曲九種　（清）蔣士銓撰　清漁古堂
刻本　十四冊

410000－2242－0005970　教081.7/W227

船山遺書七十一種　（清）王夫之撰　清同治
四年(1865)湘鄉曾氏金陵節署刻本　九十九
冊　存十五種

410000－2242－0005971　812.74/H147

果報錄十二卷一百回　（清）海芝濤撰　清活
字本　十二冊

410000－2242－0005972　813.1/S917A

玉芝堂談薈三十六卷　（清）徐應秋輯　清蒨
園刻本　三十七冊

410000－2242－0005973　教000.11/S.132

十三經注疏五十四卷　（清）阮元撰　清光緒
十三年(1887)點石齋石印本　二十九冊

410000－2242－0005974　藝781.8/C675

五知齋琴譜八卷　（清）周魯封彙輯　清乾隆
十一年(1746)刻本　六冊

410000－2242－0005975　藝781.2/D.398

律音彙考八卷　（清）邱之稑撰　**琴旨申邱
一卷**　（清）劉人熙撰　清光緒十五年
(1889)刻本　四冊

410000－2242－0005976　813.108/L324/5

太平廣記五百卷　（宋）李昉等撰　清天都黃
晟曉峰氏刻本　二冊　存十九卷(二百六十
八至二百七十六、三百三十九至三百四十八)

410000－2242－0005977　藝781.8/k355

枯木禪琴譜八卷　（清）釋空塵撰　（清）朱敏
文選　清光緒十九年(1893)刻本　四冊

410000－2242－0005978　藝781.8/W254

立雪齋琴譜二卷首一卷　（清）汪紱撰　清雍
正八年(1730)刻本　二冊

410000－2242－0005979　藝814.08/L935

中州名賢文表三十卷　（清）劉昌編　續中州
名賢文表六十八卷　（清）邵松年編　清光緒
三十年(1904)鴻文書局石印本　二十八冊

410000－2242－0005980　藝781.8C285A

琴學入門二卷　（清）張鶴輯　清同治六年
(1867)刻本　一冊

410000－2242－0005981　813.2/C524

劍俠傳四卷　（唐）段成式撰　（清）鄭官應校
續劍俠傳四卷　（清）鄭官應輯　清刻本
二冊

410000－2242－0005982　藝781.8C285B

琴學入門二卷　（清）張鶴輯　清刻本　二冊

410000－2242－0005983　藝781.8/C.451A

誠一堂琴譜六卷附誠一堂琴談二卷　（清）程
允基撰　清聚錦堂刻本　六冊

410000－2242－0005984　藝781.8/C.451B

誠一堂琴譜六卷附誠一堂琴談二卷　（清）程
允基撰　清聚錦堂刻本　六冊

410000－2242－0005985　813.27/D.439

剪燈新話四卷　（明）瞿佑撰　剪燈餘話五卷
（明）李禎撰　清鉛印本　一冊

410000－2242－0005986　813.28/C279A

虞初新志二十卷　（清）張潮輯　虞初續志十
二卷　（清）鄭澍若編　清上海文瑞樓石印本
十冊

410000－2242－0005987　813.28/C.178

聞見雜錄五卷　（清）柴桑輯　清光緒四年
(1878)上海申報館鉛印本　一冊

410000－2242－0005988　813.28/N.313/2

觚賸八卷續編四卷　（清）鈕琇輯　清上海文
瑞樓石印本　六冊

410000－2242－0005989　813.28/P.639/5

聊齋志異評註圖詠十六卷　（清）蒲松齡撰
（清）王士正評　（清）但明倫新評　（清）呂
湛恩註　清上海廣益書局石印本　十六冊

410000－2242－0005990　813.28/Y694/2

右台仙館筆記十六卷　（清）俞樾撰　清宣統
二年(1910)上海朝記書莊石印本　八冊

410000－2242－0005991　813.4/T122/2

新刊宣和遺事二集　（宋）□□撰　清石印本
一冊

410000－2242－0005992　813.5/Y323/2

續水滸征四寇全傳四十九回　（清）□□撰
清光緒上海申報館鉛印本　二冊

410000－2242－0005993　813.55/Y694

繡像蕩寇志演義八卷七十回　（清）俞萬春撰
（清）范辛來等評　清光緒三十年(1904)上
海廣益書局石印本　八冊

410000－2242－0005994　813.56/S.156/1

評註圖像水滸傳□□卷　（元）施耐庵撰　清
石印本　一冊　存九卷(四十六至五十四)

410000－2242－0005995　813.57/F329/1

增像全圖東周列國志二十七卷首一卷一百八
回　（明）馮夢龍撰　（清）蔡元放評點　清上
海廣益書局鉛印本　十三冊

410000－2242－0005996　813.57/L715/3

三國演義十九卷首一卷一百二十回　（明）羅
貫中撰　清康熙金陵致和堂刻本　十冊

410000－2242－0005997　813.58/C643/1

繪圖封神演義八卷一百回　（明）許仲琳撰
（明）鍾惺評釋　清上海校經山房石印本
八冊

410000－2242－0005998　813.58/C643/2A

繡像封神演義十二卷一百回　（明）許仲琳撰
（明）鍾惺評釋　清上海廣興書局鉛印本
十二冊

410000－2242－0005999　813.58/L327/2A

繪圖鏡花緣一百回　（清）李汝珍撰　清上海
校經山房石印本　八冊

410000－2242－0006000　813.58/M667

紅樓復夢一百回　（清）陳少海撰　清上海申
報館鉛印本　一冊　存十回(八十一至九十)

410000－2242－0006001　藝781.8/W476A

自遠堂琴譜十二卷　（清）吳灯編　清嘉慶六
年(1801)自遠堂刻本　八冊

410000－2242－0006002　813.58/V.275/1－1
紅樓夢八卷八十回　（清）曹霑撰　清上海有
正書局石印本　六冊　存六卷(殘存卷次不
明,存一至八、十七至二十、二十五至二十八、
三十三至四十回)

410000－2242－0006003　813.58/V.275/1－2
紅樓夢八卷八十回　（清）曹霑撰　清上海有
正書局石印本　一冊　存一卷(二)

410000－2242－0006004　813.58/V.275/2
紅樓夢一百二十回　（清）曹霑撰　清刻本
二十四冊

410000－2242－0006005　813.58/V.275/5
增評補圖石頭記一百二十卷首一卷　（清）曹
霑撰　清鉛印本　十六冊

410000－2242－0006006　814.8/T574
荻芬書屋文稿不分卷　（清）董恂撰　清董蓮
刻本　二冊

410000－2242－0006007　813.58/W472/3
增補齊省堂全圖儒林外史六卷六十回　（清）吳
敬梓撰　清石印本　二冊　存二卷(二、四)

410000－2242－0006008　813.58/Y864
草木春秋演義三十二回引首一卷　（清）江洪
撰　（清）樂山人纂修　清康熙最樂堂刻本
六冊

410000－2242－0006009　814.08/H.464
六朝文絜四卷　（清）許槤評選　（清）朱鈞參
校　清上海有正書局重印刻本　二冊

410000－2242－0006010　814.08/L358/1A
續古文辭類纂二十八卷　（清）黎庶昌編　清
光緒上海商務印書館鉛印本　九冊

410000－2242－0006011　814.08/S895A
古文淵鑒六十四卷　（清）徐乾學等編　清淵
鑒齋刻本　四十八冊

410000－2242－0006012　814.08/S895B
古文淵鑒六十四卷　（清）徐乾學等編　清淵

鑒齋刻本　三十六冊

410000－2242－0006013　814.8/T.226/7
湯子遺書十卷　（清）湯斌撰　清鉛印本　一
冊　存一卷(七)

410000－2242－0006014　814.08/V443
評選四六法海八卷　（清）蔣士銓評選　清上
海文瑞樓石印本　八冊

410000－2242－0006015　814.08/W243/1
續古文辭類纂三十四卷　王先謙纂集　清上
海商務印書館鉛印本　四冊

410000－2242－0006016　814.08/W471
繪圖增批古文觀止十二卷　（清）吳乘權編次
　（清）吳調侯手録　清石印本　一冊　存二
卷(五至六)

410000－2242－0006017　814.08/W495/1
涵芬樓古今文鈔簡編四十卷　吳曾祺纂録
清宣統三年(1911)上海商務印書館鉛印本
四十冊

410000－2242－0006018　814.08/Y683/2
重訂古文釋義新編八卷　（清）余誠評註　清
石印本　一冊　存二卷(五至六)

410000－2242－0006019　藝781.8/W476B
自遠堂琴譜十二卷　（清）吳灯編　清嘉慶六
年(1801)自遠堂刻本　十二冊

410000－2242－0006020　813.28/C279B
虞初新志二十卷　（清）張潮輯　虞初續志十
二卷　（清）鄭澍若編　清上海文瑞樓石印本
十冊

410000－2242－0006021　813.28/C279C
虞初續志十二卷　（清）鄭澍若編　清上海文
瑞樓石印本　四冊

410000－2242－0006022　藝781.8/J476C
古律經傳附考五卷　（清）紀大奎撰　清乾隆
五十七年(1792)刻本　二冊

410000－2242－0006023　藝812.07/Y411
納書楹曲譜二十二卷　（清）葉堂撰　清乾隆
五十七年(1792)納書楹刻本　十八冊

410000 – 2242 – 0006024　藝 812.07/Y411A

納書楹曲譜全集二十二卷　（清）葉堂撰　清
道光二十八年(1848)刻本　二十冊

410000 – 2242 – 0006025　814.8/W478/1

桐城吳先生文集四卷附傳狀一卷　（清）吳汝綸
撰　清光緒三十年(1904)桐城吳氏刻本　六冊

410000 – 2242 – 0006026　814.8/W491/3

有正味齋文駢體箋註二十四卷首一卷　（清）
吳錫麒撰　（清）王廣業箋　（清）葉聯芬註
清尚友山房石印本　八冊

410000 – 2242 – 0006027　藝 811.54/Y796

中州集十卷附中州樂府一卷　（金）元好問輯
　清光緒七年(1881)讀書山房刻本　十一冊

410000 – 2242 – 0006028　914/V.482

歐游隨筆二卷　（清）錢德培撰　清光緒刻本
　二冊

410000 – 2242 – 0006029　915.1/K566/2A

讀史方輿紀要一百三十卷附方輿全圖總說五
卷　（清）顧祖禹撰　清光緒五年(1879)刻本
　五十冊

410000 – 2242 – 0006030　915.1/L711/3

太平寰宇記二百卷附補闕□□卷　（宋）樂史
撰　清光緒八年(1882)刻本　三十六冊

410000 – 2242 – 0006031　915.1017/H375/3A

朔方備乘六十八卷　（清）何秋濤撰　清光緒
石印本　六冊　存三十七卷(一、十六至四十
三、六十一至六十八)

410000 – 2242 – 0006032　915.102/V.482A

新斠注地理志集釋十六卷　（清）錢坫撰
(清)徐松集釋　清同治十三年(1874)會稽章
氏刻本　八冊

410000 – 2242 – 0006033　915.1021/D.397

周行備覽六卷　（清）求放心齋輯　清乾隆三
年(1738)刻本　一冊　存一卷(中集三)

410000 – 2242 – 0006034　文 44.345/C771

明詩綜一百卷　（清）朱彝尊錄　清刻本　二
十四冊

410000 – 2242 – 0006035　文 41.221/C755

駢雅訓纂七卷　（明）朱謀㙔撰　（清）魏茂林
訓　清光緒十二年(1886)刻本　六冊

410000 – 2242 – 0006036　915.1022/Y196

京口山水志十八卷首一卷末一卷　（清）楊棨
撰　清道光間鎮江善化書局刻本　六冊

410000 – 2242 – 0006037　915.1023/D171A

峽江圖考不分卷　（清）江國璋輯　清光緒二
十年(1894)上祥袖海山房書局石印本　一冊

410000 – 2242 – 0006038　915.1023/V442

江西水道考五卷　（清）蔣湘南撰　清末
(1821 – 1911)資益館鉛印本　二冊

410000 – 2242 – 0006039　915.1024/Y457/1

洋防輯要二十四卷　（清）嚴如熤編　清道光
間(1821 – 1850)刻本　十一冊

410000 – 2242 – 0006040　915.1025/W146

游西湖紀略一卷　（清）芾邨外史撰　清光緒
三十四年(1908)石印本　一冊

410000 – 2242 – 0006041　915.1027/C635

支那疆域沿革略說一卷　（日本）重野安譯等
撰　清光緒間(1874 – 1908)興地學會刻本
一冊

410000 – 2242 – 0006042　文 44.2283/S437A

文選六十卷　（南朝梁）昭明太子蕭統撰
（唐）李善注　（清）葉樹藩參訂　清乾隆三十
七年(1772)長洲葉氏海綠軒朱墨套印本　十
六冊

410000 – 2242 – 0006043　915.103/L318/1

歷代地理韻編今譯二十卷附皇朝輿地韻編二
卷　（清）李兆洛撰　清光緒十四年(1888)上
海蜚英館石印本　四冊

410000 – 2242 – 0006044　文 41.238/S.138

時文備法六卷　（清）史夢琦評選　清英德堂
刻本　六冊

410000 – 2242 – 0006045　915.122/H515

湖北輿地圖不分卷　（清）湖北輿圖局撰　清
光緒二十七年(1901)石印本　二冊

410000 – 2242 – 0006046　文 41.221/J399

經籍纂詁一百〇六卷　（清）阮元撰　清光緒
九年(1883)石印本　十二冊

410000 – 2242 – 0006047　文 44.3544/H664

山谷詩集注内集二十卷外集十七卷別集二卷
　（宋）黃庭堅撰　（宋）任淵　（宋）史容
（宋）史季温注　清光緒二十一年(1895)義寧
陳氏影宋刻本　二十冊

410000 – 2242 – 0006048　文 44.31/C.375

詩毛氏傳疏三十卷附釋毛詩音四卷毛詩說一
卷毛詩傳義類一卷鄭氏箋考徵一卷　（清）陳
奐撰　清末鴻章書局石印本　十二冊

410000 – 2242 – 0006049　925.11/L456/2

尚友錄二十二卷補遺一卷　（清）廖用賢等編
　（清）張伯琮等補輯　清浙蘭林天錄齋刻本
十五冊　存二十二卷(二至二十二、補遺一
卷)

410000 – 2242 – 0006050　925.11/Y211/1A

十五家年譜叢書二十二卷　（清）楊希閔等撰
　（清）陳履恆輯　清光緒揚州陳氏刻本　十
六冊

410000 – 2242 – 0006051　文 44.3432/T634

唐四家詩二十八卷　（唐）孟浩然等撰　清光
緒十年(1884)上海同文書局石印本　四冊

410000 – 2242 – 0006052　文 44.234/W241

王子安集註八卷首一卷　（唐）王勃撰　清光
緒九年(1883)吳縣蔣氏雙唐碑館刻本　六冊

410000 – 2242 – 0006053　925.1108/H176A

漢名臣傳三十二卷　（清）國史館編　清
(1644 – 1911)北京榮錦書坊排印本　三十冊

410000 – 2242 – 0006054　925.1108/L347/4

國朝先正事略六十卷　（清）李元度撰　清道
光二十五年(1845)上海文瑞樓石印本　八冊
　存三十九卷(二十二至六十)

410000 – 2242 – 0006055　文 38.656/M124

蘇黃尺牘二卷　（清）黃始箋輯　清乾隆五十
八年(1793)刻本　二冊

410000 – 2242 – 0006056　925.1108/M184A

滿洲名臣傳四十八卷　（清）國史館編　清
(1644 – 1911)京都正陽門琉璃廠榮錦坊檢字
刻本　四十二冊　存四十七卷(二至四十八)

410000 – 2242 – 0006057　文 48.315/K789

名賢手札八卷　（清）瞿鴻幾撰　清光緒十年
(1884)刻本　四冊

410000 – 2242 – 0006058　925.11211/H377

河南拔貢齒錄光緒乙酉科一卷　（清）□□撰
　清光緒刻本　一冊

410000 – 2242 – 0006059　925.11211/K.179

康熙進士題名碑錄一卷　（清）□□撰　清刻
本　一冊

410000 – 2242 – 0006060　925.11211/M553

[洪武四年至萬曆四十七年]明進士題名碑錄
不分卷　（明）□□撰　明刻本　四冊

410000 – 2242 – 0006061　文 97.2/V.482

元史藝文志四卷　（清）錢大昕補　清嘉慶十
一年(1806)黃鍾刻本　一冊

410000 – 2242 – 0006062　文 97.2/V.482

元史氏族表三卷　（清）錢大昕撰　清嘉慶十
一年(1806)黃鍾刻本　三冊

410000 – 2242 – 0006063　文 92.216/C317

古香齋新刻袖珍淵鑑類函四百五十卷目錄四
卷　（清）張英等纂　清康熙四十九年(1710)
刻本　二百冊

410000 – 2242 – 0006064　文 41.242/H.466B

說文解字十五卷　（漢）許慎撰　清嘉慶九年
(1804)五松書屋仿宋刻本　八冊

410000 – 2242 – 0006065　925.1201/M366

孔子事實錄二卷　（清）崔述撰　清刻本
一冊

410000 – 2242 – 0006066　925.1205/C749/2

朱子年譜四卷年譜考異四卷年譜附錄二卷校
勘記二卷　（清）王懋竑編　清光緒九年
(1883)武昌書局刻本　四冊

410000 – 2242 – 0006067　文 96.4/W428

困學紀聞注二十卷　（宋）王應麟撰　（清）翁元圻注　清道光五年(1825)守福堂刻本　十二冊

410000－2242－0006068　925.1208/D128

丹魁堂自訂年譜一卷感遇錄一卷　（清）季芝昌撰　清咸豐十一年(1861)崇川文成堂刻本　一冊

410000－2242－0006069　文26.121/H649

高士傳三卷　（晉）皇甫謐撰　蓮社高賢傳一卷　（晉）□□撰　清刻本　一冊

410000－2242－0006070　925.1208/L789

韜庵蹈海錄四卷　（清）沈祖燕等撰　清宣統二年(1910)鉛印本　二冊

410000－2242－0006071　925.1208/P251

昇勤直公年譜二卷　（清）寶琳　（清）寶珣編述　清道光間刻本　二冊

410000－2242－0006072　925.1208/S826/1

徵君孫先生年譜二卷　（清）湯斌等編　孝友堂家規一卷遊譜一卷　（清）孫奇逢撰　清(1644－1911)刻本　四冊

410000－2242－0006073　925.1208/S826/2

徵君孫先生年譜二卷　（清）湯斌等編　孝友堂家規一卷遊譜一卷孫鍾之先生答問一卷　（清）孫奇逢撰　清刻本　五冊

410000－2242－0006074　925.1208/S826/3

徵君孫先生年譜二卷　（清）湯斌等編　遊譜一卷　（清）孫奇逢撰　清刻本　三冊

410000－2242－0006075　925.1208/S916

徐珂珊先生傳一卷　（清）王行儒撰　清刻本　一冊

410000－2242－0006076　925.1208/W427

翁氏家事略記一卷　（清）翁方綱撰　清道光刻本　一冊

410000－2242－0006077　文44.2283/Y675

重訂文選集評十五卷首一卷末一卷　（清）于光華編　清同治十一年(1872)江蘇書局刻本　十六冊

410000－2242－0006078　文44.2252/T.256

陶淵明詩不分卷　（晉）陶潛撰　清光緒元年(1875)影刻本　一冊

410000－2242－0006079　文41.242/C767

說文通訓定聲十八卷附說雅一卷古今韻准一卷說文通訓定聲分部檢韻一卷　（清）朱駿聲紀錄　（清）朱鏡蓉參訂　清光緒十四年(1888)上海鴻文書局石印本　十二冊

410000－2242－0006080　文44.3/W233

八代詩選二十卷　王闓運撰　清光緒七年(1881)四川尊經書局刻本　六冊

410000－2242－0006081　文97.2/L358

廣韻五卷　（宋）陳彭年等修　清光緒遵義黎氏影刻本　二冊

410000－2242－0006082　文97.2/L358

廣韻五卷附宋本廣韻校札一卷　（宋）陳彭年等修　（清）黎庶昌記　清光緒遵義黎氏影刻本　二冊

410000－2242－0006083　925.18/H.581/1A

新纂氏族箋釋八卷　（清）熊竣運撰　清中期經綸堂刻本　八冊

410000－2242－0006084　文97.2/L358

韻鏡一卷　（宋）張麟之撰　清光緒遵義黎氏影刻本　一冊

410000－2242－0006085　文41.221/H379

爾雅義疏二十卷　（清）郝懿行撰　清光緒十四年(1888)上海鴻文書局石印本　四冊

410000－2242－0006086　文44.3432/C.387

補註唐詩三百首八卷　（清）陳婉俊輯　清光緒十二年(1886)刻本　四冊

410000－2242－0006087　930/S.144

世界通史十一卷　（日本）石川利之撰　清光緒石川氏藏版石印本　二冊　存三卷(九至十一)

410000－2242－0006088　951.001/C122/1

支那通史七卷　（日本）那珂通世撰　清光緒二十七年(1901)石印本　二冊　存二卷(三至四)

410000 - 2242 - 0006089　文41.224/W238

廣雅疏證二十卷　（清）王念孫撰　清光緒十九年(1893)上海鴻文書局石印本　六冊

410000 - 2242 - 0006090　文44.3535/T634

杜工部草堂詩箋四十卷傳序碑銘一卷目次一卷詩話二卷年譜二卷附補遺十卷詩外集一卷　（唐）杜甫撰　（宋）魯訔編次　（宋）蔡夢弼會箋　（宋）黃鶴集注　清光緒遵義黎氏影刻本　八冊

410000 - 2242 - 0006091　文43.233/Y258

詩經通論十八卷　（清）姚際恆撰　（清）王篤校訂　清道光十七年(1837)刻本　八冊

410000 - 2242 - 0006092　文92.2/W492

事類賦三十卷　（宋）吳淑撰註　明嘉靖十一年(1532)刻本　四冊

410000 - 2242 - 0006093　951.00118/E188

元史氏族表三卷　（清）錢大昕撰　清末(1821－1911)江蘇書局刻本　一冊　存一卷(三)

410000 - 2242 - 0006094　文92.2/A149

子史精華一百六十卷　（清）允祿　（清）允禮撰　清光緒十二年(1886)上海同文書局刻本　八冊

410000 - 2242 - 0006095　951.0012/C.391/2

分類歷代通鑑輯覽六十二卷末一卷　（清）陳善勗輯　清光緒二十九年(1903)上海文瀾書局石印本　二十二冊　存五十八卷(四至十、十三至六十二,末一卷)

410000 - 2242 - 0006096　文92.2/W492

廣事類賦四十卷　（清）華希閔撰　清劍光閣刻本　六冊

410000 - 2242 - 0006097　951.0012/P395/6

續資治通鑑二百二十卷　（清）畢沅編撰　清刻本　四十冊

410000 - 2242 - 0006098　951.0012/S123/10

資治通鑑二百九十四卷　（宋）司馬光撰　清刻本　二十二冊　存二百十五卷(二十一至

四十、五十一至九十、一百〇一至一百八十、二百〇一至二百二十、二百三十一至二百八十五)

410000 - 2242 - 0006099　951.0012/S123/11

資治通鑑二百九十四卷附釋文辨誤十二卷　（宋）司馬光編　（元）胡三省音注　清江蘇書局刻本　一百冊

410000 - 2242 - 0006100　951.0012/S123/14

資治通鑑二百九十四卷目錄一卷　（宋）司馬光撰　（元）胡三省音注　清同治長沙朝邑相國閻文介公刻本　九十八冊

410000 - 2242 - 0006101　951.0012/S123/2

資治通鑑二百〇七卷　（宋）司馬光編　（元）胡三省音注　清江蘇書局刻本　一百冊

410000 - 2242 - 0006102　951.0012/S123/5

資治通鑑二百九十四卷附釋文辨誤十二卷　（宋）司馬光編　（元）胡三省音注　清上海商務印書館鉛印本　二十冊

410000 - 2242 - 0006103　951.0012/W224

綱鑑會纂四十六卷　（明）王世貞編　清刻本　二冊　存三卷(三至五)

410000 - 2242 - 0006104　文41.21/C514

詩經音韻譜五卷附章句讀解一卷　（清）甄士林音釋　清道光五年(1825)種松書屋刻本　五冊

410000 - 2242 - 0006105　文22.25081/C292

暢園叢書五種　（清）張邁清輯　清光緒二十年(1894)刻本　四冊

410000 - 2242 - 0006106　951.0012/W251/1

通鑑地理通釋十四卷　（宋）王應麟撰　清光緒九年(1883)浙江書局刻本　三冊

410000 - 2242 - 0006107　951.0013/P.524

平匪紀略摘抄六卷　（清）盛大士撰　清刻本　二冊

410000 - 2242 - 0006108　951.0014/C744

嘉定屠城慘史一卷　（清）朱九初撰　清宣統三年(1911)上海嘉定旅滬同鄉會鉛印本　一冊

410000－2242－0006109　951.0014/C.238

常勝軍案略一卷　（清）謝元壽撰　清抄本
一冊

410000－2242－0006110　文41.224/W238A

廣雅疏證二十卷　（清）王念孫撰　清末石印
本　二冊　存四卷（一至四）

410000－2242－0006111　文22.11/C316

校刊史記集解索隱正義札記五卷　（清）張文
虎撰　清同治十一年(1872)金陵書局刻本
二冊

410000－2242－0006112　文22.16/P248

史鑑節要便讀六卷　（清）鮑東里編輯　清道
光十六年(1836)京都酉山堂刻本　二冊

410000－2242－0006113　951.0014/N175

南汝光道任內稟稿一卷　（清）南汝光道道台
撰　清抄本　一冊

410000－2242－0006114　951.0014/P275

汴圍濕襟錄一卷　（明）白愚撰　清石印本
一冊

410000－2242－0006115　951.0014/S.139

弢園紀事二卷　（清）史念祖撰　清抄本
二冊

410000－2242－0006116　文44.3/W244

古詩選三十二卷附今體詩鈔十八卷　（清）王
士禎選　清同治五年(1866)金陵書局刻本
十冊

410000－2242－0006117　文22.11/Y258

史記菁華錄六卷　（清）姚苧田編　清光緒九
年(1883)廣州翰墨園朱墨套印本　三冊

410000－2242－0006118　951.0014/W363

烈皇小識八卷　（明）文秉撰　清上海掃葉山
房刻本　四冊

410000－2242－0006119　文44.62/W478

吳摯甫文集四卷附鈔深州風土記一卷　（清）
吳汝綸撰　清宣統二年(1910)上海國學扶輪
社石印本　五冊

410000－2242－0006120　951.00165/W326/1

聖武記十四卷　（清）魏源撰　清和記書莊鉛
印本　六冊

410000－2242－0006121　951.00165/W326/2

聖武記十四卷　（清）魏源撰　清上海鴻章書
局石印本　六冊

410000－2242－0006122　文41.226/L793

經典釋文考證十四卷　（清）盧文弨緝輯　清
同治八年(1869)湖北崇文書局刻本　八冊

410000－2242－0006123　951.0018/M122

通鑑類纂二十卷目錄一卷　（清）馬佳松椿纂
清上海天章書局石印本　六冊

410000－2242－0006124　S951.0018/Y214/1

兩漢博聞十二卷　（宋）楊侃撰　清上海申報
館鉛印本　三冊　存六卷（五至八、十一至十
二）

410000－2242－0006125　文96.4/W221

湖海文傳七十五卷　（清）王昶輯　清道光十
七年(1837)經訓堂刻本　十六冊

410000－2242－0006126　文13.123/H.375

論語註疏解經十卷札記一卷　（宋）邢昺疏
（三國魏）何晏集解　清光緒三十年(1904)貴
池劉氏玉海堂影刻本　二冊

410000－2242－0006127　文22.216/W256

天聖明道本國語二十一卷札記一卷　（春秋）
左丘明撰　**國語明道本攷異四卷**　（清）汪遠
孫撰　清同治八年(1869)刻本　五冊

410000－2242－0006128　文41.242/H.466A

許學四書四種　（清）董詔等注　清嘉慶道光
刻本　六冊

410000－2242－0006129　951.0023/C415/3A

廿二史劄記三十六卷補遺一卷　（清）趙翼撰
清湛貽堂刻本　十二冊

410000－2242－0006130　951.0023/C415/4

廿二史劄記三十六卷補遺一卷　（清）趙翼撰
清上海鴻章書局石印本　六冊

410000－2242－0006131　951.0023/H654

于文定公讀史漫錄二十卷　（明）于慎行撰

(清)黃恩彤參訂　清抄本　一冊

410000－2242－0006132　951.0023/W227A
讀通鑑論十六卷附宋論十五卷　（清）王夫之撰　清光緒三十年(1904)上海商務印書館鉛印本　十冊

410000－2242－0006133　文44.232/L317
李習之先生文集二卷　（唐）李翱撰　清宣統三年(1911)上海會文堂書局石印本　二冊

410000－2242－0006134　951.00231/W235/1
十七史商榷一百卷　（清）王鳴盛撰　清上海鴻章書局石印本　十六冊

410000－2242－0006135　951.00231/W235/2
十七史商榷一百卷　（清）王鳴盛撰　清乾隆五十二年(1787)刻本　十八冊

410000－2242－0006136　文41.242/H.466
說文解字十五卷　（漢）許慎撰　清同治十二年(1873)刻本　四冊　存十四卷(一至十四)

410000－2242－0006137　文22.6351/S668
西陲總統事略十二卷附西陲竹枝詞一卷（清）松筠撰　（清）汪廷楷原輯　清嘉慶十四年(1809)刻　八冊

410000－2242－0006138　文41.246/T.426
增廣字學舉隅四卷　（清）鐵珊輯　清同治十三年(1874)蘭州郡署刻本　四冊

410000－2242－0006139　文92.2/H511
類對集材六卷　（清）胡雲煥編釋　清同治十三年(1874)博文堂刻本　六冊

410000－2242－0006140　文22.11/S123
史記一百三十卷　（漢）司馬遷撰　（明）歸有光評點　清光緒二年(1876)刻本　十冊

410000－2242－0006141　文22.11/S123A
方望溪評點史記一百三十卷　（漢）司馬遷撰（清）方苞評點　清刻本　十冊

410000－2242－0006142　951.004/H372
史論啟蒙一卷　（清）周雪樵評選　（清）嵇鈐註釋　清味經官書局鉛印本　一冊

410000－2242－0006143　951.004/P.634/3
史通通釋二十卷　（唐）劉知幾撰　（清）浦起龍釋　清翰墨園刻本　八冊

410000－2242－0006144　文44.228/S899
徐孝穆集六卷　（南朝陳）徐陵撰　（清）吳兆宜箋注　清光緒二年(1876)刻本　四冊

410000－2242－0006145　951.004/V.482/1
廿二史考異一百卷　（清）錢大昕撰　清長沙龍氏家塾刻本　二十六冊

410000－2242－0006146　951.004/V.482/2
廿二史考異一百卷　（清）錢大昕撰　清刻本二十六冊

410000－2242－0006147　文44.2283/Y675A
重訂文選集評八卷　（清）于光華編　清同治十一年(1872)刻本　十二冊

410000－2242－0006148　951.01/L428/2
史記志疑三十六卷　（清）梁玉繩撰　清刻本二十四冊

410000－2242－0006149　951.01/S123/11
史記一百三十卷　（漢）司馬遷撰　清汲古閣刻本　十二冊

410000－2242－0006150　951.01/S123/16
史記一百三十卷　（漢）司馬遷撰　清上海蜚英館石印本　六冊　存四十卷(一至四十)

410000－2242－0006151　951.0153/K279/5
戰國策三十三卷附札記三卷　（漢）高誘注（清）黃丕烈札記　清嘉慶八年(1803)覆宋刻本　二冊　存十三卷(二十四至三十三、札記三卷)

410000－2242－0006152　文97.2/C631
東塾讀書記二十五卷　（清）陳澧撰　清光緒七年(1881)刻本　五冊

410000－2242－0006153　951.0153/W298/3
國語二十一卷　（三國吳）韋昭注　清成文堂刻本　四冊

410000－2242－0006154　951.02/Y194
史漢求是五十五卷附尚書文義一卷　（清）楊

琪光撰　清光緒十八年(1892)武陵楊氏刻本
　十二冊

410000－2242－0006155　951.021/P181/5A
前漢書一百二十卷　(漢)班固撰　(唐)顏師
古注　清順治汲古閣刻本　二十四冊

410000－2242－0006156　951.021/W243/3A
漢書補註一百卷首一卷　王先謙註　清上海
文瑞樓石印本　四十冊

410000－2242－0006157　951.022/F153/2
後漢書一百二十卷　(南朝宋)范曄撰　(唐)
李賢注　清順治汲古閣刻本　七冊　存二十
七卷(二十五至四十七、五十一至五十四)

410000－2242－0006158　951.022/F153/3
後漢書一百二十卷　(南朝宋)范曄撰　(唐)
李賢注　清順治汲古閣刻本　十八冊

410000－2242－0006159　文41.213/S831
唐韻二卷　(唐)孫愐撰　清光緒三十四年
(1908)上海國粹學報館影印本　二冊

410000－2242－0006160　951.031/F188/1A
晉書一百三十卷　(唐)李世民撰　明崇禎汲
古閣刻本　十六冊

410000－2242－0006161　951.0321/L347/2
南史八十卷　(唐)李延壽撰　清光緒上海五
洲同文書局石印本　十五冊

410000－2242－0006162　951.03211/S.433/2
宋書一百卷　(南朝梁)沈約撰　清順治汲古
閣刻本　十八冊

410000－2242－0006163　951.03211/S.433/3
宋書一百卷　(南朝梁)沈約撰　清順治汲古
閣刻本　二十二冊

410000－2242－0006164　951.03211/S.433/7
宋書一百卷　(南朝梁)沈約撰　清刻本
六冊

410000－2242－0006165　文44.232/L341
樊南文集補編十二卷附玉溪生年譜訂誤一卷
　(清)錢振倫箋　(清)錢振常注　清同治五
年(1866)刻本　五冊

410000－2242－0006166　951.03212/S437/5
南齊書五十九卷　(南朝梁)蕭子顯撰　清光
緒十四年(1888)上海圖書集成書局鉛印本
　十二冊

410000－2242－0006167　951.03221/W329/6
魏書一百十四卷　(北齊)魏收撰　清光緒五
洲同文書局石印本　十一冊　存六十八卷
(九至十二、五十一至一百十四)

410000－2242－0006168　951.033/W326/7
隋書八十五卷　(唐)長孫無忌　(唐)魏徵等
撰　清光緒五洲同文書局石印本　十二冊

410000－2242－0006169　951.04/L642/7
舊唐書二百卷　(後晉)劉昫撰　清刻本　五
冊　存二十一卷(四至十八、一百七十七至一
百八十二)

410000－2242－0006170　951.04/O146/5
唐書二百二十五卷　(宋)歐陽修等修　清順
治汲古閣刻本　二十四冊　存一百○一卷
(一至七十二、一百九十七至二百二十五)

410000－2242－0006171　文43.2183/M675
尚書今古文註疏三十卷　(清)孫星衍撰　清
嘉慶二十年(1815)刻本　八冊

410000－2242－0006172　藝913.5107/S133
流沙訪古記一卷　羅振玉輯　清宣統元年
(1909)上虞羅振玉鉛印本　一冊

410000－2242－0006173　951.05/T.513/1
宋史四百九十六卷　(元)脫脫等撰　清光緒
上海五洲同文局石印本　九十九冊

410000－2242－0006174　951.05/T.513/10
宋史四百九十六卷　(元)脫脫等撰　清刻本
　三十三冊　存一百五十五卷(三十七至一
百四十二、一百七十六至二百二十四)

410000－2242－0006175　951.05/T.513/11
宋史四百九十六卷　(元)脫脫等撰　清刻本
　一冊　存二卷(二百三十三至二百三十四)

410000－2242－0006176　藝755.2/J252
高士傳三卷　(晉)皇甫謐撰　(清)王錫齡校

（清）任熊繪　清光緒三年（1877）刻本
三冊

410000－2242－0006177　藝755.2/J252
劍俠傳四卷　（唐）段成式撰　（清）王錫齡校
（清）任熊繪　清咸豐八年（1858）刻本
二冊

410000－2242－0006178　951.054/T.513/6
金史一百三十五卷　（元）脫脫等撰　清刻本
六冊　存四十五卷（七十八至八十五、九十
二至一百十一、一百十九至一百三十五）

410000－2242－0006179　藝724.11/3017
釋迦如來秘行化跡全譜不分卷　（清）永珊編
清光緒十四年（1888）刻本　四冊

410000－2242－0006180　951.06/S.337
元史類編四十二卷　（清）邵遠平撰　清乾隆
六十年（1795）掃葉山房刻本　十二冊

410000－2242－0006181　951.06/Y796
元朝秘史十五卷　（元）脫察安撰　清末石印
本　二冊

410000－2242－0006182　藝755.1/W798
吳友如畫寶十四種　（清）吳友如繪　清宣統
元年（1909）石印本　二十六冊

410000－2242－0006183　藝750.3/L344
書畫鑑影二十四卷　（清）李佐賢編輯　清同
治十年（1871）刻本　八冊

410000－2242－0006184　951.07/L629/1A
明季稗史彙編十六種　（清）留雲居士編　清
都城琉璃廠刻本　二十冊

410000－2242－0006185　951.07/S.337
西南紀事十二卷　（清）邵廷采撰　清光緒邵
武徐氏刻本　一冊

410000－2242－0006186　951.07/W483/2
甲申傳信錄十卷　（明）錢軹撰　清光緒國學
保存會鉛印本　一冊

410000－2242－0006187　951.08/C321
康熙政要二十四卷　章梫編　清宣統鉛印本
十二冊

410000－2242－0006188　藝010.75/C313A
清儀閣題跋不分卷　（清）張廷濟撰　清光緒
振新書社石印本　六冊

410000－2242－0006189　藝755.2/J252
於越先賢像傳贊二卷　（清）王齡撰　（清）任
熊繪　清光緒三年（1877）刻本　二冊

410000－2242－0006190　951.08/Y494/2
豫軍紀略十二卷　（清）尹耕雲編　清光緒三
年（1877）申報館聚珍仿宋鉛印本　六冊

410000－2242－0006191　藝755.1/W498
吳友如畫寶十四種　（清）吳友如繪　清宣統
元年（1909）石印本　二十六冊

410000－2242－0006192　藝818.7/V.482
履園叢話二十四卷　（清）錢泳輯　清同治九
年（1870）刻本　十冊

410000－2242－0006193　951.0832/V354
湘軍水陸戰紀十六卷　（清）曾國藩原撰
（清）鮑叔衡輯　清光緒十二年（1886）鉛印本
二冊

410000－2242－0006194　藝755.2/J252A
任渭長先生畫傳四種　（清）任熊繪　清光緒
十二年（1886）上海同文書局石印本　四冊

410000－2242－0006195　951.0834/H432/1A
臺灣戰紀二卷　（清）洪棄父撰　清光緒三十
二年（1906）鉛印本　二冊

410000－2242－0006196　951.0834/H432/2
中東戰紀一卷　（清）洪棄父撰　清光緒三十
二年（1906）鉛印本　一冊

410000－2242－0006197　951.0836/L342
拳禍記一篇　（清）李枚撰　清光緒三十一年
（1905）上海土山灣印書館鉛印本　一冊

410000－2242－0006198　藝726.9/4444
歷朝史印十卷　（清）黃學圯篆　清道光七年
（1827）楚橋書屋刻本　六冊

410000－2242－0006199　藝755.2/J252
列仙酒牌一卷　（清）任熊繪　清咸豐四年
（1854）刻本　一冊

410000－2242－0006200　藝754.3/V.187

國朝畫家書四卷附荔香室石刻一卷國朝畫家書小傳四卷荔香室小傳一卷　（清）葉銘采輯
清宣統元年（1909）杭州西泠印社石印本
七冊

410000－2242－0006201　藝750.3/F328

墨香居畫識十七卷　（清）馮金伯撰　清道光十一年（1831）江左書林刻本　十二冊

410000－2242－0006202　藝925.112708/L347

甌鉢羅室書畫過目考四卷首一卷附卷一卷
（清）李玉棻編輯　清光緒間（1875－1908）上海鴻文齋石印本　四冊

410000－2242－0006203　藝913.2123/L344

古泉匯五種附續泉匯五種　（清）李佐賢輯
清同治三年（1864）刻本　二十冊

410000－2242－0006204　951.121249/T.183

陽武縣志十二卷　（清）談諟曾修　清乾隆十年（1745）陽武縣署刻本　六冊

410000－2242－0006205　藝925.112708/C488B

國朝書人輯略十一卷　（清）震鈞輯　清光緒三十四年（1908）刻本　八冊

410000－2242－0006206　藝736/Y629

遊戲三昧三種　（清）黃士陵篆　清光緒元年（1875）刻本　四冊

410000－2242－0006207　藝753/D686

書畫同珍二種　（清）鄒聖脉輯　清乾隆七年（1742）刻本　四冊

410000－2242－0006208　藝750.1/S825

庚子銷夏記八卷附閑者軒帖考一卷　（清）孫承澤撰　清宣統三年（1911）順德鄧氏風雨樓鉛印本　三冊

410000－2242－0006209　藝913.5102/W513

安陽縣金石錄十二卷　（清）武億輯　清乾隆、嘉慶刻本　二冊

410000－2242－0006210　藝750.9/H.159

圖繪寶鑒八卷　（元）夏文彥纂　清刻本
四冊

410000－2242－0006211　藝1

奏定東河新設河防局章程不分卷　（清）許振褘撰　清光緒十六年（1890）刻本　一冊

410000－2242－0006212　藝913.513/Y398

語石十卷　葉昌熾撰　清宣統元年（1909）刻本　四冊

410000－2242－0006213　藝2

甌鉢羅室書畫過目考四卷附一卷　（清）李玉棻撰　清光緒二十三年（1897）刻本　四冊

410000－2242－0006214　藝750.8/C299

四銅鼓齋論畫集刻十二種　（清）張祥河輯　清宣統元年（1909）北京琉璃廠會文齋刻本　四冊

410000－2242－0006215　951.162/W254

廣陵通典十卷　（清）汪中撰　清同治八年（1869）揚州書局刻本　四冊

410000－2242－0006216　藝3

澄蘭室古緣萃錄十八卷　（清）邵松年輯　清光緒三十年（1904）上海鴻文書局石印本
六冊

410000－2242－0006217　951.166/Y262

東槎紀略五卷　（清）姚瑩撰　清光緒四年（1878）上海申報館鉛印本　二冊

410000－2242－0006218　藝736/C763

印典八卷　（清）朱象賢編　清就閒堂刻本
四冊

410000－2242－0006219　藝4

紅樓夢圖詠不分卷　（清）改綺繪　清光緒五年（1879）刻本　四冊

410000－2242－0006220　藝750.6/P.217

虛齋名畫錄十六卷　龐元濟輯　清宣統元年（1909）烏城旁氏刻本　十六冊

410000－2242－0006221　藝755.2/S.161A

時事報圖畫雜俎不分卷　（清）實時報館編
清宣統元年（1909）石印本　五冊

410000－2242－0006222　藝736/S897

雲留小住印譜不分卷　（清）徐學幹篆　清道光三年（1823）刻本　二冊

410000－2242－0006223　藝737.5/C278

文美齋詩箋譜一卷　（清）文美齋編　清宣統
三年(1911)饾版印本　一冊

410000－2242－0006224　藝925.1127/P.354

歷代畫史彙傳七十二卷首一卷目錄三卷
（清）彭蘊璨編　（清）邱步洲重輯　清同治十
三年(1874)三楚畊餘堂邱氏刻本　三十二冊

410000－2242－0006225　藝755.2/S.161B

時事報圖畫雜俎不分卷　（清）時事報館編
清光緒三十四年(1908)石印本　六冊

410000－2242－0006226　藝750.6/L794

吳越所見書畫錄六卷　（清）陸時化編輯　清
宣統二年(1910)鉛印　六冊

410000－2242－0006227　藝913.51403/W493

古玉圖考不分卷　（清）吳大澂撰　清光緒十
五年(1889)刻本　四冊

410000－2242－0006228　藝736/W254

漢銅印絲十二卷　（清）彭秀峰輯　清乾隆十
七年(1752)刻本　四冊

410000－2242－0006229　藝913.5165/L652

鐵雲藏陶不分卷　（清）劉鶚輯　清光緒三十
年(1904)抱殘守缺齋石印本　四冊

410000－2242－0006230　藝5

淞隱漫錄十二卷　（清）王韜輯　清光緒十年
(1884)石印本　六冊

410000－2242－0006231　藝925.112708/C488A

國朝書人輯略十一卷首一卷　（清）震鈞輯
清光緒三十四年(1908)刻本　八冊

410000－2242－0006232　藝741.61/C286

海上名人畫稿不分卷　（清）張熊等繪　清光
緒武林夢槐書屋藏本上海同文書局石印本
二冊

410000－2242－0006233　藝913.5123/M124

紅藕花軒泉品九卷　（清）馬國翰撰　清刻本
四冊

410000－2242－0006234　藝755.1/L716

羅兩峰鬼趣圖不分卷　（清）羅兩峰繪　清宣

統元年(1909)珂羅版印本　二冊

410000－2242－0006235　藝741.65/1023

九龍山人五柳莊不分卷　（明）王紱繪　衡山
居士山水不分卷　（明）文徵明繪　清光緒三
十四年(1908)神州國光社珂羅版印本　一冊

410000－2242－0006236　藝742.6/K566

聖廟賜典圖考五卷首一卷附孔廟聖跡圖一卷
（清）顧沅輯　清道光六年(1826)吳門賜硯
堂刻本　六冊

410000－2242－0006237　藝080/Y411

吳門畫舫錄二卷　（清）西溪山人編　清刻本
二冊

410000－2242－0006238　藝741.63/4442

集古名公畫式五卷　（日本）草坪山人輯　清
光緒六年(1880)上海同文書局石印本　一冊

410000－2242－0006239　藝755.2/C.379

墨蘭譜不分卷　（清）陳東橋撰　清嘉慶三年
(1798)讀畫齋刻本　二冊

410000－2242－0006240　藝737.5/C278A

文美齋詩箋譜不分卷　（清）張龢庵繪　清宣
統三年(1911)彩色套印本　二冊

410000－2242－0006241　藝738/S316

選學齋書畫愚目筆記二卷　（清）崇彝輯　清
光緒三十二年(1906)刻本　二冊

410000－2242－0006242　藝750.8/H495

胡氏書畫考三種　（清）胡敬撰　清嘉慶二十
一年(1816)刻本　四冊

410000－2242－0006243　藝755.2/V272

新鐫草本花詩譜一卷　（明）黃鳳池輯　明天
啟元年(1621)集雅齋刻本　一冊

410000－2242－0006244　藝755.2/W223

毓秀堂畫傳四卷　（清）王墀撰　清光緒九年
(1883)石印本　四冊

410000－2242－0006245　藝755.2/W232A

芥子園畫傳二集八卷　（清）王概等摹古　清
乾隆四十七年(1782)金閶書業堂饾版印本
四冊

410000－2242－0006246　藝750.3/C288

國朝畫徵續錄二卷　（清）張庚撰　清乾隆四年(1739)刻本　一冊

410000－2242－0006247　藝741.61/2609

鴻雪因緣圖記三集　（清）麟慶撰　清光緒二十二年(1896)上海點石齋石印本　一冊

410000－2242－0006248　藝750.3/C288

國朝畫徵錄二卷續錄二卷　（清）張庚撰　清抄本　二冊

410000－2242－0006249　藝750.3/A173

墨緣彙觀四卷　（清）安岐撰　清宣統元年(1909)刻本　四冊

410000－2242－0006250　藝755.2/W232B

芥子園畫傳一集六卷二集九卷三集六卷（清）王概等摹古　清光緒十四年(1888)上海鴻文書局石印本　十二冊

410000－2242－0006251　藝741.7/4762

十竹齋書畫譜八卷　（清）胡正言摹　清光緒五年(1879)刻本　八冊

410000－2242－0006252　藝736/W254A

飛鴻堂印譜五集四十卷　（清）汪啟淑鑒藏　清刻本　二十冊

410000－2242－0006253　藝750.9/T599

國朝書畫家筆錄四卷　（清）竇鎮輯　清宣統三年(1911)鉛印本　四冊

410000－2242－0006254　藝750.7/T572

畫禪室隨筆四卷　（清）董其昌撰　清宣統三年(1911)石印本　三冊

410000－2242－0006255　藝913.51203/N311

金石圖說四卷　（清）牛運震集說　（清）褚峻橅圖　（清）劉世珩編補　清光緒十九年至二十二年(1893－1896)貴池劉氏聚學軒刻本四冊

410000－2242－0006256　藝755.5/T154

習苦齋畫絮十卷　（清）戴熙記　（清）惠年編輯　清光緒十九年(1893)刻本　四冊

410000－2242－0006257　藝750.6/Y232

410000－2242－0006257　藝750.6/Y232

遲鴻軒所見書畫錄四卷　（清）楊峴編輯　清刻本　四冊

410000－2242－0006258　藝412.112/K785

爾雅三卷　（晉）郭璞注　清道光二十九年(1849)刻本　三冊

410000－2242－0006259　藝755.2/S.161

時事報鋼筆畫不分卷　（清）時事報館編　清光緒三十四年(1908)石印本　一冊

410000－2242－0006260　藝750.9/L355

南宋院畫錄八卷　（清）厲鶚輯　清光緒十年(1884)錢唐丁氏竹書堂刻本　二冊

410000－2242－0006261　藝811.18/T.225

紅豆樹館詩稿十四卷逸稿一卷詞一卷　（清）陶樑撰　清咸豐七年(1857)刻本　四冊

410000－2242－0006262　藝736/V.773

友石山房印存不分卷　（清）崔英文編　清光緒八年(1882)鈐印本　四冊

410000－2242－0006263　藝755.2/W232C

芥子園畫傳三集六卷　（清）王概等摹古　清光緒十四年(1888)石印本　四冊

410000－2242－0006264　藝755.2/W476

蘭竹名世不分卷　（清）吳鴻勛繪　清光緒七年(1881)刻本　二冊

410000－2242－0006265　藝755.1/Y722

四明人鑒三卷　（清）劉慈孚輯　清光緒十二年(1886)刻本　四冊

410000－2242－0006266　藝913.5103/F332

金石索十二卷　（清）馮雲鵬　（清）馮雲鵷輯　清道光元年(1821)邃古齋刻本　十二冊

410000－2242－0006267　藝755.2/W232D

芥子園畫傳四集四卷附圖章會纂一卷　（清）丁皋撰　清嘉慶二十三年(1818)刻本　四冊

410000－2242－0006268　藝741.61/4047

佩文齋叢畫八種　（明）黃鳳池輯　清刻本八冊

410000－2242－0006269　藝755.2/W472

飛影閣畫冊十號 （清）吳嘉猷繪　清光緒十九年(1893)上海飛影閣畫報社石印本　一冊

410000－2242－0006270　藝708/H467
娛園叢刻十種 （清）許增編　清光緒十五年(1889)刻本　四冊

410000－2242－0006271　藝755.2/T.452A
南宋名畫苑十六輯 （日本）田島志一編　清光緒三十年至三十一年(1904－1905)東京審美書院珂羅版印本　五冊

410000－2242－0006272　藝750.3/A173A
墨緣彙觀四卷 （清）安岐撰　清宣統元年(1909)刻本　四冊

410000－2242－0006273　藝750.6/T.255
紅豆樹館書畫記八卷 （清）陶樑撰　清光緒八年(1882)吳趨潘氏韡園刻本　六冊

410000－2242－0006274　藝755.2/C397
紉齋畫賸不分卷 （清）陳允升撰　清光緒二年(1876)陳氏得古觀堂刻本　四冊

410000－2242－0006275　藝750.6/K352
嶽雪樓書畫錄五卷 （清）孔廣陶撰　清光緒十五年(1889)刻本　五冊

410000－2242－0006276　藝755.2/T.452B
南宋名畫苑十六輯 （日本）田島志一編　清光緒三十年至三十二年(1904－1906)東京市審美書院珂羅版印本　八冊

410000－2242－0006277　藝755.2/C451
練川名人畫像四卷附兩卷 （清）程祖慶輯　清道光二十四年(1844)刻本　六冊

410000－2242－0006278　藝755.1/C363
岑襄勤公勛德介福圖四十幀 （清）包家吉編　清光緒十七年(1891)石印本　一冊

410000－2242－0006279　藝750.6/S835
平津館鑒藏書畫記一卷 （清）孫星衍撰（清）陳宗彝編校　清末鉛印本　一冊

410000－2242－0006280　藝741.61/L110
點石齋叢畫十卷 （清）尊聞閣主人編　清光緒十二年(1886)刻本　七冊　存九卷(一至三、五至十)

410000－2242－0006281　藝915.1021/L545
鴻雪因緣圖記三集 （清）麟慶撰　清道光十九年(1839)刻本　八冊

410000－2242－0006282　藝010.75/C313
清儀閣題跋不分卷 （清）張廷濟撰　清光緒十七年(1891)丁立誠刻本　四冊

410000－2242－0006283　藝726.9/0553
對山印稿八卷 （清）楊爕鑣　清道光九年(1829)鈐印本　六冊

410000－2242－0006284　藝913.51203/T682
陶齋吉金續錄二卷 （清）端方撰　清宣統元年(1909)石印本　二冊

410000－2242－0006285　歷Z12/1172
司馬溫公稽古錄二十卷附校勘記一卷 （宋）司馬光撰　清光緒五年(1879)江蘇書局刻本　三冊

410000－2242－0006286　歷Z12/1191
聖武記十四卷 （清）魏源撰　清道光二十六年(1846)刻本　八冊

410000－2242－0006287　歷Z12/1240
書經六卷 （宋）蔡沈集傳　清上海廣益書局石印本　四冊

410000－2242－0006288　歷K204/136/12
成山廬稿八卷 （清）唐炯撰　清光緒五年(1879)刻本　六冊

410000－2242－0006289　歷Z121/1810
清異錄二卷 （宋）陶穀撰　清刻本　二冊

410000－2242－0006290　歷B222/62/12A
皇清經解一千四百○八卷首一卷 （清）阮元輯　清道光九年(1829)刻本　三百六十冊

410000－2242－0006291　歷Z4/34
曾文正公全集十三種 （清）曾國藩撰　清同治、光緒傳忠書局刻本　一百二十八冊

410000－2242－0006292　歷B222/38/12
四書拾遺不分卷 （清）林春溥撰　清道光二

十四年(1844)刻本　一冊

410000－2242－0006293　歷 Z4/35
桐城吳先生文集四卷　（清）吳汝綸撰　清光
緒三十年(1904)桐城吳氏刻本　四冊

410000－2242－0006294　歷 B222/38/12
古書拾遺四卷　（清）林春溥撰　清道光二十
四年(1844)刻本　一冊

410000－2242－0006295　歷 K206/336/12
國朝耆獻類徵初編一百四十八卷　（清）李桓
輯　清光緒十年(1884)刻本　三百冊

410000－2242－0006296　歷 B222/58/12
經義考三百卷　（清）朱彝尊撰　清光緒二十
三年(1897)浙江書局刻本　五十冊

410000－2242－0006297　歷 B222/62/12
皇清經解續編一千四百三十卷　王先謙撰
清光緒十四年(1888)刻本　三百二十冊

410000－2242－0006298　歷 Z42/97
新輯分類史論大成十九卷首一卷　（清）行素
生編輯　清石印本　十冊　存十卷(十至十
九)

410000－2242－0006299　歷 B224/6/12
讀書雜志六種　（清）王念孫撰　清同治九年
(1870)刻本　十一冊

410000－2242－0006300　歷 Z42/1021
西河合集一百十七種　（清）毛奇齡撰　清刻
本　九十二冊　存一百十二種

410000－2242－0006301　歷 Z42/96
王壬秋全集三十卷　王闓運撰　清宣統二年
(1910)上海國學扶輪社石印本　十二冊

410000－2242－0006302　歷 B226/15/12
呂氏春秋二十六卷　（秦）呂不韋撰　清光緒
元年(1875)湖北崇文書局刻本　四冊　存十
九卷(一至十九)

410000－2242－0006303　歷 B244/51/12
朱子語類一百四十卷　（宋）朱熹撰　清同治
十一年(1872)應元書院刻本　四十七冊

410000－2242－0006304　歷 Z429/9
直省新墨約選三卷　（清）北洋官報總局編
清光緒二十九年(1903)北洋官報局鉛印本
二冊

410000－2242－0006305　歷 B244/52/12
晏子春秋八卷　（春秋）晏嬰撰　清光緒元年
(1875)刻本　五冊

410000－2242－0006306　歷 B244/52/12
孔子集語二卷　（宋）薛據輯　清光緒元年
(1875)湖北崇文書局刻本　五冊

410000－2242－0006307　歷 B244/52/12
春秋繁露十七卷　（漢）董仲舒撰　清光緒元
年(1875)湖北崇文書局刻本　五冊

410000－2242－0006308　歷 Z429/15
讀書雜志八十二卷餘編二卷　（清）王念孫撰
清同治九年(1870)刻本　十一冊

410000－2242－0006309　歷 Z429/10
廿二史札記三十六卷補遺一卷　（清）趙翼撰
清湛貽堂刻本　十六冊

410000－2242－0006310　歷 B94/150/12A
維摩詰所說經三卷　（後秦）釋鳩摩羅什譯
清同治九年(1870)刻本　一冊

410000－2242－0006311　歷 B94/150/12B
維摩詰所說經三卷　（後秦）釋鳩摩羅什譯
清同治九年(1870)刻本　一冊

410000－2242－0006312　歷 Z12/1070
知不足齋叢書第四集七種　（唐）李淳風等撰
清乾隆鮑氏知不足齋刻本　八冊

410000－2242－0006313　歷 Z42/93
惜抱軒文集十六卷文後集十卷詩集十卷後詩
集一卷外集一卷題跋三卷筆記八卷左傳補注
一卷公羊補注一卷穀梁補注一卷國語補注一
卷九經說十七卷五言今體詩鈔九卷七言今體
詩鈔九卷　（清）姚鼐撰　清道光元年(1821)
刻本　二十四冊

410000－2242－0006314　歷 C0/11/12
漢學商兌二卷　（清）方東樹撰　清光緒八年

(1882)刻本　四册

410000－2242－0006315　歷D69/19/12
皇朝經世文一百二十卷　（清）賀長齡編　清光緒十三年(1887)上海廣百宋齋刻本　二十四册

410000－2242－0006316　歷I263/4/12
文選李善注六十卷　（南朝梁）昭明太子蕭統撰　清嘉慶十四年(1809)鄱陽胡氏刻宋淳熙本上海會文堂書局刻本　九册

410000－2242－0006317　歷I242.1/29/12
海錯百一錄五卷　（清）郭蒼柏撰　清光緒十二年(1886)刻本　一册　存二卷(一至二)

410000－2242－0006318　歷D691/9/12
欽定大清會典事例一千二百二十卷　（清）李鴻章修　清宣統元年(1909)商務印書館石印本　一百五十一册

410000－2242－0006319　歷D691/9/12
欽定大清會典一百卷　（清）李鴻章修　清宣統元年(1909)商務印書館石印本　十册

410000－2242－0006320　歷D691/37/12
沈文肅公證書七卷首一卷　（清）沈葆楨撰　清光緒六年(1880)鉛印本　七册

410000－2242－0006321　歷D69/23/12
皇朝經世文新編二十一卷　麥仲華輯　清光緒二十七年(1901)上海書局石印本　十六册

410000－2242－0006322　歷Z12/1248
重訂古文釋義新編八卷　（清）余誠評註　清石印本　一册　存一卷(三)

410000－2242－0006323　歷D69/20/12
天下郡國利病書一百二十卷　（清）顧炎武撰　清光緒二十七年(1901)上海圖畫集成局鉛印本　十四册　存四十二卷(五十九至一百)

410000－2242－0006324　歷D829/16/12
光緒乙巳丙午交涉要覽八卷　（清）北洋洋務局纂修　清光緒三十一年(1905)鉛印本　十册

410000－2242－0006325　歷D922.29/3/12

淮南鹽法紀略十卷　（清）龐際云等撰　清同治十二年(1873)淮南書局刻本　六册

410000－2242－0006326　歷I210.7/15/12
求闕齋日記類鈔二卷　（清）曾國藩撰　清光緒二年至三十四年(1876－1908)河南印刷局鉛印本　一册

410000－2242－0006327　歷I210.7/16/12
東遊日記一卷　（清）袁大化撰　清光緒七年(1881)刻本　一册

410000－2242－0006328　歷I22/49/12
安吳四種　（清）包世臣撰　清光緒十四年(1888)刻本　十六册

410000－2242－0006329　文唐1
河岳英靈集二卷　（唐）殷璠撰　清光緒四年(1878)賴豐烈刻本　二册

410000－2242－0006330　歷K25/306/12
學案小識十四卷首一卷末一卷　（清）唐鑑撰　清光緒十年(1884)刻本　十二册

410000－2242－0006331　歷K25/307/12
國朝先正事略六十卷首一卷　（清）李元度撰　清光緒十三年(1887)廣百宋齋刻本　十册

410000－2242－0006332　歷K29/99/12
洛陽伽藍記五卷　（北魏）楊衒之撰　清光緒二年(1876)洛陽釋智水刻本　一册

410000－2242－0006333　歷K09/10/12
文史通義八卷　（清）章學誠撰　清光緒二十八年(1902)刻本　八册

410000－2242－0006334　歷K204/98/12
竹書紀年補正十四卷　（清）林春溥撰　清道光二十年(1840)竹柏山房刻本　十三册

410000－2242－0006335　歷Z429/17
新廣東一卷　（清）太平洋客撰　清末鉛印本　一册

410000－2242－0006336　歷Z211/39
陶淵明文集十卷　（晉）陶潛撰　清石印本　一册　存二卷(九至十)

410000－2242－0006337　歷 K204/101/12

三藩紀事本末二十二卷　（清）楊陸榮撰　西夏紀事本末三十六卷首二卷　（清）張鑑　通鑑紀事本末二百三十九卷　（宋）袁樞撰（明）張溥論正　清光緒二十八年（1902）上海捷記書局石印本　十四冊

410000－2242－0006338　歷 K204/117/12

續通鑑紀事本末一百十卷　（清）李銘漢編輯　清光緒三十二年（1906）刻本　三十二冊

410000－2242－0006339　歷 Z12/1243

忠經一卷　（漢）鄭玄集注　孝經一卷　（明）陳選集注　清石印本　一冊

410000－2242－0006340　歷 K204/116/12

九朝紀事本末六百五十八卷　（清）李有棠編纂　清光緒二十五年（1899）石印本　五十四冊

410000－2242－0006341　歷 K204/118/12

資治通鑑二百九十四卷　（宋）司馬光撰　清光緒二十九年（1903）刻本　三十冊　存一百七十八卷（七十七至二百五十四）

410000－2242－0006342　歷 K313/9/12

日本國志四十卷　（清）黃遵憲撰　清光緒刻本　十三冊

410000－2242－0006343　歷 K204/125/12

竹書紀年十二卷附竹書統箋雜述一卷　（清）徐文靖統箋　清光緒三年（1877）刻本　四冊

410000－2242－0006344　歷 K204/130/12

困學紀聞集證二十卷　（清）全祖望撰　清乾隆七年（1742）刻本　十二冊

410000－2242－0006345　歷 K206/339/12

東華續錄六十九卷　王先謙編　清宣統元年（1909）刻本　一百六十冊

410000－2242－0006346　歷 K206/349/12

繹史一百六十卷　（清）馬驌撰　清康熙九年（1670）刻本　十冊

410000－2242－0006347　歷 Z4/36

西河合集四書改錯二十二卷　（清）毛奇齡撰

清石印本　四冊

410000－2242－0006348　歷 K81/126/12

惜抱先生尺牘八卷　（清）姚鼐撰　（清）陳用光編　清宣統元年（1909）小萬柳堂刻本　四冊

410000－2242－0006349　歷 Z12/1175

佚存叢書十七種　（日本）林衡編　清光緒八年（1882）木活字本　十冊　存二種

410000－2242－0006350　歷 K81/130/12

孔子世家補訂一卷附孟子列傳纂一卷孔門師弟年表一卷附孟子師弟年表一卷古史考年異同表二卷附考年後說一卷　（清）林春溥撰　清嘉慶二十一年至咸豐三年（1816－1853）竹柏山房刻本　四冊

410000－2242－0006351　歷 K81/133/12

吳摯甫尺牘五卷附尺牘補遺一卷　（清）吳汝綸撰　清宣統二年（1910）國學扶輪社石印本　十二冊

410000－2242－0006352　歷 K206/361/12

河東鹽法備覽十二卷　（清）蔣兆奎編輯　清乾隆五十五年（1790）刻本　八冊

410000－2242－0006353　歷 K828/21/12

中興名臣事略八卷　（清）朱孔章撰　清光緒二十五年（1899）上海圖書集成印書局鉛印本　四冊

410000－2242－0006354　歷 K206/362/12

禮記集說十卷　（清）陳皓撰　清乾隆七年（1742）刻本　十冊

410000－2242－0006355　歷 K206/375/12

萬國公報一卷　（清）萬國公報館編輯　清光緒二十二年（1896）上海美華館鉛印本　一冊

410000－2242－0006356　歷 K877/123/12

金石索十二卷　（清）馮雲鵬　（清）馮雲鵷輯　清道光十五年（1835）刻本　六冊　存六卷（石索六卷）

410000－2242－0006357　歷 K207/130/12

新編分類史論大成九卷　（清）孫廷翰撰　清

光緒二十八年(1902)上海醉六堂刻本　十册

410000－2242－0006358　歷 K207/131/12
實務通考三十一卷 （清）點石齋編　清光緒
二十三年(1897)點石齋刻本　二十册

410000－2242－0006359　歷 K892/45/12
司馬氏書儀十卷 （宋）司馬光撰　清雍正汪
氏刻本　四册

410000－2242－0006360　歷 K21/24/12A
史通通釋二十卷 （唐）劉知幾撰　（清）浦起
龍釋　清光緒十九年(1893)上海文瑞樓石印
本　八册

410000－2242－0006361　歷 K21/24/12B
史通通釋二十卷 （唐）劉知幾撰　（清）浦起
龍釋　清光緒十九年(1893)上海文瑞樓石印
本　八册

410000－2242－0006362　歷 K21/24/12C
史通通釋二十卷 （唐）劉知幾撰　（清）浦起
龍釋　清光緒十九年(1893)上海文瑞樓石印
本　八册

410000－2242－0006363　歷 K221/19/12
尚書大傳韓詩外傳新語忠經三種 （清）崇文
書局輯　清光緒三年(1877)湖北崇文書局刻
本　三册

410000－2242－0006364　歷 K928/22/12
元豐九域志十卷 （宋）王存等撰　清光緒八
年(1882)金陵書局刻本　四册

410000－2242－0006365　歷 K221/20/12
周書斠補四卷 （清）孫詒讓撰　清光緒二十
六年(1900)刻本　一册

410000－2242－0006366　歷 K245/39/12
南宋書六十八卷 （明）錢士升撰　清嘉慶二
年(1797)上海掃葉山房刻本　十册

410000－2242－0006367　歷 K928/13/12
水經注四十卷首一卷 （清）酈道元撰　清光
緒元年(1875)湖北崇文書局刻本　十册

410000－2242－0006368　歷 K246/12/12
金史詳校十卷附史論五答一卷 （清）施國祁

撰　清光緒六年(1880)刻本　十册

410000－2242－0006369　歷 K247/25/12
蒙古史二卷 （日本）河野元三述　清宣統三
年(1911)刻本　二册

410000－2242－0006370　歷 K247/30/12
元史紀事本末二十七卷 （明）陳邦瞻撰
（明）張溥論正　清同治十三年(1874)江西書
局刻本　十二册

410000－2242－0006371　歷 K248/27/12
明紀十五卷 （清）陳鶴撰　（清）陳克家參訂
清光緒二十八年(1902)新化三味書室刻本
三十二册

410000－2242－0006372　歷 K928/15/12
**讀史方輿紀要一百三十卷附方輿全圖總說五
卷** （清）顧祖禹輯　清光緒二十七年(1901)
圖書集成局鉛印本　三十二册

410000－2242－0006373　歷 K928/12/12
元豐九域志十卷 （宋）王存等撰　清光緒十
八年至二十一年(1892－1895)刻本　八册

410000－2242－0006374　歷 P19/5/12
欽定授時通考七十八卷 （清）鄂爾泰　（清）
張廷玉等總裁　（清）蔣溥　（清）梁詩正等纂
修　清道光六年(1826)刻本　二十四册

410000－2242－0006375　歷 K29/94/12
東都事略一百三十卷 （宋）王稱撰　清掃葉
山房刻本　十二册

410000－2242－0006376　歷 K811－6/13/12
**朱子年譜四卷附朱子年譜考異四卷朱子論學
切要語二卷朱子年譜校勘記三卷** （清）王懋
竑撰　清光緒九年(1883)武昌書局刻本
四册

410000－2242－0006377　歷 K825/196/12
鄭氏易譜十二卷 （明）鄭旒撰　清道光六年
(1826)刻本　二册　存五卷(一至五)

410000－2242－0006378　歷 Z22/33/12A
玉海二百○四卷附刻十三種 （宋）王應麟輯
清刻本　九十一册　存二百三十六卷(一

至六十三、八十四至一百三十五、一百四十五
至二百○四,附刻十三種六十一卷)

410000－2242－0006379　歷Z22/33/12
玉海二百○四卷附刻十三種　(宋)王應麟輯
　清刻本　四十三冊　存一百二十九卷(一
至十二、三十一至三十八、四十二至四十五、
六十四至六十七、七十二至七十六、八十一至
八十六、一百十三至一百三十九、一百四十五
至一百四十九、一百八十至二百○四,附刻十
種三十三卷)

410000－2242－0006380　文唐3
全唐詩三十二卷　(清)曹寅編　清光緒十三
年(1887)上海同文書局石印本　三十二冊

410000－2242－0006381　文唐13
韋蘇州集十卷　(唐)韋應物撰　清宣統三年
(1911)石印本　六冊

410000－2242－0006382　文唐4
松陵文集初編四卷　(清)陳去病纂輯　清宣
統三年(1911)鉛印本　四冊

410000－2242－0006383　文唐2
唐四家詩八卷　(清)汪立名輯　清康熙刻本
　六冊

410000－2242－0006384　文唐14
瀛奎律髓四十九卷　(元)方回撰　清乾隆五
十二年(1787)刻本　十二冊

410000－2242－0006385　文唐3
續資治通鑑二百二十卷　(清)畢沅編　清光
緒十四年(1888)上海蜚英館石印本　二十冊

410000－2242－0006386　文唐4
全唐詩不分卷　(清)曹寅等編　清康熙四十
六年(1707)刻本　一百二十冊

410000－2242－0006387　文唐7
杜工部集二十卷首一卷　(唐)杜甫撰　清同
治十一年(1872)刻本　十冊

410000－2242－0006388　文唐10
李翰林集三十卷　(唐)李白撰　清光緒三十
四年至宣統元年(1908－1909)貴池劉氏影宋
刻本　八冊

410000－2242－0006389　文唐9
文粹一百卷　(宋)姚鉉纂　**文粹補遺二十六
卷**　(清)郭麐纂　清光緒十六年(1890)杭州
許氏榆園刻本　二十冊　存一百○五卷(文
粹一百卷、文粹補遺一至五)

410000－2242－0006390　文唐12
昌黎先生集四十卷首一卷外集十卷遺集一卷
　(唐)李漢編　清光緒十九年(1893)慈利刻
本　八冊

410000－2242－0006391　文唐15
白香山詩長慶集二十卷　(清)汪立名編訂
清康熙四十二年(1703)刻本　八冊

410000－2242－0006392　文唐11
初唐四傑集四種　(唐)王勃等撰　清乾隆四
十六年(1781)星渚項家達刻本　十冊

410000－2242－0006393　文唐16
二十四史二十四種　(漢)司馬遷等撰　清光
緒二十九年(1903)五洲同文局石印本　七百
十一冊

410000－2242－0006394　附1
詩經體註大全合參八卷　(清)高朝瓔撰
(清)沈世楷輯　清康熙五十年(1711)刻本
四冊

410000－2242－0006395　附2
章實齋先生遺書六卷附錄一卷　(清)章學誠
撰　清宣統二年(1910)鉛印本　四冊

410000－2242－0006396　附6
康熙字典十二集　(清)張玉書編　清刻本
四十冊

410000－2242－0006397　附3
國語選二十一卷　(三國吳)韋昭解　(宋)宋
庠補音　(清)儲欣評　清乾隆五十年(1785)
二南堂刻本　四冊

410000－2242－0006398　附5
漢藝文志攷證十卷　(宋)王應麟撰　清光緒
十一年(1885)刻本　一冊　存五卷(六至十)

410000 – 2242 – 0006399　附 19

司馬文正公集八十二卷目次二卷首一卷
（宋）司馬光撰　（清）喬人傑等校　清乾隆五
十五年（1790）百祿堂刻本　十六冊

410000 – 2242 – 0006400　附 20

劍南詩鈔不分卷　（宋）陸游撰　（清）楊大鶴
選　清康熙二十四年（1685）愛日堂刻本
八冊

410000 – 2242 – 0006401　附 21

劍南詩鈔不分卷　（宋）陸游撰　（清）楊大鶴
選　清光緒五年（1879）善成堂刻本　八冊

410000 – 2242 – 0006402　附 22

文選六十卷　（南朝梁）昭明太子蕭統撰
（唐）李善注　清光緒六年（1880）四明林氏刻
本　二十四冊

410000 – 2242 – 0006403　附 23

左繡三十卷首一卷　（清）馮李驊　（清）陸浩
評輯　春秋經傳集解三十卷　（晉）杜預撰
（宋）林堯叟附注　（唐）陸德明音釋　（清）
馮李驊增訂　清刻本　十六冊

410000 – 2242 – 0006404　附 8

飲冰室文集十六卷　梁啓超撰　清光緒二十
八年（1902）廣智書局鉛印本　十八冊

410000 – 2242 – 0006405　附 24

日知錄三十二卷附日知錄之餘四卷　（清）顧
炎武撰　清乾隆二十四年（1759）刻本　二十
四冊

410000 – 2242 – 0006406　附 26

廿一史彈詞註十一卷　（明）楊慎編　（清）張
三異增定　清乾隆五十一年（1786）視履堂刻
本　八冊

410000 – 2242 – 0006407　附 9

樂府詩集一百卷　（宋）郭茂倩編　明汲古閣
刻本　二十冊

410000 – 2242 – 0006408　附 10

蘇文忠公詩集五十卷　（宋）蘇軾撰　（清）紀昀
評點　清同治八年（1869）玉山房刻本　十二冊

410000 – 2242 – 0006409　附 27

歷代名臣言行錄二十四卷　（清）朱桓編　清
光緒二十九年（1903）上海吳雲記鉛印本　十
二冊

410000 – 2242 – 0006410　附 29

心遠堂重編小學纂註六卷附朱子年譜一卷小
學總論一卷　（清）高愈編　清乾隆三十三年
（1768）金閶書業堂刻本　四冊

410000 – 2242 – 0006411　附 30

白香山詩集四十卷　（唐）白居易撰　（清）汪
立名編訂　清康熙四十二年（1703）一隅草堂
刻本　十二冊

410000 – 2242 – 0006412　附 11

陶詩彙評四卷　（清）溫汝能纂　清宣統二年
（1910）掃葉山房石印本　四冊

410000 – 2242 – 0006413　附 31

隨園隨筆二十八卷　（清）袁枚撰　清隨園刻
本　六冊

410000 – 2242 – 0006414　附 32

皇朝經世文續編一百二十卷　（清）盛康輯
清光緒二十三年（1897）思補樓刻本　九十
八冊

410000 – 2242 – 0006415　附 33

十子全書十種　（清）王子興輯　清嘉慶九年
（1804）寶慶經綸堂刻本　四十二冊

410000 – 2242 – 0006416　附 34

重訂古文釋義新編八卷　（清）余誠評注　清
刻本　二冊

410000 – 2242 – 0006417　附 35

莊子獨見三十三卷　（清）胡文英評釋　清乾
隆十六年（1751）三多齋刻本　六冊

410000 – 2242 – 0006418　附 37

春秋左傳杜注三十卷　（清）姚培謙撰　清同
治十一年（1872）湖南尊經閣刻本　十六冊

410000 – 2242 – 0006419　附 38

國語二十一卷附校刊明道本韋氏解國語札記
一卷　（三國吳）韋昭注　國語明道本攷異四

卷 （清）汪遠孫撰 清光緒三年（1877）永康退補齋刻本 六冊

410000－2242－0006420 附39
龔定盦全集文集三卷續集四卷補編四卷文集補一卷文拾遺一卷 （清）龔自珍撰 定盦先生年譜一卷 （清）吳昌綬編 清宣統二年（1910）上海國學扶輪社鉛印本 七冊

410000－2242－0006421 附40
新刻圈點四書章句集註四種 （宋）朱熹集註 清光緒三十一年（1905）開封聚賢閣陳氏刻本 六冊

410000－2242－0006422 附13
佩文韻府一百〇六卷 （清）張玉書等撰 清光緒十五年（1889）上海點石齋石印本 二十二冊

410000－2242－0006423 附14
戰國策三十三篇附札記三卷 （漢）劉向撰 （漢）高誘注 清光緒三年（1877）刻本 八冊

410000－2242－0006424 附42
郁郁齋古文詳解十六卷 （清）吳留村鑒定 （清）林雲銘評注 （清）吳乘權附注 清乾隆三十一年（1766）刻本 十六冊

410000－2242－0006425 附43
楊忠愍公全集四卷 （明）楊繼盛撰 （清）毛大可鑒定 （清）朱永輝 （清）章鈺參訂 清康熙三十七年（1698）刻本 一冊 存二卷（一至二）

410000－2242－0006426 附45
庾子山集十六卷 （清）倪璠註釋 清道光十九年（1839）同文堂刻本 十六冊

410000－2242－0006427 附44
鶡冠子三卷 （宋）陸佃解 （明）王宇等評 清刻本 一冊 存一卷（中）

410000－2242－0006428 附4－1
史記一百三十卷 （漢）司馬遷撰 （南朝宋）裴駰集解 （唐）司馬貞索引 （唐）張守節正

義 清光緒二十三年（1897）慎記書莊石印本 八冊

410000－2242－0006429 附4－2
前漢書一百二十卷 （漢）班固撰 （唐）顏師古注 清光緒二十三年（1897）慎記書莊石印本 十二冊

410000－2242－0006430 附4－3
後漢書一百二十卷 （南朝宋）范曄撰 （唐）章懷太子注 清光緒二十三年（1897）慎記書莊石印本 八冊

410000－2242－0006431 附4－4
三國志六十五卷 （晉）陳壽撰 （南朝宋）裴松之注 清光緒二十三年（1897）慎記書莊石印本 四冊

410000－2242－0006432 附15
二十四史二十四種 （漢）司馬遷等撰 清光緒三十四年（1908）上海集成圖書公司鉛印本 三百七十九冊

410000－2242－0006433 附16
中說十卷 （隋）王通撰 （宋）阮逸注 清刻本 一冊 存三卷（八至十）

410000－2242－0006434 附28
監本五臣音註揚子法言十卷 （晉）李軌 （唐）柳宗元 （宋）宋咸等註 清刻本 一冊

410000－2242－0006435 附17
增刪算法統宗十一卷末一卷 （清）程大位編集 （清）梅瑴成增刪 清刻本 一冊 存四卷（九至十一、末一卷）

410000－2242－0006436 附18
康熙字典十二卷 （清）凌紹雯編 清石印本 三冊 存六集（三至五、十至十二）

410000－2242－0006437 附41
詩韻合璧五卷 （清）湯文潞編 虛字韻藪一卷 （清）潘維城輯 清石印本 四冊 存四卷（二至五）

書名筆畫字頭索引

八畫

九畫

十四畫

書名筆畫索引

三畫

四畫

323

六畫

八畫

九畫

十畫

十一畫

十二畫

十三畫

378

十七畫

397

十八畫

十九畫

二十一畫